MARTIN DIESTER

Das Recht auf medialen

Beiträge zum Informationsrecht

Herausgegeben von Prof. Dr. Hansjürgen Garstka,
Prof. Dr. Michael Kloepfer,
Prof. Dr. Eva Inés Obergfell,
Prof. Dr. Friedrich Schoch

Band 33

Das Recht auf
medialen Neubeginn

Die „Unfähigkeit des Internets zu vergessen"
als Herausforderung für
das allgemeine Persönlichkeitsrecht

Von

Martin Diesterhöft

Duncker & Humblot · Berlin

Die Rechtswissenschaftliche Fakultät
der Albert-Ludwigs-Universität Freiburg
hat diese Arbeit im Jahre 2013
als Dissertation angenommen.

Bibliografische Information der Deutschen Nationalbibliothek

Die Deutsche Nationalbibliothek verzeichnet diese Publikation in
der Deutschen Nationalbibliografie; detaillierte bibliografische Daten
sind im Internet über http://dnb.d-nb.de abrufbar.

ISSN 1619-3547
ISBN 978-3-428-14292-7 (Print)
ISBN 978-3-428-54292-5 (E-Book)
ISBN 978-3-428-84292-6 (Print & E-Book)

Gedruckt auf alterungsbeständigem (säurefreiem) Papier
entsprechend ISO 9706 ⊖

Internet: http://www.duncker-humblot.de

Meinen Eltern

Vorwort

Die vorliegende Untersuchung wurde im Sommersemester 2013 von der Rechtswissenschaftlichen Fakultät der Albert-Ludwigs-Universität Freiburg i. Br. als Dissertation angenommen. Spätere Entwicklungen konnten nur vereinzelt berücksichtigt werden.

Meinem Doktorvater, dem Präsidenten des Bundesverfassungsgerichts Herrn Professor Dr. Andreas Voßkuhle, danke ich für den großzügig gewährten Freiraum und die ermutigende Begleitung dieser Arbeit. Die Zeit, die ich während des Studiums und der Promotion als Mitarbeiter an seinem Institut verbringen durfte, war geprägt von immerwährender Inspiration und vielfältiger Förderung. Herr Professor Dr. Boris Paal, M. Jur., hat das Zweitgutachten äußerst zügig erstellt. Ihm und Herrn Professor Dr. Friedrich Schoch, der die Aufnahme in diese Schriftenreihe befürwortet hat, danke ich für die vielen Hinweise zur Verbesserung der Arbeit. Die Herren Professoren Richter am Bundesverfassungsgericht a. D. Dr. Dr. Dr. h. c. mult. Ernst-Wolfgang Böckenförde, Richter am Bundesverfassungsgericht Dr. Johannes Masing, Dr. Rainer Wahl und Dr. Thomas Würtenberger haben mir Gelegenheit gegeben, meine Überlegungen in unterschiedlichen Stadien der Bearbeitung zur Diskussion zu stellen. Mit großer Freude habe ich ihre Anregungen aufgenommen.

Frau Professorin Dr. Anna-Bettina Kaiser, LL. M., danke ich für die Ermutigung, mich einem die Grenzen des Öffentlichen Rechts überschreitenden Thema zuzuwenden. Mit Johanna Braun, Denise Cordes, Jörg Pfefferl, Benedikt Schauberer und Dr. Ann-Katrin Kaufhold habe ich mich über die Konzeption wissenschaftlicher Arbeiten austauschen können. Ihre wertvollen Hinweise haben die Fertigstellung der Untersuchung erleichtert. Meine Kolleginnen und Kollegen am Institut für Rechtswissenschaft und Staatsphilosophie, Franziska Bantlin, Thorsten Deppner, Carolin Fretschner, Cordt van Geuns-Rosch, Dr. Ina Klingele, Moritz Lange, Nicole Mutter, Martin Vocks und Thomas Wischmeyer haben ein Arbeiten in einer Atmosphäre der Geborgenheit und gegenseitigen Wertschätzung ermöglicht. Hierfür und für die zusammen mit Anja Hauth und Kathrin Wasmer übernommenen Mühen des Korrekturlesens danke ich herzlich. Als unermüdlicher Gesprächspartner hat Dr. Philipp Wittmann das Werden dieser Arbeit begleitet und durch seine konstruktive Kritik, die immer auch die technische Umsetzbarkeit möglicher Lösungen einschloss, zum Gelingen wesentlich beigetragen.

Meine Frau Rike Sinder, M.A., hat mich vor manchem methodischen Irrweg bewahrt, mich angehalten meine Gedanken präziser zu fassen und immer wieder dazu ermutigt, die nächsten Schritte mit Zuversicht zu gehen.

Freiburg i. Br., im Oktober 2013 *Martin Diesterhöft*

Inhaltsübersicht

4. Teil

Durchsetzung des Rechts auf medialen Neubeginn 239

Inhaltsverzeichnis

1. Teil

**Fortwährende Abruf- und Auffindbarkeit identifizierender Beiträge als
unbewältigte Gefährdung des allgemeinen Persönlichkeitsrechts**   55

2. Teil

Das Recht auf medialen Neubeginn   150

4. Teil

Durchsetzung des Rechts auf medialen Neubeginn   239

Einführung

§ 1 Die „Unfähigkeit des Internets zu vergessen"

I. Problemaufriss

„Das Internet vergisst nichts." – „Das Internet vergisst nie."

Diesen Aussagen sind – so oder ähnlich formuliert – zu Gemeinplätzen geworden.[1] In jüngster Zeit hat sich auch die (Rechts-)Politik des Themas auf verschiedenen Ebenen angenommen: So hat etwa die Bundesregierung mit der Entwicklung eines „digitalen Radiergummis" ein Mittel zur Selbsthilfe unterstützt;[2] im Rahmen staatlich geförderter Projekte, wie z.B. dem Ideenwettbewerb „Vergessen im Internet"[3] oder der Plattform „watch your web"[4] spielen Aufklärung und die Schaffung von Problembewusstsein eine zentrale Rolle.[5] Den vorerst letzten Vorstoß stellt Art. 17 des Entwurfs einer Datenschutz-Grundverordnung der EU[6] dar, der ein „Recht auf Vergessenwerden" verspricht.[7]

---

[1] Statt vieler *Ott,* MMR 2009, S. 158 (158); *Ernst,* NJW 2009, S. 1320 (1321); *Murswiek,* in: Sachs, GG, Art. 2 Rdnr. 131a; *Nolte,* ZRP 2011, S. 236 (236); *Worms/Gusy,* DuD 2012, S. 92 (93). Aus der Rechtsprechung beispielhaft VGH BW, NVwZ-RR 2011, S. 647 (648).

[2] So sollte es das System „xpire" ermöglichen, bei erstmaliger Veröffentlichung einer (Bild-)Datei ein Verfallsdatum zu definieren (krit. *Fedderath* u.a., DuD 2011, S. 403 ff.; *Nolte,* ZRP 2011, S. 236 [237 f.]). Zu technischen Lösungen vgl. ferner *Ott,* MMR 2009, S. 158 (162 f.); *Bull,* NVwZ 2011, S. 257 (260); *Hornung/Hofmann,* JZ 2013, S. 163 (170); Enquete-Kommission, BT-Drs. 17/8999, Ziff. 2.3.4, S. 46; Ziff. 3.7, S. 55, sowie das Sondervotum der Fraktion DIE LINKE und der Sachverständigen Annette Mühlberg, BT-Drs. 17/8999, Ziff. 4.1.3.2, S. 66 m.w.N.

[3] http://bmi.bund.de/DE/Themen/IT-Netzpolitik/Internet-Netzpolitik/Vergessen-im-Internet/vergessen-im-internet_node.html (diese und alle folgenden Internetadressen waren gültig am 26.10.2013).

[4] http://watchyourweb.de.

[5] Zum „Datenschutz als Bildungsaufgabe" *Worms/Gusy,* DuD 2012, S. 92 (92).

[6] Verordnung des Europäischen Parlaments und des Rates zum Schutz natürlicher Personen bei der Verarbeitung personenbezogener Daten und zum freien Datenverkehr (Datenschutz-Grundverordnung), KOM(2012) 11 endg.

[7] Dazu ausführlich unten S. 78 ff.

1. Ökonomie des Erinnerns und Vergessens im Internet

Warum das Internet[8] potenziell[9] „nichts vergisst", lässt sich am besten als Konsequenz der Digitalisierung begreifen, die eine dauerhafte Abrufbarkeit von einmal ins Internet eingestellten Informationen als zwangsläufige Folge erscheinen lässt. Ohne die Digitalisierung der Informationstechnologie wäre der Betrieb des Internets und damit eine weltweite Verbreitung einer unübersehbar großen Anzahl von Texten, Bildern und Videos zu im Vergleich zu den herkömmlichen Verbreitungswegen extrem niedrigen Kosten nicht denkbar.

Am ehesten lässt sich das Internet noch mit dem Rundfunk vergleichen. Hier wie dort spielt die räumliche Distanz zwischen Verbreitern (Autoren bzw. Verlegern[10]) und Rezipienten keine Rolle und auch die Kosten für die Verbreitung hängen nicht von der Anzahl der Rezipienten ab. Herkömmlicher Rundfunk kann indes – wenn inzwischen auch auf vielen Kanälen – stets nur lineare Programme anbieten,[11] während die Nutzer im Internet die sie interessierenden Beiträge *selbst auswählen* und verschiedene Nutzer zur gleichen Zeit unterschiedliche Inhalte eines Online-Angebots abrufen können. Ursächlich hierfür ist – neben dem paketbasierten Betrieb des Internets – insbesondere der anhaltende Preisverfall für digitale Speicher. Dieser Umstand ist zugleich *die* ökonomische Voraussetzung dafür, dass über das Internet Angebote verbreitet werden können, die überwiegend mit nutzergenerierten Inhalten („user-generated content")[12] bestückt sind: Der Betrieb einer eigenen Webseite oder eines eigenen Blogs ist sehr günstig, wenn nicht gar kostenlos; auf Plattformen wie Flickr und Youtube können

---

[8] Hier und im Folgenden wird – dem allgemeinen Sprachgebrauch folgend – der Begriff „Internet" synonym für seinen inzwischen wichtigsten Dienst, das World Wide Web, verwendet.

[9] Die fortwährende Abrufbarkeit eines Beitrags über das Internet setzt voraus, dass der Anbieter sein Angebot überhaupt weiter betreibt. Andernfalls sind die Beiträge mangels körperlicher Vervielfältigungsstücke viel gründlicher „vergessen", als dies z. B. bei Büchern der Fall ist. Aus diesem Grund unternehmen u. a. die Pflichtexemplarbibliotheken große Anstrengungen, das über das Internet verbreitete „kulturelle Erbe" ebenfalls der Nachwelt zu erhalten (vgl. unten S. 221). Hierin liegt nur auf den ersten Blick ein Widerspruch zur soeben beschriebenen Förderung des „Vergessens" (vgl. aber *Hornung/Hofmann*, JZ 2013, S. 163 [164]), denn über den Zugang zu den archivierten Inhalten kann (und muss) mit Rücksicht auf die Interessen der Betroffenen entschieden werden (dazu ausführlich unten S. 309).

[10] Unter dem Begriff des Verlegers wird im Folgenden jeder verstanden, der fremde Beiträge in einem redaktionellen Kontext publiziert. Neben die ins Internet verlagerten Medienangebote fallen hierunter v. a. Blogs und Foren. Zur Abgrenzung der medienexternen Intermediäre (wie Host-Provider) vgl. näher unten S. 190.

[11] § 2 Abs. 1 S. 1 Hs. 1 RStV: „Rundfunk ist ein linearer Informations- und Kommunikationsdienst"; § 2 Abs. 2 Nr. 1 RStV: „Rundfunkprogramm [ist] eine nach einem Sendeplan zeitlich geordnete Folge von Inhalten".

[12] Zum Begriff und den Erscheinungsformen unten S. 31 m. Fn. 62.

Bilder und Videos in beliebiger Menge ebenfalls kostenlos veröffentlicht werden. Hinzu kommen schließlich die sozialen Netzwerke (z. B. Facebook).[13]

Die Digitalisierung hat es allerdings nicht nur leichter und kostengünstiger gemacht, Inhalte zu *veröffentlichen.* Sie hat zugleich die *Bedingungen des „Vergessens"* grundlegend verändert und zwar in zweifacher Hinsicht:

Erstens ist zu beobachten, dass (von Anfang an) *rechtswidrige* Inhalte von dritten Nutzern – häufig bewusst und mit der Absicht, eine effektiver Rechtsdurchsetzung zu vereiteln – kopiert und an anderer Stelle (wieder) eingestellt werden.[14] Die hieraus folgenden Fragen sind solche der *praktischen Rechtsdurchsetzung.*[15]

Gegenstand der nachfolgenden Untersuchung wird hingegen ausschließlich der zweite Aspekt sein, nämlich das im Folgenden näher entfaltete *zeitliche Schicksal zunächst rechtmäßigerweise veröffentlichter Beiträge,* die – einmal eingestellt – grundsätzlich dauerhaft abrufbar bleiben können. Das „Vergessen" von Informationen, die durch solche „stehengebliebenen" Beiträge permanent verbreitet werden, ist im Internet vom menschlichen Normalfall zum technisch aufwendigen Ausnahmefall geworden, und zwar ohne dass es zu dem soeben skizzierten „Hase-und-Igel-Spiel" kommen muss. Die Schwierigkeiten setzen hier folglich an der Wurzel der rechtlichen Bewertung an: Kann ein Beitrag durch Zeitablauf rechtswidrig *werden?*

---

[13] Vgl. unten S. 37 m. Fn. 78.

[14] Deshalb erweist sich der Versuch, die weitere Verbreitung an der Quelle zu verhindern, oftmals als uferloses Unterfangen. Ein solches Vorgehen kann sogar den gegenteiligen Effekt haben, weil es eine Solidarisierung anderer Nutzer („Zensur!") oder eine Medienberichterstattung (im Internet) nach sich zieht, so dass die unerwünschten Inhalte im Ergebnis noch stärker verbreitet werden. Dieses Phänomen wird allgemein als „Streisand-Effekt" bezeichnet (*Fedderath* u. a., DuD 2011, S. 403 [406 f.]; *Nolte,* ZRP 2011, S. 236 [237]), weil der Versuch von *Barbra Streisand,* gegen die Veröffentlichung einer Luftbildaufnahme ihres Hauses vorzugehen, dieser überhaupt erst zu einer großen Bekanntheit verholfen hat.

[15] Hierbei steht vor allem die Inanspruchnahme von technischen Intermediären wie den *Host-Providern,* die Speicherplatz „im Internet" anbieten (vgl. § 10 TMG), im Zentrum der Aufmerksamkeit (eingehend unten S. 277). Weil Seitenbetreiber und Host-Provider oftmals im Ausland sitzen und damit nicht greifbar sind, wird zunehmend von den Betreibern von *Suchmaschinen* verlangt, Seiten mit illegalen Inhalten nicht unter den Suchergebnissen wiederzugeben, um deren Verbreitung zumindest einzudämmen (vgl. OLG Hamburg, MMR 2012, S. 62 [63 f.]; ferner EuGH, Rs. C-131/12 [unten S. 53 in Fn. 158]). Die an Google gerichteten Löschungsverlangen (abrufbar unter http://google. com/transparencyreport/removals/government/DE/), sind – abgesehen vom Urheberrecht – vor allem auf das allgemeine Persönlichkeitsrecht gestützt (64 % der übrigen Fälle [Stand: 31.12.2012]). Die „Erfüllungsrate" lag (wiederum ohne Urheberrechtsverletzungen) zuletzt bei 77 % (Stand: 31.12.2012). Schließlich werden mitunter auch *Access-Provider,* die dem einzelnen Internetnutzer den Zugang zum Internet ermöglichen (vgl. § 8 TMG), verpflichtet, den Abruf bestimmter Domains zu unterbinden (grundlegend OVG NRW, NJW 2003, S. 2183 ff.; *Billmeier,* Sperrungsverfügung, passim; *Sieber/Nolde,* Sperrverfügungen passim; aus jüngerer Zeit *Greve,* Access-Blocking, passim; *Sieber,* 69. DJT [2012], S. C 136 ff. – jeweils m.w.N.).

Ursache für die „Unfähigkeit des Internets zu vergessen" im zuletzt genannten Sinne ist die spezifische „Ökonomie des digitalen Erinnerns",[16] die den vom Vergessen geprägten herkömmlichen Vorgang menschlicher Informationsverarbeitung[17] nachhaltig verändert hat: Die Grenzkosten der dauerhaften Abrufbarkeit zusätzlicher Inhalte bewegen sich infolge stetig sinkender Preise für digitale Speicher gegen Null.[18] Für die Anbieter bedeutet dies, dass sie nicht aus wirtschaftlichen Gründen gezwungen werden, einmal eingestellte Inhalte erneut zu bewerten und die als weniger relevant erachteten zu entfernen. Als Folge des stetigen Zuwachses der angebotenen Beiträge ist die selektive Entscheidung über das Löschen oder Beibehalten im Gegenteil vergleichsweise kostenintensiv geworden.[19]

2. Typische Konstellationen

Die „Unfähigkeit des Internets zu vergessen" bereitet vor allem denjenigen Probleme, die in Internetveröffentlichungen namentlich genannt oder sonst identifizierbar mit ihnen verbunden sind. Auf welche Weise dies geschieht und welche Schwierigkeiten damit einhergehen, soll im Folgenden anhand von Beispielen illustriert werden. Dabei wird zugleich eine erste Vorstrukturierung des Gegenstandes vorgenommen: Zum einen sind nach den Bedingungen, unter denen die Beiträge ursprünglich veröffentlicht worden sind, die konfrontative [a)] und konsentierte [b)] Berichterstattung Dritter sowie die vom Betroffenen selbst veranlasste Publikation eigener Beiträge [c)] zu unterscheiden. Zum anderen müssen die sich aus der Sonderstellung der staatlichen Stellen ergebenden Besonderheiten ihrer Publikationstätigkeit im Internet [d)] erörtert werden.

a) Konfrontative Publikationen („Online-Archiv")

aa) Berichterstattung durch Presseunternehmen
und Rundfunksender im Internet

Die Publikationsorgane mit der größten Verbreitung dürften auch im Internet von den überregionalen und regionalen Presseunternehmen sowie den öffentli-

---

[16] *Mayer-Schönberger,* Delete, S. 104: „economics of digital remembering", im Einzelnen S. 68, 79, 91.

[17] Anschauliche Schilderung von *Mayer-Schönberger,* ebd., S. 16 ff., der darlegt, warum selbst die massenhafte Verbreitung herkömmlicher analoger „externer Speicher" wie Zeitschriften, Bücher und Filme keine derart gravierenden Verschiebungen bewirkt haben.

[18] *Mayer-Schönberger,* ebd., S. 62 ff.

[19] *Mayer-Schönberger,* ebd., S. 68: „[E]conomics of storage have made forgetting brutally expensive. [...] [T]he ‚cost' of the time alone that it takes to decide exceeds the cost of storage [...]."

chen und privaten Rundfunksender betrieben werden.[20] Die Presseunternehmen übernehmen oft ihre aktuellen Beiträge aus der Printausgabe, zum Teil produzieren sie aber auch exklusive Online-Inhalte. Darüber hinaus wurden Printausgaben vergangener Jahrgänge digitalisiert und nachträglich online zugänglich gemacht.[21] Ähnlich verhält es sich bei den Rundfunksendern, die ebenfalls Sendungsmitschnitte bzw. -mitschriften mit weiterführenden Informationsangeboten mischen. Aus der Art und Weise der Abrufbarkeit ergibt sich *in zeitlicher Hinsicht* ein erheblicher Unterschied der Beeinträchtigung des von einer identifizierenden Meldung Betroffenen:

Auf herkömmlichen Wegen verbreitete Meldungen dieser Art werden nach einiger Zeit kaum noch zur Kenntnis genommen werden. Wohl niemand liest sich durch Folianten oder Mikrofilme von alten Tageszeitungen, wie sie in den Universitätsbibliotheken vorgehalten werden, ohne ein konkretes Rechercheziel zu verfolgen; vom Besuch eines Archivs ganz zu schweigen. An das, was sie in einer Zeitungen gelesen, was sie im Rundfunk gesehen oder gehört haben, mögen sich Menschen nach längerer Zeit i.d.R. nur dann zu erinnern, wenn es eine ihnen schon zuvor bekannte Person betraf – im Übrigen fällt es dem menschlichen Vergessen anheim.

Anders verhält es sich bei im Internet veröffentlichten Beiträgen. Wenn nicht die urheberrechtliche Lizenz (z.B. bei Spielfilmen) dies verbietet oder rundfunkrechtliche Vorgaben[22] eine Höchstdauer vorschreiben, *bleiben diese Beiträge potenziell dauerhaft abrufbar.* Diese Entwicklung hängt unmittelbar mit der soeben beschriebenen „Ökonomie des digitalen Erinnerns" zusammen: Mit dem Abrufbar*halten* sind im Vergleich zur Herstellung und erstmaligen Abrufbar*machung* so gut wie keine zusätzlichen Kosten verbunden,[23] während die Löschung – zumal die selektive – einen größeren (technischen und personellen) Aufwand erfordert.

---

[20] Hinzu kommen Portale, auf denen bei anderen Online-Medien erscheinende Beiträge thematisch geordnet präsentiert werden (z.B. http://netzeitung.de und http://news.google.de). Abgenommen hat dagegen die anfangs überragende Bedeutung (vgl. Europäischen Kommission, Entscheidung 2001/718/EG, Rdnrn. 72 f.) der inhaltlichen Angebote von Access-Providern (AOL, T-ONLINE usw.).

[21] So sind z.B. der SPIEGEL, die FAZ und die ZEIT von ihrer jeweils ersten Ausgabe an verfügbar.

[22] Bei den öffentlich-rechtlichen Rundfunkanstalten ist das Vorhalten älterer Beiträge nach dem auf Druck der Europäischen Kommission eingefügten § 11 f RStV i.V.m. Art. 7 Abs. 1 des 12. RÄStV (sog. „Drei-Stufen-Test") in jüngster Zeit stark beschränkt worden (vgl. unten S. 186 m. Fn. 865). Zum Hintergrund *Krone*, Gebührenfinanzierter Rundfunk und Beihilferecht, S. 59 ff.

[23] Zum Verfall der Preise für Web-Hosting *Mayer-Schönberger*, Delete, S. 84. Dahinter steht eine nicht auf das Internet beschränkte Besonderheit der Informationsökonomie, *Mayer-Schönberger*, ebd., S. 82: „Unlike the production of most physical goods [...] almost the entire cost of information goods is spent on the production of the first piece, while the making of subsequent copies incurs a relatively negligible cost."

Dass mit dieser Entwicklung eine bisher unbekannte Herausforderung für das allgemeine Persönlichkeitsrecht einhergeht, wird besonders deutlich, wenn als Beispiel eine identifizierende Berichterstattung über die Verurteilung eines Straftäters herangezogen wird. Als *aktuelle* Berichterstattung ist sie in der Regel[24] nur zulässig „in Fällen schwerer Kriminalität oder bei Straftaten [...], die die Öffentlichkeit besonders berühren",[25] oder wenn der Täter bereits zuvor insbesondere als Politiker oder Person des öffentlichen Lebens besondere Aufmerksamkeit auf sich gezogen hat.[26] Wegen der Konsequenzen einer solchen Berichterstattung für den Betroffenen[27] ist anerkannt, dass es mit dem allgemeinen Persönlichkeitsrecht auch bei schwersten Verbrechen unvereinbar ist, wenn sich „die Kommunikationsmedien über die aktuelle Berichterstattung hinaus, zeitlich unbeschränkt mit der Person eines Straftäters und seiner Privatsphäre befassen", da durch die damit einhergehende „Prangerwirkung" letztlich eine „Wiedereingliederung in die Gesellschaft" gefährdet wird.[28] Mit *zunehmendem zeitlichen Abstand* zum ursprünglichen Anlass wird eine erneute (inhaltsgleiche) identifizierende Berichterstattung unzulässig.

Um eine solche *wiederholte* Berichterstattung handelt es sich bei den im Internet dauerhaft abrufbar gehaltenen Beiträgen zwar nicht.[29] Gleichwohl können sie aber selbst dann, wenn sie nicht mehr auf der Startseite des Angebots[30] angezeigt werden, auf unterschiedlichen Wegen zur Kenntnis bisher Unwissender gelangen:

So können (Hyper-)Links[31] innerhalb[32] und außerhalb[33] des Internetangebots auf den Beitrag verweisen.[34] Darüber hinaus wird ein „archivierter" Beitrag auch

---

[24] Vgl. ausführlich unten S. 256.

[25] BGHZ 143, 199 (206 f.); beispielhaft für die zweite Alternative OLG Koblenz NJW-RR 2010, S. 1348 (1348), wo einem „Scheidungsbetrug" eine „hohe Außergewöhnlichkeit" attestiert wurde.

[26] BVerfG, NJW 2009, S. 3357 (3358); EGMR, NJW 2012, S. 1058 (1060 f.); *Kröner,* Das allgemeine Persönlichkeitsrecht, in: HK-MedienR, 33. Abschnitt Rdnrn. 62 ff. – jeweils m.w.N.

[27] BVerfG, NJW 2000, S. 1859 (1860) – Lebach II: „Gerade ein Mord ist derart persönlichkeitsbestimmend, daß der Mörder mit der Tat praktisch lebenslang identifiziert wird."

[28] BVerfGE 35, 202 (233, 235 ff.) – Lebach I.

[29] Dazu näher unten S. 45.

[30] Gemeint ist die bei Aufruf der sog. Second Level Domain (also: www.*second-level-domain*.de mit „de" als Top Level Domain) angezeigte Seite. Zum Domain-Name-System und dem Aufbau einer Internetadresse *Sieber,* Technische Grundlagen, in: Hdb. Multimedia-Recht, Teil 1 Rdnrn. 59 ff.

[31] Zum technischen Hintergrund der (Hyper-)Links *Sieber,* ebd., Rdnrn. 84 ff.

[32] Regelmäßig wird von den Betreibern des Angebots auf frühere Beiträge verwiesen, wenn ein neuer Beitrag zu einem ähnlichen Thema erscheint.

[33] Zu den sog. „Deep-Links", die – unter Umgehung der Startseite – auf tiefer liegende Schichten des Angebots vordringen, und zu ähnlichen Techniken *Sieber,* ebd., Rdnrn. 86 ff.

– je nach Konfiguration des Internetangebots – *über eine Suchmaschine*[35] *auffindbar sein.*[36] Üblich ist es, eine interne Suchfunktion auf der Hauptseite des Angebots anzubieten. Ob die Beiträge darüber hinaus auch von einer externen Suchmaschine[37] gefunden werden können, hängt von der Konfiguration der Seite ab.[38] Für das Auffinden über Suchmaschinen macht es keinen Unterschied, ob der ältere Beitrag noch auf der Hauptseite des Internatangebots zu finden ist oder ob er in ein „Archiv für Alt-Meldungen" eingestellt wurde.[39] Die volle Brisanz dieser Form der Archivierung ergibt sich aus dem Umstand, dass sich das „Googlen" von Bekannten, Nachbarn, Kollegen, Bewerbern usw. – anders als die zeitaufwendige Recherche im Zeitungsarchiv – zum „Volkssport"[40] entwickelt hat.[41]

Die fortwährende (Breiten-)Wirkung eines so auffindbaren Beitrags darf nach alledem nicht mit derjenigen gleichgesetzt werden, die einer in einem herkömmlichen Archiv verwahrten Druckausgabe zukommt. Aus diesem Grund erweist sich auch die Verwendung des Begriffs „Online-*Archiv*" für das Abrufbarhalten älterer Beiträge als äußerst unglücklich, weil es falsche Assoziationen evoziert.[42]

---

[34] In jüngerer Zeit hat die Verbreitung solcher Verweise in sozialen Netzwerken (wie Facebook) oder Diensten (wie Twitter) an Bedeutung gewonnen. Zwar wird die Nachricht nur den mit dem Dritten vernetzten „Freunden" oder „Followern" angezeigt; dafür ist jedoch bei einer persönlichen Empfehlung mit einer größeren Bereitschaft, dem Link zu folgen, zu rechnen.

[35] Zur Arbeitsweise von Suchmaschinen *Sieber*, ebd., Rdnrn. 99 ff.; *Elixmann*, Datenschutz und Suchmaschinen, S. 39 ff. – jeweils m.w.N.

[36] Zutreffend schließt BGHZ 181, 328 (341) – Spickmich, aus dem Fehlen der Durchsuchbarkeit auf eine geringere Beeinträchtigung der betroffenen Lehrerin.

[37] Hierzu zählen v.a. Google (rd. 90% Marktanteil in Deutschland, Stand: Mai 2013, abrufbar unter http://de.statista.com/statistik/daten/studie/167841) und Bing (rd. 2,6%). Wenn im Folgenden von „Suchmaschine" die Rede ist, sind diese externen Suchmaschinen gemeint, die der Definition von *Machill* u.a., Wegweiser, in: Machill/Welp (Hrsg.), Wegweiser im Netz, S. 13 (52), entsprechen: „Suchmaschinen [sind] Web-Angebote, deren zentrale Funktion die Suche nach externen Internetinhalten ist. Eine Suchmaschine enthält [ein] Eingabefeld, in dem Nutzer gesuchte Begriffe frei eingeben können. Die Ausgabe der Suchergebnisse erfolgt in einer sortierten Trefferliste."

[38] Zur „Kommunikation" mit den Suchmaschinen-Robotern über die Datei „robot.txt" statt vieler *Zittrain*, The future of the internet, S. 223 ff.

[39] Vgl. unten S. 60.

[40] Z.B. FR-ONLINE v. 3.4.2009, Spuren der Anderen im Internet (http://fr-online.de/digital/neuer-volkssport-spuren-der-anderen-im-internet,1472406,3176518.html).

[41] Diesen Umstand verkennt BGHZ 183, 353 (361). Dazu bereits *Diesterhöft*, ZJS 2010, S. 251 (254 f.); ähnlich *Caspar*, JZ 2011, S. 211 (212).

[42] Gewöhnlicherweise sind die in einem Archiv (z.B. einer Bibliothek oder Behörde) gesammelten Medien räumlich getrennt vom alltäglich genutzten (Präsenz-)Bestand aufbewahrt und daher nicht ohne Weiteres zugänglich. In ein Archiv muss man deshalb „hinabsteigen", um die dort verborgenen Informationen „ausgraben" zu können. Die Online-Archive sind dagegen i.d.R. von jedem internetfähigen Gerät aus mittels Suchmaschinen erschlossen und kostenlos zugänglich. Zudem ist die Suche nicht auf die Eingabe bestimmter Schlüsselbegriffe (wie z.B. Titel, Autor, Themenfelder) beschränkt,

Für den von einer identifizierenden Berichterstattung betroffenen Straftäter ist das seine Resozialisierung gefährdende Risiko der Kenntnisnahme von seiner Verurteilung folglich bereits dadurch signifikant erhöht, dass der Beitrag *überhaupt* noch im Internet abrufbar ist. *Genügt darüber hinaus die Eingabe seines Namens,* um auf den Beitrag gestoßen zu werden,[43] muss der Betroffene sogar fest davon ausgehen, dass nicht nur seine früheren Bekannten von seiner Vergangenheit erfahren, sondern alle zukünftigen sozialen Kontakte – zu Arbeitgebern, Kollegen, Nachbarn, Bekannten – hiervon überschattet werden. An Stelle des Betroffenen wäre es allein lebensnah, anzunehmen, dass selbst wenn diese das Anliegen der Resozialisierung im Allgemeinen gutheißen würden, sie in der Regel doch nicht willens oder schlicht nicht in der Lage sein werden, den notwendigen eigenen Beitrag zur Resozialisierung[44] *bewusst* zu leisten, indem sie trotz ihres Wissens einen unvoreingenommenen Umgang mit ihm pflegen.[45]

Am Beispiel der Berichterstattung über eine strafrechtliche Verurteilung[46] sollte eines deutlich geworden sein: Die Online-Archivierung von identifizierender Berichterstattung bringt mit zunehmendem Zeitablauf eine neuartige Belastung für die Betroffenen mit sich, die gegenüber den Folgen der ursprünglich hinzunehmenden medialen Befassung eine eigenständige Qualität gewinnt und sich von den Auswirkungen einer wiederholten medialen Befassung allenfalls graduell unterscheidet.

---

sondern erstreckt sich auf jede beliebige Passage des Volltextes. Das Auffinden eines Beitrags in einem solchen Online-Archiv erfordert folglich *nur einen sehr geringen zeitlichen und finanziellen Aufwand.*

Schließlich muss bedacht werden, dass es nicht einmal der Anlage eines spezifisch als „Archiv" gewidmeten Teils einer Internetangebots bedarf, in das ältere Beiträge verschoben werden. So werden z.B. bei den meisten Blogs die jüngeren Beiträge „oberhalb" der älteren angelegt, was zur Folge hat, dass die älteren wie auf einer endlosen Schriftrolle immer weiter nach „unten" verschoben werden. Dort fallen sie zwar einem Besucher, der die Startseite aufruft, nicht sofort ins Auge – Suchmaschinen erschließen sie jedoch gleich gut. Wenn im Folgenden mit Rücksicht auf die Konvention mit Bezug auf einen „stehengebliebenen" Beitrag vom Archivieren die Rede ist, dann unter Einschluss dieser Erscheinungsformen.

[43] Dieser Faktor kann für das Ausmaß der Beeinträchtigung entscheidende Bedeutung haben, vgl. Bay. VGH, K&R 2010, S. 610 (612): Eintrag in einem Forum unter Namensnennung; VGH BW, NVwZ-RR 2011, S. 647 (648): Schmähung ohne Namensnennung.

[44] BVerfGE 35, 202 (236 f.).

[45] Gelingende Resozialisierung setzt vor diesem Hintergrund zunächst einmal Nicht-Wissen voraus. Davon geht nicht zuletzt auch der Gesetzgeber aus, wenn er etwa mit § 53 Abs. 1 BZRG ein auf Vorstrafen bezogenes „Recht zur Lüge" statuiert. Dass diese gesetzgeberische Entscheidung angesichts einer (suchmaschinenfreundlichen) Online-Archivierung faktisch ins Leere geht, liegt auf der Hand.

[46] Das gilt erst recht, wenn es sich um einen später als unbegründet aufgeklärten Verdacht oder gar eine Falschinformation handelt. Eine (gutgläubige) Berichterstattung kann allerdings *zunächst* rechtmäßig sein (ausführlich unten S. 257 und 259).

bb) „We're All Journalists Now"[47] – Zunehmende Bedeutung nutzergenerierter Inhalte

Diese Überlegungen lassen sich in zweifacher Hinsicht generalisieren: Zum einen besteht die Gefahr der dauerhaften Anprangerung auch bei anderen, dem Betroffenen (nunmehr) abträglichen Informationen, wie z. B. einer (strafrechtlich i. d. R. irrelevanten) Tätigkeit als IM des MfS der DDR oder einer Mitgliedschaft in einer politischen Gruppierung. Zwar mögen die mit einem dauerhaften Vorhalt einhergehenden Belastungen für den Betroffenen weniger gravierend sein als bei einer strafrechtlichen Verurteilung; vernachlässigbar sind sie deshalb nicht. Zum anderen geht eine solche Beeinträchtigung nicht nur von journalistisch-redaktionell arbeitenden (Online-)Medien aus. Die praktische Relevanz der geschilderten Entwicklung wird vielmehr durch die vielfältigen Möglichkeiten der Teilhabe eines jeden nicht nur an der Rezeption, sondern auch *an der Herstellung* massenmedial verbreiteter Inhalte verstärkt.

Besonders deutlich wird dies bei der Aufnahme der personenbezogenen Information in einen Eintrag (sog. Lemma) der Online-Enzyklopädie Wikipedia.[48] Aufgrund der vollständigen Durchsuchbarkeit mit Hilfe von (externen) Suchmaschinen steht die Breitenwirkung einer dort an beliebiger Stelle abgelegten Information derjenigen aus einem professionellen Online-Archiv nicht nach.[49]

Neben der Wikipedia vermögen vor allem Bewertungsportale viele (regelmäßige) Besucher zu binden. Über die von den in herkömmlichen Medien verbreiteten Umfragen, Tests und Ranglisten bekannten Schwachstellen wie der Abgabe (mutwillig oder unbewusst) sachfremder Bewertungen[50] und der Überbewertung

---

[47] *Gant,* We're All Journalists Now, passim. *Gant* lehnt mangels funktionaler Unterscheidbarkeit jede Sonderbehandlung traditioneller, professioneller Medien gegenüber den „neuen" Journalisten (u. a. Bloggern) als mit der Pressefreiheit (der US-amerikanischen Verfassung) unvereinbar ab. Kritisch *Peifer,* JZ 2012, S. 851 (856 f.), der darauf hinweist, dass die bisherigen Privilegien mit gesteigerten Sorgfaltspflichten einhergingen bzw. umgekehrt die Äußerungen von Laien milder beurteilt wurden.

[48] Die Wikipedia basiert ausschließlich auf nutzergenerierten Inhalten: Die Seite ist so gestaltet, dass *jeder* Artikel einstellen und bereits vorgefundene bearbeiten kann (vertiefend zur Entwicklung *Zittrain,* The future of the internet, S. 127 ff.). Auf diese Weise haben die unentgeltlich tätigen und i. d. R. anonymen Nutzer allein der deutschsprachigen Wikipedia mehr als 1,6 Mio. Artikel (Stand: Oktober 2013) verfasst, wobei das Niveau der Einträge stark variiert und der zur Verfügung stehende Speicherplatz eine sehr niedrige Relevanzschwelle erlaubt.

[49] In der Online-Archiv-Kontroverse (ausführlich dazu unten S. 57) wurde auch gegen Einträge der (englischen) Wikipedia vorgegangen (*Schwartz,* New York Times v. 13.11.2009, S. A 13). Das LG Hamburg, Urt. v. 12.2.2007 – 324 O 952/06 (juris), hat eine Klage abgewiesen; ob ein angeblich anderweitig erstrittenes Versäumnisurteil in den USA zugestellt worden ist, ist unklar geblieben (vgl. dazu http://heise.de/-858795).

[50] *Zittrain,* The future of the internet, S. 220: „The more that we rely upon the judgments offered by [...] private systems, the more harmful that mistakes can be. Correcting or identifying mistakes can be difficult if the systems are operated entirely by private parties and their ratings fomulas are closely held trade secrets."

der Aussagekraft nicht-repräsentativer Ergebnisse durch die Leser – die „Macht der Zahl"[51] setzt nämlich keinesfalls eine „Große Zahl" voraus[52] – hinaus, tritt bei den Bewertungen im Internet eine weitere Schwierigkeit hinzu: Auch sie unterliegen der „Ökonomie des digitalen Erinnerns". Ohne Eingriff der Portalbetreiber bleiben sie dauerhaft abrufbar, obwohl sie die *aktuellen* Leistungen des Bewerteten natürlich nicht (mehr) widerspiegeln können. Herkömmliche Publikationen wie z. B. die Hefte der Stiftung Warentest können zwar ebenfalls veralten, geraten aber in der Regel faktisch in Vergessenheit. Dauerhaft abrufbaren negativen Bewertungen kann hingegen langfristig ein bedeutender Einfluss zukommen,[53] sollten sie nicht durch eine Vielzahl jüngerer Bewertungen überlagert werden.[54]

In quantitativer Hinsicht sicher am bedeutendsten sind die unzähligen Beiträge in Blogs,[55] „(Meinungs-)Foren",[56] sozialen Netzwerken und auf anderen privaten

---

[51] *Baer,* VVDStRL 68 (2009), S. 290 (292), mit Blick auf demographische Aussagen. Allgemein zur kommunikativen Bedeutung von Zahlen *Porter,* Trust in numbers, S. ix: „Perhaps most crucially, reliance on numbers and quantitative manipulation minimizes the need for intimate knowledge and personal trust. Quantification is well suited for communication that goes beyond the boundaries of locality and community."

[52] *Kaiser,* NVwZ 2009, S. 1474 (1476): „Indem ein System, vermeintlich objektiv, eine bestimmte Zahl ermittelt und einer Person zuordnet, gewinnt die Zahl einen Selbstand, ohne dass noch in ausreichendem Maße nach ihrem Zustandekommen gefragt würde."

[53] Wer ließe sich nicht bei der Auswahl zwischen zwei unbekannten Ärzten beeinflussen, wenn für den einen *gar keine,* für den anderen aber *eine* (sehr) schlechte Bewertung vorliegt?

[54] Zwar weisen dauerhaft abrufbar gehaltene Bewertungen unverkennbar strukturelle Ähnlichkeiten mit anderen betagten konfrontativen Internetpublikationen auf. Bei der rechtlichen Bewertung der Zulässigkeit von Bewertungsportalen überlagern sich aber persönlichkeitsrechtliche und berufs- bzw. wettbewerbsrechtliche Maßstäbe (BGHZ 181, 328; OLG Frankfurt a. M., NJW 2012, S. 2896 f.; LG Nürnberg-Fürth, Urt. v. 8.5. 2012 – 11 O 2608/12 [juris]). Weil eine nähere Auseinandersetzung daher vom Untersuchungsgegenstand wegführen würde, müssen Bewertungsportale im Folgenden außen vor bleiben.

[55] Beim Begriff „Weblog" mit seiner Kurzform „Blog" handelt es sich nach herrschender etymologischer Erklärung um ein durch Wortüberschneidung gebildetes Kofferwort, wobei „web" für das „World Wide Web" und „log" für das „logbook", also das Journal aller Vorfälle im (Schiffs-)Alltag, steht (vgl. Wikipedia-Artikel „Blog"; ferner BGHZ 191, 219 [225]: „journal- oder tagebuchartige Webseiten mit chronologisch sortierten Beiträgen des ‚Bloggers'"). Die genauen Ursprünge der Begriffsbildung liegen im Dunkeln, vgl. *McCullagh/Broache,* Blogs turn 10 – who's the father?, passim.

[56] BGH, NJW 2007, S. 2558 (2259); OLG München, NJW 2002, S. 2398 (2399); OLG Düsseldorf, MMR 2006, S. 553 (554 f.); *Nieland,* NJW 2010, S. 1494 ff. Näher *Bauer,* User Generated Content, S. 30 ff.; *Schapiro,* Unterlassungsansprüche, S. 17. In der Regel auf ein Generalthema ausgerichtet, ermöglichen sie ihren Besuchern, ein neues Thema („Thread") aufzuwerfen oder sich zu den bereits veröffentlichten Beiträgen – zeitlich entkoppelt – zu äußern. Häufig sind die Foren über Suchmaschinen erschlossen, so dass nicht nur regelmäßige Besucher, sondern auch sonstige Interessierte erreicht werden.

Internetangeboten (wie der eigenen Homepage).[57] Die geringen Kosten für digitalen Speicherplatz ermöglichen es *jedermann*, kostenlos (werbefinanziert) oder gegen ein sehr geringes Entgelt im Internet zu publizieren.[58] Hierbei bleibt es nicht aus, dass auch einzelne Private über die Vorgänge in ihrem sozialen Umfeld in identifizierender Art und Weise „berichten"[59] oder Beiträge anderer (auch journalistisch-redaktioneller Provenienz) auf ihren Seiten wiedergeben.[60]

Weil der Kreis der regelmäßigen Besucher häufig überschaubar ist,[61] bleibt die *unmittelbare* publizistische Wirkung dieser „nutzergenerierten Inhalte"[62] (auch

---

[57] Nach *Schneller*, Zukunftstrends im Internet 2010, Folie 33, geben immerhin 8% der Bevölkerung zwischen 14 und 69 Jahren an, „mindestens ab und zu" eine eigene Homepage zu betreiben und zu aktualisieren. Vgl. zu diesen und anderen „neueren WWW-Anwendungen" *Sieber*, Technische Grundlagen, in: Hdb. Multimedia-Recht, Teil 1 Rdnr. 91 ff.

[58] Host-Service-Provider wie z.B. blogger.com oder wordpress.com stellen neben Speicherplatz und „Adresse" auch die notwendige Software zur Verfügung (vgl. *Bauer*, User Generated Content, S. 32 f.).

[59] Das wohl bekannteste Beispiel ist der der Lindqvist-Entscheidung zugrundeliegende Sachverhalt, EuGH, Rs. C-101/01 – Lindqvist, Slg. 2003, I-12971 (13002), EuR 2004, S. 291 (294): „Die fraglichen Internetseiten enthielten Informationen über Frau Lindqvist und achtzehn ihrer Arbeitskollegen der Gemeinde; dabei wurde entweder der vollständige Name oder manchmal auch nur der Vorname genannt. Außerdem beschrieb Frau Lindqvist in leicht humoriger Weise die Tätigkeiten und Freizeitbeschäftigungen ihrer Kollegen. Bei einigen von ihnen bezeichnete sie die Familienverhältnisse, nannte die Telefonnummer oder erteilte weitere Informationen. Bei einer Kollegin wies sie darauf hin, dass sich diese am Fuß verletzt habe und partiell krankgeschrieben sei."

[60] BVerfG, NJW-RR 2010, S. 1195 (1195): Übernahme eines Artikels auf eine private Homepage; OLG Köln, MMR 2012, S. 197 (199): Übernahme eines Zeitungsartikels in ein Forum.

[61] Während sich manche Blogs einer großen Stammleserschaft erfreuen (vgl. die aktuellen Statistiken bei lesecharts.de und deutscheblogcharts.de) wird die überwiegende Mehrheit der privaten Internetangebote kaum wahrgenommen (vgl. nur *Bauer*, User Generated Content, S. 37).

[62] *Berberich*, MMR 2010, S. 736 ff.; *Holznagel/Nolden*, Vorfragen zu Rundfunk und Telemedien, in: Hdb. Multimedia-Recht, Teil 5 Rdnr. 12. Es handelt sich um eine Übersetzung von „user generated content", und bezeichnet „die Gesamtheit aller von Internetnutzern bewusst erzeugten wahrnehmbaren elektronischen Medieninhalte, die von diesen unmittelbar und unabhängig von einer vorherigen redaktionellen Auswahl über das Internet der Öffentlichkeit zugänglich gemacht werden, sofern es sich hierbei nicht um professionell erstellte und zu gewerblichen Zwecken veröffentlichte Inhalte handelt" (*Bauer*, User Generated Content, S. 25 f.). Mit diesem Begriff kann zugleich die Fortentwicklung der die klassischen Massenmedien charakterisierenden One-to-any-Struktur zu einer Any-to-any-Struktur zum Ausdruck gebracht werden, die „Rezipienten zu Perzipienten" macht (*Altmann*, User Generated Content, passim). Anders als die Rede vom „Mitmach-Internet" (*Kreutzer*, MMR 2007, S. 732 [732]; *Erdemir*, in: Spindler/Schuster, Recht der elektronischen Medien, § 1 JMStV Rdnr. 32; *Högg* u.a., Geschäftsmodelle, in: Meckel/Stanoevska-Slabeva [Hrsg.], Web 2.0, S. 39 [40]) und die Bezeichnung als „peer production" (*Zittrain*, The future of the internet, S. 206), weckt er auch nicht die unzutreffende Assoziation der Gleichheit.

unter dem Begriff „Web 2.0" geführt[63]) in aller Regel hinter journalistisch-redaktionellen Angeboten zurück. Diese Betrachtungsweise würde indes verkennen, dass technisch gesehen *jede* Information, die im Internet für Suchmaschinen erfassbar und zum freien Abruf bereitgehalten wird, bei einer Suchmaschinenanfrage auf einer vergleichbaren Ebene der Wahrnehm- und Erreichbarkeit liegt. Über die Breitenwirkung einer Äußerung entscheidet folglich der (journalistisch-redaktionelle) Kontext nicht mehr allein, sondern nur noch im Zusammenspiel mit den *Rezeptionsmodalitäten* wie der Durchsuchbarkeit für Suchmaschinen[64] und der Stellung des Beitrags in der Ergebnisliste der Suchmaschine.[65] Falls der Suchbegriff (z. B. ein Name) in den häufiger genutzten Online-Medien nicht verwendet wird,[66] werden auch weniger frequentierte Seiten ohne Weiteres unter den ersten Einträgen nachgewiesen.[67]

b) Konsentierte Publikationen Dritter („Vereinshomepage")

Diese neue Art der medialen Dauerbelastung des Betroffenen ist freilich nicht auf solche konfrontativen Beiträge beschränkt, die bereits ursprünglich (also im Zeitpunkt der erstmaligen Verbreitung) gegen seinen Willen erschienen sind. Auch *konsentierte Veröffentlichungen,* bei denen die Verbreitung mit Zustimmung des Betroffenen durch Dritte erfolgt ist, können dem Betroffenen nach einiger Zeit erhebliche Schwierigkeiten bereiten.

Zu den herkömmlichen Medienformaten, die dergestalt auf der Zustimmung des Betroffenen beruhen, zählen vor allem Interviews und sog. „Homestorys", bei denen Journalisten Zugang zur (räumlich-situativen und thematischen) Privatsphäre gewährt wird. Selbst wenn die betroffene Person zunächst mit der Wiedergabe ihrer Äußerungen einverstanden war, mag sie später ihre Mitwirkung be-

---

[63] *O'Reilly,* Web 2.0, passim. Zur Begriffsgeschichte *Bauer,* User Generated Content, S. 8 m. Fn. 3.

[64] Zu robot.txt bereits oben S. 29 m. Fn. 38 und ausführlich unten S. 297.

[65] Die Rezeption hängt entscheidend davon ab, ob ein Beitrag unter den ersten zehn bis zwanzig „Treffern", also der ersten bzw. zweiten Seite der Ergebnisliste der meisten Suchmaschinen, aufgeführt wird, sog. „Primacy-Effekt" (*Rath,* Internet-Suchmaschinen, S. 74 ff.). Unter Laborbedingungen konnte gezeigt werden, wie sehr die Wahrnehmung mit aufsteigender Rangstelle abnimmt (*Machill* u. a., Wegweiser, in: Machill/Welp [Hrsg.], Wegweiser im Netz, S. 13 [94 f., 255 f.]).

[66] Die genauen Algorithmen zur Sortierung der Suchergebnisse gehören zu den Geschäftsgeheimnissen der Suchmaschinenbetreiber. Neben der Art und Häufigkeit des Vorkommens des Suchbegriffs im Beitrag und der Verknüpfung des konkreten Beitrags durch externe Links spielt wohl die allgemeine Bedeutung des Internetangebots eine Rolle, wobei für letztere wiederum die Gesamtzahl der externen Links relevant sein dürfte. Vgl. näher *Sieber,* Technische Grundlagen, in: Hdb. Multimedia-Recht, Teil 1 Rdnr. 106; *Kühling/Gauß,* ZStW 2007, S. 881 (882).

[67] Dies lässt sich leicht nachvollziehen, wenn der Name einer nicht-prominenten Person, der auf einer Vereinshomepage oder in einem Blog genannt wird, in eine Suchmaschine eingegeben wird.

reuen: Sei es, weil sie feststellen muss, dass sie (zumindest aus heutiger Sicht) mehrdeutige oder (zu) undifferenzierte Äußerungen getätigt hat, die sie so nicht mehr wiederholen würde; sei es, dass die mit dem Bericht einhergehende Dokumentation einer persönlichen Eigenschaft – etwa ihrer Teilnehme an einer Selbsthilfegruppe (z. B. chronisch Kranker, [ehemaliger] Alkoholiker, Spielsüchtiger usw.) oder einer Bürgerinitiative (z. B. gegen ein Bauvorhaben) – später Schwierigkeiten im beruflichen oder privaten Bereich bereitet.

Diese Schwierigkeiten sind zwar nicht mit der Verbreitung solcher Beiträge über das Internet erstmals aufgetreten. Unter den herkömmlichen Bedingungen mussten aber nur Personen, die ein öffentliches Amt innehatten, sich für ein solches bewarben oder sonst in der Öffentlichkeit wirkten ernsthaft damit rechnen, dass Journalisten und (politische Gegner) die vorhandenen Archive auf „Fehltritte" hin durchforsten und diese wieder veröffentlichen würden.[68] Die Schützenkönigin in einem schwul-lesbischen Schützenverein durfte bislang demgegenüber ebenso davon ausgehen, dass der in der Lokalpresse erschienene Bericht keine längerfristige Aufmerksamkeit genießt, wie eine Betroffene, die – um anderen Mut zu machen – über ihre Krebserkrankung spricht.

Wird der Bericht über das Schützenfest[69] bzw. das Interview[70] allerdings ins Internet eingestellt, sind diese Berichte grundsätzlich dauerhaft abrufbar und über Suchmaschinen auffindbar.[71] Die Betroffene muss folglich nicht nur die *aktuelle* Reaktion ihres sozialen Umfeldes bedenken; sie sollte sich (idealerweise) auch im Klaren darüber sein, dass ihr diese Information auch in der Zukunft noch zum Nachteil gereichen kann, etwa bei der Bewerbung um eine (andere) Arbeitsstelle.

Mehr noch als bei den konfrontativen Publikationen spielen bei den konsentierten Beiträge nutzergenerierte Inhalte auf Blogs, in Foren und sozialen Netzwerken eine immer größer werdende Rolle.

Dies lässt sich an den von Parteien, Bürgerinitiativen, Vereinen usw. betriebenen Internetangeboten veranschaulichen. Hier finden sich regelmäßig neben den Namen von Repräsentanten (Vorstand, Pressesprecher)[72] auch die „einfacher" Mitglieder, unter anderem in förmlichen Protokollen über Mitgliederversamm-

---

[68] Vgl. *Kurbjuweit/Latsch*, DER SPIEGEL v. 8.1.2001, S. 24 ff., wo Fotos veröffentlicht werden, die den damaligen Bundesaußenminister *Fischer* in einer Auseinandersetzung mit Polizisten zeigen.

[69] http://ksta.de/koeln/schwul-lesbische-schuetzen-koenigin-fuer-schwul–lesbische-schuetzen,15187530,20592342.html.

[70] http://fudder.de/artikel/2012/07/05/wie-es-ist-mit-20-hautkrebs-zu-bekommen.

[71] Dazu ausführlich unten S. 295.

[72] Nicht zuletzt zwingt die Impressumspflicht des § 55 Abs. 1 RStV (wenn nicht sogar nach § 5 TMG) in vielen Fällen zu einer solchen Offenlegung.

lungen und in Berichten über die Aktivitäten der Gruppe.[73] Auf diese Weise wird die Mitgliedschaft des Betroffenen zu dieser Vereinigung dauerhaft dokumentiert. Im Gegensatz zu einer auf herkömmlichem Wege verbreiteten Vereinszeitschrift fallen derartige Beiträge nicht von selbst dem (menschlichen) Vergessen anheim.

Es bedarf nicht allzu viel Phantasie, sich persönliche Informationen auszumalen, von denen es der Betroffene als ausgesprochen nachteilig empfinden mag, dass sie z.B. dem (potenziellen) Arbeitgeber durch eine Suchmaschine bereits bei Eingabe von Vor- und Nachnamen „aufgedrängt" werden.[74] Zusätzliche Brisanz gewinnt dieses Szenario durch die Möglichkeit einer zwischenzeitlichen Veränderung der (politischen oder gesellschaftlichen) Ausrichtung einer Organisation, mit der der Betroffene über einen einzigen älteren Eintrag in Verbindung gebracht werden kann.[75] Ihm obliegt es dann, einem möglichen falschen Eindruck aktiv entgegenzutreten und damit einen lange zurückliegenden Aspekt seiner Persönlichkeit gleich zu Beginn ins Zentrum der Kommunikation mit neuen sozialen Kontakten zu stellen.

c) Eigene Publikationen („Partybild")

Die neuen Möglichkeiten zur aktiven Teilhabe an massenmedialer Kommunikation u.a. über private Internetseiten und Blogs werden mehr noch als zur Berichterstattung über andere zur Selbstdarstellung genutzt. Dass ein Text, Bild oder Video, das der Betroffene selbst veröffentlicht hat, gegen den (aktuellen) Willen des Betroffenen weiterhin auffind- und abrufbar bleibt, erscheint zunächst fernliegend. Hierzu wird es i.d.R. auch nicht kommen, wenn der Betroffene die Beiträge auf einer „eigenen" Seite veröffentlicht hat, für die er die Kosten der Domainregistrierung, des Speicherplatzes und oft auch der Software selbst trägt.[76]

Anders liegt es, wenn er sich der Hilfe solcher Intermediäre bedient hat, die an einer fortdauernden Speicherung und Verwertung seiner Angaben ein eigenes (wirtschaftliches) Interesse haben. Die Nutzer der „kostenfreien" Blog-, Video-

---

[73] So ist es etwa in Sportvereinen üblich, die Leistungen der Sportler unter Nennung des vollen Namens in einer Vereinszeitschrift zu würdigen. Mit der Verlagerung dieser Beiträge in einen online erscheinenden Newsletter werden diese nun für jedermann auffind- und abrufbar.

[74] Gesetzesvorhaben wie § 32 Abs. 6 S. 3 BDSG-E (BT-Drs. 17/4230, S. 16) versuchen daher, die Auswertung sozialer Netzwerke zu beschränken (vgl. unten S. 157 m. Fn. 733).

[75] Wie die Erkennbarkeit des zeitlichen Abstandes auf den durchschnittlichen Leser wirkt, ist umstritten (ausführlicher unten S. 60 m. Fn. 189 und S. 262).

[76] Host-(Service-)Provider sind hier allein an der Fortsetzung der Geschäftsbeziehung interessiert.

und Bilderportale[77] sowie von sozialen Netzwerken[78] bezahlen auf die eine oder andere Weise mit ihren Inhalten: Sei es, dass sie das Portal für Dritte interessant machen und so zu hohen Besucherzahlen führen, von denen wiederum – ähnlich der Einschaltquote im Fernsehen – die Höhe der erzielbaren Werbeeinnahmen abhängt;[79] sei es, dass die Analyse der Inhalte zur Bildung von Profilen herangezogen wird, die weitaus teurere personalisierte Werbung ermöglichen und auch veräußert werden können.[80] *Buchner* spricht folglich zu Recht von einem „Tauschmodell ‚Einwilligung gegen Leistung'",[81] welches die Betreiber solcher Portale mit der Haltung der „Post-Privacy"-Bewegung[82] übereinstimmen lässt.[83]

Bereits jetzt versuchen manche Anbieter, die Verfügungsbefugnis der Nutzer über die von ihnen eingestellten Inhalte (teilweise) zu beschränken. Auch wenn

---

[77] Eigene (und fremde) Bilder, Audiobeiträge und Videos werden nicht nur auf selbst betriebenen Seiten und Blogs, sondern auch auf spezialisierten Portalen (z.B. Flickr oder Youtube) der Öffentlichkeit präsentiert. Anschließend können diese Inhalte von anderen Nutzern kopiert sowie auf Blogs oder in sozialen Netzwerken „eingebettet" werden, weshalb die Ersteinsteller deren Verbreitung nachträglich nicht verlässlich steuern und oft auch nicht wieder unterbinden können.
Mit welchen Folgen die *Allgegenwart von Aufnahmegeräten* (z.B. in Mobiltelefonen) vor diesem Hintergrund die Grenzen zwischen privater und öffentlicher Sphäre verschiebt, hat *Zittrain*, The future of the internet, S. 212, treffend erläutert: „Ubiquitous sensors threaten to push everyone toward treating public encounter as if it were a press conference, creating fewer spaces in which citizens can express their private selves." Verschärft wird die Problematik durch die neuen Möglichkeiten der *Identifikation* der abgebildeten Personen (vgl. dazu *Zittrain*, ebd., S. 214 f.); über Bildersuchmaschinen (z.B. http://google.com/imghp) können Bilder mit Hilfe anderer Bilder gefunden werden.

[78] Gemeinsames Strukturmerkmal sozialer Netzwerke ist die Anlage eines „Profils" durch die Nutzer, auf welchem sie persönliche Daten (z.B. Geschlecht, Alter, Wohnort, Ausbildungsstätten, Arbeitsplatz), Informationen über ihre Vorlieben und Bilder hinterlegen sollen. Darüber hinaus können die Nutzer Mitteilungen verfassen, in denen auch Bilder, Videos oder andere Internetseiten eingebettet sein können. Eine Besonderheit liegt in der netzwerkartigen Verknüpfung der Profile, die u.a. bewirkt, dass derartige Mitteilungen auf den Seiten der „Freunde" angezeigt werden.

[79] Zu den verschiedenen Erscheinungsformen der Online-Werbung *Plog*, Werberecht der elektronischen Medien, in: HK-MedienR, 30. Abschnitt. Rdnrn. 1, 4 m.w.N.

[80] Zum (vorerst aufgegebenen) Vorhaben der Schufa, aus den Daten von Facebook-Nutzern Rückschlüsse auf deren Bonität zu gewinnen *Fromm*, Süddeutsche Zeitung Nr. 131 v. 9.6.2012, S. 27.

[81] *Buchner*, DuD 2010, S. 39 (39 f.). Näher zu alledem unten S. 313.

[82] *Heller*, Post-privacy, insbes. S. 20 ff., 95 ff.; vgl. auch *Jarvis*, Public Parts, passim. Krit. *Klar*, DÖV 2013, S. 103 (106 f.): „missverstandener Transparenzzustand"; ferner *Karg*, DuD 2013, S. 75 (76 f.).

[83] Vgl. die Äußerungen von Facebook-Vorstand *Zuckerberg*, der die Verschlechterung der Datenschutzstandards als Ausdruck eines neuen gesellschaftlichen Verständnisses zu rechtfertigen versucht (abrufbar unter http://readwrite.com/2010/01/09/face books_zuckerberg_says_the_age_of_privacy_is_ov). Zu den (kommerziellen) Eigeninteressen vieler Post-Privacy-Akteure *Kaiser*, Rechtlich gefordertes Nichtwissen, in: Hill/Schliesky (Hrsg.), Die Vermessung des virtuellen Raums, S. 55 (66, 68).

dieses Unterfangen soweit ersichtlich bislang auf den Fall der Inbezugnahme[84] oder Weiterverwendung von nutzergenerierten Inhalten durch andere Nutzer[85] beschränkt bleibt,[86] dürfte deutlich werden, dass eine vollständige Verfügungsbefugnis über eigene Inhalte entgegen einer ersten Annahme nicht selbstverständlich ist.[87] Weigert sich der Plattformbetreiber, die vom Betroffenen eingestellten Texte, Bilder und Videos wieder zu löschen, drohen die gleichen Schwierigkeiten im beruflichen Fortkommen und gesellschaftlichen Umfeld wie bei einem ursprünglich von einem Dritten verfassten Beitrag. Als Beispiel wird in der Literatur[88] das Schicksal einer US-amerikanischen Lehramtskandidatin herangezogen, die ein Foto von sich veröffentlichte, das sie als „drunken pirate" auf einer Party zeigte. In der Folge wurde ihr die Verleihung des Lehrerexamens verwehrt.[89] Unabhängig von der Frage nach der Angemessenheit dieser Entscheidung[90] verdeut-

---

[84] Z. B. Facebook, „Erklärung der Rechte und Pflichten" (abrufbar unter http://face book.com/legal/terms), Ziff. 2.1: *„Diese IP-Lizenz endet,* wenn du deine IP-Inhalte oder dein Konto löschst, *außer deine Inhalte wurden mit anderen Nutzern geteilt und diese haben die Inhalte nicht gelöscht."* Ähnlich Youtube, „Nutzerbedingungen" (abrufbar unter http://youtube.com/t/terms), Ziff. 10.2: „Die vorstehend von Ihnen *eingeräumten Lizenzen an Nutzerkommentaren sind unbefristet und unwiderruflich"* (Hervorh. d. Verf.).

[85] Z. B. Tumblr, „Nutzungsbedingungen" (abrufbar unter http://tumblr.com/policy/ en/terms_of_service), Ziff. 6: „[…] you give Tumblr a non-exclusive, worldwide, royalty-free, *sublicensable,* transferable right and *license* to use, host, […] display […] such Subscriber Content. […] Note also that this license […] *continues even if you stop using* the Services […]. On termination of your Account or *upon your deletion of particular pieces of Subscriber Content* […], Tumblr shall make reasonable efforts to make such Subscriber Content inaccessible and cease use of it; however, you acknowledge and agree that: […] (c) such removed Subscriber Content *may be available* (and stored on our servers) *through the accounts of other Subscribers, such as because of Reblogging"* (Hervorh. d. Verf.).

[86] Tumblr meint, dass eine nachträgliche Löschung zur Zensur des anderen Nutzers führt, vgl. Tumblr, „Nutzungsbedingungen" (abrufbar unter http://tumblr.com/policy/ en/terms_of_service), Ziff. 6: „[…] when you post something publicly, others may choose to comment on it, making your Content part of a social conversation that *cannot later be erased without retroactively censoring the speech of others"* (Hervorh. d. Verf.).

[87] Z. B. Google (google+/blogger.com; abrufbar unter http://google.de/policies/ terms/regional.html): „Das Recht der öffentlichen Zugänglichmachung *endet mit dem Zeitpunkt, in dem Sie einen eingestellten Inhalt* aus einem bestimmten Dienst *entfernen* […]." Ferner Wordpress (abrufbar unter http://de.wordpress.com/tos): „*If you delete Content, Automattic will use reasonable efforts to remove it from the Website,* but you acknowledge that caching or references to the Content may not be made immediately unavailable" (Hervorh. d. Verf.).

[88] *Mayer-Schönberger,* Delete, S. 1 f., aufgegriffen von *Nolte,* ZRP 2011, S. 236 (236); *Peifer,* JZ 2012, S. 851 (853).

[89] *Snyder v. Millersville Uiversity et al.,* U.S. District Court (Eastern District of PA), Urt. v. 3.12.2008 – No. 07-1660 (abrufbar unter http://www.paed.uscourts.gov/docu ments/opinions/09d0508p.pdf).

[90] *Mayer-Schönberger,* Delete, S. 2, hält sie erkennbar für falsch. Allerdings wird nicht deutlich, ob er die Entscheidung selbst gelesen hat oder nur den von ihm zitierten

licht dieses Beispiel besonders nachdrücklich den Umstand, dass auch eigene Internetveröffentlichungen auf Grund der (grundsätzlichen) Dauerhaftigkeit ihrer Speicherung, der weltweiten Abrufbarkeit und schließlich der leichten Auffindbarkeit das Potenzial haben, herkömmliche persönliche, räumliche und vor allem auch zeitliche Begrenzungen der Wahrnehmbarkeit zu überwinden.

d) Sonderfall: Publikationen öffentlicher Stellen

Mittlerweile betreiben fast alle *öffentlichen Stellen* einen eigenen Internetauftritt. Neben einem individuellen Informations- und Kommunikationsangebot im Sinne des „E-Government"[91] findet dort vor allem Öffentlichkeitsarbeit statt: Neben Berichten über eigene oder fremde Aktivitäten, wie sie bisher in Mitteilungsblättern oder über Pressemitteilungen verbreitetet wurden,[92] werden auch öffentliche Bekanntmachungen zugänglich gemacht und archiviert.[93]

Darüber hinaus bedienen sich öffentliche Stellen vermehrt des Internets, um gezielt nach Personen zu fahnden.[94] Anders als etwa in den USA[95] kam es in

---

Zeitungsbericht. Denn nach den Feststellungen des Gerichts hat die *Schulbehörde* der Klägerin die weitere Teilnahme am für das Lehrerexamen erforderlichen schulpraktischen Teil der Ausbildung verwehrt, weshalb die beklagte *Universität* bereits rechtlich außerstande war, ihr das Lehrerexamen zu verleihen. (Stattdessen hat sie ihr den entsprechenden akademischen Abschluss zuerkannt.) Weiterhin geht aus der Entscheidung hervor, dass das Foto bei weitem nicht der einzige Grund für die Entscheidung der Schulbehörde war. Vielmehr war zuvor mehrfach ein professionelleres Verhalten im Unterricht und insbesondere die Einhaltung einer professionellen Distanz zu den Schülern angemahnt worden, u. a. weil die Studentin ihre Schüler immer wieder auf ihr Internetprofil hingewiesen hatte.

[91] *Eifert,* Electronic Government, passim; *Britz,* Elektronische Verwaltung, in: GVwR II, § 26 Rdnrn. 1 ff.

[92] Neben den in ihrer Brisanz offenkundigen Verlautbarungen der Staatsanwaltschaft im Laufe eines Ermittlungsverfahrens finden sich vor allem auf kommunaler Ebene zunehmend konsentierte Meldungen über die Aktivitäten der Verwaltung, über die Initiativen der Ratsparteien und Bürgerinitiativen, über die Verleihung von Preisen und Ehrungen und dergleichen mehr.
Selbst Schulen treten auf diese Weise in die Öffentlichkeit. So finden sich auf ihren eigenen Internetauftritten regelmäßig (bebilderte) Informationen darüber, welche Schüler an den Aufführungen des Theaters oder Orchesters, an Projekten oder an (externen) Wettbewerben teilgenommen haben. In jüngerer Zeit kommen Evaluationsberichte hinzu, die personenbezogene Informationen über Lehrer enthalten können, vgl. dazu *Winkler,* JZ 2012, S. 762 (767) m. Fn. 66.

[93] Oft sind z. B. Wahlvorschläge für Gemeinderäte und Universitätsgremien jahrelang abrufbar.

[94] Entsprechende Seiten werden vom BKA und den LKA betrieben, vgl. dazu RiStBV Anlage B, insbesondere Ziff. 1.1 Abs. 1 S. 2, Ziff. 3.2; vgl. *Pätzel,* NJW 1997, S. 3131 ff. Zur Fahndung über soziale Netzwerke vgl. Konferenz der Justizministerinnen und -minister, Beschluss II. 8 v. 15.11.2012 (abrufbar unter http://justiz.nrw.de/JM/justizpolitik/jumiko/beschluesse/2012/herbstkonferenz12/II_8.pdf).

[95] Die US-amerikanische Justiz greift zunehmend auf sog. „Creative Sentencing" zurück: Neben den Verpflichtungen zur Offenlegung sexualstrafrechtlicher Verurteilungen

Deutschland zwar bisher noch nicht zum Einsatz eines „Online-Prangers" als strafrechtliche Sanktion. „Adverse Publizität" wird aber durchaus als Mittel der Sanktion, Prävention und konkreten Gefahrenabwehr[96] genutzt, z. B. bei der Dokumentation von Ergebnissen der Lebensmittelüberwachung.[97]

Es können daher auch bei staatlichen Veröffentlichungen alle drei der zuvor genannten Konstellationen auftreten: Bereits ursprünglich konfrontative Äußerung,[98] konsentierte Beiträge,[99] sowie schließlich vom Betroffenen selbst verfasste und zur Veröffentlichung in staatlichen Publikationsorganen bestimmte Beiträge.[100]

Diese Publikationen bilden bereits insofern Sonderfälle, als die Kautelen, unter denen sie zulässig sein sollen (Gesetzesvorbehalt, Kompetenzordnung), in mehrfacher Hinsicht umstritten sind.[101] Sie werfen zusätzlich die soeben beschriebenen Herausforderungen auf, wenn sie dauerhaft auffind- und abrufbar gehalten werden. Die besondere Brisanz von staatlichen Publikationen, in denen z. B. das politische und gesellschaftliche Engagement oder gar (mutmaßliche) Verfehlungen eines Einzelnen gleichsam „amtlich" festgehalten werden, liegt auf der Hand. Mit Blick auf den durch die unmittelbare Grundrechtsbindung und die Kompetenzordnung gegenüber privaten Akteuren verengten Spielraum werden Publikationen staatlicher Stellen in der folgenden Untersuchung jeweils einer gesonderten Betrachtung unterzogen werden.

(sog. „Megan's Laws") erfreut sich v. a. die öffentliche Bloßstellung bei Trunkenheitsfahrten großer Beliebtheit: Die Täter müssen einen Aufkleber am Heck ihres Wagens anbringen oder werden in der Lokalzeitung namentlich genannt. Vgl. *Massaro*, 89 Mich. L. Rev. (1991), S. 1880 ff.; *Whitman*, 107 Yale L. J. (1998), S. 1055 ff., und *Notes (anonym)*, 116 Harv. L. Rev. (2003), S. 2186 ff.; ferner *Diggelmann*, VVDStRL 70 (2011), S. 50 (66) m.w. N. in Fn. 66 f.

[96] Ausführlich *Reimer*, JöR N. F. 58 (2010), S. 275 ff. Vgl. unten S. 233.

[97] Vorreiter war vermutlich die „Pankower-Ekelliste", die später in ein berlinweites Angebot überführt wurde. Nachdem verschiedene Gerichte aufgrund europa- und verfassungsrechtlicher Bedenken die Veröffentlichung im Wege des einstweiligen Rechtsschutzes untersagt haben, sind entsprechende Veröffentlichungen bis zur höchstgerichtlichen Klärung ausgesetzt (vgl. http://berlin.de/sicher-essen) bzw. modifiziert worden (vgl. http://berlin.de/ba-pankow/verwaltung/ordnung/smiley.html). Vgl. unten S. 233 m. Fn. 1110.

[98] Diese beschränken sich nicht auf den Bereich der Eingriffsverwaltung (Fahndungsaufrufe, Warnungen). Auch die Vielzahl der mit (ab)wertenden Stellungnahmen von Amtsträgern versehenen „Pressemitteilungen" zählen dazu. Wurden diese bisher durch Presse und Rundfunk im Rahmen eigener redaktioneller Berichte verbreitet, sind sie nun regelmäßig auch auf der Internetseite der Behörde abrufbar.

[99] Z. B. Berichte über das Schützenfest oder das Treffen der Bürgerinitiative.

[100] Z. B. ein Aufsatz in einer Zeitschrift zur politischen Bildung (vgl. BVerfG, NJW 2011, S. 511 ff.).

[101] Dazu ausführlicher unten S. 232.

II. Rekonstruktion des Problems als nachträglicher Publikationsexzess

Gegenüber herkömmlichen Medien weisen die neuen Kommunikationsformen im Internet in Folge der Digitalisierung drei wesentliche Alleinstellungsmerkmale auf: Günstiger Speicherplatz, globale Abrufbarkeit, leichte Auffindbarkeit.[102] Ein näherer Blick auf die vorstehenden Beispiele zeigt, dass die Schwierigkeiten stets auf einem spezifischen Zusammenwirken dieser drei Faktoren beruhen (1.), das mit den herkömmlichen Kategorien persönlichkeitsverletzender Inhalte nicht erfassbar ist (2.). Vielmehr bedarf es einer aktualisierenden Ergänzung derselben um die Konstellation des nachträglichen Publikationsexzesses (3.).

1. Fortwährende Abruf- und Auffindbarkeit identifizierender Beiträge als neuartige Rezeptionsmodalität

Die im vorstehenden Abschnitt aufgezeigten Schwierigkeiten für den Einzelnen gehen auf ein spezifisches Zusammenwirken der drei genannten Faktoren zurück:

Die beiden erstgenannten Aspekte (*Speicherplatz* und *Abrufbarkeit*) haben nicht nur zu einer explosionsartigen Vermehrung der verbreiteten Inhalte geführt. Sie sind auch maßgeblich für die „Unfähigkeit des Internets zu vergessen" verantwortlich: Die nachträgliche (selektive) Prüfung und Veränderung eines veröffentlichten Beitrags bedeutet Aufwand, weshalb es naheliegt, einmal eingestellte Beiträge grundsätzlich einfach „stehenzulassen". Auf diese Weise können sie auch noch zu einem Zeitpunkt abrufbar sein, zu dem eine erneute, *aktive* Veröffentlichung unzulässig wäre.

Bei näherer Betrachtung der Beispiele fällt indes auf, dass eine fortwährende weltweite Abrufbarkeit solcher Beiträge über das Internet – für sich genommen – nicht weiter besorgniserregend wäre: Es verhielte sich ähnlich wie mit der ständigen Wahrnehmung durch andere Menschen in einer Großstadt. Die Masse an Informationen, die auf den Beobachter zuströmt, kann von diesem nur gefiltert verarbeitet werden. Gesichter und Gespräche der Passanten werden nur erinnert, wenn etwas Außergewöhnliches passiert oder es sich um einen Bekannten handelt. Wäre das Internet ein solcher „Ozean an Informationen", bestünde *faktisch* Anonymität, weil die Wahrscheinlichkeit, dass die inkriminierende Information zufällig wahrgenommen würde, außerordentlich gering wäre.[103]

Deshalb kommt dem *dritten Aspekt,* der ebenfalls erst durch die digitale Datenstruktur ermöglichten *Durchsuchbarkeit* aller frei zugänglichen Informationen

---

[102] *Mayer-Schönberger,* Delete, S. 52 ff.
[103] *Mayer-Schönberger,* ebd., S. 99: „[A]s everybody is bombarded with information; most of it drowns in the sea of sensory impressions city life produces."

auf Inhaltsebene mittels leistungsfähiger Suchmaschinen, entscheidende Bedeutung zu. Die Volltextsuche macht die Informationen *fortwährend greifbar*. Wegen ihr muss der Betroffene realistischerweise damit rechnen, dass die inkriminierenden Informationen von allen zur Kenntnis genommen werden, mit denen er jemals zu tun hat. Ohne Intervention wird die im Internet veröffentlichte Information zum digitalen Stigma.

2. Herkömmliche Kategorien persönlichkeitsrechtsverletzender Inhalte

Die Verbreitung (persönlichkeits)rechtsverletzender Inhalte über das Internet wirft eine Vielzahl schwieriger rechtlicher wie tatsächlicher Probleme auf, die von der Anwendbarkeit nationaler Regelungen auf notwendig länderübergreifend verbreitete Inhalte über die Durchsetzbarkeit gerichtlicher Entscheidungen im Ausland bis hin zur möglichen Schutzpflicht des Staates zu einer stärkeren Regulierung des Internetzugangs reichen.[104] Die Brisanz dieser Entwicklung ist offenkundig und – nicht zuletzt wegen der gravierenden Folgen für den Betroffenen – keinesfalls zu vernachlässigen: „Die technische Leistungsfähigkeit und die Entgrenzung des Internet, die es einzelnen Akteuren – zumal bei gewissem Geschick – erlauben, Hunderttausende Adressaten zu erreichen, begründen schließlich auch die besondere Gefahr, daß das Medium als überaus wirkungsvoller Pranger und als Bühne derer genutzt wird, die anderen schaden wollen."[105] Die im Internet (mitunter nur scheinbar) erreichbare *Anonymität*[106] hat die Hemmschwelle nochmals absinken lassen.[107]

Allein: Es handelt sich überwiegend um Inhalte, bei denen der *Grund für die (potenzielle) Rechtswidrigkeit* mit herkömmlichen Kategorien erfasst werden

---

[104] Überblick und Lösungsansätze bei *Sieber*, 69. DJT (2012), S. C 1 ff. m.w.N.

[105] *Kube*, Persönlichkeitsrecht, in: HStR VII, § 148 Rdnr. 148.

[106] Zu den technischen Hintergründen ausführlich *Brunst*, Anonymität im Internet, S. 46 ff., 84 ff.

[107] Vgl. nur VGH BW, NVwZ-RR 2011, S. 647 (648). Die nicht mehr abrufbare Seite „iShareGossip.com" warb gegenüber ihren zumeist jugendlichen Besuchern wie folgt: „iShareGossip ist eine Plattform die sich der freien Meinungsäußerung verschrieben hat. Allerdings kann freie Meinungsäußerung nur dann erfolgen, wenn eine Person keinerlei gesellschaftliche oder staatliche Repressalien zu befürchten hat. Aus diesem Grund garantieren wir die absolute und uneingeschränkte Anonymität der Beitragschreiber und Kommentatoren. Es ist für niemandem (auch nicht für uns nicht) möglich nachzuvollziehen, wer was gepostet und/oder kommentiert hat. Wenn du etwas Postest oder einen Kommentar schreibst, so werden keinerlei Daten gespeichert die einen Rückschluss auf deine Identität zulassen (insbesondere keine IP Adressen)." (ohne Hervorh. d. Originals; orthographische Fehler beibehalten; z.T. wiedergegeben unter http://computer.t-online.de/isharegossip-mobbingportal-betreiber-festgenommen/id_46768734/index).

kann, was am Beispiel des „Cyber-Mobbing", das vor allem unter Schülern ein großes Problem darstellt,[108] illustriert werden soll.

a) Per se persönlichkeitsrechtsverletzende Inhalte

Bei der Mehrzahl der als Mobbing zu wertenden Äußerungen handelt es sich um solche, die *wegen ihres Inhaltes* – ohne Rücksicht auf die näheren Umstände der Veröffentlichung – persönlichkeitsrechtsverletzend, d. h. *per se rechtswidrig* sind. Das betrifft die „einfache" Beleidigung, die üble Nachrede und die Verleumdung (§§ 185 ff. StGB), die Verletzung des persönlichen Lebens- und Geheimbereichs (§ 201 ff. StGB) sowie Verlautbarungen, die sich auf die Intim- und Privatsphäre[109] beziehen, und deshalb regelmäßig den Tatbestand des § 823 Abs. 1 BGB (mit dem allgemeinen Persönlichkeitsrecht als „sonstigem Recht") erfüllen.

b) Publikationsexzesse

Doch auch wenn die Inhalte einer Mobbing-Äußerung selbst nicht zu beanstanden sind – etwa weil es sich um zutreffende Tatsachen aus der Sozialsphäre handelt –, kann sich die Rechtswidrigkeit der Veröffentlichung aus den *Modalitäten der Verbreitung* ergeben. Als *Publikationsexzesses* findet sich diese Kategorie sowohl im Straf-[110] wie auch im Zivilrecht[111] und ist überdies als Aspekt des verfassungsrechtlichen allgemeinen Persönlichkeitsrechts anerkannt.[112]

aa) Publikationsexzesse i. e. S.

Unter dem Begriff Publikationsexzess wird in erster Linie die – mitunter schwierig zu greifende – Konstellation verstanden, in der eine persönlichkeitsbeeinträchtigende Äußerung auf Grund der näheren Umstände nicht per se rechts-

---

[108] Zur Vielschichtigkeit und (rechts)praktischen Relevanz *Hanschmann*, RdJB 2010, S. 445 ff. m.w.N.

[109] Die auf nutzergenerierten Inhalten beruhenden Angebote haben, wie *Stürner* zutreffend bemerkt hat, zu einer „explosionsartige[n] Vermehrung von Informanten über die Individualsphäre" geführt (vgl. den Tagungsbericht von *Kerscher*, Süddeutsche Zeitung, Nr. 108 v. 11.5.2011, S. 15).

[110] Als Aspekt der in § 185 i.V.m. §§ 192, 193 StGB geregelten – missverständlich so bezeichneten – Formalbeleidigung, *Regge/Pegel*, in: MüKo-StGB, § 192 StGB Rdnrn. 7 f.; ausführlich *Hirsch*, Ehre und Beleidigung, S. 217 ff. m.w.N. auch zur historischen Entwicklung.

[111] Zunächst als sittenwidrige Schädigung i.S.v. § 826 BGB (RGZ 115, 416 [417] – Auskunftei; RG, JW 1928, S. 1211 [1211] – Messegespräch), nunmehr als Aspekt des (zivilrechtlichen) allgemeinen Persönlichkeitsrechts, oft mit den Begriffen „Prangerwirkung" oder „Stigmatisierung" umschrieben (beispielhaft BGHZ 161, 266 [269 f.]). Vgl. unten S. 143.

[112] BVerfGE 35, 202 (232); BVerfG, AfP 1993, S. 478 (479); BVerfG, NJW 2006, S. 2835 (2835 f.).

widrig ist, sie aber doch *nicht in dieser Art und Weise,* insbesondere *nicht vor diesem Publikum* verbreitet werden dürfen soll.[113] Sie ist deshalb vor allem bei Äußerungen relevant, die erweislich wahr sind oder – etwa im Bereich der Verdachtsäußerung – in einer anderen Form oder unter anderen Umständen in den Bereich der Wahrnehmung berechtigter Interessen fallen würden (vgl. § 193 StGB a. E.). Zum Publikationsexzess *im engeren Sinne* zählen Fälle, in denen sich die Unzulässigkeit der Publikation *allein aus dem Missverhältnis von Anlass und Modalität* der Äußerung[114] ergibt.[115]

In der zivilgerichtlichen Praxis von einiger Relevanz ist dabei das aus dem Persönlichkeitsrecht abgeleitete Verbot – zutreffender – (Presse-)Berichterstattung in Fällen, in denen ein Einzelner ohne besonderen Grund aus einer Vielzahl vergleichbarer Betroffener hervorgehoben (und damit gleichsam „an den Pranger" gestellt) wird.[116] Das betrifft vor allem kleinere und mittlere strafrechtliche Verfehlungen:

> „Allerdings kann auch eine wahre Darstellung das Persönlichkeitsrecht des Betroffenen verletzen, wenn sie einen Persönlichkeitsschaden anzurichten droht, der außer Verhältnis zu dem Interesse an der Verbreitung der Wahrheit steht. Dies kann insbesondere dann der Fall sein, wenn die Aussagen geeignet sind, eine erhebliche Breitenwirkung zu entfalten und eine besondere Stigmatisierung des Betroffenen nach sich zu ziehen, so dass sie zum Anknüpfungspunkt für eine soziale Ausgrenzung und Isolierung zu werden drohen."[117]

Auf das Problem des Cyber-Mobbing gewendet bedeutet dies, dass auch der Fall einer auf der Prangerwirkung beruhenden Unzulässigkeit der Verbreitung wahrer Tatsachen mit der Kategorie des Publikationsexzesses i. e. S. erfasst werden kann.

bb) Reaktualisierungen

Einen Unterfall des Publikationsexzesses bildet die *Reaktualisierung,* d. h. das „Wiederaufwärmen" eines länger zurückliegenden Sachverhalts, ohne dass *im Zeitpunkt der (erneuten) Veröffentlichung* noch ein hinreichender Anlass dazu be-

---

[113] Der Begriff des Publikationsexzesses wird im Folgenden im Sinne dieser Definition verstanden und nicht auf den Straftatbestand des § 185 i.V.m. §§ 192, 193 StGB reduziert.

[114] Anders als bei der sogleich behandelten Reaktualisierung spielt der Faktor „Zeit" keine Rolle.

[115] Entscheidend ist, dass nicht schon die Formulierung selbst eine – ohne Weiteres als Beleidigung unzulässige – Schmähung enthalten darf; das klassische (Lehrbuch-)Beispiel für einen Publikationsexzess ist die – inhaltlich zutreffende – Rede über das Vorleben der Brautleute auf der Hochzeitsfeier, vgl. *Lackner/Kühl,* StGB, § 192 Rdnr. 2 m.w.N. Strafrechtliche Verurteilungen sind sehr rar, vgl. nur OLG Dresden, JW 1930, S. 1317 (Mahnen des säumigen Mieters am schwarzen Brett).

[116] BGH, GRUR 1994, S. 913 (914 f.). Ferner BVerfG, AfP 2006, S. 550 (552 f.); BVerfG, NJW 2010, S. 1587 (1589).

[117] BGHZ 183, 353 (357 f.) unter Vw. auf BVerfGE 97, 391 (404 f.); BVerfG, AfP 2009, S. 365 (366 f.).

stünde. Zum wohl bekanntestes Beispiel, der Gefährdung der Resozialisierung von Straftätern, hat das Bundesverfassungsgericht in der Lebach I-Entscheidung ausgeführt:

> „Die Ausstrahlungswirkung des verfassungsrechtlichen Schutzes der Persönlichkeit läßt es jedoch nicht zu, daß die Kommunikationsmedien sich über die aktuelle Berichterstattung hinaus zeitlich unbeschränkt mit der Person eines Straftäters und seiner Privatsphäre befassen. Vielmehr gewinnt nach Befriedigung des aktuellen Informationsinteresses grundsätzlich sein Recht darauf, ‚allein gelassen zu werden', zunehmende Bedeutung und setzt dem Wunsch der Massenmedien und einem Bedürfnis des Publikums, seinen individuellen Lebensbereich zum Gegenstand der Erörterung oder gar der Unterhaltung zu machen, Grenzen. [...] darüber hinausgehende fortgesetzte oder wiederholte Eingriffe in den Persönlichkeitsbereich des Täters [lassen sich] in der Regel nicht rechtfertigen; sie würden namentlich bei Fernsehsendungen mit entsprechender Reichweite über den Täter eine erneute soziale Sanktion verhängen."[118]

Auch im Bereich des Cyber-Mobbing ist ein solches „Wiederaufwärmen" älterer Vorgänge vorstellbar. Alles in allem dürfte am hier untersuchten Beispiel des Cyber-Mobbing deutlich geworden sein, dass die Verbreitung personenbezogener Äußerungen – gerade auch im Rahmen des Web 2.0 – zwar viele rechtspraktische Probleme aufwirft, diese sich aber in der Regel nahtlos in die bekannten Kategorien rechtswidriger Inhalte einfügen.

3. Ergänzung um die Kategorie des *nachträglichen* Publikationsexzesses

Die dargelegten Beeinträchtigungen durch „stehengebliebene" Beiträge scheinen sich auf den ersten Blick ebenfalls als Reaktualisierung fassen zu lassen. So wurde hier zur Verdeutlichung der Brisanz darauf hingewiesen, dass eine wiederholte Verbreitung der Beiträge womöglich unzulässig wäre.[119] Auch wenn der Schutz vor unzulässiger Reaktualisierung als „rechtliche[r] ‚Vergessensbefeh[l]'"[120] bezeichnet werden mag, erwiese sich eine Gleichsetzung beider Konstellationen als voreilig. Denn bei einer Reaktualisierung wird – wie auch bei den anderen bisher bekannten Kategorien rechtswidriger Inhalte – die *rechtliche Bewertung auf den Zeitpunkt ihrer (aktiven) Veröffentlichung bezogen,* es handelt sich deshalb um einen *ursprünglichen* Publikationsexzesses. Die hier problematisierte Konstellation des „Stehenlassens" eines Beitrags zeichnet sich demgegenüber dadurch aus, dass der Beitrag im Zeitpunkt seiner Veröffentlichung rechtlich unbedenklich war: sei es, dass ein überragendes öffentliches Publikationsinteresses an einer konfrontativen Veröffentlichung bestand, sei es, dass der Betroffene

---

[118] BVerfGE 35, 202 (234 f.). Ferner BVerfG, NJW 2006, S. 2835 (2836); BVerfG, AfP 2009, S. 365 (367).

[119] Auch in der Online-Archiv-Kontroverse wurde zur Ermittlung des anzulegenden Maßstabs auf den Schutz der *Resozialisierung* Bezug genommen, vgl. unten S. 57 ff.

[120] *Dreier,* Erinnern Sie sich ... ?, in: FS Loewenheim, S. 67 (68).

in die Veröffentlichung eingewilligt oder sie gar selbst vorgenommen hat. Die sich aufdrängende Frage nach der *zukünftigen Rechtmäßigkeit* des unveränderten Abrufbarhaltens mit Blick auf die gewandelten Umstände, liegt folglich außerhalb des durch die herkömmlichen Kategorien gesteckten Rahmens.

Um diese unter den Bedingungen der Internetpublikation (Dauerhaftigkeit, Abrufbarkeit, Auffindbarkeit) virulent gewordenen[121] Konstellationen des „Rechtswidrig*werdens*" adäquat fassen zu können, soll die bestehende Systematik in Fortführung der etablierten Terminologie um die Kategorie des *nachträglichen Publikationsexzess* erweitert werden. Bei diesem tritt die Rechtswidrigkeit der Veröffentlichung erst nach Änderung der äußeren Umstände, d. h. in erster Linie infolge Zeitablaufs, ein. Vereinfacht ergibt sich mithin folgendes Tableau:

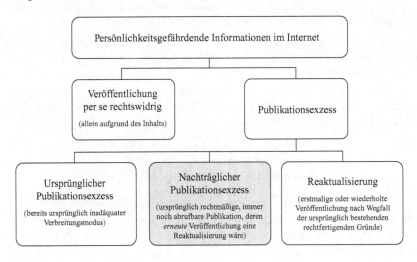

III. Gegenstand, Methode und Gang
der Untersuchung

1. Anerkennung eines Rechts auf medialen Neubeginn
als Ausprägung des allgemeinen Persönlichkeitsrechts

Die Beispiele des ersten Abschnitts haben verdeutlicht, warum die „Unfähigkeit des Internets zu vergessen" dem Betroffenen Schwierigkeiten bereiten kann. Anstatt wie auf herkömmliche Weise dem heilsamen menschlichen Vergessen an-

---

[121] Mit Blick auf herkömmliche Publikationen ist ähnliches nur theoretisch vorstellbar, wie z. B. beim Vorhalten alter Bücher in Archiven und Bibliotheken. Weil diese allenfalls über Schlagwortkataloge, *nicht jedoch auf Inhaltsebene* erschlossen sind, bedarf es eines großen Zeitaufwandes oder eines Zufalls, beim Durchblättern der Werke etwas über eine bestimmte Person in Erfahrung zu bringen.

heim zu fallen, bleibt die Dokumentation eines beschämenden Verhaltens, einer unbedachten Äußerung oder auch nur einer von der sozialen Norm abweichenden persönlichen Eigenschaft grundsätzlich dauerhaft weltweit abrufbar und über Suchmaschinen auffindbar.

Diese *tatsächlichen* Entwicklungen werfen die Frage auf, ob sich aus ihnen ein *rechtlicher* Handlungsbedarf ergibt und, wenn ja, welche Gestalt eine adäquate Reaktion haben sollte. Diese Frage bildet den Gegenstand der vorliegenden Untersuchung.

Die *Ergänzung des rechtswissenschaftlichen analytischen Handwerkszeugs* um die Figur des nachträglichen Publikationsexzesses war dabei nur die Ouvertüre: Der Umstand, dass diese Konstellation sich den bisherigen analytischen Kategorien entzieht, zeigt bereits an, dass der bisher erreichte Stand in Gesetzgebung, Rechtsprechung und Wissenschaft den Spezifika der aufgezeigten Beeinträchtigungen nicht gerecht werden kann.

Vor diesem Hintergrund will die nachfolgende Untersuchung zeigen, warum es auf Ebene des deutschen Verfassungsrechts der *Ergänzung des Persönlichkeitsschutzes* durch die Anerkennung eines *Recht auf medialen Neubeginn* als weiterer Ausprägung des allgemeinen Persönlichkeitsrechts bedarf, um den mit der „Unfähigkeit des Internets zu vergessen" einhergehenden Gefährdungen der Persönlichkeit adäquat begegnen zu können.

Weil dem allgemeinen Persönlichkeitsrecht die Vorstellung einer kontinuierlich ablaufenden und niemals vollständig abgeschlossenen Persönlichkeitsbildung und -entfaltung zugrunde liegt,[122] zählt das Offenhalten von Entwicklungsspielräumen in zeitlicher Hinsicht bei näherem Hinsehen zu den Schutzzwecken einiger (mit Blick auf gänzlich andere Gefährdungslagen) bereits anerkannten Ausprägungen.[123] Das Recht auf medialen Neubeginn wird also nicht auf eine *tabula rasa* projiziert, sondern in Aktivierung der Ergänzungs- und Lückenschließungsfunktion des allgemeinen Persönlichkeitsrechts[124] in das bestehende normative Geflecht eingepasst.

2. Methodischer Rahmen der Untersuchung

Mit dieser Zielsetzung der Untersuchung gehen zugleich einige methodische Beschränkungen einher, die, um naheliegenden Missverständnissen vorzubeugen, im Folgenden näher entfaltet werden sollen.

---

[122] *Britz,* Freie Entfaltung durch Selbstdarstellung, S. 22: „Es ist nicht so, dass man zunächst ohne Identität wäre, sich zu einem bestimmten Zeitpunkt das passende Selbst wählte und schließlich mit diesem einmal gewählten Selbst bis ans Ende seiner Tage durch die Welt liefe. Vielmehr muss man sich die Selbst-Wahl als permanenten Vorgang vorstellen." Näher unten S. 109.

[123] Vgl. die Analyse unten S. 111 ff.

[124] Ausführlicher unten S. 82 ff.

a) Einnahme (nur) der Binnenperspektive des Rechts

Als erste Beschränkung des Erkenntnisinteresses soll die (Intra-)Disziplinarität der Untersuchung offen gelegt werden. Die nachfolgende Untersuchung bleibt ganz bewusst der Binnenperspektive des Rechts(systems) verpflichtet, auch wenn eine durch das (außerjuristische) Vorverständnis[125] besonders geprägte Materie wie das allgemeine Persönlichkeitsrecht[126] in vielfacher Hinsicht dazu reizen würde, dieses Vorverständnis zunächst zu hinterfragen. Ein solches Unterfangen würde indes eine vertiefte Auseinandersetzung mit den nachbarwissenschaftlichen Theorien und Erkenntnissen erfordern, die den Rahmen dieses Vorhabens sprengen würde, soll der „uninformierte Theorieimport"[127] nicht vorprogrammiert sein.

b) „Anbau", nicht „Umbau" des allgemeinen Persönlichkeitsrechts

Anliegen dieser Untersuchung ist es, aufbauend auf dem in Rechtsprechung und Literatur herrschenden Verständnis von *Zweck und Funktion* des allgemeinen Persönlichkeitsrechts einen Problemlösungsvorschlag zu entwickeln, der die mit dem allgemeinen Persönlichkeitsrecht in dieser Interpretation verbundene Gewährleistung freier Persönlichkeitsentfaltung auch gegenüber der skizzierten neuartigen Herausforderung zur Geltung bringt. Deshalb kann es nicht um eine *Dekonstruktion* des bisher erreichten Standes der Dogmatik gehen, sondern – unter „Amalgamation von Konstruktion und Kritik"[128] – um das „Angebot einer [...] (positiven) Lösung".[129] Dies bedingt eine weitere Präzisierung des Erkenntnisinteresses *innerhalb* des juristisch-dogmatischen Terrains: Um die gewünschte Anschlussfähigkeit und Umsetzbarkeit der Ergebnisse nicht zu gefährden, wird die konsentierte Konstruktion des allgemeinen Persönlichkeitsrechts keiner eigenen Würdigung unterzogen,[130] sondern lediglich für die Zwecke der Entwicklung einer „brauchbaren [Ergänzungs-]Konstruktion"[131] *rekonstruiert*.[132]

---

[125] Zur Vielfalt der geistesgeschichtlichen und aktuelleren soziologisch-philosophischen Wurzeln siehe statt vieler *Kube*, Persönlichkeitsrecht, in: HStR VII, § 148 Rdnrn. 3 ff. (Scholastik und Naturrechtslehre); *Britz*, Freie Entfaltung durch Selbstdarstellung, S. 13, 29 ff. (Luhmann, Mead und Sartre); *Nettesheim*, VVDStRL 70 (2011), S. 7 (8 f.) (Hegel und Sartre); *Suhr*, Entfaltung der Menschen durch die Menschen, S. 80 ff. (Hegel, Kant, Luhmann, Mead und Maihofer).

[126] Ausführlich *Suhr*, ebd., S. 71 ff., 80 ff.; ferner unten S. 91.

[127] *Voßkuhle*, Neue Verwaltungsrechtswissenschaft, in: GVwR I, § 1 Rdnr. 39 m.w.N.

[128] *Suhr*, Entfaltung der Menschen durch die Menschen, S. 21.

[129] *Suhr*, ebd., S. 23.

[130] Aus diesem Grund kann auch auf unorthodoxe innerjuristische Alternativen nicht eingegangen werden, wenn diese sich zu sehr vom konsentierten Bereich entfernen. Hierzu zählt beispielsweise das „freiheitsakzessorische" Konzept von *Nettesheim*, VVDStRL 70 (2011), S. 7 (33 ff.), das „im Telos nicht persönlichkeitsorientiert" sein will, „sondern Ausdruck der Bedingungen einer freiheitlichen Lebensführung in einer sich ändernden Beobachtungskultur" (S. 43).

[131] *Suhr*, Entfaltung der Menschen durch die Menschen, S. 21.

Bildlich gesprochen: Um die offenbar gewordene Schwachstelle des Schutzwalls des allgemeinen Persönlichkeitsrechts zu beheben, wird nicht das bisher Errichtete verworfen, geschleift und nach Maßgabe eines anderen Plans von Grund auf neu errichtet; es soll vielmehr ein Vorschlag erarbeitet werden, wie die Schutzwehr durch einen auf der vorfindlichen Konstruktion (weitgehend) abgestützten Anbau so ertüchtigt werden kann, dass das Gesamtwerk auch den neuartigen Herausforderungen standhält.

c) Vom nationalen zum europäischen Recht auf medialen Neubeginn

Der Realbereich Internet ist wie kaum ein anderer durch die Überschreitung nationaler Grenzen geprägt. Als Beispiele für das offenkundige Leerlaufen herkömmlicher staatlicher Restriktionen mögen Glücksspiel, Sportwetten und Pornographie dienen – sie alle finden ohne Rücksicht auf die jeweilige nationale Rechtslage ungehindert und zu jeder Tageszeit statt. Kurz: Die „Schwächung der Ordnungsfunktion des demokratischen Rechtsstaats" ist nicht zu übersehen.[133] Deshalb mag es verwundern, warum brauchbare Lösungsstrategien für dort auftretende Probleme ausgerechnet aus einer vergleichsweise „kleinen" nationalen Rechtsordnung heraus entwickelt werden können sollen.

Anders als bei der Verbreitung von *per se* illegalen Inhalten (z. B. Kinderpornographie) und bei anderen Formen des „Cybercrime" (z. B. Phishing, Hacking und illegalem Glücksspiel)[134] legen weder Verbreiter noch Rezipienten „stehengebliebener" Beiträge kriminelle Energie zur Umgehung von Schutzvorkehrungen[135] an den Tag. Gleichwohl können strukturelle Schwierigkeiten auch im Bereich des nachträglichen Publikationsexzesses nicht geleugnet werden. Wie schnell ein Streit um die Abrufbarkeit von betagten Informationen die Grenzen überschreitet, lässt sich am Beispiel der konfrontativen Berichterstattung über Straftaten zeigen: Identifizierende Beiträge finden sich nicht nur bei inländischen, sondern mitunter auch bei im Ausland ansässige Medienunternehmen[136] und der Wikipedia[137]. Dass bei letzterer nicht nur die deutsche, sondern auch die englische Ausgabe zum Gegenstand der Online-Archiv-Kontroverse wurde, zeigt

---

[132] Das bedeutet zugleich ein Bekenntnis zur „juridischen Gebrauchsdisziplin", die durch „Dekontextualisierung – Systematisierung – (Re-)Konkretisierung" ein Angebot zur Fortentwicklung des Rechts unterbreitet (*Jestaedt*, Phänomen Bundesverfassungsgericht, in: Jestaedt u. a. [Hrsg.], Das entgrenzte Gericht, S. 77 [131 f.]) – im Bewusstsein der damit verbundenen (legitimatorischen) Schwierigkeiten (dazu statt vieler *Jestaedt*, ebd., S. 77 [134 f., 141 ff.] m.w.N.).

[133] *Masing,* NJW 2012, S. 2305 (2309).

[134] Aktueller Überblick bei *Sieber,* 69. DJT (2012), S. C 18 ff.

[135] *Sieber,* ebd., S. C 35 ff.; C 136 ff. m.w.N.

[136] BGHZ 184, 313 – New York Times; BGH, NJW 2012, S. 2197 ff., vgl. auch das dazu im Wege der Vorabentscheidung ergangene Urteil EuGH, Rs. C-509/09 und C-161/10 – eDate Advertising und Martinez, Slg. 2011, I-10269 ff., NJW 2012, S. 137 ff.

[137] Vgl. oben S. 31 m. Fn. 49.

ein weiteres Mal die zentrale Rolle von Suchmaschinen für die gesamte Problematik: Wenn die Betroffenen mit ihrem Namen auf irgendeiner Internetseite genannt werden, müssen sie damit rechnen, dass der dortige Eintrag von den Suchenden wahrgenommen wird.[138] Angesichts der weiten Verbreitung zumindest rudimentärer, passiver Kenntnisse der englischen Sprache würden die abträglichen Informationen folglich auch im Inland vom sozialen Umfeld der Betroffenen in gleicher Weise rezipiert, wie dies bei einem im Inland abrufbaren Beitrag der Fall wäre.

Konsequenterweise bedürfte es der Schaffung und Durchsetzung *globaler* Regelungen – eine mit Bezug auf die *Inhalte*[139] aufgrund der allein schon im Verhältnis Europa/USA offenkundigen und einstweilen nicht zu überbrückender Differenzen[140] utopische Vorstellung. Ist angesichts dessen nicht zumindest ein „Hochzonen" auf die Ebene des *Europäischen Rechts* erforderlich, um überhaupt mit Aussicht auf Erfolg international agierende Internetanbieter zur Einhaltung rechtlicher Vorgaben bewegen zu können?[141] Wie kann darauf verzichtet werden,

---

[138] Vor allem, wenn diese von Suchmaschinen für so wichtig befunden wird, wie die englischsprachige Wikipedia (zur Relevanz des Rangs unter den Suchergebnissen, vgl. oben S. 34 m. Fn. 65).

[139] Für technische Fragen werden auf Grundlage der Konstitution und Konvention der Internationalen Fernmeldeunion (ITU) (vgl. BGBl. 2001 II, S. 1121) globale Standards vereinbart.

[140] *Diggelmann,* VVDStRL 70 (2011), S. 50 (62 ff.); *Masing,* NJW 2012, S. 2305 (2310): „grundlegend unterschiedliche Vorstellungen hinsichtlich Art und Umfang eines angemessenen Datenschutzes". Dass es nicht um deutsche Besonderheiten, sondern tatsächlich einen „European Approach" geht, der – trotz aller Unterschiede im Detail – dem U.S.-amerikanischen Ansatz gegenübergestellt werden kann, zeigen die rechtsvergleichenden Studien von *Brüggemeier/Colombi Ciacchi/O'Callaghan,* Personality rights in European tort law, passim, und von *Werro,* The Right to Inform v. the Right to be Forgotten. A Transatlantic Clash, in: FS Brüggemeier, S. 285 ff.
Wie tiefgreifend die Divergenz ist, zeigt U.S. Supreme Court, Florida Star v. B.J.F., 491 U.S. 524 (1989), wonach die Nennung der Namen von Vergewaltigungs*opfern* durch die „freedom of speech" derart geschützt ist, dass sie der Presse nicht verboten werden darf. *Rosen,* 64 Stan. L. Rev. Online (2012), S. 88 (88), konstatiert denn auch: „Europeans and Americans have diametrically opposed approaches to the problem." Vgl. ferner *Slobogin,* Die Verwaltung 44 (2011), S. 465 (465 f.), der „die zunehmende Bedeutungslosigkeit" des einschlägigen Vierten Verfassungszusatzes beklagt.
Ausführlich zur (Rück-)Entwicklung des verfassungsrechtlichen „privacy"-Schutzes nunmehr *Wittmann,* Der Schutz der Privatsphäre vor staatlichen Überwachungsmaßnahmen durch die US-amerikanische Bundesverfassung, insbes. §§ 3–5, 7, der allerdings zugleich aufzeigt, dass von der zunehmend restriktiveren Rechtsprechung namentlich des U.S. Supreme Courts zumindest für den untersuchten Bereich staatlicher Maßnahmen auf ein entsprechendes Rechtsempfinden in Bevölkerung und Fachöffentlichkeit nicht geschlossen werden kann (§ 10).

[141] *Masing,* NJW 2012, S. 2305 (2310). Vgl. auch die Mitteilung der Kommission, KOM(2012) 9 endg., S. 11, zum Versuch, mit Hilfe des in Art. 3 Abs. 2 des Entwurfs einer Datenschutz-Grundverordnung (KOM[2012] 11 endg.) vorgesehenen „Marktortprinzips" alle Unternehmen, die den europäischen Markt bedienen, europäischen Standards zu unterwerfen (dazu auch Erw.-Grd. 20, KOM[2012] 11 endg.).

die Betrachtung zumindest auch auf die Charta der Grundrechte der Europäischen Union und die EMRK zu erweitern? Müsste sich angesichts des Vorrangs des Unionsrechts (und damit mittelbar der Europäischen Grundrechte, vgl. Art. 51 Abs. 1 S. 2 GRCh) im immer weiter ausufernden „Anwendungsbereich des Unionsrechts",[142] der zugleich die Anwendbarkeit der nationalen Grundrechte (weitestgehend[143]) ausschließt,[144] für Untersuchungen zu mitgliedstaatlichen Grundrechten nicht in letzter Konsequenz die Sinnfrage[145] stellen?

Ohne zu bestreiten, dass optimale Lösungen auf lange Sicht wohl nur über spezifische Regelungen des Unionsrechts und andere internationale Vereinbarungen zu erreichen sein werden,[146] kann diese Frage freilich deshalb positiv beantwortet werden, weil derartige Instrumente einer „verfassungsrechtlichen", d. h. grund- und menschenrechtlichen, Unterfütterung bedürfen, um im Konflikt mit den durch sie eingeschränkten Grund- und Menschenrechten (insbesondere den Kommunikations- und Medienfreiheiten) bestehen zu können.[147] Der Gewährleistungsumfang der einschlägigen Normen des Unionsrechts bzw. der EMRK (Art. 16 AEUV, Art. 7, 8 GRCh; Art. 8 EMRK) muss dabei erst noch entfaltet werden.[148] Zwar verbietet ihr Charakter als supranationales und internationales Recht eine starre Kopplung an die verfassungsrechtlichen Verbürgungen einzelner Mitgliedstaaten; die „autonome Auslegung" sowohl des EuGH als auch des

---

[142] Überblick bei *von Bogdandy* u. a., ZaöRV 2012, S. 45 (55 ff.).

[143] *Britz,* EuGRZ 2009, S. 1 (3) m. Fn. 21.

[144] Grundlegend BVerfGE 73, 339 (376, 387) – Solange II; BVerfGE 102, 147 (164) – Bananenmarkt; *Masing,* NJW 2012, S. 2305 (2310): „[W]o europaweit abschließende Vollregelungen gelten, [können] auch die einzelstaatlichen Grundrechte keine maßgebliche Rolle mehr spielen [...]." *Britz,* EuGRZ 2009, S. 1 (4 f.), verweist darauf, dass eine extensive Auslegung der Richtlinie 95/46/EG zum Schutz natürlicher Personen bei der Verarbeitung personenbezogener Daten und zum freien Datenverkehr (ABl. L 281 v. 23.11.1995, S. 31) den *grundgesetzlichen* Datenschutz fast vollständig verdrängen könnte.

[145] *Bäcker,* Der Staat 51 (2012), S. 89 (112): „Man darf durchaus fragen, ob sich die damit verbundene Mühe lohnt." Ferner *Britz,* EuGRZ 2009, S. 1 (6), die über eine enge Auslegung des Anwendungsbereichs des Sekundärrechts hinaus keine Alternative zu einen umfassenden Anwendungsvorrang der Gemeinschaftsgrundrechte sieht und den Inhalt des Europäischen Grundrechtsschutzes (auch) deshalb untersucht, um „*die Konsequenzen einer Zurückdrängung* des nationalen Grundrechtsschutzes einschätzen zu können" (Hervorh. d. Verf.).

[146] Vgl. beispielhaft für das Strafrecht: Übereinkommen über Computerkriminalität des Europarates v. 23.11.2001 – sog. „Cybercrime-Konvention" – (BGBl. 2008 II, S. 1242); Rahmenbeschluss 2005/222/JI über Angriffe auf Informationssysteme (ABl. L 69 v. 16.3.2005, S. 67).

[147] Das zeigt sich deutlich an der Rezeption des in Art. 17 des Entwurfs einer Datenschutz-Grundverordnung vorgesehenen „Rechts auf Vergessenwerden" (dazu ausführlich unten S. 78 ff.), ist aber keineswegs hierauf beschränkt (vgl. *Britz,* EuGRZ 2009, S. 1 [9] mit Blick auf das geltende Datenschutz[sekundär]recht).

[148] Vgl. zur jüngeren Entwicklung *Schneider,* Die Verwaltung 44 (2011), S. 499 (501 ff.).

EGMR ruht gleichwohl auf einer „wertenden Rechtsvergleichung",[149] d. h. der Inhalt supra- und internationaler Grund- und Menschenrechte wird (teilweise) unter Rückgriff auf die Gewährleistungen in den Mitgliedstaaten ermittelt.[150]

Dieser im Europarecht mehr[151] und in der EMRK weniger[152] deutlich normativ verankerte Rückgriff auf die „gemeinsamen Verfassungsüberlieferungen der Mitgliedstaaten" erfolgt nicht nur zur Ermittlung der ursprünglichen Bedeutung zum Zeitpunkt der Promulgation,[153] sondern ist Teil des *fortwährend* ablaufenden „Gegenverkehrs"[154]. Ein durch die institutionell-formelle Kontroverse um

---

[149] *Grabenwarter/Pabel,* Europäische Menschenrechtskonvention, § 5 Rdnrn. 11 ff.; *Weber,* Europäische Verfassungsvergleichung, Kap. 1 Rdnrn. 18 ff.

[150] Vgl. *Szczekalla,* Grundrechtsschutz im Europäischen Verfassungsverbund, in: Hdb. d. Europ. GrR, § 2 Rdnr. 2: „Haupterkenntnisquelle für Gemeinschaftsgrundrechte". Zurückhaltender *Nicolaysen,* Entwicklungslinien, in: Hdb. d. Europ. GrR, § 1 Rdnr. 59, der als Ausgangspunkte nicht einzelne mitgliedstaatliche Grundrechte, sondern die „gemeinsamen und verfassungsrechtlich gesicherten fundamentalen Überzeugungen europäischer Rechtsstaatlichkeit" erblickt. Zur Bedeutung des „gemeineuropäischen Konsenses" bei der fortbildenden Auslegung der EGMR als „living instrument" mit Blick auf den Beurteilungsspielraum der Mitgliedstaaten *Nußberger,* RW 2012, S. 197 (200 ff.).

[151] Art. 6 Abs. 3 EUV: „Die Grundrechte, wie sie in der Europäischen Konvention zum Schutz der Menschenrechte und Grundfreiheiten gewährleistet sind und wie sie sich *aus den gemeinsamen Verfassungsüberlieferungen der Mitgliedstaaten* ergeben, sind als allgemeine Grundsätze Teil des Unionsrechts." Präambel der GRCh: „Diese Charta bekräftigt [...] die Rechte, die sich vor allem *aus den gemeinsamen Verfassungstraditionen* [...] *der Mitgliedstaaten* [...] ergeben." Art. 52 Abs. 4 GRCh: „Soweit in dieser Charta Grundrechte anerkannt werden, wie sie sich *aus den gemeinsamen Verfassungsüberlieferungen der Mitgliedstaaten* ergeben, werden sie im Einklang mit diesen Überlieferungen ausgelegt." Art. 53 GRCh: „Keine Bestimmung dieser Charta ist als eine Einschränkung oder Verletzung der Menschenrechte und Grundfreiheiten auszulegen, die [...] *durch die Verfassungen der Mitgliedstaaten* anerkannt werden." (Hervorh. jeweils d. Verf.).
Diese Vorschriften kodifizieren die Rechtsprechung des EuGH, vgl. grundlegend EuGH, Rs. 4/73 – Nold, Slg. 1974, S. 491 (507), NJW 1975, S. 518 (520): „[D]ie Grundrechte [gehören] zu den allgemeinen Rechtsgrundsätzen [...], die [der EuGH] zu wahren hat, und [...] bei der Gewährleistung dieser Rechte [hat er] von den gemeinsamen Verfassungsüberlieferungen der Mitgliedstaaten auszugehen."

[152] Präambel der EMRK, Erw.-Grd. 5: „als Regierungen europäischer Staaten, die vom gleichen Geist beseelt sind und ein gemeinsames Erbe an politischen Überlieferungen, Idealen, Achtung der Freiheit und Rechtsstaatlichkeit besitzen, die ersten Schritte auf dem Weg zu einer kollektiven Garantie bestimmter in der Allgemeinen Erklärung aufgeführter Rechte zu unternehmen". Vgl. EGMR, RJD 1998-I, S. 1 (21) – Vereinigte Kommunistische Partei (TBKP) u. a. ./. Türkei: „The Preamble goes on to affirm that European countries have a common heritage of political tradition, ideals, freedom and the rule of law. The Court has observed that in that common heritage are to be found the underlying values of the Convention [...]."

[153] Vgl. zur überragenden Bedeutung der gemeinsamen mitgliedstaatlichen Überzeugungen und der EMRK bei der Abfassung der GRCh *Kraus,* Grundrechtsschutz in der Europäischen Union, in: EMRK-GG, Kap. 3 Rdnrn. 152 f.

[154] *Szczekalla,* Grundrechtsschutz im Europäischen Verfassungsverbund, in: Hdb. d. Europ. GrR, § 2 Rdnr. 19 m.w.N. Mit Blick auf die mitunter enge Anlehnung des

den Vorrang des supra- und internationalen Rechts einerseits und die unaufgebbare Verfassungsidentität andererseits nicht verstellter Blick offenbart, dass materiell eine „wechselseitig befruchtende Fortentwicklung"[155] zu beobachten ist:

> „Argumente und Problemlösungen, die im Rahmen einer nationalen Grundrechtsordnung erarbeitet werden und sich dort als praktikabel erweisen, könnten die unionsrechtliche Entwicklung als grundrechtliche Exportartikel beeinflussen. Dabei geht es nicht um einen nationalstaatlichen Grundrechtsimperialismus, sondern um einen Beitrag in einem europäischen Rechtsgespräch mit dem Ziel, die europäische Grundrechtsgemeinschaft zu vertiefen."[156]

In diesem Sinne soll diese Untersuchung zugleich einen Beitrag zur Entwicklung eines europäischen Rechts auf medialen Neubeginn als Teil des „common law of human rights"[157] leisten.[158]

3. Gang der Untersuchung

Der *erste Teil* der Untersuchung zielt darauf, im Einzelnen darzulegen, warum die fortwährende Abruf- und Auffindbarkeit identifizierender Beiträge eine unbewältigte Gefährdung des allgemeinen Persönlichkeitsrechts darstellt. Nach einer Evaluation des bisher erreichten Standes von Gesetzgebung, Rechtsprechung und Wissenschaft (§ 2) werden die Voraussetzungen für die Anerkennung einer neuen Ausprägung des allgemeinen Persönlichkeitsrechts näher entfaltet (§ 3). Dessen spezifische Ergänzungs- und Lückenschließungsfunktion erfordert diesen Schritt (bereits) dann, wenn eine neuartige Gefährdung durch die etablierten grundrechtlichen Gewährleistungen nicht adäquat erfasst wird. Beides trifft für die durch die „Unfähigkeit des Internets zu vergessen" hervorgebrachte Gefahr eines nachträglichen Publikationsexzesses zu (§§ 4, 5).

EuGH an den EGMR (vgl. am Beispiel des Datenschutzes *Britz,* EuGRZ 2009, S. 1 [6 f.] m.w.N.) könnte auch von einem „Kreisverkehr" die Rede sein.

[155] *Voßkuhle,* NVwZ 2010, S. 1 (8).

[156] *Bäcker,* Der Staat 51 (2012), S. 89 (113) m.w.N. Vgl. auch *Masing,* NJW 2012, S. 2305 (2310): „Die Kraft jedes föderalen Gebildes liegt in seiner Vielfalt – nicht nur um die Folklore Willen, sondern auch, um das Entdeckungspotenzial der Glieder zu nutzen." Damit das nationale (Verfassungs-)Recht aber auch in Zukunft solche Impulse beisteuern kann, bedarf es eines signifikanten Anwendungsspielraums, innerhalb dessen es den neuartigen Herausforderungen gegenüber entfaltet werden kann (vgl. *Britz,* EuGRZ 2009, S. 1 [11]: „Export [...] nur dann weiterführend, wenn sich auch der nationale Grundrechtsschutz fortentwickelt").

[157] *Mahoney,* Reconciling universality of human rights and local democracy, in: FS Renate Jäger, S. 147 (156 f.).

[158] Vgl. etwa die jüngere Diskussion um das „droit à l'oubli" im französischen Recht (vgl. *Quillet,* Le droit à l'oubli numérique, S. 8 ff. und passim, m.w.N. zu Genese und Fortentwicklung) sowie die Vorlagefrage der spanischen Audiencia Nacional zur Verpflichtung eines Suchmaschinenbetreibers, (ursprünglich) rechtmäßige identifizierende Beiträge auf Aufforderung des Betroffenen nicht mehr nachzuweisen (Rs. C-131/12 – Google Spain, ABl. Nr. C 165 v. 9.6.2012, S. 11 f.; vgl. auch die Schlussanträge des GA Jääskinen v. 25.6.2013).

Vor diesem Hintergrund wird *im zweiten Teil* das Recht auf medialen Neubeginn als problemadäquate Antwort auf diese Herausforderung formuliert und dessen Gewährleistungsumfang entwickelt (§ 6).

Der *dritte Teil* der Untersuchung ist der Analyse der mit dem Recht auf medialen Neubeginn konfligierenden Belange gewidmet. Der ohnehin komplexe
Konflikt zwischen Anonymitäts- und Publikationsinteresse wird durch die „Unfähigkeit des Internets zu vergessen" um eine weitere (zeitliche) Dimension
angereichert. Die Vielschichtigkeit der Frage nach der Zulässigkeit der fortwährenden Abrufbarkeit eines identifizierenden Beitrags lässt sich am ehesten bewältigen, wenn das zeitliche Schicksal eines im Internet veröffentlichten Beitrags in
drei Phasen unterteilt wird (§ 7). Der Rückgriff auf dieses Modell ermöglicht
eine präzise Bestimmung der Art und Weise, in der grundrechtliche Gewährleistungen (§ 8) und legitime staatliche Aufgaben (§ 9) das Recht auf medialen Neubeginn zu beschränken vermögen.

Im abschließenden *vierten Teil* wird die Durchsetzung des Rechts auf medialen
Neubeginn erläutert. Unter Rückgriff auf die eingangs entwickelten typischen
Konstellationen werden Leitlinien für den Umgang mit konfrontativen, konsentierten und vom Betroffenen selbst veranlassten Publikationen aufgezeigt (§§ 10,
11).

Fortwährende Abruf- und Auffindbarkeit identifizierender Beiträge als unbewältigte Gefährdung des allgemeinen Persönlichkeitsrechts

§ 2 Stand von Gesetzgebung, Rechtsprechung und Wissenschaft

Gegen Ende des vergangenen Jahrzehnts rückten die Nachteile, die sich aus bewusst archivierten oder auch nur „stehengebliebenen" Beiträgen für den Betroffenen ergeben, verstärkt in den Fokus der (Fach-)Öffentlichkeit.

Im Zentrum stand dabei die Kontroverse um die Zulässigkeit des zeitlich unbeschränkten Bereithaltens von – im Zeitpunkt der Veröffentlichung zulässigerweise – einen Straftäter identifizierender Berichterstattung in Online-Archiven von Presseunternehmen und Rundfunksendern. Dieses wurde von den angerufenen Gerichten unterschiedlich beurteilt und hat ebenso divergierende Äußerungen in der Literatur hervorgerufen (I.).

Aber auch die eigenen und konsentierten Veröffentlichungen wurden in der Literatur problematisiert und häufig am Beispiel der digitalen „Jugendsünde" die Widerruflichkeit einer Veröffentlichungserlaubnis erörtert (II. 1.). Ebenfalls an der Einwilligung setzt das von der EU-Kommission in den Entwurf einer Datenschutz-Grundverordnung aufgenommene „Recht auf Vergessenwerden" an (II. 2.).

Die Analyse der unmittelbar auf die Problematik der „Unfähigkeit des Internets zu vergessen" bezogenen Entscheidungen, wissenschaftlichen Äußerungen und Gesetzgebungsvorhaben wird aufzeigen, worauf die folgende Untersuchung aufbauen kann und welche Aspekte eines spezifisch auf die Konstellation des nachträglichen Publikationsexzesses ausgerichteten Zugangs bedürfen, um einer angemessenen Lösung zugeführt werden zu können.

I. Konfrontative Publikationen

Unter Verweis auf die Lebach I-Entscheidung des Bundesverfassungsgerichts und die Folgerechtsprechung der Zivilgerichte verlangten seit Mitte des vergangenen Jahrzehnts mehrere wegen aufsehenerregender Verbrechen Verurteilte[159] die Löschung der sie namentlich identifizierenden Berichte über Tat und Strafverfahren. Dabei ging es in der Regel um (retrospektiv) digitalisierte Presseberichte,[160] aber auch um Mitschriften von Radiobeiträgen[161] sowie Begleittexte von Fernsehsendungen[162], die allesamt seit ihrer erstmaligen Einstellung vor etlichen Jahren unverändert (frei oder gegen Entgelt[163]) abrufbar waren.[164]

Nicht zuletzt aufgrund des sog. „fliegenden" Gerichtsstandes bei (behaupteten) Persönlichkeitsrechtsverletzungen im Internet[165] konnten die Kläger unzählige[166] Verfügungs- und Hauptsacheverfahren vor verschiedenen Landgerichten anhängig machen, was zu einer ebensolchen Fülle von Entscheidungen geführt hat, die sowohl im Entscheidungsmaßstab als auch bei der Würdigung im Tatsächlichen erheblich divergieren. Während die (Verfügungs-)Kläger vor den Hamburger Gerichten häufig Erfolg hatten,[167] verneinten die Oberlandesgerichte Frankfurt a. M., Köln, München und das Kammergericht Berlin regelmäßig einen Unterlassungsanspruch.[168]

---

[159] Die meisten Verfahren haben die als Mörder von Walter Sedlmayr bzw. von Jakub Fiszman Verurteilten angestrengt. Die Entscheidung des KG Berlin v. 19.10.2001 zum „Hooligan von Lens" war zunächst ohne Widerhall geblieben und wurde erst im Kontext dieser Verfahren veröffentlicht (AfP 2006, S. 561 ff.).

[160] U. a. BGH, NJW 2011, S. 2285 ff.

[161] U. a. BGHZ 183, 353.

[162] U. a. OLG Frankfurt a. M., AfP 2008, S. 621 ff.

[163] U. a. BGH, NJW 2010, S. 2432 ff. (kostenpflichtiges SPIEGEL-Dossier, das ältere Presseberichte zusammenfasst); BGH, WRP 2011, S. 591 ff. (kostenpflichtiger Einzelabruf eines FAZ-Artikels).

[164] Darüber hinaus wurden auch Einträge in der Wikipedia zum Gegenstand von Löschungsbegehren gemacht (u. a. LG Hamburg, Urt. v. 12.2.2007 – 324 O 952/06 [juris]; ferner oben S. 31 m. Fn. 49).

[165] Bei Presseveröffentlichungen ist Erfolgsort i. S. d. § 32 ZPO jeder Ort, an dem das Presseerzeugnis verbreitet wird (BGH, NJW 1977, S. 1590 f. – st. Rspr.). Die – außerhalb des Anwendungsbereichs der EuGVVO ebenfalls nach § 32 ZPO zu bestimmende – internationale Zuständigkeit bei Internetveröffentlichungen hat der BGHZ 184, 313 (321) – New York Times, jüngst eingeschränkt: Die behauptete „Kollision der widerstreitenden Interessen [muss] nach den Umständen [...], insbesondere aufgrund des Inhalts der beanstandeten Meldung, im Inland tatsächlich eingetreten sein [können] oder eintreten [können]". Ob und, wenn ja, mit welcher Folge diese Kriterien auf die örtliche Zuständigkeit bei innerdeutschen Internetveröffentlichungen zu übertragen sind, ist umstritten, vgl. nur OLG Frankfurt, AfP 2011, S. 278 (281); LG Berlin, ZUM-RD 2011, S. 412 (414).

[166] Einen Eindruck vermittelt http://buskeismus.de/Archive/archivverfahren_uebersicht.htm, wo v. a. Verfahren vor den Hamburger Gerichten dokumentiert worden sind.

[167] U. a. OLG Hamburg, ZUM 2009, S. 232 ff. Weil die Gerichte die Begründungen in späteren Verfahren weitgehend beibehalten haben, wird im Folgenden grundsätzlich für jedes Gericht jeweils nur die erste in einer Zeitschrift veröffentlichte Entscheidung nachgewiesen.

[168] U. a. OLG Frankfurt a. M., AfP 2006, S. 568 f.; OLG Köln, AfP 2007, S. 126 f.; OLG München, AfP 2008, S. 618 ff.; KG Berlin, AfP 2006, S. 561 ff.

Mit Urteil vom 15.12.2009 hat der Bundesgerichtshof entschieden, dass das Abrufbarhalten ursprünglich zulässiger identifizierender Berichterstattung zeitlich unbegrenzt statthaft ist, wenn diese Beiträge als ältere erkennbar sind und sie weder auf den „aktuellen Seiten des Internetauftritts" stehen, noch sonst unter Erweckung des Anscheins erneuter Befassung auf sie besonders hingewiesen wird.[169] Die gegen diese Entscheidungen erhobene Verfassungsbeschwerde hat das Bundesverfassungsgericht – soweit ersichtlich ohne Begründung – nicht zur Entscheidung angenommen.[170]

1. Die Online-Archiv-Kontroverse

Gemeinsamer Ausgangspunkt der Entscheidungen ist der grundrechtliche Schutz der Resozialisierungschance und die ihn konkretisierende Rechtsprechung der Zivilgerichte.[171]

a) Erneute Bewertung
der ursprünglich rechtmäßigen Publikation erforderlich

In der Lebach I-Entscheidung hat es das Bundesverfassungsgericht für maßgeblich erachtet, ob „die betreffende Berichterstattung gegenüber der aktuellen [d. h. in unmittelbarer zeitlicher Nähe zur Tat oder Verurteilung erfolgenden] Information eine erhebliche *neue oder zusätzliche Beeinträchtigung* des Täters zu bewirken geeignet ist."[172] Viele Instanzgerichte haben sich folglich zunächst die Frage vorgelegt, ob der für den Betroffenen abträgliche Sachverhalt „*erneut* ans Licht der Öffentlichkeit gezerrt" werde[173] bzw. ob das Abrufbarhalten des ursprünglich zulässigen Beitrags als „*erneutes* Behaupten" gewertet werden müsse,[174] und sie mitunter verneint: Der „Äußerungsgehalt" erschöpfe sich „lediglich in einem Hinweis auf eine in der Vergangenheit zulässige Berichterstattung", wenn der Beitrag „weder erneut [...] in das Internet eingestellt noch sonst aktuell auf die alten [Beiträge] Bezug genommen" werde.[175] Auch aus dem Umstand,

---

[169] BGHZ 183, 353 (360 ff.).

[170] BVerfG, Beschluss vom 6. Juli 2010 – 1 BvR 535/10 (unveröffentlicht), mitgeteilt von BGH, NJW 2011, S. 2285 (2286). Nachfolgend ergangene Entscheidungen orientieren sich an der vom Bundesgerichtshof vorgegeben Leitlinie (vgl. nur LG Hamburg, Urt. v. 8.6.2012 – 324 O 221/11 [abrufbar unter http://buskeismus.de/urteile/324O22111.pdf], S. 18 ff.), weshalb sie für die nachfolgende Analyse nicht mehr systematisch ausgewertet und nachgewiesen worden sind.

[171] Vgl. nur BGHZ 183, 353 (357 ff.).

[172] BVerfGE 35, 202 (234) (Hervorh. d. Verf.).

[173] OLG Frankfurt a.M., AfP 2006, S. 568 (569); AfP 2008, S. 621 (622) (Hervorh. d. Verf.).

[174] KG Berlin, AfP 2006, S. 561 (563) (Hervorh. d. Verf.).

[175] OLG Frankfurt a.M., AfP 2006, S. 568 (569) unter Vw. auf KG Berlin, AfP 2006, S. 561 (563). Ähnlich OLG München, AfP 2008, S. 618 (620), das auf den „Äußerungsgehalt *der Archivierung*" (Hervorh. d. Verf.) abstellt.

dass die Beiträge im Internet frei auffindbar und zugänglich waren, ergeben sich gegenüber einer Herausgabe von Informationen aus einem konventionellen (Off-line-)Archiv keine Besonderheiten, die eine andere Bewertung erfordern würden.[176] Während in der Literatur deshalb zum Teil jegliche Abwägung zwischen den konfligierenden Interessen für obsolet gehalten wurde,[177] sind die genannten Gerichte ergänzend in eine (jeweils zum Nachteil des Betroffenen ausgehende) Güterabwägung eingetreten, mit der Folge, dass unklar geblieben ist, ob sie die Zurückweisung des klägerischen Begehrens bereits auf das Fehlen eines Behauptens bzw. Verbreitens „im äußerungsrechtlichen Sinne" gestützt haben.

Demgegenüber haben insbesondere die Hamburger Gerichte betont, dass es aus Sicht des Betroffenen nur darauf ankommen könne, „ob die seinen Namen enthaltende Meldung gegenwärtig verbreitet wird" oder nicht.[178] Denn bei einer an den tatsächlichen Wirkungen orientierten Betrachtungsweise gehe von einer im Internet „archivierten" Meldung, die zwar nicht mehr auf den „aktuellen" Seiten eines Angebots angezeigt werde, aber per Suchmaschine dennoch leicht auffindbar sei, keine erheblich geringeren Gefährdungen für die Resozialisierung aus als von einer „erneuten" Berichterstattung. Entscheidend sei, dass die abträgliche Information bei jedem Abruf durch einen Rezipienten reaktualisiert und damit im Ergebnis ohne zeitliche Grenze perpetuiert werde.[179] Diese Sicht wurde in der Literatur vielfach geteilt.[180]

Der Bundesgerichtshof hat sich ohne nähere Auseinandersetzung mit den vorgebrachten Argumenten der letztgenannten Auffassung angeschlossen: Soweit diskreditierende Informationen jedem interessierten Nutzer zugänglich seien, liege ein Eingriff in das allgemeine Persönlichkeitsrecht des Betroffenen nicht nur bei „aktiver Informationsübermittlung", sondern auch dann vor, wenn die Informationen „lediglich auf einer passiven Darstellungsplattform" bereitgehalten würden.[181]

---

[176] Nachdrücklich OLG Frankfurt a.M., AfP 2006, S. 568 (569): „Dabei spielt es keine Rolle, dass das Archiv der Beklagten nicht in Papierform, sondern elektronisch geführt wird. Zwar mag letzteres für den Nutzer schneller greifbar sein; dies ist aber allein die Folge der technischen Weiterentwicklung und kann nicht dazu führen, elektronische Archive zu untersagen." In diesem Sinne auch OLG Köln, AfP 2007, S. 126 (127): „Dass [...] das Internet die Suche einfacher und bequemer gestaltet, ist angesichts der damit verbundenen allgemeinen Veränderung der Kommunikationswege hinzunehmen."

[177] v. Petersdorff-Campen, ZUM 2008, S. 102 (107), will zwischen einer aktiven „Wahrnehmbarmachung" und einer passiven Archivierung unterscheiden: Während dem Rezipienten im ersten Fall „Informationen zugetragen" würden, beschaffe sich im zweiten Fall ein Rechercheur die Information selbsttätig, was nicht als (erneute) Berichterstattung gewertet werden könne.

[178] OLG Hamburg, ZUM 2009, S. 232 (233 f.).

[179] LG Hamburg, ZUM-RD 2007, S. 537 (538, 540 f.).

[180] Verweyen/Schulz, AfP 2008, S. 133 (137 ff.); Härting, CR 2009, S. 21 (24); Diesterhöft, ZJS 2010, S. 251 (254 f.); Caspar, JZ 2011, S. 211 (212).

[181] BGHZ 183, 353 (356).

b) Voraussetzungen eines Unterlassungsanspruchs des Betroffenen

Mit Blick auf das fortwährende Abrufbarhalten des Beitrags kommt – soweit allein Wortberichterstattung in Rede steht – als Anspruchsgrundlage für ein Löschungs- bzw. Anonymisierungsbegehren der quasi-negatorische Unterlassungsanspruch analog §§ 1004 Abs. 1, 823 Abs. 1 BGB (mit dem allgemeinen Persönlichkeitsrecht als „sonstigem Recht"[182]) in Betracht.[183]

aa) Vorliegen einer Resozialisierungsgefährdung

Hinsichtlich der Feststellung des Vorliegens und der Bemessung der Schwere eines Eingriffs in das allgemeine Persönlichkeitsrecht herrscht *im Ausgangspunkt* breiter Konsens dahingehend, dass sich die Maßstäbe in erster Linie der Lebach I-Entscheidung des Bundesverfassungsgerichts entnehmen lassen: Demnach sei zwar die Verbreitung wahrer Tatsachen, die nicht dem persönlichkeitsrechtlichen Privatsphäreschutz oder sonstigen Geheimschutzvorschriften unterfallen, grundsätzlich hinzunehmen. Mit wachsendem zeitlichen Abstand gewönne jedoch insbesondere das Resozialisierungsinteresse zunehmend an Gewicht, weshalb die Wiedereingliederung des Betroffenen nicht ernstlich gestört bzw. seiner Stigmatisierung und sozialen Isolierung nicht Vorschub geleistet werden dürfe.[184] Zur näheren Beschreibung dieses Umschlagpunktes rekurrieren Rechtsprechung[185] und Literatur[186] ebenfalls weitgehend einhellig auf die gleichen Metaphern: Die abträgliche Information dürfe nicht aufs Neue „ans Licht der Öffentlichkeit gezerrt" und der Betroffene somit gleichsam „ewig an den Pranger" gestellt werden. Als (Hilfs-)Kriterien dienen die inhaltliche Gestaltung des Beitrags [(1)] und dessen Rezeptionsmodalitäten [(2)].

---

[182] Grundlegend BGHZ 13, 334 (337 f.) – Schacht-Brief; 24, 72 (76 f.). In zivilrechtlicher Perspektive wird das allgemeine Persönlichkeitsrecht mit Rücksicht auf seine notwendige Unabgeschlossenheit als sog. „Rahmenrecht" verstanden, dessen offener Tatbestand erst nach einer umfassenden Interessen- und Güterabwägung mit Blick auf den Einzelfall ausgefüllt werden kann. Damit wird zugleich den verfassungsrechtlichen Vorgaben Rechnung getragen, die insbesondere bei der Rechtsanwendung zivilrechtlicher Generalklauseln eine umfassende Abwägung der widerstreitenden verfassungsrechtlich erheblichen Belange verlangen.

[183] Bei einer Bildberichterstattung ergibt sich der Anspruch aus §§ 22, 23 KunstUrhG i.V.m. §§ 823 Abs. 2, 1004 BGB (analog), BGHZ 26, 349 (351) – Paul Dahlke.

[184] Statt vieler BGHZ 183, 353 (357 ff.), wobei der Bundesgerichtshof die Maßstäbe für die „Berichterstattung über eine Straftat" in den größeren Kontext des Schutzes vor übermäßiger *Stigmatisierung* durch wahre Tatsachen stellt (vgl. zu beiden Aspekten ausführlich unten S. 139 ff.).

[185] U. a. BGHZ 183, 353 (360); KG Berlin, AfP 2006, S. 561 (563); OLG Frankfurt a. M., AfP 2006, S. 571 (569); LG Hamburg, ZUM-RD 2007, S. 537 (538).

[186] *Verweyen/Schulz,* AfP 2008, S. 133 (138); *Hoecht,* AfP 2009, S. 342 (346 f.); *Härting,* CR 2009, S. 21 (23 ff.). *Thiel,* JR 2011, S. 116 (117), spricht von „stigmatisierenden Fremddarstellungen".

(1) Inhaltliche Gestaltung des Beitrags

Die Frage nach dem Inhalt des identifizierenden Beitrags dient zunächst der Vergewisserung, dass die an sich zutreffende Information über die Täterschaft nicht in einen Kontext eingebettet ist, der für den Leser einen verfälschenden bzw. überschießenden Aussagegehalt nahelegt.[187] Bezogen auf die Online-Archive ist daher konsentiert, dass der Eindruck einer (tages)aktuellen Berichterstattung weder bewusst (etwa durch Verlinkung auf der Startseite) erweckt werden, noch ohne Zutun des Archivbetreibers faktisch eintreten darf.[188]

Umstritten ist hingegen, ob aus dem Umstand, dass das *Alter des Beitrags*, etwa über das Datum der Veröffentlichung, auch für den flüchtigen Leser deutlich erkennbar ist, auf eine verminderte Intensität der Beeinträchtigung im Vergleich zu einer gedachten aktuellen Berichterstattung geschlossen werden kann.

Während dies überwiegend bejaht worden ist,[189] haben insbesondere die Hamburger Gerichte,[190] aber auch Teile der Literatur betont,[191] dass gerade bei den in Rede stehenden Straftaten allein die Information über die Täterschaft i.d.R. eine ablehnende Haltung gegenüber dem Betroffenen hervorrufen wird – ganz gleich ob die Information einer aktuellen oder erkennbar älteren Meldung zu entnehmen ist.

---

[187] Vgl. LG Kassel, Urteil vom 12. 07. 2010 – 8 O 644/10 (juris), Abs.-Nr. 22 (unter Vw. auf BVerfG, NJW-RR 2007, S. 1340 ff.; NJW-RR 2010, S. 470 ff.): Bei einer Internetveröffentlichung mit Bezug auf Vorstrafen darf für den Leser keinesfalls ein falscher Eindruck hinsichtlich der zwischenzeitlich verstrichenen Zeit entstehen.

[188] BGHZ 183, 353 (361): „Sie [d. h. die streitgegenständliche Mitschrift des Radiobeitrags] war auch nicht in sonstiger Weise in einen Kontext eingebettet, der ihr den Anschein der Aktualität oder den Charakter einer erneuten Berichterstattung verlieh und die Annahme rechtfertigen würde, die Beklagte habe sich erneut bzw. zeitlich uneingeschränkt mit der Person des Straftäters befasst [...]." Ebenso *Hoecht,* AfP 2009, S. 342 (346 f.); *v. Petersdorff-Campen,* ZUM 2008, S. 102 (108). Besonders strenge Maßstäbe wollen *Verweyen/Schulz,* AfP 2008, S. 133 (135, 138 ff.), angelegt wissen.

[189] BGHZ 183, 353 (361); OLG Frankfurt a. M., AfP 2006, S. 568 (569): „Zu Beginn der Artikel wurde eindeutig darauf hingewiesen, dass sie eine am 17. Mai 2000 bzw. 8. Juni 2000 veröffentlichte Nachricht darstellen. Von daher besteht auch keine Gefahr des ‚ewigen Prangers des Internet'; dass archivierte Äußerungen veralten [...] ergibt sich aus der Natur der Sache." *Hoecht,* AfP 2009, S. 342 (347), spricht der Datumsangabe gar die Fähigkeit zu, dem Leser zu verdeutlichen, „dass ‚sich die Zeiten geändert haben'"; falls es gleichwohl zur Zurückweisung komme, handele es sich um eine hinzunehmende Folge des eigenen Fehlverhaltens.

[190] OLG Hamburg, ZUM 2009, S. 232 (233): „[G]erade dann, wenn es um den Schutz der Anonymität eines Betroffenen geht, kann es keinen Unterschied machen, ob seine Identität in einer neuen oder einer älteren Meldung preisgegeben wird [...]." Vgl. auch LG Hamburg, ZUM-RD 2007, S. 537 (540): „[D]ie stigmatisierende Wirkung [...] wird durch alte Artikel genauso perpetuiert wie durch solche, die aktuell veröffentlicht wurden."

[191] *Verweyen/Schulz,* AfP 2008, S. 133 (138); vgl. auch *Diesterhöft,* ZJS 2010, S. 251 (255); *Thiel,* JR 2011, S. 116 (117).

Ähnlich verhält es sich mit der Frage, inwiefern *Art und Weise der Darstellung* von Täter und Tatumständen für die Schwere der Beeinträchtigung von Belang sein können.

Während es nach der zuletzt genannten Auffassung hierauf konsequenterweise nicht ankommen kann, zeigen sich innerhalb der herrschenden Meinung Divergenzen: Teilweise ist zur (weiteren) Begründung der Verneinung einer übermäßigen Beeinträchtigung darauf abgestellt worden, dass die zu beurteilende Berichterstattung besonders ausgewogen sei[192] bzw. den Betroffenen nur am Rande erwähne.[193] Die Berliner Gerichte haben allerdings auch einen besonders reißerischen Beitrag, der überdies ex-post als unzutreffend erkannte Verdachtsberichterstattung enthielt, keinen strengeren Maßstäben unterworfen.[194]

(2) Rezeptionsmodalitäten (Breitenwirkung)

Die größten Differenzen sind bei der Beurteilung der *Rezeptionsmodalitäten* zu Tage getreten, obgleich sich Gerichte und Literatur erneut allesamt an der Lebach I-Entscheidung orientiert und auf das Kriterium der Breitenwirkung rekurriert haben.

Den gemeinsamen Ausgangspunkt bildet die Feststellung, dass sich archivierte Beiträge definitionsgemäß dadurch auszeichnen, dass sie nicht auf der Startseite oder den sonstigen „aktuellen" Seiten zu finden sind und daher nicht „zufällig" aufgerufen werden.[195] Vielmehr muss der Leser, wenn er nicht durch einen (externen) Link zum Beitrag geführt wird, sich entweder chronologisch auf frühere Seiten „durchklicken" oder aber eine Suchmaschine bemühen.[196] Während das erstgenannte Szenario eher theoretischer Natur ist und deshalb (zu Recht) nicht weiter beachtet worden ist, erweist sich die Bewertung der zweitgenannten Möglichkeit des Auffindens eines archivierten Beitrags vermittels „Suchmaschine" als derart uneinheitlich, dass Zweifel daran aufkommen könnten, ob stets von ein und demselben Phänomen die Rede ist.

Nach überwiegender Auffassung handelt es sich beim Abruf archivierter Beiträge um das Ergebnis einer „gezielten Suche",[197] die in der Regel Vorwissen[198]

---

[192] BGHZ 183, 353 (360): „sachbezogen, zurückhaltend und ohne zusätzliche stigmatisierende Umstände"; OLG Frankfurt a. M., AfP 2008, S. 621 (623): „Der [...] Artikel befasst sich [...] nicht gezielt mit der Person des Klägers, sondern erwähnt dessen Namen [...] in sachlicher Art und Weise eher unauffällig."

[193] OLG Frankfurt a. M., AfP 2008, S. 621 (623): „Erwähnung [...] eher marginal".

[194] KG Berlin, AfP 2006, S. 561 (563); LG Berlin, AfP 2001, S. 337 (338).

[195] LG Hamburg, ZUM-RD 2007, S. 537 (540).

[196] OLG Frankfurt a. M., AfP 2006, S. 568 (569); OLG Hamburg, ZUM 2009, S. 232 (233).

[197] BGHZ 183, 353 (361); KG Berlin, AfP 2006, S. 561 (563); OLG Frankfurt a. M., AfP 2006, S. 568 (569); OLG Köln, AfP 2007, S. 126 (127); *Hoecht,* AfP 2009, S. 342 (347).

und eine besondere Motivation[199] erfordere. Dass diese Suche gegenüber einer Recherche in einem herkömmlichen (Presse-)Archive deutlich erleichtert ist, wird zwar teilweise zugestanden, dies müsse der Betroffene jedoch hinnehmen.[200] Sollte es zu einem Abruf kommen, könne der Betroffene sich überdies gegen eine nach herkömmlichen Maßstäben unzulässige *Weiterverbreitung* der Informationen mit den üblichen Rechtsbehelfen wehren.[201] Alles in allem weise die Beeinträchtigung durch die identifizierende Berichterstattung auf einer solchen „passiven Darstellungsplattform"[202] nicht annähernd die Schwere auf, wie sie in der Lebach I-Entscheidung des Bundesverfassungsgerichts zugrunde gelegt worden sei.[203]

Dieser Einschätzung sind (wiederum) die Hamburger Gerichte und Teile der Literatur unter Verweis auf „die durch den Einsatz hocheffizienter Suchmaschinen ermöglichte einfache und blitzschnelle Auffindbarkeit"[204] dezidiert entgegengetreten. Insbesondere setze eine erfolgreiche Suchmaschinenanfrage bei entsprechend identifizierender Berichterstattung kein über den Namen des Betroffenen hinausgehendes „Vorwissen" und keine über reine Neugier hinausgehende Motivation voraus.[205] Weil es weithin üblich geworden sei, die Namen von Bewerbern (sei es um Arbeitsstellen, sei es um Mietwohnungen) und Personen aus dem näheren Umfeld (Kollegen, Nachbarn, Vereinsmitglieder) zu „googlen",[206] müsse der Betroffene berechtigterweise jederzeit befürchten, dass eine ihn als Straftäter identifizierende Berichterstattung aufgefunden und in seinem persönlichen Umfeld (weiter)verbreitet werde.[207] Archivierte Beiträge blieben in ihrer

---

Dreier, Erinnern Sie sich … ?, in: FS Loewenheim, S. 67 (75), erkennt zwar an, dass der Fernzugriff und die Erschließung mit Suchmaschinen die Beiträge einem größeren Personenkreis erheblich leichter zugänglich machen. Entscheidend sei jedoch, dass es sich bei einem Online-Archiv technisch gesehen um einen „Pull-Dienst" handele, bei dem der Nutzer – anders als beim „Push-Dienst" Rundfunk – die Daten selbst aus dem Internet „ziehen" müsse.

[198] OLG Köln, AfP 2007, 126 (127): „Um über Internet-Suchmaschinen […] an den archivierten Beitrag zu gelangen, bedarf es der Eingabe von Namen und Vornamen." Vgl. auch *Hoecht,* AfP 2009, S. 342 (347).

[199] BGHZ 183, 353 (361): „[Die Mitschrift] war nur auf einer als passive Darstellungsplattform geschalteten Website verfügbar, die typischerweise nur von solchen Nutzern zur Kenntnis genommen wird, die sich selbst aktiv informieren […]." Ferner OLG Frankfurt a.M., AfP 2006, S. 568 (569); *Hoecht,* AfP 2009, S. 342 (347).

[200] *Hoecht,* AfP 2009, S. 342 (347).

[201] KG Berlin, AfP 2006, S. 561 (563); OLG Frankfurt a.M., AfP 2006, S. 568 (569).

[202] BGHZ 183, 353 (361).

[203] BGHZ 183, 353 (361); OLG Köln, AfP 2007, S. 126 (127).

[204] Ausführlich LG Hamburg, ZUM-RD 2007, S. 537 (540).

[205] OLG Hamburg, ZUM 2009, S. 232 (233); *Härting,* CR 2009, S. 21 (23).

[206] *Caspar,* JZ 2011, S. 211 (212).

[207] OLG Hamburg, ZUM 2009, S. 232 (233); *Verweyen/Schulz,* AfP 2008, S. 133 (138).

Breitenwirkung keinesfalls hinter aktuellen Berichten zurück, vielmehr ergebe sich ein „erheblich intensiviertes und *ganz eigenes* Maß an perpetuierter Beeinträchtigung".[208]

bb) Obsiegen in der Abwägung
mit den entgegenstehenden Belangen

Das (zivilrechtliche) allgemeine Persönlichkeitsrecht ist im Gegensatz zu den von § 823 Abs. 1 BGB ursprünglich allein geschützten „absoluten" Rechten ein „Rahmenrecht", dessen Reichweite „erst durch eine Abwägung der widerstreitenden grundrechtlich geschützten Belange bestimmt werden" kann.[209] Eine Beeinträchtigung des Persönlichkeitsrechts ist folglich nur dann rechtswidrig, „wenn das Schutzinteresse des Betroffenen die schutzwürdigen Belange der anderen Seite überwiegt", wobei „die betroffenen Grundrechte und Gewährleistungen der Europäischen Menschenrechtskonvention interpretationsleitend zu berücksichtigen sind".[210]

Gerichte und Literatur haben dieser Maßgabe zweifach Rechnung getragen: Zum einen haben sie die Frage aufgeworfen, ob sich die Betreiber der Internetangebote auf ein besonderes verfassungsrechtlich geschütztes „Archiv-Privileg" berufen können [(1)]. Zum anderen ist die Zumutbarkeit der persönlichen und wirtschaftlichen Belastungen erörtert worden, die sich aus der Verpflichtung ergeben würde, archivierte Beiträge daraufhin zu überprüfen, ob sie trotz des zeitlichen Abstandes und in Ansehung der sonst relevanten Umstände nach wie vor unverändert abrufbar gehalten werden dürfen [(2)].

(1) Verfassungsrechtlicher Schutz von (Online-)Archiven

Die einen Veränderungsanspruch des Betroffenen ablehnenden Gerichte haben ihre Entscheidung unter Zustimmung von Teilen der Literatur (ergänzend) auf einen besonderen, verfassungsrechtlich gebotenen Schutz von Archiven gestützt. Dieser ergebe sich zum einen aus der Informationsfreiheit der Nutzer, die in individueller Hinsicht jedermann den – vom Archivbetreiber gewünschten – Zugang zu ursprünglich rechtmäßig veröffentlichten Beiträgen gewährleiste.[211] Zum an-

---

[208] LG Hamburg, ZUM-RD 2007, S. 537 (540) (Hervorh. d. Verf.). Vgl. auch *Diesterhöft*, ZJS 2010, S. 251 (254 f.); *Thiel*, JR 2011, S. 116 (117).

[209] Vgl. oben S. 59 m. Fn. 182.

[210] BGHZ 183, 353 (357) m.w.N.

[211] Grundlegend KG Berlin, AfP 2006, S. 561 (563); ihm folgend OLG Köln, AfP 2007, S. 126 (126 f.); OLG Frankfurt a.M., AfP 2006, S. 568 (569): „Diese Quellen dürfen […] nicht dadurch verändert werden, dass eine ursprünglich zulässige Berichterstattung nachträglich gelöscht wird." Nach *v. Petersdorff-Campen*, ZUM 2008, S. 102 (106 f.), soll jede „nach sachlichen Gesichtspunkten geordnete Sammel- und Aufbewahrungsstelle für Geistesgut" ein „Archiv im Rechtssinn" sein.

deren bestünde ein „anerkennenswertes Interesse der Öffentlichkeit" daran, dass die Archivbetreiber ihre Aufgabe, durch den Gebrauch ihrer Kommunikations- und Medienfreiheiten, die Öffentlichkeit zu unterrichten, auch darauf erstrecken, „nicht mehr aktuelle Veröffentlichungen für interessierte Mediennutzer verfügbar [zu] halten".[212]

Zur weiteren Abstützung dieser „Unangreifbarkeit des Archivs"[213] ist sodann auf die Pflichtexemplar-Entscheidung des Bundesverfassungsgerichts Bezug genommen worden, in der dieses die besondere Funktion von (Pflichtexemplar-) Bibliotheken für das kulturelle und historische Gedächtnis eines Gemeinwesens hervorgehoben hat.[214] Vor diesem Hintergrund verböten sich auch geringfügige Veränderungen der Archivalien, weil diese „zu einer Verfälschung der historischen Abbildung führen und der besonderen Bedeutung von Archiven", wie sie der Pflichtexemplar-Entscheidung entnommen werden könne, „nicht gerecht werden" würde.[215] Auch ohne den Bezug zur Pflichtexemplarentscheidung herzustellen, ist die Ablehnung eines Löschungs- bzw. Anonymisierungsanspruchs damit begründet worden, dass so „Geschichte getilgt"[216] und das „kollektive Gedächtnis"[217] beschädigt würde.

Dass derart weitgehende Beschränkungen mit Verweis auf das Resozialisierungsinteresse nicht verlangt werden könnten, ergebe sich schließlich eindeutig aus der Lebach II-Entscheidung des Bundesverfassungsgerichts. In dieser sei klargestellt worden, dass der Straftäter auch nach Verbüßung seiner Haft keinen Anspruch darauf erwerbe, „in der Öffentlichkeit überhaupt nicht mehr mit der Tat konfrontiert zu werden"[218]. Vor diesem Hintergrund dürfe der Persönlichkeitsschutz nicht soweit gehen, dass „der Straftäter vollständig immunisiert würde".[219]

Von der Gegenauffassung ist die Vorstellung einer *pauschalen* verfassungsrechtlich gebotenen Unangreifbarkeit von Archiven jeder Art zurückgewiesen worden. Die bisher einfachgesetzlich erlassenen oder verfassungsrechtlich postu-

---

[212] BGHZ 183, 353 (361 f.), zuvor bereits KG Berlin, AfP 2006, S. 561 (563); OLG Köln, AfP 2007, S. 126 (126 f.); OLG Frankfurt a.M., AfP 2006, S. 568 (569).

[213] OLG Frankfurt a.M., AfP 2008, S. 621 (569).

[214] BVerfGE 58, 137 (148 f.): „Im Blick auf diese soziale Bedeutung stellt es ein legitimes Anliegen dar, die literarischen Erzeugnisse dem wissenschaftlich und kulturell Interessierten möglichst geschlossen zugänglich zu machen und künftigen Generationen einen umfassenden Eindruck vom geistigen Schaffen früherer Epochen zu vermitteln."

[215] OLG Frankfurt a.M., AfP 2006, S. 568 (569); zuvor bereits KG Berlin, AfP 2006, S. 561 (563); OLG Köln, AfP 2007, S. 126 (126).

[216] BGHZ 183, 353 (362), eine Formulierung von *Hoecht,* AfP 2009, S. 342 (346), aufgreifend.

[217] *Dreier,* Erinnern Sie sich … ?, in: FS Loewenheim, S. 67 (76).

[218] BVerfG, NJW 2000, S. 1859 (1860).

[219] BGHZ 183, 353 (362); zuvor bereits OLG Köln, AfP 2007, S. 126 (127).

lierten „Privilegien" bezögen sich allesamt auf herkömmliche (Papier-)Archive. Demgegenüber handele es sich bei den Online-Archiven letztlich i. d. R. um „frei zugängliche Teile des Internetangebots",[220] weil sie durch Suchmaschinen für die Volltextsuche erschlossen und die darin eingestellten Beiträge weltweit und ohne zusätzliche Kosten für den Nutzer abrufbar seien. Damit unterschieden sich die Online-Archive in tatsächlicher Hinsicht, vor allem mit Blick auf ihre Zugänglichkeit und damit in der Breitenwirkung der vorgehaltenen Inhalte, ganz erheblich von den *internen* Pressearchiven,[221] den durch § 53 Abs. 2 S. 1 Nr. 2 UrhG urheberrechtlich privilegierten „Archiven",[222] den (Pflichtexemplar-)Bibliotheken und schließlich auch von den Bundes- und Landes- und sonstigen „klassischen" Archiven. Soweit im Internet begrifflich überhaupt von „Archiven" gesprochen werden könne,[223] sei jedenfalls die Gleichsetzung mit herkömmlichen Archiven verfehlt.[224]

Die perhorreszierte „Verfälschung historischer Wahrheit" sei zunächst dadurch relativiert, dass sich die „erzwungene Unvollständigkeit" allein auf den Namen des Täters und sonstige identifizierende Aspekte beschränke.[225] Überdies bleibe es den Archivbetreibern unbenommen, den Beitrag in unveränderter Form zu archivieren und ihn nach weiterem Zeitablauf (etwa nach dem Tod der Betroffenen) wieder zu veröffentlichen.[226] Zudem sei eine solche Beeinträchtigung einem „jedem Anspruch auf Unterlassung der Verbreitung zutreffender Äußerungen aus dem Gesichtspunkt einer Verletzung des allgemeinen Persönlichkeitsrechts im-

---

[220] OLG Hamburg, ZUM 2009, 232 (234); ausführlich LG Hamburg, ZUM-RD 2007, S. 537 (540 f.); *Verweyen/Schulz,* AfP 2008, S. 133 (137, 139 ff.).

[221] Hierzu LG Hamburg, ZUM-RD 2007, S. 537 (540). Ihr besonderer Schutz lässt sich nicht allein dadurch erklären, dass das Vorhalten der Informationen für die Arbeit der Presse unabdingbar ist; entscheidend ist vielmehr, dass das Beeinträchtigungspotenzials eines der Öffentlichkeit grundsätzlich unzugänglichen Archivs geringer ist, weil jede neue Veröffentlichung (über die Presse oder durch Zugangsgewährung im Einzelfall) selbständig rechtlich geprüft werden muss. Vgl. auch *Diederichsen,* Rechtsschutz gegen Persönlichkeitsrechtsverletzungen, in: FS Gerda Müller, S. 507 (512): „Hingegen bleiben [klassische] Fotoarchive dem Zugriff der Allgemeinheit regelmäßig verschlossen. Auf ihr Material kann nur über den entsprechenden Verlag zugegriffen werden."

[222] Vgl. LG Hamburg, ZUM-RD 2007, S. 537 (540): Die Norm stellt die digitale Vervielfältig von urheberrechtlichen Ansprüchen nur insofern frei, als dies zur *Sicherung des Bestandes* erforderlich ist.

[223] Zweifelnd LG Hamburg, ZUM-RD 2007, S. 537 (540); ablehnend OLG Hamburg, ZUM 2009, S. 232 (234): „Das Angebot kann bereits nicht als ein ‚Archiv' betrachtet werden, da es sich in den Möglichkeiten seiner Nutzung [...] nicht von anderen Teilen des Internetauftritts [...] unterscheidet [...]."

[224] *Härting,* CR 2009, S. 21 (24). Vgl. auch *Hoecht,* AfP 2009, S. 342 (345 f.), die darauf hinweist, dass auch nicht mit umgekehrten Vorzeichen von den Grenzen des urheberrechtlichen Archivprivilegs auf die persönlichkeitsrechtliche Unzulässigkeit der Online-Archivierung geschlossen werden könne.

[225] OLG Hamburg, ZUM 2009, S. 232 (234).

[226] OLG Hamburg, ZUM 2009, S. 232 (234); *Härting,* CR 2009, S. 21 (24); *Verweyen/Schulz,* AfP 2008, S. 133 (139).

manent",[227] wie der Rechtsordnung insgesamt zeitliche Beschränkungen bei der (Weiter-)Verbreitung ursprünglich rechtmäßiger Publikationen keinesfalls fremd seien.[228]

(2) (Un-)Zumutbarkeit einer kontinuierlichen Prüfung des Archivbestandes

Zu den Besonderheiten der Online-Archiv-Fälle zählt, dass die Kläger – soweit ersichtlich – ihre Klagen darauf gestützt haben, dass der Archivbetreiber durch überlanges Bereithalten der Mitschrift ihr Persönlichkeitsrecht verletzt und daher *ohne Weiteres* Unterlassung geschuldet habe.[229]

Vordergründig geht es darum, ob der Betreiber des Angebots – die Persönlichkeitsrechtswidrigkeit des fortwährenden Bereithaltens des Beitrags unterstellt – von sich aus verpflichtet gewesen wäre, den Beitrag zu löschen oder auf anderem Wege die Rechtsverletzung abzustellen.[230] Die wirkliche Brisanz dieser Frage offenbart sich erst auf den zweiten Blick. Sie betrifft auch nicht den Hauptanspruch auf Unterlassung, sondern eine mögliche Nebenforderung: Wenn der Hauptanspruch bereits vor dem ersten (substantiierten) Löschungs- bzw. Anonymisierungsbegehren des Betroffenen bestanden hätte, dann hätte der Betroffene ihn auf ein bereits *andauerndes* rechtswidriges Verhalten hingewiesen, weshalb er nach gefestigter Rechtsprechung die ihm hierfür entstandenen (Anwalts-)Kosten nach den Grundsätzen der Geschäftsführung ohne Auftrag hätte ersetzt verlangen können.[231] Anders gewendet: Selbst ein sofortiges Anerkenntnis einer Un-

---

[227] OLG Hamburg, ZUM 2009, S. 232 (234).

[228] OLG Hamburg, ZUM 2009, S. 232 (234), u. a. unter Vw. auf § 23 KunstUrhG, der eine Rechtfertigung durch einen *ungebrochenen* zeitgeschichtlichen Bezug verlange; ähnlich *Härting,* CR 2009, S. 21 (25).

[229] Besonders deutlich wird dies im Fall OLG Frankfurt a.M., AfP 2008, S. 621 (623). Dort hatte die Beklagte auf eine „Abmahnung" hin den beanstandeten Beitrag untersucht und unverzüglich dauerhaft aus dem Online-Archiv herausgenommen. Allerdings hatte sie keine – die Kostentragungspflicht auslösende – Unterlassungserklärung abgegeben, weshalb der Betroffene die durch die (aus seiner Sicht vorliegende) Verletzungshandlung indizierte Wiederholungsgefahr fortbestehen sah.
Vgl. auch BGHZ 183, 353 (362 f.): „Würde auch das weitere Bereithalten [...] nach Ablauf einer gewissen Zeit oder nach Veränderung der zugrundeliegenden Umstände *ohne weiteres* unzulässig und wäre die Beklagte verpflichtet, sämtliche archivierten Hörfunkbeiträge von sich aus immer wieder auf ihre Rechtmäßigkeit zu kontrollieren, würde die Meinungs- und Medienfreiheit in unzulässiger Weise eingeschränkt" (Hervorh. d. Verf.).

[230] Bei näherem Hinsehen existiert eine Vielzahl von Möglichkeiten, den berechtigten Belangen des Betroffenen Rechnung zu tragen. Neben der Veränderung des Inhalts beziehen diese sich v. a. auf die Rezeptionsmodalitäten (dazu näher unten S. 294).

[231] Grundlegend zum materiellen Kostenanspruch aus §§ 677, 683 S. 1 i.V.m. § 670 BGB bei einer solchen Abmahnung BGHZ 52, 393 (399 f.). Auch wenn vereinzelt betont wird, dass diese zum Wettbewerbsrecht entwickelte Rechtsfigur nicht ohne Weite-

terlassungspflicht auf die erste Aufforderung des Betroffenen hin und die umgehende Löschung oder Veränderung des Beitrags hätte nur dann keine finanziellen Konsequenzen gehabt, wenn dieser Hinweis mangels Pflicht zur kontinuierlichen Prüfung erst *anspruchsbegründend* gewirkt und sich der Betreiber folglich bis dahin *nicht rechtswidrig* verhalten hätte.

Die Hamburger Gerichte haben die Verpflichtungen des Archivbetreibers demgegenüber nicht von einer vorherigen Aufforderung durch den Betroffenen abhängig gemacht.[232] Weil dem Betreiber eines Online-Archivs selbstverständlich die Prüfung obliege, ob die Gewährung des allgemeinen Zugangs auch in Zukunft rechtmäßig sein werde,[233] könne er sich seiner Rechtspflichten nicht dadurch entledigen, dass er sein „eigenes Angebot auf ein unübersehbares Maß anwachsen" lasse.[234]

Dass der Betreiber eines Online-Archivs zur Vermeidung dieses finanziellen Risikos dazu gezwungen sein könnte, seinen Archivbestand „von sich aus"[235] und „turnusmäßig"[236] seine fortwährende Rechtmäßigkeit zu kontrollieren, haben die einen Unterlassungsanspruch verneinenden Gerichte – soweit sie sich überhaupt noch mit dieser Frage beschäftigt haben – unter weitgehender Zustimmung in der Literatur als (wirtschaftlich oder persönlich) unzumutbare Beeinträchtigung zurückgewiesen.[237] So hat der Bundesgerichtshof das Überwiegen der gegenläufigen Belange ergänzend darauf gestützt, dass von einer solchen Prüfungspflicht ein unzumutbarer „abschreckender Effekt auf den Gebrauch der Meinungs- und Pressefreiheit" ausgehen würde: Eine derartige Prüfung wäre so mühsam, dass der Betreiber sich veranlasst sehen könnte, auf die Archivierung gänzlich zu verzichten oder schon bei der Abfassung der Berichte eine Identifizierung des Betroffenen zu vermeiden, also von grundrechtlich geschütztem, rechtmäßigem Verhalten abzusehen.[238] Nur vereinzelt wurde in diesem Zusammenhang die Möglichkeit einer differenzierten Beurteilung des zumutbaren

---

res auf andere Konstellationen übertragbar sei (BGH, NJW 2007, S. 1458 [1459]), so ist sie für den Bereich des Medienrechts doch allgemein anerkannt (vgl. statt vieler ausführlich LG Köln, Urteil vom 13.5.2009 – 28 O 348/08 [juris], Abs.-Nr. 32 ff.; insoweit nicht aufgehoben von BGH, MMR 2011, S. 69 f.).

[232] LG Hamburg, ZUM-RD 2007, S. 537 (540).

[233] OLG Hamburg, ZUM 2009, S. 232 (234). *Verweyen/Schulz,* AfP 2008, S. 133 (139), verweisen zur Begründung auf die Reichweite der journalistischen Sorgfaltspflichten, die nicht ohne Grund durch § 54 Abs. 2 RStV explizit auf Telemedien erstreckt worden seien.

[234] LG Hamburg, Urt. v. 29.2.2008 – 324 O 469/07 (juris), Abs.-Nr. 28.

[235] BGHZ 183, 353 (363).

[236] OLG Frankfurt a. M., AfP 2006, S. 568 (569).

[237] Ausdrücklich OLG Frankfurt a. M., AfP 2006, S. 568 (569); ähnlich *Härting,* CR 2009, S. 21 (25).

[238] BGHZ 183, 353 (362 f.).

Pflichtenprogramms *nach Zugang* eines (substantiierten) Hinweises des Betroffenen angesprochen.[239]

2. Ertrag für den weiteren Gang der Untersuchung

a) *Verkennen der Eigentümlichkeit des nachträglichen Publikationsexzesses*

Die vorstehende Analyse der Online-Archiv-Kontroverse offenbart, dass insbesondere die Gerichtsentscheidungen[240] unabhängig von ihren Ergebnissen an einem gemeinsamen Mangel leiden: Zur Bewältigung der unbekannten, *internetspezifischen* Gefährdungslage des nachträglichen Publikationsexzesses werden die Maßstäbe der Lebach-Entscheidungen des Bundesverfassungsgerichts unmodifiziert herangezogen, obgleich diese jeweils zur anders gelagerten Gefährdungslage des ursprünglichen Publikationsexzesses in Gestalt einer Reaktualisierung[241] ergangen sind.

Besonders augenfällig ist die hierdurch bedingte Perspektivenverengung, wenn das Bedürfnis einer Auseinandersetzung mit der *aktuellen* Beeinträchtigung des Betroffenen mit der Erwägung kategorisch verneint wird, es liege keine erneute Verbreitungshandlung im Sinne der Lebach-Rechtsprechung vor.[242] Aber auch darüber hinaus hat die enge Orientierung an den (vermeintlichen) Präjudizien vielfach zu einer realitätsfernen Analyse der Rezeptionsmodalitäten der archivierten Beiträge geführt; die Gerichte haben sich gleichsam selbst den Blick auf die genauen Umstände der Abrufbarkeit verstellt. Wenn etwa der Bundesgerichtshof maßgeblich darauf abstellt, dass der Beitrag sich „nicht auf den aktuellen Seiten des Internetauftritts [befindet], wo sie dem Nutzer unmittelbar nach Aufruf der Homepage der Beklagten ins Auge hätte fallen können", sondern „auf den für Altmeldungen vorgesehenen Seiten",[243] dann hat er nur *eine* Form der Rezeption von Internetmedien vor Augen und zwar diejenige, die sich am engsten an den *herkömmlichen* Medienkonsum (Lesen einer aktuellen Zeitung, Einschalten eines Radios bzw. Fernsehers) anlehnt. Auf die internetspezifische Form der Nutzung von Online-Medien, der Suche nach Informationen über bestimmte

---

[239] So etwa von OLG Frankfurt a.M., AfP 2008, S. 621 (623), und *Härting,* CR 2009, S. 21 (25); später auch *Diesterhöft,* ZJS 2010, S. 251 (255); *Caspar,* JZ 2011, S. 211 (212).

[240] In der Literatur ist häufiger das Bewusstsein erkennbar, es mit einer besonderen Konstellation zu tun zu haben, so z.B. bei *Verweyen/Schulz,* AfP 2008, S. 133 (134 f.); *Härting,* CR 2009, S. 21 (23 f.), und *Dreier,* Erinnern Sie sich …?, in: FS Loewenheim, S. 67 (73 f.).

[241] Vgl. dazu oben S. 44.

[242] *v. Petersdorff-Campen,* ZUM 2008, S. 102 (107); vgl. bereits oben S. 57.

[243] BGHZ 183, 353 (361).

Personen „quer" über alle verfügbaren Internetseiten mit Hilfe von Suchmaschinen, geht das Gericht überhaupt nicht ein.[244]

Schließlich sind auch die Hamburger Gerichte durch eine enge Ausrichtung an der Lebach I-Entscheidung zu einer unsachgemäßen Bewertung der neuartigen Konstellation des nachträglichen Publikationsexzesses verleitet worden. Unter Verkennung der Unterschiede[245] setzen sie das fortwährende Abrufbarhalten („Stehenlassen") mit einer neuerlichen Veröffentlichung gleich[246] und gelangen so zu einem undifferenzierten Pflichtenprogramm für Betreiber der Online-Archive.[247]

Diese Beobachtung bestätigt den bereits in struktureller Betrachtung gewonnenen Befund, wonach die Anerkennung einer der *spezifischen* Problematik des nachträglichen Publikationsexzesses gewidmeten Ausprägung des allgemeinen Persönlichkeitsrechts erforderlich ist, um die mit der „Unfähigkeit des Internets zu vergessen" einhergehenden Gefährdungslagen adäquat erfassen zu können.

b) Spielräume der Zivilrechtsdogmatik

In der Debatte wurden schließlich – wenn auch nur vereinzelt – mögliche Alternativen zu einer *ohne Weiteres durch Zeitablauf*[248] aktualisierten Pflicht zur Anonymisierung erörtert[249] und der Konnex zwischen der näheren Ausgestaltung der Prüfungspflichten und dem Anspruch auf Erstattung von Anwaltskosten für die Abmahnung *ausdrücklich* hergestellt.[250]

Dieser Zusammenhang lässt es zum einen sinnvoll erscheinen, im weiteren Verlauf der Untersuchung näher darauf einzugehen, inwiefern ein Teilaspekt der

---

[244] So bereits *Diesterhöft,* ZJS 2010, S. 251 (254).

[245] Vgl. dazu bereits oben S. 45.

[246] OLG Hamburg, ZUM 2009, S. 232 (233): „Die Verbreitung einer Berichterstattung über die schwere Straftat [...] verletzt den Kläger in seinem allgemeinen Persönlichkeitsrecht. Denn der Kläger befand sich zu der Zeit, als die Beklagte [sie] noch verbreitet hat, kurz vor seiner Entlassung aus der Strafhaft [...]. Damit war eine Konstellation gegeben, wie dem Urteil des Bundesverfassungsgerichts [...] (BVerfGE 35, S. 202 ff.) zugrundegelegen hatte." Das Gericht beschränkt diese Ausführungen nicht auf „Dossiers", sondern erstreckt sie auch auf die auf untergeordneten Seiten abgelegten Beiträge, OLG Hamburg, Urt. v. 29.7.2008 – 7 U 30/08 (abrufbar unter http://bus keismus.de/urteile/7U03008.pdf), S. 3.

[247] OLG Hamburg, ZUM 2009, S. 232 (234); LG Hamburg, ZUM-RD 2007, S. 537 (541): „Weshalb aber das schlichte Alter einer Meldung als solches ein taugliches Kriterium sein soll, um das Verbreiten der einen Meldung gegenüber dem einer anderen zu privilegieren, ist nicht einzusehen."

[248] Genau genommen geht es um die Änderung der Umstände, die häufig – aber eben nicht nur – mit einem gewissen zeitlichem Abstand eintreten, vgl. näher unten S. 160.

[249] OLG Frankfurt a. M., AfP 2008, S. 621 (623); *Härting,* CR 2009, S. 21 (25); *Caspar,* JZ 2011, S. 211 (212).

[250] Vgl. *Diesterhöft,* ZJS 2010, S. 251 (255).

gegen eine Inanspruchnahme der Archivbetreiber in Stellung gebrachten Grundrechte auf die nachgelagerte Ebene der *Modalitäten* eines persönlichkeitsrechtlich fundierten Veränderungsanspruchs „abgeschichtet" werden kann.[251] Zum anderen hat sich bereits gezeigt, dass gerade auch die Zivilrechtsordnung[252] einen erheblichen Spielraum aufweist, der es ermöglicht, bei der Durchsetzung des Rechts auf medialen Neubeginn auf derartige Aspekte Bedacht nehmen zu können.[253] In dem Wissen um diese Flexibilitätsreserve müssen bei der Konturierung des Gewährleistungsumfangs *auf Ebene der Verfassung* etwaige Modalitäten der einfachrechtlichen Umsetzung nicht berücksichtigt werden.

II. Konsentierte und eigene Publikationen

Nachdem die mit der „Unfähigkeit des Internets zu vergessen" einhergehenden Herausforderungen für die Persönlichkeitsentwicklung zunächst im Rahmen der Online-Archiv-Kontroverse mit Blick auf bereits ursprünglich konfrontative Beiträgen behandelt wurden, ist die (deutsche) rechtswissenschaftliche Literatur wenig später auch auf die konsentierten und vom Betroffenen selbst verfassten Beiträge aufmerksam geworden. Im Zentrum der Überlegungen stand die Frage, ob sich der Betroffene *de lege lata* durch einen Widerruf seiner (die Veröffentlichung legitimierenden) Einwilligung von einem unangenehm gewordenen Beitrags lösen kann (1.).

Die jüngste Entwicklung auf diesem Gebiet stellt der Vorschlag der EU-Kommission dar, ein „Recht auf Vergessenwerden" zum Bestandteil einer neuen Datenschutz-Grundverordnung zu machen (2.).

1. Widerrufsrecht *de lege lata*

a) Rückrufsrecht wegen gewandelter Überzeugung (§ 42 UrhG)

In der Literatur wurde vor allem das in § 42 UrhG[254] verankerte Recht zum Rückruf eines (urheberrechtlichen) Nutzungsrechts zum Ausgangspunkt für Überlegungen zum Umgang mit *eigenen* Beiträgen gemacht.[255] Es sei zu erwar-

---

[251] Vgl. dazu näher unten S. 176.

[252] Dass es sich hierbei nicht um Wunschdenken handelt, zeigt BGHZ 191, 219 (227), wo das Gericht die Haftung von Blog-Host-Providers für nutzergenerierte Inhalte gerade über die „Stellschraube" der Prüfungs- und Verhaltenspflichten einer für alle Seiten angemessenen Lösung zugeführt hat (näher unten S. 281).

[253] Hierauf wird bei der Begründung des Erfordernisses einer pflichtenkonkretisierenden Erstabmahnung zurückzukommen sein (vgl. unten S. 285).

[254] § 42 Abs. 1 S. 1 UrhG: „Der Urheber kann ein Nutzungsrecht gegenüber dem Inhaber zurückrufen, wenn das Werk seiner Überzeugung nicht mehr entspricht und ihm deshalb die Verwertung des Werkes nicht mehr zugemutet werden kann."

[255] *Härting,* CR 2009, S. 21 (27 f.); *Rauda,* GRUR 2010, S. 22. *Alexander,* ZUM 2011, S. 382 (386 f.), will die Vorschrift allein dann analog anwenden, wenn „kom-

ten, dass diese in der Praxis bislang kaum relevant gewordene Vorschrift[256] vom „Web 2.0 aus dem Dornröschenschlaf geweckt" werde,[257] weil sie das (urheber)persönlichkeitsrechtliche Bedürfnis anerkenne, die weitere Verbreitung einmal veröffentlichter Werke einzudämmen und so einen „begrenzten Rückzug aus der Öffentlichkeit"[258] zu initiieren.

Tatbestandlich setzt das Rückrufsrecht zunächst einen Wandel der Überzeugung des Urhebers voraus, wobei der Gegenstand der Überzeugung weit zu verstehen ist[259] und sich insbesondere auf künstlerische, wissenschaftliche, politische, religiöse oder weltanschauliche Einstellungen erstreckt.[260] Diese Veränderung des ideellen Verhältnisses des Urhebers zu seinem früheren Werk muss dabei so gravierend sein, dass ihm die weitere Verbreitung durch den Lizenznehmer unzumutbar ist. Das setzt ein nach objektiven Maßstäben zu bemessendes Überwiegen der persönlichkeitsrechtlichen Interessen gegenüber den (primär wirtschaftlichen) Interessen des Lizenznehmers voraus,[261] wobei das Bestehen einer Entschädigungspflicht (§ 42 Abs. 3 UrhG)[262] im Rahmen dieser Abwägung zu berücksichtigen ist.[263]

Das urheberrechtliche Rückrufsrecht bezieht sich freilich unmittelbar nur auf Nutzungsrechte an urheberrechtlich geschützten Werken und über eine Verweisung auf solche an bestimmten verwandten Schutzrechten (u. a. Lichtbilder, § 72 UrhG), dagegen insbesondere nicht auf Texte, die unterhalb der Schöpfungshöhe bleiben, und andere Schutzrechte (wie z. B. dasjenige des Filmdarstellers; § 92 Abs. 3 i.V.m. § 90 UrhG). Vor allem aber bezieht es sich nicht auf die Verwendung persönlicher Angaben in konsentierten *fremden* Texten bzw. auf die Veröffentlichung von Bildern, Ton- oder Videoaufnahmen, die mit Zustimmung durch Dritte angefertigt wurden,[264] obgleich hier ebenfalls von der Gewährung von

---

merzielle Interessen des Berechtigten" betroffen sind; stünden ideelle Interessen in Rede, sei die Anwendung der auf den Ausgleich mit den kommerziellen Interessen des anderen Teils ausgerichteten Vorschrift verfehlt.

[256] *Schulze,* in: Dreier/Schulze, UrhG, § 42 UrhG Rdnr. 3.

[257] *Rauda,* GRUR 2010, S. 22 (22 f.).

[258] *Alexander,* ZUM 2011, S. 382 (385).

[259] *Wandtke,* in: Wandtke/Bullinger, UrhR, § 42 UrhG Rdnr. 5.

[260] *Schulze,* in: Dreier/Schulze, UrhG, § 42 UrhG Rdnr. 16; *Wandtke,* in: Wandtke/Bullinger, UrhR, § 42 UrhG Rdnr. 5.

[261] *Wandtke,* in: Wandtke/Bullinger, UrhR, § 42 UrhG Rdnr. 7; *Schulze,* in: Dreier/Schulze, UrhG, § 42 UrhG Rdnr. 18.

[262] Mit Rücksicht auf die wirtschaftlichen Belange des Verwerters ist die Wirksamkeit des Widerrufs durch eine angemessene Entschädigung (bzw. Sicherheitsleistung) bedingt (§ 42 Abs. 3 S. 3 UrhG).

[263] *Schulze,* in: Dreier/Schulze, UrhG, § 42 UrhG Rdnr. 18.

[264] *Schulze,* in: Dreier/Schulze, UrhG, § 42 UrhG Rdnr. 5, für die Einwilligung nach § 22 KunstUrhG.

„Lizenzen" die Rede ist.[265] Für sie wird deshalb eine (Teil-)Analogie vorgeschlagen,[266] wobei regelmäßig offen gelassen wird, welchem Rechtsregime diese Beiträge im Übrigen unterliegen.

b) Widerruflichkeit der Einwilligung im Datenschutz- und Äußerungsrecht

Die Frage nach der Widerruflichkeit einer einmal wirksam erteilten Einwilligung[267] ist auch außerhalb des Urheberrechts nicht unbekannt, bislang aber ebenfalls nur vereinzelt praktisch relevant geworden.

Peifer hat im Rahmen einer Gegenüberstellung von Datenschutzrecht und Äußerungsrecht diametral entgegengesetzte Ausgangspunkte aufzuzeigen versucht: Während das Datenschutzrecht vom Grundsatz der freien Widerruflichkeit geprägt sei, dominiere im Äußerungsrecht die Annahme einer fortwirkenden Bindung. Ausgehend von diesen Extrempositionen würden jeweils – restriktiv – Ausnahmen gegen bzw. für ein Widerrufsrecht anerkannt.[268]

aa) Datenschutzrecht

Allerdings fällt auf, dass die Konstellationen, für die das Datenschutzrecht *explizit* Widerrufsrechte einräumt,[269] solche sind, in denen die bei Gelegenheit der (Vertrags-)Beziehung angefallenen Daten unentgeltlich durch den Datenverarbeiter genutzt werden. Bezugspunkt sind also Bestands- und Nutzungsdaten und gerade nicht nutzergenerierte Inhaltsdaten, deren Veröffentlichung Hauptgegenstand der (Vertrags-)Beziehung ist.[270]

Umstritten ist, ob jenseits dieser eindeutigen, aber auf einen hier nicht interessierenden Ausschnitt beschränkten Regelungen für das Datenschutzrecht allgemein von einer „freien", d. h. der Willkür des Betroffenen unterliegenden Wider-

---

[265] Zur Konvergenz des Persönlichkeitsrechts und anderer Immaterialgüterrechte unter dem Gesichtspunkt der „Lizensierung" vgl. nur *Peifer,* Die Einwilligung im Persönlichkeitsrecht, in: FS Brüggemeier, S. 225 (236); *Alexander,* ZUM 2011, S. 382 (384).

[266] *Härting,* CR 2009, S. 21 (27 f.); *Ohly,* Volenti non fit iniuria, S. 353 ff.; AG Berlin-Charlottenburg, ZUM-RD 2002, S. 221 (222).

[267] Der Begriff der Einwilligung wird hier und im Folgenden in einem umfassenden Sinne gebraucht, der insbesondere auch Gestattungen umfasst, die im Rahmen von Schuldverhältnissen erteilt werden.

[268] *Peifer,* Die Einwilligung im Persönlichkeitsrecht, in: FS Brüggemeier, S. 225 (231 f., 235).

[269] § 13 Abs. 2 Nr. 4 TMG (Einwilligung in die Auswertung von Nutzerprofilen); § 28 Abs. 3a BDSG (elektronische Einwilligung zur Nutzung von Daten zu Werbezwecken).

[270] Zur Unterscheidung ausführlich unten S. 302.

ruflichkeit einer einmal wirksam erteilten Einwilligung ausgegangen werden muss. Diese Auffassung ist nur vereinzelt mit letzter Konsequenz vertreten worden.[271] Die jüngere datenschutzrechtliche Literatur bejaht demgegenüber lediglich im Ausgangspunkt, dass das Recht auf informationelle Selbstbestimmung die *(abstrakte) Möglichkeit* eines Widerrufs auch ohne ausdrückliche gesetzliche Regelung erfordere.[272] Zugleich wird aber – mit unterschiedlicher Intensität – betont, dass dieses Widerrufsrecht mit Rücksicht auf die beachtlichen Interessen der datenverarbeitenden Stelle[273] „nicht unbeschränkt ausgeübt werden kann",[274] „sondern entsprechend den Grundsätzen von Treu und Glauben nur dann […], wenn für ihre Erteilung maßgebende Gründe entfallen sind, sich wesentlich geändert oder die tatsächlichen Voraussetzungen für die Erteilung sich verändert haben".[275] Ein Festhalten des Betroffenen an seiner Einwilligung darf diesem „*objektiv* nicht mehr zuzumuten" sein.[276]

bb) Äußerungsrecht

Mit Blick auf das Äußerungsrecht lassen die von *Peifer* als Beispiele für eine besonders restriktive Haltung herangezogenen Entscheidungen[277] bei näherer Betrachtung ein Differenzierungspotenzial erkennen, das demjenigen des Datenschutzrechts weitaus näher steht, als die divergierenden Ausgangspunkte erwarten lassen:

So hat etwa das OLG München in einem Fall, in dem die Einwilligung in Eingriffe in das Recht am eigenen (Akt-)Bild sogar Hauptgegenstand eines entgeltlichen Vertrages war, unmissverständlich betont, dass eine *schlechthin* unwider-

---

[271] *Baston-Vogt,* Der sachliche Schutzbereich des zivilrechtlichen allgemeinen Persönlichkeitsrechts, S. 236 f., will die schuldrechtliche Verpflichtung unberührt lassen, so dass eventuell Schadensersatz zu leisten wäre. Unklar *Spindler,* 69. DJT (2012), S. F 52, der von einer „freien Widerruflichkeit" im nichtentgeltlichen Bereich spricht, zur Begründung aber auf die Umstandsänderung analog § 42 UrhG verweist.

[272] *Simitis,* in: Simitis, BDSG, § 4a Rdnr. 94; *Spindler/Nink,* in: Spindler/Schuster, Recht der elektronischen Medien, § 4a BDSG Rdnr. 1a; *Gola/Schomerus,* BDSG, § 4a BDSG Rdnr. 38.

[273] *Simitis,* in: Simitis, BDSG, § 4a Rdnr. 101.

[274] *Spindler/Nink,* in: Spindler/Schuster, Recht der elektronischen Medien, § 4a BDSG Rdnr. 1a.

[275] *Gola/Schomerus,* BDSG, § 4a BDSG Rdnr. 38.

[276] *Simitis,* in: Simitis, BDSG, § 4a Rdnr. 99 (Hervorh. d. Verf.). Damit nähern sich diese „allgemeinen Grundsätze" dem Widerspruchsrecht aus § 35 Abs. 5 BDSG an, das sich freilich auf solche Vorgänge bezieht, die aufgrund *gesetzlicher* Erlaubnisnormen vorgenommen werden sollen (*Simitis,* in: Simitis, BDSG, § 4a Rdnr. 95). Letzteres scheint *Nolte,* ZRP 2011, S. 236 (238 f.), zu übersehen, der die Norm als umfassenden Ausdruck eines de lege lata bestehenden „Rechts auf Vergessen" vorstellt.

[277] *Peifer,* Die Einwilligung im Persönlichkeitsrecht, in: FS Brüggemeier, S. 225 (231) m. Fn. 31 f.

rufliche Bindung mit dem allgemeinen Persönlichkeitsrecht unvereinbar wäre.[278] Folglich müsse nach den „allgemeinen Grundsätzen über die Widerruflichkeit von Dauerschuldverhältnissen"[279] eine Lösung von der ursprünglich wirksamen Einwilligung möglich sein, wobei die Anforderungen an das Vorliegen eines „wichtigen Grundes" unter Rekurs auf § 42 UrhG bzw. § 35 VerlG näher bestimmt werden könnten.[280] Für einen *zeitnahen* Widerruf rücke damit die glaubhafte Darlegung eines „inneren Wandels" des Betroffenen ins Zentrum. Darüber hinaus komme es aber stets auch auf eine Abwägung der widerstreitenden Interessen an, so dass sich insbesondere aus einem *größeren zeitlichen* Abstand zur Einwilligungserklärung – das Gericht nennt einen Zeitraum von fünf Jahren – ein zum Widerruf berechtigender „wichtiger Grund" ergeben könne.[281] Was aus den Entscheidungen allerdings nicht hervorgeht, ist, ob eine (teilweise) Rückzahlung des Entgelts angeboten worden ist.[282] Falls die Kläger das Honorar behalten *und* trotzdem die (zeitnahe) Verwertung der Bildaufnahmen verhindern wollten, wäre die Zurückhaltung der Gerichte, ihnen ernsthafte persönliche Motive zuzubilligen, allzu verständlich.

Das LG Hamburg hat in der jüngsten von *Peifer* herangezogenen Entscheidung zwar die Bindungswirkung einer freiwillig und täuschungsfrei erklärten Einwilligung grundsätzlich bestätigt, sich zugleich aber nicht gehindert gesehen, auch jenseits der anerkannten Fallgruppe des nachhaltigen Überzeugungswandels analog § 42 UrhG den berechtigten persönlichkeitsrechtlichen Interessen des Betroffenen (hier: Überrumpelungs- und Drucksituation) Rechnung zu tragen.[283] Damit machte es die vom OLG München ergänzend erwogene umfassende Interessenabwägung zum eigentlichen Kern des äußerungsrechtlichen Widerrufsrechts.

In jüngster Zeit haben schließlich das OLG Düsseldorf[284] und das OLG Frankfurt a. M.[285] den Widerruf einer Einwilligung nach § 22 KunstUrhG in Filmaufnahmen versagt, die gegenüber Journalisten *unentgeltlich* erteilt worden war. Al-

---

[278] OLG München, NJW-RR 1990, S. 999 (1000); ähnlich LG Köln, AfP 1996, S. 186 ff.

[279] Rekurriert wird auf eine Gesamtschau von §§ 626, 723 BGB und die Grundsätze des Wegfalls der Geschäftsgrundlage (jetzt §§ 313, 314 BGB).

[280] OLG München, NJW-RR 1990, S. 999 (1000); LG Köln, AfP 1996, S. 186 ff.

[281] OLG München, NJW-RR 1990, S. 999 (1000). Enger LG Köln, AfP 1996, S. 186, das auf diesen zweiten Strang zur Begründung eines wichtigen Grundes nicht mehr ausdrücklich eingeht, obwohl es sich in den Entscheidungsmaßstäben im Übrigen eng an die Entscheidung des OLG München anlehnt.

[282] Dazu sogleich unter c).

[283] LG Hamburg, NJW-RR 2005, S. 1357 (1358).

[284] OLG Düsseldorf, Urt. v. 24.5.2011 – I-20 U 39/11 (juris). Der Entscheidung lag die außergewöhnliche Situation zugrunde, dass der Betroffene selbst erkennbar nichts gegen die Ausstrahlung des Interviews einzuwenden hatte, sondern diese nur auf Drängen seiner Tochter verhindern wollte.

[285] OLG Frankfurt a. M., ZUM-RD 2011, S. 408 ff.

lein der Wunsch, ein unvorteilhaftes Interview nicht (erneut und *zeitnah*) veröffentlicht zu sehen, solle hierfür nicht ausreichen. Bei näherem Hinsehen vermischen diese Entscheidungen allerdings die Frage der Widerruflichkeit der Einwilligung mit der auf die Rundfunkfreiheit zu stützenden äußerungsrechtlichen *Befugnis zur Veröffentlichung der Aufnahmen auch gegen den Willen des Betroffenen.*[286]

c) Entschädigungspflichtigkeit des Widerrufs

Vor allem bei erfolgter Kommerzialisierung des Persönlichkeitsrechts, d.h. wenn die Einwilligung gegen Entgelt erteilt wurde, soll nach herrschender, wenn auch nicht unbestrittener Ansicht auch außerhalb des direkten Anwendungsbereichs des § 42 UrhG eine Kompensation des erlittenen Vertrauensschadens geboten sein.[287]

Seit längerem umstritten ist dabei lediglich, ob insofern § 42 Abs. 3 UrhG analog zur Anwendung kommt oder stattdessen eine Analogie zu § 122 BGB geboten ist.[288]

d) Ertrag für den weiteren Gang der Untersuchung

Nach alledem ergibt sich für die nachfolgende Untersuchung[289] folgender (einfachrechtlicher) Befund: Eine Einwilligung in die Veröffentlichung persönlicher Angaben bzw. Bildaufnahmen kann zwar dauerhaft erteilt werden, zumin-

---

[286] OLG Frankfurt a.M., ZUM-RD 2011, S. 408 (410): „Der eigentliche Grund des Widerrufs ist, dass der Kläger mit dem kritischen Inhalt des Fernsehberichts nicht einverstanden ist. Dies rechtfertigt aber nicht den Widerruf der Einwilligung, denn nach der Rechtsprechung […] hat niemand einen Anspruch darauf, von anderen so dargestellt zu werden, wie er sich selbst sieht oder gesehen werden möchte. Auf die Frage, ob der Kläger außerdem eine relative Person der Zeitgeschichte ist und deshalb auch ohne Einwilligung Bildnisse von ihm […] verbreitet werden dürfen, kommt es deshalb nicht an."
Das Gericht ruft zum Versagen eines Widerrufs eine Rechtsprechungslinie auf (u.a. BVerfGE 101, 361 [380]; 120, 180 [198]; BVerfG, NJW 2000, S. 1859 ff.; BGHZ 187, 200 ff.), die sich auf die Rechtfertigung *ursprünglich konfrontativer* Beiträge bezieht und zum kritischen Journalismus „passt", wie er in Rede stand. So werden allerdings zwei Aspekte vermengt, die besser in einer zweistufigen Prüfung getrennt abgehandelt werden sollten: Auf der ersten Stufe geht es um die *Fortdauer der Rechtfertigung auf Grund einer ursprünglich erteilten Einwilligung.* War diese unwirksam, deckt sie die Abrufbarkeit ihrem Inhalt nach (mehr) oder wird sie später wirksam widerrufen, ist auf der zweiten Stufe danach zu fragen, ob sich eine *Veröffentlichungsbefugnis auch gegen den Willen* des Betroffenen nach den herkömmlichen Grundsätzen für konfrontative Berichterstattung ergibt (ausführlicher unten S. 171, 318 und 328).
[287] Dafür *Ohly,* Volenti non fit iniuria, S. 354, unter Vw. auf *Canaris,* AcP 184 (1984), S. 201 (233 f.). Vgl. auch *Rauda,* GRUR 2010, S. 22 (26 f.): für die große Masse der nutzergenerierten Inhalte besteht kein entschädigungsbedürftiger Nachteil. A.A. *Alexander,* ZUM 2011, S. 382 (387).
[288] *Ohly,* Volenti non fit iniuria, S. 354 m.w.N. in Fn. 169.
[289] Vgl. unten S. 318.

dest bei Vorliegen eines „wichtigen Grundes" kann sie jedoch auch außerhalb des Urheberrechts mit Wirkung ex nunc widerrufen werden. Dies folgt aus ihrer Ähnlichkeit mit einem Dauerschuldverhältnis, so dass die hierfür anerkannten Lösungs- bzw. Modifikationsmöglichkeiten bei nachträglichem Wandel der Verhältnisse (§§ 313, 314 BGB) zur Anwendung kommen, wobei eine Orientierung an den derartige persönlichkeitsrechtliche und wirtschaftliche Interessen[290] ausgleichenden Regelungen des Rückrufs wegen gewandelter Überzeugung (§ 42 UrhG bzw. § 35 VerlG)[291] naheliegt.

Äußerungsrechtliche und datenschutzrechtliche Ansätze unterscheiden sich lediglich in ihrer Schwerpunktsetzung: Mal erscheint die Bindung als Regelfall und die Widerruflichkeit als Ausnahme, mal ist es umgekehrt. Ob diese Divergenz kennzeichnend ist für das Verhältnis von Äußerungs- und Datenschutzrecht,[292] mag dahinstehen. Auffällig ist jedenfalls, dass sich die Unterschiede bei Betrachtung konkreter Fallgestaltungen nivellieren. Das zeigt sich vor allem daran, dass (nur) die Entgeltlichkeit der Einwilligung zur Begründung eines in der Abwägung besonders zu berücksichtigenden Vertrauenstatbestandes führt,[293] so dass an einen Widerruf höhere Anforderungen zu stellen sind, insbesondere, wenn dieser ohne Erfüllung der (berechtigten) Amortisationserwartung wirksam werden soll.

Überlegungen zum öffentlichen Informationsinteresse an einer Veröffentlichung sind bei der Frage der Widerruflichkeit dagegen falsch verortet;[294] sie sind auf nachgelagerter (Prüfungs-)Stufe zu beachten.[295]

Mit Blick auf die eigenen und konsentierten Beiträge lässt sich also, anders als bei der ursprünglich konfrontativen Berichterstattung, bereits ein für die Bedürfnisse der Fortentwicklung der Persönlichkeit weitgehend aufgeschlossenes einfachrechtliches Umfeld festmachen. Die Rolle einer auf Ebene des Verfassungsrechts neu anzuerkennenden Ausprägung des allgemeinen Persönlichkeitsrechts wird sich darauf beschränken können, dieses im Sinne des Betroffenen zu konturieren.[296]

---

[290] *Ohly,* ebd., S. 353, spricht für den Bereich kommerzialisierter Persönlichkeitsrechte von einer Überlagerung der vermögensrechtlichen Aspekte durch persönlichkeitsrechtliche Erwägungen.

[291] *Rauda,* GRUR 2010, S. 22 (24) m.w.N.: „clausula rebus sic standibus" als gemeinsame Wurzel.

[292] *Peifer,* Die Einwilligung im Persönlichkeitsrecht, in: FS Brüggemeier, S. 225 (231 f., 235); *Ohly,* Volenti non fit iniuria, S. 347 m. Fn. 132.

[293] *Spindler,* 69. DJT (2012), S. F 51 f., der das weichenstellende Kriterium des Bestehens eines Vertrauenstatbestandes ohne Weiteres mit der Kommerzialisierung des Persönlichkeitsrechts assoziiert.

[294] Vgl. bereits oben S. 75 m. Fn. 286.

[295] Vgl. unten S. 328 ff.

[296] Das bedeutet nicht, dass die berechtigten Verwertungsinteressen der anderen Seite übertrumpft werden sollen. Es geht nur darum, die Frage des Widerrufs vom durch Ausgleichszahlungen (analog § 42 UrhG, § 122 BGB) prinzipiell kompensierbaren Teil des Vertrauensschutzes zu entkoppeln.

2. „Recht auf Vergessenwerden" nach Art. 17 des Entwurfs für eine Datenschutz-Grundverordnung

In jüngster Zeit wurde die Reform des Datenschutzrechts als Mittel der Wahl begriffen, um auf die persönlichkeitsrechtlichen Herausforderungen im Internet zu reagieren. Während die Initiative des Bundesinnenministeriums (sog. „Rote Linie"-Entwurf) frühzeitig im Sande verlaufen ist,[297] hat die Europäische Kommission zwei Gesetzgebungsvorhaben zu einer weitgehenden Revision des Europäischen Datenschutzrechts initiiert.[298] Die bisherigen Datenschutzrichtlinien[299] und der Rahmenbeschluss auf dem Gebiet der polizeilichen und justiziellen Zusammenarbeit[300] sollen durch eine Datenschutz-Grundverordnung (im Folgenden auch: DS-GVO-E)[301] und eine Richtlinie für den Bereich der „Verhütung, Aufdeckung, Untersuchung oder Verfolgung von Straftaten oder der Strafvollstreckung"[302] ersetzt werden.

---

[297] Vorgeschlagen wurde ein Ergänzung des BDSG um eine Norm (§ 38b), welche die Veröffentlichung von personenbezogenen Daten verboten hätte, falls diese einen „besonders schwerer[en] Eingriff in das Persönlichkeitsrecht" bewirkt hätte (vgl. Mitteilung des BMI v. 1.12.2010, abrufbar unter http://bmi.bund.de/SharedDocs/Downloads/DE/Themen/OED_Verwaltung/Informationsgesellschaft/rote_linie.pdf, S. 5). Der Entwurf ist im Kabinett gescheitert (vgl. Frankfurter Allgemeine Zeitung, Nr. 285 v. 7.12.2010, S. 4).

[298] Art. 8 Abs. 1 GRCh, Art. 16 Abs. 1 AEUV sowie Art. 39 EUV garantieren das Recht jeder Person auf Schutz der sie betreffenden personenbezogenen Daten. Art. 16 Abs. 2 AEUV erlaubt den Erlass von Regelungen für die „Verarbeitung personenbezogener Daten durch die Organe, Einrichtungen und sonstigen Stellen der Union sowie durch die Mitgliedstaaten im Rahmen der Ausübung von Tätigkeiten, die in den Anwendungsbereich des Unionsrechts fallen, und über den freien Datenverkehr" im ordentlichen Gesetzgebungsverfahren (Parlament und Rat).

[299] Richtlinie 95/46/EG zum Schutz natürlicher Personen bei der Verarbeitung personenbezogener Daten und zum freien Datenverkehr (ABl. L 281 v. 23.11.1995, S. 31); Richtlinie 2002/58/EG über die Verarbeitung personenbezogener Daten und den Schutz der Privatsphäre in der elektronischen Kommunikation (ABl. L 201 v. 31.7.2002, S. 37), zuletzt geändert durch Richtlinie 2009/136/EG (ABl. L 337 v. 18.12.2009, S. 11). Im Bereich der Unionsorgane ist der Datenschutz durch Verordnung (EG) Nr. 45/2001 zum Schutz natürlicher Personen bei der Verarbeitung personenbezogener Daten durch die Organe und Einrichtungen der Gemeinschaft und zum freien Datenverkehr (ABl. L 8 v. 12.1.2001, S. 1) konkretisiert worden.

[300] Rahmenbeschluss 2008/977/JI über den Schutz personenbezogener Daten, die im Rahmen der polizeilichen und justiziellen Zusammenarbeit in Strafsachen verarbeitet werden (ABl. L 350 v. 30.12.2008, S. 60).

[301] Entwurf einer Verordnung des Europäischen Parlaments und des Rates zum Schutz natürlicher Personen bei der Verarbeitung personenbezogener Daten und zum freien Datenverkehr (Datenschutz-Grundverordnung), KOM(2012) 11 endg.

[302] Entwurf einer Richtlinie des Europäischen Parlaments und des Rates zum Schutz natürlicher Personen bei der Verarbeitung personenbezogener Daten durch die zuständigen Behörden zum Zwecke der Verhütung, Aufdeckung, Untersuchung oder Verfolgung von Straftaten oder der Strafvollstreckung sowie zum freien Datenverkehr, KOM(2012) 10 endg.

a) „Recht auf Vergessenwerden und auf Löschung"

Für die Untersuchung von Interesse ist allein Art. 17 DS-GVO-E, der mit „Recht auf Vergessenwerden und auf Löschung" („Right to be forgotten and to erasure") überschrieben ist,[303] und dessen Bedeutung die Kommission besonders hervorhebt.[304]

Dass der Betroffene von der datenverarbeitenden Stelle die Löschung der Daten verlangen kann, wenn die Rechtfertigung für die fortdauernde Speicherung entfallen ist (Art. 17 Abs. 1 lit. a), gehört seit langem zum Standard der Datenschutzgesetzgebung.[305] Die wesentliche Erweiterung zu einem „Recht auf Vergessenwerden" ist in der Verknüpfung des Löschungsanspruchs mit der *freien Widerruflichkeit* der Einwilligung (Art. 17 Abs. 1 lit. b Alt. 1 i.V.m. Art. 7 Abs. 3) zu sehen, was vor allem in Bezug auf im Kindesalter veröffentlichte Inhalte Erleichterung bringen soll.[306] Im Vergleich zur bestehenden Rechtslage ist schließlich die Ausweitung des örtlichen[307] wie des sachlichen Anwendungsbereichs bemerkenswert.[308]

---

[303] Artikel 17 DS-GVO-E (1) Die betroffene Person hat das Recht, von dem für die Verarbeitung Verantwortlichen die Löschung von sie betreffenden personenbezogenen Daten und die Unterlassung jeglicher weiteren Verbreitung dieser Daten zu verlangen, speziell wenn es sich um personenbezogene Daten handelt, die die betroffene Person im Kindesalter öffentlich gemacht hat, sofern einer der folgenden Gründe zutrifft:
a) Die Daten sind für die Zwecke, für die sie erhoben oder [...] verarbeitet wurden, nicht mehr notwendig.
b) Die betroffene Person widerruft ihre Einwilligung [...] oder die Speicherfrist [...] ist abgelaufen und es fehlt an einer anderweitigen Rechtsgrundlage für die Verarbeitung der Daten. [...]
(2) Hat der in Absatz 1 genannte für die Verarbeitung Verantwortliche die personenbezogenen Daten öffentlich gemacht, unternimmt er in Bezug auf die Daten [...] alle vertretbaren Schritte, auch technischer Art, um Dritte, die die Daten verarbeiten, darüber zu informieren, dass eine betroffene Person von ihnen die Löschung aller Querverweise [...] oder von Kopien oder Replikationen dieser Daten verlangt. [...].
(3) Der für die Verarbeitung Verantwortliche sorgt für eine umgehende Löschung der personenbezogenen Daten, soweit deren Speicherung nicht erforderlich ist
a) zur Ausübung des Rechts auf freie Meinungsäußerung gemäß Artikel 80; [...]
c) für historische und statistische Zwecke oder zum Zwecke der wissenschaftlichen Forschung gemäß Artikel 83 [...].
[304] Mitteilung KOM(2012) 9, S. 5.
[305] U. a. §§ 20 Abs. 2 Nr. 2, 35 Abs. 2 Nr. 3 und 4 BDSG bzw. Art. 12 lit. b i.V.m. Art. 6 Abs. 1 lit. e der RL 95/46/EG und Art. 16 der VO (EG) Nr. 45/2001. In diesem Sinne auch *Hornung/Hofmann*, JZ 2013, S. 163 (166); zur Reichweite der „Löschungsansprüche de lege lata" *Nolte*, ZRP 2011, S. 236 (238 f.).
[306] Eine besondere Berücksichtigung hat der Schutz von Kindern (unter 13 Jahren) erfahren (Art. 17 Abs. 1; ferner Art. 8 DS-GVO-E; vgl. Erw.-Grde. 29, 38, 46, 53). Die Schwierigkeiten der *effektiven Durchsetzung* von Löschungsansprüchen bei der Datenweitergabe und Veröffentlichung über das Internet, wird durch Art. 17 Abs. 2, Abs. 9 lit. b DS-GVO-E aufgegriffen, wonach die datenverarbeitende Stelle eine „Folgeverantwortung" trifft, wenn sie die Daten veröffentlicht und an Dritte weitergegeben hat. Krit. zur praktischen Umsetzbarkeit jenseits von Suchmaschinen *Hornung/Hofmann*, JZ 2013, S. 163 (168 f.).

b) Ertrag für den weiteren Gang der Untersuchung

Sollte das „Recht auf Vergessenwerden und auf Löschung" tatsächlich in Kraft treten,[309] bestünde eine (unmittelbar anwendbare) Regelung, die spezifisch auf das eingangs geschilderte Phänomen der „Unfähigkeit des Internets zu vergessen" zugeschnitten wäre.

Ob die datenschutzrechtlichen Prinzipien (Verbotsprinzip, Aufsicht) strukturell geeignet sind, den grund- und menschenrechtlich gebotenen Ausgleich der prinzipiell gleichrangigen Positionen des Persönlichkeitsrechts einerseits und der Kommunikationsfreiheiten andererseits in allen denkbaren Konstellationen zu gewährleisten, ist allerdings mit guten Gründen in Zweifel gezogen worden.[310] Sollte die Vorschrift des Art. 17 DS-GVO-E (bzw. der sachliche Anwendungsbereich der gesamten Verordnung) dahingehen präzisiert werden, dass sie *allein den Nutzern von Internetdiensten (wie etwa sozialen Netzwerken)* eine größere Kontrolle über die *von ihnen selbst* eingestellten Informationen gewährt, wie die zuständige Kommissarin *Reding* zuletzt angedeutet hat,[311] würde das europäische Datenschutzrecht einen gelungenen Beitrag zur Abwehr der mit der „Unfähigkeit

---

[307] An die Stelle des Sitzlandprinzips (Art. 4 RL 95/46/EG) soll das Marktortprinzip treten (Art. 3 Abs. 2 DS-GVO-E), nach dem auch die von einem Drittland aus betriebene Datenverarbeitung den europäischen Vorgaben unterliegt, wenn sie auf in der Union ansässige Personen zielt (vgl. Erw.-Grd. 20).

[308] Eine Bereichsausnahme für journalistische oder wissenschaftliche Zwecke ist nicht vorgesehen; lediglich der engste private Bereich bleibt unberührt (Art. 2 Abs. 2 lit. d DS-GVO-E). Dieser betrifft nur Datenverarbeitungen „durch natürliche Personen zu ausschließlich persönlichen oder familiären Zwecken ohne jede Gewinnerzielungsabsicht". Das Vorbild ist Art. 3 Abs. 2 zweiter Spiegelstrich RL 95/46/EG, der nach EuGH, Rs. C-101/01 – Lindqvist, Slg. 2003, I-12971, EuR 2004, S. 291 ff., besonders eng auszulegen ist.

[309] Der Fortgang des Rechtssetzungsprozesses ist nicht absehbar, nachdem im Rat der Europäischen Union am 6.6.2013 eine Grundsatzeinigung nicht erzielt werden konnte (vgl. Pressemitteilung des Rates, Nr. 10461/13, S. 9).

[310] Die Enquete-Kommission „Internet und digitale Gesellschaft", BT-Drs. 17/8999, Ziff. 2.3.1.1., S. 38, hat davor gewarnt, dass eine „pauschale Implementierung der datenschutzrechtlichen Grundsätze überall dort, wo grundrechtlich geschützte Kommunikationsinteressen betroffen sind, [...] das verfassungsrechtliche Spannungsverhältnis [...] verfehlen [würde]. Von Verfassungs wegen gilt es, die einander widerstreitenden Güter im Sinne praktischer Konkordanz zu einem wechselseitig möglichst schonenden Ausgleich zu bringen." A. A. *Karg,* DuD 2013, S. 75 (77 ff.), der mangels adäquater Regelungsmechanismen eine Freistellung der „individuelle[n], nicht organisierte[n] Meinungsbildung" vom datenschutzrechtlichen Verbotsprinzip für nicht angemessen hält.

[311] *Reding,* The EU Data Protection Reform 2012, SPEECH/12/26 (abrufbar unter http://europa.eu/rapid/press-release_SPEECH-12-26_en.htm): „If an individual no longer wants his personal data to be [...] stored by a data controller, and if there is no legitimate reason for keeping it, the data should be removed [...]. The right to be forgotten is of course not an absolute right. There are cases where there is a legitimate and legally justified interest to keep data in a data base. The archives of a newspaper are a good example."

des Internets zu vergessen" einhergehenden Gefahren für die Persönlichkeitsentwicklung und -entfaltung auf dem Gebiet der eigenen Beiträge leisten. In diesem Bereich erwiese sich auch der Versuch der Problembewältigung durch Schaffung einer neuartigen Abweichungs*pflicht* der Mitgliedstaaten (Art. 17 Abs. 3 lit. a i.V.m. Art. 80 DS-GVO-E[312]), der mit Blick auf die noch umfassten *konfrontativen* Publikationen zutreffend scharf kritisiert wurde,[313] nicht von vornherein als untauglich.

Unabhängig hiervon drängt sich nach Lektüre dieses Entwurfs jedoch die Frage auf, ob der in dieser Untersuchung vorgeschlagene Weg der Problembewältigung mit Hilfe (auch) des (deutschen) Verfassungsrechts durch die Schaffung eines unmittelbar verbindlichen und mit Anwendungsvorrang ausgestatteten „Rechts auf Vergessenwerden und Löschung" nicht obsolet werden würde.

Ein solcher Anspruch müsste sich indes auch nach unionsgrundrechtlichen bzw. menschenrechtlichen Maßstäben im Einzelfall gegenüber konfligierenden Meinungs- und Medienfreiheiten behaupten.[314] Die Durchsetzungskraft hinge davon ab, ob das Begehren des Betroffenen „nur" auf den gesetzgeberischen Gemeinwohlzweck gestützt werden könnte oder ob es gleichfalls grund- und menschenrechtlich fundiert ist und, wenn ja, welches Gewicht ihm deshalb zukommt.[315] Dieser Befund belegt das eingangs aufgestellte Postulat, wonach es zur Problembewältigung einer Fortentwicklung der europäischen Grund- und Menschenrechte bedarf, für die eine am mitgliedstaatlichen Verfassungsrecht ausgerichtete Untersuchung Vorarbeiten leisten kann.[316]

---

[312] Art. 80 Abs. 1 DS-GVO-E: „Die Mitgliedstaaten *sehen* für die Verarbeitung personenbezogener Daten, die allein zu journalistischen, künstlerischen oder literarischen Zwecken erfolgt, *Abweichungen oder Ausnahmen* [...] *vor*, um das Recht auf Schutz der Privatsphäre mit den für die Freiheit der Meinungsäußerung geltenden Vorschriften in Einklang zu bringen" (Hervorh. d. Verf.).

[313] *Härting*, BB 2012, S. 459 (464); vgl. ferner *Masing*, Süddeutsche Zeitung, Nr. 6 v. 9.1.2012, S. 10. Der Europäische Datenschutzbeauftragte, ABl. C 192 v. 30.6.2012, S. 5 (12), bestätigt diese Befürchtungen, indem der selbst diese Vorschriften als Gefahr für das Schutzniveau des Datenschutzrechts versteht.

[314] Vgl. nur Art. 52 GRCh, Art. 10 Abs. 2 EMRK.

[315] Auch auf Ebene es Unionsrechts werden einfachrechtliche Rechtspositionen nicht selten mit ihrem „Grundrechtsgehalt" in die erforderliche Abwägung eingebracht, vgl. beispielhaft EuGH, Rs. C-70/10 – Scarlet Extended, Slg. 2011, I-12006 (12025), MMR 2012, S. 174 (176), zum Urheberrecht: „Um zu beurteilen, ob diese Anordnung mit dem Unionsrecht in Einklang steht, ist zudem den Anforderungen Rechnung zu tragen, die sich aus dem Schutz der vom vorlegenden Gericht genannten anwendbaren Grundrechte ergeben."

Unter Verweis auf die Schlussanträge des GA Jääskinen v. 25.6.2013 in der Rs. C-131/12 – Google Spain (vgl. oben S. 53 m. Fn. 158), in denen die Existenz eines „Rechts auf Vergessenwerden" auf Ebene der GRCh in erster Linie unter Betonung der Meinungs- und Informationsfreiheit verneint wird (Abs.-Nr. 101 ff.), bezweifelt *Milstein*, K&R 2013, S. 446 (448), konsequenterweise die Primärrechtskonformität von Art. 17 DS-GVO-E.

[316] Vgl. dazu bereits oben S. 49.

§ 3 Voraussetzungen für die Anerkennung einer neuen Ausprägung des allgemeinen Persönlichkeitsrechts

Angesichts der dieser Arbeit vorangestellten These drängt sich die Frage auf, unter welchen Voraussetzungen in einer *wissenschaftlichen* Abhandlung die Anerkennung einer Ausprägung des allgemeinen Persönlichkeitsrechts nahegelegt werden kann.

Mit Blick auf den eingangs erläuterten methodischen und disziplinären Rahmen dieser auf Anschlussfähigkeit bedachten Untersuchung ist die Antwort in einer *dogmatischen* Rekonstruktion[317] der Grundlagen des (verfassungsrechtlichen) allgemeinen Persönlichkeitsrechts zu suchen (I.).

Diese wird zeigen, warum das allgemeine Persönlichkeitsrecht in Ansehung neuer Gefährdungslagen nicht nur zum „(Er-)Finden" neuer Gewährleistungen einlädt, sondern wegen seiner Ergänzungs- und Lückenschließungsfunktion nachgerade dazu verpflichtet, sobald ein grundrechtlich erhebliches Schutzbedürfnis auftritt. Dessen Voraussetzungen sollen näher entfaltet werden (II.).

I. Funktion und Stellung des allgemeinen Persönlichkeitsrechts

Die im Grundgesetz explizit benannten Grundrechte hat *Böckenförde* als „ihrer Wortfassung und Sprachgestalt nach Lapidarformeln und Grundsatzbestimmungen" charakterisiert, „die aus sich selbst inhaltlicher Eindeutigkeit weithin entbehren".[318] Das hohe Abstraktionsniveau ihrer Gewährleistungsinhalte bedarf deshalb zwar in besonderem Maße der „inhaltlichen Ausfüllung und Auffüllung";[319] immerhin verfügen sie aber über einen zumindest im Begriffskern wohldefinierten Bezugspunkt (wie z.B. „Versammlung" oder „Wohnung").

---

[317] Aus diesem Grund kann auf eine Darstellung der *historischen* Entwicklung verzichtet werden. Vgl. dazu *Jarass*, Die Entwicklung des allgemeinen Persönlichkeitsrechts, in: Erichsen (Hrsg.), Recht der Persönlichkeit, S. 89 ff.; *Hufen*, Schutz der Persönlichkeit, in: FS 50 Jahre BVerfG II, S. 105 (108 ff.) – jeweils m.w.N. Kritische Betrachtung des gängigen Narratives bei *Kohl*, Medienwirkung und Medienverantwortung. Das Lebach-Urteil in privatrechtlicher Sicht, in: Kübler (Hrsg.), Medienwirkung und Medienverantwortung, S. 57 (63 ff.). Zu den rechtshistorischen und -philosophischen Grundlagen und der Entwicklung auf Ebene des (europäischen und globalen) Völkerrechts sowie des Europarechts umfassend *Schiedermair*, Der Schutz des Privaten als internationales Grundrecht, passim.

[318] *Böckenförde*, NJW 1974, S. 1529 (1529).

[319] *Jarass*, Die Freiheit der Massenmedien, S. 117.

Das allgemeine Persönlichkeitsrecht als Innominatrecht,[320] das in Art. 2 Abs. 1 GG (bei Zugrundelegung der herrschenden Auslegung als allgemeine Handlungsfreiheit) allenfalls einen ersten Anhaltspunkt aufweist, verlangt demgegenüber nach einer noch weiter ausholenden Bestimmung.

1. Ergänzungs- und Lückenschließungsfunktion

Das Bundesverfassungsgericht hat dem allgemeinen Persönlichkeitsrecht eine besondere Stellung im Gefüge der Grundrechte zugewiesen:

Das allgemeine Persönlichkeitsrecht *„ergänzt* als ‚unbenanntes‘ Freiheitsrecht die speziellen (‚benannten‘) Freiheitsrechte, die, wie etwa die Gewissensfreiheit oder die Meinungsfreiheit, ebenfalls konstituierende Elemente der Persönlichkeit schützen"[321].

Ausgehend von diesem Verständnis wird der Gewährleistungsumfang des allgemeinen Persönlichkeitsrechts auch nicht wie bei anderen Grundrechten von einem bestimmten Sach- und Lebensbereich her gegenständlich konturiert. Seiner Natur als „Ergänzungsgrundrecht" gemäß, kommt vielmehr nur eine finale Definition in Betracht:

„*Aufgabe* [des allgemeinen Persönlichkeitsrechts] ist es, im Sinne des obersten Konstitutionsprinzips der ‚Würde des Menschen‘ (Art. 1 Abs. 1 GG) die engere persönliche Lebenssphäre und die Erhaltung ihrer Grundbedingungen zu gewährleisten, die sich durch die traditionellen konkreten Freiheitsgarantien nicht abschließend erfassen lassen; diese Notwendigkeit besteht namentlich auch *im Blick auf moderne Entwicklungen und die mit ihnen verbundenen neuen Gefährdungen* für den Schutz der menschlichen Persönlichkeit."[322]

Schließlich hat sich das Gericht nicht vor der Konsequenz verschlossen, dass diese Ergänzungs- und Lückenschließungsfunktion nur um den Preis des Verzichts auf eine Engführung des Schutzbereichs zu haben ist:

„Wegen der dargelegten Eigenart des allgemeinen Persönlichkeitsrechts hat die Rechtsprechung des Bundesverfassungsgerichts [...] den Inhalt des geschützten Rechts nicht abschließend umschrieben, sondern seine Ausprägungen jeweils anhand des zu entscheidenden Falles herausgearbeitet."[323]

2. Verfassungsunmittelbarer Auftrag zur (Verfassungs-)Konkretisierung

Der grundrechtliche Gewährleistungsumfang des allgemeinen Persönlichkeitsrechts ist demnach in einem besonderen Maße (entwicklungs)offen. Zwar ist

---

[320] *Lorenz,* in: BK-GG, Art. 2 Abs. 1 Rdnrn. 86, 196 f. m.w.N.

[321] BVerfGE 54, 148 (153) – Eppler (Hervorh. d. Verf.).

[322] BVerfGE 54, 148 (153) (Hervorh. d. Verf.); BVerfGE 120, 274 (303) – Online-Durchsuchung.

[323] BVerfGE 54, 148 (153 f.). Ähnlich BVerfGE 65, 1 (41) – Volkszählung.

auch bei anderen Grundrechten eine Anpassung der Schutzbereichsdefinition angesichts der sich verändernden Lebenswirklichkeit zu beobachten[324] und die „Erneuerungsfunktion der Grundrechte" auch nicht auf Art. 2 Abs. 1 GG beschränkt;[325] der Grad an strukturell bedingter Offenheit, der dem allgemeinen Persönlichkeitsrecht zueigen ist, wird – von der Rundfunkfreiheit abgesehen[326] – andernorts nicht annähernd erreicht.[327]

a) Verfassungsrechtsfortbildung, Verfassungswandel oder konkretisierende Verfassungsauslegung?

Diese Entwicklung ist mitunter als Fall einer (offenen) „Rechtsfortbildung"[328] oder des „Verfassungswandels"[329] beschrieben worden[330] – mit Begriffen also, mit denen für gewöhnlich eine über die übliche Auslegung hinausreichende, die *Grenze zur Verfassungsänderung* ab- oder überschreitende Ausübung richterlicher Kompetenzen assoziiert wird.[331] Träfe dies auch auf die Anerkennung neuer

---

[324] So erfasst das Fernmeldegeheimnis des Art. 10 GG selbstverständlich auch Voice-over-IP-Gespräche und Emailverkehr (*Gusy,* in: v. Mangoldt/Klein/Starck, GG, Art. 10 Rdnr. 40), der Schutz des Art. 13 GG erstreckt sich auch auf „fahrende, schwimmende oder fliegende Räumlichkeiten" (*Gornig,* in: v. Mangoldt/Klein/Starck, GG, Art. 13 Abs. 1 Rdnr. 18 m.w. N.) und auch der Familienbegriff des Art. 6 Abs. 1 GG hat einen nicht unbeträchtlichen Wandel erfahren (*Robbers,* in: v. Mangoldt/Klein/Starck, GG, Art. 6 Abs. 1 Rdnrn. 79, 90).

[325] *Bethge,* VVDStRL 57 (1998), S. 7 (20 f.).

[326] Ihre Entwicklungsoffenheit ist neben dem Wandel der Formate vor allem der stetigen Weiterentwicklung der Übertragungstechnik geschuldet, vgl. nur BVerfGE 83, 238 (302).

[327] Vgl. aber auch *Kahl,* Die Schutzergänzungsfunktion, S. 54 ff., der – in deutlichem Widerspruch zu seiner Kritik am Umgang mit Art. 2 Abs. 1 GG („auf einem schmalen Grad des verfassungsrechtlich […] Zulässigen") – den Spezialgrundrechten ein scheinbar grenzenloses Potenzial zu einem „stillen Grundrechtswandel" bis hin zur „Umformung" der Gewährleistungen attestiert und schlussfolgert, dass „sich ein erheblicher Teil der bisherigen Schutzergänzungsfälle […] als in der Sache entbehrlich" erweist.

[328] *Volkmann,* DVBl. 2008, S. 590 (592); *Dreier,* in: Dreier, GG, Art. 2 I Rdnr. 69. Vgl. auch *Hufen,* Schutz der Persönlichkeit, in: FS 50 Jahre BVerfG II, S. 105 (109). Zurückhaltender *Di Fabio,* in: Maunz/Dürig, GG, Art. 2 Abs. 1 Rdnr. 19 („notwendige Fortentwicklung" der Verfassung).

[329] *Kahl,* Die Schutzergänzungsfunktion, S. 60; ferner *Michael/Morlok,* Grundrechte, S. 427 f., die allerdings den Begriff der richterlichen Rechtsfortbildung synonym verwenden.

[330] Anders *Bryde,* in: Otto-Brenner-Stiftung (Hrsg.), Arbeitsmarktpolitik im Spannungsfeld von Gesetzgebung und Tarifautonomie, S. 68 (69), der die Entwicklung so deutet, dass das Gericht in die Norm als „Teilbereich" das wieder „hinein gebaut" hat, „was der Verfassungsgeber ursprünglich wohl meinte". Zustimmend *Hoffmann-Riem,* Enge oder weite Gewährleistungsgehalte der Grundrechte?, in: Bäuerle u. a. (Hrsg.), Haben wir wirklich Recht?, S. 53 (67).

[331] *Kahl,* Die Schutzergänzungsfunktion, S. 60.

Ausprägungen des allgemeinen Persönlichkeitsrechts zu, geböte die latente Gefahr der Usurpation des *pouvoir constituant constitué* äußerste Zurückhaltung.

Allerdings werden die Begriffe der „(Verfassungs-)Rechtsfortbildung", mehr noch des „Verfassungswandels", sehr unterschiedlich verwendet[332] und mit ihnen entsprechend divergierende Einschätzungen ihrer Statthaftigkeit verbunden.[333] Wer unter Verfassungswandel etwa nur Konstellationen „jenseits der eigentlichen Auslegung" erfasst, wird ihn – wenn überhaupt – allenfalls unter größter Zurückhaltung zulassen wollen.[334] Für Vertreter eines weiten Begriffsverständnisses, das die Auslegung unbestimmter Verfassungsbegriffe und jede diesbezügliche Rechtsprechungsänderung umfasst, handelt es sich um ein mit Blick auf Art. 79 GG „unverdächtiges" Phänomen.[335]

Beim allgemeinen Persönlichkeitsrecht liegen die Dinge freilich nochmals anders: Seine „Ausprägungen" sind bereits Interpretations*produkte,* die eine (notwendige) Zwischenschicht[336] zwischen dem extrem offenen Verfassungstext und dem Gewährleistungsumfang in der konkret zu entscheidenden Anwendungssituation bilden.[337] Diese Besonderheit erlaubt es, das „ewige Thema" des Verfassungswandels[338] auf sich beruhen zu lassen. Denn auch wenn die Anerkennung einer neuen Ausprägung *aus Perspektive des Rechtsanwenders* als Änderung auf Ebene des – umfassend verstandenen – „Normprogramms"[339] erscheinen mag,

---

[332] Überblick bei *Voßkuhle,* Der Staat 43 (2004), S. 450 (451 ff.); *Walter,* AöR 125 (2000), S. 517 (524 ff.) – jeweils m.w.N.
Mitunter wird gar die Existenz(berechtigung) entsprechender Konzeptionen verneint, vgl. nur *Häberle,* Zeit und Verfassung, in: ders. (Hrsg.), Verfassung als öffentlicher Prozess, S. 59 (82 f.), der die damit verbundenen Überlegungen in einer „offenen Verfassungsinterpretation" aufgehen sieht. Nach *Jestaedt,* Phänomen Bundesverfassungsgericht, in: Jestaedt u.a. (Hrsg.), Das entgrenzte Gericht, S. 77 (143), mangelt es demgegenüber „bereits an Begriff und Konzept verfassungsrichterlicher *Verfassungs*fortbildung" (Hervorh. im Original).

[333] Hierzu *Walter,* AöR 125 (2000), S. 517 (529 ff.) m.w.N.

[334] Statt vieler *Sachs,* in: Sachs, GG, Einführung Rdnr. 45.

[335] Statt vieler *Böckenförde,* Verfassungswandel, in: ders. (Hrsg.), Staat, Nation, Europa, S. 141 (152), sowie *Greve,* Access-Blocking, S. 39 ff.

[336] Das Changieren zwischen Ablösung in der Praxis und Rückbindung an Art. 2 Abs. 1 GG durch die Rechtsdogmatik wird in der Bezeichnung als *„selbständiges Teilrecht"* (z. B. *v. Mutius,* Anonymität als Element des allgemeinen Persönlichkeitsrechts, in: Bäumler/v. Mutius [Hrsg.], Anonymität im Internet, S. 12 [14, 17] – Hervorh. d. Verf.) deutlich.

[337] Vgl. auch *Brohm,* VVDStRL 30 (1972), S. 245 (251), für den „Typisierung als ‚generelle Konkretisierung' [...] zwischen Gesetz und Konkretisierung im Einzelfall" eine Eigenschaft jeder Dogmatik darstellt, so dass die Änderung dieser Konkretisierungen mit dem „Wandel der sozialen Verhältnisse" geboten ist, wenn „das Recht seinem Sinne nach zur Wirksamkeit gebracht werden soll".

[338] *Walter,* AöR 125 (2000), S. 517 (542).

[339] *Hufen,* Schutz der Persönlichkeit, in: FS 50 Jahre BVerfG II, S. 105 (120).

findet bei ihr – nach herkömmlichem Verständnis[340] – keine Modifikation der *Verfassungs*norm selbst statt.[341]

So verstanden besitzen die Ausprägungen – wie die noch näher an der Einzel-fallentscheidung stehenden Leitlinien, -sätze und „Maßstäbe"[342] – keinen (eng verstandenen) (Verfassungs-)Normcharakter. Ihre Anerkennung und spätere Modifikation kann vielmehr als Vorgang der konkretisierenden Auslegung bzw. Konkretisierung durch Auslegung[343] der denkbar weit gefassten Vorschrift des Art. 2 Abs. 1 GG verstanden werden:

> „Es handelt sich der Sache nach nicht um verselbständigte Freiheitsrechte, sondern um *tatbestandliche Konkretisierungen* des Schutzbereichs der allgemeinen Handlungsfreiheit, die wegen ihres Bezugs zur Menschenwürde ein verfassungsrechtlich *besonders ausgeprägtes Schutzniveau* erreichen."[344]

Da „in jedem Akt der Rechtsanwendung [...] kognitive und volitive Elemente eine unauflösliche Verbindung" eingehen,[345] taugt der Hinweis auf die Beteiligung „schöpferischer" Elemente bei dieser Prozedur alleine nicht,[346] um sie zu diskreditieren:[347] „Der Richter war in Europa niemals ‚la bouche qui prononce

---

[340] *Müller/Christensen*, Juristische Methodik, S. 235 ff. (Ziff. 313.2 – Rdnrn. 230 ff.) m.w.N., wollen im Rahmen ihrer „strukturierenden Rechtslehre" stets zwischen Normtext und „Normprogramm" unterscheiden. Wenn, wie gesehen, auch an anderer Stelle ähnliche Begriffe verwendet werden, geschieht dies nicht zwangsläufig von der gleichen rechtstheoretischen Warte aus. (Das Gegenteil dürfte der Fall sein, vgl. nur *Müller/Christensen*, ebd., S. 275 f. [Ziff. 314.8 – Rdnrn. 274 f.], mit Blick auf die unterschiedlichen Vorstellungen von „Konkretisierung".) Für diese Untersuchung genügt angesichts des begrenzten Erkenntnisinteresses (vgl. oben S. 48) die Feststellung, dass es sich bei den Ausprägungen des allgemeinen Persönlichkeitsrechts nach weitverbreiteter Überzeugung um durch die Rechtspraxis *erzeugte* Derivate des Normtextes von Art. 2 Abs. 1 GG handelt.

[341] *Hesse*, Grundzüge des Verfassungsrechts, S. 46; *Böckenförde*, Verfassungswandel, in: ders. (Hrsg.), Staat, Nation, Europa, S. 141 (147 ff.).

[342] Vgl. dazu *Voßkuhle*, Rechtsprechen, in: FS Kirchhof I, § 86 Rdnr. 7.

[343] Hier und im Folgenden wird mit dem Begriff der Konkretisierung die „realitätsbezogene Ausfüllung wertungsoffener Rechtsbegriffe" (*Hoffmann-Riem*, Verwendungstauglichkeit der Sozialwissenschaften, in: Giehring u.a. (Hrsg.), Juristenausbildung, S. 75 [81]) bezeichnet. Vgl. auch *Lerche*, DVBl. 1961, S. 690 (692 f.), für den die Verfassung ohnehin „nicht so sehr nachvollziehende rechtslogische Interpretation wie nachvollziehbar geordnete ‚gekonnte' Konkretisierung" verlangt. Skeptisch bezüglich der Leistungsfähigkeit des Bildes der Konkretisierung *Sachs*, in: Sachs, GG, Einführung Rdnr. 48; vgl. auch *Kahl*, AöR 131 (2006), S. 579 (602) m.w.N.

[344] *Di Fabio*, in: Maunz/Dürig, GG, Art. 2 Abs. 1 Rdnr. 131.

[345] *Grimm*, Politik und Recht, in: FS Benda, S. 91 (100).

[346] Vgl. aber *Böckenförde*, Der Staat 29 (1990), S. 1 (21 ff.), der diesen Befund auf solche Gerichtsentscheidungen beschränkt sehen will, in denen die Grundrechte „als (objektive) Grundsatznormen" zur Anwendung gebracht werden. Für den Fall eines streng abwehrrechtlichen Verständnisses stellt er dagegen die Rückkehr zur methodisch gänzlich unverdächtigen „Interpretation" in Aussicht.

[347] *Voßkuhle*, Rechtsschutz gegen den Richter, S. 60 ff.; ferner *Suhr*, Entfaltung der Menschen durch die Menschen, S. 44 – jeweils m.w.N.

les paroles de la loi'."[348] Grenzen ergeben sich für die konkretisierende Auslegung folgerichtig nicht in erster Linie aus den durch Art. 79 GG gesetzten (äußersten) Funktionsgrenzen der Judikative, die eine „echte Verfassungsrechtsfortbildung" bzw. einen „echten Verfassungswandel"[349] als kaum je zulässig erscheinen lassen.[350] Es gelten vielmehr die üblichen Leitlinien der Verfassungsinterpretation,[351] zu denen das Bundesverfassungsgericht im Umgang mit dem allgemeinen Persönlichkeitsrecht eingehend Stellung genommen hat.[352]

Ist konkretisierende Auslegung und Anwendung der Verfassung (in der Zeit[353]) deshalb – je nach Eigenart des Normtextes mehr oder weniger – „fortbildende Erläuterung",[354] zählt diese zum gesicherten Proprium der (Verfassungs-)Gerichtsbarkeit und hat „mit ‚unerlaubtem Richterrecht' […] nichts zu tun".[355] Auch bei der Anerkennung einer neuen Ausprägung des allgemeinen Persönlichkeitsrechts handelt es sich folglich nicht um eine unzulässige Umgehung der Anforderungen an eine Verfassungs*text*änderung (Art. 79 GG),[356] sondern um die

---

[348] BVerfGE 75, 223 (243 f.), mit Blick auf den EuGH. Das Gericht nimmt (verdeckt) Bezug auf *Montesquieu*, De l'Esprit des lois, S. Liv. XI, chap. VI, S. 337 ff.: „Mais les juges de la nation *ne sont,* comme nous avons dit, *que la bouche qui prononce les paroles de la loi*; des êtres inanimés qui n'en peuvent modérer ni la force ni la rigueur" (Hervorh. d. Verf.). Kritisch zur missverstehenden Rezeption in der Rechtswissenschaft *Ogorek*, Die erstaunliche Karriere des „Subsumtionsmodells", in: dies. (Hrsg.), Aufklärung über Justiz I, S. 87 (90 ff.).

[349] Zum Begriff „unechter Verfassungswandel" *Walter,* AöR 125 (2000), S. 517 (524 f.); ablehnend *Voßkuhle,* Der Staat 43 (2004), S. 450 (453) m. Fn. 26.

[350] *Böckenförde,* Verfassungswandel, in: ders. (Hrsg.), Staat, Nation, Europa, S. 141 (154 ff.).

[351] Auf die Frage, ob nicht ohnehin alles „Auslegen" nur (strukturiertes) „Konkretisieren" ist (*Müller/Christensen,* Juristische Methodik, S. 259 ff., 502 f. [Ziff. 314 ff. – Rdnrn. 248 ff., Ziff. 50 – Rdnr. 467]), kann hier nicht eingegangen werden.

[352] Dazu ausführlich unten S. 88 ff.

[353] Deutlich *Hesse,* JZ 1995, S. 265 (265 ff.).

[354] *Lerche,* DVBl. 1961, S. 690 (700).

[355] *Hufen,* Schutz der Persönlichkeit, in: FS 50 Jahre BVerfG II, S. 105 (106) (Hervorh. d. Verf.); ferner *Böckenförde,* Verfassungswandel, in: ders. (Hrsg.), Staat, Nation, Europa, S. 141 (147 ff.). Vgl. auch *Jestaedt,* Phänomen Bundesverfassungsgericht, in: Jestaedt u. a. (Hrsg.), Das entgrenzte Gericht, S. 77 (143 f.), der idealisierte Vorstellungen von einer besonderen Methodenstrenge auf Ebene der Fachgerichtsbarkeit zurückweist.
Di Fabio, in: Maunz/Dürig, GG, Art. 2 Abs. 1 Rdnr. 20, bemerkt zur „relativen Verselbständigung einzelner Gewährleistungen" innerhalb des Art. 2 Abs. 1 GG, in ihr liege „in der Regel keine unzulässige Rechtsfortbildung, keine an verfassungsändernden Gesetzgeber vorbeieilende Generierung immer neuer Grundrechtsverbürgungen. Es geht […] schlicht um dogmatische Verfeinerung und Schaffung von Rechtsklarheit durch Fallgruppenbildung." So i. E. auch *Kahl,* Die Schutzergänzungsfunktion, S. 60 f., dessen Kritik ebenfalls allein auf die mit der Rede vom „verselbständigten unbenannten Freiheitsrecht" beförderte Fehlannahme einer dogmatischen Ablösung von Art. 2 Abs. 1 GG zielt.

[356] Gegen eine Überdehnung dieses Arguments (die in eine Pflicht des verfassungsändernden Gesetzgebers zum fortlaufenden „Nachziehen" münden würde) *Voßkuhle,*

Fortschreibung der Gewährleistung als Verbürgung von Kontinuität im Angesicht des Wandels der gesellschaftlichen Verhältnisse.[357]

b) Koordinaten konkretisierender Verfassungsauslegung

Mit Blick auf die Ausprägungen des allgemeinen Persönlichkeitsrechts können folgende Koordinaten konkretisierender Verfassungsauslegung festgehalten werden.

Erstens: Wer den (bundesverfassungsgerichtlichen) Befund der Ergänzungs- und Lückenschließungsfunktion des allgemeinen Persönlichkeitsrechts grundsätzlich billigt,[358] kann sich der Annahme eines immanenten Auftrags zu seiner konkretisierenden, „aktualisierenden" Anwendung nicht verschließen.[359] Denn die fortlaufende Ergänzung des Gewährleistungsumfangs nach Maßgabe der wechselnden Herausforderungen der Lebensumstände[360] rechnet als „Verfassungsverwirklichung"[361] zur *raison d'être* des (so verstandenen) verfassungsrechtlichen allgemeinen Persönlichkeitsrechts.

Zweitens: Das verfassungsrechtliche allgemeine Persönlichkeitsrecht erzwingt – wiederum auf Grundlage des entfalteten Verständnisses – wegen seiner Entwicklungsoffenheit in gewissem Umfang einen Schluss vom Tatsächlichen (Ge-

---

Der Staat 43 (2004), S. 450 (457). Skeptisch auch *Walter*, AöR 125 (2000), S. 517 (545).

[357] Vgl. zu diesem Bild – jeweils im Detail anders konnotiert – *Böckenförde*, Verfassungswandel, in: ders. (Hrsg.), Staat, Nation, Europa, S. 141 (149); *Hesse*, Grundzüge des Verfassungsrechts, S. 701; *ders.*, JZ 1995, S. 265 (268).

[358] Das ist keinesfalls zwingend, vgl. nur die Kritik von *Jestaedt*, Phänomen Bundesverfassungsgericht, in: Jestaedt u. a. (Hrsg.), Das entgrenzte Gericht, S. 77 (145 f.). Allein schon wegen der angestrebten Anschlussfähigkeit (vgl. oben S. 48) soll jener Befund der weiteren Untersuchung zugrunde gelegt werden.

[359] Vgl. *Di Fabio*, in: Maunz/Dürig, GG, Art. 2 Abs. 1 Rdnrn. 15 ff.; *Starck*, in: v. Mangoldt/Klein/Starck, GG, Art. 2 Abs. 1 Rdnr. 18; *Horn*, Schutz der Privatsphäre, in: HStR VII, § 149 Rdnr. 25.
Stern, Persönlichkeit und Privatsphäre, in: StaatsR IV/1, § 99 I 3 (S. 188 ff.), VII 1 (S. 239 f.), betont die Notwendigkeit eines lückenschließenden „Abwehrkonzepts" und bescheinigt dem Bundesverfassungsgericht eine „prätorische Leistung". *Hufen*, Schutz der Persönlichkeit, in: FS 50 Jahre BVerfG II, S. 105 (119), weist auf die Inkonsistenz und Interessengebundenheit mancher Kritik am vermeintlichen Aktivismus des Bundesverfassungsgerichts hin.

[360] *Hufen*, ebd., S. 105 (106, 120), spricht von der „Anpassung des Normprogramms" angesichts der „vielfältigen sozialen, ökonomischen und technischen Entwicklungen und Herausforderungen".

[361] *Böckenförde*, Verfassungswandel, in: ders. (Hrsg.), Staat, Nation, Europa, S. 141 (149). *Häberle*, Zeit und Verfassung, in: ders. (Hrsg.), Verfassung als öffentlicher Prozess, S. 59 (90 f.), hält eine „grundrechtssichernde Geltungsfortbildung" (nur) der Grundrechte zum Zwecke der „Sensibilisierung [...] gegenüber der sozialen Wirklichkeit" für geboten (vgl. auch *ders.*, VVDStRL 30 [1972], S. 43 [69 f.]); zustimmend *Suhr*, Entfaltung der Menschen durch die Menschen, S. 46.

fährdung) auf das Normative (Gewährleistung).[362] Allerdings besteht diese Abhängigkeit allein für die normative „Zwischenschicht" der Ausprägungen des allgemeinen Persönlichkeitsrechts, d. h. für die Ergebnisse des Konkretisierungsvorgangs.

Mit *Britz* lässt sich nach alledem die besondere Funktion des allgemeinen Persönlichkeitsrechts wie folgt charakterisieren: „An die Stelle eines auf Abwehr gerichteten Schutzbereichs tritt [...] ein gefährdungsspezifischer Gewährleistungsgehalt; die Schutzgewährleistung [...] besteht an besonderen Gefahrpunkten und nicht für einen einheitlichen Bereich. Das allgemeine Persönlichkeitsrecht [...] verlangt weiterhin vor allem der Verfassungsinterpretation ab, die Gefahrpunkte zu identifizieren und entsprechende Schutzmechanismen zu etablieren."[363]

II. Grundrechtlich erhebliches Schutzbedürfnis als Ergänzungsbedingung

Ausgehend von der so bestimmten Stellung und Funktion des allgemeinen Persönlichkeitsrechts gilt es nun zu untersuchen, unter welchen Voraussetzungen im Einzelnen seine Ergänzungs- und Lückenschließungsfunktion aktuell wird, d. h. wann die Anerkennung einer neuen Ausprägung in Betracht kommt. Aufschluss soll eine Analyse derjenigen Entscheidungen des Bundesverfassungsgerichts geben, in denen ein „grundrechtlich erhebliches Schutzbedürfnis"[364] festgestellt und daraufhin eine neue Ausprägung des allgemeinen Persönlichkeitsrechts anerkannt worden ist.[365]

---

[362] Anschaulich beschreibt dies *Di Fabio,* in: Maunz/Dürig, GG, Art. 2 Abs. 1 Rdnr. 15: „Die Offenheit des Tatbestandes zwingt die Rechtsanwendung in einen steten Lernprozess, zu einem Blick auf die vom Einzelfall her präsentierte soziale Wirklichkeit – die Antworten auf Fragen des Einzelfalles, neue Freiheitsbehauptungen und neue Gefährdungslagen können hier so am ehesten erfasst [sic!] und womöglich als Fallgruppe eine erste Verfestigung finden." Vgl. ferner *Suhr,* Entfaltung der Menschen durch die Menschen, S. 42 ff.

[363] *Britz,* Freie Entfaltung durch Selbstdarstellung, S. 84.

[364] BVerfGE 120, 274 (306). Eine Umschreibung mit dem Begriff „(Schutz-)*Lücke"* sollte vermieden werden, da dieser nahelegen würde, es gehe darum, *auf Ebene der Verfassung selbst* bestehende Lücken – im Wege der Rechtsfortbildung – zu schließen (krit. *Müller/Christensen,* Juristische Methodik, S. 169 f., 495 f. [Ziff. 222.348 – Rdnr. 146; Ziff. 333.3 – Rdnrn. 451 ff.] m.w.N.). Allenfalls kann sich die „Zwischenschicht" des allgemeinen Persönlichkeitsrechts (vgl. oben S. 84) als defizitär erweisen, was zur Anerkennung „lückenschließender Gewährleistungen" (BVerfGE 101, 361 [380]; 120, 274 [303]) in Gestalt weiterer Ausprägung Anlass geben mag.

[365] Erschwert wird die Analyse, weil das Gericht seine Kriterien *nicht ausdrücklich* benennt. Mitunter wird nicht einmal thematisiert, dass der Sache nach eine neue Ausprägung anerkannt wird (z. B. BVerfGE 35, 202). In der Entscheidung zur Online-Durchsuchung (BVerfGE 120, 274) findet sich allerdings eine aufschlussreiche Gliederung des Gedankengangs. Bei älteren Entscheidungen müssen (und können) die angelegten Maßstäbe aus dem Gang der Begründung destilliert werden.

1. Gefährdung eines konstituierenden Elementes der Persönlichkeit

Als notwendige Bedingung für die Anerkennung einer (weiteren) Ausprägung des allgemeinen Persönlichkeitsrechts durch das Bundesverfassungsgericht kann die Gefährdung eines „Element[s] der Persönlichkeit, [das] nicht Gegenstand besonderer Freiheitsgarantien [ist], aber diesen in ihrer konstituierenden Bedeutung für die Persönlichkeit nicht nachsteh[t]",[366] identifiziert werden.

a) Wertender Vergleich mit etablierten Gewährleistungsinhalten

Die Prüfung einer solchen Gefährdungslage vollzieht sich *im Wege des wertenden Vergleichs*: Es werden die Gemeinsamkeiten (und Unterschiede) der neuartigen Gefährdungslage und derjenigen Gefährdungslagen herausgearbeitet, auf welche die etablierten grundrechtlichen Gewährleistungen ausgerichtet sind. Hierdurch kann die *gleichwertige Bedeutung* der Problemkonstellation *für die Persönlichkeitsbildung und -entfaltung* plausibel dargelegt werden.

Dieses *kasuistische, fallspezifische Vorgehen*[367] soll an drei Entscheidungen verdeutlicht werden, in denen jeweils die Notwendigkeit der Anerkennung einer weiteren Ausprägung des allgemeinen Persönlichkeitsrechts begründet worden ist und bei denen die zentrale Stellung früherer Judikate besonders deutlich hervortritt:

> „Auch gegen das Unterschieben nicht getaner Äußerungen kann indessen das [...] allgemeine Persönlichkeitsrecht schützen. Dies ist der Fall, wenn *zugleich ein anerkanntes Schutzgut* des Persönlichkeitsrechts, etwa die Privatsphäre, verletzt wird [...] ([...] BVerfGE 34, 269 [282 f.]). Sofern ein solches Schutzgut nicht beeinträchtigt ist, bedeutet es gleichfalls einen Eingriff in das allgemeine Persönlichkeitsrecht [...]. Dies folgt aus dem dem Schutz des allgemeinen Persönlichkeitsrecht *zugrundeliegenden Gedanken der Selbstbestimmung*: [...]. *Insofern gilt das gleiche wie* für das Recht am gesprochenen Wort, das die Befugnis des Menschen schützt, selbst zu bestimmen, ob seine Worte einzig dem Gesprächspartner, einem bestimmten Kreis oder der Öffentlichkeit zugänglich sein sollen (BGHZ 27, 284 [286]) oder ob und von wem seine auf einem Tonträger aufgenommenen Worte wieder abgespielt werden dürfen (BVerfGE 34, 238 [246 f.]). Im Zusammenhang hiermit kann es nur Sache der einzelnen Person selbst sein, über das zu bestimmen, was ihren sozialen Geltungsanspruch ausmachen soll; insoweit wird der Inhalt des allgemeinen Persönlichkeitsrechts maßgeblich durch das Selbstverständnis seines Trägers geprägt (vgl. – für die Kultusfreiheit – BVerfGE 24, 236 [247 f.])."[368]

---

[366] BVerfGE 54, 148 (153); ferner BVerfGE 99, 185 (193); 120, 274 (303).

[367] *Kunig,* in: v. Münch/Kunig, GG, Art. 2 Rdnr. 31; *v. Mutius,* Anonymität als Element des allgemeinen Persönlichkeitsrechts, in: Bäumler/v. Mutius (Hrsg.), Anonymität im Internet, S. 12 (14).

[368] BVerfGE 54, 148 (155 f.), zum Unterschieben nicht getätigter Äußerungen (Hervorh. d. Verf.).

„[Das Persönlichkeitsrecht] umfaßt – *wie bereits in der Entscheidung BVerfGE 54, 148 (155) unter Fortführung früherer Entscheidungen* [...] *angedeutet worden ist* – auch die aus dem Gedanken der Selbstbestimmung folgende Befugnis des Einzelnen, grundsätzlich selbst zu entscheiden, wann und innerhalb welcher Grenzen persönliche Lebenssachverhalte offenbart werden (vgl. ferner BVerfGE 56, 37 [41 ff.] [...]). Diese Befugnis [...] ist vor allem deshalb gefährdet, weil bei Entscheidungsprozessen *nicht mehr wie früher* auf manuell zusammengetragene Karteien und Akten zurückgegriffen werden muß, *vielmehr heute* mit Hilfe der automatischen Datenverarbeitung Einzelangaben [...] unbegrenzt speicherbar und [...] in Sekundenschnelle abrufbar sind."[369]

„Die moderne Informationstechnik eröffnet dem Einzelnen neue Möglichkeiten, begründet aber auch neuartige Gefährdungen der Persönlichkeit. [...] Werden diese Daten von Dritten erhoben und ausgewertet, so kann dies weitreichende Rückschlüsse auf die Persönlichkeit des Nutzers bis hin zu einer Profilbildung ermöglichen (*vgl. zu den aus solchen Folgerungen entstehenden Persönlichkeitsgefährdungen BVerfGE 65, 1 [42]*). [...] Bei einem vernetzten, insbesondere einem an das Internet angeschlossenen System *werden diese Gefährdungen in verschiedener Hinsicht vertieft*."[370]

Weil das Persönlichkeitsrecht wegen seiner Lückenschließungsfunktion in besonderem Maße auf eine Konkretisierung „anhand des zu entscheidenden Falles" angelegt ist[371] und das „aus den [...] Gefährdungslagen folgende *grundrechtliche Schutzbedürfnis* [...] *den wesentlichen Inhalt,* das Ausmaß und die Wirkungen [der] zu entwickelnden [Ausprägungen des allgemeinen Persönlichkeitsrechts]" bestimmt,[372] bleibt die Suche nach weiteren verallgemeinerungsfähigen Kriterien erfolglos.

In den Fokus rücken daher die Details der *plausiblen Darlegung* einer solchen Gefährdungslage,[373] namentlich die Bedeutung der Nachbarwissenschaften [b)] und des technischen Fortschritts [c)].

---

[369] BVerfGE 65, 1 (41 f.), zum Recht auf informationelle Selbstbestimmung (Hervorh. d. Verf.).

[370] BVerfGE 120, 274 (303 f.), zum „Grundrecht" auf Gewährleistung der Vertraulichkeit und Integrität informationstechnischer Systeme (Hervorh. d. Verf.).

[371] BVerfGE 54, 148 (153 f.).

[372] *v. Mutius,* Anonymität als Element des allgemeinen Persönlichkeitsrechts, in: Bäumler/v. Mutius (Hrsg.), Anonymität im Internet, S. 12 (15) (Hervorh. d. Verf.). Ferner *Di Fabio,* in: Maunz/Dürig, GG, Art. 2 Abs. 1 Rdnrn. 15, 17; *Lorenz,* in: BK-GG, Art. 2 Abs. 1 Rdnr. 272. Die Kritik von *Heise,* Recht und Politik 2009, S. 94 (97), an einer einseitigen Ausrichtung der Entscheidung zur Online-Durchsuchung am „Schutzbedürfnis" bezieht sich allein auf die in seinen Augen unzureichende Auseinandersetzung mit den (bestehenden) Gewährleistungen. Im Grundsatz verteidigt er den Schluss vom Tatsächlichen (Gefährdung) auf das Normative (Gewährleistung) ausdrücklich, *Heise,* ebd., S. 94 (96).

[373] Hierzu *Britz,* DÖV 2008, S. 411 (412 f.); *Eifert,* NVwZ 2008, S. 521 (522); *Hoffmann-Riem,* JZ 2008, S. 1009 (1012); *Volkmann,* DVBl. 2008, S. 590 (592).

b) Relevanz nachbarwissenschaftlicher Erkenntnisse

Während die Wirkungsweise und Relevanz *physischer* Hindernisse der Grundrechtsausübung vergleichsweise leicht zu (v)ermitteln ist, müssen im Bereich des allgemeinen Persönlichkeitsrecht – der „Innerlichkeit" des Schutzguts entsprechend – regelmäßig auch weniger gut fassbare, *psychisch vermittelte* Beeinträchtigungen bewertet werden. Den Annahmen über mögliche Gefährdungen der Persönlichkeit liegen deshalb oftmals Erklärungsmodelle zugrunde, die zumindest *auch* der Psychologie oder der Soziologie zugerechnet werden könnten, wenn sie ihnen nicht ohnehin „entlehnt" worden sind. Es stellt sich daher die Frage, ob und, wenn ja, inwiefern sich vor diesem Hintergrund eine inhaltliche *Abhängigkeit* der juristischen Argumentation von diesen Disziplinen ergibt. Sie ist *im Zusammenhang mit der Anerkennung neuer Ausprägungen des allgemeinen Persönlichkeitsrechts* von der Rechtsprechung nicht[374] und in der Literatur nur vereinzelt *explizit* thematisiert worden.[375]

aa) Heranziehung nachbarwissenschaftlicher Erkenntnisse und Konzepte

Das von Amts wegen (§ 26 Abs. 1 S. 1 BVerfGG) zur Aufklärung des Sachverhalts verpflichtete Bundesverfassungsgericht[376] hat sich in einer ganzen Reihe von Verfahren in erheblichem Umfang auch auf diesen Gebieten nachbarwissenschaftlich orientiert, indem Psychologen, Psychiater und Soziologen als Sachver-

---

[374] Vgl. beispielhaft BVerfGE 120, 274 (304 f.): Wenn sich das Gericht mit der Feststellung begnügt, dass „weitergehende Kenntnisse über die Persönlichkeit des Nutzers" oder gar ein „Persönlichkeitsprofil" erlangt werden können, so handelt es sich um einen (verdeckten) Rekurs auf das Modell einer typische Gefährdungslage, wie es in der Volkszählungs-Entscheidung (BVerfGE 65, 1 [42 f.]) begründet worden ist. Dort wurde freilich, wie später auch (BVerfGE 99, 185 [194]), auf eine durch Unsicherheit evozierten „wesentlichen Hemmung" des Betroffenen in seinem Freiheitsgebrauch abgestellt, ohne diese Annahme näher zu erläutern oder gar empirisch abzustützen.

[375] Ausnahmen bilden z. B. *Hoffmann-Riem,* Medienwirkung und Medienverantwortung. Methodisch und verfassungsrechtlich orientierte Überlegungen, in: Kübler (Hrsg.), Medienwirkung und Medienverantwortung, S. 19 ff., und *Lüscher,* Jurisprudenz und Soziologie, in: Kübler (Hrsg.), Medienwirkung und Medienverantwortung, S. 81 ff. Vgl. nun allgemeiner *Britz,* Freie Entfaltung durch Selbstdarstellung, S. 13 m. Fn. 23: „Ein Interaktionselement der Persönlichkeitsentfaltung dürfte als soziologischer und psychologischer Befund in rechtswissenschaftlichen und -philosophischen Arbeiten allgemein akzeptiert sein [Vw. auf *Luhmann,* Grundrechte als Institutionen, S. 60 ff.]. Als sozialpsychologische Referenz dient normativen Konzeptionen (philosophischen wie rechtswissenschaftlichen) häufig *Mead,* Geist, Identität und Gesellschaft." Vgl. auch *Morlok,* Selbstverständnis als Rechtskriterium, S. 75 m.w.N.

[376] Das BVerfG hat sich selbst auferlegt, diesen „Blankoscheck" (*Philippi,* Tatsachenfeststellungen des Bundesverfassungsgerichts, S. 12) „sinnvoll und ökonomisch" zu handhaben, BVerfGE 17, 135 (138 f.). Kritisch zu dieser Zurückhaltung jüngst *Brink,* Tatsachengrundlagen, in: Rensen/Brink (Hrsg.), Linien der Rechtsprechung, S. 3 (15 ff.; 26 ff.) m.w.N.

ständige oder sachverständige Auskunftspersonen vernommen[377] oder entsprechende Fachveröffentlichungen herangezogen wurden.[378]

Dabei variiert der Umfang, in dem die Rezeption des Sachverstandes offengelegt wird:[379] Das eine Extrem bildet die Lebach I-Entscheidung, in der das Gericht nicht nur sachverständige Beratung in Anspruch genommen,[380] sondern auch im Rahmen der Urteilsbegründung jeweils ausführlich kenntlich gemacht hat, inwiefern es sich auf die dabei gewonnenen Erkenntnisse stützt.[381] Am anderen Ende des Spektrums steht die Volkszählungsentscheidung, in der darauf verzichtet wurde, die Annahmen über die psychologische Wirkung der Datenverarbeitung zu belegen.[382]

Die (durchaus naheliegende) Schlussfolgerung, allein Entscheidungen vom Typ „Lebach I"[383] könnten den Anforderungen an rationale Entscheidungsbe-

---

[377] BVerfGE 6, 389 (398 f.) – § 175 StGB (vier Mediziner bzw. Psychologen, eine Kriminologin, ein Kriminologe und ein Soziologe); BVerfGE 45, 187 (206 ff.) – Lebenslange Freiheitsstrafe (u. a. zwei Psychologen bzw. Psychiater, eine Kriminologin und drei Kriminologen); BVerfGE 61, 358 (371, 375 ff.) – Gemeinsame elterliche Sorge (zwei Psychologen); BVerfGE 91, 1 (22 f.) – Entziehungsanstalt (ausführliche Fragebogen an zwölf Fachkliniken verschickt); BVerfGE 108, 282 (293, 304 f.) – Kopftuch (eine Psychologin, ein Psychologe, ein Psychiater und eine Erziehungswissenschaftlerin).

[378] Beispielhaft BVerfGE 115, 1 (4 ff., 17 ff.), und BVerfGE 128, 109 (115 ff., 131 f.) (Auswertung der neuesten wissenschaftlichen Publikationen zur Transsexualität); BVerfGE 120, 224 (244 ff.) – Geschwisterinzest (Auswertung des Schrifttums zur möglichen „familien- und sozialschädlichen Wirkung", Beeinträchtigung der „sexuellen Selbstbestimmung" und Fragen der „Eugenik"); in quantitativer Hinsicht unerreicht BVerfGE 45, 187 (229 ff.) – Lebenslange Freiheitsstrafe, wo allein die Darstellung der unterschiedlichen Forschungsergebnisse neun Druckseiten in Anspruch nimmt.

[379] Ähnlich *Bryde*, Tatsachenfeststellungen und soziale Wirklichkeit, in: FS 50 Jahre BVerfG I, S. 533 (537 f.), der darauf hinweist, dass eine „nachvollziehbare Würdigung" des Tatsachenmaterials in den Entscheidungsgründen, insbesondere der ergangenen Stellungnahmen, noch weitaus seltener erfolgt als die Wiedergabe derselben im Entscheidungtatbestand.

[380] BVerfGE 35, 202 (215 ff.).

[381] BVerfGE 35, 202 (238 ff.). Die Hoffnungen zeitgenössischer Kommentatoren wie *Hoffmann-Riem*, Medienwirkung und Medienverantwortung. Methodisch und verfassungsrechtlich orientierte Überlegungen, in: Kübler (Hrsg.), Medienwirkung und Medienverantwortung, S. 19 (21) („Wegstein zu einer interdisziplinär arbeitenden Rechtsanwendung") haben sich in der Folge gleichwohl nicht erfüllt.

[382] BVerfGE 65, 1 (42 f.): „Damit haben sich in bisher unbekannter Weise die Möglichkeiten einer Einsichtnahme und Einflussnahme erweitert, welche auf das Verhalten des Einzelnen schon *durch den psychischen Druck öffentlicher Anteilnahme* einzuwirken vermögen. [...] Wer nicht mit hinreichender Sicherheit überschauen kann, welche ihn betreffende Informationen [...] bekannt sind [...], kann in seiner Freiheit wesentlich *gehemmt werden,* aus eigener Selbstbestimmung *zu planen oder zu entscheiden"* (Hervorh. d. Verf.). *Bryde,* Tatsachenfeststellungen und soziale Wirklichkeit, in: FS 50 Jahre BVerfG I, S. 533 (558), betont allerdings, dass das Gericht – „methodisch konsequent" – die normativen Aussagen „auf einer Realanalyse aufbaut".

[383] Ähnlich BVerfGE 61, 358 – gemeinsames Sorgerecht.

gründungen genügen, erwiese sich indes – ungeachtet des normativen Flucht-punktes der Entscheidungsfindung[384] – als zu kurz gegriffen, weil die veröffent-lichten Entscheidungsgründe kein vollständiges Bild über die *tatsächlichen Erwägungen* des Gerichts bieten.[385] Aus ihrem Schweigen kann nicht sicher auf die ausgebliebene Rezeption fachwissenschaftlicher Expertise geschlossen wer-den.[386]

Hinzu kommt, dass im Bereich des allgemeinen Persönlichkeitsrechts häufig grundlegende *Wirklichkeitsvorstellungen der Richterinnen und Richter* relevant werden, die sich im Vergleich zu den sonstigen fallrelevanten „sozio-ökonomi-schen Rahmenbedingungen"[387] noch weniger „beweisfest" fixieren lassen, das Normverständnis aber notwendig (vor)prägen und deshalb für die Entscheidungs-findung von erheblichem Gewicht sind.[388] Diese Wirklichkeitsvorstellungen scheinen in den Entscheidungs*texten* gelegentlich der Sache nach auf, wenn es etwa um die „Bedingungen der automatischen Datenverarbeitung" geht[389] oder

---

[384] Dazu sogleich S. 94.

[385] Die vorbereitenden Voten der Berichterstatter sind weitaus umfangreicher als die späteren Entscheidungsgründe. In Senatssachen umfassen sie einschließlich Anlagen oft über hundert Seiten und berücksichtigen regelmäßig auch (nachbar)wissenschaftliche Literatur (vgl. *Kranenpohl,* Hinter dem Schleier des Beratungsgeheimnisses, S. 92 f.). Sie werden in mitunter langwierigen Abstimmungsprozessen zur konsensfähigen Ur-teilsbegründung verdichtet (*Bryde,* Tatsachenfeststellungen und soziale Wirklichkeit, in: FS 50 Jahre BVerfG I, S. 533 [539]). Dabei besteht die Neigung, sich nicht ohne Grund über den Fall hinaus festzulegen (*Kranenpohl,* Hinter dem Schleier des Beratungsge-heimnisses, S. 145), weshalb es nicht weiter erstaunt, dass ausdrückliche Festlegungen auf „fremdem Terrain", dessen Stand und Entwicklung das Gericht noch weitaus weni-ger als das juristische überblicken kann, wenn möglich vermieden werden. Da diese richterlichen *travaux préparatoires* unter Berufung auf das zeitlich unbegrenzt geach-tete Beratungsgeheimnis (*Kranenpohl,* ebd., S. 478 f.) für die Wissenschaft auf un-absehbare Zeit unzugänglich bleiben (vgl. die Antwort der Bundesregierung auf eine diesbezügliche Kleine Anfrage, BT-Drs. 17/4073), kann über Art und Umfang der fach-wissenschaftlichen Absicherung verfassungsgerichtlicher Entscheidungen letztlich nur spekuliert werden (beispielhaft *Steinmüller,* FIfF-Kommunikation, 3/2007, S. 15 [17 f.]).

[386] *Hoffmann-Riem,* Verwendungstauglichkeit der Sozialwissenschaften, in: Giehring u. a. (Hrsg.), Juristenausbildung, S. 75 (78) m. Fn. 65: „Es ist [...] verfehlt, die Bedeu-tung der Sozialwissenschaften für das rechtswissenschaftliche Entscheiden allein an der Art der Begründungen abzulesen, wie es ebenfalls verfehlt wäre, aus einer sozialwissen-schaftlichen Begründungsformel auf die Entscheidungsrelevanz der Sozialwissenschaf-ten zu schließen."

[387] Damit sind Annahmen über Umstände gemeint, die nicht ein einzelnes Indivi-duum betreffen, sondern auf eine Klasse von Menschen oder Sachen bezogen werden, vgl. *Philippi,* Tatsachenfeststellungen des Bundesverfassungsgerichts, S. 6 ff. Wegen ih-rer Relevanz für die (inzidente) Normenkontrolle werden sie auch als „legislative facts" bezeichnet, vgl. *Bryde,* Tatsachenfeststellungen und soziale Wirklichkeit, in: FS 50 Jahre BVerfG I, S. 533 (533) m. Fn. 1.

[388] *Bryde,* ebd., S. 533 (558) m. umfangreichen N. Vgl. auch *Voßkuhle,* in: Hoff-mann-Riem (Hrsg.), Offene Rechtswissenschaft, S. 153 (159, 165), sowie *Walter,* AöR 125 (2000), S. 517 (534) m.w.N.

[389] BVerfGE 65, 1 (42).

die „Nutzung informationstechnischer Systeme" ohne nähere empirische Abstützung als „für die Lebensführung vieler Bürger von zentraler Bedeutung" qualifiziert wird.[390]

bb) Normativer Fluchtpunkt juristischer Entscheidungen

Angesichts dieser vermeintlichen Defizite in der Gestaltung der Urteilsgründe
könnte ferner die Forderung einer strikt(er)en Orientierung an nachbarwissenschaftlichen Erkenntnissen erhoben werden.[391] Dabei würde indes aus dem Blick
geraten, dass die Fortentwicklung des allgemeinen Persönlichkeitsrechts zwar in
besonderer Weise von der (Veränderung der) Realität angestoßen wird, ihr Bezugspunkt jedoch ein *normativer* ist – nämlich ein axiomatisches „Menschenbild
des Grundgesetzes".[392]

Das lässt sich am Volkszählungsurteil zeigen, wo das Gericht mit dem „psychischen Druck öffentlicher Anteilnahme" und sonstigen „Hemmungen" argumentiert hat.[393] Wenn diese Überlegungen *allein* dem empirischen „Subsumtions-
bereich" zuzuschlagen wären, hätten sie wohl zum Gegenstand psychologischer
Sachverständigengutachten gemacht werden müssen. Damit würde indes die Bedeutung der Argumente verkannt, weil sie letztlich auf eine empirisch gerade
nicht exakt „vermessbare" Bezugsgröße, das normative Bild der menschlichen
Persönlichkeit als Schutzguts des allgemeinen Persönlichkeitsrechts, ausgerichtet
sind.[394]

Dieser Befund erhellt, warum sich jedenfalls eine „Engführung" der juristischer Argumentation auf den Nachvollzug der Nachbarwissenschaften verbie-

---

[390] BVerfGE 120, 274 (303 f.). Einleuchtend erscheint *Brydes* Erklärung, wonach
sich die Richterinnen und Richter in anderen „stark von Werthaltungen beeinflussten
Gebiet[en] leichter auf eine gemeinsame Entscheidung einigen [können], als auf ein gemeinsames Bild der Lebenswirklichkeit" (*Bryde*, Tatsachenfeststellungen und soziale
Wirklichkeit, in: FS 50 Jahre BVerfG I, S. 533 [559]). Die auf die Vermeidung von
concurring opinions und Sondervoten angelegte Arbeitsweise lässt derartige Differenzen selbst für den Fall im Dunkeln, dass sie im Laufe der Beratungen thematisiert werden sollten (vgl. dazu *Bryde*, ebd., S. 533 [539]).

[391] Ein solches Ideal richterlicher Entscheidungsfindung würde zwangsläufig die
Frage aufwerfen, wie mit den Divergenzen in der Nachbarwissenschaft umgegangen
werden soll. Nicht zuletzt müssten auch die dort präsentierten Erkenntnisse ihrerseits
wieder auf ihre Abhängigkeit von Vor-Verständnissen und Axiomen hin untersucht werden, was das Rechtssystem überfordern würde.

[392] In diesem Sinne auch *Hufen*, Schutz der Persönlichkeit, in: FS 50 Jahre BVerfG
II, S. 105 (107).

[393] BVerfGE 65, 1 (42 f.).

[394] Dieses knüpft gleichwohl an Realphänomene an, ist also nicht rein „meta-phy-
sisch". Es handelt sich bei der vom allgemeinen Persönlichkeitsrecht geschützten „Per-
sönlichkeit" also um eine sozialphilosophisch-anthropologisch fundierte Annahme
(*Hufen*, Schutz der Persönlichkeit, in: FS 50 Jahre BVerfG II, S. 105 [107]), die „weder
Norm noch Tatsache" ist (*Bryde*, Tatsachenfeststellungen und soziale Wirklichkeit, in:
FS 50 Jahre BVerfG I, S. 533 [560]).

tet.[395] Ein Gericht kann – den berechtigten Rationalitätsansprüchen zum Trotz – „nicht zum sozialwissenschaftlichen Forschungsinstitut werden".[396] Hierbei handelt es sich keinesfalls um eine auf das allgemeine Persönlichkeitsrecht beschränkte Anomalie; es rechnet vielmehr zum Wesen der (Verfassungs-)Rechtsprechung und der juristischen Dogmatik, dass sie mit „normativ angeleiteten Bildern der Wirklichkeit" operiert und an ihnen (zumindest im Grundsatz) festhält, ohne sich von jedem empirischen Zweifel irritieren zu lassen.[397] Letztlich überformt der im Normativen liegende Fluchtpunkt (z. B. das Schutzgut „Persönlichkeit") die (Plausibilitäts-)Anforderungen an den Argumentationsgang.[398]

c) Bedeutung des technischen Fortschritts

Bezüglich der Entwicklungsoffenheit des allgemeinen Persönlichkeitsrechts hat das Bundesverfassungsgericht zunächst für einige Zeit mit der Formel operiert, diese bestehe „*namentlich* im Blick auf *moderne* Entwicklungen und die mit ihnen verbundenen *neuen* Gefährdungen für den Schutz der menschlichen Persönlichkeit."[399] Während der Begriff „modern" relativ offen ist, hat diese Formel in späteren Entscheidungen eine beachtliche Zuspitzung erfahren: „Die Notwendigkeit einer solchen lückenschließenden Gewährleistung besteht insbesondere im Blick auf neuartige Gefährdungen der Persönlichkeitsentfaltung, *die in Begleitung des wissenschaftlich-technischen Fortschritts auftreten*."[400]

---

[395] Vgl. *Müller/Christensen,* Juristische Methodik, S. 411 (Ziff. 323.1 – Rdnr. 398): „Die methodische Verantwortung für das Ansetzen der steuernden Perspektive des Normprogramms rechtlicher Vorschriften an die komplexen Teilergebnisse […] empirischer Studien verbleibt beim die Rechtsfrage lösenden Juristen."

[396] *Bryde,* Tatsachenfeststellungen und soziale Wirklichkeit, in: FS 50 Jahre BVerfG I, S. 533 (534).

[397] *Bryde,* ebd., S. 533 (560 f.), der zum „Menschenbild" das Schuldprinzip und ein „idealisiertes Bild des politischen Willensbildungsprozesses" gesellt. Mit Blick auf die Willensfreiheitsdebatte *Lindner,* RW 2011, S. 1 (26): „Selbst wenn sie [d. h. die Thesen der Hirnforschung] – naturwissenschaftlich – zuträfen, wäre doch die Frage zu stellen, ob sie einem *normativen* Menschenbild zugrunde gelegt werden müssten oder überhaupt dürften. […] In der Überprüfung und Infragestellung der *normativen* Relevanz naturwissenschaftlicher Erkenntnisse liegt nicht wie gelegentlich behauptet ein Rückfall in eine mittelalterliche Rechtskultur, sondern der Versuch, kulturell und normativ gewachsene, aus rein naturwissenschaftlicher Bedingt- und Befangenheit emanzipierte und für richtig erachtete Überzeugungen (die auch intuitiv verankert sind) zu bewahren" (Hervorh. im Original).

[398] Vgl. zum Vorverständnis im Prozess der Rechtsanwendung *Müller/Christensen,* Juristische Methodik, S. 270 ff. (Ziff. 314.6 ff. – Rdnrn. 268 ff.); *Esser,* Vorverständnis und Methodenwahl in der Rechtsfindung, S. 136 ff. Hierauf kann im Rahmen dieser Unterschuchung nicht näher eingegangen werden (vgl. bereits oben S. 48).

[399] BVerfGE 54, 148 (153). Nahezu identisch BVerfGE 65, 1 (41); 79, 256 (268).

[400] BVerfGE 106, 28 (39). Zuvor bereits BVerfGE 101, 361 (380), wo allerdings noch eine Nuance offener von Gefährdungen gesprochen wurde, die „*meist* in Begleitung des wissenschaftlich-technischen Fortschritts auftreten".

Angesichts dieser Formulierung liegt der Schluss nahe, dass ein grundrechtliches Schutzbedürfnis in aller Regel nur in Folge des technischen Fortschritts eintreten kann. Und in der Tat haben in der Vergangenheit diejenigen Entscheidungen die größte Aufmerksamkeit in der (Fach-)Öffentlichkeit auf sich gezogen, in denen das Gericht die sich ergebenden Gefährdungen zunächst der automatischen (Volkszählung),[401] später der elektronischen Datenverarbeitung (Online-Durchsuchung)[402] untersucht und die Anerkennung neuer Ausprägungen für erforderlich erachtet hat.[403]

Eine nähere Analyse zeigt jedoch, dass der technische Fortschritt bei weitem keine dominante Rolle spielt. Im Gegenteil: Die weitaus meisten der bisher anerkannten Ausprägungen des allgemeinen Persönlichkeitsrechts stehen mit ihm in keinem (unmittelbaren) Zusammenhang: Neben den vorkonstitutionell bereits einfachrechtlich entwickelten Ausprägungen (Recht der persönlichen Ehre,[404] am eigenen Bild und am gesprochenen Wort[405]) sind u. a. der Schutz vor dem Unterschieben von Äußerungen,[406] der Schutz vor finanzieller Überforderung,[407] das Namensrecht,[408] das Recht auf Gegendarstellung,[409] der Anspruch auf Resozialisierung,[410] das Recht auf sexuelle Selbstbestimmung[411] und das Recht auf Kenntnis der eigenen Abstammung[412] zu nennen.[413]

Dass die Darstellung des wissenschaftlich-technischen Fortschritts und des dadurch ausgelösten Wandels der Lebensverhältnisse – soweit die Gefährdungslage

---

[401] BVerfGE 65, 1 (42).

[402] BVerfGE 120, 274 (303 ff.).

[403] *Greve*, Access-Blocking, S. 45, spricht von einer „technikbegleitenden Verfassungsauslegung".

[404] BVerfGE 54, 208 (217).

[405] BVerfGE 34, 238 (246).

[406] BVerfGE 54, 148 (155). BVerfGE 34, 269 (Soraya) bezog sich auf eine ehrenrührige Unterstellung.

[407] BVerfGE 72, 155 (170 f.) – schuldenfreier Eintritt in die Volljährigkeit; vgl. ferner unter dem Aspekt der „Privatautonomie" BVerfGE 89, 214 (231 f.) – Bürgschaft.

[408] BVerfGE 78, 38 (49) – Ehename; 97, 391 (399 f.) – Mißbrauchsbezichtigung; 109, 256 (266) – Vorehe-Name; zum Namensrecht Transsexueller BVerfGE 49, 286 (298); 115, 1 (14); 116, 243 (263).

[409] BVerfGE 63, 131 (142).

[410] BVerfGE 35, 202 (235 ff.) – Lebach I.

[411] BVerfGE 120, 224 (238 f.) – Geschwisterinzest; BVerfGE 47, 46 (73 f.) – Sexualkundeunterricht.

[412] BVerfGE 79, 256 (1. Leitsatz).

[413] Wenn das Bundesverfassungsgericht zuletzt formuliert hat, einer „lückenschließenden Gewährleistung" bedürfe es „insbesondere, um neuartigen Gefährdungen zu begegnen, zu denen es im Zuge des wissenschaftlich-technischen Fortschritts *und* gewandelter Lebensverhältnisse kommen kann" (BVerfGE 120, 274 [303]; Hervorh. d. Verf.), so ist damit – gleich, ob bewusst oder unbewusst – die Missverständlichkeit der zuvor verwendeten Formulierungen vermieden worden.

daraus resultiert – gleichwohl häufig[414] breiten Raum in den Entscheidungsgründen einnimmt,[415] lässt sich zum einen als Versuch der Akzeptanzsicherung deuten.[416] Zum anderen ist zu bedenken, dass die „Richtigkeit" der normativen Einordnung neuerer Entwicklung maßgeblich von der Qualität der Problemanalyse abhängt,[417] weshalb es sich gerade bei vergleichsweise neuen Phänomenen anbietet, sich z. B. der Funktionalität technischer Geräte und des durch sie bedingten Wandels der Lebensführung zu versichern.[418]

2. Unzureichender Schutz durch benannte Grundrechte und bereits anerkannte Ausprägungen des allgemeinen Persönlichkeitsrechts

Um die Erforderlichkeit der Anerkennung einer *weiteren* Ausprägung des allgemeinen Persönlichkeitsrechts zu begründen, genügt es nicht, nach den soeben entwickelten Kriterien eine (neue) Gefährdung eines „konstituierenden Elements der Persönlichkeit" festzustellen. Vielmehr besteht das Bedürfnis nach einer „lückenschließenden Gewährleistung" nur, wenn und soweit die benannten Freiheitsrechte und anerkannten Ausprägungen dem „entstandenen Schutzbedürfnis nicht hinreichend Rechnung" tragen.[419]

---

[414] Zur Uneinheitlichkeit im Umgang mit Annahmen über die (soziale) Realität *Bryde,* Tatsachenfeststellungen und soziale Wirklichkeit, in: FS 50 Jahre BVerfG I, S. 533 (539).

[415] Beispielhaft BVerfGE 65, 1 (42), mit einer kurzen, aber präzisen Beschreibung der Besonderheiten von ADV-Anlagen (technisch gesehen zeitlich unbegrenzte Speichermöglichkeit, schnelle Abrufbarkeit, Fernzugriff) und jüngst BVerfGE 120, 274 (303 f.), mit einer ausführlichen Analyse der Veränderungen, die mit der Verbreitung und Weiterentwicklung von PC und ähnlichen Endgeräten einerseits und ihrer Vernetzung über das Internet andererseits einhergehen.

[416] Durch das Herausstellen von nachvollziehbaren Veränderungen im Tatsächlichen, in Ansehung welcher das Erfordernis einer *realitätsbezogenen* Verfassungsinterpretation unmittelbar einleuchtend erscheint, dürfte auch versucht werden, dem allfälligen Vorwurf einer aktionistischen oder gar geltungssüchtigen Verfassungsinterpretation (beispielhaft *Hoeren,* MMR 2008, S. 365 [366]; *Fromme,* Frankfurter Allgemeine Zeitung, Nr. 86 v. 14.4.1983, S. 1; *ders.,* Frankfurter Allgemeine Zeitung, Nr. 292 v. 15.12.1983, S. 1) von Anfang an durch Aufzeigen *sachlicher* Notwendigkeiten den Boden zu entziehen.

[417] *Brink,* Tatsachengrundlagen, in: Rensen/Brink (Hrsg.), Linien der Rechtsprechung, S. 3 (29) m.w.N. in Fn. 151 f. Vgl. auch *Bryde,* Tatsachenfeststellungen und soziale Wirklichkeit, in: FS 50 Jahre BVerfG I, S. 533 (538 f.) – der auf den methodisch weitgehend unreflektierten „Einfluß genereller Sozialdaten auf die Verfassungsauslegung" hinweist.

[418] Beispielhaft aus jüngerer Zeit BVerfGE 101, 361 (381); 120, 180 (197); 120, 274 (303 f.).

[419] BVerfGE 120, 274 (303, 306); ferner BVerfGE 54, 148 (153 f.); 109, 279 (326); 115, 166 (187 f.).

a) Analytische Trennung von Sachbereich und Gewährleistungsinhalt
    der Ausprägungen des allgemeinen Persönlichkeitsrechts

Unter welchen Umständen diese Voraussetzung als erfüllt angesehen werden darf, kann nur teilweise als konsentiert gelten [dazu b)]. Umstritten ist insbesondere die Frage, ob sich benannte Grundrechte oder bereits anerkannte Ausprägungen auch in *qualitativer* Hinsicht als defizitär erweisen können, wie es das Bundesverfassungsgericht zuletzt in der Entscheidung zur Online-Durchsuchung angenommen hat [dazu c)].

Um die letztgenannte Fragestellung überhaupt nachvollziehen zu können, wird der nachfolgenden Darstellung eine (analytische) (Auf-)Trennung des „Schutzbereichs", der traditionellen ersten Stufe der Grundrechtsprüfung, zugrunde gelegt:[420] Unter dem Begriff des *Sachbereichs* wird der – nicht notwendig körperlich-räumlich zu verstehende – „Sach- und Lebensbereich" der Grundrechte bzw. der Ausprägungen des allgemeinen Persönlichkeitsrechts bezeichnet,[421] welcher Ausgangspunkt für die Entfaltung einer Mehrzahl von *Gewährleistungsinhalten* des Grundrechts ist.[422]

Diese analytische Rekonzeptualisierung der Grundrechte bildet allerdings den Ausgangspunkt für jüngere Vorstöße in der Literatur, die zu weitreichenden Um- und Rückbauten gelangen wollen.[423] Im Zentrum der Kontroverse, auf die im Einzelnen hier nicht eingegangen werden kann, steht die Verlagerung von (Wert-)

---

[420] Grundlegend *Wahl,* Freiburger Universitätsblätter, Heft 95 (1987), S. 19 (32 f.); *Böckenförde,* Der Staat 42 (2003), S. 165 (174 ff.) m.w.N.

[421] Unter „Sachbereich" ist also – anders als bei *Müller/Christensen,* Juristische Methodik, S. 42, 503 ff. (Ziff. 12 – Rdnr. 16, Ziff. 50, Rdnr. 468) – das z.B. in Art. 8, 10 und 13 GG vom Normtext mit den Begriffen „Versammlung", „Brief" und „Wohnung" in Bezug genommene Phänomen gemeint.

[422] Es geht um die Frage, *welche Verhaltensweisen* genau das Grundrecht privilegieren will. So gewährleistet z.B. die Versammlungsfreiheit nicht nur die Freiheit der Wahl von Zeit, Ort und Thema, sondern auch die ungehinderte An- und Abreise (vgl. nur *Schulze-Fielitz,* in: Dreier, GG, Art. 8 Rdnr. 33). Bei der letztgenannten Gewährleistung wird besonders deutlich, wie schwer sie aus dem Begriff „Versammlung" abzuleiten ist. Dass sie Art. 8 GG und nicht – was denkbar wäre – Art. 11 GG oder (nur) Art. 2 Abs. 1 GG zugeordnet wird, ist Ergebnis einer *teleologischen* Operation.
Für diese Kategorie findet sich auch die Bezeichnung als „Schutzrichtung", „Gewährleistungsgehalt" oder „Gewährleistungsgrenzen", zum Teil wird auch die Nähe zur Prüfungsstufe des Eingriffs („Wogegen schützt das Grundrecht?") hergestellt (vgl. *Murswiek,* Der Staat 45 [2006], S. 473 [489 f.]).

[423] U.a. von *Wahl,* Freiburger Universitätsblätter, Heft 95 (1987), S. 19 (32 ff.); *Böckenförde,* Der Staat 42 (2003), S. 165 (190 ff.); *Hoffmann-Riem,* Enge oder weite Gewährleistungsgehalte der Grundrechte?, in: Bäuerle u.a. (Hrsg.), Haben wir wirklich Recht?, S. 53 ff.; *Murswiek,* Der Staat 45 (2006), S. 473 ff.; aus jüngerer Zeit *Rusteberg,* Der grundrechtliche Gewährleistungsgehalt, S. 169 ff. m.w.N.
Diese Vorschläge sind nicht ohne Widerspruch geblieben, vgl. z.B. *Kahl,* Der Staat 43 (2004), S. 167 ff., mit Replik von *Hoffmann-Riem,* Der Staat 43 (2004), S. 203 ff.
Überblick mit umfangreichen Nachweisen auch zu differenzierenden Vorschlägen *Kahl,* AöR 131 (2006), S. 579 (605 ff.).

Entscheidungen von den Ebenen des Eingriffs und der (verfassungsrechtlichen) Rechtfertigung im Einzelfall auf die vorgelagerte, abstraktere Ebene der Gewährleistungsinhalte als Teil des Schutzbereichs.[424]

Wenn der weiteren Untersuchung die für eine plausible Rekonstruktion der Entscheidungen des Bundesverfassungsgerichts *im Bereich des allgemeinen Persönlichkeitsrechts* schlicht unverzichtbare[425] Unterscheidung von Sachbereich und Gewährleistungsinhalt zugrunde gelegt wird, dann geschieht dies, ohne damit eine Stellungnahme für oder gegen „enge Schutzbereiche" und den befürchteten Abbau des Freiheitsschutzes[426] im Allgemeinen zu verbinden.

b) Gefährdung außerhalb jedes Sachbereichs

Noch ganz in den konventionellen Bahnen verläuft die (konsentierte) Feststellung eines Ergänzungsbedarfs, wenn die benannten Grundrechte und die bereits anerkannten Ausprägungen des allgemeinen Persönlichkeitsrechts die Persönlichkeitsgefährdung nach der bisherigen Definition ihrer *Sachbereiche* nicht erfassen.

Was damit gemeint ist, lässt sich an der Konstellation des Eppler-Beschlusses verdeutlichen: Werden dem Betroffenen (nicht-ehrenrührige) „Äußerungen in den Mund gelegt, die er nicht getan hat und die seinen von ihm selbst definierten sozialen Geltungsanspruch beeinträchtigen", liegt hierin weder eine Verletzung der Meinungsfreiheit, weil die Äußerungsmöglichkeiten des Betroffenen unbeschränkt bleiben, noch eine solche des Rechts am gesprochen Wort, weil gerade

---

[424] Durch eine Präzisierung der Gewährleistungsinhalte auf dieser abstrakten Ebene sollen u. a. der Raum für richterliche Abwägungsentscheidungen im Einzelfall vermindert und die vorbehaltlos gewährten Grundrechten als solche wieder zur Geltung gebracht werden, *Böckenförde,* Der Staat 42 (2003), S. 165 (190 f.). Zu weiteren (Fern-) Zielen und Motiven *Kahl,* AöR 131 (2006), S. 579 (606 f.).

[425] Das wird die nachfolgende Darstellung zeigen (vgl. unten S. 100 ff.).

[426] Hierzu könnte es vor allem dann kommen, wenn Verhaltensweisen, die zwar in den Sach- bzw. Lebensbereich eines Grundrechts fallen, für die aber der entsprechende Gewährleistungsinhalt nicht besteht, auch aus dem Schutz der allgemeinen Handlungsfreiheit ausgeschieden würden (in diesem Sinne *Hoffmann-Riem,* Enge oder weite Gewährleistungsgehalte der Grundrechte?, in: Bäuerle u. a. [Hrsg.], Haben wir wirklich Recht?, S. 53 [73]; zurückhaltender *ders.,* Der Staat 43 [2004], S. 203 [214 f.], wo ein „offenes" Nachdenken gefordert wird). Nur unter diesen weiteren Voraussetzungen käme es tatsächlich zur einer Freistellung von Gesetzesvorbehalt und Verhältnismäßigkeitsgrundsatz sowie zum Verlust der Verfassungsbeschwerdebefugnis (*Volkmann,* JZ 2005, S. 261 [267 f.] m.w.N.) und damit zu einer erheblichen Verminderung des Freiheitsschutzes (*Murswiek,* Der Staat 45 [2006], S. 473 [485 ff.]). Eine solche Neujustierung der allgemeinen Handlungsfreiheit steht jedoch im vorliegenden Zusammenhang weder in Frage, noch ist sie zwangsläufige Folge der analytischen Trennung, ja nicht einmal die einer bewussten Engführung der Gewährleistungsinhalte der speziellen Grundrechte (*Böckenförde,* Der Staat 42 [2003], S. 165 [188 ff.], *Murswiek,* Der Staat 45 [2006], S. 473 [487]).

kein tatsächlich gesprochenes Wort fixiert worden ist. Die zugeschriebene Äußerung wäre – stammte sie tatsächlich vom Betroffenen – überdies nicht ehrenrührig und betrifft schließlich auch nicht Angelegenheiten des Privat- oder Familienlebens, so dass auch das Recht der persönlichen Ehre und der Schutz der Intim- und Privatsphäre ausscheiden. Die Reaktion des Bundesverfassungsgerichts, eine Ausprägung anzuerkennen, die dagegen schützt, „daß jemandem Äußerungen in den Mund gelegt werden, die er nicht getan hat und die seinen von ihm selbst definierten sozialen Geltungsanspruch beeinträchtigen",[427] ist – soweit ersichtlich – ohne Widerspruch geblieben.

c) Inadäquanz der bereits anerkannten Gewährleistungsinhalte

Das Bundesverfassungsgericht hat darüber hinaus ein Ergänzungsbedürfnis angenommen, wenn die etablierten grundrechtlichen Gewährleistungen die Persönlichkeit nicht „hinreichend" schützen,[428] also die Gefährdungslage von ihnen *nicht adäquat* erfasst wird. Dies betrifft zunächst die als *quantitatives oder (Teil-) Defizit* zu beschreibenden Konstellationen, in denen das problematische Phänomen nach herkömmlichem Verständnis des Sachbereichs von einem benannten Grundrecht oder einer anerkannten Ausprägung des allgemeinen Persönlichkeitsrechts zwar in bestimmten, nicht aber in allen Konstellationen erfasst worden ist.[429]

Das Gericht ist aber noch einen Schritt weiter gegangen:[430] So sollen sich auch Grundrechte bzw. anerkannte Ausprägungen des allgemeinen Persönlichkeitsrechts, welche ihrem Sachbereich nach die Gefährdungslage zu thematisieren geeignet wären, in *qualitativer Hinsicht* – also mit Blick auf ihre (bisher anerkannten) Gewährleistungsinhalte – als defizitär erweisen können.

---

[427] BVerfGE 54, 148 (1. Leitsatz).

[428] BVerfGE 115, 166 (187f.), 120, 274 (311 f.).

[429] BVerfGE 120, 274 (309 f.): Art. 13 GG schützt womöglich auch vor einer „Online-Durchsuchung", wenn sich das über die Datenverbindung durchsuchte Gerät innerhalb einer Wohnung befindet – unzweifelhaft aber nicht, wenn es sich während der Durchsuchung an einem anderen Ort befindet. Ferner *v. Mutius,* Anonymität als Element des allgemeinen Persönlichkeitsrechts, in: Bäumler/v. Mutius (Hrsg.), Anonymität im Internet, S. 12 (16): „Das Recht auf Anonymität wird von Teilrechten allenfalls partiell, nicht aber insgesamt erfasst. [...] Ein umfassendes allgemeines Recht auf Anonymität wirkt damit zugleich umfassender und effektiver."

[430] Nach BVerfGE 120, 274 (312 f.), ist das Recht auf informationelle Selbstbestimmung auf einen Datenzugriff großen Ausmaßes nicht zugeschnitten; zustimmend *Th. Böckenförde,* JZ 2008, S. 925 (927 f.); *Michael/Morlok,* Grundrechte, S. 427 ff.; *Bär,* MMR 2008, S. 325 (326), und trotz dogmatischer Zweifel i.E. ebenfalls *Hornung,* CR 2008, S. 299 (306). Vgl. ferner *v. Mutius,* Anonymität als Element des allgemeinen Persönlichkeitsrechts, in: Bäumler/v. Mutius (Hrsg.), Anonymität im Internet, S. 12 (21), der immer dann für eine neue Ausprägung plädiert, wenn ihr Anliegen nicht „angemessen" von den anerkannten Fallgruppen abgedeckt wird.

Diese Sichtweise ist nicht ohne Widerspruch geblieben, wobei vor allem die jüngste Anerkennung eines Grundrechts auf Gewährleistung der Vertraulichkeit und Integrität informationstechnischer Systeme als Irrweg hin zu Grundrechtsinflation,[431] -fragmentierung[432] und letztlich -schwächung[433] abgelehnt worden ist. Bei näherem Hinsehen vermag die (stillschweigend) avisierte Alternative, eine *allein auf die Sachbereiche bezogene Betrachtungsweise,* allerdings nicht zu überzeugen:

Ihre erste Unzulänglichkeit besteht darin, dass sie nicht konsequent zu Ende gedacht wird: Viele der bisher anerkannten Ausprägungen des allgemeinen Persönlichkeitsrechts – wie etwa das Recht am eigenen Bild und am gesprochenen Wort,[434] der Schutz vor Kenntnisnahme von Informationen aus dem Bereich der

---

[431] *Volkmann,* DVBl. 2008, S. 590 (592): „[Es] hätten einige winzige Drehungen an [der] Schraube [des Rechts auf informationelle Selbstbestimmung] ausgereicht, um [den Schutz des neuen Grundrechts] dort unterzubringen; der richterlichen Aus- und Fortbildung stand es ja schon deshalb offen, weil es selber im Wege offener Rechtsfortbildung entwickelt worden war." *Eifert,* NVwZ 2008, S. 521 (522), betont, bei einer unbekannten Qualität der Gefährdung liege „keine Schutzlücke vor, sondern nur die Notwendigkeit, im Rahmen der Verhältnismäßigkeitsprüfung auf die besonders hohe Eingriffsintensität mit entsprechend hohen Schutzanforderungen zu reagieren." Gleichsinnig *Britz,* DÖV 2008, S. 411 (413 f.); *Heise,* Recht und Politik 2009, S. 94 (97). Vgl. auch *Kahl,* Die Schutzergänzungsfunktion, S. 55 f.

[432] Die erforderliche Differenzierung nach Schwere und Eigenart der Beeinträchtigung sei in erster Linie auf Ebene der Eingriffsrechtfertigung, namentlich im Rahmen der Verhältnismäßigkeitsprüfung, vorzunehmen, *Britz,* DÖV 2008, S. 411 (413). Vgl. auch *Heise,* Recht und Politik 2009, S. 94 (98); *Volkmann,* DVBl. 2008, S. 590 (592); *Hornung,* CR 2008, S. 299 (301); *Murswiek,* in: Sachs, GG, Art. 2 Rdnr. 73c m. Fn. 132. Keinesfalls dürfe „unzulässigerweise aus einer besonderen Intensität des Eingriffs auf eine Lücke im Schutzbereich geschlossen" werden, *Eifert,* NVwZ 2008, S. 521 (521).

[433] So wird befürchtet, die Anerkennung neuer Ausprägungen könne nicht nur zu einer Verdrängung der allgemeinen Grundrechtsdogmatik durch „kasuistischen Wildwuchs in Spezialzusammenhängen" (*Sachs/Krings,* JuS 2008, S. 481 [483]), sondern anstelle der intendierten Stärkung sogar zur Schwächung des grundrechtlichen Schutzniveaus führen, indem unnötige Ausprägungen eine langwierige gerichtlicher Klärung von Definition und Abgrenzung der neuen Schutzbereiche erforderlich machen (*Britz,* DÖV 2008, S. 411 [413]; *Eifert,* NVwZ 2008, S. 521 [522]) und in letzter Konsequenz eine „schwer vorhersehbare" „einzelfallorientierte Kasuistik" provozieren würden (*Heise,* Recht und Politik 2009, S. 94 [97]; *Britz,* DÖV 2008, S. 411 [414]). Außerdem würden die im Verfassungstext ausdrücklich vorgesehenen qualifizierten Schrankenvorbehalte unterlaufen, wenn Ziel der Anerkennung einer neuen Ausprägung die Entwicklung eines für alle erfassten Gefährdungslagen einheitlichen Bewertungsmaßstabs sein sollte (*Heise,* Recht und Politik 2009, S. 94 [97 f.]). Schließlich ist bemängelt worden, dass benannte Grundrechte und anerkannte Ausprägungen künstlich „klein geredet", d. h. in ihrer Reichweite untunlich zurückgeschnitten werden müssten, um eine durch die neue Gewährleistung zu schließende Lücke überhaupt erst auffinden zu können (*Britz,* DÖV 2008, S. 411 [413]; *Hornung,* CR 2008, S. 299 [301]; *Volkmann,* DVBl. 2008, S. 590 [591]).

[434] *Di Fabio,* in: Maunz/Dürig, GG, Art. 2 Abs. 1 Rdnr. 193: „Das Recht am eigenen Bild kann letztlich auch als Konkretisierung des Rechts auf informationelle Selbstbestimmung angesehen werden."

Intim-, Geheim- oder Privatsphäre[435] und wohl auch der Schutz der Resozialisierungschance[436] – ließen sich nämlich jeweils ganz oder doch zu einem Großteil durch das Recht auf informationelle Selbstbestimmung *rekonstruieren*.[437] Stets geht es um personenbezogene Daten, die auf irgendeine Weise[438] verarbeitet werden. Die Konsequenz, diese Ausprägungen als *obsolet* abzulehnen, wird allerdings nicht gezogen.

Dafür gibt es auch gute Gründe: Die (folgerichtige) Aufgabe der einzelnen Ausprägungen des allgemeinen Persönlichkeitsrechts würde auf eine Überforderung der Verhältnismäßigkeitsprüfung zusteuern, weil in deren Rahmen nunmehr all jene Aspekte ausdifferenziert werden müssten, die durch die verschiedenen (nunmehr entfallenden) Ausprägungen repräsentiert werden.[439]

Demgegenüber erlaubt es die vom Bundesverfassungsgericht gewählte *gewährleistungsbezogene Betrachtungsweise,* eine nützliche Vielfalt an miteinander verwandten, aber doch tatbestandlich geschiedenen Ausprägungen zu kultivieren. Ihr Nutzen lässt sich am Beispiel des Verhältnisses des Rechts auf Privatsphärenschutz einerseits und des Rechts am eigenen Bild bzw. am gesprochenen Wort andererseits aufzeigen: Beziehen sich Bild- oder Tonaufnahmen in thematischer Hinsicht auf private Angelegenheiten oder fixieren sie den Betroffenen in der (räumlich-situativen) Privatsphäre, bleiben das Recht auf Privatsphärenschutz und das Recht am eigenen Bild bzw. Wort als Ausprägungen des verfassungsrechtlichen allgemeinen Persönlichkeitsrechts nebeneinander anwendbar.[440] Das Bundesverfassungsgericht hat es stets vermieden, diese Überschneidung im Sinne

---

[435] *Hoffmann-Riem,* JZ 2008, S. 1009 (1014), weist zutreffend auf die bisher nicht beanstandeten gegenständlichen Überschneidungen anerkannter Ausprägungen hin. Vgl. auch BVerfGE 115, 166 (187 f.), wonach das Recht auf informationelle Selbstbestimmung nicht subsidiär gegenüber dem Wohnungsgrundrecht aus Art. 13 GG gilt.

[436] BVerfGE 35, 202 – Lebach I.

[437] Deutlich *Kunig,* in: v. Münch/Kunig, GG, Art. 2 Rdnr. 38, der betont, dass „das Recht auf informationelle Selbstbestimmung quer liegt zu zuvor anerkannten Ausprägungen" und die „Einzelverbürgungen des allgemeinen Persönlichkeitsrechts, welche Informationen betreffen, [...] somit zu Aspekten" desselben geworden sind.

[438] Das Recht auf informationelle Selbstbestimmung ist nicht auf die *elektronische* Datenverarbeitung beschränkt, *Di Fabio,* in: Maunz/Dürig, GG, Art. 2 Abs. 1 Rdnr. 176 m.w.N.

[439] *Th. Böckenförde,* JZ 2008, S. 925 (928) („Zersplitterung innerhalb des Verhältnismäßigkeitsgrundsatzes"); *Bäcker,* Vertraulichkeit der Internetkommunikation, in: Rensen/Brink (Hrsg.), Linien der Rechtsprechung, S. 99 (120).

[440] BVerfGE 101, 361 (380): „Die Befugnis zur Veröffentlichung von Fotografien, die Personen in privaten oder alltäglichen Zusammenhängen abbilden, bemißt sich nach dem Recht am eigenen Bild *und* der Garantie der Privatsphäre, die das allgemeine Persönlichkeitsrecht konkretisieren." Ferner *Di Fabio,* in: Maunz/Dürig, GG, Art. 2 Abs. 1 Rdnr. 148, der in Fn. 6 für die Verarbeitung von „Daten, die thematischem Bezug zur Privatsphäre des Betroffenen aufweisen" folgert, dass „das Persönlichkeitsrecht *sowohl* unter dem Blickpunkt des Privatsphärenschutzes *als auch* im Hinblick auf das Recht auf informationelle Selbstbestimmung betroffen" ist (Hervorh. jeweils d. Verf.).

einer Konsumtion der einen durch die andere Ausprägung aufzulösen – wie es die schutzgegenstandsbezogene Perspektive erfordern würde. Stattdessen hat es beide Aspekte in einer Art Gesamtbilanz in die erforderliche Abwägung eingestellt.[441]

Der Vorzug liegt in der aus dem Strafrecht bekannte *Klarstellungsfunktion* von Idealkonkurrenz: Unter Vermeidung simplizistischer Addition ermöglicht sie, die betroffenen Schutzdimensionen deutlich zu benennen, dadurch die Ermittlung des (Gesamt-)Gewichts der Persönlichkeitsbeeinträchtigung zu bestimmen und die *jeweiligen Eigenrationalitäten* in jeder Phase der Prüfung präsent zu halten.[442]

Gegen die Leistungsfähigkeit einer solchen Vorgehensweise ist eingewendet worden, dass trotz Anerkennung immer neuer Ausprägungen eine Differenzierung auf Ebene der Verhältnismäßigkeit nicht gänzlich vermieden werde.[443] Diese Kritik geht jedoch deshalb fehl, weil mit der Ausrichtung an den Gewährleistungsinhalten mitnichten der Anspruch verbunden ist, *jegliche* interne Differenzierung im Rahmen der Verhältnismäßigkeitsprüfung im Einzelfall obsolet zu machen.[444] Die externe Differenzierung auf Ebene des Schutzbereichs nach Gewährleistungsinhalten soll die Verhältnismäßigkeitsprüfung nicht ersetzen, sondern sie qualitativ verbessern:[445] Mit der Anerkennung einer auf eine bestimmte Gefährdungs*dimension* zugeschnittenen Ausprägung werden ihre spezifischen Schutzbedürfnisse bereits auf Ebene des Schutzbereichs abgebildet und die Basis für die Entwicklung entsprechender dogmatischer Routinen (Leitlinien)[446] geschaffen, in denen sich die Allokation der sich im Konflikt mit anderen Rechtsgütern als relevant erweisenden Aspekte[447] vollzieht.[448]

---

[441] BVerfGE 101, 361 (386): „Die Beschwerdeführerin wird durch die angegriffenen Entscheidungen *in ihrem allgemeinen Persönlichkeitsrecht beeinträchtigt*" (Hervorh. d. Verf.).

[442] Beispielhaft BVerwGE 121, 115 (124 f., 126 ff.) – StaSi-Unterlagen Kohl, das die Zurverfügungstellung von Unterlagen des MfS sowohl am Recht auf informationelle Selbstbestimmung als auch am Schutz der Privatsphäre bzw. dem Recht am gesprochenen Wort misst. Vgl. näher unten S. 134.

[443] *Volkmann*, DVBl. 2008, S. 590 (592).

[444] *Hoffmann-Riem*, JZ 2008, S. 1009 (1019).

[445] *Hoffmann-Riem*, ebd.: Die „ausdrückliche Benennung und Hervorhebung" einer bestimmten Gefährdungsdimension „verdeutlicht, dass qualitativ eine besondere Gefährdungslage gegeben ist und dass dementsprechend darauf abgestimmte Schutzvorkehrungen bestehen müssen." *Th. Böckenförde*, JZ 2008, S. 925 (928): „Rechtstechnisch betrachtet legitimiert sich die Erforderlichkeit einer neuen Ausprägung [...] doch genau dadurch, dass das neue Recht erstmalige oder spezifisch andere Anforderungen an die Eingriffsvoraussetzungen stellt als die bisher ausgeprägten Rechte."

[446] *Eberle*, MMR 2008, S. 508 (513), spricht von „rechtdogmatischen Regelungsmustern" und „bereichsspezifischen Instrumentarien"; ihm folgend *Bull*, NVwZ 2011, S. 257 (260).

[447] Hierzu zählen z.B. die spezifischen Anforderungen, die mit Blick auf das Recht auf informationelle Selbstbestimmung entwickelt wurden (Transparenz, Datensicher-

III. Zusammenfassung

Die vorstehende Analyse hat die Funktion des allgemeinen Persönlichkeitsrechts offengelegt: Die Ergänzung des grundrechtlichen Schutzes der Persönlichkeitsbildung und -entfaltung in Ansehung neuartiger Gefährdungen bildet seine *raison d'être*. Sie vollzieht sich – anders als bei anderen Grundrechten – auch in der Anerkennung neuer Ausprägungen als „notwendiger Zwischenschicht" zwischen Normtext und Einzelfallentscheidung. Wissend, dass diese Aufgabe in der Rechtspraxis den Gerichten obliegt, soll im Folgenden im Wege rechtswissenschaftlicher „Vor- und Begleitarbeit"[449] *eine* „Option [...] für ein zukünftiges Grundrechtsverständnis"[450] aufgezeigt werden.

Die Feststellung des Vorliegens eines unbefriedigten grundrechtlichen Schutzbedürfnisses, das die Anerkennung einer neuen Ausprägung erforderlich machen könnte, beginnt mit der plausiblen Darlegung einer neuartigen Gefährdungslage. Im Zentrum steht dabei der wertende Vergleich der etablierten Gewährleistungsinhalte, die jeweils spezifische Rückschlüsse auf das überwölbende Schutzgut der menschlichen Persönlichkeit und die zugrunde gelegten Vorstellungen von deren Entwicklung und Entfaltung ermöglichen.

Auch wenn (implizit) nachbarwissenschaftlich radizierte Konzepte aufgerufen werden, bedarf es weder sozial- noch naturwissenschaftlicher Studien,[451] um eine Gefährdung der Persönlichkeit plausibel darlegen zu können.[452] Nicht nur für die

---

heit, Berichtigungs- und Löschungsansprüche, Kontrolle durch unabhängige Datenschutzbeauftragte, Gebot der bereichsspezifischen Zweckbestimmung und Normenklarheit). Vgl. näher dazu unten S. 125.

[448] Dieser rechtsdogmatischen „Signalwirkung" entspricht auch ein rechtssoziologischer Befund: Mit der griffigeren Bezeichnung als „Recht auf ..." zeigt das Gericht, dass es die dem Wandel der Lebensumstände innewohnenden Gefährdungspotenziale erkannt, die damit verbundenen Sorgen in der Bevölkerung ernst genommen und für einen Grundrechtsschutz „auf der Höhe der Zeit" gesorgt hat. Vgl. *Hornung*, CR 2008, S. 299 (306), für den ein spezifischer Schutz „nicht nur verfassungsdogmatisch, sondern auch unter dem Gesichtspunkt der Rechtsakzeptanz erstrebenswert" ist, weil der „semantische Wert der Formulierung einer solchen Fallgruppe [...] nicht unterschätzt werden" sollte.

[449] *Nettesheim*, VVDStRL 70 (2011), S. 107 (110).

[450] *Kaufhold*, Die Lehrfreiheit, S. 42.

[451] Zu den bei einem rechtswissenschaftlichen Forschungsprojekt ohnehin kaum zu überwindenden organisatorischen und finanziellen Hindernissen *Voßkuhle*, VerwArch 85 (1994), S. 567 (581 ff.).

[452] Vgl. nur *Hoffmann-Riem*, Medienwirkung und Medienverantwortung. Methodisch und verfassungsrechtlich orientierte Überlegungen, in: Kübler (Hrsg.), Medienwirkung und Medienverantwortung, S. 19 (23): „Insofern ist ein Windfang eingebaut, wenn das Gericht die Türen öffnet, um einen ausgesuchten Gast aus dem Land der Sozialwissenschaften [...] eintreten zu lassen"; es bleibt beim „Konzept der *Sozialwissenschaft als Hilfswissenschaft*" (Hervorh. im Original). Näher dazu *Voßkuhle*, VerwArch 85 (1994), S. 567 (570). Zurückhaltend auch *Bryde*, Tatsachenfeststellungen und soziale Wirklich-

Rechtsprechung, auch für die Rechtswissenschaft[453] kann daher das Verhältnis zu den Nachbarwissenschaften allenfalls als eines der limitierten Akzessorietät beschrieben werden; zumindest soweit das juristische Terrain nicht allein (rechtssoziologisch) analysiert, sondern – wie hier – auf ihm *agiert* werden soll.[454]

Die Analyse der einschlägigen Entscheidungen des Bundesverfassungsgerichts hat ferner aufgezeigt, dass die Anerkennung weiterer Gewährleistungsinhalte des allgemeinen Persönlichkeitsrechts nicht allein dem technischen Fortschritt geschuldet gewesen ist. Sie ist deshalb auch nicht von ihm abhängig; es sind vielmehr ganz allgemein die Veränderungen der Lebensverhältnisse (zu denen der technische Fortschritt im Einzelfall beitragen kann), welche die Anerkennung einer neuen Ausprägung erforderlich machen können. Für die weitere Untersuchung bedeutet dies, dass die eingangs unternommene Schilderung der „Unfähigkeit des Internets zu vergessen" einschließlich der Erläuterung zu den Hintergründen und der Vielfalt der Erscheinungsformen nicht nur Hinführung zum Gegenstand der Untersuchung war, sondern zugleich bei der nachfolgenden Darlegung des Bestehens eines grundrechtlichen Schutzbedürfnisses in Bezug genommen werden kann. Eine tiefer gehende Auseinandersetzung mit den *technischen* Details ist angesichts der aufgezeigten begrenzten Relevanz des technischen Fortschritts ebenso wenig erforderlich, wie eine höheren Ansprüchen genügende psychologische oder soziologische Abstützung der aufgezeigten Auswirkungen „stehengelassener" Beiträge auf den Betroffenen.

Zweite Voraussetzung für die Anerkennung einer neuen Ausprägung ist die Feststellung, dass die benannten Grundrechte und die bereits anerkannten Ausprägungen keinen hinreichenden Schutz gegenüber der neuartigen Gefährdung bieten.

Die als gewährleistungsbezogen identifizierte Betrachtungsweise des Bundesverfassungsgerichts hat gegenüber der denkbaren Alternative der rein sachbereichsbezogenen Herangehensweise den Vorteil, dass sie eine typisierende „Anleitung" der Verhältnismäßigkeitsprüfung ermöglicht,[455] wodurch den Spezifika[456] der jeweils adressierten Gefährdungsdimension besser Rechnung getragen

---

keit, in: FS 50 Jahre BVerfG I, S. 533 (557), der z.B. die Einholung rechtssoziologischer Gutachten zur Effektivität von Gesetzen für ein „methodisch wie rechtlich problematisches Vorgehen" hält.

[453] Vgl. *Bachof,* VVDStRL 30 (1972), S. 193 (218); *Reimer,* Qualitätssicherung, S. 79.

[454] Vgl. bereits oben S. 48 ff.

[455] Vgl. *Hoffmann-Riem,* JZ 2008, S. 1009 (1019); *Bäcker,* Vertraulichkeit der Internetkommunikation, in: Rensen/Brink (Hrsg.), Linien der Rechtsprechung, S. 99 (124). Spezifische Ausprägungen führen überdies dem Entscheidungsträger die verfassungsrechtlichen Besonderheiten vor Augen.

[456] Vgl. *Hufen,* Schutz der Persönlichkeit, in: FS 50 Jahre BVerfG II, S. 105 (117).

werden kann.[457] Bildlich gesprochen werden mit den Ausprägungen *vorsortierte Werkzeugkästen* bereitgestellt, die mit für die spezifische Problemlage[458] angefertigten Werkzeugen in Gestalt von Vorzugsregeln und Leitlinien bestückt werden.[459]

§ 4 Gefährdung
des allgemeinen Persönlichkeitsrechts durch die „Unfähigkeit des Internets zu vergessen"

Aufbauend auf den soeben entwickelten Kriterien soll in den folgenden beiden Kapiteln aufgezeigt werden, warum die Anerkennung einer neuen Ausprägung des allgemeinen Persönlichkeitsrechts erforderlich ist, um die mit der „Unfähigkeit des Internets zu vergessen" einhergehenden Herausforderungen rechtlich angemessen verarbeiten zu können.

Zunächst gilt es, aufzuzeigen, dass der Schutz der unabgeschlossenen Fortentwicklung der eigenen Persönlichkeit zu den zentralen Anliegen des allgemeinen Persönlichkeitsrechts rechnet (I.) und die „Unfähigkeit des Internets zu vergessen" in Gestalt des nachträglichen Publikationsexzesses eine *neuartige Gefährdung* derselben bedeutet (II.). Anschließend (§ 5) wird darzulegen sein, dass die etablierten grundrechtlichen Gewährleistungen dieser nicht hinreichend Rechnung tragen.

I. Schutz der Fortentwicklung der eigenen Persönlichkeit durch das allgemeine Persönlichkeitsrecht

Die Relevanz der „Unfähigkeit des Internets zu vergessen" für die Entfaltung der Persönlichkeit näher zu bestimmen, setzt Klarheit darüber voraus, was genau die Persönlichkeit des Menschen im (Verfassungs-)Rechtssinn ausmacht (1.). Die Analyse wird ergeben, dass dem Begriff ein (geistes)geschichtlich gewachsenes, anspruchsvolles anthropologisches Konzept „gradueller Autonomie" zugrunde liegt.

Bei näherem Hinsehen zeigt sich ferner, dass hierunter auch die Unabgeschlossenheit der Persönlichkeits(fort)entwicklung verstanden wird, weshalb unter anderem auch die Verbürgung einer immerwährenden Möglichkeit der Fortentwicklung der eigenen Persönlichkeit – gerade auch in bewusster Abkehr von den

---

[457] Auch *Volkmann*, DVBl. 2008, S. 590 (591, 593 ff.), erkennt „symbolische und sogar edukatorische Wirkungen" in der Verfassungsrechtsprechung grundsätzlich an, wenngleich er sie in der Entscheidung zur Online-Durchsuchung „diskreditiert" sieht.

[458] Sie umfasst auch die entgegenstehenden staatlichen und privaten Belange.

[459] Zu ihrer Bedeutung „im Prozess mulitpolar orientierter Rechtsanwendung" *Hoffmann-Riem*, EuGRZ 2006, S. 492 (495 f.).

„Fehlern" der Vergangenheit – zu den Schutzzielen des allgemeinen Persönlichkeitsrechts zählt (2.).

1. Persönlichkeit als eigenverantwortliche Lebensgestaltung in der Zeit

Anthropologisches Axiom und damit Fluchtpunkt des gängigen (Norm-)Verständnisses von Art. 2 Abs. 1 GG[460] bildet die (normative) Vorstellung des Menschen als „autonom[es] [und] mit der Fähigkeit zu eigenverantwortlicher Lebensgestaltung begabt[es]"[461] Individuum.[462]

a) Graduelle Autonomie

Unter Persönlichkeit wird vor diesem Hintergrund zuvörderst „individuelle Identität"[463] in dem Sinne verstanden, dass ohne Annahme der Befähigung des Einzelnen zur „Selbsterfindung"[464] bzw. „Selbst-Wahl"[465] von der Entfaltung *„seiner"* Persönlichkeit nicht gesprochen werden kann:

> „Das Individuum soll *aus eigener Selbstbestimmung* heraus planen und entscheiden, so dass es auch die Handlungen in ein Verhältnis zu seinem *eigenen ‚Lebensplan'* setzen kann."[466]

Art. 2 Abs. 1 GG dient damit (auch) dem umfassenden Schutz der (Grund-)Bedingungen eines „praktischen Selbstentwurf[s] des Menschen nach seinem Willen";[467] kurz: seiner „Autonomie".[468]

---

[460] Zur Genese statt vieler *Mallmann,* Zielfunktionen des Datenschutzes, S. 52 ff.; *Suhr,* Entfaltung der Menschen durch die Menschen, S. 80 ff.; *Britz,* Freie Entfaltung durch Selbstdarstellung, S. 7 ff.

[461] *Horn,* in: Stern/Becker, Grundrechte, Art. 2 Rdnr. 6.

[462] BVerfGE 5, 85 (204); 27, 1 (6); 54, 148 (155); *Dreier,* in: Dreier, GG, Art. 2 I Rdnrn. 69 f.; *Kube,* Persönlichkeitsrecht, in: HStR VII, § 148 Rdnrn. 1 ff., 104, 114 ff. Dieses „Menschenbild" hängt aufs Engste mit der Konzeption der Menschenwürde zusammen, vgl. BVerfGE 5, 85 (204); 45, 187 (227); *Herdegen,* in: Maunz/Dürig, GG, Art. 1 Abs. 1 Rdnr. 7; *Britz,* Freie Entfaltung durch Selbstdarstellung, S. 10 – jeweils m.w. N.

[463] *Britz,* Freie Entfaltung durch Selbstdarstellung, S. 1.

[464] *Horn,* Schutz der Privatsphäre, in: HStR VII, § 149 Rdnr. 10.

[465] *Britz,* Freie Entfaltung durch Selbstdarstellung, S. 11, 20 ff.

[466] *Britz,* ebd., S. 8 m.w. N. (Hervorh. d. Verf.). Vgl. auch *Britz,* ebd., S. 10: „Um Quelle autonomen Handelns sein zu können, muss das Selbst vielmehr ein ‚gewähltes' Selbst sein."

[467] *Di Fabio,* in: Maunz/Dürig, GG, Art. 2 Abs. 1 Rdnr. 13. Ähnlich *Morlok,* Selbstverständnis als Rechtskriterium, S. 283: „Entwurf"; *Horn,* Schutz der Privatsphäre, in: HStR VII, § 149 Rdnr. 10: „Selbsterfindung"; *Murswiek,* in: Sachs, GG, Art. 2 Rdnr. 10: Schutz der „Selbstverwirklichung in der sozialen Umwelt"; *Volkmann,* VVDStRL 70 (2011), S. 83 (83 f.): „Möglichkeit individueller Selbstentfaltung". Vgl. auch *Masing,* JZ 2011, S. 753 (757), und *ders.,* NJW 2012, S. 2305 (2308): „Freiheit ist der immer neue Versuch des Selbstentwurfs in der Zeit".

Das Verständnis vom autonomiebegabten Menschen darf freilich nicht dahingehend missverstanden werden, als müsse der Einzelne – wenn auch nur im anzustrebenden Idealfall – als *alleiniger* Autor seiner Lebensgeschichte gelten können. Die vielfältigen Abhängigkeiten des Einzelnen von seinen Anlagen und seiner Umwelt, und hier vor allem auch des Verhaltens der Mitmenschen ihm gegenüber, sind allgemein anerkannt[469] und kommen auch in den Äußerungen des Bundesverfassungsgerichts zum „Menschenbild des Grundgesetzes" zum Tragen:

> „Der Mensch ist danach eine mit der *Fähigkeit zu eigenverantwortlicher Lebensgestaltung* begabte ‚Persönlichkeit'. Sein Verhalten und sein Denken können daher durch seine Klassenlage *nicht eindeutig determiniert* sein."[470]

> „Das Menschenbild des Grundgesetzes ist nicht das eines isolierten souveränen Individuums; das Grundgesetz hat vielmehr die Spannung Individuum – Gemeinschaft im Sinne der *Gemeinschaftsbezogenheit und Gemeinschaftsgebundenheit der Person* entschieden, ohne dabei deren Eigenwert anzutasten."[471]

„Selbst-Wahl" des Lebensentwurfs muss so von vornherein als „Aus-Wahl" unter verschiedenen, durch die Umstände begrenzten „Identitätsoptionen"[472] verstanden werden:

> „Ein völlig frei geschaffenes Selbst ist darum weder Voraussetzung sinnvollen Freiheitsgebrauchs, noch kann der Staat durch Art. 2 Abs. 1 GG verpflichtet sein, die (unmögliche!) Möglichkeit gänzlich autonomer Selbstfindung zu gewährleisten. Vielmehr ist nur mehr oder weniger freie Selbstfindung möglich und damit auch nur mehr oder weniger autonome Freiheit. *Autonomie erweist sich dadurch als graduelles Phänomen.*"[473]

---

[468] Statt vieler *Di Fabio,* in: Maunz/Dürig, GG, Art. 2 Abs. 1 Rdnr. 130; *Dreier,* in: Dreier, GG, Art. 2 I Rdnr. 24; *Lorenz,* in: BK-GG, Art. 2 Abs. 1 Rdnr. 14; *Kunig,* in: v. Münch/Kunig, GG, Art. 2 Rdnr. 11; *Podlech,* in: AK-GG, Art. 2 Abs. 1 Rdnr. 33; *Mallmann,* Zielfunktionen des Datenschutzes, S. 52 ff.; *Kahl,* Die Schutzergänzungsfunktion, S. 1 f.; *Hoffmann-Riem,* JZ 2008, S. 1009 (1013); *Alexy,* VVDStRL 70 (2011), S. 82 (83); *Spiecker genannt Döhmann,* VVDStRL 70 (2011), S. 97 (98).
Das Bundesverfassungsgericht spricht von einem „*autonomen* Bereich privater Lebensgestaltung" (BVerfGE 35, 202 [220]; Hervorh. d. Verf.), der viele Facetten aufweist, welchen allesamt der „Gedanke der Selbstbestimmung" zugrunde liegt (BVerfGE 54, 148 [155]; zuletzt für den Bereich der sexuellen Identität BVerfGE 128, 109 [124]).
[469] Deutlich *Mallmann,* Zielfunktionen des Datenschutzes, S. 53: „Die Hypothese, das Individuum verfüge über einen von der sozialen Umwelt unabhängigen freien Willen, ist in dieser Absolutheit nicht zu halten." Vgl. ferner *Britz,* Freie Entfaltung durch Selbstdarstellung, S. 13 ff. m.w.N.
[470] BVerfGE 5, 85 (204) (Hervorh. d. Verf.).
[471] BVerfGE 4, 7 (15 f.) (Hervorh. d. Verf.). Zur Bedeutung des „Menschenverständnisses" bei der Grundrechtsauslegung *Suhr,* Entfaltung der Menschen durch die Menschen, S. 72 ff. m.w.N.
[472] *Britz,* Freie Entfaltung durch Selbstdarstellung, S. 15.
[473] *Britz,* ebd., S. 14 f. (Hervorh. d. Verf.). Gleichsinnig *Horn,* Schutz der Privatsphäre, in: HStR VII, § 149 Rdnr. 10; *Suhr,* Entfaltung der Menschen durch die Menschen, S. 92; *Lorenz,* in: BK-GG, Art. 2 Abs. 1 Rdnrn. 242 ff., 262 ff.; *Kube,* Persönlichkeitsrecht, in: HStR VII, § 148 Rdnr. 129: „Auch als Person konstituiert sich der Mensch gerade im Sozialen, als Gemeinschaftswesen."

Das Schutzgut des allgemeinen Persönlichkeitsrechts kann folglich als Garantie „graduelle[r] Autonomie"[474] beschrieben werden, weil die Selbstwahl-Freiheit unter den immanenten „Vorbehalt gradueller Verwirklichung"[475] gestellt ist.[476] Dieses Anliegen des allgemeinen Persönlichkeitsrechts ist bereits dann verwirklicht, wenn der Einzelne „auf Umwelteinflüsse *nicht völlig zwanghaft* reagiert, sondern *auch* die eigenen, im Laufe der Zeit entstandenen Eigenheiten zur Geltung bringen kann."[477]

b) Persönlichkeitsentfaltung als kontinuierlich ablaufender Prozess

Das so umrissene Konzept gradueller Selbstbestimmung konkretisiert sich in den Annahmen über den (kommunikativen) Prozess der Persönlichkeitsentfaltung.[478] Die einzelnen Stationen des Modells lassen sich dabei holzschnittartig wie folgt charakterisieren:

Station I – Anfertigung des Selbst-Entwurfs: Gedanklicher Ausgangspunkt ist dabei stets die Anfertigung (bzw. Überarbeitung) eines Selbst-Entwurfs, einer „Selbstdefinition",[479] an den die Reflexion des Einzelnen über den aktuellen Status seiner Persönlichkeit einerseits und die möglichen Optionen einschließlich der Bedingungen ihrer Umsetzung andererseits anknüpfen können.[480]

---

[474] *Britz,* Freie Entfaltung durch Selbstdarstellung, S. 11.

[475] *Britz,* ebd., S. 15.

[476] In diesem Sinne dürfte auch *Masing,* NJW 2012, S. 2305 (2308), zu verstehen sein, wenn er das berechtigte Schutzziel des (privaten) Datenschutzrechts darin erblickt, „dem Einzelnen die Möglichkeit zu schaffen, [...] über das Bild und den Grad der Öffentlichkeit seiner Person *substanziell mitzuentscheiden*" (Hervorh. d. Verf.), und folglich auch die Beförderung einer „Chance auf Vergessen" als Bedingung für eine „substanzielle *Selbst*bestimmung" auffasst (Hervorh. im Original).

[477] *Jarass,* Die Freiheit der Massenmedien, S. 120 (Hervorh. d. Verf.).

[478] Die vorherrschenden Überlegungen werden in der Regel auf ein „interaktives Paradigma" (*Suhr,* Entfaltung der Menschen durch die Menschen, S. 82) zurückgeführt, für das in erster Linie *Mead* (v. a.: „Geist, Identität und Gesellschaft"); *Goffmann* (v. a.: „Stigma") und *Luhmann* (v. a.: „Grundrechte als Institution") als (nachbarwissenschaftliche) Referenzen genannt werden, vgl. *Britz,* Freie Entfaltung durch Selbstdarstellung, S. 13 m. Fn. 23; *Blankenagel,* DÖV 1985, S. 953 (960 f.), und *Suhr,* Entfaltung der Menschen durch die Menschen, S. 80 m. Fn. 4 und 5, der darüber hinaus *Maihofer* und *Denninger* als Wegbereiter für „das soziale Moment der menschlichen Entfaltung" nennt.
Mit Rücksicht auf die eingangs erläuterte Zielsetzung und die darauf zugeschnittenen methodischen Begrenzungen der Untersuchung kann es im Folgenden allein um die geraffte Aufbereitung der Vorstellung vom Prozess der Persönlichkeitsentfaltung gehen, die – mehr oder weniger explizit – der herrschenden Interpretation des allgemeinen Persönlichkeitsrechts zugrunde gelegt wird.

[479] BVerfGE 54, 148 (156); BVerfGE 79, 256 (269): „Individualitätsfindung und Selbstverständnis".

[480] BVerfGE 27, 1 (6 f.): „dem Einzelnen [muss] um der freien und selbstverantwortlichen Entfaltung seiner Persönlichkeit willen ein ‚Innenraum' verbleiben [...], in dem er ‚sich selbst besitzt'"; 79, 256 (268): „Das Recht auf freie Entfaltung der Persönlich-

Station II – Umsetzung des eigenen Entwurfs im Verhalten gegenüber Dritten: Sein in diesem ersten Schritt aktualisiertes Selbstverständnis versucht der Einzelne zur Geltung zu bringen, indem er seine Äußerungen und sein sonstiges Verhalten hieran ausrichtet.[481]

Station III – Wahrnehmung und Einschätzung durch Dritte (Fremdbild): Am geringsten ist der Einfluss des Einzelnen darauf, wie er durch die anderen wahrgenommen und bewertet wird, d. h. welche „Identitätserwartungen" in Bezug auf seine Person entwickelt werden.[482]

Station IV – Kenntnisnahme der Fremdbilder: Diese Fremdwahrnehmung schlägt sich ihrerseits in expliziten Äußerungen oder entsprechendem Verhalten der Mitmenschen nieder, die der Betroffene wahrnimmt.[483]

Station V/I – Abgleich der Fremdbilder mit dem Selbstverständnis und Anpassung des eigenen Entwurfs: Diese „Rückmeldung" über die fremden Identitätserwartungen[484] sind für den Prozess der Persönlichkeitsentfaltung nicht *per se gefährlich*, sondern – ganz im Gegenteil – in aller erster Linie *konstitutiv*.[485] Entfaltung ist demnach „nicht Aktion[,] sondern Interaktion."[486] Die anderen geben

---

keit und die Menschenwürde sichern jedem Einzelnen einen autonomen Bereich privater Lebensgestaltung, in dem er seine Individualität entwickeln und wahren kann." *Horn*, Schutz der Privatsphäre, in: HStR VII, § 149 Rdnr. 10: „In diesem Sinne aber kann individuelle Freiheit nur wirklich werden unter der Voraussetzung geschützter Räume und Dimensionen, in denen diese Autonomie zuallerst entworfen und ausgebildet werden kann. Um die eigene Persönlichkeit wirklich frei ,leben' zu können, sowohl in bezug auf sich selbst (Selbsterfindung) wie im Verhältnis zu anderen (Selbstdarstellung), bedarf es der Momente, in denen sich der Mensch ungehindert mit dem eigenen Leben, den eigenen Wünschen und gegebenen Optionen auseinandersetzen, sich in ungestörten Prozessen des Suchens und Findens, des Entwickelns und Entdeckens im ,Selbstgespräch' oder in vertrauter Kommunikation klar werden kann, wer er ist und was ihn prägt, was für ihn wesentlich ist, welche Möglichkeiten gegeben sind und welche Wege er einschlagen kann." Ähnlich *Britz*, Freie Entfaltung durch Selbstdarstellung, S. 9.

[481] *Kube*, Persönlichkeitsrecht, in: HStR VII, § 148 Rdnr. 128: „Auf der rechtlich gesicherten Grundlage seines Personstatus entfaltet der Mensch seine Persönlichkeit im tätigen Handeln, im täglichen Lebensvollzug, und erkennt und bestätigt sich dadurch zugleich in seiner Personalität und Würde."

[482] *Britz*, Freie Entfaltung durch Selbstdarstellung, S. 28. Mittelbar auch BVerfGE 101, 361 (383): „Bestünden solche Rückzugsbereiche nicht mehr, könnte der Einzelne psychisch überfordert sein, weil er unausgesetzt darauf achten müßte, wie er auf andere wirkt und ob er sich richtig verhält."

[483] *Britz*, ebd., S. 12 ff., mit Hinweis auf die Relevanz von Mutmaßungen über mögliche Fremdbilder.

[484] Diese beruhen freilich nicht allein auf den eigenen Wahrnehmungen des Betroffenen, sondern gründen sich vielmehr auch auf Informationen, die von dritter Seite erlangt wurden, und natürlich auch auf Vorurteile, die wegen der (mitunter auch nur vermuteten) Zugehörigkeit des Betroffenen zu einer bestimmten Gruppe die Erwartungshaltung beeinflussen können.

[485] *Britz*, ebd., S. 20, und *Suhr*, Entfaltung der Menschen durch die Menschen, S. 91 f., verweisen auf *Luhmann*, Grundrechte als Institution, S. 61 f.: „Der Mensch ge-

dem Einzelnen Auskunft darüber, welche soziale Stellung (i. w. S.) er *tatsächlich* einnimmt und lassen erkennen, welche Identitätsalternativen ihm realistischer Weise zu Gebote stehen. Unter Berücksichtigung dieser Rückmeldung kann sodann in ein weiteres Nachdenken über den eigenen Persönlichkeitsentwurf eingetreten werden.[487]

Der Prozess der Persönlichkeitsentfaltung wird mithin als *kontinuierlich ablaufender Kreislauf* verstanden,[488] dessen *Abfolge von Interaktion (mit der Umwelt) und Reflexion (des Individuums)* die Persönlichkeit (im normativ-autonomen Sinne) erst hervorbringt:

> „Es ist nicht so, dass man zunächst ohne Identität wäre, sich zu einem bestimmten Zeitpunkt das passende Selbst wählte und schließlich mit diesem einmal gewählten Selbst bis ans Ende seiner Tage durch die Welt liefe. Vielmehr muss man sich die Selbst-Wahl als permanenten Vorgang vorstellen."[489]

2. Unabgeschlossenheit der Persönlichkeitsentwicklung

Diese Vorstellung eines *kontinuierlich* ablaufenden Prozesses der Persönlichkeitsbildung hat Konsequenzen für den Gewährleistungsumfang des Art. 2 Abs. 1 GG. Kann die Entwicklung der menschlichen Persönlichkeit (zu Lebzeiten) nicht

---

winnt seine Individualität als Persönlichkeit nur im sozialen Verkehr, indem auf seine Selbstdarstellung, sei es durch Konsens, sei es durch Dissens, eingegangen wird." *Luhmann,* ebd., S. 78: Grundrechte gewähren Freiheiten nicht um der „Beliebigkeit des physischen Handlungsvollzugs" willen, sondern um dem Einzelnen zu ermöglichen, „sich selbst nicht nur als veranlaßte Handlungsserie, sondern als identische Persönlichkeit zu begreifen und in den symbolischen Implikationen seines Handelns zu konstituieren."
Vgl. auch *Kube,* Persönlichkeitsrecht, in: HStR VII, § 148 Rdnrn. 128 ff.: „Auf der rechtlich gesicherten Grundlage seines Personstatus entfaltet der Mensch seine Persönlichkeit im tätigen Handeln, im täglichen Lebensvollzug, und *erkennt und bestätigt sich dadurch* zugleich in seiner Personalität und Würde." Das allgemeine Persönlichkeitsrecht garantiert „gerade auch die aktive, *persönlichkeitskonstituierende Teilnahme am sozialen Leben* als solche, die in ihrer Bedeutung kaum zu überschätzende ‚Entfaltung der Menschen durch die Menschen'. [...] Auch als *Person konstituiert sich der Mensch gerade im Sozialen,* als Gemeinschaftswesen. [...] Erst die *Anerkennung des Menschen in der Lebenswirklichkeit lässt die Anerkennung als Person wirklich werden"* (Hervorh. d. Verf.).

[486] *Suhr,* Entfaltung der Menschen durch die Menschen, S. 85 (ohne Hervorh. des Originals).

[487] *Suhr,* ebd., S. 96; *Britz,* Freie Entfaltung durch Selbstdarstellung, S. 40.

[488] *Suhr,* Entfaltung der Menschen durch die Menschen, S. 100: „*Selbst*entfaltung fängt erst an, wenn die Entfaltung sich auf Kreisen bewegt: Selbstentwurf, Selbstverpflichtung, Selbstbestimmung, Selbstbeherrschung und Selbstverantwortung" (Hervorh. d. Verf.). *Kube,* Persönlichkeitsrecht, in: HStR VII, § 148 Rdnr. 130: „Der Status liegt dem Handeln zugrunde, doch *wirkt das Handeln auf den Status zurück"* (Hervorh. d. Verf.).

[489] *Britz,* Freie Entfaltung durch Selbstdarstellung, S. 22, unter Vw. auf *Mallmann,* Zielfunktionen des Datenschutzes, S. 50. Vgl. auch *Morlok,* Selbstverständnis als Rechtskriterium, S. 285.

als ein für allemal abgeschlossen angesehen werden, gehört es zur freien Entfaltung der Persönlichkeit, sich in bewusster Abkehr von der eigenen Vergangenheit entwickeln, d. h. „ein Anderer" *werden* zu wollen.[490]

a) Isolierte Dogmatisierungsansätze in der Rechtswissenschaft

Dass aus der Unabgeschlossenheit der Persönlichkeitsentwicklung auch Anforderungen an die Gewährleistungsinhalte des allgemeinen Persönlichkeitsrechts folgen, ist in der Literatur nur punktuell und oft nur knapp ausgesprochen worden. Dabei lässt sich eine grundsätzliche Sensibilisierung für die Bedrohung durch unüberwindbare Festlegungen auf die eigene Vergangenheit nachweisen, die allerdings erst in jüngster Zeit verstärkte Aufmerksamkeit erfahren hat.

So hat *Otto Mallmann* bereits im Jahre 1977 – sozialwissenschaftlich informiert und inspiriert[491] – die Bedeutung von Informationsrestriktion zur Sicherung von Entwicklungsspielräumen nachgezeichnet[492] und die notwendige „Chance eines ‚neuen Starts'" gegen das damals virulente Gefährdungsszenario des umfassenden „Computerdossiers" in Stellung zu bringen gesucht.[493]

In der für die rechtswissenschaftliche Dogmatisierung zentralen Kommentar- und Handbuchliteratur haben solche Überlegungen demgegenüber erst einige Zeit später Einzug gehalten und sind überdies weitestgehend beziehungslos nebeneinander entwickelt worden.

Den Anfang machte *Hans D. Jarass* (1989), der erläuterte, das allgemeine Persönlichkeitsrecht sichere „die *Möglichkeit, in angemessener Zeit nach Begehung von Fehlern wieder ‚neu anfangen zu können'*. Dementsprechend statuiert das BVerfG unter Heranziehung des Sozialstaatsprinzips ein Recht auf Resozialisierung [...]."[494] Auffällig ist, dass *Jarass* es nicht etwa dabei belässt, die Rechtsprechung des Bundesverfassungsgerichts zum Schutz der Resozialisierungschance nachzuzeichnen, sondern einen (potenziell) weit über den Bereich der Straftäter hinaus reichenden Gewährleistungsumfang („Fehler" – „neu anfangen") postuliert. Seit der 5. Auflage (2000) geht Jarass sogar von der Existenz eines „*Recht[s], in angemessener Zeit nach Begehung von Fehlern wieder ‚neu anfangen zu können'*" aus, das es nicht etwa zu begründen, sondern lediglich

---

[490] Anlehnung an *Blankenagel,* DÖV 1985, S. 953 (953): „Das Recht ein Anderer zu sein".

[491] *Mallmann,* Zielfunktionen des Datenschutzes, S. 36 ff., rekurriert dabei auf die (interaktionistische) „Rollentheorie" (v. a. Luhmann [u. a. Fn. 121 f.], Goffmann [u. a. Fn. 134, 140], Habermas [u. a. Fn. 133, 135]) und zieht eine Verbindung zur Lebach-Entscheidung (BVerfGE 35, 202) (Fn. 139).

[492] *Mallmann,* ebd., S. 38: „wichtige Gruppe von Fällen, in denen jemand Teile seiner Vergangenheit nicht aufdecken will".

[493] *Mallmann,* ebd., S. 39 ff.

[494] *Jarass,* in: Jarass/Pieroth, GG, Art. 2 Rdnr. 30 (1. Aufl. 1989 bis 4. Aufl. 1997).

den verschiedenen „Schichten" des allgemeinen Persönlichkeitsrechts zuzuordnen gilt.[495]

Ihm folgte *Horst Dreier* (1996), der ebenfalls die bei *Mallmann* bereits angelegte Verallgemeinerung der Gewährleistung eines „Neuanfangs" über die Resozialisierung von Straftätern hinaus vollzog, indem er einige in der Rechtsprechung des Bundesverfassungsgerichts seit Mitte der 1980er Jahre anerkannte Einzelaspekte des allgemeinen Persönlichkeitsrechts unter einer gemeinsamen Fallgruppe rekonstruierte, die „einige Grundbedingungen für die Persönlichkeitsentfaltung" umfasse, nämlich „beinahe wörtlich zu nehmende *erstmalige oder neue ‚Startchancen'*".[496] Hierzu zählte er neben dem „Anspruch auf Resozialisierung", „die Begrenzung der Verschuldung von minderjährigen Kindern durch ihre Eltern [BVerfGE 72, 155] als materielle Voraussetzung sowie die Kenntnis der eigenen Abstammung [BVerfGE 79, 256; 90, 263] als immaterielle Voraussetzung personaler Identitätsbildung" und „das Verbot der Offenbarung einer Entmündigung [BVerfGE 78, 77; 84, 192]". Seit der zweiten Auflage (2004) hat *Dreier* diese Liste um die – zwischenzeitlich durch das BVerfG eingeforderte[497] – „Begrenzung der Haftung Minderjähriger" erweitert.

Obwohl sich seit 1996 in zwei weit rezipierten Kommentaren derart innovative und zu einer – wie auch immer gearteten Reaktion – reizende Formulierungen fanden, hat die übrige Kommentar- und Handbuchliteratur die vorgetragenen Postulate eines Rechts, „neu anfangen zu können" bzw. der Gewährleistung immer „neuer Startchancen" – von partiellen Ausnahmen abgesehen[498] – nicht aufgegriffen.[499] Auch *Jarass* und *Dreier* selbst nehmen sich nicht wechselseitig in Bezug.

---

[495] *Jarass,* in: Jarass/Pieroth, GG, Art. 2 Rdnr. 35 (5. Aufl. 2000); Rdnr. 38 (6. Aufl. 2002 und 7. Aufl. 2004); Rdnr. 50 (8. Aufl. 2006 bis 12. Aufl. 2012).

[496] *Dreier,* in: Dreier, GG, Art. 2 I Rdnr. 54 (1. Aufl. 1996); Rdnr. 77 (2. Aufl. 2004); Rdnr. 88 (3. Aufl. 2013).

[497] BVerfG, NJW 1998, S. 3557 (3558).

[498] *Kunig,* in: v. Münch/Kunig, GG, Art. 2 Rdnr. 36, zitiert *Jarass* zur Erläuterung des Resozialisierungsschutzes in Fn. 200 wörtlich, ohne inhaltlich Stellung zu beziehen.
Di Fabio, in: Maunz/Dürig, GG, Art. 2 Abs. 1 Rdnrn. 207 ff., fasst einige Ausprägungen des allgemeinen Persönlichkeitsrechts als „Grundbedingungen" zusammen, denen die „zukunftsgerichtete Sicherung persönlicher Belange" gemeinsam sei. Hierzu zählt *Di Fabio* das „Entwicklungsrecht des Kindes", das „Recht auf Kenntnis der eigenen Abstammung" sowie „biographischer Verfälschungsakte", das „Recht auf Resozialisierung" (vgl. auch *Di Fabio,* ebd., Rdnr. 216: als Element „zukunftsgerichteten Entfaltungsschutzes"), das „Recht auf sprachliche Identität" und die „Kind als Schaden"-Rechtsprechung des Zweiten Senats. Auf die Vorschläge von *Jarass* und *Dreier* geht er dabei nicht ein.

[499] Vgl. nur die Kommentierungen von *Stern,* Persönlichkeit und Privatsphäre, in: StaatsR IV/1, § 99 II (S. 190 ff.) (2006); *Lorenz,* in: BK-GG, Art. 2 Abs. 1 Rdnrn. 228 ff. (2008); *Starck,* in: v. Mangoldt/Klein/Starck, GG, Art. 2 Abs. 1 Rdnrn. 86 ff.

Umso bemerkenswerter ist die Rezeption des von *Gabriele Britz* (2007) so bezeichneten *„Rechts auf ‚Neubeginn' "*, unter dem sie die anerkannten Ausprägungen des Schutzes der Resozialisierungschance und der Begrenzung der Verschuldung Minderjähriger zusammengefasst hat.[500] Indem es „Chancen auf ‚Neubeginn' " gewährleistet, sorgt das allgemeine Persönlichkeitsrecht für *Britz* dafür, „dass dem Individuum tatsächlich Identitätsoptionen bleiben und es nicht durch die äußeren Umstände als Person ein für allemal festgelegt ist."[501]

Diese markante Formulierung ist – obgleich die gesamten Ausführungen hierzu nur zwei Sätze umfassen – bereits 2009 von *Hans-Detlef Horn* gleich mehrfach aufgegriffen worden.[502] *Hanno Kube* hat sich in einem im selben Jahr ebenfalls erstmals erschienenen Handbuchbeitrag zunächst in der systematischen Darstellung des Gewährleistungsumfangs des allgemeinen Persönlichkeitsrechts eng an *Dreiers* Vorarbeiten angelehnt und die fragliche Kategorie der Ausprägungen mit „Startchancen und erneute Startchancen" überschrieben.[503] Im Rahmen einer abschließenden Untersuchung aktueller Herausforderungen für das allgemeine Persönlichkeitsrecht hat er schließlich das *Britz'sche* „Recht auf Neubeginn" übernommen und dabei – soweit ersichtlich erstmals – mit den durch das Internet hervorgerufenen Gefährdungslagen in Verbindung gebracht.[504]

Den vorläufigen Schlusspunkt der (breitenwirksamen) Beschäftigung mit dem Gedanken eines (verfassungsrechtlich garantierten) Neubeginns bilden Referate und Aussprache des ersten Beratungsgegenstandes der Tagung der Vereinigung der Deutschen Staatsrechtslehrer im Jahre 2010.

Während jede verfassungsrechtliche Verpflichtung des Gesetzgebers zur Schaffung von Löschungsansprüchen mit Bezug auf rechtmäßigerweise erhobene und veröffentlichte Informationen von *Martin Nettesheim* kategorisch abgelehnt worden ist,[505] hat *Oliver Diggelmann* zum Abschluss seines Referats die Frage

---

(2010); *Murswiek,* in: Sachs, GG, Art. 2 Rdnrn. 68 ff. (2011); *Hofmann,* in: Schmidt-Bleibtreu/Hofmann/Hopfauf, GG, Art. 1 Rdnrn. 58 ff.; Art. 2 Rdnrn. 22 ff. (2011).

[500] *Britz,* Freie Entfaltung durch Selbstdarstellung, S. 74, unter Vw. auf *Mallmann,* Zielfunktionen des Datenschutzes, S. 39, für den Begriff „Chance auf ‚Neubeginn' ".

[501] *Britz,* Freie Entfaltung durch Selbstdarstellung, S. 74.

[502] *Horn,* Schutz der Privatsphäre, in: HStR VII, § 149 Rdnr. 38 (2009); *Horn,* in: Stern/Becker, Grundrechte, Art. 2 Rdnr. 48 (2009).

[503] *Kube,* Persönlichkeitsrecht, in: HStR VII, § 148 Rdnrn. 57 ff. (2009).

[504] *Kube,* ebd. Rdnr. 147. Dabei bezieht er sich indes auf die praktischen Schwierigkeiten der *Rechtsdurchsetzung* (zu diesem Aspekt bereits oben S. 25).

[505] *Nettesheim,* VVDStRL 70 (2011), S. 7 (42); skeptisch auch *Fechner,* VVDStRL 70 (2011), S. 85 (85). Auf den Vorhalt *Murswieks,* dass sich der in der Lebach-Entscheidung anerkannte Resozialisierungsanspruch des Straftäters auch dahingehend reformulieren lasse, dass „seine Täterrolle in der Rückbesinnung der Massenmedien auf die Tat *vergessen* wird" (*Murswiek,* VVDStRL 70 [2011], S. 99 [100]; Hervorh. d. Verf.), hat *Nettesheim* in seinem Schlusswort konzediert, dass auch auf Grundlage seiner „freiheitsakzessorischen" Neuinterpretation des allgemeinen Persönlichkeitsrechts

aufgeworfen, ob es angesichts des „menschlichen Grundbedürfnis[ses] nach periodischem Neubeginn" nicht doch ein „Recht auf Vergessenwerden" gebe.[506]

b) Absicherung der Chancen auf Fortentwicklung als Gewährleistungsinhalt des allgemeinen Persönlichkeitsrechts

Eine von den Vorgenannten inspirierte Zusammenschau vermeintlich disparater Judikate des Bundesverfassungsgerichts[507] offenbart, dass die dort erfolgende Anerkennung neuer Ausprägungen (wie z.B. des Schutzes der Resozialisierungschance, des Rechts auf Kenntnis der eigenen Abstammung sowie auf schuldenfreien Eintritt in die Volljährigkeit) zumindest auch mit der Erwägung begründet worden ist, die Möglichkeiten der Persönlichkeitsentwicklung dürften zu keinem Zeitpunkt als abgeschlossen vernachlässigt werden, weshalb die Aussicht auf erfolgreiche Neuorientierung (nach Möglichkeit) freigehalten werden müsse.[508]

Auch wenn diese Überlegungen zum Schutz der Chancen auf Fortentwicklung bis heute nicht in das allgemeine Bewusstsein gelangt sind,[509] kann für die weitere Untersuchung festgehalten werden, dass die persönlichkeitsrechtliche Zielvorgabe, dem Einzelnen müsse eine „*substanzielle* Selbstbestimmung"[510] im Rahmen des kontinuierlich ablaufenden Prozesses der Persönlichkeits(fort)bildung und -entfaltung gesichert werden, unverkennbar eine *temporale* Komponente aufweist:

Der Gewährleistungsinhalt des allgemeinen Persönlichkeitsrechts kann sich nicht auf die Absicherung von (mentalen wie physischen) Rückzugsräumen be-

---

ein verfassungsrechtlicher Handlungsbedarf bestehen mag (*Nettesheim*, VVDStRL 70 [2011], S. 107 [108]: „Das Bild, das uns über die Zeit [...] entgegengehalten wird, dass [sic!] unsere Selbstbestimmung, unser autonomes Leben in Zukunft determiniert und so beeinträchtigt: Hier muss das Verfassungsrecht ansetzen.").

[506] *Diggelmann*, VVDStRL 70 (2011), S. 50 (77), wobei er dies nicht näher erläutert und auch keinen Bezug zu den genannten Vorarbeiten herstellt.

[507] BVerfGE 35, 202 (235 f.) – Lebach; BVerfGE 84, 192 (195 f.) – Offenbarung der Entmündigung; BVerfGE 79, 256 (269) – Kenntnis der eigenen Abstammung; BVerfGE 72, 155 (173) – schuldenfreier Eintritt in die Volljährigkeit. BVerfG, NVwZ 2008, S. 549 (550) – Theaterstück „Ehrensache", betont ausdrücklich, dass der „verstärkte Schutz des Persönlichkeitsrechts Minderjähriger [...] seinen Grund in dem Bedürfnis [findet], deren weitere Persönlichkeitsentwicklung zu gewährleisten", weshalb er bei Verstorbenen keine Anwendung finden könne.

[508] Vgl. etwa BVerfGE 45, 187 (245), wo die Verfassungswidrigkeit der lebenslangen Freiheitsstrafe für den Fall festgestellt wurde, dass „der Verurteilte *ungeachtet der Entwicklung seiner Persönlichkeit* jegliche Hoffnung, seine Freiheit wiederzugewinnen, aufgeben muß" (Hervorh. d. Verf.).

[509] Das gilt auch für die Online-Archiv-Kontroverse (vgl. oben S. 57 ff.): Weder in den Gerichtsentscheidungen noch in der Literatur wurde auf die Überlegungen Bezug genommen, obgleich dies zumindest für die Befürworter einer Löschungs-/Anonymisierungspflicht nahe gelegen hätte.

[510] *Masing*, NJW 2012, S. 2305 (2308) (Hervorh. anders als im Original).

schränken; zu kurz gegriffen wäre es auch, dem einzelnen Menschen eine *einmalige* Chance zur Bildung einer *eigenen* Persönlichkeit zuzugestehen, die zwar die Phase von Kindheit und Jugend als Experimentierfeld anerkennt, mit dem Eintritt in das Erwachsenenleben aber unter Verweis auf die volle Verantwortlichkeit des Betroffenen für sein Handeln jeglichen Schutz vor unüberwindlichen Identitätserwartungen ablehnt.[511] Treffend hat *Mayer-Schönberger* rechtliche Möglichkeiten, sich von übermächtigen informationellen Fesseln im Internet zu lösen, mit der Insolvenz verglichen, die gerade auch bei Erwachsenen zu einer Befreiung von nicht mehr aus eigener Kraft zu bewältigenden finanziellen Verbindlichkeiten führen soll.[512]

Es bedarf folglich grundsätzlich des Offenhaltes von effektiven Möglichkeiten zur Fortentwicklung der eigenen Persönlichkeit.[513] Diese Deutung des allgemeinen Persönlichkeitsrechts ist nicht gleichbedeutend mit einer „Erfolgsgarantie gelingender Lebensgestaltung".[514] Denn mit der Anerkennung eines Schutzbedürfnisses ist noch nichts darüber ausgesagt, welche Beeinträchtigungen der Betroffene – vor allem mit Rücksicht auf die grundrechtlichen Freiheiten Dritter[515] – im Ergebnis hinzunehmen hat.[516] Würde vor diesem Hintergrund indes das Bestehen eines Schutzes dem Grunde nach verneint, so wäre der Betroffene nicht nur in Konstellationen schutzlos gestellt, in denen die für eine Perpetuierung der entwicklungshinderlichen Informationen streitenden Belange marginal sind, sondern auch dann, wenn jede bedeutsame Fortentwicklung aufgrund der überragenden Prägung der Identitätserwartungen durch die perpetuierte Information praktisch ausgeschlossen ist.[517]

---

[511] Vgl. *Morlok,* Selbstverständnis als Rechtskriterium, S. 285, der betont, dass der „Selbstentwurf *in die Zukunft* […]" von großer Identitätsbedeutung [ist]" (Hervorh. d. Verf.).

[512] *Mayer-Schönberger,* Delete, S. 99: „akin to declaring information bankruptcy". *Zittrain,* The future of the internet, S. 228, auf den der Vergleich zurückgeht, lehnt entsprechende Vorschläge indes als Beschränkung der Entwicklungsoffenheit des „generativen" Internets ab.

[513] Die Betonung der Prozesshaftigkeit der Persönlichkeitsentfaltung ist nicht darauf gerichtet, die Existenz(berechtigung) „statischer", allein an das Menschein anknüpfender Schutzgehalte zu leugnen (vgl. dazu *Kube,* Persönlichkeitsrecht, in: HStR VII, § 148 Rdnr. 72 m.w.N.).

[514] *Enders,* Persönlichkeit und Privatsphäre, HGrR IV, § 89 Rdnr. 31.

[515] Ausführlich dazu unten S. 178.

[516] Vgl. *Blankenagel,* DÖV 1985, S. 953 (957, 960), der die menschliche „Fähigkeit, neue Identitäten aufzubauen" und die Grundrechte als „Garantie der Möglichkeit der Identität" betont, zugleich aber auch auf die Rolle der Interaktionspartner als Instanzen „sozialer ‚Kontrolle' des Aufbaus neuer Identitäten" verweist. A.A. *Enders,* Persönlichkeit und Privatsphäre, HGrR IV, § 89 Rdnrn. 30 f., 43 ff., der entschieden gegen jede Aufnahme von Entfaltungsvoraussetzungen in den Schutzgehalt der Grundrechte votiert.

[517] Vgl. unten S. 161.

II. „Unfähigkeit des Internets zu vergessen" als neuartige Gefährdung der Persönlichkeits(fort)entwicklung

Identitätserwartungen der sozialen Umwelt sind – wie gesehen – nicht in erster Linie problematisch, sie sind vielmehr konstitutiv für die Persönlichkeit.[518] Vor diesem Hintergrund gilt es nachfolgend zu erhellen, unter welchen Umständen die Beeinflussung der Persönlichkeitsbildung und -entfaltung durch bestehende Identitätserwartungen der sozialen Umwelt ein „pathologisches", die Autonomie im zugrunde gelegten Sinne untergrabendes Ausmaß erreicht.

Für die hier zu untersuchenden möglichen Beeinträchtigungen durch im Internet dauerhaft abrufbare Veröffentlichungen kommt allein eine psychisch vermittelte Störung in Betracht.

1. Psychisch vermittelter Zwang zur Selbstbeschränkung als Beeinträchtigung grundrechtlicher Freiheit

In Rechtsprechung und Literatur ist die Grundrechtsrelevanz *psychisch* vermittelten Zwangs zur Selbstbeschränkung dem Grunde nach anerkannt. Grundrechte schützen demnach nicht allein vor imperativen, unmittelbaren und vor allem auf physischen Freiheitsbeschränkungen beruhenden (staatlichen) Eingriffen; sie erfassen vielmehr auch die mittelbare (Steuerungs-)Wirkung staatlichen wie privaten Umgangs mit persönlichen Informationen, der einen – nur scheinbar freiwilligen – Verzicht auf den Freiheitsgebrauch nach sich ziehen kann. Diese auch unter den Begriffen „chilling effect", „Einschüchterungseffekt"[519] oder „Konformitätsdruck"[520] bekannte (überwiegend negativ konnotierte[521]) Argumentationsfigur ist in der Rechtsprechung des Bundesverfassungsgerichts grundrechteübergreifend[522] entwickelt und verfeinert worden:

---

[518] Vgl. oben S. 110.

[519] Statt vieler *Grimm,* NJW 1995, S. 1697 (1703); *Hong,* in: Scharrer u. a. (Hrsg.), Risiko im Recht – Recht im Risiko, S. 111 (124), die beide die Parallele zum „chilling effect"-Konzept in der First-Amendmend-Rechtsprechung in den USA betonen. Ähnlich *Trurnit,* NVwZ 2012, S. 1079 (1080), zur Begründung des Eingriffscharakters von Vorfeldmaßnahmen mit Blick auf Art. 8 GG. Ferner *Jestaedt,* Meinungsfreiheit, HGrR IV, § 102 Rdnr. 50, freilich mit der Einschränkung auf solche Wirkungen, die dem Staat zurechenbar sind.

[520] Z. B. *Diggelmann,* VVDStRL 70 (2011), S. 50 (73); zustimmend *Uerpmann-Wittzack,* VVDStRL 70 (2011), S. 93 (93); *Spiecker genannt Döhmann,* VVDStRL 70 (2011), S. 97 (98).

[521] Psychisch vermittelter Zwang ist freilich nicht nur Voraussetzung für die präventive Wirkung staatlicher Informationseingriffe (*Würtenberger/Heckmann,* Polizeirecht, Rdnr. 345: „durch das Wissen um die Speicherung persönlicher Daten [wird] […] die psychologische Hemmschwelle, Straftaten zu begehen, erhöht [Zipperlein-Effekt]"), er liegt letztlich jeder Verbotsnorm zugrunde. „Dort ist die Abschreckung erwünscht" (*Rath,* KJ 2009, Beiheft 1, S. 65 [65]).

[522] Vgl. *Rath,* ebd., S. 65 (66 ff.) m.w.N. (u. a. zu Art. 8, 10 und 13 GG).

„[D]em Einzelnen [muss] um der freien und selbstverantwortlichen Entfaltung seiner Persönlichkeit willen ein ‚Innenraum' verbleiben […], in dem er ‚sich selbst besitzt' und ‚in den er sich zurückziehen kann, zu dem die Umwelt keinen Zutritt hat, in dem man in Ruhe gelassen wird und ein Recht auf Einsamkeit genießt' […]. In diesen Bereich kann der Staat unter Umständen bereits durch eine – wenn auch bewertungsneutrale – Einsichtnahme eingreifen, die *die freie Entfaltung der Persönlichkeit durch den psychischen Druck öffentlicher Anteilnahme zu hemmen vermag.*"[523]

„Damit haben sich in einer bisher unbekannten Weise die Möglichkeiten einer Einsichtnahme und Einflußnahme erweitert, welche auf das Verhalten des Einzelnen schon durch den *psychischen Druck öffentlicher Anteilnahme* einzuwirken vermögen. […] [W]er das Wissen möglicher Kommunikationspartner nicht einigermaßen abzuschätzen vermag, *kann in seiner Freiheit wesentlich gehemmt werden, aus eigener Selbstbestimmung zu planen oder zu entscheiden.* […] Wer unsicher ist, ob abweichende Verhaltensweisen jederzeit notiert und als Information dauerhaft gespeichert, verwendet oder weitergegeben werden, *wird versuchen, nicht durch solche Verhaltensweisen aufzufallen.* […] [Er] *wird möglicherweise auf eine Ausübung seiner* […] *Grundrechte* […] *verzichten.*"[524]

„Im Kern geht es aber um einen Raum, in dem er die Möglichkeit hat, *frei von öffentlicher Beobachtung* und damit der von ihr *erzwungenen Selbstkontrolle zu sein,* auch ohne daß er sich dort notwendig anders verhielte als in der Öffentlichkeit. Bestünden solche Rückzugsbereiche nicht mehr, *könnte der Einzelne psychisch überfordert sein,* weil er unausgesetzt darauf achten müßte, wie er auf andere wirkt und ob er sich richtig verhält. Ihm fehlten die Phasen des Alleinseins und Ausgleichs, die für die Persönlichkeitsentfaltung notwendig sind und ohne die sie nachhaltig beeinträchtigt würde."[525]

„Hierdurch ist die anlasslose Speicherung von Telekommunikationsverkehrsdaten geeignet, ein *diffus bedrohliches Gefühl des Beobachtetseins* hervorzurufen, das *eine unbefangene Wahrnehmung der Grundrechte in vielen Bereichen beeinträchtigen kann.*"[526]

Ist nach alledem „bei der dogmatischen Ausgestaltung (und Anwendung) des Rechts auch der (zumindest) *typisierbaren Befindlichkeit* des Menschen Rechnung zu tragen, sprich: die *innere Dimension der conditio humana* zu beachten",[527] gehört die Figur des „psychisch vermittelten Zwangs zur Selbstbeschränkung" zum gesicherten, wenn auch nicht unumstrittenen[528] Bestandteil des Analysewerkzeugs.[529]

---

[523] BVerfGE 27, 1 (6 f.) – Ehescheidungsakten (Hervorh. d. Verf.).

[524] BVerfGE 65, 1 (42 f.) – Volkszählung (Hervorh. d. Verf.).

[525] BVerfGE 101, 361 (383) – Caroline II (Hervorh. d. Verf.).

[526] BVerfGE 125, 260 (320) – Vorratsdatenspeicherung (Hervorh. d. Verf.).

[527] *Lindner,* RW 2011, S. 1 (21) (Hervorh. d. Verf.).

[528] Krit. *Rath,* KJ 2009, Beiheft 1, S. 65 (79): „unspezifisch eingesetzte Einschüchterungslyrik", die unerfüllbare Erwartungen (S. 77 ff.) wecke. Gegen die Nutzung zur Begründung der Eingriffsqualität *Enders,* Persönlichkeit und Privatsphäre, HGrR IV, § 89 Rdnr. 50.

Für *Nettesheim,* VVDStRL 70 (2011), S. 7 (28), behilft sich das Bundesverfassungsgericht damit, „dass es *in psychologisierender und suggestiver, allerdings empirisch*

2. Gefahr der Festlegung
durch informationsperpetuierende Beiträge

Trotz oder gerade wegen ihrer konstitutiven Bedeutung für die individuelle (Fort-)Entwicklung sind mit den fremden Identitätserwartungen bedeutende Gefährdungspotenziale für den Einzelnen verbunden. Die verfassungsrechtliche Entscheidung für eine „*freie* Entfaltung *seiner* Persönlichkeit" bedeutet nicht nur, dass grundsätzlich seine *Eigen*perspektive maßgeblich ist;[530] vielmehr soll der Einzelne auch vor *unnötigen* Einengungen der Wahlmöglichkeiten bewahrt werden.[531] Anders gewendet: Maßgeblich für den Grad der Freiheit bzw. Autonomie des Persönlichkeitsentwurfs sind Breite und Vielfalt der zur Verfügung stehenden Optionen.[532] Dabei kommt es entscheidend auf die Perspektive des Betroffenen an: Er muss selbst vom Vorhandensein dieser Optionen überzeugt sein (können).[533]

Mit der „Unfähigkeit des Internets zu vergessen" droht eine in dieser Form bislang unbekannte Festlegung des Betroffenen: Die in einem „stehengebliebenen" Beitrag enthaltenen Informationen folgen dem Betroffenen überall hin. We-

---

nicht unterlegter Manier als Beeinträchtigungstatbestand das ‚sich einstellende Gefühl des Überwachtwerdens' und ‚Einschüchterungseffekte' anführt" (Hervorh. d. Verf.). Zust. *Enders,* VVDStRL 70 (2011), S. 91 (92). Allerdings kommt *Nettesheim* selbst nicht umhin, auf psychisch vermittelte Wirkungen abzustellen: „Die Gefahr der Veröffentlichung intimer Details aus einer Beziehung heraus *wird* die Interaktion der Partner *wesentlich beeinflussen*" (*Nettesheim,* VVDStRL 70 [2011], S. 7 [31]). „Die Erstellung und Speicherung von Videoaufnahmen [...] *kann* vom Gebrauch der Versammlungsfreiheit *abschrecken.*" (*Ders.,* ebd., S. 35; Hervorh. jeweils d. Verf.). Krit. auch *Masing,* VVDStRL 70 (2011), S. 86 (87); *Pieroth,* VVDStRL 70 (2011), S. 90 (90 f.); *Pitschas,* VVDStRL 70 (2011), S. 93 (93 f.).

[529] Diese Argumentationsfiguren finden sich auch auf anderer Ebene; so hat z.B. der EGMR, EuGRZ 2009, S. 299 (307) – S. und Marper, mit Blick auf die unbegrenzte Speicherung von Fingerabdrücken und DNA-Proben festgehalten, „dass die Besorgnis eines Betroffenen bezüglich der möglichen zukünftigen Verwendung [...] legitim und im Hinblick auf die Klärung der Frage eines möglichen Eingriffs erheblich ist." Vgl. ferner den Schlussantrag der GAin Kokott, Rs. C-275/06 – Prousicae, Slg. 2008, I-271 (295).

[530] Ausführlich *Morlok,* Selbstverständnis als Rechtskriterium, S. 69 ff., 287 ff., 440 ff. Vgl. auch BVerfGE 54, 148 (155 f.); *Britz,* Freie Entfaltung durch Selbstdarstellung, S. 19.

[531] *Britz,* ebd., S. 28, 37 ff.

[532] Vgl. *Britz,* ebd., S. 15: „Unter dem Vorbehalt gradueller Verwirklichung bleibt der ‚Wahlaspekt' im normativen Autonomiekonzept allerdings wesentlich. [...] Das Maß an Autonomie erhöht sich mit der Qualität und Quantität der Identitätsoptionen, zwischen denen eine Person wählen kann. [...] Bloß darf man sich den Prozess der Selbstbestimmung von Identität nicht erst dann als ‚frei' vorstellen, wenn das Individuum gänzlich losgelöst zwischen Identitätsoptionen wählt."

[533] Vgl. *Nettesheim,* VVDStRL 70 (2011), S. 7 (34): „Nur über das *zu erwartende* Gegenbild lässt sich die Datenerhebung und Informationsbildung – der fremde Blick – bewerten" (Hervorh. d. Verf.).

gen der Möglichkeit, gezielt nach personenbezogenen Informationen zu suchen, muss der Betroffene damit rechnen, dass die (nunmehr) abträglichen Informationen von jedermann wahrgenommen werden. Es stellt sich im Ergebnis eine Situation ein, die mit einer kleinen dörflichen Gemeinschaft vergleichbar ist, in der die Menschen nicht nur viel über den anderen wissen, sondern dieses Wissen auch – wegen der geringen Anzahl der Akteure – über lange Zeiträume gegenwärtig bleibt.[534]

Während dem Betroffenen unter früheren Bedingungen die Möglichkeit einer „informationellen Insolvenz"[535] bei Ausscheiden aus seinem sozialen Umfeld, etwa durch Wechsel auf eine andere Schule oder durch Umzug in eine andere Stadt und Aufbau eines neuen Bekanntenkreises blieb, ist ihm dieser Weg nun versperrt: Ist eine Information im Internet abrufbar und über Suchmaschinen bei Eingabe seines Namens auffindbar, kann sie wegen der omnipräsenten Möglichkeit des Zugriffs kaum mehr abgeschüttelt werden.[536]

a) Aussichtslosigkeit

Bereits veröffentlichte Beiträge wirken auf einer frühen Stufe der Persönlichkeitsentfaltung, weil das Wissen um ihre Existenz den Betroffenen in seinen Erwägungen über die Fortentwicklung des Lebensentwurfs beeinflussen wird:

> „Die *vorhersehbaren* äußeren Grenzen der praktischen Realisierbarkeit eines dem Selbstbild gemäßen Lebens wirken sich schon auf die Entstehung solcher Selbstbilder negativ aus: Optionen, deren Realisierungschance *man für sehr gering hält*, werden kaum Eingang in das eigene Persönlichkeitsbild finden."[537]

Besondere Brisanz kommt dem Umstand zu, dass das „Googlen" neuer Bekannten oftmals bereits vor einem (vertieften) Austausch und damit zu einem Zeitpunkt erfolgt, in dem der Betroffene seinen *aktuellen Persönlichkeitsentwurf* dem Anderen gegenüber noch nicht nachhaltig zum Ausdruck hat bringen können. Schlimmstenfalls wird der Andere ihm hierzu auch keine Gelegenheit mehr geben, weil er ihm nicht mehr unvoreingenommen gegenübertritt. Angesichts dessen kann es für den Betroffenen *aussichtslos* erscheinen, durch Neuausrichtung seines eigenen Persönlichkeitsentwurfs und seines Verhaltens eine Verände-

---

[534] *Agatha Christie*, A Murder is Announced, S. 163 f., lässt *Miss Marple* klagen: „Fifteen years ago, one *knew* who everybody was. [...] But it's not like that any more. [...] [P]eople just come – and all you know about them is what they say of themselves. [...] People take you at your own valuation" (Hervorh. im Original).

[535] *Mayer-Schönberger*, Delete, S. 99 (vgl. dazu bereits oben S. 116 m. Fn. 512).

[536] In Betracht kommt nur eine Namensänderung, vgl. § 3 Abs. 1 NamÄndG i.V.m. Nr. 30 Abs. 4, 39, 62 NamÄndVwV. Zum Schutz vor medialer Verknüpfung von neuem und altem Namen OLG Hamburg, AfP 2010, S. 270 (270 f.); vgl. ferner unten S. 273 m. Fn. 1317.

[537] *Britz*, Freie Entfaltung durch Selbstdarstellung, S. 13 (Hervorh. d. Verf.).

rung seiner Fremdwahrnehmung und damit letztlich seiner Persönlichkeit[538] initiieren zu können.

b) Konformitätsdruck

Wer Sorge haben muss, dass sein (Kommunikations-)Verhalten dauerhaft dokumentiert wird und einer möglicherweise später von ihm gewünschten Fortentwicklung seiner Persönlichkeit auf der soeben geschilderten Weise entgegensteht, mag darauf verzichten, sich entsprechend zu exponieren. Ein solcher psychisch vermittelter Druck zur Konformität[539] kann weit in den Bereich der Legalität hinein wirken und die freie Entfaltung eines nicht-konformen Persönlichkeitsentwurfs behindern:

„The chilling effect of *perfect* memory alters our behavior."[540]

Je mehr[541] das „Begehen unausgetretener Wege [...] zum Risiko, Freiheit mit Angst besetzt [wird]"[542], desto weniger freiheitlich ist eine Gesellschaft und desto geringer sind vor allem auch die Chancen für eine autonome Persönlichkeitsbildung und -entfaltung im hier zugrunde gelegten Sinn. Das gilt nicht nur für selbst verfasste Beiträge, sondern auch für das „Offline"-Verhalten (in der Öffentlichkeit), das unter den Bedingungen digitaler Aufnahmegeräte und Plattformen für nutzergenerierte Inhalte zum Gegenstand fremder „Berichterstattung" in Wort, Bild und Ton werden kann, weshalb es – überspitzt gesagt – aus Selbstschutzgründen geboten wäre, sich stets wie auf einer Pressekonferenz zu verhalten.[543]

Eine solcherart „erzwungen[e] Selbstkontrolle",[544] die sich (mittelbar) auf der Ebene der Persönlichkeitsentfaltung i. e. S. in der (Nicht-)Umsetzung des eigenen Lebensentwurfs niederschlägt, ist mit der Vorstellung selbstbestimmter Lebensführung, wie sie Art. 2 Abs. 1 GG zugrunde liegt, unvereinbar.[545]

---

[538] Zur konstitutiven Bedeutung der Fremdwahrnehmung für die Persönlichkeit bereits oben S. 110.

[539] *Diggelmann*, VVDStRL 70 (2011), S. 50 (73); zustimmend *Uerpmann-Wittzack*, VVDStRL 70 (2011), S. 93 (93); *Spiecker genannt Döhmann*, VVDStRL 70 (2011), S. 97 (98).

[540] *Mayer-Schönberger*, Delete, S. 5 (Hervorh. d. Verf.).

[541] Zum graduellen Verständnis von Autonomie oben S. 107.

[542] *Masing*, JZ 2011, S. 753 (757); vgl. auch *ders.*, NJW 2012, S. 2305 (2308).

[543] *Zittrain*, The future of the internet, S. 212: „Ubiquitous sensors threaten to push everyone toward treating each public encounter as if it were a press conference, creating fewer spaces in which citizens can express their private selves."

[544] Vgl. BVerfGE 101, 361 (383); *Kube*, Persönlichkeitsrecht, in: HStR VII, § 148 Rdnr. 129.

[545] Vgl. *Di Fabio*, in: Maunz/Dürig, GG, Art. 2 Abs. 1 Rdnr. 196: Der Kommunikationsprozess „wird *nicht erst durch unmittelbare Verbote* gestört, sondern schon dann, wenn der Betroffene *im sozialen Kontakt mit Dritten nicht mehr unbefangen* kommunizieren kann, weil er befürchten muss, dass seine vertraulichen, unbedachten oder spon-

III. Zusammenfassung

Mit der Deutung von „Persönlichkeit" als „graduelle Autonomie" ist das anthropologische Axiom benannt worden, das „der gegenwärtigen Grundrechtstheorie und Grundrechtsdogmatik meist mehr oder weniger explizit zugrunde liegt".[546]

Der Prozess der Persönlichkeits*entfaltung* wird dabei dialogisch gedacht: Persönlichkeit bildet sich im Wechselspiel von eigenen und fremden Identitätserwartungen und entsprechenden Verhaltensweisen. Überdies ist dieser Vorgang unabgeschlossen und läuft kontinuierlich ab. Deshalb besteht eine, wenn nicht sogar die „zentrale Funktion des allgemeinen Persönlichkeitsrechts" darin, „den *Vorgang* eigener Identitätsfindung zu sichern und so die *Grundbedingung* autonomer Entfaltung zu schaffen […]."[547] Das allgemeine Persönlichkeitsrecht zielt folglich darauf, dem Einzelnen innerhalb dieses interaktiven Prozesses die Möglichkeit einer Wahl unter verschiedenen, als realistischerweise erreichbar einzuschätzenden Identitätsoptionen offen zu halten. Es muss dem Einzelnen möglich sein, „sein Selbst als mehr oder weniger freiwillig gewählt zu begreifen".[548]

Gelingende *autonome* Persönlichkeitsentfaltung gründet mithin auf mehr als der Freiheit zu tatsächlicher Interaktion, in der der eigene Persönlichkeitsentwurf anderen präsentiert wird.[549] Es genügt nicht, dass dem Betroffenen *in rechtlicher und materieller Hinsicht* wenig Schranken gesetzt sind, solange er aufgrund der äußeren Umstände davon ausgehen muss, dass seine Mitmenschen relativ präzise Identitätserwartungen an ihn herantragen und nur sehr geringe Chancen bestehen, diese durch die Kommunikation eines divergierenden Selbstverständnisses in sei-

---

tanen Äußerungen aufgenommen und später veröffentlicht oder in sonstiger Weise […] verwendet werden" (Hervorh. d. Verf.). Ferner *Uerpmann-Wittzack*, VVDStRL 70 (2011), S. 93 (93): „Schutz vor Konformitätsdruck, […] Schutz des abweichenden Verhaltens, des […] Aus-der-Rolle-fallen-Könnens im Vertrauen darauf, entweder nicht beobachtet zu werden, oder dass das Bild jedenfalls flüchtig bleibt". Vgl. auch *Hornung/Hofmann*, JZ 2013, S. 163 (164): „Risiko von Verhaltensanpassungen". Zur Wirkung informationeller „Vorfeldmaßnahmen" auf den Freiheitsgebrauch jenseits des „Mainstreams" *Masing*, JZ 2011, S. 753 (757).

[546] *Britz*, Freie Entfaltung durch Selbstdarstellung, S. 7. Vgl. auch *Hufen*, Schutz der Persönlichkeit, in: FS 50 Jahre BVerfG II, S. 105 (106 f.): „Das Grundgesetz nimmt den Menschen in seiner Individualität ernst und formuliert die freie menschliche Persönlichkeit als obersten Wert […]. Das ‚Menschenbild des Grundgesetzes' gibt bis heute der Interpretation des Persönlichkeitsrechts und der freien Entfaltung der Persönlichkeit einen festen und zugleich flexiblen anthropologischen Rahmen." Ähnlich *Lorenz*, in: BK-GG, Art. 2 Abs. 1 Rdnrn. 13 f. m.w.N.

[547] *Britz*, Freie Entfaltung durch Selbstdarstellung, S. 27, ferner S. 33, 36.

[548] *Britz*, ebd., S. 33; ähnlich *Mallmann*, Zielfunktionen des Datenschutzes, S. 54.

[549] Der Schutz des allgemeinen Persönlichkeitsrechts kann sich deshalb nicht auf den (bedeutsamen) Schutz der Privatsphäre im Sinne eines Schutzes physischer Abgeschiedenheit (räumliche Privatheit) und thematischer Tabus (Vertraulichkeit) beschränken.

nem Sinne zu beeinflussen: „Erst die *Aussicht* eigener Einflussmöglichkeiten bietet einen Anreiz, Identitätsoptionen überhaupt ernsthaft in Betracht zu ziehen […]."[550]

Diese Zuversicht wird erschüttert, wenn der Betroffene mit der Perpetuierung (selektiver) Informationen aus seiner Vergangenheit rechnen muss: Das Risiko der dauerhaften Dokumentation seines Verhaltens mag den Betroffenen zu einer zukünftigen Selbstbeschränkung bei der *Entfaltung* des aktuellen eigenen Persönlichkeitsentwurfes veranlassen. Darüber hinaus können bereits vorfindliche Fremdbilder und gegen seinen aktuellen Willen abrufbar gehaltene Selbstzeugnisse auf einer vorgelagerten Stufe die *Bildung des eigenen Persönlichkeitsentwurfes* beeinflussen, indem sie es für den Betroffenen (selbst mit Blick auf ein „neues" Umfeld) aussichtslos erscheinen lassen, einen abweichenden Persönlichkeitsentwurf umzusetzen.

Bedeutet freie Persönlichkeitsentfaltung den „immer neue[n] Versuch des Selbstentwurfs in der Zeit" und gehört zu dessen Gelingensbedingungen in bestimmtem Umfang auch „das Vergessen",[551] wird deutlich, warum die „Unfähigkeit des Internets zu vergessen" eine neuartige Gefährdung der Persönlichkeitsbildung und -entfaltung hervorgebracht hat, vor der die Grundrechte, allen voran das allgemeine Persönlichkeitsrecht, Schutz gewähren müssen.

§ 5 Unzureichender Schutz durch etablierte grundrechtliche Gewährleistungen

Dieses Schutzbedürfnis erfordert jedoch nur dann die Anerkennung einer neuen, hierauf zugeschnitten Ausprägung, wenn und soweit die etablierten Gewährleistungen der benannten Grundrechte (I.) und der anerkannten Ausprägungen des allgemeinen Persönlichkeitsrechts (II.) keinen hinreichenden Schutz gewähren.[552]

Vor diesem Hintergrund werden im folgenden Abschnitt die in Betracht kommenden grundrechtlichen Gewährleistungen näher untersucht. Dabei wird der gewährleistungsbezogenen Betrachtungsweise gemäß danach gefragt, *welche Befugnisse* die jeweilige Ausprägung des allgemeinen Persönlichkeitsrechts gewährt und *vor welcher Art von Beeinträchtigungen* sie schützt,[553] um abschließend die

---

[550] *Britz*, Freie Entfaltung durch Selbstdarstellung, S. 40 (Hervorh. d. Verf.).

[551] *Masing*, NJW 2012, S. 2305 (2308). *Masing* betont zugleich, dass es „[f]reilich […] kein absolutes Recht [gibt], dass andere vergessen." Wie noch ausgeführt werden wird (unten S. 152), kann Bezugspunkt eines „rechtlichen Vergessensbefehls" ohnhin nicht das einzelne Individuum sein, sondern allein der externe, kollektive „Wissensspeicher" des Internets.

[552] Vgl. oben S. 97 ff.

[553] Vgl. oben S. 100 ff.

Tauglichkeit der Ausprägung zur *adäquaten Bewältigung* der internetspezifischen Gefährdungslagen durch „stehengebliebene" Beiträge bewerten zu können.

I. Schutz der Persönlichkeitsentfaltung durch benannte Grundrechte

Es ist im Grundsatz anerkannt, dass die Bildung und Entfaltung der Persönlichkeit in Gestalt eines „grundrechtliche[n] Informationsschutz[es]"[554] punktuell auch durch benannte Grundrechte (z. B. Art. 4 Abs. 1, 5 Abs. 1, 8, 10, 13 GG) geschützt wird; sei es, weil diese spezifische Vertraulichkeitsgarantien statuieren,[555] sei es, weil negative Auswirkungen des informatorischen (Staats-)Handelns auf die Ausübung bzw. den Genuss dieser besonderen Freiheitsrechte als rechtfertigungsbedürftige Beeinträchtigungen verstanden werden.[556] Gleichwohl werden Informationserhebung und -verarbeitung i. d. R. nicht auf diese Weise einem benannten Grundrecht unterstellt, sondern am Maßstab des allgemeinen Persönlichkeitsrechts gemessen.[557]

Ausgehend hiervon wird sich die nachfolgende Untersuchung allein den Ausprägungen des allgemeinen Persönlichkeitsrechts zuwenden, die zumindest vom Sachbereich[558] her in einigen Konstellationen einschlägig sein können.[559]

---

[554] *Bäcker,* Der Staat 51 (2012), S. 89 (92).

[555] *Bäcker,* ebd., S. 89 (92 f.). U. a. *Stern,* Persönlichkeit und Privatsphäre, in: StaatsR IV/1, § 99 IV, V (S. 212 ff., 217 ff.), und *Britz,* Freie Entfaltung durch Selbstdarstellung, S. 28, 84, sehen in Art. 10 und 13 GG besondere Formen des Privatsphäreschutzes.

[556] Vgl. beispielsweise BVerfGE 82, 76 (79), 90, 112 (118 ff.), zu Art. 4 Abs. 1 GG; BVerfGE 113, 63 (76 ff.), zu Art. 5 Abs. 1 S. 2 Alt. 1 GG; BVerfGE 69, 315 (349), zu Art. 8 Abs. 1 GG.

[557] Vgl. neben BVerfG 65, 1 (43), wo die (potenziellen) Auswirkungen auf die Versammlungs- und Vereinigungsfreiheit lediglich als unselbständige Argumente herangezogen werden, nun auch BVerfG, NJW 2011, S. 511 (511 f.) – Löw, wo die Missbilligung eines wissenschaftlichen Aufsatzes in einer staatlichen Publikation als Beeinträchtigung des allgemeinen Persönlichkeitsrechts behandelt und die Frage, ob (auch) die Wissenschaftsfreiheit aufgerufen ist, offen gelassen wird.

[558] Vgl. oben S. 98.

[559] U. a. von *Hoffmann-Riem,* AöR 123 (1998), S. 513 (520 f.); *Bull,* Informationelle Selbstbestimmung – Vision oder Illusion?, S. 57 ff., und *Nettesheim,* VVDStRL 70 (2011), S. 7 (33 ff.), ist vorgeschlagen worden, durch Kultivierung der „Datenschutz-Komponente" der einzelnen Freiheitsrechte (*Bull,* Informationelle Selbstbestimmung – Vision oder Illusion?, S. 58) dem bestehenden Schutzbedürfnis Rechnung zu tragen, was die Anerkennung eines Rechts auf informationelle Selbstbestimmung obsolet mache. Differenzierend *Albers,* Informationelle Selbstbestimmung, S. 357 ff., 590 ff., die im Rahmen ihrer „Zwei-Ebenen-Konzeption" die „Bindungen thematisch spezifizierter Grundrechte" zu einer „Grundregulierung des Umgangs mit personenbezogenen Informationen und Daten" hinzutreten lassen will. Näher dazu unten S. 130 m. Fn. 597.

II. Gewährleistungsumfang der bereits anerkannten Ausprägungen des allgemeinen Persönlichkeitsrechts

1. Recht auf informationelle Selbstbestimmung

EU-Kommissarin *Reding* hat als wesentlichen Fortschritt, der mit der Einführung der vorgeschlagenen Datenschutz-Grundverordnung erzielt werden würde, die Schaffung eines effektiven „Rechts auf Vergessenwerden und Löschung" hervorgehoben.[560] In der Literatur ist demgegenüber der Neuigkeitswert der vorgesehenen Regelung bestritten worden. Die Verpflichtung zur Löschung (oder Anonymisierung) von personenbezogenen Daten nach Fortfall der sie rechtfertigenden Gründe bestehe bereits nach geltendem Recht, in der Verordnung werde sie lediglich anders, nämlich aus Perspektive des Nutzers (re)formuliert.[561]

Vor diesem Hintergrund drängt sich die Frage auf, ob dem im vorstehenden Kapitel identifizierten Anliegen des Betroffenen nicht auch auf verfassungsrechtlicher Ebene durch das mitunter als „Grundrecht auf Datenschutz" apostrophierte[562] Recht auf informationelle Selbstbestimmung bereits hinreichend Rechnung getragen wird.

a) Schutzbereich

Das Recht auf informationelle Selbstbestimmung gewährleistet „die Befugnis des Einzelnen, grundsätzlich selbst über die Preisgabe und Verwendung seiner persönlichen Daten zu bestimmen",[563] wobei es – zumindest auf Ebene des Schutzbereichs – nicht auf den Informationsgehalt des jeweiligen Datums ankommt.[564] Die weite Fassung von Sachbereich und Gewährleistungsinhalt (keine einschränkenden Anforderungen an die Art der Daten bzw. der Verarbeitungsmodalitäten) liegt in der Annahme einer spezifischen Gefährdungsdimension begründet:[565]

---

[560] Kommissarin *Reding,* The EU Data Protection Reform 2012, SPEECH/12/26 (vgl. oben S. 79 in Fn. 311). Ferner Mitteilung KOM(2012) 9, S. 5.

[561] So *Nolte,* ZRP 2011, S. 236 (238 f.), unter Vw. u. a. auf § 35 Abs. 5 BDSG. Ähnlich *Simitis,* Frankfurter Allgemeine Zeitung, Nr. 33 v. 8.2.2013, S. 7; *Hornung/Hofmann,* JZ 2013, S. 163 (164 f.).

[562] So z. B. BVerfGE 84, 239 (280); BVerfG, LKV 1994, S. 332 (333); BGHZ 183, 35 (43). Zur Terminolgie der Ausprägungen des allgemeinen Persönlichkeitsrechts ausführlich unten S. 163.

[563] BVerfGE 65, 1 (43).

[564] Hierzu zuletzt deutlich BVerfGE 120, 274 (312).

[565] Auf die grundlegende Kritik an dieser Herleitung und die auch in jüngerer Zeit vorgelegten Alternativkonzepte (vgl. statt vieler *Vogelgesang,* Grundrecht auf informationelle Selbstbestimmung?, passim; *Nettesheim,* VVDStRL 70 [2011], S. 7 ff.; *Albers,* Informationelle Selbstbestimmung, passim) und die hiergegen gerichtete Verteidigung des herkömmlichen Standpunkts (z. B. *Kühling,* Die Verwaltung 44 [2011], S. 525 [531 f.]) kann im Rahmen dieser Untersuchung nicht ausführlicher eingegangen werden

Die elektronische – mehr noch als die automatische – Datenverarbeitung erlaubt es, umfassende Datensammlungen anzulegen, nach beliebigen Kriterien zu durchsuchen und schließlich Verknüpfungen nicht nur innerhalb einer Datensammlung, sondern über verschiedene Dateien hinweg zu erstellen.[566] Wer angesichts dieser Möglichkeiten befürchten muss, dass jede Freiheitsbetätigung registriert und später gegen ihn verwendet werden könnte,[567] oder sich schlicht einer nicht zu kalkulierenden Informationsübermacht (vor allem) staatlicher Stellen ausgeliefert sieht,[568] könnte – in einer Art Selbstzensur – davon absehen, möglicherweise Missfallen hervorrufende Entwicklungen seiner Persönlichkeit auch nur in Erwägung zu ziehen. Dieser Einschüchterungseffekt[569] bedroht die durch das allgemeine Persönlichkeitsrecht zu schützende autonome Persönlichkeitsbildung und -entfaltung.[570] Deshalb „flankiert und erweitert" das Recht auf informationelle Selbstbestimmung „den grundrechtlichen Schutz von Verhaltensfreiheit und Privatheit, indem es ihn *schon auf der Stufe der Persönlichkeitsgefährdung* beginnen lässt".[571]

Vom Recht auf informationelle Selbstbestimmung sind spezifische Anforderungen[572] an die Zulässigkeit staatlicher wie privater Datenverarbeitung abgeleitet worden. Insbesondere für staatliche Eingriffe wird der Verhältnismäßigkeitsgrundsatz durch das Gebot der Zweckbindung[573] sowie das Erfordernis weitgehender prozeduraler Sicherungen (Offenheit der Datenerhebung[574] bzw. nachträgliche Information[575], Gewährleistung von Datensicherheit[576], Berichtigungs-

---

(vgl. oben S. 48). Verwiesen sei stattdessen auf die Analyse von *Britz,* die im Einzelnen aufzeigt, dass die erzielten Ergebnisse näher beieinander liegen als es auf den ersten Blick scheinen mag, *Britz,* Informationelle Selbstbestimmung, in: Hoffmann-Riem (Hrsg.), Offene Rechtswissenschaft, S. 561 (592 ff.).

[566] BVerfGE 65, 1 (42). Zu den Auswirkungen der Digitalisierung bereits oben S. 24.

[567] BVerfGE 65, 1 (43).

[568] BVerfGE 65, 1 (43).

[569] *Horn,* in: Stern/Becker, Grundrechte, Art. 2 Rdnr. 50.

[570] Zum psychisch vermittelten Zwang zur Selbstbeschränkung bereits oben S. 117.

[571] BVerfGE 120, 351 (360) (Hervorh. d. Verf.).

[572] *Masing,* VVDStRL 70 (2011), S. 86 (87), spricht von einem „Arsenal an Schutzmöglichkeiten vor Missbrauchsgefahren".

[573] BVerfGE 65, 1 (46); 118, 168 (187). Um dem Zweckbindungsgrundsatz möglichst große Wirksamkeit zu sichern, wurden auch die Anforderungen des Bestimmtheitsgebot dahingehend verschärft, dass „Anlass, Zweck und Umfang des jeweiligen Eingriffs sowie die entsprechenden Eingriffsschwellen [...] durch den Gesetzgeber bereichsspezifisch, präzise und normenklar zu regeln" sind, BVerfGE 125, 260 (328); vgl. zuvor bereits BVerfGE 65, 1 (44); BVerfGE 120, 351 (366).

[574] BVerfGE 65, 1 (46).

[575] BVerfGE 65, 1 (70); 118, 168 (207 f.); 120, 351 (360 f.) – jeweils i.V.m. Art. 19 Abs. 4 GG. Vgl. auch BVerfGE 100, 313 (361); 125, 260 (335), zum Auskunftsanspruch nach Eingriff in Art. 10 GG.

[576] BVerfGE 125, 260 (325 ff.). Die dort zum Umgang mit den aus Eingriffen in Art. 10 GG gewonnenen Daten statuierten verfassungsrechtlichen Anforderungen lassen

und Löschungsansprüche[577], unabhängige Datenschutzbeauftragte[578]) konkretisiert.[579]

Das Recht auf informationelle Selbstbestimmung strahlt schließlich im Wege „mittelbarer Drittwirkung" auch auf das Privatrechtsverhältnis aus,[580] wobei sich diese Einwirkung nicht auf die explizit als Datenschutzgesetze ausgewiesenen Normen beschränkt, sondern die Auslegung und Anwendung aller Vorschriften erfassen kann.[581]

b) Gewährleistungsinhalt

Zur Bewältigung der neuartige Gefährdungslage in Gestalt des nachträglichen Publikationsexzesses könnte die eingangs angesprochene Anwendung des Grundsatzes der Verhältnismäßigkeit auf die Verarbeitung personenbezogener Daten tauglicher Ansatzpunkt sein: Sie ist einzustellen, wenn der sie ursprünglich rechtfertigende Zweck fortgefallen und die Aufrechterhaltung der Verarbeitung daher nicht mehr erforderlich ist.[582] Auf den ersten Blick scheint das Recht auf informationelle Selbstbestimmung dazu prädestiniert zu sein, auch das Problem der „stehengebliebenen" Beiträge zu bewältigen.

Aus der Rechtsprechung des Bundesverfassungsgerichts geht zwar nicht eindeutig hervor, ob ein Löschungs- bzw. Anonymisierungsanspruch nach Zweckfortfall oder Überwiegen der Interessen des Betroffenen lediglich einfachgesetzlich besteht oder ob er unmittelbar im Recht auf informationelle Selbstbestimmung radiziert und dem Gesetzgeber damit – ähnlich dem Gegendarstellungsrecht[583] – verfassungsrechtlich aufgegeben ist.[584] Die letztgenannte Deutung unterstellt, wäre eine neue Ausprägung womöglich nicht erforderlich.

---

sich ohne Weiteres auch auf „nur" am Recht auf informationelle Selbstbestimmung zu messende Vorgänge übertragen.

[577] Vgl. BVerfGE 120, 351 (361).

[578] BVerfGE 65, 1 (46).

[579] Allgemein BVerfGE 65, 1 (46); 113, 29 (57 f.). Die bei der Behandlung informationsbezogener Grundrechtseingriffe (etwa mit Bezug auf Art. 10 und 13 GG) entwickelten Kriterien werden dabei regelmäßig auch auf die jeweils anderen Grundrechte übertragen, vgl. BVerfGE 115, 320 (347), so dass zu Recht von grundrechtsübergreifenden „elementaren Instrumenten des grundrechtlichen Datenschutzes" (BVerfGE 125, 260 [335]) gesprochen werden kann.

[580] Statt vieler BVerfGE 84, 192 (194 f.); 120, 274 (312); BVerfG, NJW 2007, S. 3707 (3703 f.).

[581] Z.B. BVerfG, JZ 2007, S. 576 (577). Ferner *Di Fabio,* in: Maunz/Dürig, GG, Art. 2 Abs. 1 Rdnr. 191.

[582] Vgl. die einfachrechtliche Regelung in § 20 Abs. 2 Nr. 2, 35 Abs. 2 S. 2 Nr. 3 BDSG.

[583] BVerfGE 63, 131 (142 f.) – Gegendarstellungsrecht.

[584] Vgl. BVerfGE 120, 351 (361), wo die Kenntnis von der Datenerhebung und -speicherung als Voraussetzung dafür hervorgehoben wird, „etwaige Rechte auf Löschung oder Berichtigung" geltend zu machen, zugleich aber unklar bleibt, ob von verfassungs-

Damit würden indes die sich bei näherem Hinsehen offenbarenden funktionellen Grenzen des Rechts auf informationelle Selbstbestimmung überschritten, die sich aus dem Umstand ergeben, dass das Recht auf informationelle Selbstbestimmung als Antwort auf die *spezifische* Problematik der immer ausgefeilteren Methoden der Datenverarbeitung, insbesondere der leichten Speicherung, Aufrufbarkeit, Durchsuchbarkeit und Verknüpfbarkeit konzipiert worden ist.[585]

In der Literatur ist wiederholt betont worden, dass das Recht auf informationelle Selbstbestimmung aufgrund des formalen Bezugspunktes der personenbezogenen Daten und der Verlagerung ins Vorfeld konkreter Beeinträchtigungen keine *materiellen* Vorgaben für die allfällige Abwägung mit den gegenläufigen Interessen und Rechtsgütern hervorgebracht habe.[586] Und tatsächlich: Bei näherem Hinsehen werden die für die Abwägung *maßgeblichen Kriterien* in den Entscheidungen des Bundesverfassungsgerichts *anderen* Grundrechten[587] bzw. anerkannten Ausprägungen des allgemeinen Persönlichkeitsrechts wie z. B. dem Schutz der Privatsphäre[588] oder dem Schutz vor Stigmatisierung[589] entnom-

---

oder (nur) einfachrechtlichen Ansprüchen die Rede ist. Auch BVerfGE 113, 29 (58), lässt offen, ob die „anerkannten" Verfahrensgarantien verfassungsrechtlich zwingend vorgegeben sind; bejahend *Jarass,* in: Jarass/Pieroth, GG, Art. 2 Rdnr. 62 a, unter Hinweis auf die ausdrückliche Statuierung eines Auskunfts- und Berichtigungsanspruchs in Art. 8 Abs. 2 GRCh.

[585] Grundlegend BVerfGE 65, 1 (42); vgl. auch *Horn,* in: Stern/Becker, Grundrechte, Art. 2 Rdnr. 50. *Masing,* VVDStRL 70 (2011), S. 86 (87), betont die „Kombinierbarkeit mit anderen Daten", durch die jedes Datum eine „freiheitsbedrohende Aussagekraft" gewinnen könne.

Allerdings ist das Recht auf informationelle Selbstbestimmung mitunter auch in Fällen herangezogen worden, in denen eine *automatisierte* oder *elektronische* Datenverarbeitung nicht im Raum stand. Vgl. nur *Di Fabio,* in: Maunz/Dürig, GG, Art. 2 Abs. 1 Rdnr. 176 m. umfangreichen N. in Fn. 7 und 8; ferner *Bäcker,* Der Staat 51 (2012), S. 89 (95), der jedoch mit Blick auf derartige „einzelne Informationshandlungen" die Subsidiarität des Rechts auf informationelle Selbstbestimmung gegenüber spezielleren, „spezifischen" grundrechtlichen Gewährleistungen betont.

[586] Statt vieler *Albers,* Informationelle Selbstbestimmung, S. 158 ff.: „Schutzinhalt blaß und unbestimmt", ferner S. 176 ff., 235 f.; *Bull,* NVwZ 2011, S. 257 (260); *Nettesheim,* VVDStRL 70 (2011), S. 7 (26 ff.); *Britz,* Informationelle Selbstbestimmung, in: Hoffmann-Riem (Hrsg.), Offene Rechtswissenschaft, S. 561 (568 ff.) – jeweils m.w.N.

[587] So wird bereits im Volkszählungsurteil zur Begründung der Grundrechtsrelevanz der Datenspeicherung darauf verwiesen, dass das Wissen um die Registrierung der „Teilnahme an einer Versammlung oder einer Bürgerinitiative" den Betroffenen dazu veranlassen könnte, „möglicherweise auf eine Ausübung seiner entsprechenden Grundrechte (Art. 8, 9 GG) [zu] verzichten" (BVerfGE 65, 1 [43]; dazu *Hoffmann-Riem,* AöR 123 [1998], S. 513 [521]). Ferner wird zwar betont, dass es „kein ‚belangloses' Datum mehr" geben könne, zur Begründung aber zugleich darauf verweisen, dass es „zur Feststellung der persönlichkeitsrechtlichen Bedeutung eines Datums der Kenntnis seines Verwendungszusammenhangs" bedürfe (BVerfGE 65, 1 [45]; dazu *Britz,* Informationelle Selbstbestimmung, in: Hoffmann-Riem [Hrsg.], Offene Rechtswissenschaft, S. 561 [574 f.]).

[588] Z. B. BVerfG, NVwZ 2005, S. 681 (682 f.): Offenbarung der Homosexualität gegenüber Zeugen im Asylverfahren; BVerfG, NJW 2007, S. 3707 (3708): Zession kann

men.[590] In der Entscheidung zur Online-Durchsuchung hat das Gericht nunmehr die funktionale Begrenzung des Rechts auf informationelle Selbstbestimmung selbst deutlich hervorgehoben.[591]

Der – nicht zu unterschätzende – Eigenwert des Rechts auf informationelle Selbstbestimmung beschränkt sich damit auf einen bereits im Vorfeld *konkreter* Persönlichkeitsbeeinträchtigungen wirkenden Schutz, dessen es angesichts der nur schwer zu beeinflussenden Dynamik des Umgangs mit einmal erhobenen Daten bedarf.[592] Soweit die zu bewältigende Problematik darüber hinausgeht, muss infolge des als instrumentell bzw. akzessorisch beschreibbaren Charakters des Rechts auf informationelle Selbstbestimmung[593] (ergänzend) auf spezifische Wertungen des Persönlichkeitsschutzes zurückgegriffen werden.[594]

---

unzulässig sein, wenn dabei gem. § 402 BGB Informationen mit „gesteigertem Persönlichkeitsbezug" offenbart werden müssten. Zum Wert der Sphärentheorie in diesem Kontext jüngst *Bull,* VVDStRL 70 (2011), S. 89 (90).

[589] Z. B. BVerfGE 78, 77 (87); 84, 192 (195 f.) jeweils zur Offenbarung der Entmündigung.

[590] Ähnliche Beobachtungen lassen sich auch für die Rechtsprechung des EGMR und des EuGH machen, vgl. *Britz,* EuGRZ 2009, S. 1 (9 f.) m.w.N.

[591] BVerfGE 120, 274 (312 f.): „Die mit dem Recht auf informationelle Selbstbestimmung abzuwehrenden Persönlichkeitsgefährdungen ergeben sich aus den vielfältigen Möglichkeiten [...] zur Erhebung, Verarbeitung und Nutzung personenbezogener Daten. Vor allem mittels elektronischer Datenverarbeitung können aus solchen Informationen weitere Informationen erzeugt und so Schlüsse gezogen werden, die sowohl die grundrechtlich geschützten Geheimhaltungsinteressen des Betroffenen beeinträchtigen als auch Eingriffe in seine Verhaltensfreiheit mit sich bringen können. Jedoch trägt das Recht auf informationelle Selbstbestimmung den Persönlichkeitsgefährdungen nicht vollständig Rechnung, die sich daraus ergeben, dass der Einzelne zu seiner Persönlichkeitsentfaltung auf die Nutzung informationstechnischer Systeme angewiesen ist und dabei dem System persönliche Daten anvertraut oder schon allein durch dessen Nutzung zwangsläufig liefert. [...] Ein solcher Zugriff geht in seinem Gewicht für die Persönlichkeit des Betroffenen über einzelne Datenerhebungen, vor denen das Recht auf informationelle Selbstbestimmung schützt, weit hinaus." Ferner BVerfGE 120, 351 (363, 366), für das Gebot der Bestimmtheit und Normenklarheit.

[592] Nachdrücklich *Masing,* VVDStRL 70 (2011), S. 86 (87); vgl. auch *Britz,* Informationelle Selbstbestimmung, in: Hoffmann-Riem (Hrsg.), Offene Rechtswissenschaft, S. 561 (579 ff.). Der Eigenwert lässt sich an einem Beispiel illustrieren: (Berechtigte) Interessen an *struktureller* Sicherung, wie z. B. Datensicherheit und Zweckbindung in sozialen Netzwerken, können häufig kaum sinnvoll aus *bestimmten* benannten Grundrechten oder spezfischen Ausprägungen des allgemeinen Persönlichkeitsrechts hergeleitet werden, gerade weil es *nicht um einzelne Daten(klassen)* geht, sondern alle möglichen Informationen ausgetauscht werden. Eine solche Rekonstruktion müsste dann entweder pauschal alle denkbaren Grundrechte (z. B. Art. 4, 5, 8, 9 oder 12 GG) aufrufen, was keinen Vorteil an Klarheit mit sich brächte, oder aber den Schutz auf solche Beiträge beschränken, die inhaltlich der Religionsfreiheit usw. zugerechnet werden können, wozu eine Analyse und Kennzeichnung der sensiblen Daten gegenüber dem Anbieter erforderlich wäre, was dem Anliegen der Betroffenen jedoch gerade zuwiderläuft.

[593] Statt vieler *Britz,* ebd., S. 561 (569 ff.) m.w.N.

[594] Beispielhaft BVerfG, NJW 2007, S. 3707 (3708); ferner BVerfGE 118, 168 (203 f.), mit Blick auf den Schutz juristischer Personen (Gefährdung „wirtschaftlicher

Bedarf es (wie hier) im Konflikt mit den gewichtigen widerstreitenden grundrechtlich geschützten oder staatlichen Interessen an der fortwährenden Abrufbarkeit eines Beitrags[595] *materiell-gehaltvoller* Argumente auf Seiten des Betroffenen, erweist sich – auch unter Berücksichtigung des hier zugrunde gelegten gewährleistungsbezogenen Maßstabs – das Recht auf informationelle Selbstbestimmung als inadäquat.[596] Die Suche muss folglich auf die anderen relevanten Ausprägungen des allgemeinen Persönlichkeitsrechts, d. h. das Recht am eigenen Bild und am gesprochenen Wort (2.), den Schutz der Privatsphäre (3.), das Recht der persönlichen Ehre (4.), den Schutz der Resozialisierungschance (5.) und den Schutz vor Stigmatisierungen im Allgemeinen (6.), ausgedehnt werden.[597]

2. Recht am eigenen Bild und Recht am gesprochenen Wort

Die Verbreitung von Bild- und Tonaufnahmen über das Internet betrifft weitaus mehr Menschen, als dies bei Presseveröffentlichungen und Rundfunksendungen denkbar gewesen wäre. Häufig sind sie – wie im Beispiel des Partybildes der „drunken pirate"[598] – von den Betroffenen selbst oder von Dritten mit ihrem Einverständnis aufgenommen und in Web 2.0.-Plattformen eingestellt worden. Einmal eingestellt, bleiben diese Aufnahmen aufgrund der „Unfähigkeit des Internets zu vergessen" ohne selektive Löschung dauerhaft abrufbar.

Verhaltensfreiheit" maßgeblich). Vgl. auch *Britz,* ebd., S. 561 (584): „Für die Beurteilung der Intensität des Eingriffs ist auf die […] materiellen Schutzrichtungen des Grundrechts abzustellen. Weil das Recht auf informationelle Selbstbestimmung ein dienendes Grundrecht ist, entfalten an dieser Stelle vor allem die von der Informationsmaßnahme (mittelbar) betroffenen Freiheitsrechte ihre Wirkung."

[595] Vgl. dazu ausführlich unten S. 169 ff.

[596] Damit ist keine Stellungnahme in der Kontroverse um die Tauglichkeit des *einfachrechtlichen* Datenschutzrechts zur Bewältigung der mit der „Unfägigkeit des Internets zu vergessen" einhergehenden Herausforderungen verbunden. Denn so wie die Wirkung des Rechts auf informationelle Selbstbestimmung nicht auf explizit dem „Datenschutz" dienende Vorschriften beschränkt ist (deutlich BVerfGE 78, 77 [3. Leitsatz]), sondern – wie jede andere grundrechtliche Gewährleistung – grundsätzlich die Anwendung *jeder* Norm beeinflussen kann (vgl. oben S. 127 Fn. 581), sind Datenschutzgesetze umgekehrt auch nicht allein durch das Recht auf informationelle Selbstbestimmung verfassungsrechtlich „unterfüttert". Bei ihrer Anwendung, d. h. vor allem bei der allfälligen Abwägung mit konfligierenden Interessen, ist vielmehr auch anderen Ausprägungen des allgemeinen Persönlichkeitsrechts Rechnung zu tragen (vgl. nur BGH, NJW 1986, S. 2505 [2506]; *Gola/Schomerus,* BDSG, § 1 Rdnr. 6, § 28 Rdnr. 26).

[597] Die Frage, ob angesichts dieses Befundes das Recht auf informationelle Selbstbestimmung radikal rekonzeptualisiert (z. B. *Albers,* Informationelle Selbstbestimmung, S. 454 ff.: „Vorgaben zur Grundregulierung des Umgangs mit personenbezogenen Informationen und Daten"; *Bull,* Informationelle Selbstbestimmung – Vision oder Illusion?, S. 57 ff.) oder sogar gänzlich aufgegeben werden sollte (z. B. *Nettesheim,* VVDStRL 70 [2011], S. 7 [43]), kann deshalb im Rahmen dieser Untersuchung auf sich beruhen.

[598] Vgl. oben S. 36.

Mit dem Recht am eigenen Bild und am gesprochenen Wort stehen zwei Ausprägungen des allgemeinen Persönlichkeitsrechts bereit, die gegen die ungewollte Vergegenständlichung und die anschließende Verbreitung der Aufnahme menschlichen Verhaltens gerichtet sind.

a) Schutzbereiche

Das Recht am eigenen Bild gewährleistet dem Einzelnen die Befugnis, grundsätzlich selbst zu bestimmen, ob Aufzeichnungen in Bild oder Film von ihm angefertigt und wie sie verwendet werden. Damit wird in erster Linie Vorsorge dagegen getroffen, dass der Betroffene in einem „falschen Licht" erscheint, sei es durch eine *Bildmanipulation,* sei es durch *Dekontextualisierung* mittels geschickter Wahl von Bildausschnitten oder eines suggestiven Arrangements im Rahmen der Gesamtpublikation.[599] Darüber hinaus soll der Betroffene eine *Überführung der festgehaltenen Szene „in eine größere Öffentlichkeit",* bei der „die überschaubare Öffentlichkeit, in der man sich bei normalem Auftreten bewegt, durch die Medienöffentlichkeit ersetzt" wird, grundsätzlich nicht hinnehmen müssen.[600]

Das *Recht am gesprochenen Wort* verleiht die Befugnis, selbst zu bestimmen, welchem Personenkreis die eigenen gesprochenen Worte zugänglich sind. Deshalb ist – grundsätzlich[601] – jede reproduktionsfähige Fixierung der Stimme (Aufnahme) und jede Erweiterung über den ursprünglich erkennbaren Hörerkreis hinaus[602] – sei es durch Wiedergabe einer solchen Aufzeichnung oder durch Mithören-Lassen – unter einen Zustimmungsvorbehalt des Betroffenen gestellt.[603]

Das Recht am eigenen Bild und das am gesprochenen Wort sichern folglich in erster Linie die *Unbefangenheit* des Verhaltens (Bild) und der Kommunikation (Wort), mit anderen Worten: die Freiheit vor übermäßigem Konformitätsdruck.[604] Bliebe der Betroffene ohne diese Einflussmöglichkeit, müsste er stets damit rechnen, dass sein Verhalten dokumentiert und später veröffentlicht wird, und müsste sich folglich fortwährender Selbstbeherrschung und -beschränkung befleißigen, wollte er mögliche Nachteile vermeiden.[605] Im Gegensatz zum Pri-

---

[599] Vgl. BVerfGE 101, 361 (382) – Caroline II. Zur Kontextsensibilität bereits BGH, GRUR 1962, S. 211 (212).

[600] BVerfGE 101, 361 (381 f.); ähnlich BVerfGE 120, 180 (197) – Caroline III.

[601] Zu möglichen Ausnahmen BVerfGE 34, 238 (247).

[602] BVerfGE 106, 28 (40).

[603] BVerfGE 34, 238 (246 f.).

[604] Vgl. oben S. 121.

[605] Dieser Begründungsstrang ist für das Recht am gesprochenen Wort früh hervorgehoben worden: „Die Unbefangenheit der menschlichen Kommunikation würde gestört, *müßte ein jeder mit dem Bewußtsein leben,* daß jedes seiner Worte, eine vielleicht unbe-

vatsphärenschutz ist das Recht am eigenen Bild und am gesprochenen Wort deshalb weder thematisch noch räumlich-situativ begrenzt.[606]

b) Gewährleistungsinhalte

Die Möglichkeit zur Verbreitung *nutzergenerierter* Bild- und Tonaufnahmen, vor allem aber ihre erleichterte Auffindbarkeit (sei es wegen der identifizierenden Begleittexte, sei es mittels Gesichtserkennung z.B. in einer Bildersuchmaschine[607]) führt zu einer neuen Quantität und Qualität an möglichen Grundrechtsbeeinträchtigungen. Allerdings dürfte es sich, vor allem wenn die Aufnahmen Privatpersonen betreffen, zuvörderst um Konstellationen des (potenziellen) ursprünglichen Publikationsexzesses handeln, bei dem es also um die Frage der Zulässigkeit der erstmaligen (bzw. der aktiven reaktualisierenden[608]) Veröffentlichung der Aufnahme geht.

Es sind allerdings auch Konstellation des (potenziellen) *nachträglichen Publikationsexzesses* denkbar. Das betrifft im Bereich der konfrontativen Veröffentlichungen z.B. staatliche Fahndungsfotos (vgl. nur § 24 KunstUrhG),[609] vor allem aber Aufnahmen von „Personen der Zeitgeschichte", die wegen des öffentlichen Interesses an ihrem Lebenswandel eine aktuelle Berichterstattung hinnehmen

---

dachte oder unbeherrschte Äußerung, eine bloß vorläufige Stellungnahme im Rahmen eines sich entfaltenden Gesprächs oder eine nur aus einer besonderen Situation heraus verständliche Formulierung bei anderer Gelegenheit und in anderem Zusammenhang hervorgeholt werden könnte, um mit ihrem Inhalt, Ausdruck oder Klang gegen ihn zu zeugen." (BVerfGE 34, 238 [246 f.] – Hervorh. d. Verf.; vgl. auch *Di Fabio,* in: Maunz/Dürig, GG, Art. 2 Abs. 1 Rdnr. 196).
Gleiches gilt für das Recht am eigenen Bild (vgl. BVerfGE 101, 361 [381], wo die historische Vorbildwirkung des Rechts am gesprochenen Wort hervorgehoben wird).

[606] Vgl. BVerfGE 101, 361 (381): „Ob diese [Aufnahmen] den Einzelnen in privaten oder öffentlichen Zusammenhängen zeigen, spielt dabei grundsätzlich keine Rolle." Ferner BVerfGE 106, 28 (41): „Der Schutz des Rechts am gesprochenen Wort hängt weder davon ab, ob es sich bei den ausgetauschten Informationen um personale Kommunikationsinhalte oder gar besonders persönlichkeitssensible Daten handelt, noch kommt es auf die Vereinbarung einer besonderen Vertraulichkeit der Gespräche an."

[607] Die zunehmende Leistungsfähigkeit von *Gesichtserkennungsprogrammen* muss den Betroffenen befürchten lassen, dass eine unangenehme Aufnahme durch „Eingabe" eines anderen (unproblematischen) Fotos in eine Bildersuchmaschine aufgefunden wird (vgl. oben S. 37 m. Fn. 77).

[608] Vgl. oben S. 44.

[609] Sie werden von Dritten, aber auch von den Polizeidienststellen selbst im Internet (z.B. http://polizei-bw.de/fahndung/) und dort auch in sozialen Netzwerken (vgl. http://www.lka.niedersachsen.de/fahndung/fahndung_social_networks/) veröffentlicht. Vgl. Nr. 40 Abs. 2 RiStBV i.V.m. Nrn. 1.1 und 3.2 der Anlage B (Richtlinien über die Inanspruchnahme von Publikationsorganen und die Nutzung des Internets sowie anderer elektronischer Kommunikationsmittel zur Öffentlichkeitsfahndung nach Personen im Rahmen von Strafverfahren). Dabei fordern die Polizeidienststellen dazu auf, die Aufnahmen nach Abschluss der Fahndungsmaßnahme nicht länger zu veröffentlichen.

mussten.[610] Mit zunehmendem Abstand dürfte das öffentliche Interesse zwar nicht an allen, aber doch an vielen dieser Aufnahmen verblassen.[611]

Die meisten der im Internet veröffentlichten Bilder, Videos und Tonaufnahmen sind jedoch vom Betroffenen selbst oder von Dritten mit seiner Zustimmung eingestellt worden. Mit Blick auf diese *konsentierten Publikationen* stellt sich folglich die eingangs aufgeworfene Frage[612] nach der *Widerruflichkeit* einer wirksam erteilten Einwilligung in die nunmehr als belastend empfundene Verbreitung.

Bei der Frage, ob das Recht am eigenen Bild und am gesprochenen Wort diese durch die „Unfähigkeit des Internets zu vergessen" hervorgerufenen Schwierigkeiten adäquat bewältigen kann, ist zunächst auf die Unterscheidung zwischen sachbereichs- und gewährleistungsbezogener Betrachtungsweise[613] zurückzukommen:

Die Sachbereiche des Rechts am eigenen Bild bzw. am gesprochenen Wort weisen keine *inhaltsbezogenen* Einschränkungen auf, weshalb auch die Bild- und Videoaufnahmen,[614] die die Persönlichkeitsbildung und -entfaltung durch nachträgliche Publikationsexzesse gefährden können, in den Schutzbereich dieser Ausprägungen fallen. Wie bereits ausgeführt, ist es nach dem hier zugrunde gelegten Maßstab indes nicht ausreichend, dass die Gefährdungslage *überhaupt* grundrechtlich erfasst wird. Entscheidend ist vielmehr, ob die bisher anerkannten Ausprägungen – auch in ihrem Zusammenwirken – die Gefährdungen *adäquat* (d. h. in ihrer je spezifischen Bedeutung) bewältigen.[615]

Das thematisch neutrale, abstrakt ohne Darlegung einer *spezifischen* Gefährdungslage gewährleistete Recht am eigenen Bild bzw. am gesprochenen Wort ist – ähnlich dem Recht auf informationelle Selbstbestimmung[616] – im Konflikt mit gewichtigen Gegeninteressen wie den Grundrechten Dritter auf eine inhaltliche Anreicherung angewiesen. Dabei fällt ins Gewicht, dass die hierzu entwickelten Kriterien auf die *Frage nach der Zulässigkeit einer Erstveröffentlichung* zugeschnitten sind. Sie können nicht ohne Weiteres auf die Konstellation des nachträglichen Publikationsexzesses übertragen werden, weil diesbezüglich eine Auseinandersetzung mit eigentümlichen, von den bereits verarbeiteten Interessen an

---

[610] Vgl. BVerfGE 101, 360 (390); 120, 180 (203), unter Vw. auf die Vorbild- und Kontrastfunktion.

[611] OLG Hamburg, ZUM 2009, S. 232 (234): § 23 Abs. 1 Nr. 1 KunstUrhG greift nur „*solange* es sich bei dem betreffenden Bildnis um ein solches aus dem Bereich der Zeitgeschichte handelt" (Hervorh. d. Verf.). Vgl. aber auch *Dreier,* in: Dreier/Schulze, UrhG, § 23 KunstUrhG Rdnr. 12 m.w.N., der mit Blick auf die „Online-Archivierung" auf die gegenläufige h. M. (vgl. oben S. 57 ff.) verweist.

[612] Vgl. oben S. 70 ff.

[613] Vgl. oben S. 98.

[614] Reine Tonaufnahmen spielen – soweit ersichtlich – keine Rolle.

[615] Vgl. oben S. 100.

[616] Vgl. oben S. 128.

der Erstveröffentlichung verschiedenen Interessen an der Aufrechterhaltung der Abrufbarkeit[617] erforderlich wird.[618]

Können das Recht am eigenen Bild und das Recht am gesprochenen Wort – unter Zugrundelegung der gewährleistungsbezogenen Betrachtungsweise – der mit dem Phänomen des nachträglichen Publikationsexzesses verbundenen spezifischen Gefährdungslage nicht hinreichend gerecht werden, bedürfen sie der *Ergänzung* durch eine andere Ausprägung.

Zu dieser können das Recht am eigenen Bild bzw. am gesprochenen Wort in Idealkonkurrenz treten[619] und so die Interessenlage des Betroffenen deutlicher konturieren.[620] Gerade die Judikatur um das Recht am eigenen Bild liefert Beispiele für das gelungene Zusammenspiel mit *spezifischen* Ausprägungen.[621]

3. Schutz der Privatsphäre

Die Möglichkeit der Generierung von Inhalten durch die Nutzer und ihre für den Verfasser nicht immer sofort erfassbare Breitenwirkung haben dazu geführt, dass sich im Internet konfrontative, in erster Linie aber konsentierte Schilderungen, Bilder und Videos aus dem Alltagsleben „normaler" Menschen finden. Neben den Blogs spielen hier vor allem soziale Netzwerke eine große Rolle, insbesondere auch wegen der Möglichkeit, Bilder und Videoaufnahmen aus dem privaten Bereich einzustellen.

---

[617] Zu dem (hier sog.) *sekundären* Publikationsinteresse ausführlich unten S. 173.

[618] So ist etwa unter den geschilderten Bedingungen der Dauerhaftigkeit und Auffindbarkeit die gesetzliche Abwägungsleitlinie der § 23 Abs. 1 Nr. 2 und 3 KunstUrhG fraglich geworden, weil sich die Realbedingungen deutlich zum Nachteil der als „Beiwerk" bzw. auf einer Versammlung abgebildeten Personen verschoben haben. Insbesondere ist die bei Erlass des Gesetzes im Jahre 1907 wohl zu Recht niedrig eingeschätzte *Gefahr des Wiedererkennens* bei derartigen Überblicksaufnahmen wegen der Möglichkeiten der automatischen Gesichtserkennung erheblich gewachsen. Damit stellt sich jedenfalls bei zunehmendem zeitlichem Abstand die Frage nach einem persönlichkeitsrechtlich radizierten, überwiegenden Gegeninteresse (vgl. § 23 Abs. 2 KunstUrhG).

[619] Vgl. oben S. 103.

[620] So sind in BVerfGE 101, 361 (380 ff.); 120, 180 (199), mit dem Recht am eigenen Bild, dem Schutz der Privatsphäre und dem Entwicklungsrecht des Kindes bzw. dem besonderen Schutz des Eltern-Kind-Verhältnisses jeweils spezifische Aspekte des Persönlichkeitsrechts *nebeneinander* herangezogen worden. A. A. Di Fabio, in: Maunz/Dürig, GG, Art. 2 Abs. 1 Rdnrn. 167, 181, der diesem Umstand erst im Rahmen der Rechtfertigung Rechnung tragen will.

[621] Das betrifft z. B. das Verhältnis des Rechts am eigenen Bild zum Schutz der Privatsphäre bzw. zu den Anforderungen an die Berichterstattung über die Sozialsphäre (vgl. nur BVerfGE 120, 180 [207] – Caroline III; BVerfG, NJW 2011, S. 740 [741] – Charlotte Casiraghi). Auch im Umgang mit Informationen, die bei der Ausspähung von Personen gewonnen wurden, können die verschiedenen Ausprägungen ihre je eigentümlichen Gewährleistungsinhalte bezüglich Inhalt, Gewinnungsbedingungen und Fixierung des Verhaltens des Betroffenen einbringen (vgl. BVerwGE 121, 115 [124 f., 126 ff.] – StaSi-Unterlagen Kohl; dazu bereits oben S. 103 m. Fn. 442).

Vor diesem Hintergrund liegt es nahe, zumindest bei solchen Veröffentlichungen auf den Schutz der Privatsphäre zu setzen, einer ebenfalls seit langem anerkannten Ausprägung des allgemeinen Persönlichkeitsrechts.

a) Schutzbereich

In *thematischer* Hinsicht erfasst der Privatsphärenschutz „Angelegenheiten, die wegen ihres Informationsinhalts typischerweise als ‚privat' eingestuft werden, weil ihre öffentliche Erörterung oder Zurschaustellung als unschicklich gilt, das Bekanntwerden als peinlich empfunden wird oder nachteilige Reaktionen der Umwelt auslöst".[622] Dahinter steht die Annahme, dass das Fehlen der Vertraulichkeit der Kommunikation mit sich selbst (Selbstgespräche, Tagebuchaufzeichnungen) und mit Familienangehörigen, Freunden, Ärzten, Seelsorgern usw. den Betroffenen davon abhalten könnte, sein Recht „auf Selbstfindung im Alleinsein und in enger Beziehung zu ausgewählten Vertrauten"[623] zu verwirklichen oder die ärztliche und seelsorgerliche Unterstützung wahrzunehmen.

Darüber hinaus werden *„Rückzugsbereiche"* (besser: *Situationen* der Privatheit[624]) gewährleistet, in denen der Einzelne sich „gehen lassen kann", d. h. nicht im eigenen Interesse fortwährend bedenken muss, wie ein bestimmtes Verhalten auf die Außenwelt wirkt und welche Nachteile daraus im sozialen Umfeld erwachsen könnten. Die durch öffentliche Beobachtung „erzwungene Selbstkontrolle" wird so zum Schutze der selbstbestimmten Persönlichkeitsentfaltung durch „Phasen des Alleinseins und Ausgleichs" unterbrochen.[625]

b) Gewährleistungsinhalt

Offenbart ein Beitrag ohne Einverständnis des Betroffenen Vorgänge, die der so bestimmten Privatsphäre zuzuordnen sind, liegt bereits ein *ursprünglicher* Publikationsexzess, wenn nicht gar eine *per se rechtswidrige* Publikation vor.[626]

Der „Unfähigkeit des Internets zu vergessen" kann bei konfrontativen Beiträgen nur dann eine eigenständige Bedeutung zukommen, wenn ursprünglich eine Rechtfertigung hierfür aufgrund überragender privater oder öffentlicher Interes-

---

[622] BVerfGE 101, 361 (382).

[623] *Kube*, Persönlichkeitsrecht, in: HStR VII, § 148 Rdnr. 129.

[624] Die Rede von der *räumlichen* Komponente der Privatsphäre (BVerfGE 101, 361 [382]; 120, 180 [199]) ist missverständlich, weil sie ein gegenständliches Verständnis impliziert, wo ein metaphorisches intendiert war (vgl. BVerfGE 27, 1 [6 f.]). Nachdem „erkennbar abgeschieden[e] Ort[e]" in den Schutzbereich einbezogen worden sind (BVerfGE 101, 361 [1. Leitsatz]) und (auch) darauf abgestellt wird, „in welcher Situation der Betroffene erfasst und wie er dargestellt wird" (BVerfGE 120, 180 [207]), sollte klarstellend von einer räumlich-*situativen* Dimension gesprochen werden.

[625] BVerfGE 101, 361 (383); 120, 180 (199). Vgl. bereits BVerfGE 27, 1 (6 f.).

[626] Vgl. dazu näher oben S. 43.

sen gegeben war, was bei Nicht-Prominenten eher selten der Fall sein dürfte. Ganz anders liegt es bei den vom Betroffenen selbst eingestellten und den zunächst konsentierten Beiträgen. Hier gilt es zu klären, ob der Betroffene seine Zustimmung zur Veröffentlichung später widerrufen oder umgekehrt der Betreiber eines sozialen Netzwerks die Löschung des Beitrags des Betroffenen verweigern darf.[627]

Wie schon bei den Rechten am eigenen Bild und am gesprochenen Wort käme eine punktuelle Erweiterung des Privatsphärenschutzes um die zeitliche Dimension in Betracht, zumal diese Ausprägung anders als die erstgenannten nicht (nur) auf eine abstrakte Gefährdungslage reagiert, sondern einen *unmittelbaren* inhaltlichen Bezug zur Bildung und Entfaltung der Persönlichkeit aufweist.

Allerdings zeigt sich bei näherem Hinsehen, dass die Ratio dieser Ausprägung insofern nicht einschlägig ist: Dem Schutz der Privatsphäre geht es um die Geheimhaltung privater Sachverhalte bzw. darum, eine Überführung des alltäglichen Verhaltens aus der (überschaubaren) lokalen Präsenzöffentlichkeit[628] in eine unüberschaubare mediale Öffentlichkeit zu unterbinden. Diese Ziele sind nicht mehr zu erreichen, wenn und weil die Inhalte – rechtmäßigerweise – veröffentlicht worden sind. Das Bedürfnis des Betroffenen nach einem „Rückzug [des Beitrags] aus der Öffentlichkeit",[629] um seine Persönlichkeit medial unbelastet fortentwickeln zu können, ist wesentlich anders gelagert.[630] Deshalb erscheint es – wie schon beim Recht am eigenen Bild und am gesprochenen Wort – im Sinne des hier zugrunde gelegten gewährleistungsbezogenen Maßstabs untunlich, (partiell) auf den Schutz der Privatsphäre zu rekurrieren.[631]

---

[627] Vgl. oben S. 70.

[628] *Enders,* Persönlichkeit und Privatsphäre, HGrR IV, § 89 Rdnr. 69, lehnt einen Schutz in der „*relativen Öffentlichkeit"* gegenüber Mitgliedern derselben ab, so dass nur die Überwindung natürlicher oder rechtlicher Zugangshürden die Rechtswidrigkeit einer Aufnahme zu begründen vermag.

[629] *Alexander,* ZUM 2011, S. 382 (385).

[630] Das zeigt sich z.B. daran, dass Vorgänge aus dem Intim- bzw. „Kernbereich privater Lebensgestaltung", die *gegen den Willen des Betroffenen* nicht bzw. nur unter engen Voraussetzungen erörtert werden dürften (vgl. nur BVerfGE 27, 1 [6]; 109, 279 [313 f.]; 120, 224 [239]; 129, 208 [245]; ferner *Kube,* Persönlichkeitsrecht, in: HStR VII, § 148 Rdnr. 87 m.w.N.), vom Betroffenen im Internet mitunter freiwillig ausgebreitet werden (das betrifft z.B. Bilder und Videos, die die Betroffenen nackt oder beim Geschlechtsverkehr zeigen). Mehr noch als bei einer konfrontativen Veröffentlichung (dazu BGH, NJW 2013, S. 1681 [1682 f.]) muss sich, zumal wenn die Einwilligung z.B. entgeltlich erteilt worden ist, der Wunsch nach dem Rückzug intimer Sachverhalte einer Abwägung mit gegenläufigen Interessen stellen. „Privates, das in die Öffentlichkeit hineinragt, ist nicht mehr rein privat" (*Di Fabio,* in: Maunz/Dürig, GG, Art. 2 Abs. 1 Rdnr. 127); erst recht, wenn es vom Berechtigten bewusst in die Öffentlichkeit *hineingetragen* worden ist.

[631] Er kann jedoch in Idealkonkurrenz (vgl. oben S. 134 m. Fn. 619) hinzutreten, so dass die Provenienz des Beitrags aus der Privatsphäre bei der Abwägung berücksichtigt werden kann.

4. Schutz der persönlichen Ehre

Vom Schutz der persönlichen Ehre, der in verfassungsrechtlicher Perspektive im allgemeinen Persönlichkeitsrecht wurzelt,[632] einen Beitrag zur Bewältigung der neuartigen Herausforderungen zu erhoffen, erscheint deshalb fernliegend, weil sich der nachträgliche Publikationsexzess definitionsgemäß durch die ursprüngliche Rechtmäßigkeit der Veröffentlichung auszeichnet. Auch wenn typische Ehrverletzungen wie Schmähungen und unwahre Tatsachenbehauptungen deshalb außen vor bleiben,[633] ließe sich das fortdauernde Abrufbarhalten jedoch unter dem Aspekt der „Formalbeleidigung" als Angriff auf die persönliche Ehre des Betroffenen deuten.

a) Schutzbereich

Der Schutz der persönlichen Ehre umfasst einerseits die Abwehr einer Verletzung des allgemeinen, an die Personqualität anknüpfenden[634] und unverlierbaren Achtungsanspruchs (sog. „innere Ehre") und andererseits einen individuellen Geltungsanspruch (sog. „äußere Ehre"), der von der Erfüllung rechtlicher oder sozialer Verhaltenserwartungen abhängt.[635] Dabei dient diese Ausprägung der Sicherung des Selbstwertgefühls als Grundbedingung autonomer Persönlichkeitsbildung und -entfaltung, welches durch die mit dem Absinken des Betroffenen im Ansehen Anderer verkürzten Entfaltungsoptionen im zwischenmenschlichen Bereich in Mitleidenschaft gezogen wird.[636]

---

[632] Statt vieler BVerfGE 54, 148 (154); vgl. bereits BVerfGE 7, 198 (211).

[633] In Betracht kommt allenfalls eine gutgläubig Verbreitung falscher Tatsachen in „Wahrnehmung berechtiger Interessen" i.S.d. § 193 StGB, aber auch im Rahmen des äußerungsrechtlich entwickelten sog. „Laien-" bzw. „Agentur-Privilegs" (dazu unten S. 259).

[634] Deutlich etwa *Lorenz,* in: BK-GG, Art. 2 Abs. 1 Rdnr. 262.

[635] Statt vieler *Kube,* Persönlichkeitsrecht, in: HStR VII, § 148 Rdnrn. 60 ff. m.w.N. Die genauen Grenzen des Schutzguts „Ehre" sind einem erheblichen Bedeutungswandel ausgesetzt gewesen, der sich in der Abspaltung verschiedener Ausprägungen (insbesondere dem Schutz der Privatsphäre) manifestiert hat (vgl. *Di Fabio,* in: Maunz/Dürig, GG, Art. 2 Abs. 1 Rdnr. 127 m.w.N.).
Der umstrittenen Frage, ob die persönliche Ehre im Sinne eines *faktischen* Ehrbegriffs auch vor der Beeinträchtigung durch die „Behauptung und Verbreitung von (nicht nur unwahren) Tatsachen [schützt], durch die ein negatives Persönlichkeitsbild des Betroffenen bei Dritten entsteht, sein Ansehen bei der Umwelt herabgesetzt wird" (so *Lorenz,* in: BK-GG, Art. 2 Abs. 1 Rdnr. 263), kann im Rahmen dieser Untersuchung nicht nachgegangen werden (vgl. dazu den Überblick bei *Baston-Vogt,* Der sachliche Schutzbereich des zivilrechtlichen allgemeinen Persönlichkeitsrechts, S. 415 f. m.w.N.).

[636] BVerfGE 99, 185 (193 f.); *Di Fabio,* in: Maunz/Dürig, GG, Art. 2 Abs. 1 Rdnr. 169.

b) Gewährleistungsinhalt

Wie soll aber in der Verbreitung wahrer Tatsachenbehauptungen oder dem Verhalten des Betroffenen entsprechenden negativen Meinungsäußerungen eine *unzulässige* Herabsetzung erblickt werden? Dafür muss der Blick weg vom *Inhalt* und hin zum *Modus* der Äußerung gelenkt werden. In Ermangelung einschlägiger verfassungsrechtlicher Präjudizien für den *ehrverletzenden* Publikationsexzess durch nicht per se rechtswidrige Inhalte[637] bietet sich eine Orientierung an den – nicht leicht nachzuvollziehenden[638] – Kriterien an, die für die strafrechtliche Formalbeleidigung (§§ 192, 193 a.E. StGB) entwickelt wurden, wo sich das „Vorhandensein einer Beleidigung *aus der Form* der Behauptung oder Verbreitung oder *aus den Umständen,* unter welchen sie geschah" ergeben muss.[639]

Dem *„Stehenlassen"* einer ursprünglich nicht ehrverletzenden Äußerung müsste demnach für den Beobachter ein *ehrverletzender Erklärungswert* innewohnen; es müsste dem Unterlassen mithin derselbe Aussagegehalt zukommen, wie er für einen (ehrverletzenden) ursprünglichen Publikationsexzess (einschließlich der Reaktualisierung) kennzeichnend ist. Mit anderen Worten müsste den *Umständen* – und gerade nicht dem Inhalt – der Internetpublikation die konkludente Erklärung zu entnehmen sein: „Ich sehe den Geltungsanspruch des Betroffenen (weit) über die sittliche Stufe hinaus abgesunken als es die – von mir (zutreffend) wiedergegebenen – Informationen (etwa bezüglich seines unsittlichen Verhaltens) *nach allgemeinen Maßstäben* rechtfertigen."[640]

Erforderlich ist also der Eindruck, der Verantwortliche habe die Entfernung/Anonymisierung des inkriminierten Beitrags *bewusst* unterlassen.[641] Könnte es

---

[637] BVerfG, NJW 1999, S. 2262 (2263), stellt die Formalbeleidigung in eine Reihe mit der Schmähung, ohne erkennen zu lassen, welche Art von Äußerung gemeint ist. Ähnlich *Degenhart,* in: BK-GG, Art. 5 Abs. 1 und 2 Rdnr. 558; *Grote/Wenzel,* Die Meinungsfreiheit, in: EMRK-GG, Kap. 18 Rdnr. 118.

[638] Die „Formalbeleidigung" war in den Vorläufervorschriften der §§ 540 ff. II 20 ALR leichter zu fassen, weil dort auf das Vorliegen einer Beleidigungs*absicht* abgestellt wurde, welche – gleichsam unter dem Deckmantel der wahren ehrenmindernde Informationen – zum Ausdruck kommen musste (dazu unten S. 226 in Fn. 1080). Der Übertragung dieses Verständnisses auf das StGB (vgl. noch RGSt 1, 317 [317 f.]; 54, 289 [290]) steht nach inzwischen h.M. der Wortlaut („Vorhandensein einer Beleidigung") entgegen (vgl. nur *Regge/Pegel,* in: MüKo-StGB, § 192 StGB Rdnr. 10).

[639] Hervorh. d. Verf.

[640] Vgl. *Zaczyk,* in: NK-StGB, § 192 StGB Rdnr. 5: „Festzustellen ist, ob der Betroffene noch zusätzlich zu der schon mit der ehrenrührigen Tatsache verbundenen Herabsetzung in seiner Ehre verletzt ist."

[641] Und selbst dann müssten alternative, nicht beleidigende Deutungsmöglichkeiten ausgeschlossen werden können. Die mit Blick auf Art. 5 Abs. 1 GG bei der Ermittlung von Erklärungsgehalten anzulegenden Maßstäbe „meinungsfreundlicher" Auslegung (vgl. nur BVerfGE 54, 129 [135]; 94, 1 [9]) dürften bei der Interpretation von „bered-

sich aus Sicht eines unbefangenen Betrachters hingegen genauso um ein Versehen handeln – was etwa für alte Blog-/Foren-Einträge und Berichte von Online-Medien angesichts ihrer Vielzahl nahe liegt – fehlt es bereits objektiv an einem ehrverletzenden (konkludenten) Erklärungsgehalt. Die Hürden für die Einordnung eines nachträglichen Publikationsexzesses als Ehrverletzung erweisen sich angesichts dessen als kaum je zu überwinden.[642]

5. Schutz der Resozialisierungschance

Weil die Identifikation als Straftäter in besonderem Maße geeignet ist, Vorbehalte gegen den Betroffenen zu wecken bzw. aufrechtzuerhalten,[643] wurde der Umgang staatlicher Stellen, aber auch Privater mit dieser Tatsache vor allem in zeitlicher Hinsicht Restriktionen unterworfen;[644] nicht zuletzt nachdem der Schutz der Resozialisierungschance als Ausprägung des allgemeinen Persönlichkeitsrechts anerkannt worden war.[645]

---

tem Schweigen" mit Bezug auf eine ursprünglich zulässige Veröffentlichung kaum je einen für den Verantwortlichen nachteiligen Schluss zulassen.

[642] Zurückhaltend auch *Lenckner/Eisele,* in: Schönke/Schröder, StGB, § 192 Rdnr. 1, für die in einem Publikationsexzess zwar eine Verletzung des allgemeinen Persönlichkeitsrechts liegen mag, „jedenfalls in der Regel aber keine Mißachtung in dem speziellen Sinn des § 185 [StGB]".

[643] Vgl. nur BVerfG, NJW 2000, S. 1859 (1860) – Lebach II: „Gerade ein Mord ist derart persönlichkeitsbestimmend, daß der Mörder mit der Tat praktisch lebenslang identifiziert wird." Vgl. auch *Hoffmann-Riem,* Medienwirkung und Medienverantwortung. Methodisch und verfassungsrechtlich orientierte Überlegungen, in: Kübler (Hrsg.), Medienwirkung und Medienverantwortung, S. 19 (52 f.).

[644] Die Zivilgerichte haben den zu Beginn des 20. Jahrhunderts in der Reform des Strafregisterrechts zum Ausdruck gekommenen Gedanken der Resozialisierungserleichterung (Gesetz vom 9.4.1920 [über beschränkte Auskunft aus dem Strafregister und die Tilgung von Strafvermerken], RGBl. 1920, S. 507) aufgegriffen und ihn im Verhältnis der Bürger untereinander fruchtbar gemacht.
Nach anfänglicher Zurückhaltung (RGZ 76, 110 [112]), billigte das RG eine Auslegung des § 826 BGB, die der Resozialisierung des Betroffenen im Arbeitsverhältnis diente: Die detaillierte Mitteilung einer Auskunftei über in jungen Jahren erlittene Verurteilungen wurde als sittenwidrig erachtet, weil die Auskunftei es versäumt habe zu prüfen, „ob es der einer Wiedergewinnung des Ansehens hinderlichen Mitteilung der Vorstrafe bedarf, um den Belangen des Kunden gerecht zu werden" und „ob die Mitteilung aller Einzelheiten [...] nötig ist und nicht vielmehr zur Schonung des Betroffenen eine mildere Form genügt" (RGZ 115, 416 [418]). Es entspreche „den *zur sittlichen Norm gewordenen heutigen Anschauungen,* wie sie insbesondere im Gesetz vom 9. April 1920 zum Ausdruck gelangt sind, daß eine, wenn auch schwere Bestrafung, vor allem eine einmalige in jungen Jahren erlittene, dem Verurteilten nicht lebenslang nachgetragen werden darf, daß ihm vielmehr dazu verholfen werden müsse, die Verfehlung durch einwandfreies soziales Verhalten wieder gutzumachen, sich ein neues wirtschaftliches Leben aufzubauen und sein gesellschaftliches Ansehen wieder zu erwerben" (RGZ 115, 416 [417]; Hervorh. d. Verf.).

[645] BVerfGE 35, 202 – Lebach.

a) Schutzbereich

In einer Gesamtschau mit der Menschenwürde und dem Sozialstaatsprinzip[646] folgt aus dem allgemeinen Persönlichkeitsrecht die Verbürgung einer Chance auf Resozialisierung[647] (insbesondere nach Verbüßung einer längeren Haftstrafe),[648] weil die „personale Akzeptanz"[649] „für die soziale Existenz des Täters lebenswichtig"[650] ist.

Daraus leiten sich Anforderungen an den *staatlichen* Umgang mit Straftätern ab,[651] die sich bereits auf die Gestaltung des Strafvollzuges beziehen.[652] Darüber hinaus sind die „äußeren Bedingungen" nach Entlassung aus der Haft für das Gelingen einer Resozialisierung maßgeblich. Diese kann der Staat in gewissem Umfang selbst sicherstellen oder fördern, etwa indem die Entlassung vorbereitet wird.[653]

Im Übrigen ist gelingende Wiedereingliederung jedoch auf die „Mitwirkung der Gesellschaft" angewiesen.[654] Weil sich diese wegen einer – auch heute noch weithin anzutreffenden – „Abwehrhaltung gegenüber Strafentlassenen"[655] nicht von selbst versteht, ist die Unkenntnis der Umwelt vom Umstand der früheren Bestrafung eine wichtige Voraussetzung gelingender Resozialisierung. Diesem Faktum trägt der Staat Rechnung, indem er etwa den Umstand der Strafhaft Dritten nicht ohne Weiteres zur Kenntnis bringt und dem Entlassenen bei der Verschleierung hilft.[656] Darüber hinaus sind auch Private – im Wege der sog. „mit-

---

[646] BVerfGE 35, 202 (236), sieht in den Verurteilten der staatlichen „Vor- und Fürsorge" Bedürftige, weil diese „auf Grund persönlicher Schwäche oder Schuld, Unfähigkeit oder gesellschaftlicher Benachteiligung in ihrer persönlichen und sozialen Entfaltung *behindert* sind" (Hervorh. d. Verf.).

[647] Krit. Hinweise zum Begriff *Lüscher,* Jurisprudenz und Soziologie, in: Kübler (Hrsg.), Medienwirkung und Medienverantwortung, S. 81 (101) m. Fn. 63.

[648] BVerfGE 35, 202 (235 f.); 116, 69 (85), BVerfG, StV 2011, S. 488 (489 f.); *Di Fabio,* in: Maunz/Dürig, GG, Art. 2 Abs. 1 Rdnrn. 216 ff.; *Lorenz,* in: BK-GG, Art. 2 Abs. 1 Rdnrn. 324 ff.

[649] *Lorenz,* in: BK-GG, Art. 2 Abs. 1 Rdnr. 324.

[650] BVerfGE 35, 202 (237).

[651] Zum staatlichen Resozialisierungsauftrag BVerfGE 35, 202 (235 f.); 116, 69 (85).

[652] BVerfGE 35, 202 (235 f.); BVerfGE 45, 187 (238) – Lebenslange Freiheitsstrafe; 64, 261 (276 f.) – Hafturlaub; 98, 169 (201 ff.) – Arbeitspflicht; BVerfG, StV 2011, S. 488 (490 f.) zu Vollzugslockerungen; vgl. ferner *Jarass,* in: Jarass/Pieroth, GG, Art. 2 Rdnr. 69.

[653] Vgl. §§ 74, 75 StVollzG.

[654] BVerfGE 35, 202 (236).

[655] BVerfGE 35, 202 (237).

[656] Dies geschieht etwa durch die Ausstellung „neutraler" Zeugnisse über in der Strafhaft erworbene Schul- oder Berufsabschlüsse, § 40 StVollzG, sowie durch die Begrenzung des Inhalts des Führungszeugnisses und der Auskunft aus dem Strafregister, §§ 32 ff., 41 ff. BZRG.

telbaren Drittwirkung" – verpflichtet, auf das Interesse des Straftäters und der Gesellschaft an dessen Resozialisierung Bedacht zu nehmen. Wenn sich dabei auch i. d. R. keine Pflicht zur *Förderung* der Resozialisierung ergibt, steht diese Ausprägung des allgemeinen Persönlichkeitsrechts mitunter doch einem solchen Gebrauch privater Freiheitsrechte entgegen, der zu einer *Beeinträchtigung* der Resozialisierung des Betroffenen führt.[657] Aus diesem Grund kann etwa dem Arbeitgeber die Lösung des Arbeitsverhältnisses (durch Vertragsanfechtung bzw. Kündigung) aufgrund einer verschwiegenen Vorstrafe verwehrt sein, soweit der Arbeitnehmer diese hatte verleugnen dürfen.[658] Der Schutz der Resozialisierungschance setzt nicht zuletzt einer medialen Befassung mit einer Straftat (zeitliche) Grenzen, wenn diese die Resozialisierung des Betroffenen (ernstlich) gefährdet: „Die für die soziale Existenz des Täters lebenswichtige Chance, sich in die freie Gesellschaft wieder einzugliedern, und das Interesse der Gemeinschaft an seiner Resozialisierung gehen grundsätzlich dem Interesse an einer weiteren Erörterung der Tat vor."[659]

Im Kräftefeld des Interesses an der Absicherung der Resozialisierungschance[660] einerseits und der Freiheitsrechte der Privaten, insbesondere aber des Informationsinteresses der Öffentlichkeit, andererseits lassen sich die Grenzen der zulässigen Berichterstattung nicht schematisch bestimmen. Zentral ist stets die Frage, „ob die betreffende Berichterstattung gegenüber der aktuellen [d. h. in

---

[657] Vgl. *Di Fabio,* in: Maunz/Dürig, GG, Art. 2 Abs. 1 Rdnr. 218.

[658] Ist die gestellte Frage unzulässig, wird *nicht rechtswidrig* getäuscht (vgl. BAG, NJW 1996, S. 371 [371 f.]). Dahinter steht die Erkenntnis, dass mitunter nur die rechtliche „Absicherung" des Nichtwissens eine Diskriminierung verhindern hilft. „Das Recht auf Lüge entpuppt sich hier mithin als Notwehrrecht" (*Preis/Bender,* NZA 2005, S. 1321 [1322]). Zunächst im Arbeitsverhältnis und hier für den Bereich der Vorstrafe entwickelt (BAG, NJW 1958, S. 516 [517]) wurde dieses „Recht zur Lüge" später u. a. auf Fragen nach Bestehen einer Schwangerschaft (BAGE 104, 304 [306 ff.]) und einer Schwerbehinderteneigenschaft (BAG, NZA 2012, S. 34 [35]) ausgedehnt. A. A. *Rieble,* Arbeitgeberfrage, GS Heinze, S. 687 (693) in Fn. 22: „Mir erscheint ein Lügerecht dagegen unangemessen und unmoralisch. [...] Angemessen sind scharfe anderweitige Sanktionen [...]."

[659] BVerfGE 35, 202 (237).

[660] Die Resozialisierung selbst ist, wie gesehen, das Ergebnis des Zusammenwirkens mehrerer Akteure und Faktoren, die nur bedingt durch (staatliche) Leistungen oder Interventionen herbeigeführt werden können, weshalb die (verkürzende) Rede von einem Resozialisierungs*anspruch* (z. B. *Horn,* in: Stern/Becker, Grundrechte, Art. 2 Rdnr. 48; *Dreier,* in: Dreier, GG, Art. 2 I Rdnr. 78) oder einem „*Recht auf* Resozialisierung" (*Di Fabio,* in: Maunz/Dürig, GG, Art. 2 Abs. 1 Rdnr. 218; *Jarass,* in: Jarass/Pieroth, GG, Art. 2 Rdnrn. 50, 69) zumindest irreführend ist (ähnlich *Lorenz,* in: BK-GG, Art. 2 Abs. 1 Rdnr. 325). Vom allgemeinen Persönlichkeitsrecht umfasst ist hingegen das *Interesse* des Betroffenen (und der Gesellschaft) an seiner Resozialisierung, vgl. etwa BVerfGE 35, 202 (235); 64, 261 (277). Deshalb soll im Folgenden anknüpfend an *Hoffmann-Riem,* Medienwirkung und Medienverantwortung. Methodisch und verfassungsrechtlich orientierte Überlegungen, in: Kübler (Hrsg.), Medienwirkung und Medienverantwortung, S. 19 (43), vom Schutz der Resozialisierungs*chance* die Rede sein.

zeitlicher Nähe zur Tat bzw. Verurteilung bereits erfolgten] Information eine erhebliche neue oder zusätzliche Beeinträchtigung des Täters zu bewirken geeignet ist" und sich deshalb als „erneute soziale Sanktion" darstellen würde.[661]

b) Gewährleistungsinhalt

Im Internet ist ein „Wiederaufwärmen" früherer Verurteilungen besonders leicht möglich und hat gravierende Folgen: Anders als im herkömmlichen Rundfunk sind die Beiträge nicht „flüchtig", d. h. ihr Rezipientenkreis ist nicht auf diejenigen beschränkt, die *zu einer bestimmten Zeit* ein bestimmtes Programm sehen oder hören. Im Gegensatz zu den Printmedien sind die Informationen in der Regel (kostenlos) weltweit abrufbar und über Suchmaschinen erschlossen. Vor allem können ältere Beiträge von anderen Nutzern aufgegriffen und weiterverbreitet werden (z. B. durch Links oder Empfehlungen in sozialen Netzwerken).[662]

Derartige *aktive* Reaktualisierungen lassen sich mit Hilfe der Ausprägung „Schutz der Resozialisierungschance" adäquat bewältigen, weil sich die Beeinträchtigung einer *erneuten* Berichterstattung in den klassischen Medien von denen durch das Internet bewirkten nicht kategorial unterscheidet – hier wie dort ist auf die jeweiligen Umstände des Einzelfalles, insbesondere die Breitenwirkung, einzugehen.

Auch die Brisanz der internetspezifischen Problematik des *nachträglichen* Publikationsexzesses lässt sich besonders leicht an der *faktischen Aushöhlung* der zum Schutz des Resozialisierungsprozesses erlassenen Gesetze und richterrechtlich entwickelten Rechtsfiguren („Recht zur Lüge") durch dauerhaft abrufbare konfrontative Berichte exemplifizieren: Sind diese z. B. für den (potenziellen) Arbeitgeber, Vermieter usw. „zu ergoogeln",[663] steht der Betroffene, wenn er von seinem „Recht zur Lüge" Gebrauch macht, in noch schlechterem Licht da – falls er überhaupt in diese missliche Lage kommt und der Andere ihn nicht schon aufgrund des aufgefundenen Beitrags aus dem Bewerbungsprozess ausgeschlossen hat.[664] Es liegt deshalb nahe, auch dann auf den Schutz der Resozialisierungschance abzustellen, wenn eine ursprünglich zulässige Berichterstattung nach geraumer Zeit noch im Internet abrufbar ist. Ausgangspunkt für die Ableitung von

---

[661] BVerfGE 35, 202 (234). Das hängt u. a. von den Bedingungen der Identifizierbarkeit (BVerfG, NJW 2000, S. 1859 [1860]), der Art und Weise der Darstellung und dem zeitlichen Abstand zur Straftat bzw. ihrer Aburteilung ab (BVerfGE 35, 202 [226 ff., 238]; BVerfG, NJW 2009, S. 3357 [3358]).

[662] Vgl. oben S. 44.

[663] Auf die Bedeutung der (Volltext-)Durchsuchbarkeit für die Rezeptionsmodalitäten auch älterer Beiträge ist bereits mehrfach hingewiesen worden (vgl. nur oben S. 29 und S. 61).

[664] Vgl. dazu bereits *Diesterhöft,* ZJS 2010, S. 251 (255).

Zulässigkeitsvoraussetzungen könnte die (hypothetische) Frage sein, ob eine *nunmehr* erfolgende Veröffentlichung eine nicht mehr hinzunehmende Reaktualisierung darstellen würde.

Der grundrechtliche Schutz der Resozialisierungschance ist indes allein auf die Gefährdungsdimension der *aktiven* Reaktualisierung (durch „Wiederaufwärmen") zugeschnitten worden. Die Unzulänglichkeiten der Online-Archiv-Kontroverse – unzulässige Gleichsetzung mit einer neuerlichen Veröffentlichung einerseits, Verengung des Blickwinkels auf die Rezeptionsmodalitäten, wie sie der Lebach-Entscheidung zugrunde lagen, andererseits – lassen sich auf den Versuch, die Entscheidung möglichst eng an den zu dieser Ausprägung entwickelten Abwägungsleitlinien auszurichten, zurückführen.[665]

Angesichts dieses Befundes ist festzuhalten, dass der neuartigen Gefährdungslage des *nachträglichen* Publikationsexzesses *adäquat* nur Rechnung getragen werden kann, wenn unter Berücksichtigung ihrer (tatsächlichen und rechtlichen) Eigenheiten *spezifische* Abwägungsaspekte entwickelt werden. Diese aufzunehmen würde die bereits stark ausdifferenzierte Ausprägung des Schutzes der Resozialisierungschance überfrachten.[666] Außerdem ist zu bedenken, dass sich die „Unfähigkeit des Internets zu vergessen" wie eingangs illustriert[667] nicht auf die Online-Archivierung identifizierender Berichterstattung über Straftaten beschränkt, so dass es bei einer punktuellen Erweiterung des Schutzes der Resozialisierungschance ohnehin nicht sein Bewenden haben könnte.

6. Schutz vor Stigmatisierung („Anprangerung")

Letzteres ist bei den anderen beiden im ersten Kapitel entfalteten Beispielen deutlich geworden: Archivierte Beiträge können dem an einer Fortentwicklung seiner Persönlichkeit Interessierten erhebliche Schwierigkeiten bereiten, ohne dass sie Bezug zu Straftaten aufweisen. Das ist vor allem dann der Fall, wenn die Betroffenen eine Eigenschaft (z. B. die sexuelle Identität der Schützenkönigin[668]) oder eine Verhaltensweise (z. B. den offenen Alkoholkonsum der „drunken pirate"[669]) offenbart haben, aufgrund der sie sich nunmehr sozial ausgegrenzt sehen können.

Vor diesem Hintergrund ist zu untersuchen, ob der *Schutz vor Stigmatisierung* weiterhelfen kann, der unter Aufgreifen der Vorarbeiten der Zivilgerichte[670] vom

---

665 Vgl. oben S. 68.
666 Zu dieser Überlegung bereits oben S. 102 m. Fn. 439.
667 Vgl. oben S. 34 ff.
668 Vgl. oben S. 34.
669 Vgl. oben S. 36.
670 BGH, NJW 1966, S. 2353 (2354 f.) – „Vor unserer eigenen Tür"; BGH, NJW 1994, S. 913 (914 f.).

Bundesverfassungsgericht als eigenständige Ausprägung des verfassungsrechtlichen allgemeinen Persönlichkeitsrechts anerkannt worden ist.[671]

a) Schutzbereich

Dabei wurde dem Umstand Rechnung getragen, dass der Einzelne mitunter auch jenseits des Schutzes der Privatsphäre vor solchen Darstellungen geschützt werden muss, deren „Aussagen *wahr sind und deshalb* zum Anknüpfungspunkt einer sozialen Ausgrenzung und Isolierung werden".[672] Tragend ist die Erkenntnis, dass solche Ausgrenzungen zum Teil auch auf „gesellschaftliche[n], also *nicht allein der Verantwortung des Betroffenen zuzuschreibende[n], Einschätzungs- und Verhaltensmechanismen*" beruhen, die „einen Entzug der sozialen Anerkennung, eine soziale Isolierung und eine grundlegende Verunsicherung und Selbstentwertung des Betroffenen in zahlreichen Lebensbereichen zur Folge haben" können.[673] „Die freie Entfaltung der Persönlichkeit wird dadurch nachhaltig erschwert, ohne daß dies zu den *üblichen Grenzen der Entfaltungschancen* oder zu den nachteiligen Reaktionen anderer gezählt werden könnte, die man *als Folge eigener Entscheidungen oder Verhaltensweisen hinzunehmen* hat."[674] In Abgrenzung zum Schutz der Resozialisierungschance könnte von einem „Schutz vor De-Sozialisierung" gesprochen werden.

Anhand dieser Ausprägung sind ganz unterschiedliche Sachverhalte beurteilt worden,[675] insbesondere die zutreffende aktuelle Berichterstattung über laufende Strafverfahren[676] sowie über nicht (straf)rechtlich vorwerfbare, aber aus moralischen oder sonstigen Gründen sozial abträgliche Vorgänge, wie z.B. die (straf-

---

[671] BVerfG, AfP 2006, S. 550 (552 f.).

[672] Grundlegend BVerfGE 97, 391 (405) (Hervorh. d. Verf.). BVerfGE 78, 77 (87); 84, 192 (195 f.), stellen mit Blick auf die Offenbarung der Entmündigung auf die Gefahr einer „sozialen Abstempelung" ab.

[673] BVerfGE 97, 391 (404).

[674] BVerfGE 97, 391 (404) (Hervorh. d. Verf.).

[675] In der verfassungsrechtlichen (Kommentar-)Literatur wird die Ausprägung des Stigmatisierungsschutzes nur selten als – gegenüber dem Schutz des Resozialisierungsinteresses – eigenständig wahrgenommen, so von *Lorenz,* in: BK-GG, Art. 2 Abs. 1 Rdnr. 323.

[676] Vgl. aus jüngerer Zeit zusammenfassend BVerfG, NJW 2009, S. 350 (351 f.) m.w.N. Dabei ist nach der Verfahrensstellung des Betroffenen zu differenzieren und insbesondere zu berücksichtigen, dass die Tat zwar zur Sozialsphäre des Täters zählt, für die Opfer hingegen in ihre Privat- und möglicherweise sogar Intimsphäre fallen kann, vgl. dazu KG Berlin, AfP 2011, S. 269 (270) m.w.N.
Erfasst wird auch die Berichterstattung über Straftaten die – aus welchem Grund auch immer – nicht verfolgt worden sind, vgl. BVerfGE 97, 391 (404); BVerfG, NJW 2012, S. 1500 (1501) – „Ochsenknecht-Kinder"; ähnlich bereits BGH, NJW 1966, S. 2353 (2354 f.) – Vor unserer eigenen Tür.

lose) Tätigkeit für das MfS der DDR,[677] die Vornahme von mit den gesetzlichen Vorschriften in Einklang stehenden Schwangerschaftsabbrüchen,[678] der Umstand der Entmündigung[679] oder die Insolvenz.[680]

Die Schwelle für das Eingreifen des Schutzes vor Stigmatisierung ist, da er notwendig gegen wahre Darstellungen gerichtet ist, hoch: Es muss zu einer „Anprangerung" kommen, die das Verhältnis des Betroffenen zu seiner Umwelt nachhaltig und erheblich stört.[681]

b) Gewährleistungsinhalt

Die veränderte Ökonomie der digitalen Publikation schlägt sich auch in der Möglichkeit nieder, alltägliche Begebenheiten in eine große Öffentlichkeit zu tragen. Auf Blogs und Internetseiten, in sozialen Netzwerken oder Bewertungsportalen können über „normale Menschen" unangenehme Wahrheiten nicht nur ausgesprochen, sondern der größtmöglichen Öffentlichkeit mitgeteilt werden. Erweist sich diese Öffentlichkeit im Verhältnis zum bestehenden Informationsinteresse als *zu groß* gewählt, kann es zu einer Stigmatisierung im oben beschriebenen Sinne kommen, die als *ursprünglicher* Publikationsexzess[682] indes nicht Gegenstand dieser Untersuchung ist.

Gerade bei konfrontativen Veröffentlichungen, die im Zeitpunkt ihrer Veröffentlichung soeben noch die Zulässigkeitsvoraussetzungen für eine aktuelle Berichterstattung einhalten, kann indes die Situation auftreten, dass der Betroffene eine neuerliche Veröffentlichung zwar nicht mehr hinnehmen müsste, durch den stehengelassenen Beitrag aber noch beeinträchtigt wird, weil dieser durch Suchmaschinen auffindbar ist. Bei ursprünglich konsentierten oder vom Betroffenen selbst veröffentlichten Beiträgen stellt sich die (neuartige) Frage, ob es sich bei der nunmehr gegen ihren Willen aufrechterhaltenen Abrufbarkeit um eine nicht mehr hinzunehmende „Anprangerung" im Sinne dieser Ausprägung handelt.

Der grundrechtliche Stigmatisierungsschutz weist eine besondere Sensibilität für die Integrität der Beziehungen zur gesamten sozialen Umwelt auf, wobei auf thematische Vorfestlegungen verzichtet wird. Überdies wurde die besondere Bedeutung des Zeitablaufs bereits in der bisherigen Entwicklung dieser Ausprägung

---

[677] BVerfGE 96, 171 (181 ff.) – Frage nach MfS-Tätigkeit bei Beschäftigten im öffentlichen Dienst; BVerfG, NJW 2000, S. 2413 (2415) – Auslegung IM-Liste; OLG München, K&R 2011, S. 275 (277 f.).

[678] BVerfG, AfP 2006, S. 550 (552), einerseits und BVerfG, NJW 2011, S. 47 (48), andererseits.

[679] BVerfGE 78, 77 (87); 84, 192 (195 f.).

[680] BVerfGE 104, 65 (72 f.) – Schuldnerspiegel im Internet.

[681] Vgl. BVerfG, NJW 2000, S. 1859 (1860) – Lebach II.

[682] Vgl. oben S. 43.

hervorgehoben.[683] Allein, die Ausprägung zielt mit der „Stigmatisierung" auf ein hohes Niveau der Persönlichkeitsbeeinträchtigung ab,[684] was durch so restriktive Abwägungsleitlinien[685] unterfüttert wird, dass die „Mitteilung der Tatsache [...], der Kläger habe in pornographischen Filmen mitgewirkt und hierbei kein Kondom verwendet", diesen Anforderungen nicht genügt, weil der Betroffene „durch die öffentliche Erwähnung [...] nicht stärker diskreditiert wird als er dies durch die Mitwirkung an den kommerziell zu vertreibenden Pornofilmen in Kauf genommen hat".[686]

Während derartige aktuelle Veröffentlichungen alsbald dem natürlichen menschlichen Vergessen anheimfallen und nur bei *gravierendem* Informationsgehalt nachhaltig im Gedächtnis bleiben – was für die gewählte Beeinträchtigungsschwelle spricht –, zeichnet sich der nachträgliche Publikationsexzess demgegenüber durch die *Dauerhaftigkeit* der (weltweit und mühelos) auffind- und abrufbaren Informationen aus.

Diesen spezifischen Herausforderungen kann die Ausprägung des Schutzes vor Stigmatisierungen nicht gerecht werden, weil sie als absolute Ausnahme von der Regel, nach welcher wahre Darstellungen grundsätzlich hinzunehmen sind, äußerst restriktiv interpretiert worden ist.[687]

---

[683] BVerfGE 96, 171 (187 f.).

[684] Vgl. nur BVerfG, NJW 2000, S. 2413 (2415), wo die Tätigkeit als IM als „Massenphänomen" bewertet wird, das mittlerweile in der Forschung so differenziert bewertet würde, dass keine soziale Ausgrenzung zu befürchten sei; ferner BVerfG, NJW 2010, S. 1587 (1589); NJW 2011, S. 47 (48).

[685] So soll zum einen von der Geringfügigkeit eines Strafvorwurfs auf die Geringfügigkeit der gesellschaftlichen Missachtung geschlossen werden können, die infolge einer Verdachtsberichterstattung hervorgerufen wird, vgl. dazu BVerfG, NJW-RR 2010, S. 1195 (1197); BVerfG, NJW 2012, S. 1500 (1502) – „Ochsenknecht-Kinder": „Vielmehr ist in die Abwägung einzustellen, dass die [...] Einordnung des Verhaltens der Kläger als Bagatelldelikte zugleich geeignet erscheint, die Bedeutung der Persönlichkeitsbeeinträchtigung zu mindern." Anders noch BGH, NJW 1966, S. 2352 (2355).
Zum anderen soll eine personalisierte Berichterstattung unter Herausgreifen alltäglicher Einzelfälle deshalb grundsätzlich hinzunehmen sein, weil es sich um ein besonders wirkungsvolles journalistisches Stilmittel handelt (BGH, GRUR 1994, 913 [915]; zustimmend BVerfG, AfP 2006, S. 550 [552]).

[686] BGH, NJW 2012, S. 767 (769). Vor diesem Hintergrund drängt sich die hier nicht weiter zu vertiefende Frage auf, ob ein über den Schutz der Privat- und Intimsphäre einerseits und den der Ehre andererseits hinausgehender Gewährleistunginhalt dieser Ausprägung in der Praxis (noch) existiert. Irreführend ist jedenfalls die Maßstabsbildung des VGH BW, NJW 2013, S. 2614 (2615), der eine sachlich zutreffende Aufklärung der Versicherten durch ihre Krankenkasse über dauerhafte Abrechnungsschwierigkeiten mit einem Radiologen wegen der damit verbundenen „Prangerwirkung" als Stigmatisierung bezeichnet, ohne dies hinreichend klar auf das Staat-Bürger-Verhältnis zu beschränken (dazu sogleich in der folgenden Fn.).

[687] Dass es darüber hinaus ein „Recht auf Selbstdarstellung" in dem Sinne gibt, grundsätzlich selbst über die Darstellung der eigenen Person in der Öffentlichkeit zu bestimmen, wie es manche frühere Entscheidungen des Bundesverfassungsgerichts (z. B. BVerfGE 35, 202 [220]; 54, 148 [154]) nahelegen, wird in der Literatur überwie-

III. Ordnungsfunktion der Ausprägungen als Fallgruppen

Bislang wurde die Tauglichkeit der einzelnenen anerkannten Ausprägungen – den zuvor herausgearbeiteten Maßstäben gemäß – *allein mit Blick auf eine möglichst adäquate Erfassung der Spezifika der Gefährdungslage* untersucht und die Möglichkeit einer Ergänzung der jeweiligen Ausprägungen um eine „zeitliche Dimension" verworfen.

Ein („Vor-")Blick auf die für eine fortwährende Abrufbarkeit streitenden (staatlichen und grundrechtlich geschützten) Interessen lässt erkennen, warum sich die Behandlung der mit der „Unfähigkeit des Internets zu vergessen" einhergehenden Fragestellungen unter einer eigenständigen Ausprägung auch aus rechtspraktischen Gründen als vorzugswürdig erweist. Die eingehende Analyse (§§ 8, 9) wird zeigen, dass auch hier spezifische Erwägungen (u. a. die hier sog. originär sekundären Publikationsinteressen [688]) anzustellen sind.

Die Ausprägungen des allgemeinen Persönlichkeitsrechts haben in rechtspraktischer Perspektive nämlich zugleich die Funktion von Fallgruppen,[689] denen Abwägungsfaktoren und Abwägungsleitlinien für eine „einzelfallbezogene, zugleich typisierend fallgruppenorientierte Abwägung"[690] zugeordnet werden können.[691]

---

gend verneint (*Britz,* Informationelle Selbstbestimmung, in: Hoffmann-Riem [Hrsg.], Offene Rechtswissenschaft, S. 561 [571] in Fn. 37 m.w.N.). In jüngeren Entscheidungen ist die „Klarstellung" üblich geworden, das allgemeine Persönlichkeitsrecht garantiere keinen Anspruch des Betroffenen, „in der Öffentlichkeit nur so dargestellt zu werden, wie er sich selber sieht oder von anderen gesehen werden möchte" (statt vieler BVerfGE 99, 185 [194] – Scientology; 101, 361 [380] – Caroline II, BVerfG, NJW 2000, S. 1859 [1860] – Lebach II m.w.N.). Ferner *Masing,* VVDStRL 70 (2011), S. 86 (86).

Dabei darf nicht verkannt werden, dass *staatliche Stellen* engeren Bindungen unterliegen, wie die Entscheidung BVerfG, NJW 2011, S. 511 (512) – Löw, zeigt: „[Das allgemeine Persönlichkeitsrecht umfasst] den Schutz vor Äußerungen, die – *ohne im engeren Sinn ehrverletzend* zu sein – geeignet sind, sich abträglich auf das Ansehen des Einzelnen in der Öffentlichkeit auszuwirken. *Jedenfalls dem unmittelbar an die Grundrechte gebundenen Staat* verbietet es das allgemeine Persönlichkeitsrecht darüber hinaus aber auch, sich ohne rechtfertigenden Grund *herabsetzend* über einen Bürger zu äußern, etwa eine von diesem vertretene Meinung abschätzig zu kommentieren" (Hervorh. d. Verf.). Der Frage, ob es sich hierbei um eine eigenständige Ausprägung handelt oder der Gewährleistungsinhalt zum Ehrschutz i.w.S. rechnet (undeutlich auch VGH BW, NJW 2013, S. 2614 [2615]), kann hier nicht nachgegangen werden.

[688] Vgl. bereits oben S. 134 m. Fn. 617.

[689] *Di Fabio,* in: Maunz/Dürig, GG, Art. 2 Abs. 1 Rdnr. 131.

[690] *Kube,* Persönlichkeitsrecht, in: HStR VII, § 148 Rdnr. 88; vgl. auch *Kube,* ebd. Rdnr. 89, zur Vorprägung der Verhältnismäßigkeitsprüfung durch verselbständigte Teilgehalte des Art. 2 Abs. 1 GG.

[691] Vgl. bereits oben S. 89 und S. 102 m. Fn. 439. Vgl. auch *Hoffmann-Riem,* EuGRZ 2006, S. 492 (495 f.), sowie *Hornung,* CR 2008, S. 299 (306): „Der semantische Wert der Formulierung einer solchen spezifischen Fallgruppe sollte [...] nicht unterschätzt werden."

Bei einer Abhandlung unter den bekannten Fallgruppen, die im Kern auf aktive Veröffentlichung zugeschnittenen sind, würden folglich die spezifischen Erwägungen nicht in der durch die Unterschiede gebotenen Klarheit hervortreten, was weder im Interesse des Betroffenen noch der Gegenseite sein kann. Diese *Ordnungsfunktion* der Ausprägungen als Fallgruppen spricht folglich ebenfalls dagegen, sie mit allzu diversen Konstellationen zu überfrachten.

IV. Zusammenfassung

Wie die vorstehende Untersuchung gezeigt hat, sind im Zuge der Konkretisierung der benannten Grundrechte und des allgemeinen Persönlichkeitsrechts bereits viele Gewährleistungsinhalte herausgearbeitet und anerkannt worden, die das Verständnis der Gefährdungslage des nachträglichen Publikationsexzess erleichtern.

So zeigen das Recht am eigenen Bild und am gesprochenen Wort auf, dass ein Schutz nicht nur in der (räumlich-situativen und thematischen) Privatsphäre, sondern auch in der Sozialsphäre erforderlich sein kann, weil der Betroffene sich andernfalls (scheinbar) abschließenden, in Wirklichkeit aber nur einen kleinen Ausschnitt der Persönlichkeit fixierenden Identitätserwartungen ausgesetzt sehen kann.

Der Schutz der Resozialisierungschance beleuchtet schließlich nachdrücklich den Faktor „Zeit": Indem selbst Straftätern, die schwerste Verbrechen begangen haben, die Chance auf „Wiedereingliederung", d. h. auf von der sozialen Umwelt *tatsächlich* akzeptierte[692] Veränderung ihrer Persönlichkeit, zugestanden wird,[693] versucht diese Ausprägung, die „zur Entfaltung der Persönlichkeit [erneut] befähigende Startchancen"[694] zu sichern. Diese „Nachsicht" mit dem Straftäter ist der vielleicht eindrücklichste Ausdruck der Zukunftsgerichtetheit[695] des allgemeinen Persönlichkeitsrechts[696]: Das allgemeine Persönlichkeitsrecht drängt selbst dann auf das Offenhalten von Entwicklungsmöglichkeiten, wenn das Entstehen vermeintlich umfassender und aussagekräftiger, in Wirklichkeit aber nur auf einzelne Aspekte verkürzter,[697] nichts desto trotz wirkmächtiger Fremdbilder

---

[692] Zum dialogischen Prozess der Persönlichkeits(fort)bildung näher oben S. 109.

[693] *Kübler,* Sozialisationsschutz durch Medienverantwortung, in: ders. (Hrsg.), Medienwirkung und Medienverantwortung, S. 7 (12 f.).

[694] *Kube,* Persönlichkeitsrecht, in: HStR VII, § 148 Rdnr. 58.

[695] *Di Fabio,* in: Maunz/Dürig, GG, Art. 2 Abs. 1 Rdnr. 218.

[696] Vgl. oben S. 109.

[697] BVerfGE 35, 202 (229): „Der Zuschauer, der […] glaubt, den Straftäter in seiner wesentlichen Persönlichkeit vollständig zu erfassen, erhält tatsächlich nur ein gewissermaßen auf die negative Dimension verkürztes Persönlichkeitsbild, in dem positive oder neutrale Charakterzüge und Verhaltensweisen, überhaupt eine feinere Nuancierung fehlen."

„selbstverschuldet" ist.[698] Auch der Straftäter soll nicht *ewig* in erster Linie mit seiner Straftat identifiziert werden.

Die vorstehende Untersuchung hat aber zugleich gezeigt, dass die bisher anerkannten Ausprägungen des allgemeinen Persönlichkeitsrechts den hier zugrunde gelegten, auf die *adäquate* Bewältigung der spezifischen Gefährdungssituation bedachten Anforderungen[699] nicht gerecht werden können und es deshalb der Anerkennung einer weiteren, *gefährdungsspezifischen* Ausprägung bedarf.

In der Gesamtschau wird deutlich, dass mit der – dogmatisch-konstruktiv naheliegenden – Alternative, der Problematik durch Ergänzung der bereits anerkannten Ausprägungen des allgemeinen Persönlichkeitsrechts[700] um eine zeitliche Dimension beizukommen, kein gleichwertiges Äquivalent bereitsteht. Die erforderlichen „Umbaumaßnahmen" wären umfangreich, weil dabei nicht nur die bisherige Fokussierung auf die Konstellation der *aktiven* Veröffentlichung eines Beitrags überwunden, sondern darüber hinaus im Falle konsentierter oder selbst verbreiteter Beiträge erstmals über die Widerruflichkeit einer ursprünglich wirksam erteilten Einwilligung in die Veröffentlichung nachgedacht werden müsste.

Schließlich erweist sich die Anerkennung einer weiteren Ausprägung auch mit Blick auf die rechtspraktische Ordnungsfunktion derselben als vorzugswürdig, weil so die zur Bewältigung der „Unfähigkeit des Internets zu vergessen" *auf beiden Seiten des Konflikts* erforderlichen spezifischen Erwägungen in einer eigenständigen Fallgruppe gebündelt werden können.

---

[698] BVerfGE 35, 202 (190, 231 f.).

[699] Vgl. oben S. 100.

[700] Zu denken wäre vor allem an die inhaltlich hinreichend angereicherten Ausprägungen des Privatsphärenschutz, des Rechts am eigenen Bild bzw. am gesprochenen Wort sowie des Schutzes der Resozialisierungschance und vor Stigmatisierungen.

2. Teil

Das Recht auf medialen Neubeginn

§ 6 Das Recht auf medialen Neubeginn als funktional adäquate Antwort auf die Beeinträchtigungen der Persönlichkeitsentfaltung in der Zeit

Mit der „Unfähigkeit des Internets zu vergessen" geht eine neuartige, internet-spezifische Gefährdung der (graduell) autonomen Persönlichkeitsentfaltung und damit des Schutzgutes des allgemeinen Persönlichkeitsrechts einher, die sich in Gestalt eines nachträglichen Publikationsexzesses manifestieren kann. Dieser kann, wie das vorstehende Kapitel gezeigt hat, mit den bisher anerkannten Ausprägungen des allgemeinen Persönlichkeitsrechts nicht in adäquater Weise erfasst werden.

Mit dieser Feststellung ist zugleich die Ergänzungs- und Lückenschließungs-funktion des allgemeinen Persönlichkeitsrechts aufgerufen,[701] weshalb im folgenden Abschnitt die Konturen einer auf die spezifischen Herausforderungen der neuartigen Gefährdungslage ausgerichteten Ausprägung des allgemeinen Persönlichkeitsrechts, des *Rechts auf medialen Neubeginn,* näher entfaltet werden sollen.

I. Schutzzweck

Der Schutzzweck dieser neuen Ausprägung besteht in der Eröffnung einer Chance auf Vergessen als Grundbedingung der unabgeschlossenen (Fort-)Entwicklung der eigenen Persönlichkeit (1.). Weil diese nicht durch die Gedächtnis-leistung einzelner Mitmenschen beeinträchtigt wird, sondern vielmehr durch die Leistungsfähigkeit des Internets als kollektives Gedächtnis, zielt das Recht auf medialen Neubeginn nicht auf ein „Vergessenwerden" im wörtlichen Sinne (2.).

1. Eröffnung einer Chance auf Vergessen als Grundbedingung der Persönlichkeits(fort)entwicklung

Ausgangspunkt der Überlegungen zum Schutzzweck der neuen Ausprägung ist die Einsicht, dass die Entwicklung der menschlichen Persönlichkeit zu keinem

---

[701] Vgl. oben S. 82 ff.

Zeitpunkt als wirklich ein für allemal abgeschlossen angesehen werden kann, weshalb es zum Menschsein gehört, sich auch in bewusster Abkehr von früheren Einstellungen weiterzuentwickeln bzw. „ein Anderer" werden zu wollen.[702]

Fremdbilder und Selbstzeugnisse sind einerseits für die Persönlichkeitsbildung konstitutiv,[703] können aber, wenn sie dauerhaft abrufbar gehalten werden, diesen Prozess erheblich stören – vor allem wenn sie bei Eingabe des Namens bzw. Hochladen eines Bildes des Betroffenen in eine (Bilder-)Suchmaschine auch von denen aufgefunden werden, die über kein entsprechendes Vorwissen über den Betroffenen verfügen. Die so konstituierten, omnipräsenten Identitätserwartungen können die Fortentwicklung und -entfaltung der Persönlichkeit des Betroffenen auf zwei Weisen beeinträchtigen:

Wird ein Selbstzeugnis oder ein fremder Beitrag gegen den Willen des Betroffenen zum Abruf bereitgehalten, droht eine psychisch vermittelte Selbstbeschränkung wegen (vermeintlicher) *Aussichtslosigkeit eigener Fortentwicklungsbemühungen*. Es besteht die Gefahr, dass der Betroffene (ob berechtigt oder nicht) davon ausgeht, in Ansehung der öffentlich zugänglichen (selektiven) Dokumentation der eigenen Vergangenheit ohnehin keine realistische Aussicht darauf zu haben, durch Veränderung seines Persönlichkeitsentwurfs und des Verhaltens den Mitmenschen gegenüber eine Veränderung der Wahrnehmung seiner Person und damit letztlich seiner Persönlichkeit[704] initiieren zu können.[705]

Das Wissen um das Risiko, dass eigene oder fremde Beiträge das aktuelle Verhalten auf unabsehbare Zeit für alle zugänglich dokumentieren und spätere Entwicklungen behindern könnten, erzeugt darüber hinaus einen *Konformitätsdruck* hinsichtlich der Umsetzung vermeintlich „gewagter" Persönlichkeitsentwürfe.[706]

Bildet die Absicherung (gradueller) Autonomie den Fluchtpunkt des allgemeinen Persönlichkeitsrechts,[707] dann muss es gewährleisten, dass der Einzelne eine effektive Chance besitzt, sich weiterzuentwickeln und – im Umkehrschluss – an früheren Verkörperungen bestimmter Persönlichkeitsaspekte nicht bedingungslos festgehalten zu werden. Weil die Persönlichkeits(fort)entwicklung als dialogischer Prozess im Austausch mit der sozialen Umwelt stattfindet,[708] erweist sich dieser Prozess als tauglicher Ansatzpunkt. Die neue Ausprägung hat ihn dergestalt offen zu halten, dass „sich das Gegenüber mit der wahren oder unwahren Selbstdarstellung einer Person *näher befassen* muss".[709] Denn eine realistische

---

[702] Vgl. oben S. 111 ff.

[703] Vgl. oben S. 109.

[704] Zur Bedeutung der Fremdwahrnehmung für die Persönlichkeit oben S. 110.

[705] Vgl. oben S. 112.

[706] Vgl. oben S. 121.

[707] Vgl. oben S. 107.

[708] Vgl. oben S. 109.

[709] *Britz*, Freie Entfaltung durch Selbstdarstellung, S. 58 (Hervorh. d. Verf.).

Möglichkeit der Weiterentwicklung der Persönlichkeit setzt voraus, dass der Andere in erster Linie die daraus resultierende eigene, unmittelbare, konkrete und
vor allem *aktuelle* Wahrnehmung bei der Einschätzung des Betroffenen berücksichtigt und nicht (allein) die über das Internet vermittelten – vermeintlich charak-
teristischen – Informationen.

In diesem Sinne hat auch jüngst *Masing* mit Blick auf die hier sog. konsentierten und eigenen Beiträge auf die Gefahr einer „Versteinerung" ehedem freiwillig
offenbarter Daten hingewiesen. Obgleich es „kein absolutes Recht, dass andere
vergessen", geben könne, sollte doch die *„Chance* auf Vergessen" rechtlich unterstützt werden.[710] Dahinter steht das Verständnis von „individueller Freiheit" als
dem „immer neuen Versuch des Selbstentwurfs in der Zeit", der ein ein „Irrtum
verschluck[endes] und damit erlaub[endes]" Vergessen voraussetzt, um praktisch
wirksam zu werden.[711]

Das allgemeine Persönlichkeitsrecht kann sich nach alledem nicht auf die Abwehr falscher und entstellender Darstellungen beschränken, sondern muss sich
auch gegen zutreffende und unverfälschte Fremdbilder und Selbstzeugnisse richten, wenn diese übermächtig zu werden drohen.

Die neue Ausprägung zielt vor diesem Hintergrund darauf, dem Einzelnen die
Loslösung von den in einem „stehengebliebenen" Beitrag enthaltenen Informationen zu ermöglichen, die von ihm andernfalls „wie eine Kette am Fuße nachge-
schleppt werden müss[t]en bis zum Grabe".[712]

2. Schutz vor dem „perfekten Gedächtnis des Internets" erfordert kein „Vergessenwerden" im wörtlichen Sinne

Setzt „[e]ffektive Selbstdarstellung [...] voraus, dass der Gegenüber das eine
oder andere über eine Person *nicht* weiß",[713] ist die informationsrestringierende
Zielrichtung der anzuerkennenden Ausprägung wenig verwunderlich.

---

[710] *Masing,* NJW 2012, S. 2305 (2308 f.) (Hervorh. d. Verf.).

[711] *Masing,* NJW 2012, S. 2305 (2308).

[712] Reichsjustizminister *Schiffer,* Verhandlungen der verfassunggebenden Deutschen
Nationalversammlung, Bd. 331, 118. Sitzung, S. 3744/B, mit Blick auf die Zielsetzung
des Gesetzes vom 9.4.1920 über beschränkte Auskunft aus dem Strafregister und die
Tilgung von Strafvermerken, RGBl. 1920, S. 507 (vgl. oben S. 139 in Fn. 644). Dasselbe Bild nutzt der Abgeordnete *Warmuth,* ebd., S. 3747/B.

[713] *Britz,* Freie Entfaltung durch Selbstdarstellung, S. 58 (Hervorh. im Original), unter Vw. (Fn. 23) auf *Luhmann,* Grundrechte als Institution, S. 67: „Selbstdarstellung ist
daher, bewusst oder unbewusst, stets eine selektive Leistung und infolgedessen stets
durch inkonsistente und daher peinliche Informationen bedroht." Ähnlich *Mallmann,*
Zielfunktionen des Datenschutzes, S. 39: „Die Chance eines ‚neuen Starts' besteht häufig nur, wenn der Außenwelt die Vergangenheit der betreffenden Person nicht bekannt
wird. Je umfassender der Informiertheitsgrad der Interaktionspartner, desto schmaler
der für die Selbstdarstellung verfügbare Spielraum." Vgl. ferner *Popitz,* Über die Prä-

Um einem naheliegenden Missverständnis vorzubeugen, muss gleichwohl betont werden, dass es *nicht* darum geht, ein „Recht auf Vergessen" (wenn überhaupt ein „Recht auf Vergessenwerden") im Wortsinne zu schaffen. Auch wenn diese Formel sich zuletzt einiger Beliebtheit erfreut hat, kann es dem Recht doch schlechterdings nicht daran gelegen sein, am „Gedächtnis" einzelner Menschen, genauer: an ihrem *präsenten* Wissen, anzusetzen. Der Staat kann die jeweils „anderen" – schon wegen ihrer Grundrechte – nicht davon abhalten, bestimmte (negative) Fremdbilder über den Einzelnen zu *haben*.[714] Und er kann – wenn diese nicht falsch oder verfälscht sind – den Einzelnen nur in äußersten Grenzen dazu verpflichten, sich hierüber nicht *mit seinem unmittelbaren Umfeld auszutauschen*.[715]

All dies ist bei näherem Hinsehen jedoch gar nicht erforderlich, um dem neu entstandenen Schutzbedürfnis Rechnung zu tragen. Dieses hat nämlich nur *mittelbar* mit dem *individuellen menschlichen* Wissen zu tun, sondern rührt daher, dass an die Stelle der hergebrachten tatsächlichen Informationsschranken (räumliche Distanz, Mündlichkeit der Kommunikation, fehlende Durchsuchbarkeit analoger Speicher usw.) eine potenziell omnipräsente Perpetuierung von Informationen getreten ist:

> „Combine accessibility and durability, and humans can no longer successfully run away from their past. That past follows them, ready to be tapped into by anyone with an Internet connection."[716]

Hinzu kommt, dass mithilfe von Suchmaschinen bei Eingabe des Namens des Betroffenen ihn betreffende Informationen aus disparaten Quellen für den Suchenden zusammengezogen werden. Auch hierin liegt eine signifikante und spezifische Veränderung gegenüber herkömmlichen Informationsflüssen.[717]

Liegt die Ursache der Persönlichkeitsgefährdung in der so begründeten „Unfähigkeit des Internets zu vergessen", kann es sinnvollerweise nur darum gehen, auf das – künstliche – „perfekte Gedächtnis des Internets" einzuwirken.[718] Soll dabei nicht eine Verschlechterung der Bedingungen gelingender Persönlichkeits-

---

ventivwirkung des Nichtwissens, S. 6: „Die wechselseitige Verhaltensinformation ist aber möglicherweise *nur im Zustand der Nicht-Perfektion* eine Bedingung der Möglichkeit des sozialen Lebens" (Hervorh. d. Verf.).

[714] Vgl. beispielhaft BVerfG, NJW 2000, S. 1859 (1860 ff.) – Lebach II; ferner *Nettesheim*, VVDStRL 70 (2011), S. 7 (39 f.); *Masing*, VVDStRL 70 (2011), S. 86 (86).

[715] Zum *individuellen* Aspekt der Meinungsfreiheit unten S. 201.

[716] *Mayer-Schönberger*, Delete, S. 103.

[717] Vgl. *Popitz*, Über die Präventivwirkung des Nichtwissens, S. 7: „Die jeweils begrenzten Kenntnisse anderer über unser Verhalten akkumulieren sich relativ wenig, sie fließen selten in einer Hand zusammen. Die Gefahr einer Gesamtbilanz ist ziemlich gering."

[718] Zur Entwicklung externer Wissensspeicher *Mayer-Schönberger*, Delete, S. 79 ff.

bildung eintreten,[719] muss der eingetretene Verlust *tatsächlicher* durch die Errichtung *rechtlicher* Informationsschranken kompensiert werden,[720] indem dem Einzelnen ein gewisses Maß an Kontrolle über die Fremdkonstruktionen seiner Persönlichkeit eingeräumt wird. Dies kann, da eine einmal erfolgte Fremdbildkonstruktion nicht von Rechts wegen korrigiert werden kann, nur durch eine *Kontrolle der sie vermittelnden personenbezogenen Informationen* erfolgen.[721]

Ein von der neuen Ausprägung abgeleiteter rechtlicher „Vergessensbefehl" kann deshalb nur *mittelbar* auf das *zukünftige* Wissen der einzelnen Mitmenschen des Betroffenen einwirken: Indem die abträglichen Informationen nicht länger (ohne Weiteres) in identifizierender Weise auffindbar[722] und abrufbar sind, wird ein entscheidendes Hindernis des natürlichen Vorgangs des Vergessens bei denjenigen beseitigt, die jene Information bereits (bewusst) aufgenommen haben. Zugleich wird so die Kenntnisnahme durch diejenigen erschwert, die bislang (noch) nicht mit ihr in Kontakt gekommen sind. Vergleichbares gilt schließlich für das Erinnern bei denjenigen, die bereits auf natürlichem Wege vergessen haben.[723]

II. Definition des Rechts auf medialen Neubeginn

Um der neuartigen Gefährdung der Persönlichkeits(fort)entwicklung eingedenk dieser Zielsetzung adäquat begegnen zu können, erscheint die Anerkennung eines Rechts auf medialen Neubeginn als weitere Ausprägung des allgemeinen Persönlichkeitsrechts geboten, das wie folgt definiert werden kann:

---

[719] *Mayer-Schönberger,* ebd., S. 125: „In a world of omnipresent history, there may be little incentive to actively work on escaping one's caste and breaking out of one's mold, a fundamental element of modern enlightened society."

[720] Alternativ käme sicherlich auch eine nachsichtigere Haltung des Publikums gegenüber kompromittierenden Informationen in Betracht. Ein solches „cognitive adjustment" ist allerdings für den weit überwiegenden Teil der (re)sozialisierungsgefährdenden Informationen aktuell nicht absehbar (*Mayer-Schönberger,* ebd., S. 154 ff.) und selbst wenn es in einigen Jahrzehnten dazu kommen sollte, bliebe in der Zwischenzeit eine empfindliche Schutzlücke.

[721] *Ohly,* Volenti non fit iniuria, S. 353, hat in anderem Zusammenhang betont, dass es „sowohl der grundrechtlichen Wertung der Art. 2 I i.V.m. 1 I GG, als auch dem einfachrechtlichen Gedanken des § 42 UrhG [entspricht], der Person im Fall gewandelter Überzeugung einen *Rückruf dieser Verkörperung aus der öffentlichen Sphäre* zu ermöglichen", weil „sich die Persönlichkeit im Laufe der Zeit [wandelt], während die konkrete Verkörperung in einem Foto oder in einem urheberrechtlich geschützten Werk statisch bleibt" (Hervorh. d. Verf.).

[722] Zur Erschließung des Internets mittels Suchmaschinen vgl. bereits oben S. 29.

[723] Die Wirkung einer vom Recht auf medialen Neubeginn abgeleiteten Informationsrestriktion ist insofern dem auf den Schutz der Resozialisierungschance gestützten Verbot einer (wiederholten) *aktiven Veröffentlichung* vergleichbar: Es kann nur die Ausbreitung des Wissens auf andere Personen und damit die „Vergiftung" immer *neuer* sozialer Beziehungen zu verhindern suchen.

Das allgemeine Persönlichkeitsrecht umfasst die Befugnis des Einzelnen, *grundsätzlich selbst über die Fortdauer der Abrufbarkeit einer ihn identifizierenden Information über das Internet bestimmen zu können.*

Dieses *Recht auf*[724] *medialen Neubeginn*[725] kommt grundsätzlich erst dann zum Tragen, wenn sich eine hypothetische neuerliche Veröffentlichung der Information wegen der – insbesondere infolge des Zeitablaufs – veränderten Umstände gemessen an den hergebrachten, von den bereits anerkannten Ausprägungen des allgemeinen Persönlichkeitsrechts angeleiteten Maßstäben als unzulässig erwiese.

Hat der Betroffene die Information jedoch selbst veröffentlicht oder einer Veröffentlichung zugestimmt, wirkt das Recht auf medialen Neubeginn bereits auf vorgelagerter Stufe auf die Voraussetzungen der Widerruflichkeit dieser Einwilligung ein.[726]

1. Sachbereich: „identifizierende Information"

Der Sachbereich[727] des Rechts auf medialen Neubeginn ist nicht nur in persönlicher („Befugnis des Einzelnen"),[728] sondern auch in sachlicher Hinsicht

---

[724] Die Bezeichnung als „Recht auf ..." lehnt sich an die etablierten Ausprägungen des allgemeinen Persönlichkeitsrechts an: Während zu Beginn mit Sphärenmetaphern operiert wurde (z.B. BVerfGE 6, 32 [41]: „Sphäre privater Lebensgestaltung"), wurden später die zivilrechtlichen Vorarbeiten zum Recht am eigenen Bild bzw. gesprochenen Wort auch terminologisch übernommen (erstmals wohl durch BVerfGE 34, 238 [1. Leitsatz und S. 246]). Seither wurden neue anerkannte Ausprägungen z.B. als „Recht auf informationelle Selbstbestimmung" (BVerfGE 65, 1 [2. Leitsatz und S. 43]) oder „*Recht auf* Kenntnis der eigenen Abstammung" (BVerfGE 79, 256 [1. Leitsatz]) bezeichnet und ältere retrospektiv umformuliert (so etwa BVerfGE 54, 148 [154]: „Verfügungs*recht* über die Darstellung der eigenen Person [BVerfGE 35, 202 (220) – Lebach]" bzw. „*Recht*, von der Unterschiebung nicht getaner Äußerungen verschont zu bleiben [vgl. BVerfGE 34, 269 (282 f.) – Soraya]") – Hervorh. jeweils d. Verf.

[725] Während die denkbare Bezeichung als „Recht *auf Vergessen*" sich als irreführend erwiesen hat (oben S. 150) und überdies bereits durch Art. 17 DS-GVO-E (dazu ausführlich oben S. 78) belegt ist, werden mit der Beschreibung des Schutzziels als „medialer Neubeginn" bewusst die Vorarbeiten aufgegriffen, die – in verschiedenen sprachlichen Variationen – eine immerwährende Chance auf einen „Neubeginn" bzw. „Neustart" als übergreifenden Gewährleistungstopos verschiedener Ausprägungen des allgemeinen Persönlichkeitsrechts identifiziert haben (vgl. oben S. 112).

[726] Vgl. oben S. 75 in Fn. 286 sowie unten S. 162, 171, 318 und 328.

[727] Vgl. zur Terminologie oben S. 98.

[728] Die Herleitung des Schutzbedürfnisses ist, wie gesehen, eng mit dem „Menschenbild des Grundgesetzes" verbunden. Das Recht auf medialen Neubeginn kommt daher allein *natürlichen* Personen zu. Ob sich für juristische Personen aus dem „Unternehmenspersönlichkeitsrecht" (vgl. z.B. BGH, NJW 2005, S. 2766 [2769]; vgl. BGHZ 166, 84 [111]: allgemeines Persönlichkeitsrecht „in seiner Ausprägung als sozialer Geltungsanspruch als Wirtschaftsunternehmen"), das in Art. 12 GG zu verorten ist (BVerfG, NJW-RR 2004, S. 1710 [1712]; NJW 2008, S. 358 [359]; NJW 2010, S. 3501 [3502]), ein ähnlicher Gewährleistungsinhalt ergibt, muss offen bleiben.
Für Amtsträger hat BVerwGE 121, 115 (125 f.) – StaSi-Unterlagen Kohl, klargestellt, dass auch diese sich auf das allgemeine Persönlichkeitsrecht berufen können, wenn sie als Person betroffen sind, und dass ein möglicher Amtbezug der Informationen im Rahmen der Rechtfertigung zu berücksichtigen ist. Dieser Amtsbezug wird häufig ein ge-

(„identifizierende Information") bewusst offen gefasst. Das ist zum Teil der gebotenen *Einbeziehung von Bildern, Video- und Tonaufnahmen* geschuldet, vor
allem aber steht die *Eigenart der zu bewältigenden Gefährdungslage* einer sekto-
ralen (a) oder thematischen (b) Engführung auf dieser Ebene entgegen.

a) Verzicht auf eine sektorale Eingrenzung

Die *Notwendigkeit,* alle möglichen kommunikativen Beziehungen und damit
erst recht *alle an jedermann gerichteten Veröffentlichungen von Informationen
über das Internet in den Schutz des Rechts auf medialen Neubeginn einzubeziehen,* folgt aus dem Umstand, dass vielen der für bestimmte Beziehungen (z.B.
das Verhältnis zum Arbeitgeber oder zu Behörden) etablierten rechtlichen Informationsrestriktionen droht, im Internet unterlaufen zu werden:[729] Wenn es beispielsweise genügt, Vor- und Nachname des Bewerbers in eine Suchmaschine
einzugeben, um auf einen – im Zeitpunkt der Verbreitung rechtmäßigen – Presse-
bericht über die Verurteilung des Bewerbers wegen eines gravierenden Verbre-
chens zu stoßen, erweist sich die Beschränkung der Auskunft aus dem Zentralre-
gister (§ 32 BZRG) ebenso nutzlos wie das Verwertungsverbot (§ 51 BZRG[730])[731]
und die Freistellung des Bewerbers von straf- und arbeitsrechtlichen Konsequenzen im Falle einer Verleugnung (§ 53 BZRG[732]). Im Gegenteil, die Unehrlichkeit
dürfte dem Bewerber zusätzlich zum Nachteil gereichen.

Angesichts dieses Befundes läge es nahe, die Aufmerksamkeit allein darauf zu
richten, wie das erreichte Schutzniveau im Verhältnis zu den Stellen, auf die die
Informationsrestriktion zielt (im Beispiel der Vorstrafen sind das in erster Linie
Behörden, Arbeitgeber und Vermieter) auch unter den Bedingungen des Internets
gesichert werden kann. Bei näherem Hinsehen kann es damit jedoch nicht sein
Bewenden haben:

---

wichtiges Publikationsinteresse begründen können (vgl. nur EGMR, NJW 2012, S. 1053
[1056]), was bei Amtsträgern mit unbedeutender Stellung aber nicht zwingend (dauerhaft) der Fall ist.

[729] Dieser Aspekt ist in der Online-Archiv-Debatte (vgl. oben S. 57) weitgehend
ignoriert worden, vgl. dazu *Diesterhöft,* ZJS 2010, S. 251 (254 f.).

[730] § 51 Abs. 1 BZRG: „Ist die Eintragung über eine Verurteilung im Register getilgt
worden oder ist sie zu tilgen, so dürfen die Tat und die Verurteilung dem Betroffenen
im Rechtsverkehr nicht mehr vorgehalten und nicht zu seinem Nachteil verwertet werden."

[731] Diese Regelung ist als *Anhaltspunkt* für die Bewertung reaktualisierender Berichterstattung auch bei Vorliegen eines neuen Anlasses herangezogen worden, vgl. OLG
Köln, AfP 1975, S. 866 (866); OLG Frankfurt a. M., NJW 1976, S. 1410 (1410 f.); ferner BVerfG, AfP 1993, S. 478 (479).

[732] § 53 Abs. 1 BZRG: „Der Verurteilte darf sich als unbestraft bezeichnen und
braucht den der Verurteilung zugrunde liegenden Sachverhalt nicht zu offenbaren, wenn
die Verurteilung 1. nicht in das Führungszeugnis […] aufzunehmen oder 2. zu tilgen
ist."

Zum einen ist eine derartige *selektive Wahrnehmungsbeschränkung* für frei im Internet abrufbare Informationen kaum je verlässlich vorstellbar. Regelungen wie § 32 Abs. 6 S. 3 BDSG-E[733], die eine *Erhebung* und *Verwertung* der (leicht) erreichbaren Informationen untersagen wollen, dürften kaum mehr als symbolische Wirkung entfalten[734] – nicht umsonst sind auch die bisher etablierten Informationsrestriktionen nicht auf ein Verwertungsverbot beschränkt, sondern versuchen bereits die *Kenntnisnahme* der abträglichen Information zu verhindern.[735]

Zum anderen schlagen sich die „Unfähigkeit des Internets zu vergessen" und die Zunahme der breitenwirksamen Publikationsformen auch in einer Ausweitung des Kreises derjenigen nieder, die persönlichkeitsgefährdende Informationen überhaupt gewahr werden können. Hieraus ergibt sich die Notwendigkeit der Ausdehnung der Informationsrestriktion auf weitere (potenzielle) Rezipienten. So ist es weithin üblich geworden, Namen aus dem *gesamten sozialen Umfeld* (Arbeitsplatz, Nachbarschaft und sonstige Bekannte) in Suchmaschinen einzugeben, um herauszufinden, welche bisher unbekannten Informationen sich im Internet finden lassen.[736] Zwar konnte schon bisher jedermann – eher selten über die Medien, häufiger im persönlichen Kontakt mit anderen – abträgliche Informationen über den Betroffenen erhalten. Die Wahrscheinlichkeit hierfür war indes eher gering – jedenfalls wenn der Betroffene räumliche und zeitliche Distanz zwischen sich und diejenigen gebracht hatte, die über diese Informationen verfügten (z. B. durch einen Umzug). Eine in wenigen Minuten und mit wenigen Klicks zu absolvierende Recherche im Internet, die ein sozial nicht akzeptiertes „Ausfragen" ins Blaue hinein obsolet macht oder zumindest Anhaltspunkte für gezielte (Nach-)Fragen gibt, verschiebt die Wahrscheinlichkeiten deutlich: Falls eine Information im Internet verfügbar und mit Suchmaschinen (unter Eingabe des Namens des Betroffenen) auffindbar ist, kann die Kenntnisnahme durch Nachbarn, Bekannte und Arbeitskollegen kaum mehr als – vernachlässigbarer – Zufall gelten.[737]

---

[733] § 32 Abs. 6 S. 1 – 3 BDSG-E (BT-Drs. 17/4320; das Vorhaben wird nicht weiter verfolgt): „Beschäftigtendaten sind unmittelbar bei dem Beschäftigten zu erheben. Wenn der Arbeitgeber den Beschäftigten vor der Erhebung hierauf hingewiesen hat, darf der Arbeitgeber allgemein zugängliche Daten ohne Mitwirkung des Beschäftigten erheben, es sei denn, dass das schutzwürdige Interesse des Beschäftigten an dem Ausschluss der Erhebung das berechtigte Interesse des Arbeitgebers überwiegt. Bei Daten aus sozialen Netzwerken, die der elektronischen Kommunikation dienen, überwiegt das schutzwürdige Interesse des Beschäftigten; dies gilt nicht für soziale Netzwerke, die zur Darstellung der beruflichen Qualifikation ihrer Mitglieder bestimmt sind."

[734] *Caspar,* JZ 2011, S. 211 (212).

[735] Vgl. nur BVerfGE 84, 192 (196), zur Berechtigung, die eigene Entmündigung zu verschweigen: „[E]in Vermieter nimmt im allgemeinen undifferenziert an, daß ein Entmündigter kein zuverlässiger Vertragspartner sei, und wird schon deshalb die Begründung einer vertraglichen Bindung scheuen."

[736] Vgl. oben S. 29 m. Fn. 40.

[737] Möglicherweise wird das aktuell übliche „Googlen" anderer (so *Caspar,* JZ 2011, S. 211 [212]) zukünftig als unschicklich gelten. Von einer solchen sozialen Konvention

Folgt dem Betroffenen die abträgliche Information auf diese Weise wie ein langer (digitaler) Schatten, kann der Einzelne auch im Verhältnis zu seinem sozialen Umfeld um den zur Persönlichkeits(fort)bildung und -entfaltung notwendigen informationellen Spielraum gebracht werden.[738] Diese Entwicklung gebietet es, die Aufmerksamkeit nicht vorschnell auf bestimmte, sicherlich immer noch sehr sensible, Beziehungen wie den Verkehr mit Behörden und das Arbeitsverhältnis zu beschränken.[739] Stattdessen sind potenziell alle sozialen Beziehungen einzubeziehen, wie dies z. B. beim transsexuellenrechtlichen Offenbarungsverbot[740] vom Gesetzgeber ausdrücklich angeordnet wurde und auch in der Rechtsprechung bereits gelegentlich angeklungen ist.[741] Vor diesem Hintergrund erwiese sich eine sektorielle Engführung des Schutzes auf bestimmte (öffentliche oder private) Stellen *auf Ebene des Schutzbereichs* des Rechts auf medialen Neubeginns als untunlich.[742]

b) Verzicht auf eine thematische Eingrenzung

Wenn dem allgemeinen Persönlichkeitsrecht zwecks Sicherung gradueller Autonomie daran gelegen ist, dass sich der Einzelne stets selbst maßgeblichen Einfluss auf die Fortentwicklung seiner Persönlichkeit zuschreiben kann,[743] muss dieser grundsätzlich *selbst* bewerten, welche Aspekte seiner bisherigen Persönlichkeit er beibehalten will und welche er verändern möchte.[744] Diese Prämisse steht einer thematischen Verengung des Schutzes auf solche Aspekte entgegen, die – wie (schwere) Straftaten – als schlechthin stigmatisierend angesehen werden.

---

darf nicht mehr erwartet werden, als dass über das Ergebnis mit Dritten nicht gesprochen und der Betroffene nicht offen damit konfrontiert wird. Angesichts der menschlichen Neugier erscheint es naheliegend, dass die Wenigsten der Versuchung einer anonymen Recherche widerstehen können. Skeptisch gegenüber einer (raschen) Lösung durch „cognitive adjustment" auch *Mayer-Schönberger,* Delete, S. 157: „humans cannot help but take into account the information at their easy disposal".

[738] Zu dieser Doppelbedeutung von Beeinträchtigungen bereits oben S. 119 ff.

[739] Wie es etwa § 32 Abs. 6 S. 3 BDSG-E vorsah.

[740] § 5 Abs. 1 TSG: „die zur Zeit der Entscheidung geführten Vornamen [dürfen] ohne Zustimmung des Antragstellers nicht offenbart oder ausgeforscht werden". Dass sich dieses Verbot an jedermann richtet, verdeutlicht die Ausnahme für frühere Ehegatten, [Groß-]Eltern und Abkömmlinge in Abs. 2.

[741] Vgl. etwa BVerfGE 97, 391 (404 f.): „Stigmatisierungen können [...] einen Entzug der sozialen Anerkennung, eine soziale Isolierung und eine grundlegende Verunsicherung und Selbstentwertung des Betroffenen *in zahlreichen Lebensbereichen* zur Folge haben" (Hervorh. d. Verf.).

[742] Im Rahmen der Abwägung mit konfligierenden Belangen kann es sehr wohl darauf ankommen, ob die Information in besonders wichtigen Verhältnissen (z. B. bei der Arbeitssuche) abträglich ist.

[743] Vgl. oben S. 107.

[744] Dabei wird die (unbewusste) Prägung durch und die Möglichkeit der (bewussten) Rücksichtnahme auf die soziale Umwelt ausdrücklich mit eingeschlossen (vgl. dazu bereits S. 109).

Das könnte als überzogene Rücksichtnahme auf reine Befindlichkeiten verstanden werden, weil bislang die wenigsten „Jugendsünden" oder auch später begangenen „Dummheiten" das als persönlichkeitsgefährdend identifizierte Gefühl des Festgelegtseins auf fremde Erwartungen heraufbeschwören konnten.

Allerdings hat es außerhalb des Internets auch kaum Fälle allgemein zugänglicher Dokumentationen von alltäglichen Verhaltensweisen (Stichwort: „Partybilder") oder Äußerungen (Stichwort: „Selbsthilfegruppe") gegeben.[745] Wollte der Betroffene sich noch vor wenigen Jahren von einem früheren Verhalten distanzieren, durfte er vergleichsweise gelassen bleiben: Die Wahrscheinlichkeit dafür, dass sein aktuelles Gegenüber Zeuge des damaligen Vorfalls war (ohne dass der Betroffene sich dessen bewusst wäre), von einem Zeugen unterrichtet wurde oder zufällig über (analoge) Unterlagen gestolpert war (und sich noch daran erinnern konnte), lag im zu vernachlässigenden Bereich. Das Wissen um das Vorleben „ganz normaler Menschen" war auf Zeitzeugen und einige wenige analoge Dokumente beschränkt. Das menschliche Vergessen und das – nur im Kontrast zu den heutigen Verhältnissen des Internets überhaupt erst als solches zu benennende – Fehlen des Fernzugriffs auf digitale Dokumente vermittelten dem Betroffenen die nötige Sicherheit hinsichtlich der „Unbefangenheit" des Gegenübers.

Vor dem Hintergrund der Bedingungen des digitalen Erinnerns kann der Gefahr übermäßiger Einschränkungen der Fortentwicklungsmöglichkeiten hingegen nicht (mehr) adäquat begegnet werden, wenn bereits auf der ersten Stufe der rechtlichen Bewertung ein *numerus clausus* als problematisch anerkannter Themen zugrunde gelegt wird. Eine frühzeitige Engführung auf Ebene des Schutzbereichs würde der alltäglichen Erfahrung widersprechen, dass es neben den nur sehr vereinzelt vorkommenden „spektakulären Absagen an die Vergangenheit"[746] vor allem die „kleinen, situationsbezogenen Modifikationen eigener Selbstbilder"[747] sind, in denen sich die Fortentwicklung der Persönlichkeit über die Jahre vollzieht.

2. Gewährleistungsinhalt:
„grundsätzlich selbst über die Fortdauer der Abrufbarkeit [...] im Internet bestimmen zu können"

Der Gewährleistungsinhalt des Rechts auf medialen Neubeginn verbürgt den zur Absicherung der Unabgeschlossenheit der Persönlichkeits(fort)entwicklung erforderlichen Einfluss des Einzelnen auf die diese potenziell gefährdenden Veröffentlichungen im Internet.

---

[745] Vgl. oben S. 34 ff.

[746] *Blankenagel*, DÖV 1985, S. 953 (961), am Beispiel religiös-weltanschaulicher „Umorientierung".

[747] *Britz*, Freie Entfaltung durch Selbstdarstellung, S. 58 m. Fn. 58.

a) Offenhalten der Fortentwicklung in jedem Lebensalter

Der rechtliche Schutz vor übermäßigen Festlegungen wird so nicht nur Kindern und Jugendlichen zuteil,[748] auch Erwachsenen werden Optionen zur Fortentwicklung der eigenen Persönlichkeit offengehalten. Die spezifische Gewährleistung des Rechts auf medialen Neubeginn zwingt ganz allgemein dazu, nicht nur bei der (Erst-)Veröffentlichung, sondern *fortwährend* die Hemmnisse für die Persönlichkeits(fort)entwicklung des Betroffenen in den Blick zu nehmen, die von einer gegen seinen Willen auffind- und abrufbaren Information ausgehen können. Das Recht auf medialen Neubeginn bietet die Gewähr, dass der Betroffene dieses Bedürfnis immer wieder – im Fall der konsentierten oder eigenen Veröffentlichung: erstmals – rechtlich artikulieren und eine mit Blick auf die sich ändernden Umstände aktualisierte Entscheidung über die Zulässigkeit der weiteren Abrufbarkeit herbeiführen kann.

b) Umstands-Moment ist modales, nicht temporales Kriterium

Bei alledem ist es *nicht der Zeitablauf als solcher,* der eine Neubeurteilung erforderlich macht und bei dieser zu einer für den Betroffenen günstigeren Entscheidung führt. Maßgebliche Faktoren für die Entscheidung sind vielmehr *die konkreten Umstände,* von denen das Gewicht der für und gegen die Zulässigkeit streitenden Belange in der Regel wesentlich abhängt. Es entspricht zwar der Regel, dass mit Zeitablauf das Interesse der Öffentlichkeit an der Unterrichtung über einen Vorgang ab- und die Schwere der Beeinträchtigung des Betroffenen (stetig) zunimmt; zwingend ist beides jedoch nicht.

So kann etwa das Informationsinteresse der Öffentlichkeit an einem geschichtlichen Ereignis lange nach erstmaliger Veröffentlichung des darauf bezogenen Beitrags so groß bleiben, dass es auch eine erneute Veröffentlichung rechtfertigen würde.[749] Umgekehrt kann der Schutzbedarf des Betroffenen bereits kurze Zeit nach der (zulässigen) Veröffentlichung überwiegen, etwa bei Kindern und Jugendlichen im Hinblick auf ihr (besonderes) „Entwicklungsrecht", bei gutgläubiger Übernahme einer unzutreffenden Tatsachenbehauptung aus einer seriösen Quelle[750] oder der Berichterstattung über einen ex post entkräfteten Verdacht.[751]

Auf die Länge des Zeitraums zwischen Veröffentlichung und Änderung der Umstände (in den letztgenannten Beispielen die Aufdeckung der Wahrheit)

---

[748] Die Jugendlichkeit des Betroffenen verstärkt das Gewicht, mit dem die neue Ausprägung in die Abwägung eintritt.

[749] Vgl. unten S. 256. Aus diesem Grund wird das Recht auf medialen Neubeginn bei relevanten Informationen über Personen des öffentlichen Lebens in aller Regel keine Änderungen erzwingen.

[750] Vgl. unten S. 259.

[751] Vgl. unten S. 257.

kommt es hier erkennbar nicht an. Der Zeitablauf kann folglich nur als Chiffre für die *häufig* erst nach einiger Zeit zu beobachtende Veränderung der Gewichte von Veröffentlichungsinteresse und Persönlichkeitsbeeinträchtigung dienen.

c) Formulierung als Selbstbestimmungsrecht

Die Einräumung einer „Befugnis des Einzelnen, grundsätzlich *selbst über die Fortdauer* der Abrufbarkeit [...] *bestimmen zu können*", könnte den Einwand auf sich ziehen, zu breit und zu weitgehend formuliert zu sein, weil sie offenkundig auch Konstellationen erfasst, in denen ein Löschungsbegehr des Betroffenen wegen der gewichtigen Interessen Dritter im Ergebnis zurückgewiesen werden müsste.

Damit würde indes ein überspannter Maßstab an die Formulierung eines grundrechtlichen Gewährleistungsinhalts angelegt, weil eine Beschränkung auf in jeder denkbaren Konstellation *unzweifelhafte* Rechtspositionen nicht zum Ideal taugt. Die Notwendigkeit des Ausgleichs mit entgegenstehenden privaten Interessen und von staatlichen Stellen verfolgten (legitimen) Zwecken ist bei der Ausgestaltung der Gewährleistungsinhalte immer schon mitgedacht, wie ein Blick auf die bereits anerkannten Ausprägungen des allgemeinen Persönlichkeitsrechts, mehr noch auf die explizit benannten Grundrechte zeigt: Wären deren Gewährleistungsinhalte so stark konturiert, dass sie nur solche Konstellationen erfassen würden, in denen sie sicher obsiegen, erwiesen sich die Gesetzesvorbehalte als überflüssig.

Vor allem wenn die sog. „Drittwirkung" der Grundrechte in den Blick genommen wird, gebietet das Verständnis von der Funktion einer grundrechtlichen Gewährleistung einen anderen Zugang. In dieser Perspektive ist es die Aufgabe einer (neuen) Ausprägung des allgemeinen Persönlichkeitsrechts, die *rechtliche Artikulation* eines grundrechtlichen Schutzbedürfnisses zu ermöglichen. Dieses wird durch das Medium der grundrechtlichen Gewährleistung überhaupt erst in den juristischen Diskurs eingeführt und dem Betroffenen so eine „rechtliche Stimme" gegeben, mit der er hoffen kann, im Rechtsgespräch mit anderen Beteiligten – und notfalls auch mit dem Gericht – erhört zu werden. Ohne diese Transformation des Anliegens fehlte die Basis für einen *juristischen* Konflikt mit entgegenstehenden Belangen (gleich ob im Einzelfall oder generalisierend auf einer höheren Abstraktionsebene). Dass (auch) das Recht auf medialen Neubeginn einer solchen Abwägung zugänglich ist, steht deshalb außer Frage, weil die Befugnis zur Selbstbestimmung gerade nur „grundsätzlich" eingeräumt wird.[752]

---

[752] Vgl. mit Blick auf bereits anerkannte Ausprägungen BVerfGE 34, 238 – Tonband (1. und 2. Leitsatz): „Deshalb darf *grundsätzlich* jedermann *selbst und allein bestimmen,* wer sein Wort aufnehmen soll sowie ob und vor wem seine auf einen Tonträger aufgenommene Stimme wieder abgespielt werden darf. [...] Damit ist allerdings noch

3. Anwendungsbereich in Abgrenzung zu den herkömmlichen Ausprägungen

Dem gewährleistungsbezogenen Ansatz[753] folgend beschränkt sich der Anwendungsbereich des Rechts auf medialen Neubeginn auf die Gefährdungslage des nachträglichen Publikationsexzesses, was durch die explizite Abgrenzung zu den „herkömmlichen Maßstäben" für konfrontative Publikationen sichergestellt werden soll. Diese werden durch die bisher anerkannten Ausprägungen des allgemeinen Persönlichkeitsrechts geprägt, die auf solche Gefährdungslagen zugeschnitten sind, die sich bei einer aktiven (Erst-)Veröffentlichung einstellen können.

Bei bereits ursprünglich *konfrontativen Beiträgen* ist so lange kein Raum für die Frage, ob der Beitrag inzwischen in das Stadium des nachträglichen Publikationsexzesses eingetreten ist, wie sich eine *hypothetische erneute Veröffentlichung* des streitgegenständlichen Beitrags nach den herkömmlichen Maßstäben, d.h. i.d.R. infolge einer Abwägung zwischen diesen Ausprägungen und den primären Publikationsinteressen, (immer noch) als zulässig erweist.[754] Denn die besondere Brisanz des nachträglichen Publikationsexzesses folgt aus dem in der „Unfähigkeit des Internets zu vergessen" begründeten Phänomen der (weitgehend) unveränderten Auffind- und Abrufbarkeit von Beiträgen, die zwar ursprünglich zulässigerweise veröffentlicht wurden, deren Wiederholung aber nunmehr unzulässig wäre.

Grund für den demgegenüber erweiterten Anwendungsbereich *bei eigenen oder sonst konsentierten Beiträgen* ist die Dauerwirkung eines einmal erteilten Einverständnisses.[755] Sie führt dazu, dass – anders als bei den ursprünglich konfrontativen Beiträgen – eine Prüfung der Zulässigkeit einer hypothetischen

---

nicht ausgeschlossen, daß in Fällen, wo überwiegende Interessen der Allgemeinheit dies zwingend gebieten, auch das schutzwürdige Interesse des Beschuldigten [...] zurücktreten muß." Ferner BVerfGE 54, 148 (155): „Der Einzelne soll – ohne Beschränkung auf seine Privatsphäre – *grundsätzlich selbst entscheiden* können, wie er sich Dritten oder der Öffentlichkeit gegenüber darstellen will [...]". Diese Formulierung ist freilich nicht nur bei der Bestimmung des Schutzbereichs eines Grundrechts, sondern auch bei der Umschreibung der Grenzen seiner Wirkungsmacht anzutreffen, vgl. BVerfGE 65, 1 (43 f.): „Das Grundrecht gewährleistet insoweit die Befugnis des Einzelnen, *grundsätzlich selbst* über die Preisgabe und Verwendung seiner persönlichen Daten zu bestimmen. Dieses Recht auf ‚informationelle Selbstbestimmung' ist nicht schrankenlos gewährleistet. Der Einzelne hat nicht ein Recht im Sinne einer absoluten, uneinschränkbaren Herrschaft über ‚seine' Daten [...]. *Grundsätzlich* muß daher der Einzelne Einschränkungen seines Rechts auf informationelle Selbstbestimmung im überwiegenden Allgemeininteresse hinnehmen." (Hervorh. jeweils d. Verf.).

[753] Vgl. oben S. 100.

[754] Vgl. näher unten S. 170.

[755] Vgl. nur *Spindler,* 69. DJT (2012), S. F 51; *Peifer,* Die Einwilligung im Persönlichkeitsrecht, in: FS Brüggemeier, S. 225 (231) – jeweils m.w.N.

Neuveröffentlichung mit Blick auf die sich verändernden Umstände unstatthaft ist.[756]

Soll der dem Recht auf medialen Neubeginn zugrundeliegende Gedanke des substanziellen Einflusses auf die Fortentwicklung der eigenen Persönlichkeit in der Zeit in dieser Konstellation nicht fruchtlos bleiben, muss die neue Ausprägung daher in einem ersten Schritt auf die *Möglichkeit eines Widerrufs* der wirksam erteilten Einwilligung hinwirken. Erst wenn deren Legitimationswirkung beseitigt wurde, ist der Weg frei für eine Prüfung der Zulässigkeit des *zukünftig konfrontativen* Abrufbarhaltens anhand der herkömmlichen und der mit Blick auf das Recht auf medialen Neubeginn neu zu entwickelnden Maßstäbe.[757]

III. *Grund*-Recht auf medialen Neubeginn?

Die anerkannten Ausprägungen des allgemeinen Persönlichkeitsrechts nehmen, wie gesehen, eine dogmatische Sonderstellung als „Zwischenschicht" ein.[758] In der Literatur werden sie auch als „besonders verfestigte Gewährleistungsgehalte",[759] „(Teil-)Ausprägungen",[760] „Teilgehalte",[761] oder „Rechte"[762] bezeichnet. Weil bereits der Grundrechtscharakter des allgemeinen Persönlichkeitsrechts umstritten ist,[763] herrscht (erst recht) Unklarheit darüber, ob seinen *Ausprägungen ihrerseits die Bezeichnung als Grundrecht* zukommen kann.

---

[756] Vgl. zur Rechtfertigung von Grundrechtsverkürzungen aufgrund wirksamen Einverständnisses statt vieler *Starck,* in: v. Mangoldt/Klein/Starck, GG, Art. 1 Abs. 3 Rdnr. 300 m.w.N.

[757] Auch die gegenläufigen, für eine fortdauernde Abrufbarkeit streitenden Belange lassen sich danach unterscheiden, ob sie spezifisch an der einmal erteilten Einwilligung ansetzen oder allgemein die Zulässigkeit der Veröffentlichung betreffen (vgl. unten S. 171).

[758] Vgl. oben S. 84.

[759] *Di Fabio,* in: Maunz/Dürig, GG, Art. 2 Abs. 1 Rdnr. 19.

[760] Z. B. *Murswiek,* in: Sachs, GG, Art. 2 Rdnr. 65; *Hoffmann-Riem,* JZ 2008, S. 1009 (1014).

[761] Z. B. *Dreier,* in: Dreier, GG, Art. 2 I Rdnrn. 31, 71 ff.; *Kahl,* Die Schutzergänzungsfunktion, S. 58.

[762] Z. B. *Murswiek,* in: Sachs, GG, Art. 2 Rdnr. 68 („spezielle Rechte [...] als Ausprägungen").

[763] Für die Selbständigkeit von Handlungsfreiheit und allgemeinem Persönlichkeitsrecht *Dreier,* in: Dreier, GG, Art. 2 I Rdnrn. 31, 69; *Jarass,* in: Jarass/Pieroth, GG, Art. 2 Rdnr. 1. Für ein einheitliches Grundrecht *Lorenz,* in: BK-GG, Art. 2 Abs. 1 Rdnr. 27; *Di Fabio,* in: Maunz/Dürig, GG, Art. 2 Abs. 1 Rdnr. 128; *Britz,* Freie Entfaltung durch Selbstdarstellung, S. 23, und *Kube,* Persönlichkeitsrecht, in: HStR VII, § 148 Rdnr. 1. Vermittelnd *Horn,* Schutz der Privatsphäre, in: HStR VII, § 149 Rdnr. 35: „(,intern' selbständige[s] Teil-)Grundrecht". Zur älteren Literatur *Vogelgesang,* Grundrecht auf informationelle Selbstbestimmung?, S. 128 m.w.N.

1. Fehlen dogmatischer Maßstäbe

Neu anerkannte Ausprägungen des allgemeinen Persönlichkeitsrechts hat das Bundesverfassungsgericht zumeist als „Recht am ...“[764] bzw. „Recht auf ...“[765] eingeführt; die Entscheidung zur Online-Durchsuchung ist die erste, in der sogleich auf die Existenz eines neuen *Grundrechts* erkannt worden ist.[766] Andere Ausprägungen hat das Gericht dem Vorbild von Presse,[767] Literatur[768] und Fachgerichten[769] folgend einige Zeit nach ihrer Anerkennung mitunter ebenfalls als Grundrecht bezeichnet.[770] So ist in jüngster Zeit[771] mit einiger Regelmäßigkeit vom „Grundrecht auf informationelle Selbstbestimmung“ die Rede.[772]

---

[764] BVerfGE 34, 238 (246): Recht am eigenen Bild und am gesprochenen Wort.

[765] BVerfGE 65, 1 (43): Recht auf informationelle Selbstbestimmung; BVerfGE 79, 256 (1. Leitsatz): Recht auf Kenntnis der eigenen Abstammung.

[766] BVerfGE 120, 274 (1. Leitsatz): „Das allgemeine Persönlichkeitsrecht [...] umfasst das Grundrecht auf Gewährleistung der Vertraulichkeit und Integrität informationstechnischer Systeme.“
Kurz darauf hat derselbe Senat ein „Grundrecht auf Gewährleistung eines menschenwürdigen Existenzminimums aus Art. 1 Abs. 1 GG in Verbindung mit dem Sozialstaatsprinzip des Art. 20 Abs. 1 GG“ hergeleitet, BVerfGE 125, 175 (1. Leitsatz und S. 222) – Hartz IV. Jüngst hat seine 3. Kammer von einem „Grundrecht auf Rechtswahrnehmungsgleichheit“ gesprochen, das sich aus Art. 3 Abs. 1 i.V.m. Art. 20 Abs. 1, 3 GG ergebe, BVerfG, NJW 2012, S. 1275 (1276). Mit *Heise*, Recht und Politik 2009, S. 94 (96), kann dem Gericht eine „Abkehr von seiner bisherigen Zurückhaltung“ attestiert werden.

[767] *Fromme*, Frankfurter Allgemeine Zeitung, Nr. 292 v. 15.12.1983, S. 1; *Baumann*, DIE ZEIT, Nr. 12 v. 16.3.1984, S. 11 – jeweils „Grundrecht auf informationelle Selbstbestimmung“. Vgl. auch *von Münch*, DIE ZEIT, Nr. 7 v. 10.2.1989, S. 73: „Verfassungsrichter entschieden: Die eigene Abstammung zu kennen ist ein Menschenrecht“.

[768] *Rudolf*, Recht auf informationelle Selbstbestimmung, HGrR IV, § 90 Rdnr. 9: „neues Grundrecht“; *Kahl*, Die Schutzergänzungsfunktion, S. 60, mit begrifflicher Klarstellung. Ferner *Dreier*, in: Dreier, GG, Art. 2 I Rdnrn. 10, 31; *Lorenz*, in: BK-GG, Art. 2 Abs. 1 Rdnrn. 334 f.

[769] Vgl. u.a. BVerwGE 69, 53 (63), nur vier Wochen nach Verkündung des Volkszählungs-Urteils; BGHZ 156, 153 (165); 162, 1 (9): „Grundrecht auf Kenntnis der eigenen Abstammung“; OLG Stuttgart, MMR 2009, S. 395 (397): „Grundrecht auf Ehrschutz“.

[770] BVerfGE 33, 367 (377); 44, 353 (372), spricht vom „Grundrecht auf Achtung der [Intim- und]Privatsphäre“; BVerfGE 106, 28 (39), bezeichnet das Recht am gesprochenen Wort als „Grundrecht“; ferner BVerfGE 116, 243 (259): „Grundrecht auf Schutz der Persönlichkeit“.

[771] Nach *Krause*, JuS 1984, S. 268 (271), soll es vor Verkündung des Volkszählungsurteils zu einer handschriftlichen Streichung des Begriffs „*Grund*recht auf informationelle Selbstbestimmung“ gekommen sein. Bemerkenswerterweise enthält ihn die Wiedergabe der Entscheidung in der juris-Datenbank in Abs.-Nr. 191.

[772] Soweit ersichtlich erstmals BVerfG, DVBl. 1993, S. 601 (602); zuletzt u.a. BVerfGE 120, 378 (1. Leitsatz und S. 397) – Kennzeichenerfassung; BVerfGE 128, 1 (42 ff.) – Gentechnikgesetz, wobei *auch* der Begriff „Recht auf informationelle Selbstbestimmung“ verwendet wird.

Es wäre daher zu erwarten, dass sich inhaltlich-dogmatische Kriterien für die Bezeichnung (mancher) Ausprägungen identifizieren ließen, die dann auf das Recht auf medialen Neubeginn angewendet werden könnten.

Thomas Böckenförde erklärt zwar, die Bezeichnung als Grundrecht sei (nur) gerechtfertigt für Ausprägungen des allgemeinen Persönlichkeitsrechts „mit eigenem Schutzbereich und eigenen qualifizierten Eingriffsvoraussetzungen".[773] Zugleich erkennt er aber, dass den älteren Ausprägungen des allgemeinen Persönlichkeitsrechts „Grundrechtsweihen bisher noch nicht verliehen" wurden.[774] Ob *Böckenförde* für diese ebenfalls die Bezeichnung als Grundrecht bevorzugen würde, bleibt ebenso unklar wie das Kriterium der „qualifizierten Eingriffsvoraussetzungen".[775]

Heise schlägt demgegenüber mehrere Kriterien vor, mit denen (unbenannte) Grundrechte von anderen grundrechtlichen Gewährleistungsinhalten zu unterscheiden seien. Um einer „Banalisierung des Grundrechtsbegriffs" zu wehren, müsse zunächst ein gegenüber der allgemeinen Handlungsfreiheit „erhöhtes verfassungsrechtliches Schutzniveau" gefordert werden, das materiell dem Schutzniveau der benannten speziellen Freiheitsrechte entspricht.[776] Hinzutreten müsse ein „Mindestmaß an *materieller Verdichtung*" des Schutzbereichs.[777] Diese „grundrechtstypische Eigenständigkeit" gehe nach dem bisher erreichten Stand allen Ausprägungen des allgemeinen Persönlichkeitsrechts ab, einschließlich des vom Bundesverfassungsgerichts jüngst so genannten „Grundrechts auf Gewährleistung der Vertraulichkeit und Integrität informationstechnischer Systeme". Einzige Ausnahme sei das „Grundrecht auf informationelle Selbstbestimmung", das zu Recht so bezeichnet werden dürfe.[778] Allerdings lässt *Heise* Ausführungen dazu vermissen, in welcher Hinsicht die schon erheblich älteren, in einer Fülle von Entscheidungen näher konturierten Ausprägungen des allgemeinen Persönlichkeitsrechts wie das „Recht am eigenen Bild", das „Recht am gesprochenen Wort" oder das „Recht der persönlichen Ehre" hinter dem Recht auf informationelle Selbstbestimmung zurückbleiben.

---

[773] *Th. Böckenförde,* JZ 2008, S. 925 (927) m. Fn. 25.

[774] *Th. Böckenförde,* JZ 2008, S. 925 (927).

[775] Während das Gericht mit dem Erfordernis einer qualifizierten Gefahr und dem Richtervorbehalt spezielle Anforderungen aufgestellt hat, die dem Schrankenvorbehalt des Art. 13 GG in nichts nachstehen, kann ein solchermaßen qualifizierter Maßstab für Eingriffe in das Recht auf informationelle Selbstbestimmung nicht festgestellt werden, das *Th. Böckenförde* aber als gleichrangig ansieht.

[776] *Heise,* Recht und Politik 2009, S. 94 (95).

[777] *Heise,* Recht und Politik 2009, S. 94 (95): „Gegenstand eines Grundrechts kann nur der Schutz tatbestandlich abgrenzbarer Handlungen sein. Hieran fehlt es bei bloßen Einzelhandlungen wie dem Reiten im Walde [...]. In dieser tatbestandlichen Selbständigkeit unterscheiden sich Grundrechte auch von den sogenannten unbenannten Freiheitsrechten."

[778] *Heise,* Recht und Politik 2009, S. 94 (98).

Überzeugende Kriterien für eine am Inhalt ausgerichtete Binnendifferenzierung grundrechtlicher Gewährleistungen sind demnach bislang nicht entwickelt worden und alles spricht dafür, dass ein solches Unterfangen aussichtslos wäre.

So fördert eine nähere Beschäftigung mit der Genese des Grundrechts auf Gewährleistung der Vertraulichkeit und Integrität informationstechnischer Systeme Erstaunliches zu Tage: Bereits bei seiner Anerkennung hat das Bundesverfassungsgericht klargestellt, dass dieses *gleichberechtigt* neben die „bisher […] anerkannten Ausprägungen des allgemeinen Persönlichkeitsrechts, insbesondere die Gewährleistungen des Schutzes der Privatsphäre und [das] Rech[t] auf informationelle Selbstbestimmung", treten soll.[779] Und wenige Monate nach Urteilsverkündung hat mit *Hoffmann-Riem* der Berichterstatter dieses Verfahrens die Bezeichnung der neuen Ausprägung als „Grundrecht" *ausschließlich* mit dem Streben nach klarer terminologischer Unterscheidung von den einfachgesetzlichen Persönlichkeits-„Rechten" (wie z. B. dem zivilrechtlich entwickelten Recht am eigenen Bild) erklärt und betont, dass „[d]arüber hinausgehende Rechtsfolgen […] damit […] nicht verbunden [sind]."[780]

2. Symbolische (Neben-)Wirkungen

Dass sich keine inhaltlich-dogmatischen Kriterien für die unterschiedliche Bezeichnung der Ausprägungen finden lassen, spricht freilich noch nicht dagegen, den Vorschlag *Hoffmann-Riems* aufzugreifen und schlicht *alle* mit dem Attribut Grundrecht zu versehen. Eine solche terminologische „Klarstellung" müsste jedoch die symbolische Wirkung[781] bedenken, die mit der Verwendung des Begriffs „Grundrecht" einhergeht. Aufschlussreich ist insofern die *Rezeption* der Entscheidung zur Online-Durchsuchung:

Der Öffentlichkeit wurde sie von der *Presse* als zweiter Fall der „Grundrechtsschöpfung" seit dem Volkszählungsurteil von 1983 vorgestellt.[782] Bereits unmittelbar nach ihrer Verkündung wurde sie mit dem Prädikat „historisch" ver-

---

[779] BVerfGE 120, 274 (311).

[780] *Hoffmann-Riem,* JZ 2008, S. 1009 (1014) m. Fn. 57, unter Vw. auf *Th. Böckenförde,* JZ 2008, S. 925 (927). Vgl. auch *Kahl,* Die Schutzergänzungsfunktion, S. 58 f.

[781] Vgl. nur *Volkmann,* DVBl. 2008, S. 590 (592): „Im Horizont klassischer juristischer Methodenlehre ist das [d. h. die Wirkung eines Urteils durch ‚Aplomb'] nicht vorgesehen, aber das ist vielleicht weniger ein Einwand gegen die Sache als vielmehr gegen eine Methodenlehre, die sich bisher alle erdenkliche Mühe gegeben hat, sie nicht zur Kenntnis zu nehmen."

[782] *Müller,* Frankfurter Allgemeine Zeitung, Nr. 50 v. 28.2.2008, S. 1: „Die Erzeuger haben sich viel Zeit gelassen mit dem zweiten Kind. Fünfundzwanzig Jahre nach dem Grundrecht auf informationelle Selbstbestimmung brachten die Karlsruher Verfassungsrichter das Grundrecht ‚auf Gewährleistung der Vertraulichkeit und Integrität informationstechnischer Systeme' zur Welt."

sehen.[783] Die Würdigung der juristischen „Sensation" gipfelte im Vergleich mit der Geburt eines neuen Sterns.[784] Dabei wurde das Urteil auch als bewusstes Signal an die Bevölkerung interpretiert: Das Bundesverfassungsgericht hat das Internet verstanden und die Sorgen der Bürger ernst genommen.[785]

In der *Literatur* wurde die Anerkennung einer auf das „informationstechnische System" zugeschnittenen Ausprägung teilweise gerade wegen ihres *„semantischen Werts"* begrüßt, der sich u.a. positiv auf die Rechtsakzeptanz in der Bevölkerung auswirke.[786] Dass das Gericht „durch die Kreation eines neuen Grundrechts *öffentlichkeitswirksam ein Zeichen"* habe setzen wollen, wird überwiegend nicht etwa beanstandet, sondern es werden derartige *„symbolische* und sogar *edukatorische* Wirkungen" von Urteilen als „in einem gewissen Umfang legitim" bezeichnet.[787]

Ob die Benennung der neuen Ausprägung als „Grundrecht" tatsächlich durch solche Erwägungen oder (auch) durch persönliche Eitelkeit motiviert war, wie von Kritikern insinuiert worden ist,[788] kann hier dahinstehen. Die Reaktion der (Fach-)Öffentlichkeit hat deutlich gezeigt, dass die Anerkennung einer neuen Ausprägung als „Grundrecht" unweigerlich die – angesichts der Vielzahl der Ausprägungen des allgemeinen Persönlichkeitsrechts offenkundig falsche – Assoziation hervorruft, es handele sich um einen extraordinären Vorgang.

3. Konsequenzen

Was folgt aus dieser Analyse für die Benennung der vorgeschlagenen Ausprägung?

Die Einführung einer neuen Ausprägung als „Grundrecht auf …" würde (auch in der Fachöffentlichkeit) zwangsläufig die Frage provozieren, ob diese die – angesichts der symbolischen Wirkung erwartete – überragende Relevanz aufweist.[789] Eine solche Untersuchung müsste mangels tauglicher Maßstäbe zwar

---

[783] *Kerscher,* Süddeutsche Zeitung, Nr. 50 v. 28.2.2008, S. 1; *Wefing,* DIE ZEIT, Nr. 10 v. 28.8.2008, S. 1; *Darnstädt/Hipp,* DER SPIEGEL, Nr. 10 v. 3.3.2008, S. 42.

[784] *Prantl,* Süddeutsche Zeitung, Nr. 50 v. 28.2.2008, S. 4.

[785] *Vec,* Frankfurter Allgemeine Zeitung, Nr. 50 v. 28.2.2008, S. 35; *Prantl,* Süddeutsche Zeitung, Nr. 50 v. 28.2.2008, S. 4: „Schutzbedürfnis erkannt".

[786] *Hornung,* CR 2008, S. 299 (306). Skeptisch hinsichtlich des Mehrwerts neuer Begrifflichkeiten *Di Fabio,* in: Maunz/Dürig, GG, Art. 2 Abs. 1 Rdnr. 173.

[787] *Volkmann,* DVBl. 2008, S. 590 (590 f.) (Hervorh. d. Verf.).

[788] *Hoeren,* MMR 2008, S. 365 (366): „Da wollte wohl jemand das zweite Volkszählungsurteil schreiben, wollte in die Geschichte des Datenschutzrechts als Pionier eingehen."

[789] Vgl. *Sachs,* in: Sachs, GG, Vor Art. 1 Rdnr. 17 in Fn. 26: „Formulierung ‚neuer' Grundrechte" ist „nicht unbedenklich"; spürbares Unbehagen auch bei *Kahl,* Die Schutzergänzungsfunktion, S. 59 f.

notwendig ohne wissenschaftlichen Ertrag bleiben; es stünde gleichwohl zu befürchten, dass darüber die wirklich bedeutende Frage nach der Berechtigung der lückenschließenden grundrechtlichen Gewährleistung in den Hintergrund treten würde.

Sind darüber hinaus handfeste *dogmatische* Voraussetzungen, unter denen einer Ausprägung des allgemeinen Persönlichkeitsrechts selbst die Bezeichnung als Grundrecht zukommt, nicht ersichtlich und ist „die Verleihung des Grundrechtstitels [...] mit besonderen Rechtsfolgen [nicht] verbunden",[790] besteht keine Veranlassung, von einem *Grundrecht* auf medialen Neubeginn zu sprechen.

IV. Zusammenfassung

Das Recht auf medialen Neubeginn schließt die Lücke im Schutz der autonomen Entfaltung der eigenen Persönlichkeit, welche durch die „Unfähigkeit des Internets zu vergessen" entstanden ist. Es ergänzt die benannten Grundrechte und anerkannten Ausprägungen des allgemeinen Persönlichkeitsrechts mit Blick auf die zuvor nicht bekannte Konstellation des nachträglichen Publikationsexzesses. Weil „stehengebliebene" Beiträge die Unabgeschlossenheit der Persönlichkeits-(fort)entwicklung ernsthaft gefährden können, verleiht es die Befugnis, grundsätzlich selbst über die Fortdauer der Abrufbarkeit identifizierender Informationen über das Internet bestimmen zu können.

Ziel ist die Schaffung einer realistischen Chance auf Vergessen, welche als Vorbedingung der Persönlichkeitsfortentwicklung, aber auch freier Persönlichkeitsentfaltung identifiziert worden ist. Bezugs- und Ansatzpunkt ist dabei nicht das individuelle präsente Wissen einzelner Mitmenschen, sondern das „perfekte Gedächtnis" im Internet, das durch das Zusammenspiel von Dauerhaftigkeit, weltweiter Abrufbarkeit und leichter Auffindbarkeit[791] konstituiert wird.

Vom Lebenszyklus eines im Internet veröffentlichten Beitrags aus betrachtet[792] setzt das Recht auf medialen Neubeginn in dem Moment an, in dem eine (hypothetische) aktive Veröffentlichung gemessen an den herkömmlichen Maßstäben nicht länger zulässig wäre. Beruht die ursprüngliche Veröffentlichungsbefugnis auf der Einwilligung des Betroffenen, kommt es auch bei der Frage nach der Widerruflichkeit der Einwilligung zum Tragen.

---

[790] *Th. Böckenförde,* JZ 2008, S. 925 (927).
[791] Vgl. oben S. 41.
[792] Dazu unten S. 169 ff.

3. Teil

Konfligierende Freiheiten
und öffentliche Aufgaben

Das Recht auf medialen Neubeginn als Ausprägung des allgemeinen Persönlichkeitsrechts verleiht dem Grundrechtsträger keine *absolute* Schutzposition. Wo es zur Anwendung berufen ist, muss es sich im Einzelfall gegenüber den Grundrechten Dritter behaupten. Im Falle staatlichen Informationshandelns kommt es auf sein Gewicht im Verhältnis zu den von den staatlichen Stellen verfolgten Zwecken an.

Der erste Schritt auf dem Weg zur Entwicklung von Leitlinien[793] für die Durchsetzung des Rechts auf medialen Neubeginn, die im vierten Teil (§§ 10, 11) mit Blick auf ausgewählte Konstellationen angestoßen werden soll, besteht daher in einer genauen Analyse dieser potenziell konfligierenden Rechtspositionen (§§ 7–9).

§ 7 Die drei Phasen
eines „stehengebliebenen" Beitrags

Nicht nur für das allgemeine Persönlichkeitsrecht bedeutet die „Unfähigkeit des Internets zu vergessen" eine neuartige Herausforderung. Weil die in Rechtsprechung und Literatur bislang herausgearbeiteten Gewährleistungsinhalte der konfligierenden Grundrechte und Vorgaben für staatliche Informationstätigkeit allein auf die Rechtfertigung einer erstmaligen oder wiederholenden, jedenfalls einer *aktiven* Veröffentlichung hin ausgerichtet worden sind, kann es auch diesbezüglich mit der Wiedergabe des Bekannten nicht sein Bewenden haben. Vielmehr müssen – spiegelbildlich zum allgemeinen Persönlichkeitsrecht – die *spezifischen* Erwägungen identifiziert werden, die *für* die (dauerhafte, unveränderte) Beibehaltung der Abrufbarkeit eines (ursprünglich) rechtmäßigerweise veröffentlichten Beitrags streiten oder auf die Modalitäten eines etwaigen Abwehranspruchs mäßigend einwirken könnten. Zu diesem Zweck sollen im Folgenden drei Phasen in der Bewertung eines im Internet veröffentlichten Beitrags unterschieden werden.[794]

---

[793] Vgl. zur Funktion der Bildung von Ausprägungen des allgemeinen Persönlichkeitsrechts oben S. 102 und 147.

[794] Bei diesen Phasen handelt es sich nicht um Stadien einer kontinuierlichen, unumkehrbaren Entwicklung, sondern um *Stufen eines Prüfungsschemas*: Wie sich zeigen

I. Erste Phase: Erst-recht-Schluss von der Zulässigkeit einer hypothetischen aktiven Veröffentlichung auf die Zulässigkeit der fortdauernden Abrufbarkeit

Die erste Phase kann mit Hilfe eines Erst-recht-Schlusses abgeschichtet werden: Solange eine wirksame Einwilligung des Betroffenen vorliegt oder die konfligierenden grundrechtlich geschützten Interessen (bzw. die durch die staatliche Stelle verfolgten Zwecke) *sogar eine hypothetische aktive Veröffentlichung des streitgegenständlichen Beitrags rechtfertigen* würden, ist für die Auseinandersetzung mit dem Recht auf Neubeginn kein Raum. Denn soweit die herkömmlichen Maßstäbe eine angemessene Entscheidung ermöglichen, besteht kein Anlass, die in der fach-, verfassungs- und menschenrechtsgerichtlichen Rechtsprechung entwickelten detaillierten Abwägungsleitlinien[795] zu verdrängen.[796]

In dieser ersten Phase muss jedoch zwischen ursprünglich konfrontativen Beiträgen einerseits (1.) und konsentierten und eigenen Beiträgen andererseits (2.) unterschieden werden.

1. Konfrontative Beiträge

Bei konfrontativen Beiträgen kann der Erst-recht-Schluss *unmittelbar* zur Anwendung kommen. Überwiegt das (*primäre*) Publikationsinteresse[797] (bzw. der staatlicherseits [*primär*] verfolgte Zweck) selbst bei einer gedachten aktiven Veröffentlichung[798] die entgegenstehenden Belange des Persönlichkeitsrechts, hat der Betroffene die stehengebliebene Veröffentlichung sicher hinzunehmen.

---

wird, können die Beiträge je nach den Umständen des Einzelfalles dauerhaft in einer bestimmten Phase verbleiben oder – nach Veränderung ihres Inhalts, ihrer Rezeptionsmodalitäten oder sonstiger Umstände – auch in frühere Phasen zurückkehren.

[795] Vgl. statt vieler die Aufzählung in EGMR, NJW 2012, S. 1053 (1056) – von Hannover II.

[796] Das ist bereits bei der Bestimmung des (zeitlichen) Anwendungsbereichs des Rechts auf medialen Neubeginn im Verhältnis zu den herkömmlichen Gewährleistungen betont worden (vgl. oben S. 162).

[797] Das sekundäre, auf eine dauerhafte Abrufbarkeit gerichtete Interesse (dazu sogleich unten S. 173) wird zwar bereits im Moment der Publikation im Internet aktiviert. Es kann jedoch zunächst außer Betracht bleiben.

[798] Die Inbezugnahme einer *hypothetischen* Neuveröffentlichung stellt eine bewusste Vereinfachung dar, bei der die zu erwartenden Veränderungen der *tatsächlichen* Rezeptionsmodalitäten (Verdrängung durch neue Beiträge, [automatische] Ablage in einem „Archiv" usw.) zunächst nicht berücksichtigt werden. Dass mit diesen Veränderungen typischerweise die Beeinträchtigung des Betroffenen abnimmt und deshalb für die fortdauernde Abrufbarkeit eigentlich geringere Anforderungen zu stellen wären, wird dabei nur vorübergehend ausgeblendet. Sobald der Erst-recht-Schluss nicht mehr zugunsten der fortdauernden Veröffentlichungsbefugnis ausfällt und es in der zweiten Phase zum Konflikt mit dem Recht auf medialen Neubeginn kommt, wird hierauf zurückzukommen sein.

Im Beispiel der Berichterstattung über Straftaten im Online-Archiv[799] folgt daraus: Eine Veränderung der archivierten Beiträge kann der Betroffene nicht verlangen, solange eine (invasivere) aktive identifizierende Berichterstattung zulässig wäre, z. B. weil die außergewöhnlichen Umstände der Tat eine anhaltende öffentliche Debatte über Ursachen und Hintergründe ausgelöst haben.[800]

Für Informationen aus der Vergangenheit von Personen des öffentlichen Lebens ändert sich vor diesem Hintergrund durch die Anerkennung des Rechts auf medialen Neubeginn wenig. Wenn an ihnen tatsächlich kontinuierlich ein berechtigtes Veröffentlichungsinteresse besteht, dürften sie ohnehin jederzeit neu veröffentlicht werden, so dass ältere Beiträge auch beliebig lange archiviert werden dürfen.

2. Konsentierte und eigene Beiträge

Entstammt die für die Fortentwicklung der Persönlichkeit hinderliche Information einem konsentierten oder vom Betroffenen selbst veröffentlichten Beitrag, muss demgegenüber zunächst die potenziell dauerhaft rechtfertigende Wirkung des ursprünglich wirksam erteilten Einverständnisses überwunden werden.[801] Deshalb bietet es sich an, den Umgang mit konsentierten und eigenen Beiträgen in der ersten Phase zweistufig zu gestalten:

Die *erste Stufe* ist der Frage gewidmet, ob und, wenn ja, unter welchen Voraussetzungen sich der Betroffene unter Berufung auf das Recht auf medialen Neubeginn von dem (ursprünglich in Ausübung seiner personalen Autonomie erteilten) Einverständnis wieder lösen kann. Es ist also beispielsweise zu prüfen, ob die Betroffene, die sich als Mitglied einer Selbsthilfegruppe in der Presse hat porträtieren lassen,[802] ihre Einwilligung widerrufen kann. Ähnliches gilt für das Beispiel des „drunken pirate"-Bildes, das die Betroffene selbst in einem sozialen Netzwerk verbreitet hat,[803] wenn dieses sich nun weigern sollte, das Bild wieder zu löschen,[804]

Hierbei sind nur diejenigen gegenläufigen Belange zu berücksichtigen, die spezifisch an den Umstand des Einverständnisses anknüpfen und vor allem den Schutz derjenigen bezwecken, die auf den Fortbestand der Einwilligung vertraut haben.

---

[799] Vgl. oben S. 26.

[800] Das könnte etwa im Bereich der organisierten (terroristischen) Kriminalität der Fall sein.

[801] Vgl. bereits oben S. 162.

[802] Vgl. oben S. 35 m. Fn. 70.

[803] Vgl. oben S. 38 m. Fn. 89.

[804] Vgl. zu den AGB von sozialen Netzwerken, Bilder- und Videoplattformen näher unten S. 314 m. Fn. 1498 und S. 326 m. Fn. 1565 ff.

In einem *zweiten Schritt* kann wieder (weitgehend) Gleichlauf mit den konfrontativen Beiträgen hergestellt werden, indem wie dort der Erst-recht-Schluss von der Zulässigkeit einer hypothetischen aktiven Veröffentlichung geprüft wird. Ein wirksamer Widerruf hat nämlich nicht zwingend die Rechtswidrigkeit jeder weiteren Abrufbarkeit des Beitrags zur Folge: Insbesondere bei Beiträgen Dritter sind Konstellationen denkbar, in denen ihre Archivierung wegen überwiegender grundrechtlich geschützter Interessen oder staatlicher Zwecke auch gegen den Willen des Betroffenen zulässig sein muss.[805] Das betrifft insbesondere solche Beiträge, die *bereits ursprünglich auch gegen den Willen des Betroffenen hätten veröffentlicht werden dürfen,* wie z.B. ein „entlarvendes" Interview eines Politikers.

Diese Zweiteilung des Prüfungsprogramms bei konsentierten und eigenen Beiträgen schlägt sich in der Untersuchung der gegenläufigen Belange in den folgenden Kapiteln dahingehend nieder, dass unter den für eine Beibehaltung der Abrufbarkeit streitenden Aspekten diejenigen als *widerrufsspezifisch* zu identifizieren sind, die einen Schutz des Vertrauens in den Fortbestand der Einwilligung bewirken können.

II. Zweite Phase:
Das *sekundäre* Publikationsinteresse

Haben sich die Umstände soweit geändert, dass eine aktive Veröffentlichung der Information (unter den ursprünglichen Rezeptionsmodalitäten) nicht mehr von einem überwiegenden Veröffentlichungsinteresse gedeckt wäre – und ist bei konsentierten oder vom Betroffenen veröffentlichten Beiträgen auch die legitimierende Wirkung der Einwilligung infolge Widerrufs entfallen –, tritt der Beitrag in die zweite – entscheidende – Phase ein. So wie der Persönlichkeitsschutz nicht mehr über die bereits anerkannten Ausprägungen des allgemeinen Persönlichkeitsrechts gewährleistet werden kann, sondern es der Anerkennung eines auf diese Konstellation spezifisch zugeschnittenen Rechts auf medialen Neubeginn bedarf, stellt sich nunmehr die Frage nach den *spezifisch für die Beibehaltung* eines ursprünglich rechtmäßigerweise veröffentlichten Beitrags *streitenden Gründen.*

Überwiegt das so konstituierte *sekundäre* Publikationsinteresse (bzw. der *sekundäre* staatliche Publikationszweck) (1.) die tatsächliche Beeinträchtigung des Rechts auf medialen Neubeginn durch den „stehengebliebenen" Beitrag (2.), darf dieser (zumindest einstweilen) unverändert abrufbar gehalten werden.

---

[805] Dem entspricht auch die in Art. 17 Abs. 3 des Entwurf einer Datenschutz-Grundverordnung gewählte Regelungstechnik: „Der für die Verarbeitung Verantwortliche sorgt für eine umgehende Löschung der personenbezogenen Daten, soweit deren Speicherung nicht erforderlich ist a) zur Ausübung des Rechts auf freie Meinungsäußerung gemäß Artikel 80; [...]."

1. Ermittlung des sekundären Publikationsinteresses

Im Gegensatz zum primären Publikationsinteresse, das sich auf die aktive Veröffentlichung eines Beitrages bezieht, ist das *sekundäre* Publikationsinteresse auf die *(passive) Beibehaltung* des veröffentlichten Beitrags gerichtet. Dieses Beibehaltungsinteresse wird zum Teil durch die Gründe bestimmt, die bereits für die Zulässigkeit der Veröffentlichung gestritten haben [a)], es treten aber auch neue Aspekte hinzu, die für die Beibehaltung gerade von bereits veröffentlichten Beiträgen sprechen [b)].

a) Fortwirken der für eine aktive Veröffentlichung streitenden Gründe

Mit Eintritt in die zweite Phase entfallen die Gründe, die das primäre Publikationsinteresse gespeist haben, nicht augenblicklich: So wie die persönlichkeitsrechtlichen Interessen, die gegen eine Veröffentlichung streiten, i. d. R. schon länger dem Grunde nach bestehen,[806] sich aber erst nach Änderung der Umstände (Zeitablauf) gegen das primäre Publikationsinteresse durchzusetzen vermögen, wirken auch die eine Veröffentlichung tragenden Aspekte, wie etwa das Informationsinteresse der Öffentlichkeit, fort.[807] Sie können (ggf. zusammen mit originären Aspekten) die Beibehaltung des Beitrags unter den möglicherweise weniger stark belastenden tatsächlichen Rezeptionsmodalitäten[808] rechtfertigen.

Zwar wird das Gewicht dieser Gründe i. d. R. kontinuierlich abnehmen, zwingend ist dies jedoch nicht. So kann eine zwischenzeitlich eintretende Änderung der Umstände wieder zu einer Zunahme ihres Gewichts führen, z. B. wenn das Informationsinteresse der Öffentlichkeit an einem länger zurückliegenden Vorgang steigt, weil der Betroffene nunmehr eine herausgehobene Stellung bekleidet oder sich im Zusammenspiel mit späteren Entwicklungen ein anderes Gesamtbild ergibt.[809]

---

[806] Vgl. BVerfGE 120, 180 (205): Die Bedeutung des Beitrags für die Meinungsbildung „bewirkt nicht automatisch, dass der [...] persönlichkeitsrechtliche [S]chutz [...] stets zurückzutreten hat". Vielmehr erfolgt eine „Abwägung [des Informationsinteresses] mit gegenläufigen Interessen der Betroffenen".

[807] Das zeigt sich schon daran, dass eine erneute Änderung der Umstände (etwa der Tod des Betroffenen) auch dazu führen kann, dass eine Neuveröffentlichung wieder zulässig wird.

[808] Vgl. dazu unten S. 174.

[809] Vgl. LG Hamburg, Urt. v. 8.6.2012 – 324 O 221/11 (oben S. 57 in Fn. 170), S. 25 f.: Täuschung im Staatsexamen durch eine Person, die später in der Wirtschaft eine gewichtige Rolle spielt, zwischenzeitlich für eine Partei kandidiert hat, die eine „konsequente Anwendung der geltenden Gesetze" gefordert hatte, und nunmehr wegen Bestechung und Nötigung verurteilt worden ist.
Der Übersichtlichkeit halber wird im Folgenden auf diese Möglichkeit nicht gesondert verwiesen.

b) Originäre Aspekte des sekundären Publikationsinteresses

Bei näherem Hinsehen lassen sich ferner *originäre* Aspekte des sekundären Publikationsinteresses identifizieren. Hierunter sind Gründe zu verstehen, die für eine weitere Abrufbarkeit des Beitrags streiten, *gerade weil* dieser zuvor (zulässigerweise) publiziert worden ist. Damit werden gegenüber den bereits das primäre Publikationsinteresse konstituierenden Aspekten *neue Gesichtspunkte* aufgegriffen.[810]

Zu ihnen zählt etwa die Überlegung, dass ein Beitrag *durch seine Veröffentlichung*[811] zum Teil der Zeitgeschichte und des kulturellen „Erbes", aber auch der individuellen medialen Realität geworden ist.[812]

2. „Stehengebliebener" Beitrag als Bezugspunkt

In der zweiten Phase kommt es zu einem Wechsel des Bezugspunktes für die Bemessung der Beeinträchtigung des Betroffenen. Anstelle einer hypothetischen Neuveröffentlichung ist der beanstandete Beitrag selbst in den Blick zu nehmen; denn neben dessen inhaltlicher Gestaltung sind insbesondere die *Rezeptionsmodalitäten* (Auffindbarkeit über Suchmaschinen, Modalitäten des Zugriffs)[813] dafür maßgebend, welches Ausmaß die von ihm ausgehende Beeinträchtigung des Rechts auf medialen Neubeginn des Betroffenen tatsächlich aufweist.[814] Nur sie muss durch das sekundäre Publikationsinteresse gerechtfertigt werden.

III. Dritte Phase:
Inhalt und Modalitäten des Veränderungsanspruchs

Überwiegt hingegen das Recht auf medialen Neubeginn das sekundäre Publikationsinteresse, kommt es zum Eintritt eines nachträglichen Publikations*exzes-*

---

[810] Die Offenlegung und sachgerechte Würdigung dieser *spezifisch* mit der Situation des potenziellen nachträglichen Publikationsexzesses verbundenen Aspekte wird durch Bildung einer neuen Fallgruppe im Konflikt zwischen Persönlichkeitsrecht und Publikationsinteressen zumindest deutlich begünstigt (vgl. zur Ordnungsfunktion der Ausprägungen als Fallgruppen oben S. 147).

[811] Auch dies rechtfertigt die gesonderte Betrachtung konsentierter Beiträge. In den meisten Fällen dürfte die ursprüngliche Veröffentlichung einzig aufgrund der Einwilligung des Betroffenen zulässig gewesen sein und hätte nicht hypothetisch auch gegen seinen Willen erfolgen dürfen (vgl. zu dieser Überlegung oben S. 172). Mit Entlassung des Beitrags in die öffentliche Sphäre hat der Betroffene die enthaltenen Informationen gleichwohl zu einem Teil des öffentlichen Geschehens gemacht, weshalb er nunmehr möglicherweise Einschränkungen seiner Selbstbestimmung wird hinnehmen müssen.

[812] Vgl. näher unten S. 207 und 221.

[813] Vgl. am Beispiel der Online-Archiv-Kontroverse oben S. 61.

[814] Beispielhaft LG Hamburg, Urt. v. 8.6.2012 – 324 O 221/11 (oben S. 57 in Fn. 170), S. 24 f., für einen nicht über allgemeine Suchmaschinen, sondern nur über Umwege auffindbaren Beitrag (S. 22).

ses.[815] Damit steht fest, dass der Beitrag in dieser Art und Weise nicht länger abrufbar gehalten werden kann, ohne das allgemeine Persönlichkeitsrecht des Betroffenen zu verletzen. Diese „Veränderungsreife" bildet die dritte Phase, in die ein im Internet veröffentlichter Beitrag eintreten kann.

1. Reichweite des Veränderungsanspruchs

Anders als es etwa Art. 17 DS-GVO-E („Recht auf Vergessenwerden und Löschung") nahelegt, bedeutet das Obsiegen des Rechts auf medialen Neubeginn mitnichten, dass der Beitrag (komplett) gelöscht werden müsste. Der *aus dem Recht auf medialen Neubeginn abzuleitende (einfachrechtliche) Veränderungsanspruch*[816] kann nur darauf gerichtet sein, einen *Zustand (wieder) herzustellen, in dem keine Rechtsverletzung mehr vorliegt,* weil das sekundäre Publikationsinteresse wieder überwiegt.

Die Reichweite des Veränderungsanspruchs (der geschuldete „Veränderungserfolg") bestimmt sich folglich auch in der dritten Phase in einer Abwägung des sekundären Publikationsinteresses mit dem Recht auf Neubeginn. Dem Anliegen des Offenhaltens der Fortentwicklungsoptionen kann dabei durch Veränderung des Inhalts (z. B. durch Anonymisierung oder Pseudonymisierung) bei gleichbleibenden Rezeptionsmodalitäten (insbesondere Auffindbarkeit mit allgemeinen Suchmaschinen) oder durch eine Veränderung der Rezeptionsmodalitäten (z. B. durch Ausschluss der Auffindbarkeit mit allgemeinen Suchmaschinen bei Eingabe des Namens des Betroffenen) bei gleichem Inhalt Rechnung getragen werden.[817]

Weil sich der Umschlagpunkt, bei dem die Beeinträchtigung wieder unter die Schwelle der Rechtsverletzung sinkt, exakt nur iterativ, d. h. im Wege der sukzessiven Approximation durch wiederholte Prüfung verschiedener Veränderungsmöglichkeiten, bestimmen lässt, bietet sich vor allem bei der Prüfung, ob eine bestimmte *inhaltliche* Modifikation des Beitrags ausreichend wäre, wiederum ein Erst-recht-Schluss an: Erwiese sich eine hypothetische aktive Veröffentlichung des *veränderten* Beitrags[818] nach den strengeren herkömmlichen Maß-

---

[815] Vgl. oben S. 45.

[816] Die einfachrechtliche Anspruchsgrundlage kann – je nach Art des Beitrags und den näheren Umständen seiner Veröffentlichung – dem Datenschutzrecht, dem Äußerungsrecht (analog §§ 1004, 823 BGB) oder dem Urheberrecht entspringen (vgl. ausführlich unten S. 240 und 315). Aus Gründen der besseren Lesbarkeit wird hier und im Folgenden verkürzt von einem „Veränderungsanspruch" die Rede sein, soweit es nicht auf die jeweiligen Besonderheiten ankommt.

[817] Denkbar ist auch das Bereithalten einer anonymisierten, aber frei auffind- und abrufbaren Version und einer zweiten, inhaltlich unveränderten, aber nur bei entsprechendem Vorwissen auffindbaren Version. Zu diesen und anderen (technischen) Details näher unten S. 299.

[818] Mithin unterscheidet sich die Vergleichsbetrachtung von jener der ersten Phase im Bezugspunkt.

stäben für prominent platzierte Beiträge als zulässig, gilt dies erst recht am aktuellen Standort des Beitrags.

Wird dem Anliegen des Rechts auf medialen Neubeginn durch Veränderung des Inhalts und/oder der Rezeptionsmodalitäten des Beitrags Rechnung getragen, verlässt dieser wieder die dritte Phase und kehrt in die zweite bzw. erste Phase zurück um dort – je nach Umfang der Veränderung und der Entwicklung der gegenläufigen Interessen – dauerhaft oder bis zu einem möglichen erneuten Überwiegen des Rechts auf medialen Neubeginn zu verweilen. Zur Bestimmung der *inhaltlichen* Reichweite des Veränderungsanspruchs findet folglich erneut eine Abwägung statt. Für diese kann auf das sekundäre (bzw. im Erst-recht-Schluss auf das primäre) Publikationsinteresse zurückgegriffen werden, so dass es insoweit keiner gesonderten Analyse bedarf.

2. Einwirken des Publikationsinteresses auf die Modalitäten des Veränderungsanspruchs

Von der inhaltlichen Reichweite abgesehen können sowohl das primäre wie das sekundäre Publikationsinteresse auch durch eine ungünstige *prozedurale* Ausgestaltung des Veränderungsanspruchs beeinträchtigt werden. Wie das allgemeine Persönlichkeitsrecht zielen auch die Gewährleistungen der Kommunikations- und Wirtschaftsgrundrechte auf die *Abwehr von Abschreckungseffekten.*[819]

Die Auferlegung unangemessener (Sorgfalts-)Pflichten, deren Verletzung mit der Verpflichtung zur Zahlung signifikanter (Abmahn-)Kosten einhergehen kann,[820] mag die Verantwortlichen davon absehen lassen, im Zeitpunkt der Veröffentlichung rechtmäßige Inhalte ins Internet einzustellen oder solche Beiträge zulässigerweise zu archivieren. Eine solche mögliche „Rückwirkung" (im untechnischen Sinne) des auf das Recht auf medialen Neubeginn gestützten Veränderungsverlangens bedeutet eine zur Veränderungsverpflichtung hinzutretende, *eigenständig zu würdigende Beeinträchtigung* der grundrechtlichen Freiheiten.

Die Analyse der konfligierenden grundrechtlichen Interessen ist folglich um die Frage zu ergänzen, inwiefern diese auf die Modalitäten der Geltendmachung eines sich aus dem Eintritt des Beitrags in diese dritte Phase ergebenden Veränderungsanspruchs einwirken.

---

[819] BGHZ 183, 353 (362 f.), dazu bereits *Diesterhöft,* ZJS 2010, S. 251 (255); angedeutet auch bei *Lenski,* Personenbezogene Massenkommunikation, S. 57: „Angstfreiheit und das Bewusstsein der jederzeitigen und spontanen Möglichkeit des kommunikativen Ausdrucks".
Solche Abschreckungseffekte lassen sich, wie gesehen, als mittelbare, psychisch vermittelte Grundrechtsbeeinträchtigung rekonstruieren (vgl. oben S. 117).
[820] Vgl. bereits oben S. 66.

IV. Zusammenfassung

Der Konflikt um die persönlichkeitsrechtliche Zulässigkeit eines im Internet veröffentlichten Beitrags lässt sich in drei Phasen unterteilen. In der *ersten Phase* überwiegt das je nach Konstellation auf herkömmlichem Wege aus den Grundrechten bzw. dem staatlicherseits verfolgten Zweck gespeiste *primäre Veröffentlichungsinteresse* bei einer hypothetischen Prüfung einer aktiven (Wieder-)Veröffentlichung des Beitrags gegenüber dem herkömmlichen Schutz der Persönlichkeit des Betroffenen, der in erster Linie durch die etablierten Ausprägungen des allgemeinen Persönlichkeitsrechts gewährleistet wird. Solange dies der Fall ist, kann im Wege eines Erst-recht-Schlusses auf die Zulässigkeit der fortdauernden Abrufbarkeit des Beitrags geschlossen werden.

Während bei konfrontativen Beiträgen das Recht auf medialen Neubeginn folglich in der ersten Phase nicht zum Tragen kommt, muss es bei konsentierten oder vom Betroffenen selbst eingestellten Beiträgen zunächst bei der Entscheidung darüber berücksichtigt werden, ob eine ursprünglich wirksame Einwilligung widerrufen werden kann. Ist dies der Fall, muss in einem zweiten Schritt das Vorliegen einer alternativen Veröffentlichungsbefugnis nach den für konfrontative Publikationen geltenden Maßstäben geprüft werden.

Erst wenn der Erst-recht-Schluss nicht mehr greift, tritt der Beitrag in die entscheidende *zweite Phase* ein. In dieser stellt sich die Frage, ob der Beitrag unter den *tatsächlichen* Rezeptionsbedingungen gegen den Willen des Betroffenen abrufbar gehalten werden darf. Die Antwort liefert eine Abwägung des Rechts auf medialen Neubeginn mit dem *sekundären,* auf die Beibehaltung des Beitrags gerichteten *Veröffentlichungsinteresse.* Dieses speist sich nicht nur aus den bekannten Erwägungen, die für die Zulässigkeit einer (aktiven) Veröffentlichung streiten. Vielmehr treten originär sekundäre Veröffentlichungsinteressen hinzu, die gerade in dem Umstand gründen, dass der Beitrag nun einmal Teil der medialen Realität geworden ist.

Wenn bei dieser Abwägung eine Verletzung des Rechts auf medialen Neubeginn festgestellt worden ist, steht die Veränderungsreife des Beitrags fest. In dieser *dritten Phase* wird die inhaltliche Reichweite des einfachrechtlichen Veränderungsanspruchs durch iterative Abwägung oder einen erneuten Erst-recht-Schluss bestimmt. Bei der *prozeduralen Gestaltung* des Veränderungsanspruchs sind schließlich (übermäßige) Abschreckungseffekte zu vermeiden.

Das Drei-Phasen-Modell lässt die relevanten Abwägungsfaktoren deutlich hervortreten. So wie das Recht auf medialen Neubeginn spezifisch auf die Situation des nachträglichen Publikationsexzesses zugeschnitten ist, lassen sich auch auf der Gegenseite mit den widerrufsspezifischen und originär sekundären Publikationsinteressen Aspekte identifizieren, die bei einer unbesehenen Übernahme des bekannten Repertoires wohl unbeachtet geblieben wären.

Die Möglichkeit der zeitlichen Abschichtung dieser Aspekte erleichtert die Entscheidungsfindung[821] ebenso wie die Erst-recht-Schlüsse, über die die herkömmlichen Leitlinien möglichst umfassend fruchtbar gemacht werden können, ohne dass die Besonderheiten der durch die „Unfähigkeit des Internets zu vergessen" hervorgerufenen Problemstellung geleugnet werden müssten.

§ 8 Grundrechtskonflikte

Die Ausstrahlungswirkung der Grundrechte auf die gesamte Rechtsordnung[822] stellt sicher, dass der Betroffene unabhängig von der Provenienz der identifizierenden Berichterstattung seinen Wunsch, von der medialen Last des fortwährend abrufbaren Beitrags befreit zu werden, auch dann rechtlich artikulieren kann, wenn es an einer *spezifischen* Anspruchsgrundlage nach Art des Art. 17 DS-GVO-E[823] fehlt. Denn das in Art. 2 Abs. 1 i.V.m. Art. 1 Abs. 1 GG wurzelnde (verfassungsrechtliche) Recht auf medialen Neubeginn beeinflusst – je nach Anspruchsgegner unmittelbar oder mittelbar – die Auslegung und Anwendung aller Normen des einfachen Rechts.[824]

Die gleiche Ausstrahlungswirkung macht es erforderlich, rechtliche Informationsrestriktionen in verfassungsrechtlicher Perspektive grundsätzlich als *tri- oder multipolare Konfliktlagen* zu rekonstruieren,[825] bei denen auch den Grundrechten des Anspruchsgegners[826] sowie mittelbar beeinträchtigter Dritter Rechnung zu tragen ist. Dabei können vier verschiedene Gruppen unterschieden werden, deren Interessen durch einen Veränderungsanspruch des Betroffenen berührt sein können:

Die Verpflichtung, den Beitrag zu verändern oder weniger gut auffindbar abrufbar zu halten, trifft in erster Linie den *Autor,*[827] falls dieser nicht selbst gegen die fortdauernde Abrufbarkeit eines eigenen Beitrags vorgeht.

---

[821] Zur Ordnungsfunktion der Fallgruppen bereits oben S. 147.

[822] Grundlegend BVerfGE 7, 198 (205 ff.) – Lüth, statt vieler *Starck,* in: v. Mangoldt/ Klein/Starck, GG, Art. 1 Abs. 3 Rdnrn. 303 ff.

[823] KOM(2011) 11 endg. Vgl. dazu oben S. 78.

[824] Z. B. §§ 14 f., 20 bzw. §§ 28 ff., 35 BDSG, §§ 22, 23 KunstUrhG, § 42 UrhG; §§ 1004, 823.

[825] Vgl. nur *Hoffmann-Riem,* EuGRZ 2006, S. 492 (492 ff.) m.w.N. auch jenseits des Medienrechts.

[826] Dazu zählen auch die mit Blick auf die Rundfunkfreiheit grundrechtsberechtigten öffentlich-rechtlichen Rundfunkanstalten (BVerfGE 31, 314 [322]). Bei Ansprüchen gegen staatliche Stellen sind die *Grundrechte Dritter* zu beachten (OVG Berlin-Brandenburg, ZUM-RD 2011, S. 384 [387 f.]).

[827] Eine der Vielgestaltigkeit der Beiträge (Texte, Bilder, Videos) gerecht werdende Beschreibung der Akteure müsste ein sehr hohes Abstraktionsniveau aufweisen. Aus Gründen der besseren Lesbarkeit wird hier und im Folgenden eine am Hauptanwendungsfall des Textbeitrags orientierte Begrifflichkeit gewählt. Mit dem Begriff des Au-

Beiträge werden von den Autoren nicht nur auf eigenen Internet- oder Profil-seiten in einem sozialen Netzwerk veröffentlicht,[828] sondern auch auf Seiten, die von Dritten gestaltet werden, indem diese z. B. auf die Auswahl und Präsentation der Beiträge Einfluss nehmen. So finden sich beispielsweise auf Blogs Gastbei-träge oder Kommentare, die auf andere Beiträge oder auf andere Kommentare Bezug nehmen. Diese *Verleger* fremder Beiträge[829] unterscheiden sich von den Intermediären dadurch, dass sie sich nicht auf die Bereitstellung der technischen Infrastruktur für die Veröffentlichung, Auffindbarkeit und Zugänglichkeit der Inhalte beschränken,[830] sondern aufgrund ihrer eigenen journalistisch-redaktio-nellen Auswahlleistung in einer inhaltlichen (journalistisch-redaktionellen) Nähe-beziehung zum Beitrag stehen.[831]

Aber auch die soeben genannten technischen *Intermediäre* werden verstärkt in äußerungsrechtliche Auseinandersetzungen einbezogen. Betroffene, die sich nicht an die Autoren oder Verleger halten können (z. B. weil diese anonym bleiben) oder wollen (z. B. weil diese im Ausland sitzen und gerichtliches Vorgehen sehr beschwerlich oder aussichtslos ist), wenden sich mitunter an die Host-(Service-) Provider[832] oder an die Betreiber von Suchmaschinen[833] und verlangen Abhilfe.[834]

Auf der Empfängerseite wären schließlich die (verhinderten) Leser, Zuhörer bzw. Zuschauer der Beiträge als potenzielle *Rezipienten* von einer aus dem Recht auf medialen Neubeginn abgeleiteten Informationsrestriktion betroffen.

Die Schwierigkeit, die mit der Publikationskette Autor (– Verleger) – Interme-diär – Rezipient verbunden ist, lässt sich wie folgt veranschaulichen: Klagt ein Betroffener gegen den Anbieter einer Blog-Plattform auf Löschung einzelner Beiträge eines Bloggers, kann sich der beklagte (geschäftsmäßige) Host-Service-

---

tors sind die „Ersteller" von Lichtbildern und Filmen mitgemeint. Der Begriff des Ur-hebers wäre ebenfalls zu eng, weil er die Konstellationen nicht erfasst, in denen die „Werke" die erforderliche Schöpfungshöhe nicht erreichen (vgl. dazu unten S. 315).

[828] Vgl. oben S. 36 ff.

[829] Wie schon der Begriff des Autors darf der Begriff des Verlegers mit Blick auf die Internetpublikationen nicht zu eng verstanden werden. Insbesondere darf nicht außer Acht gelassen werden, dass es sich häufig nicht nur bei den Autoren, sondern auch bei den Verlegern nach herkömmlichem Verständnis um journalistische Laien handelt. An-dererseits ist nicht zu verkennen, dass diesen funktional eine den herkömmlichen Verle-gern vergleichbare publizistische Mittlerrolle zukommt, weshalb die hierfür etablierten grundrechtlichen Gewährleistungen fruchtbar gemacht werden können.

[830] Sog. Host- und Access-Provider (dazu bereits oben S. 25 in Fn. 15).

[831] Zu diesem Kriterium näher unten S. 190.

[832] BGHZ 191, 219 – Blog-Host-Provider; EuGH, Rs. C-360/10 – SABAM, MMR 2012, S. 334 ff.

[833] OLG Hamburg, MMR 2012, S. 62 (63 f.).

[834] Die Inanspruchnahme der Access-Provider spielt, anders als in anderen Zusam-menhängen (vgl. OVG NRW, NJW 2003, S. 2183 ff.; EuGH, Rs. C 70/10 – Scarlet Extended, Slg. 2011, I-12006 ff., MMR 2012, S. 174 ff.; weitere N. unten S. 301 in Fn. 1438) – soweit ersichtlich – bislang keine Rolle.

Provider – wie noch auszuführen ist[835] – mangels hinreichender inhaltlicher Gestaltungsmacht zwar *selbst* „nur" auf das Grundrecht der Berufsfreiheit berufen. Die durch Art. 5 Abs. 1 GG geschützten Interessen des Bloggers und seiner potenziellen Leser können dabei nicht unbeachtet bleiben, geht es im Kern doch um die Zulässigkeit der Veröffentlichung mit Blick auf ihre geistige Wirkung, während etwaige Erwägungen zur wirtschaftlichen Belastung des Geschäftsmodells des Intermediärs nur eine nachgelagerte Frage der Verantwortlichkeit für unzulässige Inhalte betreffen.

Sachangemessene Maßstäbe können folglich nur gebildet werden, wenn *auch* die nur mittelbar betroffenen Rechtspositionen im Rahmen der erforderlichen Abwägung zum Tragen kommen.[836] Mit anderen Worten: Die grundrechtlich geschützten Interessen des Autors, Verlegers und Lesers sind auf Seiten des beklagten Intermediärs zu berücksichtigen.[837] Diese Berufung auf fremde (Grund-)Rechtspositionen wird wahlweise als (untechnische) „Stellvertretung"[838] oder „Verstärkung"[839] beschrieben und ist selbst dem im Ausgangspunkt durch den Grundsatz der Relativität der Schuldverhältnisse geprägten Zivilrecht nicht fremd.[840]

---

[835] Vgl. unten S. 190.

[836] BVerfGE 101, 361 (386, 395 f.); 104, 337 (346); ferner BVerfGE 13, 290 (295 ff.); 65, 104 (112 f.).

[837] Zutreffend BGHZ 181, 328 (337 ff.) – Spickmich, wo das Recht auf informationelle Selbstbestimmung mit der Meinungsfreiheit abgewogen wird, obgleich die beklagte Betreiberin des Bewertungsportals selbst keine Meinungsäußerungen getätigt hat. In BGHZ 191, 219 (227), wird davon ausgegangen, dass dem Provider die „Meinungs- und Medienfreiheit" zustehe, obgleich dieser den Beitrag „weder verfasst noch sich seinen Inhalt zu Eigen gemacht hat" (S. 225). Ferner EuGH, Rs. C-70/10 – Scarlet Extended, Slg. 2011, I-12006 (12027), MMR 2012, S. 174 (176): „Darüber hinaus würden sich die *Wirkungen* [...] *nicht auf den* [Provider] *beschränken,* weil das [...] Filtersystem *auch Grundrechte der Nutzer* [...] *beeinträchtigen kann,* [nämlich] ihre durch die Art. 8 und 11 der Charta geschützten Rechte auf den Schutz personenbezogener Daten und auf freien Empfang oder freie Sendung von Informationen" (Hervorh. d. Verf.).

[838] OVG Berlin-Brandenburg, ZUM-RD 2011, S. 384 (387 f.): Auf die Meinungsfreiheit kann sich eine staatliche Bibliothek „als Letztverbreiter [...] stellvertretend für den Autor berufen".

[839] BVerfGE 101, 361 (386, 395 f.), mit dem dritten Leitsatz: „Der Schutzgehalt des allgemeinen Persönlichkeitsrechts von Eltern [...] erfährt eine *Verstärkung* durch Art. 6 Abs. 1 und 2 GG, soweit es um die Veröffentlichung von Abbildungen geht, die die spezifisch elterliche Hinwendung zu den Kindern zum Gegenstand haben." Vgl. auch BVerfGE 104, 337 (346): „Das Schächten ist [...] für den Beschwerdeführer [...] auch Ausdruck einer religiösen Grundhaltung [...]. Dem ist [...] dadurch Rechnung zu tragen, dass der Schutz der Berufsfreiheit [...] durch den speziellen Freiheitsgehalt [...] der Religionsfreiheit aus Art. 4 Abs. 1 und 2 GG *verstärkt* wird" (Hervorh. d. Verf.). Ferner *Fechner,* in: Stern/Becker, Grundrechte, Art. 5 Rdnr. 120, der dem Informationsinteresse der Öffentlichkeit „eine die Mediengrundrechte verstärkende Funktion" zubilligt.

[840] Vgl. *Westermann,* AcP 208 (2008), S. 141, der nach umfangreicher Bestandsaufnahme resümiert: „Die Einbeziehung von Dritt- und Allgemeininteressen in die Bewer-

Diese Überlegungen bestimmen das weitere Vorgehen. Anstatt alle denkbaren Grundrechtskollisionslagen (z. B. Betroffener ./. Autor wg. Beitrags; Autor bzw. Verleger ./. Intermediär wg. auf Aufforderung des Betroffenen hin durchgeführter Löschung des Beitrags) durchzuspielen, erscheint es sinnvoll, an die Untersuchung, welche Grundrechte in welcher Konstellation zur Anwendung berufen sind (I.), eine am im vorstehenden Kapitel entfalteten Drei-Phasen-Modell ausgerichtete systematisierende Darstellung der grundrechtlich geschützten *Interessen* anzuschließen (II. und III.).

I. Durch den Veränderungsanspruch betroffene Grundrechte

Je nach Einzelfall stehen dem Recht auf medialen Neubeginn die Meinungsfreiheit (1.), Rundfunk- bzw. Medienfreiheit (2.) oder die Informationsfreiheit (3.) entgegen. Freilich können auch die Berufsfreiheit (bzw. die allgemeine Handlungsfreiheit) (4.) und das Eigentumsgrundrecht (5.) relevant werden.

1. Meinungsfreiheit

Durch einen Veränderungsanspruch des im Beitrag Identifizierten wäre der Autor in seiner Meinungsfreiheit (Art. 5 Abs. 1 S. 1 Alt. 1 GG) betroffen. Begründungsbedürftig ist dies allein für den Fall, dass er gutgläubig eine *unzutreffende* Tatsachenbehauptung verbreitet hat, was unter bestimmten Umständen rechtmäßig ist.[841]

a) Einbeziehung von (unzutreffenden) Tatsachenbehauptungen in den Schutzbereich

Während ursprünglich versucht worden war, den Begriff der Meinung auf subjektiv-wertende Elemente zu beschränken,[842] hat sich bald eine Deutung der Grundrechtsnorm als „Recht der freien Rede"[843] durchgesetzt, die auch Tatsachenbehauptungen erfasst, wobei zwei Begründungsstränge konkurrieren: Über-

---

tung privater Rechtsverhältnisse ist [...] in vielen Fallgestaltungen, auf ganz unterschiedlichem rechtstechnischen Weg und aus vielfältigen Gründen zustandegekommen und akzeptiert. Generell kann man sie wohl nicht mehr als Ausnahme vom Prinzip der bloßen inter-partes-Wirkung des Schuldverhältnisses bezeichnen."

[841] Zum sog. Agentur-Privileg unten S. 259.

[842] *v. Mangoldt/Klein,* Das Bonner Grundgesetz I, Art. 5 Anm. III. 1 (S. 239); unklar *Ridder,* Meinungsfreiheit, in: Die Grundrechte II, S. 243 (264 f.), der einerseits betont, dass die Mitteilung von Tatsachen keine Meinungsäußerung darstelle, zugleich aber auf die vielfältigen Verquickungen hinweist, die beide „bloß theoretisch" abtrennbar mache.

[843] Vgl. nur *Herzog,* in: Maunz/Dürig, GG, Art. 5 Abs. I, II Rdnr. 55.

wiegend wird argumentiert, dass auch eine Tatsachenbehauptung in den Schutzbereich einbezogen werden müsse, *weil und soweit* sie Voraussetzung der Bildung von Meinungen ist, welche Art. 5 Abs. 1 GG in seiner Gesamtheit gewährleistet".[844] Andere setzen am Begriff der „Meinung" an und verstehen hierunter
grundsätzlich „jede Äußerung von (auch unrichtigen) Ansichten und/oder (auch
unwahren) Tatsachen".[845]

Relevant wird die Divergenz bei der Frage, ob auch *unzutreffende* Tatsachenbehauptungen den Schutz der Meinungsfreiheit genießen können. So sollen nach
der erstgenannten Begründung *bewusst* unwahre oder *evident* unrichtige Tatsachenbehauptungen (wie die sog. „Auschwitz-Lüge") von vornherein aus dem
Grundrechtstatbestand herausfallen, *weil diese zur Meinungsbildung nicht beitragen können.*[846] Im Übrigen soll die Verbreitung unwahrer Tatsachenbehauptungen nicht des Schutzes der Meinungsfreiheit entbehren.[847]

Zu einem nachträglichen Publikationsexzess kann es definitionsgemäß nur
kommen, wenn die Veröffentlichung *ursprünglich rechtmäßig* war,[848] so dass bewusst unwahre oder evident unrichtige Tatsachenbehauptungen ausscheiden. Die
allein problematische gutgläubige Verbreitung unzutreffender Tatsachenbehauptungen ist von der Meinungsfreiheit im Ergebnis unstreitig erfasst.[849]

---

[844] Vgl. nur BVerfGE 61, 1 (8) (Hervorh. d. Verf.); *Hoffmann-Riem,* in: AK-GG,
Art. 5 Abs. 1, 2 Rdnr. 30; *Stern,* Freiheit der Kommunikation und Information, in:
StaatsR IV/1, § 108 II 3 a (S. 1392 f.).

[845] *Schulze-Fielitz,* in: Dreier, GG, Art. 5 I, II Rdnr. 66. Ferner *Herzog,* in: Maunz/
Dürig, GG, Art. 5 Abs. I, II Rdnrn. 51 ff.; *Starck,* in: v. Mangoldt/Klein/Starck, GG,
Art. 5 Abs. 1, 2 Rdnr. 26; *Stern,* Freiheit der Kommunikation und Information, in:
StaatsR IV/1, § 108 II 3 a β (S. 1395); *Scheuner,* VVDStRL 22 (1965), S. 1 (64 f.)
m.w.N. zur älteren Literatur in Fn. 187. Ansatzpunkt dieser extensiven Auslegung ist
die Überlegung, dass Meinungen und Tatsachenbehauptungen fast immer verwoben
werden und dass selbst bei reinen Tatsachenbehauptungen allein durch deren Auswahl
i.d.R. eine Wertung getroffen wird. Ergänzend kann auf internationale und gemeineuro-
päische Grundrechtsstandards verwiesen werden, vgl. Art. 19 AEMR („Jeder Mensch
hat das Recht auf freie Meinungsäußerung; dieses Recht umfasst die Freiheit, Meinungen unangefochten anzuhängen und Informationen und Ideen mit allen Verständigungs-
mitteln ohne Rücksicht auf Grenzen zu suchen, zu empfangen und zu verbreiten.");
sprachlich nur wenig abweichend Art. 10 Abs. 1 S. 1 und 2 EMRK; Art. 11 Abs. 1
GRCh.

[846] Grundlegend BVerfGE 54, 208 (219). A.A. *Schulze-Fielitz,* in: Dreier, GG, Art. 5
I, II Rdnrn. 65 f., der den Wahrheitsgehalt stets nur auf Ebene der Einschränkbarkeit
berücksichtigen will.

[847] BVerfGE 99, 185 (197); *Schulze-Fielitz,* in: Dreier, GG, Art. 5 I, II Rdnrn. 280 ff.
m.w.N. *Starck,* in: v. Mangoldt/Klein/Starck, GG, Art. 5 Abs. 1, 2 Rdnr. 27, deutet die
fahrlässige unwahre Tatsachenbehauptung in eine (irrige) Stellungnahme zur Realität
(und damit in eine Meinung i.e.S.) um.

[848] Vgl. oben S. 45.

[849] Vgl. auch BVerfGE 54, 208 (219 f.); 97, 125 (149 f.); 99, 185 (197 f.) m.w.N.

b) Bedeutung der Meinungsfreiheit für Internetpublikationen

Art. 5 Abs. 1 S. 1 Alt. 1 GG gewährleistet die Freiheit zur Äußerung und Verbreitung von Meinungen und Tatsachen ohne Rücksicht auf Form und Kommunikationsmittel.[850] Die Meinungsfreiheit umfasst auch die Information über Meinungen Dritter, etwa durch Setzen eines Hyperlinks.[851] Unklar ist, wie es sich verhält, wenn der Beitrag den Bereich der Individualkommunikation verlässt und z. B. im Online-Angebot eines Zeitungsverlages oder einem (semi)professionell betriebenen Blog veröffentlicht wird. Damit ist die Frage nach dem Verhältnis der Schutzbereiche der Meinungsfreiheit auf der einen und der jeweils einschlägigen Medienfreiheit (Art. 5 Abs. 1 S. 2 GG) auf der anderen Seite aufgeworfen.

Soweit Beschränkungen an die geistige Wirkung[852] einer Meinungsäußerung anknüpfen, es also isoliert um die (äußerungsrechtliche) Zulässigkeit des Beitrags an sich geht, soll nach überwiegender Ansicht allein die Meinungsfreiheit einschlägig sein, auch wenn der Beitrag im konkreten Fall im Rahmen eines Medienproduktes veröffentlicht wurde. Nur wenn und soweit darüber hinausgehende *medienspezifische* Aspekte relevant werden, also entweder gerade der Umstand der *medialen* Verbreitung einer Äußerung zum Anknüpfungspunkt gewählt, die Zulässigkeit einer mehrere Beiträge umfassenden Publikation als solche in Zweifel gezogen, die „institutionell-organisatorischen Voraussetzungen und Rahmenbedingungen" beeinträchtigt oder gar die „Institution einer freien Presse" [bzw. eines freien Rundfunks] berührt werden, soll die jeweilige Medienfreiheit maßgeblich sein.[853]

Die Gegenansicht betont demgegenüber die durch Art. 5 Abs. 1 S. 2 GG zum Ausdruck gebrachte Sonderstellung gerade der (massen)medialen Verbreitung von Informationen und Meinungen. Demnach nähmen die Medienfreiheiten die Meinungsfreiheit vollumfänglich auf und beschränkten deren Anwendungsbereich auf die Individualkommunikation.[854]

---

[850] Vgl. zur Einbeziehung des Internets nur *Schulze-Fielitz,* in: Dreier, GG, Art. 5 I, II Rdnr. 75; *Starck,* in: v. Mangoldt/Klein/Starck, GG, Art. 5 Abs. 1, 2 Rdnr. 30 – jeweils m.w.N. Mit Blick auf die dortigen Gepflogenheiten ist zu betonen, dass auch *anonyme* Meinungsäußerungen nicht vom Schutzbereich ausgenommen werden, vgl. nur *Starck,* in: v. Mangoldt/Klein/Starck, GG, Art. 5 Abs. 1, 2 Rdnr. 32.

[851] BVerfG, MMR 2012, S. 246 (247).

[852] Diese wird – wie Publikationsexzess und Reaktualisierung zeigen – nicht nur durch den Inhalt bestimmt, sondern auch durch die Umstände der Äußerung.

[853] BVerfGE 85, 1 (12 f.); 95, 28 (34). Vgl. ferner *Schulze-Fielitz,* in: Dreier, GG, Art. 5 I, II Rdnr. 97; *Stern,* Freiheit der Kommunikation und Information, in: StaatsR IV/1, § 108 V 3 a α ββ (S. 1486 f.) – jeweils m.w.N.; zurückhaltend zustimmend *Hoffmann-Riem,* in: AK-GG, Art. 5 Abs. 1, 2 Rdnr. 142.

[854] *Herzog,* in: Maunz/Dürig, GG, Art. 5 Abs. I, II Rdnrn. 153, 204; *Lenski,* Personenbezogene Massenkommunikation, S. 61 f., 74 f.

Weil praktische Konsequenzen mit der unterschiedlichen Einordnung nicht verbunden sind, soll im Rahmen dieser Untersuchung auf eine Stellungnahme verzichtet und im Folgenden das vorherrschende Verständnis zugrunde gelegt werden. Demnach müssen sich alle Entscheidungen, welche die (andauernde) *Veröffentlichung* eines Beitrages im Internet *als solche* beeinträchtigen oder daran Sanktionen knüpfen, an der Meinungsfreiheit messen lassen.

2. Presse-, Rundfunk- und Medienfreiheit

Auch wenn im Streit um die Zulässigkeit der fortdauernden Abrufbarkeit eines Beitrags nach dem soeben Gesagten primär die Meinungsfreiheit einschlägig ist, können auch *medienspezifische Aspekte* eine Rolle spielen. Wenn z.B. eine Pflicht der Autoren, Verleger oder Intermediäre erwogen wird, den Beitragsbestand unter Kontrolle zu halten, um so einen nachträglichen Publikationsexzess zu verhindern, ist damit eine über die inhaltliche Bewertung des (einzelnen) Beitrags hinausgehende, in die Organisation und den Betrieb des Online-Angebots in seiner Gesamtheit übergreifende Beeinträchtigung verbunden. Damit ist die Frage aufgeworfen, welche der Medienfreiheiten des Art. 5 Abs. 1 S. 2 GG für die Online-Medien maßgeblich ist [a)] und welche Gewährleistungsinhalte bei einem nach inhaltlicher Bewertung feststehenden nachträglichen Publikationsexzess zu beachten sind [b)].

a) Auslegung des Art. 5 Abs. 1 S. 2 GG mit Bezug auf Internetpublikationen

Die Zuordnung von Internetpublikationen zu den in Art. 5 Abs. 1 S. 2 GG genannten Medienfreiheiten erweist sich deshalb als schwierig, weil die Veränderungen des Realbereichs die Basis des bisherigen Normverständnisses so haben erodieren lassen, dass über die Auslegung der Norm von Grund auf neu nachgedacht werden muss.

aa) Erschütterung der ursprünglichen Gewissheit

Nachdem Versuche einer *materiell-inhaltlichen* Bestimmung des verfassungsrechtlichen Presse- und Rundfunkbegriffs[855] sich nicht haben durchsetzen können,[856] erfolgt die Begriffsbestimmung bis heute primär unter Rückgriff auf das

---

[855] *v. Mangoldt/Klein,* Das Bonner Grundgesetz, Bd. 1, Art. 5 Anm. VI 3 (S. 245), der unter Presse i. S. d. Grundgesetzes nur die „Veröffentlichung politisch-kulturell-weltanschaulicher Nachrichten und Stellungnahmen sowie die sonstige sachliche Berichterstattung in Zeitungen und Zeitschriften" verstanden wissen wollte; vgl. auch BGH, NJW 1963, S. 665 (667).

[856] Vgl. statt vieler *Jarass,* Die Freiheit der Massenmedien, S. 195 f.; *Herzog,* in: Maunz/Dürig, GG, Art. 5 Abs. I, II Rdnr. 128 – jeweils m.w.N. BVerfGE 25, 296 (307);

– im Wortlaut angelegte[857] – *technische* Kriterium der Herstellungs- bzw. Verbreitungsmethoden: Unter die Pressefreiheit fallen alle zur überindividuellen Verbreitung geeigneten und bestimmten Druckerzeugnisse, wohingegen sich der Rundfunk durch die überindividuelle Verbreitung von Informationen mit Hilfe elektromagnetischer Wellen auszeichnet.[858] Für die Abgrenzung von Presse und Rundfunkfreiheit kommt es nach diesem Verständnis allein darauf an, ob zur Überbrückung der Distanz zwischen Produzent und Empfänger ein körperlicher Datenträger eingesetzt wird.[859]

Für eine erste Irritation der durch die scheinbar unhintergehbare Dichotomie von Presse und Rundfunk konstituierten Medienordnung sorgten ab den 1970er Jahren die – in der Rückschau wenig spektakulären – sog. „Neuen Medien" bzw. „Neuen Dienste", wie z.B. BTX und Videotext.[860] Spätestens mit der weitgehenden Konvergenz der Medien(märkte) im Internet[861] ist die technikbasierte Abgrenzung der Medienfreiheiten fragwürdig geworden,[862] weil Presseverlage und Rundfunksender die gleiche Infrastruktur nutzen.

34, 269 (283); 66, 116 (134), betonen die weite und formale Bestimmung des Pressebegriffs mit Blick auf die „Unterhaltungspresse".

[857] So leitet sich die „Presse" von „pressen" in der Bedeutung von „drucken" her (*Starck,* in: v. Mangoldt/Klein/Starck, GG, Art. 5 Abs. 1, 2 Rdnr. 59 m.w.N.), was in der früheren Bezeichnung als „Preßfreiheit" noch deutlicher hervortritt. Die Schöpfung des Begriffs „Rundfunk", als „Funk, der in die Runde ausgestrahlt wird", wird Hans Bredow zugeschrieben (vgl. http://duden.de/rechtschreibung/Rundfunk). Zutreffend weist *Starck,* in: v. Mangoldt/Klein/Starck, GG, Art. 5 Abs. 1, 2 Rdnr. 94, darauf hin, dass Art. 5 Abs. 1 S. 2 GG die technische Auslegung durch die Formulierung „Berichterstattung *durch* Rundfunk" besonders nahe legt.

[858] Statt vieler BVerfGE 95, 28 (35) bzw. BVerfGE 12, 205 (226); *Schulze-Fielitz,* in: Dreier, GG, Art. 5 I, II Rdnrn. 89 bzw. 99; *Starck,* in: v. Mangoldt/Klein/Starck, GG, Art. 5 Abs. 1, 2 Rdnrn. 59 bzw. 94 ff.; *Herzog,* in: Maunz/Dürig, GG, Art. 5 Abs. I, II Rdnrn. 129 bzw. 195.

[859] Ausgehend von dieser – ursprünglich durchaus einleuchtenden – Annahme einer klaren Trennung der Sachbereiche haben sich die Gewährleistungsinhalte der Presse- und Rundfunkfreiheit so weit auseinanderentwickelt, dass ihre Freiheitsverbürgungen als „in diametralem Widerspruch zueinander" stehend beschrieben worden sind (*Möllers,* AfP 2008, S. 241 [241]).

[860] Historischer Überblick bei *Stern,* Rundfunkfreiheit, in: StaatsR IV/1, § 110 II 3 (S. 1663 ff.). Vgl. auch BVerfGE 74, 297 (345, 350 f.). Bereits die Kabel-Technologie veranlasste *Jarass,* Die Freiheit der Massenmedien, S. 23, die abschließende Aufzählung der Medien in Art. 5 Abs. 1 S. 2 GG anzuzweifeln.

[861] Überblick über die einzelnen Angebote und die Veränderungen des Nutzerverhaltens bei *Holznagel/Nolden,* Vorfragen zu Rundfunk und Telemedien, in: Hdb. Multimedia-Recht, Teil 5 Rdnrn. 7 ff.

[862] Vgl. *Hoffmann-Riem,* in: AK-GG, Art. 5 Abs. 1, 2 Rdnrn. 135 f., 144 ff.; *Stern,* Rundfunkfreiheit, in: StaatsR IV/1, § 110 II 3 (S. 1663 ff.); ferner *Schulze-Fielitz,* in: Dreier, GG, Art. 5 I, II Rdnr. 102; *Starck,* in: v. Mangoldt/Klein/Starck, GG, Art. 5 Abs. 1, 2 Rdnrn. 100 ff.

bb) Vorschläge zur Neubestimmung
des Art. 5 Abs. 1 S. 2 GG

Angesichts dieser Verschleifung im Realbereich drängt sich die Frage auf, ob eine Unterscheidung zwischen Presse und Rundfunk überhaupt noch möglich ist und, falls ja, welche Differenzierungskriterien der neuen Realität gerecht werden können.

Auf Ebene des einfachen Rechts[863] ist auf diese Entwicklung in zweifacher Weise kompromisshaft reagiert worden: Durch Freistellung nicht-linearer Telemedien von der strengen rundfunkrechtlichen Regulierung[864] und durch Beschränkung der Online-Aktivitäten der öffentlich-rechtlichen Rundfunkanstalten mit Rücksicht auf die wirtschaftlichen Rahmenbedingungen der privaten Presseunternehmen.[865]

Während die Rechtsprechung des Bundesverfassungsgerichts zu den (seinerzeit) „Neuen Medien" von widersprüchlichen Ansätzen zur Bestimmung des verfassungsrechtlichen Rundfunkbegriffs und der inhaltlichen Reichweite der Rundfunkfreiheit geprägt gewesen ist,[866] finden sich zu den Entwicklungen im Internet bislang keine *grundsätzlichen* Ausführungen.[867]

---

[863] Zur Entwicklung *Holznagel/Nolden,* Vorfragen zu Rundfunk und Telemedien, in: Hdb. Multimedia-Recht, Teil 5 Rdnrn. 17, 75 ff.

[864] Eine Verengung der Rundfunkdefinition durch Einfügung eines inhaltlichen Kriteriums (lineares Programmschema i. S. eines Sendeplans, § 2 Abs. 1 S. 1 RStV) stellt sicher, dass weiterhin nur klassische Fernseh- und Hörfunkprogramme sowie „vergleichbare Telemedien" dem strengen Regime des Rundfunkrechts unterliegen (vgl. etwa § 50 RStV). Für alle anderen Telemedien (§ 1 Abs. 1 TMG, § 2 Abs. 1 S. 3 RStV) gelten weitaus geringere gesetzliche Anforderungen (§§ 54 Abs. 1, 55 Abs. 1 RStV; §§ 7–15 a TMG) und auch im Falle einer journalistisch-redaktionellen Gestaltung nur solche Einschränkungen und Privilegien, die dem Presserecht entsprechen (§§ 54 Abs. 2, 55 Abs. 2, 56–59 RStV). Vgl. auch LG Oldenburg, K&R 2012, S. 688 (689): Eine Beleidigung in einem sozialen Netzwerk wird weder in der Presse noch im Rundfunk i. S. d. § 1 Abs. 2 Nr. 4 Nds. SchlichtungsG begangen.

[865] Zwar wurde den öffentlich-rechtlichen Rundfunkanstalten der Betrieb von Internetangeboten prinzipiell gestattet (§§ 11a Abs. 1 S. 1, 11d RStV), zugleich aber Einschränkungen unterworfen (§ 11d Abs. 2 RStV). Vgl. zu den (nicht nur europarechtlichen) Hintergründen statt vieler *Papier/Schröder,* epd medien 60/2010, S. 16; *Fiedler,* AfP 2011, S. 15 ff.; *Hain,* K&R 2012, S. 98 ff. – jeweils m.w.N.

[866] Mal erfolgt die Abgrenzung streng nach der genutzten Verbreitungstechnik (BVerfGE 83, 238 [312 f.]), mal wird gerade die Technologieneutralität der Verfassungsinterpretation betont und auf materiale Kriterien wie Nutzungs- und Rezeptionsmodalitäten abgestellt (BVerfGE 74, 297 [350 ff.]).
Folglich können sich alle im Folgenden dargestellten Lösungsvorschläge mehr oder weniger auf Entscheidungen des Bundesverfassungsgerichts berufen (vgl. *Möllers,* AfP 2008, S. 241 [242 f.]).

[867] In BVerfG, MMR 2012, S. 246 (247), dem – soweit ersichtlich – bislang einzigen einschlägigen Beschluss, ist das Unterlassungsbegehren der Geschädigten gegen den auch gedruckte Periodika herausgebenden Verlag von der Kammer – wie von den Instanzgerichten zuvor – ohne nähere Erläuterung am Grundrecht der Pressefreiheit gemes-

Eine auf den ersten Blick naheliegende, vor allem bei den Zivilgerichten[868] zu beobachtende Bewältigungsstrategie ist die *akzessorische Zuordnung* der Internetaktivität zur „Haupttätigkeit" des jeweiligen Akteurs.[869]

Andere knüpfen an die Ratio der Rundfunksonderdogmatik an und stellen auf die in der verfassungsgerichtlichen Rechtsprechung für die Charakterisierung des Rundfunks zentrale Trias „Breitenwirkung, Aktualität und Suggestivkraft"[870] ab.[871] Diese spezifische *kommunikative Wirkung* bilde den Kern „kontrollbedürftiger Rundfunkmacht", die das „verfassungsrechtlich Besondere" des Rundfunks ausmache.[872] Weil dieses auf die Online-Angebote i. d. R. nicht zutreffe, handele es sich hierbei im verfassungsrechtlichen Sinne um „Presse".

Ausgehend von dieser funktionalen Analyse, wonach eine Übertragung der rundfunkverfassungsrechtlichen Sonderdogmatik auf die neuen Medien sachlich nicht gerechtfertigt werden kann, zieht eine in der Literatur im Vordringen befindliche Auffassung den gegensätzlichen Schluss und leugnet – gleichsam auf Ebene der Rechtsfolge[873] der Zuordnung – die bis dahin vorherrschende Verknüpfung von Tatbestand und Sonderdogmatik der Rundfunkfreiheit. Weil eine Zuordnung „neuer Medien" zur *Rundfunkfreiheit* vor diesem Hintergrund weder bedeutet, „dass sie dem Sonderregime der dualen Rundfunkordnung unterstehen, noch dass sich die öffentlich-rechtlichen Rundfunkanstalten der neuen Medien uneingeschränkt bedienen können",[874] sei der Weg frei für eine strikt technische

---

sen worden. In BVerfGE 104, 65 (71 f.), war die „Rüge der Verletzung des Art. 5 Abs. 1 Satz 1 und 2 GG" noch überhaupt nicht näher qualifiziert worden.

[868] Beispielhaft BGHZ 183, 353 (364) – Online-Archiv I. Während *Verweyen/Schulz,* AfP 2008, S. 133 (134), und *Dreier,* Erinnern Sie sich … ?, in: FS Loewenheim, S. 67 (69 f.), der akzessorischen Zuordnung ohne nähere Auseinandersetzung zustimmen, hatte *Bullinger* hierfür zunächst eine Begründung vorgelegt (*Bullinger,* AfP 1996, S. 1 [6, 8]; *Bullinger,* JZ 1996, S. 385 [387 f.]), diesen Ansatz inzwischen aber wieder aufgegeben (*Bullinger,* ZUM 2007, S. 337 [342 f.]).

[869] Krit. *Lenski,* Personenbezogene Massenkommunikation, S. 33 f. („Rückzug" bzw. „Kapitulation").

[870] Vgl. BVerfGE 83, 238 (299): „Daher ergeben sich auch die Grenzen der auf die Grundversorgung bezogenen Bestands- und Entwicklungsgarantie allein aus der Funktion des Rundfunks."

[871] Diese Trias wird als Chiffre für das Potenzial, den passiven Konsumenten an das eigene – notwendig selektive – Programm zu „fesseln", verstanden, vgl. *Bullinger,* JZ 1996, S. 385 (387).

[872] Vgl. *Bullinger,* AfP 1996, S. 1 (6 f.); *Bullinger,* JZ 1996, S. 385 (387 f.). *Möllers,* AfP 2008, S. 241 (242, 248 f.), macht die Sorge um die Funktionsbedingungen demokratischer Öffentlichkeit als Fixpunkt der Rechtsprechung aus. Vgl. auch *Starck,* in: v. Mangoldt/Klein/Starck, GG, Art. 5 Abs. 1, 2 Rdnr. 163, der diese Herleitung für den Bereich des „klassischen" Rundfunks bestätigt.

[873] *Stern,* Rundfunkfreiheit, in: StaatsR IV/1, § 110 II 3 f (S. 1672), spricht von einer „Rechtsfolgen-" statt einer „Tatbestandslösung".

[874] *Starck,* in: v. Mangoldt/Klein/Starck, GG, Art. 5 Abs. 1, 2 Rdnr. 100. Vgl. bereits *Schoch,* VVDStRL 57 (1998), S. 158 (197), der die Zuordnung der „neuen Dienste"

Abgrenzung der Medienfreiheiten untereinander nach der Art des Verbreitungsweges.[875]

Schließlich wird vorgeschlagen, das Aufkommen neuer Medien zum Anlass zu nehmen, sich über den zeitgebundenen Wortlaut[876] des Art. 5 Abs. 1 S. 2 GG hinwegzusetzen. Während einige die benannten Medienfreiheiten um eine *„Internetdienstefreiheit"* erweitern wollen,[877] die zusammen mit der Rundfunkfreiheit alle Formen unkörperlich verbreiteter Massenkommunikation erfassen soll,[878] gehen andere noch einen Schritt weiter und wollen auf Ebene des Grundrechtstatbestandes eine *umfassende Medienfreiheit* an die Stelle der enumerierten Medienarten treten lassen.[879] Statt der drei Einzelgewährleistungen (Presse, Rundfunk und Film) verbürgt Art. 5 Abs. 1 S. 2 GG bei dieser Lesart die Freiheit „jede[r] einseitige[n] Verbreitung von Inhalten", „die mittels technischer Hilfsmittel an einen größeren, nicht unbedingt [un]überschaubaren Personenkreis erfolgt, d. h. jede Form der (technischen) Massenkommunikation".[880]

Während sich die akzessorische Zuordnung wegen der sich abzeichnenden zunehmenden Präsenz originär internetbasierter Medienunternehmen als nicht zukunftstauglich erweist, hätte die Anerkennung einer umfassenden Medienfreiheit den Vorzug dogmatischer Klarheit und europäischer Anschlussfähigkeit für sich. Aber auch eine um den Ballast der Sonderdogmatik befreite Rundfunkfreiheit wäre denkbar.

---

zum Rundfunk zwar für „überwiegend unumgänglich" hält, eine angemessene „rechtsdogmatische Antwort" aber in der „Steuerungsreserve auf der Rechtsfolgenseite" findet, die – mit einem „funktionale[n] Verständnis" ausgedeutet – zu einem „dienstespezifischen, abgestuften Regelungsregime" führen könne.

[875] *Schulze-Fielitz,* in: Dreier, GG, Art. 5 I, II Rdnrn. 100, 102, 240; *Papier/Schröder,* epd medien 60/2010, S. 16 (22 f.); *Weigl,* Meinungsfreiheit contra Persönlichkeitsschutz am Beispiel von Web-2.0-Applikationen, S. 99 ff. m.w.N. Vgl. auch *Hoffmann-Riem,* in: AK-GG, Art. 5 Abs. 1, 2 Rdnrn. 149 f.; *Hoffmann-Riem,* AfP 1996, S. 9 (12 f.); *Jarass,* AfP 1998, S. 133 (139).

[876] Vgl. bereits *Jarass,* Die Freiheit der Massenmedien, S. 164, 194; aufgegriffen u. a. von *Lenski,* Personenbezogene Massenkommunikation, S. 71 f.

[877] Vgl. nur *Holznagel,* AfP 2011, S. 532 ff. m.w.N., ihm zustimmend *Spindler,* 69. DJT (2012), S. F 28. Vgl. bereits *Mecklenburg,* ZUM 1997, S. 497, der den Schutz der Internetfreiheit indes auf das technische System des Internets als „Medium erster Ordnung" bezieht.

[878] *Holznagel,* AfP 2011, S. 532 (534 f.). Die Rundfunkfreiheit soll die linearen, d. h. nach einem festen Schema „ablaufenden", und die Internetdienstefreiheit die verbleibenden Dienste erfassen.

[879] Vgl. nur *Lenski,* Personenbezogene Massenkommunikation, S. 71 ff.; *Fechner,* in: Stern/Becker, Grundrechte, Art. 5 Rdnrn. 122, 134; *Greve,* Access-Blocking, S. 77 ff.; *Hain,* K&R 2012, S. 98 m.w.N. Sympathien für diese Position lässt nunmehr auch *Jarass,* in: Jarass/Pieroth, GG, Art. 5 Rdnr. 101, erkennen.

[880] *Lenski,* Personenbezogene Massenkommunikation, S. 71 f., 74.

Eine abschließende Erörterung dieser Kontroverse muss im Rahmen dieser Arbeit jedoch unterbleiben, weil sich die grundrechtliche Zuordnung im hier interessierenden Kontext nicht (entscheidend) auf die Gewährleistungsinhalte auswirkt. Was den Schutz der Berichterstattungsfreiheit und die Abwehr *(massen)medienspezifischer* Beeinträchtigungen der Berichterstattung anbelangt, lassen sich bereits nach herkömmlicher Dogmatik zwischen Presse- und Rundfunkfreiheit keine Unterschiede festmachen.[881]

Vor diesem Hintergrund wird im Folgenden vereinfacht von der „Rundfunk- bzw. Medienfreiheit" gesprochen,[882] wenn die durch Art. 5 Abs. 1 S. 2 GG ohne Rücksicht auf die konkrete Gestalt auch im Internet geschützte Berichterstattungsfreiheit relevant wird.

b) Bedeutung der Rundfunk- bzw. Medienfreiheit für Internetpublikationen

Mit Blick auf das hier problematisierte Abrufbarhalten von ehedem zulässigerweise veröffentlichten Beiträgen folgt aus dem herrschenden Konkurrenzverhältnis,[883] dass es *für sich genommen* der Meinungsfreiheit unterfällt, während z.B. *Sorgfaltspflichten,* die den Betrieb von Online-Archiven betreffen, als *medienspezifische* Belastungen an der Rundfunk- bzw. Medienfreiheit zu messen sind.

Klärungsbedürftig sind zwei Fragen: Sind auch Intermediäre wie Host-Provider und Suchmaschinenbetreiber in den Schutzbereich der Rundfunk- bzw. Medienfreiheit einbezogen [aa)]? Und spielen *wirtschaftliche* Belastungen durch den aus dem Recht auf medialen Neubeginn abzuleitenden Veränderungsanspruch bei der Bewertung der Beeinträchtigung der Rundfunk- bzw. Medienfreiheit eine Rolle [bb)]?

---

[881] Vgl. nur BVerfGE 91, 125 (134 f.): „Rundfunk und Presse unterscheiden sich in ihrer Funktion nicht. [...] Unterschiede bestehen allerdings im Mittel der Funktionserfüllung. [...] Aus diesen Unterschieden läßt sich aber nicht schließen, daß schon der Schutzbereich der Rundfunkfreiheit, [...] enger gezogen ist als der der Pressefreiheit. [...] Die geschilderten Gefahren können vielmehr nur weitergehende Beschränkungen des Grundrechts, nicht aber eine Verengung seines Schutzumfangs rechtfertigen [...]." Zustimmend *Hoffmann-Riem,* in: AK-GG, Art. 5 Abs. 1, 2 Rdnrn. 138 f. Die für den Rundfunk entstandene Sonderdogmatik beschränkt sich vielmehr in die Einrichtungs- und Entwicklungsgarantie des öffentlich-rechtlichen Rundfunks (vgl. BVerfGE 74, 297 [353]; 83, 238 [298 f.]), der damit verbundenen Finanzierungsgarantie (vgl. BVerfGE 90, 60 [91]; 119, 181 [227]) und der Anerkennung eines großzügigen legislativen Ausgestaltungsspielraums bezüglich des „Ob" und des „Wie" der Zulassung privater Rundfunkveranstalter.

[882] Wird im Folgenden hingegen von „Medienfreiheiten" gesprochen, sind alle in Art. 5 Abs. 1 S. 2 GG gewährleisteten Freiheiten einschließlich der Pressefreiheit gemeint.

[883] Vgl. oben S. 183.

aa) Einbeziehung medienexterner Intermediäre?

Die für die herkömmlichen Medien entwickelte Einbeziehung bestimmter „Hilfstätigkeiten" in den Schutzbereich der Presse- bzw. Rundfunkfreiheit[884] könnte auf Intermediäre wie Host-Provider zu übertragen sein mit der Folge, dass sich (auch) diese auf die Rundfunk- bzw. Medienfreiheit berufen können. So sieht etwa *Starck* nicht nur die Tätigkeit der Inhalteanbieter, sondern „wohl auch diejenige des Netzanbieters" umfassend dem Schutz der Rundfunkfreiheit unterstellt.[885]

Bei näherem Hinsehen weisen die sich auf eine rein (fernmelde)technische Vermittlungsleistung beschränkenden Hilfstätigkeiten die erforderliche Nähebeziehung nicht auf,[886] da sie zwar die Voraussetzungen der Online-Medien bereitstellen, sich aber nicht in einer so engen organisatorischen (Abhängigkeits-)Beziehung und *exklusiven Ausrichtung* auf die Medien befinden, wie dies beispielhaft beim Presse-Grossisten[887] oder bei Buchhandlungen der Fall ist. Ohne dieses Kriterium würde der Bereich medienspezifischer externer Hilfstätigkeiten konturlos, weil der Betrieb der digitalen Infrastrukturen (noch[888]) inhaltsneutral erfolgt.

Weil Intermediäre nicht *gestaltend* auf die Inhalte einwirken[889] und auch keine medienspezifische Hilfstätigkeit ausüben, können sie sich *selbst* nicht auf die

---

[884] Insbesondere zur Pressefreiheit ist ein denkbar weites Verständnis der „presseexternen Hilfstätigkeit" entwickelt worden (statt vieler BVerfGE 25, 296 [304]; 64, 108 [114 f.]). Einen hinreichenden pressespezifischen Bezug weisen die Tätigkeiten Externer demnach bereits dann auf, wenn sie typischerweise pressebezogen in enger organisatorischer Bindung erfolgen und für das Funktionieren der „Freien Presse" deshalb wesentlich sind, weil sich ihre Beeinträchtigung negativ auf die Meinungsverbreitung auswirkt (*Schulze-Fielitz*, in: Dreier, GG, Art. 5 I, II Rdnr. 96 m.w.N.). Diese Anforderungen soll z.B. das für die Pluralität des Medienmarktes wichtige Presse-Grosso (BVerfGE 77, 346 [354 f.]), aber auch die Zustellung durch Zeitungsboten (BVerfG, NJW 1999, S. 2107 [2107]) erfüllen.

[885] *Starck,* in: v. Mangoldt/Klein/Starck, GG, Art. 5 Abs. 1, 2 Rdnr. 107. BGHZ 191, 219 (225 ff.), hat für den Betreiber einer Blog-Plattform angenommen, ihm stünde das „Recht [...] auf Meinungs- und Medienfreiheit" zu, obgleich das Gericht selbst betont hat, dass er keinen Einfluss auf die Gestaltung der von den Nutzern in unübersehbarer Anzahl betriebenen Blogs ausüben konnte.

[886] Vgl. nur *Schulze-Fielitz*, in: Dreier, GG, Art. 5 I, II Rdnr. 109, sowie – mit Blick auf Suchmaschinen – *Elixmann*, Datenschutz und Suchmaschinen, S. 91 ff.

[887] Vgl. etwa *Herzog*, in: Maunz/Dürig, GG, Art. 5 Abs. I, II Rdnr. 140a, der die Presse-Grosso-Entscheidung als bislang einzige Ausnahme vom Erfordernis des Inhaltsbezugs hervorhebt, weil nur die zentrale Stellung des Presse-Grossisten für die Pluralität des Pressewesens ausschlaggebend war.

[888] Zum Problem der Netzneutralität statt vieler *Martini*, VerwArch 102 (2011), S. 315 ff.; *Koenig/Visbeck*, MMR 2011, S. 443 ff. – jeweils m.w.N. Beachte auch die in § 41a TKG durch G. v. 3.5.2012 (BGBl. 2012 I, S. 958) eingeführte Verordnungsermächtigung.

[889] A.A. für Suchmaschinen und soziale Netzwerke *Jarass*, in: Jarass/Pieroth, GG, Art. 5 Rdnr. 101 m.w.N., weil diese *de facto* eine Auswahl der Inhalte durchführen würden.

Rundfunk- bzw. Medienfreiheit berufen. Ihnen allen stehen stattdessen die Wirtschaftsgrundrechte bzw. die allgemeine Handlungsfreiheit zur Seite (unten 4., 5.). Soweit eine Beeinträchtigung ihrer Tätigkeit eine *mittelbare Beeinträchtigung der Medien* bezweckt oder – in erheblichem Umfang – bewirkt, können die grundrechtlichen Medienfreiheiten gleichwohl angemessene Berücksichtigung finden – sei es, weil sie in ihrer objektiven Dimension die grundrechtliche Position der unmittelbar Betroffenen (etwa ihre Berufsfreiheit, Art. 12 Abs. 1 GG) „verstärken",[890] sei es, weil sich die beeinträchtigten Medien selbst gegen die Maßnahme wenden können, weil sich aufgrund der Finalität und / oder Schwere eine den Anforderungen des modernen Eingriffsbegriffs genügende mittelbare Betroffenheit[891] ergibt.

bb) Schutz (privat)wirtschaftlicher Interessen?

Trotz der unverkennbaren Verschränkungen[892] können die ideellen und materiellen Belange der Kommunikationsgrundrechte (sinnvoll) getrennt betrachtet werden. Das wirft die Frage auf, wie es um das Verhältnis der Kommunikationsgrundrechte des Art. 5 GG zu den Wirtschaftsgrundrechten der Art. 12, 14 GG bestellt ist.

Nach der wohl herrschenden Auffassung fällt die berufsmäßige Verbreitung und Ausbeutung (i. d. R. urheberrechtlich geschützter) (Medien-)Erzeugnisse allein unter den Schutz der Wirtschaftsgrundrechte,[893] jedenfalls solange die Beschränkung der wirtschaftlichen Freiheit nicht prohibitive Wirkungen zeigt.[894] Mit Blick auf die strengeren Schrankenanforderungen des Art. 5 Abs. 2 GG („allgemeines Gesetz") wird – insbesondere für Art. 12 Abs. 1 GG – von anderen eine Spezialität der Kommunikationsgrundrechte angenommen („spezielle Be-

---

[890] Vgl. dazu oben S. 180.

[891] Zu diesen und weiteren Kriterien statt vieler *Hufen,* Staatsrecht II – Grundrechte, § 8 Rdnrn. 9 ff.

[892] Vgl. BVerfGE 119, 181 (215): „Rundfunk kann für die Verfolgung nicht nur publizistischer, sondern auch wirtschaftlicher Ziele eingesetzt werden."

[893] BVerfGE 31, 229 (238 ff.); 78, 101 (102). Ferner statt vieler *Herzog,* in: Maunz/ Dürig, GG, Art. 5 Abs. I, II Rdnrn. 35 f., 142; *Schulze-Fielitz,* in: Dreier, GG, Art. 5 I, II Rdnr. 318.
Die Einbeziehung presseexterner Hilfstätigkeiten in den Schutzbereich der Pressefreiheit steht dazu nur auf den ersten Blick im Widerspruch. Dieser löst sich auf, wenn die Extension auf die *ideellen* Aspekte der Pressefreiheit beschränkt bleibt. So hat das Gericht in der Presse-Grosso-Entscheidung (BVerfGE 77, 346 [354 ff.]) die Verurteilung wegen fahrlässiger Verbreitung schwer jugendgefährdender Schriften wegen der Verkennung der *ideellen* Anforderungen der Pressefreiheit aufgehoben. Neben der Prüfung der Vereinbarkeit des Gesetzes mit der Pressefreiheit wurde *zusätzlich* ausdrücklich festgestellt, dass der „bei Regelungen der *Berufsausübung* zu beachtend[e] Grundsatz der Verhältnismäßigkeit" gewahrt worden sei (BVerfGE 77, 346 [358] – Hervorh. d. Verf.).

[894] BVerfGE 31, 229 (240); 78, 101 (102).

rufsfreiheit"[895]), soweit die Beeinträchtigung die Kommunikationsfreiheiten „spezifisch betr[ifft]".[896]

Die herrschende Auffassung hat zwar Mühe, diejenige Schrankenbestimmung zu bestimmen, aus der sich die Rechtfertigungsanforderungen an Beschränkungen der Medientätigkeit ergeben, die sich sowohl auf die inhaltlich-ideelle Gestaltung als auch auf die wirtschaftliche Situation auswirken. *Herzog* hat jedoch gezeigt, wie sich überzeugende Ergebnisse dadurch erreichen lassen, wenn unter Fortführung der gewährleistungsbezogenen Betrachtungsweise der Schutzbereiche[897] auch die Schrankenbestimmungen einer sorgfältigen Analyse ihrer spezifischen „Schutzzwecke" unterzogen werden und sodann die jeweils einschlägige ausgewählt wird.[898] Der entscheidende Vorzug der Trennung ideeller und wirtschaftlicher Aspekte liegt darin, dass sie die allfällige Abwägung besser anzuleiten vermag: Anders als bei der Konsumtion der wirtschaftlichen Interessen durch die Kommunikationsgrundrechte besteht bei der parallelen Anwendung von Art. 5 und Art. 12, 14 GG nicht die Gefahr, dass die wirtschaftlichen durch die – gewichtigen – ideellen Interessen marginalisiert werden. Mit der Idealkonkurrenz wird hingegen klargestellt,[899] dass auch erwerbswirtschaftliche Belange und Vermögensinteressen gebührend zu berücksichtigen sind.

3. Informationsfreiheit

Während bislang allein der grundrechtliche Schutz derjenigen untersucht wurde, die Inhalte äußern und verbreiten, rückt mit der in Art. 5 Abs. 1 S. 1 Alt 2 GG gewährleisteten (Informations-)Freiheit, sich aus allgemein zugänglichen Quellen zu unterrichten, der (verhinderte) *Informationsrezipient* in den Fokus.

a) Erstreckung auf beschränkt zugängliche Informationen im Internet?

Während der Begriff der „Quelle" dabei denkbar weit verstanden wird und jeden Träger von Information einschließlich eines Ereignisses selbst umfasst,[900] bedeutet das Kriterium der allgemeinen Zugänglichkeit eine erhebliche Einschränkung der vom Grundrecht der Informationsfreiheit umfassten Kommunikationsvorgänge.

---

[895] *Starck,* in: v. Mangoldt/Klein/Starck, GG, Art. 5 Abs. 1, 2 Rdnr. 285.

[896] *Degenhart,* in: BK-GG, Art. 5 Abs. 1 und 2 Rdnrn. 942 ff.

[897] Vgl. oben S. 100.

[898] *Herzog,* in: Maunz/Dürig, GG, Art. 5 Abs. I, II Rdnrn. 38 f.

[899] Zur Klarstellungsfunktion der Idealkonkurrenz von Grundrechten bereits oben S. 103.

[900] Statt vieler *Starck,* in: v. Mangoldt/Klein/Starck, GG, Art. 5 Abs. 1, 2 Rdnr. 42 m.w.N.

Allgemein zugänglich sind nach ganz überwiegender Ansicht Quellen, wenn sie nicht nur technisch geeignet, sondern vom Berechtigten auch dazu bestimmt sind, „der Allgemeinheit, also einer unbestimmten Öffentlichkeit", Informationen zu verschaffen.[901] Die Vehemenz, mit welcher diese (enge) Auslegung verteidigt wird,[902] ist nicht durch den damit verbundenen Ausschluss des Rezipienten einer Individualkommunikation motiviert. Ausschlaggebend ist vielmehr die Überlegung, dass nur so die (rechtliche) *Verfügungsbefugnis des Informationsinhabers* von etwaigen Anforderungen der Informationsfreiheit freigestellt bleibt. Nicht zum Kreis der auserwählten Rezipienten zählende Dritte sollen sich nicht unter Verweis auf die Informationsfreiheit einen Informationszugang erstreiten können. Dass die Informationsfreiheit auch gegen das Post- und Fernmeldegeheimnis sowie den persönlichkeitsrechtlichen und staatlichen Geheimnisschutz in Stellung gebracht werden könnte, wäre mit der Intention des Verfassungsgebers in der Tat nicht zu vereinbaren.[903]

Mit Blick auf das Internet gerät – darauf hat *Hoffmann-Riem* früh hingewiesen – die Engführung der Rezipientenfreiheit jedoch mit dem von Art. 5 Abs. 1 GG intendierten *umfassenden* Schutz der Kommunikationsvorgänge[904] in Konflikt.[905] Denn dort finden sich Informationsangebote, die – bestimmungsgemäß – zwar nicht an eine unbestimmte Öffentlichkeit gerichtet sind, sich aber doch (weltweit) an einen sehr großen Personenkreis richten und damit von erheblicher Bedeutung für den Informationsaustausch und die Meinungsbildung sind. Neben geschlossenen Foren, Mailing-Listen usw., die in der Regel durch Passwörter gegen den *beliebigen* Zugang geschützt sind, sind dies vor allem soziale Netzwerke.

Dabei ist zu differenzieren: Ein Anmeldeerfordernis begründet – selbst wenn jenseits der Einwilligung in die Nutzung der Datenspuren ein monetäres Entgelt verlangt würde[906] – bereits nach traditioneller Auslegung keine Bestimmung der Zugänglichkeit, welche die Allgemeinheit i. S. d. Art. 5 Abs. 1 S. 1 Alt. 2 GG entfallen ließe. Ausreichend ist, dass der Inhaber der Zugangsberechtigung (z. B. der Betreiber des Netzwerks) bereit ist, jedermann *ohne Ansehung der Person* Zugang zu gewähren. Folglich sind die Inhalte, die in sozialen Netzwerken für *je*

---

[901] BVerfGE 27, 71 (83); 90, 27 (32); *Schulze-Fielitz,* in: Dreier, GG, Art. 5 I, II Rdnr. 78; *Hoffmann-Riem,* in: AK-GG, Art. 5 Abs. 1, 2 Rdnr. 98; *Starck,* in: v. Mangoldt/Klein/Starck, GG, Art. 5 Abs. 1, 2 Rdnr. 45.

[902] Etwa BVerfGE 18, 310 (315); 35, 311 (315); 66, 116 (137).

[903] Die Aufnahme der Informationsfreiheit in das Grundgesetz wird als Reaktion auf die Beschränkungen im Nationalsozialismus (Verbot des Hörens von „Feindsendern") gedeutet (vgl. *Schulze-Fielitz,* in: Dreier, GG, Art. 5 I, II Rdnr. 6; *Starck,* in: v. Mangoldt/Klein/Starck, GG, Art. 5 Abs. 1, 2 Rdnrn. 4, 39).

[904] *Starck,* in: v. Mangoldt/Klein/Starck, GG, Art. 5 Abs. 1, 2 Rdnrn. 1 ff.; *Schulze-Fielitz,* in: Dreier, GG, Art. 5 I, II Rdnr. 40.

[905] *Hoffmann-Riem,* in: AK-GG, Art. 5 Abs. 1, 2 Rdnr. 101.

[906] Vgl. zur Entgeltlichkeit nur *Schulze-Fielitz,* in: Dreier, GG, Art. 5 I, II Rdnr. 80.

den angemeldeten Nutzer sichtbar sind, allgemein zugängliche Quellen i. S. d. Art. 5 Abs. 1 S. 1 Alt. 2 GG.

Anders liegt es bei Beiträgen, zu denen z. B. vom Nutzer eines sozialen Netzwerks nur bestimmten Personen, seinen „Freunden", Zugang gewährt. Für sie kommt ein Schutz der Informationsfreiheit auf Grundlage der traditionellen Auslegung nicht in Betracht.[907]

Bei der Zuordnung des Zugangs zu solchen selektiv verbreiteten Informationen erweist sich das nach wie vor herrschende Verständnis der *Trennung der Einzelgewährleistungen* des Art. 5 Abs. 1 GG gemäß der Stellung des Betroffenen im Kommunikationsprozess, wonach sich der Rezipient ausschließlich auf die Informationsfreiheit berufen kann, während die übrigen Kommunikationsfreiheiten ausschließlich im Interesse des sich Äußernden gewährleistet werden (wechselseitige Exklusivität),[908] als folgenreich.

Das Kriterium der allgemeinen Zugänglichkeit, das ursprünglich allein dazu diente, das Grundrecht der Informationsfreiheit nicht in Opposition zur Verfügungsbefugnis des Informationsinhabers treten zu lassen, schlösse bei traditioneller Auslegung – im Verein mit der beschriebenen „Exklusivitätsthese" – den Rezipienten in diesen Konstellationen von jedem Schutz durch die Kommunikationsgrundrechte aus.[909] Dieses Ergebnis wäre mit der Annahme unvereinbar, dass die „Gewährleistung freier Informationstätigkeit und freien Informationszugangs [...] ein wesentliches Anliegen des Grundgesetzes" bildet;[910] es bliebe überdies hinter den internationalen und (gemein)europäischen Grundrechtsstandards zurück, die allesamt den „Empfang" von Informationen unter Schutz stellen.[911]

---

[907] Vgl. nur *Schulze-Fielitz,* in: Dreier, GG, Art. 5 I, II Rdnr. 81; *Hoffmann-Riem,* in: AK-GG, Art. 5 Abs. 1, 2 Rdnr. 100.

[908] Vgl. die grundlegenden Ausführungen BVerfGE 27, 71 (81): Die Informationsfreiheit „ist kein bloßer Bestandteil des Rechts der freien Meinungsäußerung und -verbreitung. Dieses Recht hat zwar den Schutz des Empfangs der Meinung durch Andere mit zum Inhalt; der Schutz wird aber *allein den Äußernden um ihrer Meinungsfreiheit willen* gewährt. Der Empfänger spielt dabei insoweit nur eine passive Rolle. Demgegenüber ist die Informationsfreiheit gerade das Recht, sich selbst zu informieren" (Hervorh. d. Verf.). Zustimmend *Starck,* in: v. Mangoldt/Klein/Starck, GG, Art. 5 Abs. 1, 2 Rdnr. 39: „In der Meinungsäußerungsfreiheit steckt nur der Schutz des Empfangs der Meinung um des Sich-Äußernden willen." *Stern,* Freiheit der Kommunikation und Information, in: StaatsR IV/1, § 108 V 3 a β (S. 1487), sieht beide Seiten „klar geschieden".

[909] Dies konstatiert *Spindler,* 69. DJT (2012), S. F 27, ohne dieses Ergebnis zu hinterfragen.

[910] BVerfGE 97, 228 (256).

[911] Art. 19 AEMR; Art. 10 Abs. 1 S. 2 EMRK; Art. 11 Abs. 1 GRCh (vgl. oben S. 182 m. Fn. 845).
In EGMR, NVwZ 1999, S. 57 (58) – Guerra, hat das Gericht hervorgehoben, dass es mit Art. 10 EMRK unvereinbar wäre, „eine Person am Empfang von Informationen zu hindern, die Dritte ihr mitzuteilen wünschen oder mitzuteilen bereitstehen". Der EuGH

Soll das Kriterium der Allgemeinzugänglichkeit im Rahmen der Informationsfreiheit nicht aufgegeben oder modifiziert werden,[912] was unter Hinweis auf die internationalen und gemeineuropäischen Standards methodisch wohl noch vertretbar wäre, aber Druck auf die Verfügungsbefugnis des (privaten) Informationsinhabers aufbauen würde, bleibt der Abschied von der „Exklusivitätsthese": Die (aktive wie passive) Unterrichtung aus nicht allgemein zugänglichen Quellen im Einverständnis mit dem Verfügungsberechtigten unterfällt demnach nicht lediglich der allgemeinen Handlungsfreiheit, sondern ist ebenfalls von der Meinungsfreiheit des Art. 5 Abs. 1 S. 1 GG gedeckt.[913]

Hierfür spricht zum einen, dass die „Exklusivitätsthese" nicht mit Blick auf die Rezipienten *individueller* Kommunikation aufgestellt wurde, sondern allein dazu diente, die Eigenständigkeit der Informationsfreiheit als (neues) Grundrecht zu betonen.[914] Zum anderen wird die historische Stoßrichtung der Informationsfreiheit als Sondergrundrecht gegen die Einschränkung der Unterrichtung aus allgemeinen (insbesondere aus ausländischen) Quellen („Feindsender") respektiert,[915] aber auch nicht überdehnt: Denn ohne Art. 5 Abs. 1 S. 1 Alt. 2 GG wäre die Ableitung einer Rezipientenfreiheit aus der Meinungs- (bzw. aus den Medienfreiheiten) – ähnlich der „passiven Dienstleistungsfreiheit" im Europarecht[916] – sehr naheliegend.[917]

---

hat die Informationsfreiheit ohne Rücksicht darauf für berührt gehalten, ob die fraglichen Informationen an die Allgemeinheit gerichtet waren, EuGH, Rs. C-70/10 – Scarlet Extended, Slg. 2011, I-12006 (12027 f.), MMR 2012, S. 174 (176).

[912] *Schoch,* VVDStRL 57 (1998), S. 158 (189 f.) m.w.N., verneint die allgemeine Zugänglichkeit nur, wenn entweder der Inhalt oder der Vorgang der Kommunikation „vollständig individualisiert ist".

[913] So bereits *Hoffmann-Riem,* in: AK-GG, Art. 5 Abs. 1, 2 Rdnrn. 100 f.

[914] Dieses Anliegen tritt in der frühen Entscheidung BVerfGE 27, 71 (81), besonders deutlich hervor.

[915] BVerfGE 27, 71 (80); *Ridder,* Meinungsfreiheit, in: Die Grundrechte II, S. 243 (275).

[916] EuGH, Rs. C-186/87 – Cowan, Slg. 1989, S. 195 (220 f.), NJW 1989, S. 2183 (2183); C-158/96 – Kohll, Slg. 1998, I-1931 (1946), NJW 1998, S. 1371 (1373).

[917] Deutlich *Ridder,* Meinungsfreiheit, in: Die Grundrechte II, S. 243 (248 f.): „Das Grundrecht der freien Meinungsäußerung schützt nicht den Vorgang der Ent-Äußerung [...] allein, sondern auch den Empfang der Meinung [...]. Das missverständlich so genannte Recht der freien Meinungs*äußerung* ist erst mit seiner reziproken Ergänzung durch das Recht des freien individuellen Meinungsempfangs vollständig [...]" (Hervorh. im Original), später auch S. 275; zustimmend *v. Mangoldt/Klein,* Das Bonner Grundgesetz, Bd. 1, Art. 5 Anm. III. 2 (S. 239). Ohne Bezug zu diesem Problem klingt dieses Verständnis auch in der jüngeren Literatur verschiedentlich an. So verortet *Starck,* in: v. Mangoldt/Klein/Starck, GG, Art. 5 Abs. 1, 2 Rdnrn. 37, 51, die *Meinungsbildungsfreiheit* bei der Informations- und bei der Meinungsfreiheit. *Schulze-Fielitz,* in: Dreier, GG, Art. 5 I, II Rdnr. 69, sieht wie *Ridder* von der Meinungsfreiheit den gesamten „Prozess der Meinungsweitergabe zwischen [...] Sich-Äußernden und [...] Rezipienten" geschützt.

Nach alledem erscheint es angemessen, aus dem in Art. 5 Abs. 1 GG zum Ausdruck kommenden umfassenden Schutz der Verbreitung von Informationen aller Art[918] ein neben die Informationsfreiheit tretendes *Recht auf Zugang zu selektiv zugänglichen Inhalten* abzuleiten, so dass es sich beim Zugang nicht nur um einen Rechtsreflex der Meinungsfreiheit der Sender, sondern um ein vollwertiges subjektives Recht des Empfänger handelt,[919] das als *passive Meinungsfreiheit* bezeichnet werden mag und für das die nachfolgenden Ausführungen entsprechend gelten.

b) Vermittlung einer eigenen Rechtsposition des Rezipienten als einzige Funktion der Informationsfreiheit

Entscheidend für den Umstand, dass die offenkundig gewordene Asymmetrie des Grundrechtsschutzes bislang keine praktische Relevanz entfaltet hat, dürfte sein, dass das Informationsinteresse der (verhinderten) Rezipienten kaum je explizit als *fremdes* Interesse benannt worden ist. Vielmehr wird das „Informationsinteresse der Öffentlichkeit" bei traditioneller Bestimmung der Gewährleistungsinhalte der „Sender"-Grundrechte des Art. 5 Abs. 1 S. 1 Alt. 1 und S. 2 GG stets mitbedacht, so dass es keiner expliziten „Verstärkung" der Rechtsposition des angegriffenen Autors, Verlegers oder Intermediärs um die Interessen des am Rechtsstreit nicht beteiligten „Empfängers"[920] bedarf; diese sind bei den Autoren bzw. Verleger „eingepreist".[921] Umgekehrt darf die Informationsfreiheit keinesfalls *gegen* denjenigen in Stellung gebracht werden, der *als Autor oder Verleger* in Ausübung seiner Verfügungsbefugnis den Zugang zu einer von ihm eröffneten Quelle wieder verschließt.

Die Bedeutung der Informationsfreiheit (und auch der hier vorgeschlagenen passiven Meinungsfreiheit) erschöpft sich folglich darin, eine *klagbare Rechtsposition* des Rezipienten für den Fall zu begründen, dass dieser von *außerhalb des Sender-Empfänger-Verhältnisses* initiierte Beeinträchtigungen abwehren möchte. Denkbar ist dies vor allem dann, wenn die Senderseite kein Interesse an einem Rechtsstreit hat oder aus anderen Gründen (z. B. Schutz der Anonymität) davor zurückschreckt.

---

[918] Vgl. BVerfGE 57, 295 (319); 97, 391 (399); zur wechselseitigen Bedingtheit von Äußerung und Rezeption bereits BVerfGE 27, 71 (81); ferner *Starck,* in: v. Mangoldt/ Klein/Starck, GG, Art. 5 Abs. 1, 2 Rdnr. 37. *Jarass,* Die Freiheit der Massenmedien, S. 186, spricht von „Sinneinheit".

[919] Vgl. dazu *Hoffmann-Riem,* in: AK-GG, Art. 5 Abs. 1, 2 Rdnrn. 100 f.

[920] Vgl. dazu oben S. 180.

[921] Die Rede vom „Informationsinteresse der Öffentlichkeit" verführt zu einer Verkürzung auf gesellschaftlich besonders relevante Informationen. Der Austausch über den persönlichen Alltag ist jedoch für „Sender" wie „Empfänger" Teil der Persönlichkeitsentfaltung (vgl. unten S. 199).

4. Berufsfreiheit, allgemeine Handlungsfreiheit

Intermediäre, einschließlich der Betreiber von sozialen Netzwerken und Bild-bzw. Videoplattformen, können sich deshalb nicht auf die Rundfunk- bzw. Medienfreiheit berufen, weil ihre externe Hilfstätigkeit nicht die erforderliche Nähe zum Inhalt aufweist.[922] Soweit ihre Dienste zu Erwerbszwecken angeboten werden,[923] steht ihnen die Berufsfreiheit zur Seite.[924] Im Falle altruistischen Handelns[925] oder wenn der Schutzbereich (bei Ausländern) in persönlicher Hinsicht nicht eröffnet ist, kommt die allgemeine Handlungsfreiheit nach Art. 2 Abs. 1 GG zum Tragen.[926]

5. Eigentumsgrundrecht

Die Online-Archive der Medien sind mit Beiträgen bestückt, an denen den Autoren das Urheberrecht (§§ 11, 15 ff. UrhG) und den Presseverlagen bzw. Rundfunksendern ein davon abgeleitetes Nutzungsrecht (§§ 31 ff. UrhG) zusteht. Letzteres trifft in aller Regel auch auf die Anbieter von sozialen Netzwerken und von Video- bzw. Bildportalen zu.[927] Die kommerziellen Aspekte des Urheberrechts und seine Derivate gehören zu den vermögenswerten Rechtspositionen, die dem Inhaber von der Rechtsordnung zur eigennützigen Verwertung zugeordnet wurden;[928] sie sind daher Eigentum i. S. d. Art. 14 Abs. 1 GG.[929]

Der vom Recht auf medialen Neubeginn abgeleitete Veränderungsanspruch erfordert eine inhaltliche Veränderung des Beitrags oder eine Veränderung der Nutzungsmodalitäten, was beides das am Beitrag bestehende Eigentumsrecht beeinträchtigt. Die anspruchsbegründenden Normen (z. B. §§ 823, 1004 BGB) sind mithin in verfassungsrechtlicher Perspektive Inhalts- und Schrankenbestimmungen.[930]

---

[922] Vgl. oben S. 190.

[923] Eine „berufliche" Tätigkeit i. S. d. Art. 12 Abs. 1 GG liegt nur vor, wenn sie „der Schaffung und Erhaltung einer Lebensgrundlage dient", vgl. BVerfGE 7, 388 (397); 110, 141 (156 f.). Das ist i. d. R. auch dann der Fall, wenn vom Nutzer kein Entgelt gefordert wird, weil die Anbieter durch Werbung oder Datenhandel Einnahmen erzielen.

[924] Die z. T. verlangte „berufsregelnde Tendenz" der Beeinträchtigungen lässt sich damit begründen, dass die Tätigkeit als Intermediär „typischerweise beruflich ausgeübt" wird (vgl. BVerfGE 97, 228 [254]) bzw. ihre Rahmenbedingungen nennenswert verändert werden (vgl. BVerfGE 111, 191 [213]).

[925] Vgl. dazu nur BVerfG, NJW 2006, S. 1502 (1502).

[926] Für Suchmaschinen *Elixmann,* Datenschutz und Suchmaschinen, S. 92 ff.

[927] Zum Urheberrecht an nutzergenerierten Inhalten näher unten S. 312.

[928] Zu diesen Kriterien BVerfGE 83, 201 (209).

[929] Grundlegend zum geistigen Eigentum BVerfGE 31, 229 (238 ff.); *Wieland,* in: Dreier, GG, Art. 14 Rdnr. 71; *Depenheuer,* in: v. Mangoldt/Klein/Starck, GG, Art. 14 Rdnr. 369. Die öffentlich-rechtlichen Rundfunksender können sich hierauf indes nicht berufen, vgl. BVerfGE 78, 101 (102).

[930] Den Gestaltungsauftrag des Gesetzgebers gerade für das Recht des geistigen Eigentums betont BVerfGE 31, 229 (240 f.). Das Interesse an einer wirtschaftlichen

II. Individuelle Aspekte des Publikationsinteresses

Nachdem soeben erhellt wurde, welche Grundrechte mit welcher Reichweite für die Konstellationen des potenziellen Publikationsexzesses zur Anwendung berufen sind, gilt es im Folgenden zu ermitteln, mit welchen inhaltlichen Maßgaben sie den Abwägungsvorgang beeinflussen.[931] Es wird also nach den – teilweise von mehreren Grundrechten aus unterschiedlichem Blickwinkel und in Ergänzung zueinander – geschützten Aspekten gefragt, die je nach Konstellation das mit dem durch das Recht auf medialen Neubeginn geschützten Interesse an ungestörter Persönlichkeitsfortentwicklung konfligierende Publikationsinteresse konstituieren.

Ein Blick auf die grundrechtlichen Gewährleistungen des Grundgesetzes,[932] aber auch auf die Verbürgungen der EMRK,[933] offenbart, dass ihnen überwiegend ein mehrgliedriger Telos zuerkannt wird: Neben den individuellen Aspekten lassen sich auch gesellschaftliche Aspekte der jeweiligen Gewährleistung identifizieren.[934] Wie auch in anderem grundrechtlichen Kontext, etwa bei der Versammlungsfreiheit, besteht indes die latente Gefahr, dass über die Hervorhebung der gesellschaftlichen Relevanz der individuelle Freiheitsgehalt geschmälert wird.[935] Um dem Eindruck entgegenzuwirken, dass „die Meinungsfreiheit nur *unter dem Vorbehalt des öffentlichen Interesses* geschützt wäre und von dem Grundrechtsträger nur gleichsam treuhänderisch für das demokratisch verfasste Gemeinwesen ausgeübt würde", hat das Bundesverfassungsgericht jüngst betont, dass „das Grundrecht aus Art. 5 Abs. 1 GG *primär die Selbstbestimmung des einzelnen Grundrechtsträgers* über die Entfaltung seiner Persönlichkeit in der

---

Verwertung der Eigentumsposition ist ebenfalls vom Eigentumsgrundrecht erfasst (BVerfGE 83, 201 [210]); in dieser Hinsicht erweist sich die Abgrenzung zur Berufsfreiheit nach der Formel „Schutz des Erwerbs / Schutz des Erworbenen" (vgl. BVerfGE 88, 366 [277]) als unzureichend.

[931] Vgl. oben S. 181.

[932] BVerfGE 7, 198 (208): „Das Grundrecht auf freie Meinungsäußerung ist als unmittelbarster Ausdruck der menschlichen Persönlichkeit in der Gesellschaft eines der vornehmsten Menschenrechte überhaupt [...]. Für eine freiheitlich-demokratische Staatsordnung ist es schlechthin konstituierend [...]." Ferner BVerfGE 27, 71 (81 f.): „Für die in Art. 5 Abs. 1 Satz 1 GG gewährleistete Informationsfreiheit sind danach zwei Komponenten wesensbestimmend. Einmal ist es der Bezug zum demokratischen Prinzip des Art. 20 Abs. 1 GG: [...]. Daneben weist die Informationsfreiheit eine individualrechtliche, aus Art. 1, Art. 2 Abs. 1 GG hergeleitete Komponente auf." Ebenso BVerfGE 57, 295 (318 f.); 77, 65 (74) für die Rundfunkfreiheit; BVerfGE 20, 162 (174); 117, 244 (258 f.) für die Pressefreiheit.

[933] Vgl. statt vieler EGMR, EuGRZ 1977, S. 38 (42) – Handyside.

[934] Das bedeutet nicht die eindeutige Zuordnung einer konkreten Äußerung entweder zum individuellen („private Angelegenheiten") oder zum gesellschaftlichen Bereich („politische Angelegenheiten"), vgl. *Langer,* Informationsfreiheit als Grenze informationeller Selbstbestimmung, S. 120 ff. m.w.N.

[935] Vgl. dazu ausführlicher unten S. 212.

Kommunikation mit anderen [gewährleistet]. Bereits hieraus bezieht das Grundrecht sein in eine Abwägung mit dem allgemeinen Persönlichkeitsrecht einzustellendes Gewicht, das *durch ein mögliches öffentliches Informationsinteresse lediglich weiter erhöht* werden kann."[936]

Deshalb sollen auch bei (potenziell) breitenwirksamen Veröffentlichungen im Internet die *individuellen* Interessen an der Verbreitung und Kenntnisnahme von Informationen am Anfang stehen, bevor im folgenden Abschnitt (III.) möglichen ergänzenden gesellschaftlichen Aspekten nachgespürt werden wird.

1. Persönlichkeitsentfaltung durch *Entäußerung* von Mitteilungen

a) Bedeutung der Möglichkeit, „frei sagen zu können, was man denkt"

Das in erster Linie durch die Meinungsfreiheit grundrechtlich abgesicherte menschliche Mitteilungsbedürfnis[937] wird in dreifacher Hinsicht mit individuellen Interessen vor allem der *Autoren* assoziiert: Das „Sich-Äußern" wird zuvörderst als Weg gesehen, den eigenen Persönlichkeitsentwurf der Umwelt zu unterbreiten [aa)]. Daneben wird die (psychische) Entlastung durch Mitteilung eigener Erfahrungen betont [bb)]. Schließlich spielt der eigene Beitrag im wechselseitigen Prozess der Meinungsbildung eine wichtige Rolle [cc)].

Vor allem aus den ersten beiden Aspekten ergibt sich die große Bedeutung, die der Möglichkeit des Sich-Mitteilens in frei gewählten Ausdrucksformen für die *Persönlichkeitsentfaltung* zugemessen wird.[938] Dass „jeder frei sagen kann, was er denkt", wird vor diesem Hintergrund als zentrale Errungenschaft der Meinungsfreiheit verstanden.[939] Ob und, wenn ja, in welchem Umfang diese Bedeutungszuschreibungen auch für die Kommunikation über Massenmedien plausibel sind, muss angesichts der von *Lenski* geäußerten Zweifel abschließend untersucht werden [dd)].

aa) Unterbreitung des eigenen Persönlichkeitsentwurfs

Die verbale Kommunikation mit der Umwelt ist „unmittelbarer Ausdruck der menschlichen Persönlichkeit in der Gesellschaft"[940] und neben der Wahl des äußeren Erscheinungsbildes und des – non-verbalen – Verhaltens das zentrale Mit-

---

[936] BVerfG, NJW 2010, S. 1587 (1589) (Hervorh. d. Verf.); vgl. auch BGH, NJW 2012, S. 767 (769).

[937] Vgl. *Schulze-Fielitz,* in: Dreier, GG, Art. 5 I, II Rdnr. 40 m.w.N.

[938] Vgl. nur BVerfGE 82, 272 (281); 97, 391 (Leitsatz) – Missbrauchsbezichtigung.

[939] *Jarass,* in: Jarass/Pieroth, GG, Art. 5 Rdnr. 2, unter Vw. auf BVerfGE 42, 163 (171); 61, 1 (7).

[940] BVerfGE 7, 198 (208); 12, 113 (125).

tel des Einzelnen, um im dialogischen Prozess der Persönlichkeitsbildung[941] „seine eigene Persönlichkeit in der Gemeinschaft kommunizieren zu können".[942]

Schon deshalb muss die Meinungsfreiheit vor einer vollständigen gesellschaftlichen Funktionalisierung bewahrt bleiben: Sie dient nicht allein dem Wahrheitsfindungsprozess,[943] sondern in erster Linie der kommunikativen Selbstentfaltung des Einzelnen durch Selbstdarstellung. Dabei können die Äußerungen nicht allein auf unverfängliche Gegenstände beschränkt bleiben; als was man angesehen wird, hängt zumindest auch davon ab, wie man sich zu Dritten verhält: Positive, negative und neutrale Äußerungen über gemeinsame „Referenzpersonen", zu denen neben Prominenten vor allem Personen aus dem gemeinsamen sozialen Umfeld zählen, gehören deshalb notwendig zum Prozess der dialogischen Persönlichkeitsbildung.

bb) Entlastung durch Äußerung über eigene Erfahrungen

Besondere Bedeutung erlangt die Möglichkeit der selbstbestimmten Artikulation eigener Beobachtungen und Empfindungen mit Blick auf traumatische Erlebnisse (z. B. Missbrauchserfahrungen) oder tabuisierte bzw. schambesetzte Zustände (z. B. psychische Störungen). Hierüber in einem *eigenen Beitrag* frei und mit eigenen Worten sprechen zu können mag den seelischen Druck möglicherweise mindern.[944] Wie groß der Stellenwert der Möglichkeit, das eigene[945] Schicksal mit anderen zu teilen, Dritte durch Warnung davor zu bewahren oder zur Enttabuisierung beizutragen, für die individuelle Persönlichkeitsentfaltung ist, lässt sich wohl am ehesten ermessen, wenn über ihre Beschränkung nachgedacht wird.[946]

Allerdings ist gerade mit Blick auf derartige Äußerungen über höchstpersönliche und zugleich potenziell stigmatisierende Erfahrungen auch zu bedenken, dass die Aussicht einer dauerhaften Abrufbarkeit zu einer psychisch vermittelten Selbstbeschränkung der Betroffenen führen kann.[947] Insbesondere können (ur-

---

[941] Vgl. oben S. 107.

[942] *Lenski,* Personenbezogene Massenkommunikation, S. 54.

[943] BVerfGE 42, 163 (171): Die „Meinungsfreiheit will nicht nur der Ermittlung der Wahrheit dienen".

[944] *Smend,* VVDStRL 4 (1928), S. 44 (50): „sittlich notwendige Lebensluft für den Einzelnen, die Wahrheit sagen zu dürfen."

[945] Befremdlich ist die mitunter anzutreffende Bereitschaft, auch bei erwerbswirtschaftlichen Medien die identifizierende Herausstellung (prominenter) Mitmenschen als altruistisches Werben um Nachsicht zu verklären (z. B. BVerfG, NJW 2012, S. 1500 [1501] – „Ochsenknecht-Kinder": es werde ein „Impuls für die öffentlichen Diskussionen gesetzt, [...] anzuerkennen, dass die Kläger ‚nur normale' junge Leute mit Fehlern und Schwächen sind").

[946] Vgl. den Fall BVerfGE 97, 391 (398) – Missbrauchsbezichtigung.

[947] Vgl. dazu oben S. 117 ff.

sprünglich) *konsentierte Berichte Dritter* die Schilderung des Betroffenen nicht nur aus dem Kreis der gegenwärtigen und überschaubaren Rezipienten hinaus tragen, sondern sie auch perpetuieren.[948] Wer z. B. bereit ist, bei einer Podiumsdiskussion als ehemaliger Straftäter, als Opfer von sexuellem Missbrauch oder als psychisch Kranker vor einer überschaubaren Anzahl Besucher zu sprechen, mag hiervon absehen, wenn er befürchten muss, dass über ihn nicht nur gesprochen oder gar in der Presse berichtet wird, sondern dass Berichte im Internet dauerhaft bei Eingabe seines Namens in einer Suchmaschine auffind- und abrufbar sein werden. Denn je ungewöhnlicher, je schambesetzter die geschilderte Erfahrung oder der offenbarte (physische oder psychische) Zustand ist, desto bestimmender ist das damit assoziierte Fremdbild für die Persönlichkeitsbildung.[949]

An dieser Stelle zeichnet sich also ein „interner" Konflikt zwischen der Meinungsfreiheit des Sich-Äußernden und der Meinungsfreiheit des hierüber Berichtenden ab. Ob es dazu kommt, hängt davon ab, ob der Sich-Äußernde mit der ihn identifizierenden Dokumentation und ihrer dauerhaften Abrufbarkeit einverstanden ist. Solange dies der Fall ist, streiten die Interessen beider gegen einen von Dritter Seite vorgebrachten Veränderungsanspruch.[950] Besteht der Konsens nicht (mehr), entfällt das Interesse des berichtenden Autors bzw. des Verlegers zwar nicht, ihm steht aber nunmehr das Interesse des Sich-Äußernden gegenüber.[951]

cc) Teilhabe am Prozess der Meinungsbildung

Kaum weniger bedeutend, weil ebenfalls – wenn auch mittelbar – persönlichkeitsbildend, ist der *wechselseitige* Austausch[952] mit anderen über eigene und

---

[948] Ähnlich liegt es, wenn der Betroffene einen *eigenen Beitrag* verfasst hat, und sein Verleger (z. B. der Blogbetreiber) oder Host-Provider (z. B. der Betreiber des sozialen Netzwerks) ihn nicht löschen will. Die Festlegung durch das gegen den aktuellen Willen abrufbare Selbstzeugnis kann ebenfalls Aussichtslosigkeit zur Folge haben bzw. Konformitätsdruck erzeugen (vgl. oben S. 119).

[949] A. A. *Brossette,* Wert der Wahrheit, S. 193, der zur entgegengesetzten Schlussfolgerung gelangt. Der freie Informationsfluss zielt für ihn darauf ab, „gerade auch durch Wissen über ‚das Anderssein' seiner Mitmenschen Verständnis und Toleranz zu erwecken, anstatt das ‚Anderssein' durch Geheimniskrämerei zu verstecken". Dieser Ansatz ist bestenfalls idealistisch; für denjenigen, dem stattdessen fortlaufend Unverständnis und Ablehnung entgegengebracht werden, muss er zynisch klingen.

[950] Beispielhaft ist die Konstellation BVerfGE 97, 391 – Missbrauchsbezichtigung, wo sich der (mutmaßliche) Täter gegen die Schilderung des (mutmaßlichen) Opfers gewandt hat.

[951] Vgl. unten S. 331.

[952] Art. 11 der Erklärung der Menschen- und Bürgerrechte von 1789 weist mit dem Schutz der „libre *communication* des pensées et des opinions" (Hervorh. d. Verf.) deutlicher hierauf hin. Vgl. *Ridder,* Meinungsfreiheit, in: Die Grundrechte II, S. 243 (249) in Fn. 22, zur Vorzugswürdigkeit dieser Formulierung auch mit Blick auf den Schutz des Mitteilungs*empfangs* (vgl. zu diesem Aspekt bereits oben S. 192).

fremde Äußerungen.[953] Das Interesse an einem möglichst ungestörten Prozess der Meinungsbildung wird zwar oft mit gesellschaftlichen Erwartungen belegt, es ist aber auch ein individuelles Anliegen.[954]

Aus Sicht des Sich-Äußernden[955] gewährleistet die Meinungsfreiheit die Möglichkeit, einen Anteil in diesen Prozess einzuspeisen. Dabei gilt, dass nur wer auch etwas von sich preisgibt oder Neuigkeiten zu berichten weiß, langfristig auch von anderen etwas erfahren wird. Damit ermöglicht es die Meinungsäußerungsfreiheit, „geistige Wirkung auf die Umwelt ausgehen zu lassen, meinungsbildend und überzeugend zu wirken",[956] was mit dem menschlichen Grundbedürfnis nach der (Mit-)Gestaltung der eigenen Umwelt korrespondiert.

dd) Eingeschränkte individuelle Bedeutung der Massenkommunikation?

Lenski hat für die Kommunikation über die Massenmedien konstatiert, dass bei ihr die individuelle Komponente der Äußerungsfreiheit „weit in den Hintergrund gedrängt" werde. Für sie ist die „bei Massenkommunikation immanente [...] Entfernung und [die] dadurch bedingte [...] Entfremdung des Senders vom Empfänger" dafür verantwortlich, dass „die persönlichkeitsrelevante Komponente deutlich zugunsten einer gewissen Abstraktion und Anonymität" zurücktritt.[957] Vor diesem Hintergrund stellt sich die Frage, ob die Betonung der individuellen Grundrechtsfunktion auch mit Blick auf die Kommunikation über das Internet, die ebenfalls zum Teil von der Überwindung großer Distanzen und der Kommunikation mit Unbekannten geprägt ist, als romantische Idealisierung zurückgewiesen werden muss.

Auch wenn *Lenskis* Einschätzung der Lage mit Blick auf die von ihr in erster Linie betrachteten herkömmlichen Medienformate in Presse und Rundfunk[958] durchaus plausibel ist, muss für die Kommunikation über das Internet ein differenziertes Bild gezeichnet werden. Zwar weisen auch dort die professionellen journalistischen Angebote entsprechende Herrschaftsstrukturen auf. Allerdings hat die schon mehrfach angesprochene Verbreitung nutzergenerierter Inhalte eine „Demokratisierung" der massenmedialen Kommunikation bewirkt. Über Web 2.0-Anwendungen können „normale Menschen" mit eigenen Beiträgen auf Blogs, in sozialen Netzwerken, aber auch in Kommentaren auf privaten und pro-

---

[953] Vgl. BVerfGE 97, 391 (399).

[954] Vgl. BVerfG 57, 295 (319 f.); 97, 228 (257).

[955] Zur Rezipientenperspektive sogleich unten S. 205 ff.

[956] BVerfGE 61, 1 (7).

[957] *Lenski,* Personenbezogene Massenkommunikation, S. 54.

[958] Diesen Bezugspunkt lässt der zweite Begründungsstrang erkennen, wonach in Massenmedien „ein komplexes System von Entscheidungsgremien" für die Beiträge verantwortlich zeichne (*Lenski,* ebd.).

fessionellen Angeboten („Online-Presse") zu Wort kommen.[959] Mit ihnen entfalten sie eine Breitenwirkung, die jede Vorstellung von einer im individuellen Gespräch oder Schriftverkehr geäußerten „Privatmeinung" sprengt.[960] Die Gewichte haben sich im Internet folglich in einem so erheblichen Maße verschoben,[961] dass der Aspekt der *individuellen* Entfaltung in – potenziell – breitenwirksamer Form nicht unberücksichtigt gelassen werden darf. Die mit Blick auf das gesellschaftliche Interesse an der Informiertheit der Öffentlichkeit durchaus relevante Feststellung, dass ein Beitrag nichts zur öffentlichen Meinungsbildung beiträgt, muss angesichts dessen seine bisher oft vorentscheidende Bedeutung in der Abwägung einbüßen.[962] Vielmehr müssen auch die hier aufgezeigten individuellen, persönlichkeitsrelevanten Aspekte der Meinungs- und Informationsfreiheit gebührend berücksichtigt werden.

b) Berührungspunkte mit dem Recht auf medialen Neubeginn

Aufbauend auf dieser Analyse der individuellen Interessen an einer freien Entäußerung von Tatsachenbehauptungen und Wertungen, die so bislang zur Begründung des *primären* Publikationsinteresses bei der erstmaligen aktiven Veröffentlichung eines Beitrags herangezogen worden sind, ist der Frage nachzugehen, welche Bedeutung ihnen im Konflikt mit dem Recht auf medialen Neubeginn zukommt. Dabei wird auf das vorstehend (§ 7) entwickelte Drei-Phasen-Modell zurückgegriffen.

aa) Sekundäres Publikationsinteresse („Beibehaltungsinteresse")

(1) Fortwirken des primären Publikationsinteresses

Demzufolge entfallen die für die ursprüngliche Veröffentlichung streitenden individuellen Belange nicht in dem Moment, indem sie eine (hypothetische) Neuveröffentlichung nicht mehr zu rechtfertigen vermögen, sondern setzen sich als Aspekte des sekundären Publikationsinteresses fort, das nunmehr dem Recht auf medialen Neubeginn entgegen steht.[963]

---

[959] Vgl. oben S. 31.

[960] Vgl. nur Intendant des Hessischen Rundfunks (Hrsg.), Media Perspektiven. Basisdaten 2012, S. 83, wonach in Deutschland „Onlinecommunities" von 32% und Foren, Newsgroups und Chats von immerhin 19% der deutschsprachigen Bevölkerung ab 14 Jahren mindestens einmal wöchentlich genutzt werden. Soziale Netzwerke werden noch intensiver genutzt: Von den über 40% der Internetnutzer, die dort angemeldet sind, besuchen ca. 60% das soziale Netzwerk täglich und ca. 80% wöchentlich, vgl. *Mende/ Oehmichen/Schröter,* Media Perspektiven 2013, S. 33 (43).

[961] *Mende/Oehmichen/Schröter,* Media Perspektiven 2013, S. 33 (37) m.w.N., sprechen mit Blick auf Blogs von einer „Aufhebung der Grenze zwischen Rezipient und Produzent und damit auch zwischen Profis und Laien".

[962] Was nicht bedeutet, dass diesem Umstand gar keine Bedeutung mehr zukommt.

[963] Vgl. oben S. 173.

Diese erneute Bewertung ist deshalb notwendig, weil der Bezugspunkt der Prüfung sich verändert hat. Nach dem Übertritt in die zweite Phase ist dies nicht mehr die (hypothetische) Neuveröffentlichung, sondern die Veröffentlichung *so wie sie ist,* d. h. unter Berücksichtigung aller Umstände, die den Grad der Beeinträchtigung des allgemeinen Persönlichkeitsrechts im Vergleich zu einer mit maximaler Breitenwirkung versehenen Neuveröffentlichung vermindern können.[964]

(2) Originär sekundäres Publikationsinteresse

Darüber hinaus ist der Frage nachzugehen, ob auch *originär* sekundäre Individualinteressen für die fortdauernde Abrufbarkeit der Publikation streiten und wie diese zu gewichten sind. Definitionsgemäß müssten diese sich gerade daraus ergeben, dass die Publikation zuvor bereits (rechtmäßig) veröffentlicht worden ist.[965]

In diesem Zusammenhang ist darauf hinzuweisen, dass die eigenen Veröffentlichungen Teil der eigenen Realität, vor allem aber auch der eigenen (virtuellen) Identität geworden sind. Sie dokumentieren einerseits im Sinne einer „Werkschau" das eigene Schaffen, auf das man stolz sein kann. Anzahl, Qualität und Thematik der eingestellten Beiträge bestimmen vor allem aber maßgeblich das Ansehen der Person als Autor bzw. Verleger. Die Beeinträchtigung dieser Belange ist bei der Entscheidung über den Eintritt der Veränderungsreife und bei der Bestimmung des zu erreichenden Veränderungserfolges in die Überlegungen einzubeziehen.

bb) Einwirken des Publikationsinteresses auf die Modalitäten des Veränderungsanspruchs

Abschließend gilt es zu untersuchen, inwiefern sich die Modalitäten des nach Unterliegen in der Abwägung mit dem Recht auf medialen Neubeginn dem Betroffenen zustehenden Veränderungsanspruchs negativ auf die primären und sekundären Publikationsinteressen auswirken können.[966]

Insbesondere Laien dürfte es schwer fallen, den Zeitpunkt zu bestimmen, in dem sie die (nunmehr überragenden) Interessen des Betroffenen achten müssen und deshalb „die Wahrheit" nicht mehr – in *dieser* Form – „ungestraft sagen" dürfen. Soll die Bereitschaft des Einzelnen, sich auch zu kontroversen Themen und unter – zulässiger – Identifizierung Dritter „frei" zu äußern, nicht durch Sorge vor unübersehbaren (finanziellen) Konsequenzen (Abmahnkosten) im Keim erstickt werden, muss bei der näheren Ausgestaltung der Modalitäten des

---

[964] Vgl. oben S. 174.
[965] Vgl. oben S. 174.
[966] Vgl. oben S. 176.

Veränderungsanspruchs in besonderem Maße darauf geachtet werden, dass eine übermäßige Abschreckung vermieden wird.

2. Persönlichkeitsbildung und -entfaltung durch *Kenntnisnahme* fremder Mitteilungen

Wissenserwerb zählt zu den menschlichen Grundbedürfnissen, weil Wissen die Basis für die Persönlichkeitsentfaltung in der sozialen Umwelt bildet,[967] u. a. indem es eine faktenbasierte Meinungsbildung erleichtert.[968] Freie individuelle Meinungsbildung verlangt daher nicht nur den Schutz der Verbreitung von Tatsachenbehauptungen und Meinungen, sondern auch den ihres Empfangs.[969]

a) Bedeutung des freien Empfangs von fremden Mitteilungen

Die Relevanz der Kenntnisnahme fremder Äußerungen für die Entfaltung der eigenen Persönlichkeit[970] wird durch zwei eng verbundene Überlegungen erhellt.

aa) Gemeinsames Welt- und Handlungswissen als Voraussetzung für gelingende Individualkommunikation

Indem sie ein für alle oder doch viele Mitglieder der Gesellschaft „*gemeinsames* Welt- und Handlungswissen" bereitstellen, ermöglichen (massen)mediale Beiträge „gesellschaftliche Kommunikation [auch] auf individueller Ebene".[971] Ein geteiltes, kollektives „Hintergrundwissen"[972] ist notwendige Bedingung für gelingende Kommunikation von Menschen über ihr engstes persönliches Um-

---

[967] BVerfGE 27, 71 (81): „Es gehört zu den elementaren Bedürfnissen des Menschen, [...] das eigene Wissen zu erweitern und sich so als Persönlichkeit zu entfalten. Zudem ist [...] der Besitz von Informationen von wesentlicher Bedeutung für die soziale Stellung des Einzelnen."

[968] Obgleich die Meinungsfreiheit gewährleistet, dass „jeder frei sagen kann, was er denkt, auch wenn er keine nachprüfbaren Gründe für sein Urteil angibt bzw. angeben kann" (BVerfGE 42, 163 [171]; ferner BVerfGE 61, 1 [7]), hängen Überzeugungskraft, Wirkmacht und Ansehen des Einzelnen davon ab, ob er auf Fakten verweisen oder an den gesellschaftlichen Diskurs anschließen kann.

[969] Dieses Interesse wird durch die Informationsfreiheit, bei nicht allgemein zugänglichen Quellen auch durch die passive Meinungsfreiheit geschützt (vgl. oben S. 192).

[970] *Jarass,* in: Jarass/Pieroth, GG, Art. 5 Rdnr. 14.

[971] *Lenski,* Personenbezogene Massenkommunikation, S. 60 (Hervorh. d. Verf.). Vgl. auch *Stern,* Pressefreiheit und Filmfreiheit, in: StaatsR IV/1, § 109 I 1 (S. 1526), unter Vw. auf *Luhmann,* Die Realität der Massenmedien, S. 9: „Vielfach gilt, dass das meiste, das wir über das Weltgeschehen wissen oder zu wissen glauben, von den Massenmedien stammt. Sie erzeugen weithin die Realität, die außerhalb unseres engsten selbsterlebten Lebensbereichs existiert."

[972] *Lenski,* Personenbezogene Massenkommunikation, S. 59, unter Vw. auf *Eco,* Die Grenzen der Interpretation, S. 351.

feld[973] hinaus. Auch wenn diese Integrations- folglich auf einer Selektionsleistung aufbaut, darf diese Vorstellung – trotz mitunter missverständlicher Formulierungen[974] – nicht dahingehend verstanden werden, als sei die Vermittlung nur *einer* Weltsicht erstrebenswert.[975] Verkürzt gesagt geht es um die Herstellung einer *überschaubaren* und deshalb überhaupt erst diskutierbaren *Pluralität* der Deutungen. Die (massen)mediale Vermittlung eines gemeinsamen Verständnishorizontes kann deshalb nicht nur durch journalistisch-redaktionelle, sondern auch durch nicht-professionelle Akteure geleistet werden, wenn z.B. Bekannte denselben Blog lesen.[976]

bb) Informiertheit als Voraussetzung für die „Arbeit an der eigenen Identität"

Darüber hinaus wird vor allem (massen)medial verbreiteten Schilderungen das Potenzial zugeschrieben, dem Einzelnen eine „Arbeit an der eigenen Identität" zu ermöglichen, indem er sich in der von ihnen dargestellten Welt „selbst verorten" kann.[977]

(1) „Leitbild- und Kontrastfunktion" von Personen des öffentlichen Lebens

Hierzu rechnet zunächst die „Leitbild- und Kontrastfunktion", die vor allem den (auch unterhaltenden) Berichten über Personen des öffentlichen Lebens attestiert wird.[978] Obgleich oftmals betont wird, dass auf diese Weise „wichtige gesellschaftliche Funktionen" erfüllt werden,[979] dürfte bei genauerem Hinsehen

---

[973] Hier entsteht ein gemeinsames Vor-Verständnis auf Basis der Alltagskommunikation.

[974] *Jarass,* Die Freiheit der Massenmedien, S. 189 f.: „Aus der Vielfalt der Möglichkeiten, ein Ereignis zu betrachten, wird *eine* ausgewählt und verbreitet, mit der Folge, daß die Rezipienten *ein einheitliches* oder doch ähnliches Bild der Ereignisse erhalten. Das befähigt sie zu sozialer Kommunikation über das Ereignis [...]" (Hervorh. d. Verf.). Zugleich spricht *Jarass* davon, dass in Massenmedien auch „ähnliche Mitteilungen [...] zusammengefasst, widersprüchliche gegenübergestellt" werden.

[975] Vgl. *Schulze-Fielitz,* in: Dreier, GG, Art. 5 I, II Rdnr. 44: Massenmedien als „Machtfaktoren bei der Konstruktion der Wirklichkei*ten*" (Hervorh. d. Verf.).

[976] Das „Verwischen" von Individual- und Massenkommunikation (vgl. *Schulze-Fielitz,* in: Dreier, GG, Art. 5 I, II Rdnr. 61) deuten manche als eine die gesamtgesellschaftliche Kommunikationsbasis gefährdende Segregation in Teil-Öffentlichkeiten (*Dreier,* Erinnern Sie sich ... ?, in: FS Loewenheim, S. 67 [76]).

[977] *Lenski,* Personenbezogene Massenkommunikation, S. 54 f., unter Vw. auf *Luhmann,* Die Realität der Massenmedien, S. 115, 203.

[978] Vgl. BVerfGE 101, 361 (390); 120, 180 (203); BVerfG, NJW 2012, S. 1500 (1501) – „Ochsenknecht-Kinder": Bericht über Sachbeschädigungen durch Jungschauspieler, die „über das Fernsehen die Öffentlichkeit unstreitig oft gesucht, ein Image als ‚Junge Wilde' gepflegt und ihre Idolfunktion kommerziell ausgenutzt haben und so ihre Person selbst in die Öffentlichkeit gestellt haben".

wiederum das individuelle Interesse im Vordergrund stehen. So stellt auch das Bundesverfassungsgericht entscheidend darauf ab, dass derartige Publikationen „Realitätsbilder vermitteln und Gesprächsgegenstände zur Verfügung stellen, an die sich Diskussionsprozesse anschließen können, die sich auf Lebenseinstellungen, Werthaltungen und Verhaltensmuster beziehen", und so „Orientierung bei *eigenen Lebensentwürfen*" vermitteln.[980]

(2) Stärkung des Selbstwertgefühls und des Selbstvertrauens

Besonders deutlich wird die persönlichkeitsrechtliche Relevanz des Informationszugangs, wenn Einzelne über ein persönliches, schambesetztes oder tabuisiertes Schicksal berichten. Für die in gleicher oder ähnlicher Weise betroffenen Empfänger ist zum einen wie beim Berichtenden[981] der Aspekt der psychologischen Entlastung zu beachten: Sie können das Gefühl ablegen, alleine zu sein. Darüber hinaus dürfen sie aufgrund der (massen)medialen Verbreitung hoffen, zukünftig ein „aufgeklärteres", bestenfalls verständnisvolleres soziales Umfeld vorzufinden.[982]

b) Berührungspunkte mit dem Recht auf medialen Neubeginn

Die Bedeutung der Kenntnisnahme fremder, auch identifizierender Äußerungen für die Persönlichkeitsentfaltung der (potenziellen) Rezipienten ist auch im Konflikt mit dem Interesse des Betroffenen auf medialen Neubeginn zu berücksichtigen.

aa) Sekundäres Kenntnisnahmeinteresse

Das betrifft in erster Linie das Fortwirken des primären Kenntnisnahmeinteresses im soeben geschilderten Sinn. Hinzu tritt das originär sekundäre Kenntnisnahmeinteresse, das in der Metapher vom „kommunikativen Gedächtnis"[983] treffend zum Ausdruck kommt. Die Vermittlung eines gemeinsamen Verständnishorizontes wird nicht allein durch aktuelle Veröffentlichungen erreicht. Im Gegenteil: In aller Regel *bedarf es einer gewissen Dauer der Zugänglichkeit* einer Veröffentlichung, damit diese *zur gemeinsamen Referenz* werden kann.[984]

---

[979] Statt vieler BVerfGE 101, 361 (390); 120, 180 (204).
[980] Vgl. BVerfGE 101, 361 (390); 120, 180 (203) (Hervorh. d. Verf.). Ähnlich BVerfGE 97, 228 (257).
[981] Dazu bereits oben S. 200.
[982] Vgl. BVerfGE 97, 391 (398).
[983] *Lenski*, Personenbezogene Massenkommunikation, S. 60.
[984] Das lässt sich an herkömmlichen Medienträgern beobachten: Filme werden im Fernsehen wiederholt und auf DVD vertrieben; Bücher werden wieder aufgelegt und in Bibliotheken verliehen.

bb) Einwirken des Kenntnisnahmeinteresses auf die Modalitäten
des Veränderungsanspruchs

Mit Blick auf die Gefahr, dass die Anerkennung eines auf das Recht auf medialen Neubeginn gestützten Veränderungsanspruchs eine abschreckende Wirkung auf die Publikationstätigkeit im Internet haben könnte, verstärkt das Interesse an der Kenntnisnahme der (äußerungsrechtlich ursprünglich zulässigen) Veröffentlichung das bereits aus Sendersicht formulierte Petitum der angemessenen prozeduralen Gestaltung des Veränderungsanspruchs.[985]

3. Wirtschaftliche (Publikations-)Interessen – Schutz des Vertrauens in die ursprünglich wirksam erteilte Einwilligung

a) Erwerbswirtschaftliche Akteure im Internet

Obwohl nutzergenerierte Inhalte eine große Rolle spielen, darf doch nicht verkannt werden, dass die Mehrzahl der rezipierten Inhalte von professionellen Journalisten bzw. Medienunternehmen produziert und auch die Web 2.0-Angebote in ihrer Mehrzahl von Unternehmen betrieben werden. Diese sind auf Einkünfte aus dem Angebot, sei es direkt vom Nutzer, sei es indirekt über Werbeeinnahmen,[986] angewiesen.[987] Ihr privatnütziges Interesse ist legitimerweise darauf gerichtet, mit ihrem Angebot einen möglichst großen Überschuss zu erwirtschaften.[988]

b) Berührungspunkte mit dem Recht auf medialen Neubeginn

Für professionelle Autoren und Verleger liegt das wirtschaftliche Interesse auf der Hand, die Auswahl der Beiträge danach ausrichten zu können, was eine möglichst große Zahl an zahlenden Kunden bzw. an Besuchern[989] für das Medienprodukt zu interessieren verspricht.[990]

---

[985] Vgl. oben S. 204.

[986] Im Jahr 2011 betrugen die Nettoumsätze der Onlinewerbung in Deutschland mit 990 Mio. Euro mehr als diejenigen durch Hörfunk- oder Außenwerbung. Im Vergleich zum Jahr 2005 hat sich der Umsatz verdreifacht; im Vergleich zum Vorjahr betrug die Wachstumsrate immer noch 15% – bei einem branchenweiten Wachstum von 1% (Intendant des Hessischen Rundfunks [Hrsg.], Media Perspektiven. Basisdaten 2012, S. 86 ff.).

[987] Eine Sonderstellung nehmen die gebührenfinanzierten öffentlich-rechtlichen Rundfunkanstalten ein. Sie sind zwar ebenfalls zur Sparsamkeit verpflichtet (vgl. § 14 Abs. 1 RStV), dürfen mit ihren Online-Angeboten aber keine Werbeeinnahmen erzielen (§ 11 d Abs. 5 S. 1 RStV).

[988] Vgl. oben S. 197 ff.

[989] Die Höhe der Werbeeinnahmen richtet sich (u. a.) nach der Zahl der Seitenaufrufe.

[990] Letzteres gilt auch bei berufsmäßigen Intermediären, wie z. B. den Betreibern von sozialen Netzwerken und anderen Host-Providern, die Speicherplatz und Software für die Nutzer unentgeltlich zur Verfügung stellen (vgl. dazu bereits oben S. 37 m. Fn. 79).

Dass diesen Belangen besondere Bedeutung zukommt, wenn der Betroffene in die Veröffentlichung eingewilligt hat, liegt auf der Hand. Sie sind als *widerrufsspezifische Gegeninteressen* in der ersten Phase des Beitrags bei der Frage nach der Widerruflichkeit der Einwilligung zu berücksichtigen [aa)] Bei ursprünglich konfrontativen Beiträgen kommt ihnen demgegenüber kaum Gewicht zu [bb)]. Aus wirtschaftlicher Perspektive ist indes nicht allein die Einnahmenseite von Interesse, sondern mindestens genauso wichtig, den Aufwand für die Betreuung der Angebote niedrig zu halten, weshalb abschließend dem Einfluss wirtschaftlicher Überlegungen auf die Ausgestaltung des Veränderungsanspruchs nachgegangen werden muss [cc)].

aa) Widerrufsspezifisches wirtschaftliches Interesse
am Schutz der im Vertrauen auf den Fortbestand
der Einwilligung getätigten Dispositionen

Der Widerruf der der Veröffentlichung von eigenen und konsentierten Beiträgen zugrundeliegenden Einwilligung konfligiert mit dem Interesse an der dauerhaften berufsmäßigen (mittelbaren) Ausbeutung des Beitrags. Je nach Konstellation kann er überdies die privatnützige Verwertung einer eigentumsrechtlich verfesteten Rechtsposition beeinträchtigen,[991] so dass nicht nur den *Erwerbs-*, sondern auch den *Vermögens*interessen der Betroffenen Rechnung getragen werden muss,[992] weil die „Gewährleistung des Eigentums insoweit die Handlungs- und Gestaltungsfreiheit [ergänzt], indem sie dem Einzelnen vor allem den *durch eigene Arbeit und Leistung erworbenen Bestand* an vermögenswerten Gütern anerkennt."[993]

Bei der Frage, wie die Rücksichtnahme auf das Persönlichkeitsrecht des Betroffenen mit dem Schutz der berechtigten wirtschaftlichen Interessen des anderen Teils in Ausgleich gebracht werden kann, handelt es sich indes um kein neues Phänomen. Vielmehr hält das Urheber- und Vertragsrecht Regelungen genau für diesen Fall bereit,[994] deren Analyse Anregung für eine sachangemessene Lösung auch auf Ebene des Verfassungsrechts sein kann. Diese Regelungen tragen dem im herkömmlichen Verlagsgeschäft offenkundigen wirtschaftlichen Interesse am Bestand der getroffenen Vereinbarung dadurch Rechnung, dass sie die Ausübung urheberpersönlichkeitsrechtlicher Rückrufs- bzw. Widerrufsrechte von *Kompensationszahlungen* abhängig machen:[995] § 42 Abs. 3 UrhG und § 35 Abs. 2 VerlG sehen eine „angemessene Entschädigung" des Lizenznehmers bzw. Verlegers für

---

[991] Vgl. dazu oben S. 197.

[992] Vgl. allgemein zur Nutzungsmöglichkeit als prägendem Element des verfassungsrechtlichen Eigentumsbegriffs *Dietlein,* Eigentum und Erbrecht, in: StaatsR IV/1, § 113 II 2 b β (S. 2180).

[993] BVerfGE 30, 292 (334) (Hervorh. d. Verf.).

[994] § 42 UrhG, § 35 VerlG. Vgl. oben S. 70.

[995] Vgl. dazu oben S. 75.

den Fall vor, dass der Urheber bzw. Autor nach Abschluss des Vertrages seine
Überzeugung geändert hat und ihm deshalb eine weitere Veröffentlichung aus ur-
heberpersönlichkeitsrechtlicher Perspektive nicht mehr zugemutet werden kann.
Anstatt einen Rückruf auf die gravierendsten Fälle zu beschränken, in denen die
Beeinträchtigung so groß ist, dass sie den finanziellen Verlust des anderen Teils
überwiegt, hat der Gesetzgeber sich dafür entschieden, dem Betroffenen die
Möglichkeit zu eröffnen, den Vertragspartner zu entschädigen, was zum Absin-
ken der tatbestandlichen Anforderungen führt.[996]

Diese offenbar interessengerechte einfachrechtliche Lösung weist auf einen be-
deutenden Unterschied zwischen ideellen und wirtschaftlichen Interessen hin:
Während den erstgenannten ausschließlich durch Aufrechterhaltung der Veröffentlichungsbefugnis Rechnung getragen werden kann, ist für die letztgenannten
(wenig überraschend) eine wirtschaftliche Betrachtungsweise entscheidend: Die
im Vertrauen auf den Bestand der Einwilligung getroffenen Dispositionen können
auch durch Gewährung eines finanziellen Ausgleichs[997] „geschützt" werden.[998]

bb) Sekundäres wirtschaftliches Interesse
an der Fortdauer der Abrufbarkeit im Übrigen

Handelt es sich demgegenüber um einen konfrontativen Beitrag, war für Autoren und Verleger *bereits im Zeitpunkt der erstmaligen Veröffentlichung des Bei-*

---

[996] Vgl. nur *Schulze,* in: Dreier/Schulze, UrhG, § 42 UrhG Rdnr. 18. Jenseits der Spe-
zialregelungen wird § 122 BGB analog herangezogen, vgl. AG Berlin-Charlottenburg
ZUM-RD 2002, S. 221 (222); *Ohly,* Volenti non fit iniuria, S. 354. Ausführlich zu diesem Komplex unten S. 324.

[997] Ausgleichsbedarf besteht nur, soweit ein wirtschaftlicher Nachteil eintritt, woran
es bei nutzergenerierten Inhalten i.d.R. fehlt (vgl. *Rauda,* GRUR 2010, S. 22 [26 f.];
ferner unten S. 325).

[998] Einer solchen Auflösung eines Grundrechtskonflikts durch Kompensationszahlung haftet der Ruch einer „Zwangskommerzialisierung" grundrechtlicher Freiheit
an (vgl. näher *Voßkuhle,* Das Kompensationsprinzip, S. 282 f. m.w.N.). Aufgrund der
„mangelnd[en] Legitimationswirkung der Entschädigungsleistung" kann *allein* wegen
einer Geldzahlung eine Grundrechtseinbuße nicht gerechtfertigt sein (*Voßkuhle,* ebd.,
S. 285). So liegt es hier indes nicht: Der auszugleichende Wegfall der durch die Einwilligung begründeten Rechtsposition erfolgt mit dem Schutz des Rechts auf medialen
Neubeginn auf einer hinreichenden verfassungsrechtlichen Legitimationsbasis. Die
Kompensation soll lediglich die *wirtschaftliche* Belastung des auf den Bestand der Abrede Vertrauenden ausgleichen, was innerhalb privatrechtlicher Sonderbeziehungen
auch in anderen Konstellationen allenthalben geschieht (vgl. nur § 122; §§ 627, 628 und
§ 649 BGB). Hat der Betroffene für die Einwilligung ein Entgelt erhalten, ist die Kom-
pensationsverpflichtung die Kehrseite der von ihm selbst betriebenen *freiwilligen Kommerzialisierung* eines Aspekts seiner Persönlichkeit.
Schließlich darf nicht übersehen werden, dass die v.a. von der Meinungsfreiheit geschützten, einer prospektiven Kompensation unzugänglichen *ideellen* Interessen (vgl.
Voßkuhle, ebd., S. 282 ff. m.w.N.), nicht in den Ausgleich einbezogen werden. Im Gegenteil: Sie stehen – von finanziellen Erwägungen geschieden – dem Recht auf medialen Neubeginn auf der zweiten Prüfungsstufe ungeschmälert gegenüber.

trags erkennbar, dass diese gegen den Willen des Betroffenen erfolgt und nur wegen des überragenden (primären) Publikationsinteresses (einstweilen) rechtmäßig sein würde. Sie müssen damit rechnen, *dass der Betroffene früher oder später einen Veränderungsanspruch geltend macht.* Mit anderen Worten: Anders als im Fall der einverständlichen Publikation fehlte es an einer Basis für die Entwicklung eines schutzwürdigen Vertrauens in den Fortbestand der Veröffentlichungsbefugnis. Dem Interesse, zeitlich unbegrenzt unter Beeinträchtigung des Persönlichkeitsrechts des Betroffenen Einnahmen zu erzielen, kommt vor diesem Hintergrund kein nennenswertes Gewicht zu.

cc) Einwirken wirtschaftlicher Interessen auf die Modalitäten
des Veränderungsanspruchs

Das bedeutet freilich nicht, dass wirtschaftliche Interessen bei konfrontativen Beiträgen keine Rolle spielen. Die Wirtschaftlichkeit eines Angebots hängt schließlich auch davon ab, mit welchem personellen und damit mittelbar finanziellen Aufwand sie dieses bestreiten können. Insbesondere die Auferlegung fremdnütziger (Prüfungs-)Pflichten beeinträchtigt die Rentabilität. Hierauf ist in der prozeduralen Ausgestaltung des Veränderungsanspruchs in der dritten Phase Bedacht zu nehmen.

Mit Blick auf *Intermediäre* wie Host-Provider (u.a. für Blogs) und Suchmaschinenbetreiber ist dabei zu beachten, dass diese sich selbst ausschließlich auf die Berufsfreiheit berufen können, so dass ihre Belange durch die ideellen Publikationsinteressen noch überhaupt nicht berücksichtigt worden sind. Zwar würde es sich bei einem auf das Recht auf medialen Neubeginn gestützten Anspruch (z.B. auf Sperrung eines Beitrags oder Herausnahme eines Eintrags aus den Suchergebnissen) um eine Regelung der Berufsausübung handeln,[999] bei der keine besonderen Anforderungen bezüglich der zur Rechtfertigung herangezogenen Schutzgüter gestellt werden.[1000] Gleichwohl kommt dem Interesse der Intermediäre ein besonderes Gewicht zu, da sie – anders als die Autoren und Verleger – auf die beanstandeten Inhalte keinen Einfluss ausgeübt haben. Und das sollen sie auch gar nicht, weil die Abwesenheit routinemäßiger Kontrollen dem verfassungsrechtlichen Grundgedanken entspricht, dass jedermann ohne Vor-Zensur (Art. 5 Abs. 1 S. 3 GG) seine Ansichten verbreiten können soll.[1001] Mangels unmittelbarer Verantwortlichkeit für die Beeinträchtigung des Rechts auf medialen Neubeginn handelt es sich bei den Intermediären in polizeirechtlicher

---

[999] Vgl. BVerfGE 77, 346 (358) für Prüfungspflichten der Presse-Grossisten.
[1000] Vgl. nur BVerfGE 7, 377 (405 f.); 70, 1 (28); 103, 1 (10).
[1001] Vgl. nur EuGH, Rs. C-360/10 – SABAM, MMR 2012, S. 334 (336), unter Vw. auf Art. 15 Abs. 1 Richtlinie 2000/31/EG über bestimmte rechtliche Aspekte der Dienste der Informationsgesellschaft, insbesondere des elektronischen Geschäftsverkehrs, im Binnenmarkt (ABl. L 178 v. 17.7.2000, S. 1).

Diktion um „Nicht-Störer". Eine dennoch mitunter erforderliche „Inpflichtnahme"[1002] hat daher mit besonderer Rücksicht auf ihre Belange zu erfolgen. Insbesondere die Auferlegung von Pflichten zum unentgeltlichen Tätigwerden unterliegt folglich strengeren Rechtfertigungsanforderungen.[1003]

Auch die professionellen, berufsmäßigen *Autoren und Verleger* haben – mit Ausnahme der öffentlich-rechtlichen Rundfunkanstalten[1004] – ein grundrechtlich geschütztes *wirtschaftliches* Interesse an der schonenden Ausgestaltung der Abwicklungsmodalitäten bezüglich eigener Publikationen. Die Fülle an Beiträgen, die von professionellen Medien kontinuierlich veröffentlicht wird, ist für diese ohne erheblichen Aufwand „aktiv" nicht zu übersehen. Sie trifft insbesondere keine Ingerenz aus pflichtwidrigem Vorverhalten, weil die Beiträge in der hier interessierenden Konstellation des nachträglichen Publikationsexzesses ursprünglich rechtmäßigerweise veröffentlicht worden sind. Bei der Ausgestaltung der Abwicklungsmodalitäten ist daher nicht nur wegen der „Rückwirkung" auf die *ideellen* Interessen an der Verbreitung der Inhalte, sondern auch aus rein wirtschaftlichen Gründen heraus – grundsätzlich[1005] – eine besondere Zurückhaltung bei der Überwälzung kostenintensiver Obliegenheiten und Pflichten angezeigt.

III. Gesellschaftliche Aspekte des Publikationsinteresses

Die Kommunikationsfreiheiten des Art. 5 Abs. 1 GG haben sich zum „Paradebeispiel für die Entwicklung der heute multifunktional verstandenen Grundrechtswirkungen" entwickelt.[1006] Diese Betonung *gesellschaftlicher* Grundrechtsaspekte geht indes mit der Gefahr einer Entwertung der *individuelle* Freiheit verbürgenden primären Grundrechtsfunktion einher[1007] und sieht sich entspre

---

[1002] Z. B. weil eine Rechtsverfolgung gegenüber dem Autor oder Verleger aussichtslos ist.

[1003] BVerfGE 54, 251 (271) – Berufsvormund; ferner *Voßkuhle,* Das Kompensationsprinzip, S. 285 m.w.N. Ähnlich EuGH, Rs. C-360/10 – SABAM, MMR 2012, S. 334 (337): Eine Rechtspflicht, die einen Intermediär zwingt, ein „kompliziertes, kostspieliges, auf Dauer angelegtes und *allein auf seine Kosten* betriebenes Informatiksystem einzurichten", ist als „Missachtung des Erfordernisses der Gewährleistung eines angemessenen Gleichgewichts zwischen dem [Schutzgut, dem die Auferlegung der Verpflichtung dient,] und dem Schutz der unternehmerischen Freiheit [...] einzustufen" (Hervorh. d. Verf.).

[1004] Vgl. BVerfGE 78, 101 (102).

[1005] Im Gegensatz zu den Intermediären haben die Autoren die Beiträge verfasst und Verleger sie sich mit der Veröffentlichung zu Eigen gemacht. Wenn ein Konflikt mit dem Recht auf medialen Neubeginn bereits bei Veröffentlichung *konkret und alsbald absehbar* ist, wie z. B. bei einer Verdachtsberichterstattung, erscheint eine verschärfte Haftung angemessen (vgl. unten S. 288).

[1006] *Stern,* Freiheit der Kommunikation und Information, in: StaatsR IV/1, § 108 III 1 (S. 1419). Vgl. auch *Herzog,* in: Maunz/Dürig, GG, Art. 5 Abs. I, II Rdnrn. 5 ff.

[1007] Vgl. oben S. 198.

chender Kritik ausgesetzt. Dieser muss zunächst nachgegangen werden (1.), bevor im Anschluss näher entfaltet werden kann, welches gesellschaftliche Interesse an der Informiertheit der Öffentlichkeit (2.) und an den wirtschaftlichen Rahmenbedingungen der Medien (3.) besteht und inwiefern dieses im Konflikt mit dem Recht auf medialen Neubeginn verstärkend auf Seiten der Autoren, Verleger und Intermediäre wirken kann.

1. Anerkennung gesellschaftlicher Grundrechtsaspekte?

Bei näherem Hinsehen lassen sich bezüglich der Anerkennung gesellschaftlicher Grundrechtsaspekte zwei miteinander im Ursprung verbundene,[1008] aber doch wesentlich verschieden verlaufende Kontroversen unterscheiden.[1009]

a) Objektivierung der (Kommunikations-)Grundrechte?

Die erste betrifft die neben den klassischen subjektiv-rechtlichen Gehalt der Grundrechte als Abwehrrechte tretenden, objektiv-rechtlichen Grundrechtsdimensionen (Schutzpflichten, institutionelle und Institutsgarantien, Ausstrahlungswirkung auf das Privatrechtsverhältnis usw.).[1010] Insbesondere bei der Auslegung der Medienfreiheiten wird diesen eine herausragende Bedeutung zugeschrieben.[1011]

Mit Blick auf die Anfälligkeit der Märkte für Konzentrationsprozesse und die sich daraus ergebende Gefährdung der Pluralität in den Medien ist in der Literatur teilweise eine Deutung der Kommunikationsfreiheiten vorgeschlagen worden, bei der den objektiv-rechtlichen, institutionellen Überlegungen ein sehr großes Gewicht zukam;[1012] auch die Rechtsprechung des Bundesverfassungsgerichts zur

---

[1008] Vgl. auch *Jarass,* Die Freiheit der Massenmedien, S. 120.

[1009] Zur Notwendigkeit, diese unter dem Schlagwort der „öffentlichen Aufgabe" geführten Debatten auseinanderzuhalten, *Starck,* in: v. Mangoldt/Klein/Starck, GG, Art. 5 Abs. 1, 2 Rdnrn. 74, 111.

[1010] Vgl. BVerfGE 7, 198 (208), wo die „grundlegend[e] Bedeutung der Meinungsäußerungsfreiheit für den freiheitlich-demokratischen Staat" als Argument für die mittelbare Drittwirkung der Grundrechte im Privatrechtsverhältnis herangezogen wird, und später BVerfGE 57, 295 (319 f.), wo die unauflösliche Verflechtung von subjektiv- und objektiv-rechtlichen Elementen betont wird.

[1011] Statt vieler BVerfGE 117, 244 (258): „Die Freiheit der Medien ist konstituierend für die freiheitliche demokratische Grundordnung [...]. Eine freie Presse und ein freier Rundfunk sind daher von besonderer Bedeutung für den freiheitlichen Staat [...]. Dementsprechend gewährleistet Art. 5 Abs. 1 S. 2 GG den im Bereich von Presse und Rundfunk tätigen Personen und Organisationen Freiheitsrechte und *schützt darüber hinaus in seiner objektiv-rechtlichen Bedeutung auch die institutionelle Eigenständigkeit* der Presse und des Rundfunks [...]" (Hervorh. d. Verf.).

[1012] Statt vieler *Ridder,* Meinungsfreiheit, in: Die Grundrechte II, S. 243 (249 ff.), mit einem Konzept der „öffentlichen Meinungsfreiheit"; *Scheuner,* VVDStRL 22 (1965), S. 1 (32 f.).

Rundfunkfreiheit ist hiervon geprägt.[1013] Die vorherrschende Kritik an dieser Entwicklung richtet sich weniger gegen die Anerkennung von objektiv-rechtlichen Grundrechtsaspekten an sich,[1014] sondern verwahrt sich gegen eine Marginalisierung der subjektiv-individuellen Grundrechtsfunktion, die die Freiheiten prinzipiell der eigenverantwortlichen Ausübung überantwortet.[1015] Die Rede ist gar davon, dass „die ‚öffentliche Aufgabe der Presse‘ gegen die subjektiv-rechtliche Garantie der Pressefreiheit ausgespielt“[1016] und den Medienfreiheiten des Art. 5 Abs. 1 S. 2 GG „im Ergebnis die Funktion als individuelles Kommunikationsgrundrecht“ abgesprochen worden sei.[1017] Für die Rechtsprechung des Bundesverfassungsgerichts aufs Ganze gesehen trifft dies indes nicht zu.[1018] Dass die „‚demokratische‘ Interpretation des Art. 5 Abs. 1 GG [...] immer nur zu einem ‚sowohl-als auch‘, niemals jedoch zu einem ‚stattdessen‘ führen [kann]“,[1019] entspricht der „heute gängige[n] Interpretation“,[1020] weshalb eine Ablösung des subjektiv-rechtlichen Charakters der Kommunikations- und Medienfreiheiten zu-

---

[1013] Besonders deutlich BVerfGE 87, 181 (197 f.): „Im Unterschied zu anderen Freiheitsrechten des Grundgesetzes handelt es sich bei der Rundfunkfreiheit allerdings nicht um ein Grundrecht, das seinem Träger zum Zweck der Persönlichkeitsentfaltung oder Interessenverfolgung eingeräumt ist. Die Rundfunkfreiheit ist vielmehr eine *dienende Freiheit*. Sie dient der freien individuellen und öffentlichen Meinungsbildung. Diesem Charakter würde ein Verständnis von Art. 5 Abs. 1 Satz 2 GG, das sich in der Abwehr staatlicher Einflußnahme erschöpfte und den Rundfunk im Übrigen den gesellschaftlichen Kräften überließe, nicht gerecht. Der Rundfunk bedarf vielmehr einer gesetzlichen Ordnung, die sicherstellt, daß er den verfassungsrechtlich vorausgesetzten Dienst leistet. Bei der Ausgestaltung dieser Ordnung genießt der Gesetzgeber weitgehende Freiheit“ (Hervorh. d. Verf.).

[1014] Vgl. aber *Jestaedt,* Meinungsfreiheit, HGrR IV, § 102 Rdnrn. 18 ff., der im Zentrum der Fehlentwicklung eine „rundfunkdogmatische ‚Pfadabhängigkeit‘“ sieht.

[1015] *Lenski,* Personenbezogene Massenkommunikation, S. 61 ff. m.w.N. Vgl. ferner die Darstellung des Streitstandes bei *Stern,* Pressefreiheit und Filmfreiheit, in: StaatsR IV/1, § 109 III 3 (S. 1558 ff.); *Starck,* in: v. Mangoldt/Klein/Starck, GG, Art. 5 Abs. 1, 2 Rdnr. 8, sowie allgemeiner *Bethge,* VVDStRL 57 (1998), S. 7 (14 ff.) – jeweils m.w.N.

[1016] *Starck,* in: v. Mangoldt/Klein/Starck, GG, Art. 5 Abs. 1, 2 Rdnr. 10.

[1017] *Lenski,* Personenbezogene Massenkommunikation, S. 61. *Grote/Wenzel,* Die Meinungsfreiheit, in: EMRK-GG, Kap. 18 Rdnr. 40, kritisieren den EGMR dafür, die Privilegierung der Massenmedien zu einem Dogma erhoben zu haben, umgekehrt Beschränkungen der Individualkommunikation selbst dann großzügig zuzulassen, wenn diese Angelegenheiten von allgemeinem Interesse betreffen.

[1018] Vgl. z.B. BVerfGE 20, 162 (175); BVerfGE 50, 290 (337 f.); BVerfG, NJW 2010, S. 1587 (1589). Ferner *Schulze-Fielitz,* in: Dreier, GG, Art. 5 I, II Rdnr. 45, und *Herzog,* in: Maunz/Dürig, GG, Art. 5 Abs. I, II Rdnr. 14a: „Die Rechtsprechung des BVerfG ist in dieser Frage nur scheinbar einen anderen Weg gegangen [...]. Zwar verwendet das Gericht [...] immer wieder Formulierungen wie ‚Institut der freien Presse‘ [...]. Bei genauerem Zusehen werden daraus aber keine Schlüsse gezogen, die sich aus Art. 5 I Satz 2 nicht auf anderem Wege ableiten ließen [...].“

[1019] *Herzog,* in: Maunz/Dürig, GG, Art. 5 Abs. I, II Rdnr. 8.

[1020] Vgl. *Stern,* Pressefreiheit und Filmfreiheit, in: StaatsR IV/1, § 109 III 3 (S. 1558) m.w.N.

gunsten einer institutionellen Garantie durch die Berücksichtigung gesellschaftlicher Grundrechtsaspekte nicht zu besorgen ist.

b) Schutzverstärkende Bedeutung gesellschaftlicher Grundrechtsaspekte

In der zweiten Kontroverse über gesellschaftliche Grundrechtsaspekte stehen Grund und Grenzen einer „Aufladung" der einzelnen Grundrechtspositionen mit Blick auf die mit ihnen assoziierten gesellschaftlichen Belange im Zentrum.[1021] Es geht insbesondere um die Frage, ob und in welchem Maße es für die Zulässigkeit einer Meinungsäußerung relevant sein soll, dass sie (k)eine „Angelegenheit von öffentlichem Interesse" zum Gegenstand hat.

Während sich schon in der frühen Grundrechtslehre eine Aufladung der Grundrechte im Sinne einer gesellschaftsbezogenen Funktionszuschreibung findet,[1022] werden insbesondere die Meinungsäußerungsfreiheit und „eine freie Presse und ein freier Rundfunk"[1023] unter dem Grundgesetz als für eine freiheitlich-demokratische Ordnung „schlechthin konstituierend" verstanden,[1024] weil sie den Prozess der Bildung einer oder mehrerer öffentlicher Meinungen erst ermöglichen und damit die notwendigen Voraussetzungen einer kollektiven, demokratischen Willensbildung und -artikulation schaffen.[1025] Die Freiheitsausübung des Einzelnen wird nicht allein zwecks Ermöglichung persönlicher Präferenzentscheidungen, sondern *auch* deshalb geschützt, weil mit dem freiheitlichen, nicht staatlich dirigierten Verhalten Einzelner ein gesamtgesellschaftlicher Mehrwert erwartet wird, der durch staatliche Stellen gerade nicht herbeigeführt werden könnte.[1026]

Im Gegensatz zum Streit um die institutionelle Ausdeutung der Grundrechte hat dieser die Rechtsprechung des Bundesverfassungsgerichts und des EGMR[1027] prägende Ansatz einer individuellen und gesellschaftlichen „Doppelbegründung"[1028] vieler Grundrechte weitgehend Zustimmung gefunden.[1029]

[1021] *Starck,* in: v. Mangoldt/Klein/Starck, GG, Art. 5 Abs. 1, 2 Rdnr. 11 m. Fn. 34, spricht von einem „Verstärkungsargument".

[1022] *Jarass,* Die Freiheit der Massenmedien, S. 122, unter Vw. u. a. auf *Smend,* VVDStRL 4 (1928), S. 44 (50).

[1023] BVerfGE 117, 244 (258).

[1024] BVerfGE 7, 198 (208) für die Meinungsfreiheit; BVerfGE 10, 118 (121) für die Pressefreiheit; BVerfGE 77, 65 (74) für die Rundfunkfreiheit.

[1025] Statt vieler BVerfGE 20, 162 (174 f.).

[1026] Vgl. BVerfGE 20, 162 (175): „So wichtig die damit der Presse zufallende ‚öffentliche Aufgabe' ist, so wenig kann diese von der organisierten staatlichen Gewalt erfüllt werden."

[1027] Z. B. BVerfGE 120, 180 (203) – Caroline III; EGMR, NJW 2012, S. 1053 (1054 ff.) – von Hannover II.

[1028] *Lenski,* Personenbezogene Massenkommunikation, S. 53 m. Fn. 100.

[1029] *Jarass,* Die Freiheit der Massenmedien, S. 120 („individualer und gesellschaftlicher Sinn"); *Herzog,* in: Maunz/Dürig, GG, Art. 5 Abs. I, II Rdnr. 10a („individual-

Das Verständnis vom gesellschaftlichen „Zusatznutzen" individueller Verfolgung grundrechtlich geschützter Interessen hat zur Konsequenz, dass die Verwirklichung von Gemeinschaftsbelangen keine exklusiv staatliche Domäne bleibt. Gesellschaftliche Interessen beeinflussen nicht allein die Rechtmäßigkeit *staatlicher* Handlungen,[1030] sondern sind auch dann zu berücksichtigen, wenn eine Beschränkung der Ausübung grundrechtlich garantierter Freiheiten in Rede steht. Hier kann es im Ergebnis zu einem „Private Constitutional Law Enforcement" kommen.[1031]

2. Interesse an der Informiertheit der Öffentlichkeit

Mit Abstand bedeutendster Faktor der Anreicherung der Grundrechte um gesellschaftliche Interessen bildet die Verstärkung des Gewichts der Entäußerung und des Empfangs von Informationen und Stellungnahmen wegen ihrer Bedeutung im kontinuierlich ablaufenden Prozess der Bildung einer „freie[n] und möglichst gut informierte[n] öffentliche[n] Meinung".[1032] Dieses gesellschaftliche Interesse an der Informiertheit der Öffentlichkeit[1033] tritt mit schutzverstärkender

---

rechtliche" und „demokratische Komponente"); *Stern,* Freiheit der Kommunikation und Information, in: StaatsR IV/1, § 108 II 4 (S. 1403) („individual-rechtliche als auch eine demokratie-staatliche Komponente"); *Schulze-Fielitz,* in: Dreier, GG, Art. 5 I, II Rdnrn. 43, 45 („politisch-demokratische Komponente" bzw. „öffentliche Funktion"); *Starck,* in: v. Mangoldt/Klein/Starck, GG, Art. 5 Abs. 1, 2 Rdnr. 60 („individualrechtliche" und „demokratiestaatliche Bedeutung"); *Lenski,* Personenbezogene Massenkommunikation, S. 53 („subjektive, individuelle" bzw. „objektive, gesellschaftliche" als „spezifische grundrechtliche Funktion"). Die Bedenken beschränken sich i.d.R. auf das Petitum, die „Sensibilität für die öffentliche Funktion" der Grundrechte nicht zu übertreiben und ihren Charakter als primär individuelle Freiheiten nicht zu verleugnen (*Schulze-Fielitz,* in: Dreier, GG, Art. 5 I, II Rdnrn. 40, 45; *Herzog,* in: Maunz/Dürig, GG, Art. 5 Abs. I, II Rdnrn. 82 ff.; 128 ff.; *Stern,* Freiheit der Medien, in: StaatsR IV/ 1, Vor § 109 1 [S. 1510 f.]).

[1030] Vgl. dazu unten S. 233.

[1031] Damit soll auf die v.a. in den USA entwickelte und nicht zuletzt angesichts unionsrechtlicher Vorgaben auch in Deutschland verstärkt rezipierte Vorstellung Bezug genommen werden, wonach zivilrechtliche Auseinandersetzungen (z.B. im Bereich der Produkthaftung) durch die Kläger („private public attorneys") zugleich auch im Interesse der nicht (prozess)beteiligten Allgemeinheit geführt werden (vgl. dazu *Kern,* ZZPInt 12 [2007], S. 351 ff.; *Hess,* JZ 2011, S. 66 ff. – jeweils m.w.N.).
Beispielhaft BGHZ 183, 353 (361 f.) – Online-Archiv I, wo entscheidend auf das „anerkennenswert[e] Interesse der Öffentlichkeit" an der Kenntnisnahme der Berichte abgestellt wird.

[1032] BVerfGE 27, 71 (81) zur Informationsfreiheit; ähnlich BVerfGE 20, 162 (174 f.) zur Pressefreiheit.

[1033] Die (synonyme) Beschreibung als „Informationsinteresse der Allgemeinheit", „Öffentliches (Informations-)Interesse" oder „Informationsinteresse der Öffentlichkeit" (statt vieler BVerfGE 120, 180 [202, 205 bzw. 212]), mehr noch die Rede vom „*Recht der Öffentlichkeit auf Information*" (EGMR, NJW 2012, S. 1053 [1056] – von Hannover II [in der amtlichen Fassung: „le *droit* du public d'être informé" bzw. „the public's *right* to be informed"]; Hervorh. jeweils d. Verf.) erweist sich als missverständlich, weil

Wirkung[1034] auf die Seite der jeweils einschlägigen Kommunikations- und Medienfreiheiten.

a) Bedeutung der Informiertheit der Öffentlichkeit für das demokratische Gemeinwesen

Mit *Lenski*[1035] lassen sich bei den Kommunikationsgrundrechten drei Facetten der gesellschaftlichen Grundrechtsaspekte unterscheiden [aa)]. Vor diesem Hintergrund wird erkennbar, warum dem Interesse an der Informiertheit der Öffentlichkeit bei der Rechtfertigung identifizierender Berichterstattung eine so große Bedeutung zukommt [bb)].

aa) Drei Facetten der Informiertheit der Öffentlichkeit

(1) Stärkung des Deliberationsprozesses über das Gemeinwohl

Die durch freie (Massen-)Kommunikation bewirkte Informiertheit der Öffentlichkeit[1036] soll in erster Linie den – thematisch denkbar weit zu verstehenden – „Diskurs über das Gemeinwohl" antreiben.[1037] Weil „das Gemeinwohl" in der Demokratie keine vorfindliche Größe darstellt, sondern – immer latent instabiles – Produkt eines kontinuierlich ablaufenden Deliberationsprozesses ist, kommt den Funktionsbedingungen ebenjenes „Diskurses" eine besondere Bedeutung zu.

---

sie die Existenz einer kollektiven, quasi-grundrechtlichen Rechtsposition nahelegt (vgl. *Fechner,* in: Stern/Becker, Grundrechte, Art. 5 Rdnrn. 115, 118, der von einer neben die herkömmlichen Freiheiten des Art. 5 Abs. 1 GG tretenden „kollektiven Form der Informationsfreiheit" spricht).

[1034] BVerfGE 61, 1 (11): „Wird von dem Grundrecht nicht zum Zwecke privater Auseinandersetzung Gebrauch gemacht, sondern will der Äußernde in erster Linie zur Bildung der öffentlichen Meinung beitragen, dann sind Auswirkungen seiner Äußerung auf den Rechtskreis Dritter zwar unvermeidliche Folge, nicht aber eigentliches Ziel der Äußerung. Der Schutz des betroffenen Rechtsguts kann und muß um so mehr zurücktreten, je weniger es sich um eine unmittelbar gegen dieses Rechtsgut gerichtete Äußerung im privaten, namentlich im wirtschaftlichen Verkehr und in Verfolgung eigennütziger Ziele handelt, sondern um einen Beitrag zum geistigen Meinungskampf in einer die Öffentlichkeit wesentlich berührenden Frage durch dazu Legitimierten; hier spricht die Vermutung für die Zulässigkeit der freien Rede [...]."

[1035] *Lenski,* Personenbezogene Massenkommunikation, S. 56 ff.

[1036] Sie bezieht sich nicht allein auf die „Aufklärung" der Öffentlichkeit durch (zutreffende) *Tatsachenbehauptungen.* Es geht auch um die Information über die bestehenden *Meinungen* zu gesellschaftlich relevanten Themen. Vgl. BVerfGE 20, 162 (174): „Soll der Bürger politische Entscheidungen treffen, muß er [...] auch *die Meinungen kennen und gegeneinander abwägen können, die andere sich gebildet haben"* (Hervorh. d. Verf.).

[1037] *Lenski,* Personenbezogene Massenkommunikation, S. 56 f.

(2) Vorbereitung demokratischer Entscheidungen

Zweitens wird mit der freien, durch (massen)mediale Veröffentlichungen immer wieder angestoßenen öffentlichen Debatte die Erwartung verknüpft, die allfälligen „Entscheidungen in der demokratischen Legitimationskette" vorzubereiten.[1038] Dem Idealbild der repräsentativen Demokratie gemäß kulminiert diese Debatte in den wohlabgewogenen, informierten[1039] Entscheidungen des Souveräns in Wahlen und Abstimmungen. Der streitige Austausch über Tatsachengrundlagen sowie verschiedene Haltungen zu gesellschaftlich relevanten Belangen befördert indes nicht nur die Vorbereitung dieser punktuellen Rückkopplungen; der über die Massenmedien ausgetragenen Debatte wird auch die Funktion zugeschrieben, eine fortwährende (indirekte) Kommunikation der Repräsentanten mit dem Volk zu ermöglichen.[1040]

(3) Transparenz als Voraussetzung für Kontrolle und Legitimation

Schließlich soll drittens der ungestörte Austausch von Informationen und Meinungen über staatliches Handeln und Unterlassen eine Kontrolle der Staatsorgane durch das Volk ermöglichen.[1041] Die Transparenz staatlichen Handelns soll nicht nur Wählern ermöglichen, Konsequenzen zu ziehen, sondern im Idealfall das Vertrauen in die Amtsführung stärken und Legitimation vermitteln.

Eine *effektive* Kontrolle staatlichen Handelns durch „die Öffentlichkeit" setzt dabei die Existenz eines Multiplikators voraus, eine Funktion, die praktisch nur (Massen-)Medien ausfüllen können.[1042] Die Rolle des „Wachhunds"[1043] geht dabei gerade über die Verbreitung amtlicher Verlautbarungen hinaus und erfordert die aktive Beschaffung von Informationen von staatlichen[1044] wie privaten Stellen.

[1038] *Lenski,* ebd., S. 57 f.

[1039] BVerfGE 44, 125 (147): „Eine verantwortliche Teilhabe der Bürger an der politischen Willensbildung des Volkes setzt voraus, daß der Einzelne von den zu entscheidenden Sachfragen, von den durch die verfaßten Staatsorgane getroffenen Entscheidungen, Maßnahmen und Lösungsvorschlägen genügend weiß, um sie beurteilen, billigen oder verwerfen zu können."

[1040] BVerfGE 20, 162 (175): „[Die Presse] faßt die in der Gesellschaft und ihren Gruppen unaufhörlich sich neu bildenden Meinungen und Forderungen kritisch zusammen, stellt sie zur Erörterung *und trägt sie an die politisch handelnden Staatsorgane heran, die auf diese Weise ihre Entscheidungen auch in Einzelfragen der Tagespolitik ständig am Maßstab der im Volk tatsächlich vertretenen Auffassungen messen können"* (Hervorh. d. Verf.).

[1041] *Lenski,* Personenbezogene Massenkommunikation, S. 58 f.; vgl. auch BVerfGE 25, 296 (305 f.): Die „Aufdeckung wirklicher Mißstände" begründet ein öffentliches Interesse, welches das Geheimhaltungsbedürfnis der Behörden überwiegt.

[1042] *Lenski,* ebd., S. 59; *Schulze-Fielitz,* in: Dreier, GG, Art. 5 I, II Rdnr. 40.

[1043] Vgl. EGMR, NJW 2012, S. 1053 (1056) – von Hannover II, unter Vw. auf eigene Rechtsprechung.

bb) Beitrag zur Rechtfertigung
identifizierender Berichterstattung

Das gesellschaftliche Interesse an der Informiertheit der Öffentlichkeit ist in erster Linie auf „politische, wirtschaftliche, soziale oder kulturelle Belange"[1045] gerichtet. Eine zumindest beiläufige Erwähnung der Namen der Beteiligten ist aber – nicht zuletzt der publizistischen Wirkung wegen[1046] – auch jenseits der Politik üblich.

Vor allem mit der erst- und letztgenannten Facette des „Informationsinteresses der Öffentlichkeit" geht eine an der Person selbst ausgerichtete Berichterstattung einher, selbst wenn diese kein öffentliches Amt innehat und keine (partei)politische Funktion ausübt. Derartige Beiträge „zum geistigen Meinungskampf in einer die Öffentlichkeit wesentlich berührenden Frage"[1047] finden sich häufig mit Bezug auf Privatpersonen, die sich außerhalb der Parteien im weiteren Sinne politisch betätigen[1048] oder deren (berufliches) Verhalten aus anderen Gründen von großer Bedeutung für die Allgemeinheit sein kann.[1049]

Privilegiert wird insbesondere die Berichterstattung über „skandalöse, sittlich oder rechtlich zu beanstandende Verhaltensweisen" sowie die „Aufdeckung von Unstimmigkeiten zwischen öffentlicher Selbstdarstellung und privater Lebensführung".[1050] Darüber hinaus sollen auch unterhaltende Berichte über „die Normalität des Alltagslebens oder in keiner Weise anstößig[e] Handlungsweisen prominenter Personen" eine gesellschaftlich wichtige „Leitbild- und Kontrastfunktion" erfüllen,[1051] weil sie „Realitätsbilder vermitteln und Gesprächsgegenstände zur Verfügung stellen, an die sich Diskussionsprozesse anschließen können, die sich auf Lebenseinstellungen, Werthaltungen und Verhaltensmuster

---

[1044] Zu einem aus Art. 5 Abs. 1 S. 2 GG verfassungsunmittelbar abzuleitenden Auskunftsanspruch der Medien gegenüber Bundesbehörden jüngst BVerwG, NVwZ 2013, S. 1006 (1008 f.).

[1045] BVerfGE 62, 230 (244).

[1046] Die Medien dürfen Gegenstand und Modus der Berichterstattung grundsätzlich nach selbstgesetzten publizistischen Maßstäben wählen, vgl. BVerfGE 101, 361 (390); 120, 180 (206).

[1047] BVerfGE 7, 198 (212).

[1048] Vgl. nur BVerfGE 7, 198 (216 ff.); 42, 163 (170).

[1049] Vgl. nur BVerfGE 60, 234 (240 f.) – Finanzhaie, unter Vw. auf BGHZ 65, 325 [331 f.] m.w.N.: „Jedenfalls bei der Auseinandersetzung mit Mißständen in einem ganzen Zweig der gewerblichen Wirtschaft ist anzunehmen, daß es sich um eine die Öffentlichkeit wesentlich berührende Frage handelt. Dies muß um so mehr gelten, wenn die kritisierten Geschäftspraktiken zu einer Gefährdung für geschäftsunerfahrene Personen führen können und wenn eine öffentliche Information und Diskussion geeignet ist, Abhilfe zu schaffen. Hier erfüllt die Presse eine ihrer besonderen Aufgaben, die als eine öffentliche bezeichnet wird." Ferner BVerfGE 85, 1 (11 ff.) – Kritische Bayer-Aktionäre.

[1050] Vgl. BVerfGE 120, 180 (203 f.).

[1051] Vgl. dazu bereits oben S. 206.

beziehen".[1052] Dem liegt die Überzeugung zugrunde, auch die *politische* Meinungsbildung sei in einen „umfassenden, vielfach verflochtenen Kommunikationsprozeß eingebettet, der weder unter dem Gesichtspunkt der persönlichen Entfaltung noch dem der demokratischen Herrschaft in relevante und irrelevante Zonen aufgespalten werden kann".[1053]

Auf diese Weise führt der Öffentlichkeitsbezug zu einer (weiteren) Verstärkung des *primären Publikationsinteresses* und kann die Zulässigkeit der erstmaligen Veröffentlichung der identifizierenden Publikation begründen.

b) Berührungspunkte mit dem Recht auf medialen Neubeginn

Die Förderung der „Aufdeckung" gesellschaftlich relevanten Fehlverhaltens auch von „Nicht-Amtsträgern" als Teil des Diskurses um das Gemeinwohl (und die adäquate Reaktion des Staates de lege lata und de lege ferenda) findet ihren Gegenpol im allgemeinen Persönlichkeitsrecht des Betroffenen, insbesondere in Gestalt des Schutzes der Resozialisierungschance, der gerade auf die Intransparenz, um nicht zu sagen Verschleierung der menschlichen Vergangenheit zielt.

Das gesellschaftliche Interesse an der Informiertheit der Öffentlichkeit ist, wie gesehen, in erster Linie auf die Verbreitung von Informationen über *aktuelle,* d. h. zum Zeitpunkt der Veröffentlichung für den öffentlichen Diskurs *relevante* Vorgänge und Stellungnahmen gerichtet. Das Interesse an einer den Betroffenen *identifizierenden* Berichterstattung kann damit – je nach Einzelfall früher oder später – an Gewicht verlieren, jedenfalls aber hinter die – mit zeitlichem Abstand regelmäßig gewichtiger werdenden – persönlichkeitsrechtlichen Interessen zurückfallen, so dass eine hypothetische Neuveröffentlichung nicht mehr statthaft wäre.

Trotz der aufgezeigten überragenden Bedeutung des freien Informationsflusses für die Gemeinschaft kann es daher auch bei Beiträgen von öffentlichem Interesse dazu kommen, dass sie in die zweite Phase eintreten.[1054] Aus diesem Grund ist auch das gesellschaftliche Interesse an der umfassenden Informiertheit der Öffentlichkeit daraufhin zu untersuchen, welche Aspekte es im Konfliktfall dem Recht auf medialen Neubeginn entgegenzusetzen hat.

[1052] BVerfGE 101, 361 (390); 120, 180 (204 f.).

[1053] BVerfGE 101, 361 (389), unter Vw. auf BVerfGE 97, 228 (257) – Kurzberichterstattung.

[1054] Vgl. oben S. 170. Dort wurde bereits darauf hingewiesen, dass es auch Beiträge geben kann, auf die das nicht zutrifft, insbesondere bei Informationen über Personen des öffentlichen Lebens, die politische Ämter oder gesellschaftlich bzw. wirtschaftlich einflussreiche Positionen innehaben oder innehatten. Diese Informationen können aufgrund ihrer fortdauernden Relevanz über einen sehr langen Zeitraum „aktuell" bleiben, mit der Folge, dass der Anwendungsbereich des Rechts auf medialen Neubeginn nicht eröffnet wird (vgl. näher unten S. 271).

aa) Verstärkung des sekundären Publikationsinteresses

Je nach Art und Inhalt des Beitrags ist ein gesellschaftliches Interesse daran erkennbar, dass dieser auch über den Zeitpunkt hinaus weiterhin zugänglich bleibt, in dem die Informationen noch als aktuell bezeichnet werden können.

(1) Fortwirken des primären Interesses an der Informiertheit der Öffentlichkeit

Wie das individuelle Publikationsinteresse fällt auch das gesellschaftliche Interesse an der Informiertheit der Öffentlichkeit nicht in dem Moment fort, in dem eine (hypothetische) Neuveröffentlichung unzulässig wäre. Es wirkt vielmehr auch mit Blick auf das sekundäre Informationsinteresse verstärkend fort: Das kommunikative Gedächtnis, von dem bereits mit Blick auf die individuelle Kommunikation die Rede war,[1055] ermöglicht auch ein „umfangreiches Verstehen der Individuen im Verfassungsstaat" als „Voraussetzung für [die] Gemeinschaft der Bürger; [den] sozialen Frieden [und den] *Prozess des öffentlichen Diskurses zur politischen Willens- und Meinungsbildung"*.[1056]

Je größer die zeitgeschichtliche Bedeutung des Beitrags ist, desto schwieriger dürfte es für die herkömmlichen persönlichkeitsrechtlichen Gewährleistungen sein, überhaupt den Eintritt des Beitrags in diese zweite Phase herbeizuführen. Gelingt es ihnen jedoch das primäre Publikationsinteresse zu überwiegen, kommt es – wie schon bei den anderen Interessen bemerkt – im Rahmen der Abwägung mit dem Recht auf medialen Neubeginn darauf an, ob insbesondere durch die *konkreten* Umstände der Abrufbarkeit des Beitrags inzwischen eine so große Verminderung der Beeinträchtigung der Persönlichkeitsentfaltung eingetreten ist, dass eine fortdauernde Abrufbarkeit unter diesen Bedingungen hinnehmbar erscheint.[1057]

Sollte es hingegen zum Eintritt des Beitrags in die dritte Phase kommen, ist bei den die Öffentlichkeit besonders berührenden Themen die Reichweite des Veränderungsanspruchs auf das zwingend erforderliche Maß zu begrenzen.[1058]

(2) Originäres Archivierungsinteresse: Internetpublikationen als Teil des kulturellen Erbes

Darüber hinaus ist zu bedenken, dass einmal veröffentlichte Publikationen zu einem Teil der sozialen Wirklichkeit geworden sind. Aus diesem Umstand speist

---

[1055] Vgl. oben S. 207.
[1056] *Lenski,* Personenbezogene Massenkommunikation, S. 60 m.w.N. (Hervorh. d. Verf.).
[1057] Vgl. oben S. 173 ff.
[1058] Vgl. oben S. 175.

sich ein originär sekundärer, auf die fortdauernde Zugänglichkeit gerade der einmal veröffentlichten Beiträge gerichteter Aspekt des gesellschaftlichen Interesses an der Informiertheit der Öffentlichkeit.

Das öffentliche Interesse, potenziell breitenwirksame Publikationen als „kulturelles Erbe" über die Zeit zu bewahren und der interessierten Nachwelt (leicht) zugänglich zu machen, hat seinen Niederschlag in der Einrichtung von Pflichtexemplarbibliotheken durch Bund und Länder gefunden,[1059] deren Sammlungsauftrag im Laufe der Zeit den tatsächlichen Veränderungen der Medienlandschaft kontinuierlich angepasst wird.[1060] Weil digitale Publikationen eine immer gewichtigere Rolle spielen,[1061] ist die Sammeltätigkeit auf diese erstreckt worden,[1062] um dem „Anspruch an eine Nationalbibliothek, als ‚Gedächtnis der Nation' deren publizistischen Ausdruck zu erfassen, zu sammeln und nutzbar zu halten", weiterhin Rechnung zu tragen.[1063] Im Ausgangspunkt zutreffend ist deshalb der in der Online-Archiv-Kontroverse häufig anzutreffende Hinweis auf die anerkannte Bedeutung der öffentlichen und privaten (Zeitungs-)Archive[1064] und (Pflichtexemplar-)Bibliotheken u. a. für die wissenschaftliche Forschung und die journalistische Recherche.[1065]

[1059] Zur geschichtlichen Entwicklung der Deutschen Nationalbibliothek BT-Drs. 16/322, S. 8 ff.

[1060] Schon lange wurden deshalb neben Büchern auch (selektiv) Periodika, Noten und Tonträger gesammelt, vgl. §§ 2, 3 DBiblG a. F. v. 31.3.1969 (BGBl. 1969 I, S. 265) i. V. m. § 4 Pflichtstückverordnung a. F. v. 12.12.1982 (BGBl. 1982 I, S. 1739).

[1061] Vgl. BT-Drs. 16/322, S. 12: „Literatur, Wissenschaft und Praxis sind schon heute, nach einer vergleichsweise kurzen Zeit elektronischen Publizierens, in vielen Bereichen ohne das Internet und vergleichbare Netze von wesentlichen Quellen abgeschnitten. Die ständige Aktualisierung dieses öffentlichen Bereichs erfordert eine Archivierung, die in Zeitabständen Informationshistorie abbildet, wenn sie nicht verloren gehen soll. [...] Publikationen [im Internet] prägen ein größer werdendes Feld der Kultur Deutschlands. [Sie] betreffen auf differenten Qualitätsniveaus alle Wissensbereiche."

[1062] Vgl. nur § 2 Nr. 1 lit. a i. V. m. § 3 Abs. 1 und 3; §§ 14 Abs. 3, 16 S. 2 DNBG v. 22.6.2006 (BGBl. 2006 I, S. 1338) i. V. m. §§ 7, 8 Pflichtablieferungsverordnung v. 23.10.2008 (BGBl. 2008 I, S. 2013); § 1 a PflichtexemplarG bw, eingef. durch G. v. 12.2.2007 (GBl. 2007, S. 105). Es handelt sich um eine internationale Entwicklung, die u. a. in der Resolution der Generalkonferenz der UNESCO v. 3.11.2001 angestoßen worden ist, vgl. UNESCO, Records of the General Conference, 31th Session, Vol. 1, Paris 2002, 31 C/Resolution 32 (S. 69): „The General Conference [...] Authorizes the Director-General [...] to implement the [...] plan of action [...] by (i) [...] implementing activities to make information accessible through digitized collections and websites, including through the support of the Memory of the World programme and its strategy of both preserving the world's documentary heritage, *including the digital and the audiovisual heritage* and ensuring its wide accessibility and dissemination [...] (iii) reinforcing the role of libraries, archives, information services and networks and community multimedia centres as gateways to the knowledge society" (Hervorh. d. Verf.).

[1063] BT-Drs. 16/322, S. 12.

[1064] Vgl. *Ladeur,* Die Kommunikationsinfrastruktur der Verwaltung, in: GVwR II, § 21 Rdnrn. 35 ff. m. w. N. zur Entwicklung des staatlichen Archivwesens.

[1065] Vgl. oben S. 63.

Das Bestreben, durch Archivierung *veröffentlichter* Beiträge Vorsorge dafür zu treffen, dass es auch künftig möglich ist, mit Blick auf diese breitenwirksamen Publikationen „Entwicklungen zu beschreiben, zu nutzen und in Ursache und Wirkung zu analysieren",[1066] ist dem Grunde nach seit langem verfassungsrechtlich anerkannt. So hat das Bundesverfassungsgericht die *staatliche* Pflege des (literarischen) Kulturgutes als verfassungslegitimen Zweck anerkannt und für gewichtig genug erachtet, grundsätzlich auch erheblichere Beschränkungen, etwa der Eigentumsfreiheit, zu rechtfertigen.[1067]

In der Auseinandersetzung mit dem Recht auf medialen Neubeginn wird das bisher allein *gegen die Autoren und Verleger* in Stellung gebrachte Archivierungsinteresse bei bereits ursprünglich konfrontativen Beiträgen gleichsam unter umgekehrten Vorzeichen daraufhin zu untersuchen sein, wie weit es auf Seiten der Autoren und Verleger für die fortdauernde Abrufbarkeit eines identifizierenden Beitrags fruchtbar gemacht werden kann. Wieder anders liegt es bei vom Betroffenen selbst verfassten Beiträgen: Hier kommt es zwar einerseits zum bekannten Konflikt zwischen Autor und „Archivar"; andererseits stehen dem öffentlichen Interesse nicht wirtschaftliche, sondern persönlichkeitsrechtliche Belange des Autors gegenüber, die einer vorschnellen Übernahme der Präjudizien entgegenstehen.

bb) Einwirken des Interesses an der Informiertheit der Öffentlichkeit auf die Modalitäten des Veränderungsanspruchs

„Nur die freie öffentliche Diskussion über Gegenstände von allgemeiner Bedeutung sichert die freie Bildung der öffentlichen Meinung, die sich im freiheitlich demokratischen Staat notwendig ‚pluralistisch' im Widerstreit verschiedener und aus verschiedenen Motiven vertretener, aber jedenfalls in Freiheit vorgetragener Auffassungen, vor allem in Rede und Gegenrede vollzieht."[1068]

Ist „die Existenz und Aufrechterhaltung eines Pluralismus der Meinungen und Medien im Prozeß der öffentlichen Meinungsbildung" demnach „[k]onstitutive

---

[1066] BT-Drs. 16/322, S. 12 f.

[1067] Vgl. BVerfGE 58, 137 (148 f.) – Pflichtexemplar: „Vom Zeitpunkt seiner Publikation an entwickelt jedes Druckwerk ein Eigenleben. Es bleibt nicht nur vermögenswertes Ergebnis verlegerischer Bemühungen, sondern wirkt in das Gesellschaftsleben hinein. Damit wird es zu einem eigenständigen, das kulturelle und geistige Geschehen seiner Zeit mitbestimmenden Faktor. Es ist, losgelöst von privatrechtlicher Verfügbarkeit, geistiges und kulturelles Allgemeingut. Im Blick auf diese soziale Bedeutung stellt es ein legitimes Anliegen dar, die literarischen Erzeugnisse dem wissenschaftlich und kulturell Interessierten möglichst geschlossen zugänglich zu machen und künftigen Generationen einen umfassenden Eindruck vom geistigen Schaffen früherer Epochen zu vermitteln." Vgl. auch BVerfGE 100, 226 (242), zum Schutz von Kulturdenkmälern.

[1068] BVerfGE 12, 113 (125), zuvor bereits BVerfGE 5, 85 (205); BVerfGE 7, 198 (208), wo von einem „Kampf" der Meinungen die Rede ist.

Voraussetzung für die Funktionsfähigkeit der demokratischen Öffentlichkeit",[1069] so gebietet das gesellschaftliche Interesse der Öffentlichkeit eine besondere Rücksichtnahme auf die Bedürfnisse der vielen „kleinen", nicht professionell oder nebenberuflich betriebenen Medienangebote (z. B. Blogs oder Foren) bei der prozeduralen Gestaltung des Veränderungsanspruchs.[1070]

Insbesondere bei der Bestimmung der Obliegenheiten in der dritten Phase ist auf mögliche Abschreckungseffekte Bedacht zu nehmen. Die Gefahr, erhebliche Abmahn- und oft auch eigene Anwaltskosten tragen zu müssen, weil man die älteren Inhalte nicht konstant überprüft oder die Sach- und Rechtslage falsch eingeschätzt hat,[1071] hat für jeden Autor, Verleger und Intermediär in unterschiedlicher Weise abschreckende Effekte. Während professionelle Akteure hinsichtlich der schieren Masse der von ihnen veröffentlichten oder im Falle von Intermediären technisch vermittelten Inhalten sich zu einer restriktiveren Geschäftspolitik genötigt sehen könnten, träfe die unentgeltlich tätigen Amateure bereits eine einzige (berechtigte) Abmahnung empfindlich.[1072] Ihre Teilnahme an der öffentlichen Meinungsbildung liegt im gesellschaftlichen Interesse an der *pluralistischen* Informiertheit der Öffentlichkeit,[1073] so dass gerade auch *die einzelne, nicht-professionelle, wirtschaftlich schwache Stimme* im „Konzert der Meinungen" geschützt werden muss.

3. Interesse an den wirtschaftlichen Rahmenbedingungen der Medien

Die wirtschaftlichen Rahmenbedingungen für Online-Publikationen sind nicht nur für Autoren, Verleger und Intermediäre selbst von größter Relevanz;[1074] auch in gesellschaftlicher Perspektive ist die Möglichkeit eines wirtschaftlich nachhaltigen Betriebs professioneller journalistischer Angebote im Internet bedeutsam.

[1069] *Schulze-Fielitz,* in: Dreier, GG, Art. 5 I, II Rdnr. 46.

[1070] Vgl. Europäischer Datenschutzbeauftragter, Opinion [...] on the data protection reform package, Abs.-Nr. 285, S. 47 (abrufbar unter http://edps.europa.eu/EDPSWEB/webdav/site/mySite/shared/Documents/Consultation/Opinions/2012/12-03-07_EDPS_Reform_package_EN.pdf): „through a blog every citizen can also act as a public watchdog".

[1071] Vgl. oben S. 66; näher dazu auch unten S. 284.

[1072] Umgekehrt werden die Kosten der bei unklarer Rechtslage zur Abwehr einer unberechtigten Abmahnung erforderlichen Rechtsberatung nicht ersetzt (BGH, NJW 2008, S. 2040 [2040 f.]).

[1073] Vgl. zur verfassungsrechtlichen Relevanz der Meinungsvielfalt am Beispiel der Presse statt vieler *Starck,* in: v. Mangoldt/Klein/Starck, GG, Art. 5 Abs. 1, 2 Rdnrn. 84 ff. m.w.N.

[1074] Vgl. oben S. 224.

a) Bedeutung wirtschaftlicher Rahmenbedingungen
für die Pluralität der Angebote

So liegt die Rentabilität privatwirtschaftlicher Medienangebote deshalb – mittelbar – im öffentlichen Interesse, weil diese eine notwendige Bedingung dafür ist, dass Medienunternehmen „professionellen Journalismus" betreiben können,[1075] ohne sich in Abhängigkeit von wirtschaftlich starken Anteilseignern begeben zu müssen, was nicht ohne Auswirkungen auf die Berichterstattung bleiben kann.[1076]

Ferner ist die Gewährleistung inhaltlicher Pluralität im Bereich privatwirtschaftlicher Medien[1077] durch die Existenz einer Vielzahl von Medienunternehmen mit unterschiedlicher Ausrichtung bedingt. Auch aus diesem Grund besteht ein gesellschaftliches Interesse an rechtlichen Rahmenbedingungen, die den wirtschaftlich nachhaltigen Betrieb gerade kleiner und mittlerer Unternehmen ermöglichen.

b) Berührungspunkte mit dem Recht auf medialen Neubeginn

aa) Sekundäres Interesse an den wirtschaftlichen Rahmenbedingungen
der Medien

Vor diesem Hintergrund beschränken sich die gesellschaftlichen Interessen an den wirtschaftlichen Rahmenbedingungen nicht auf den Bereich der ursprünglichen Veröffentlichung, sondern erstrecken sich auf die (Zweit-)Verwertung durch die (kostenpflichtige) thematische Zusammenstellung von Dossiers oder den (kostenpflichtigen) Zugang zu älteren Beiträgen im Rahmen eines Online-Archivs.

bb) Einwirken des Interesses an den wirtschaftlichen Rahmenbedingungen
auf die Modalitäten des Veränderungsanspruchs

Liegt der Schwerpunkt des Interesses an den wirtschaftlichen Rahmenbedingungen auf der Erhaltung der tatsächlichen Voraussetzungen pluraler und unab-

---

[1075] Vgl. EuGH, Rs. C-73/07 – Satamedia, Slg. 2008, I-9831 (9891), MMR 2009, S. 175 (177).

[1076] Vgl. BVerfGE 121, 30 (52) – Parteienbeteiligung an Rundfunkunternehmen: Der Staat mag zur Sicherung der Vielfalt auf „Marktprozesse" vertrauen, muss aber „programmbegrenzende und vielfaltsverengende Zwänge [...] berücksichtigen", die „einseitigen Einflus[s] auf die öffentliche Meinungsbildung infolge der Zusammenballung publizistischer Macht" entstehen lassen können.

[1077] BVerfGE 77, 346 (355) – Presse-Grosso: „Daher sind die Presseunternehmen für den freien Verkauf ihrer Erzeugnisse auf Grossisten angewiesen. Das gilt in gesteigertem Maß für neue, finanzschwache oder minderheitenorientierte Presseunternehmen, die zum Aufbau eines eigenen Vertriebsnetzes außerstande wären und ihr Publikum allein durch Grossisten zu erreichen vermögen." Vgl. die Regelungen des Presse- und Medienkonzentrationsrechts in § 38 Abs. 3 GWB, §§ 26 ff. RStV.

hängiger Medienunternehmen, rückt gegenüber dem Schutz des (ideellen) Interesses an der Informiertheit der Öffentlichkeit die mögliche Vielzahl der Fälle (noch) stärker ins Blickfeld: Selbst wenn jeder Veränderungsanspruch mit Bezug auf einen einzelnen Beitrag für sich genommen keine prohibitiven Kosten mit sich bringen mag, kann sich die Summe potenzieller Ansprüche und der damit verbundene (finanzielle) Aufwand doch auf die Entscheidung, ein Online-Archiv zu betreiben, auswirken. Deshalb sind die wirtschaftlichen Rahmenbedingungen für das längerfristige Abrufbarhalten von Beiträgen bei der Ausgestaltung der prozeduralen Modalitäten des Veränderungsanspruchs auch im gesellschaftlichen Interesse zu berücksichtigen.

IV. Zusammenfassung

1. Grundrechte gewähren kein absolutes „Recht die Wahrheit zu sagen"

Rechtliche Informationsrestriktionen sind nicht selten grundlegender Anfeindung ausgesetzt, indem ihnen ein absoluter, oder nur schwer zu übertrumpfender „Wert der Wahrheit" entgegengehalten wird. Beispielhaft hat *Brossette* davor gewarnt, das Recht auf informationelle Selbstbestimmung und mit ihm die Datenschutzgesetzgebung liefen auf eine Negation der „Werte der abendländischen Kulturordnung" hinaus, weil sie „die Grundwerte der Wahrheit und Wahrhaftigkeit durch Verstellung und Lüge ersetzen".[1078] Es müsse doch möglich sein, „dem einzelnen die heuchlerische Maske herunterzureißen und ihn an der Wahrheit, d. h. seinem tatsächlichen Tun, zu messen".[1079]

Derartige pauschale Vorbehalte verkennen, dass der „abendländischen Kulturordnung" – wenn man davon überhaupt sprechen kann und sollte – Informationsrestriktionen gerade auch zugunsten fehlsamer Mitmenschen alles andere als fremd sind.[1080] Die Sachlage ist zu kompliziert, als dass sie mit Hilfe einfacher

---

[1078] *Brossette,* Wert der Wahrheit, S. 225. Ähnlich *Rieble,* Arbeitgeberfrage, in: GS Heinze, S. 687 (693) in Fn. 22: „Mir erscheint ein Lügerecht dagegen unangemessen und unmoralisch [...]".

[1079] *Brossette,* Wert der Wahrheit, S. 225.

[1080] Bemühungen um die Begrenzung der sozialen Ächtung finden, ausgehend vom kanonischen Recht und seiner gelehrten Bearbeitung (*Schniering,* Zulässigkeit des Wahrheitsbeweises, S. 33 ff.; *Rogall,* Beleidigung und Indiskretion, in: FS Hirsch, S. 665 [674], m. w. N), u. a. in Art. 110 der Constitutio Criminalis Carolina (1532) ihren Ausdruck, der die unzulässige Verbreitung von Berichten über frühere Verfehlungen in Schriftstücken trotz erwiesener Wahrheit als Beleidigung mit (milderer) Strafe belegte.
Das Allgemeine Landrecht für die Preußischen Staaten (1794) stellte in gemeinrechtlicher Tradition (*Schniering,* Zulässigkeit des Wahrheitsbeweises, S. 53) bei der Bestimmung der Beleidigung allein auf die Beleidigungsabsicht ab (§ 540 II. 20), die im Falle des öffentlichen Vorwurfs einer strafbaren Handlung (§ 543), insbesondere auch für die bereits abgeurteilten (§ 549), und des Vorwurfs einer ehrenrührigen Handlung (§ 544) gesetzlich vermutet wurde.

Schlagworte – „Wahrheit" vs. „Lüge"[1081] – oder Großformeln wie dem „Recht, die Wahrheit sagen zu dürfen" sachgerecht erfasst werden könnte.[1082]

2. Ermittlung konkreter Gegeninteressen in allen drei Phasen

Die vorstehende Analyse hat eine Vielzahl von grundrechtlich geschützten Interessen aufgedeckt, die ein auf Modifikation der inhaltlichen Gestaltung eines identifizierenden Beitrags oder seiner Rezeptionsmodalitäten (z. B. durch eine negative Suchmaschinenoptimierung) gerichteter Veränderungsanspruch des Betroffenen beeinträchtigen würde.

Unter Rückgriff auf das Drei-Phasen-Modell lassen sich mehrere Ebenen unterscheiden, auf denen diese berücksichtigt werden müssen:

Bei konsentierten oder vom Betroffenen selbst verantworteten Beiträgen ist die erste Phase von der *Frage nach der Widerruflichkeit* der eine Veröffentlichung potenziell dauerhaft legitimierenden Einwilligung geprägt. Nur auf Basis eines Einverständnisses kann sich schutzwürdiges Vertrauen in die fortwährende Nutzung der Beiträge bilden; im Übrigen muss früher oder später mit dem Eintritt des Beitrags in die dritte Phase gerechnet werden. Wie gesehen, ist dieses Interesse, das spezifisch gegen die Widerruflichkeit der Einwilligung spricht, allein wirtschaftlicher Natur, weshalb ein Ausgleich des Vertrauensschadens, wie er im Urheber- und Verlagsrecht (§ 42 UrhG bzw. § 35 VerlG) explizit vorgesehen ist, in verfassungsrechtlicher Perspektive die (wirtschaftliche) Beeinträchtigung i. d. R. kompensieren kann. Geht mit einem Widerruf indes gar keine finanzielle Einbuße einher, besteht auch kein widerrufsspezifisches Gegeninteresse. Etwaige ideelle Interessen an der zukünftigen konfrontativen Abrufbarkeit sind hiervon zu unterscheiden.

Die größte Bedeutung kommt den Kommunikations- und Medienfreiheiten bei der Bestimmung des primären *Publikationsinteresses* in der ersten Phase im Rahmen der ursprünglichen und der hier als Erst-recht-Schluss vorgeschlagenen hypothetischen Prüfung der Zulässigkeit einer aktiven Veröffentlichung zu. Nach Eintritt des Beitrags in die zweite Phase speist sich aus ihnen das mit dem Recht

---

Das österreichische StGB v. 1852 ließ den Wahrheitsbeweis bei der schriftlich verbreiteten Bezichtigung eines Antragsdelikts und bei Tatsachen des Privat- und Familienlebens nicht zu (§ 490 i.V.m. §§ 487, 489) und verbot u. a. den Vorhalt gebüßter Straftaten in Beleidigungsabsicht (§ 497).

[1081] Statt vieler *Rieble,* Arbeitgeberfrage, in: GS Heinze, S. 687 (693).

[1082] Wenn für bestimmte Konstellationen gleichwohl *Vorzugsregeln* herausgebildet werden, handelt es sich um Produkte eines (wenn auch abstrahierenden) Abwägungsvorganges, dem eine Analyse der typischerweise relevanten grundrechtlichen Interessen vorausgeht und der offen bleibt für die Besonderheiten des konkreten Falles (vgl. *Hoffmann-Riem,* EuGRZ 2006, S. 492 [495 f.]).

auf medialen Neubeginn um die Zulässigkeit der unveränderten Abrufbarkeit des „stehengebliebenen" Beitrags ringende sekundäre Publikationsinteresse. Dabei ist selbstredend das gesellschaftliche Interesse an der Informiertheit der Bevölkerung („Informationsinteresse der Öffentlichkeit") zu beachten. Bei den neuartigen nutzergenerierten Inhalten sind jedoch die Kommunikationsgrundrechte (und dabei vor allem die Meinungsfreiheit) mindestens in gleichem Maße in ihrer individuellen Funktion, der Sicherung individueller Persönlichkeitsentfaltung durch Entäußerung und Empfang persönlicher Mitteilungen, aufgerufen. Beiden Interessenfeldern gemein sind originär sekundäre Erwägungen: Die (ursprünglich zulässigerweise) veröffentlichten Beiträge sind sowohl für den Einzelnen (als Autor geht es um den „Wirkbereich" eigenen Schaffens, als Rezipient um das „Verschwinden" eigener Wissensressourcen), wie auch für die Gemeinschaft (im Sinne des herkömmlicherweise in Pflichtexemplarbibliotheken und Archiven gehorteten „kulturellen Erbes") Teil der (medialen) Realität geworden. Deshalb hat der Vorwurf, durch einen Veränderungsanspruch würde Geschichte „getilgt" oder „geklittert",[1083] besonderes Gewicht.

Überwiegt die Beeinträchtigung des Rechts auf medialen Neubeginn das so sorgfältig ermittelte und gewichtete sekundäre Publikationsinteresse und tritt der Beitrag in die dritte Phase ein, sind die konfligierenden Grundrechte zunächst bei der Bestimmung der inhaltlichen Reichweite des sich aus dem Recht auf medialen Neubeginn ergebenden Veränderungsanspruchs zu beachten. Hierfür sind keine neuen Erwägungen erforderlich, weil maßgeblich das primäre und sekundäre Publikationsinteresse ist, das nach Veränderung des Inhalts oder der Rezeptionsmodalitäten des Beitrags die verbleibende Beeinträchtigung des Betroffenen wieder überwiegen muss. Allerdings hat sich gezeigt, dass die *prozedurale Ausgestaltung des Veränderungsanspruchs* eine erhebliche „Rückwirkung" auf die Entscheidung haben kann, identifizierende Beiträge ins Internet einzustellen bzw. zu „archivieren". Die Brisanz der Modalitäten des Veränderungsanspruchs ergibt sich aus einem Zusammenspiel aus der relativen Unbestimmtheit des Umschlagpunktes von rechtmäßiger Abrufbarkeit zum individuellen und gesellschaftlichen Nutzen hin zum rechtsverletzenden nachträglichen Publikationsexzess einerseits und der „Abmahnbarkeit" eines solchen Rechtsverstoßes andererseits. Die erheblichen Kosten bereits *einer* solchen Abmahnung dürften auf nicht wenige „Amateure" eine abschreckende Wirkung haben; bei den erwerbswirtschaftlich-professionellen Akteuren dürfte demgegenüber ihre mögliche Häufung bzw. der zu ihrer Vermeidung erforderliche (Prüfungs-)Aufwand dazu führen, auch dann aus wirtschaftlichen Gründen auf das Bereithalten der Beiträge zu verzichten, wenn dies (noch) nicht aus Rücksicht auf das Persönlichkeitsrecht des Betroffenen geboten wäre. Um der Pluralität nicht zuletzt auch innerhalb der

---

[1083] Dazu oben S. 64.

marktwirtschaftlich orientierten Medienlandschaft willen, müssen die nachfolgenden Überlegungen zur praktischen Umsetzung des Rechts auf medialen Neubeginn daher stets darauf bedacht sein, derartige Abschreckungseffekte zu minimieren, ohne dass die Belange des Rechts auf medialen Neubeginn dauerhaft marginalisiert werden.[1084]

§ 9 Konfligierende öffentliche Aufgaben

Informationelles Staatshandeln hat sich zu einem vielgenutzten Modus staatlicher Aufgabenerfüllung entwickelt. Staatliche Stellen haben sich auch das Internet als „Instrument der Staatskommunikation"[1085] erschlossen,[1086] nicht zuletzt um dem Leitbild der Transparenz staatlichen Handelns[1087] gerecht zu werden (I.).

Ein (verfassungs)rechtlicher Ordnungsrahmen, wie er für herkömmliche Rechts- und Handlungsformen besteht, hat sich indes noch nicht herausgebildet, weshalb sich Aussagen über die Zulässigkeit solcher Veröffentlichungen bedeutend schwieriger treffen lassen als über diejenigen Privater (II.). Um den Rahmen dieser Arbeit nicht zu überschreiten, muss sich die nachfolgende Untersuchung darauf beschränken, die spezifischen Schwierigkeiten aufzuzeigen, die sich in Ansehung des Rechts auf medialen Neubeginn für staatliches Informationshandeln ergeben (III.).

[1084] Die Analyse der Online-Archiv-Kontroverse hat offenbart, dass die Entscheidungen und die Mehrzahl der Stellungnahmen in der Literatur daran kranken, entweder den einen oder den anderen Fehler zu begehen (vgl. oben S. 68). Es wird sich zeigen, dass das zivilrechtliche Institut der Passivlegitimation im Rahmen des primär einschlägigen Unterlassungsanspruchs (also die Störereigenschaft) den Ausweg aus diesem Dilemma weisen kann (vgl. unten S. 283).

[1085] *Roßnagel*, Transparenz und Öffentlichkeit im Verwaltungshandeln, in: Hoffmann-Riem/Schmidt-Aßmann (Hrsg.), Verwaltungsrecht in der Informationsgesellschaft, S. 257 (257).

[1086] Vgl. zur amtlichen Öffentlichkeitsarbeit *Gusy*, Informationsbeziehungen, in: GVwR II, § 23 Rdnrn. 95 ff.; zum E-Government *Eifert*, Electronic Government, passim, sowie aus jüngerer Zeit *Voßkuhle*, Neue Verwaltungsrechtswissenschaft, in: GVwR I, § 1 Rdnrn. 65 ff.; *Britz*, Elektronische Verwaltung, in: GVwR II, § 26 Rdnrn. 22 ff. – jeweils m.w.N.

[1087] Vgl. dazu nur *Scherzberg*, Die Öffentlichkeit der Verwaltung, S. 228 ff.; 385 ff.; *Schoch/Kloepfer*, IFG-ProfE, § 1 Rdnrn. 4 ff.; § 2 Rdnrn. 14 ff.; sowie *Gröschner*, VVDStRL 63 (2004), S. 344 ff.; *Masing*, VVDStRL 63 (2004), S. 377 ff. Es handelt sich um eine durch das Unionsrecht angestoßene und beeinflusste Entwicklung, vgl. nur EuGH, Rs. C-92 und 93/09 – Schecke und Eifert, Slg. 2010, I-11063 (11148), GewArch 2011, S. 24 (25), zur Veröffentlichung der Daten von Subventionsempfängern im Internet: „Der Transparenzgedanke ist in den Art. 1 und 10 EUV sowie in Art. 15 AEUV verankert. Er ermöglicht eine bessere Beteiligung der Bürger am Entscheidungsprozess und gewährleistet eine größere Legitimität, Effizienz und Verantwortung der Verwaltung gegenüber dem Bürger in einem demokratischen System […]."

I. Vielfalt der Zwecke
staatlicher Informationstätigkeit

Staatliche Informationstätigkeit wird zur Erreichung einer großen Vielfalt von Zwecken eingesetzt.[1088] Wie die Beiträge Privater lassen sich auch diejenigen staatlicher Stellen grob danach unterteilen, ob ihre ursprüngliche Veröffentlichung „konfrontativ" oder „konsensual" verlaufen ist.

Zur erstgenannten Gruppe, bei der bereits im Zeitpunkt der Veröffentlichung offenkundig war, dass die Veröffentlichung des Beitrags gegen den Willen des Betroffenen erfolgt, zählen neben Fahndungsaufrufen[1089] vor allem Pressemitteilungen der Staatsanwaltschaften und Gerichte über den Stand von Ermittlungs- und Gerichtsverfahren.[1090] Hinzu kommen (identifizierende) Verbraucherinformationen im weitesten Sinne[1091] wie insbesondere Empfehlungen („Blauer Engel") und Warnungen („Glykol")[1092] sowie als jüngste Entwicklung die Veröffentlichung von Prüfberichten der Lebensmittelüberwachung („Pankower Ekelliste")[1093].

Zu den konsentierten Beiträgen, die mit Einwilligung des Betroffenen erschienen sind oder bei denen (zutreffend) von seiner Billigung ausgegangen wurde, zählen Berichte über Preise und Ehrungen sowie die Mitwirkung an staatlichen Veranstaltungen (z.B. als Teilnehmer einer Podiumsdiskussion), aber auch amtliche Bekanntmachungen (z.B. die Liste der Kandidaten für öffentliche Ämter).

Nicht weniger bunt ist der Strauß an Zwecken, die mit den staatlichen Verlautbarungen verfolgt werden. Er umfasst u.a.

– die Teilnahme der staatlichen Stelle am öffentlichen Diskurs (durch Information über Handeln, Absichten, Haltungen und Einschätzungen zu Angelegenheiten von öffentlichem Interesse) im Sinne einer nicht zuletzt um der Legitimitätszuschreibung der Bürger willen erfolgende,[1094] zugleich die Kontrolle durch die Bürger ermöglichende[1095] „Selbstdarstellung des Staates",[1096]

[1088] Vgl. bereits oben S. 39.

[1089] Z.B. auf eigenen Internetangeboten (vgl. die N. oben S. 132 in Fn. 609), die auch von anderen Online-Medien übernommen werden (sollen).

[1090] Aus jüngerer Zeit *Boehme-Neßler*, ZRP 2009, S. 228 ff.; *Raschke*, ZJS 2011, S. 38 ff.; *Trüg*, NJW 2011, S. 1040 ff. Zur Bedeutung gerichtlicher Öffentlichkeitsarbeit *Schoch*, Gerichtliche Verwaltungskontrolle, in: GVwR III, § 50 Rdnr. 340.

[1091] Überblick bei *Schoch*, NJW 2010, S. 2241 ff.; *ders.*, NJW 2012, S. 2844 (2845) – jeweils m.w.N.

[1092] Hierzu statt vieler *Gusy*, Informationsbeziehungen, in: GVwR II, § 23 Rdnrn. 102 ff. m.w.N.

[1093] *Wollenschläger*, VerwArch 102 (2011), S. 20 ff.; *Schoch*, NVwZ 2012, S. 1497 ff.; *ders.*, NJW 2012, S. 2844 (2847 f.) – jeweils m.w.N. Vgl. oben S. 40 m. Fn. 97 sowie näher zur rechtlichen Bewertung unten S. 233 m. Fn. 1110.

[1094] Vgl. BVerfGE 44, 125 (147 f.): „In den Rahmen zulässiger Öffentlichkeitsarbeit fällt, daß Regierung und gesetzgebende Körperschaften [...] der Öffentlichkeit ihre Politik [...] erläutern. Eine verantwortliche Teilhabe [...] setzt voraus, daß der Einzelne

– die Erläuterung und Rechtfertigung der Entscheidungen oder Haltungen staatlicher Organe (z.B.: Pressemitteilungen) im Sinne des Transparenzgedankens,[1097]

– die Erleichterung der individuellen und öffentlichen Meinungsbildung,[1098]

– den Einsatz von Informationen als Steuerungsressource,[1099] um ein gewünschtes freiwilliges Verhalten Dritter zu „bewirken"[1100] (Empfehlungen, Warnungen),[1101]

– das Setzen von Anreizen zu rechtskonformem Verhalten bei den von negativer Publizität Bedrohten, indem ein Rechtsverstoß öffentlich gemacht und der Betroffene der Missbilligung der Umwelt ausgesetzt wird („naming and shaming").[1102]

---

von den zu entscheidenden Sachfragen, von den [...] getroffenen Entscheidungen, Maßnahmen und Lösungsvorschlägen genügend weiß, um sie beurteilen, billigen oder verwerfen zu können." Ferner *Gusy,* Informationsbeziehungen, in: GVwR II, § 23 Rdnr. 13: „Je besser in der Öffentlichkeit erkennbar ist, dass der Staat seine Funktionen wirksam und sachgerecht erfüllt, desto günstiger kann sich dies auf die generalisierte Befolgungs- und Legitimationsbereitschaft der Bürger auswirken."

[1095] Hierzu *Scherzberg,* Öffentlichkeitskontrolle, in: GVwR III, § 49 Rdnrn. 13 ff. m. umfangreichen N.

[1096] Vgl. *Quaritsch,* Probleme der Selbstdarstellung des Staates, S. 10 ff.; ähnlich SV *Rottmann,* BVerfGE 44, 125 (194): „sachlich notwendige und hochwertige Informationsarbeit der Bundesregierung und damit ein Stück Darstellung des Staates in der Öffentlichkeit".

[1097] *Bumke,* Die Verwaltung 37 (2004), S. 3 (9): „Legitimierung und Integration". Mitunter geht es auch darum, der sog. „(Litigation-)PR" anderer Akteure entgegenzutreten, vgl. *Kloepfer,* Information als Intervention, S. 13 ff., für den „publizistische Waffengleichheit" eine „kämpferische und gegnerbetonte Öffentlichkeitsarbeit" erfordert; skeptisch *Reimer,* JöR N. F. 58 (2010), S. 275 (285).

[1098] Informiertheit ist Ausübungsvoraussetzung der Kommunikationsgrundrechte; mithin ist staatliches Informationshandeln *auch* Grundrechtsvoraussetzungsschutz, vgl. *Gusy,* Informationsbeziehungen, in: GVwR II, § 23 Rdnrn. 14, 16. Ähnlich *Bumke,* Die Verwaltung 37 (2004), S. 3 (8 f.): Vergrößerung des „Handlungsvermögen[s]" durch „Informationsvorsorge".

[1099] *Hoffmann-Riem,* Eigenständigkeit der Verwaltung, in: GVwR I, § 10 Rdnr. 137; ferner *Bumke,* Die Verwaltung 37 (2004), S. 3 (7 ff.), zur „Steuerung durch Information".

[1100] *Hoffmann-Riem,* Rechtsformen, Handlungsformen, Bewirkungsformen, in: GVwR II, § 33 Rdnrn. 14, 28, zählt sie zu den „Handlungsformen" der Verwaltung, weil die Bewirkung einer bestimmten Folge nur mittelbar über die Rezipienten erfolgen soll.

[1101] Das vermeintlich „weiche" Steuerungsmittel Information kann sich als funktionales Äquivalent unmittelbarer „härterer" staatlicher Maßnahmen erweisen, so dass beide denselben Maßstäben unterfallen, vgl. BVerfGE 113, 63 (78); *Schoch,* NJW 2012, S. 2844 (2845). *Reimer,* JöR N. F. 58 (2010), S. 275 (291), spricht treffend von einem „Über-die-Bande-Spielen".

[1102] Hierzu *Reimer,* ebd., S. 275 (276 ff., 287 f.). Während VGH BW, NVwZ 2013, S. 1022 (1023), bei der Veröffentlichung von Lebensmittelrechtsverstößen von einem „ersichtlich angestrebte[n] ‚Prangereffekt'" ausgeht (ähnlich VGH BW, NJW 2013,

II. Verfassungsrechtliche Anforderungen
an staatliches Informationshandeln

Der Umgang mit einer staatlichen Veröffentlichung, die erst infolge Zeitablaufs als nachträglicher Publikationsexzess in das allgemeine Persönlichkeitsrecht der Betroffenen eingreift, müsste sich trotz dieser Vielfalt eigentlich deshalb einfacher gestalten, weil die klassische Grundrechtsfunktion der Abwehr *staatlicher* Beeinträchtigungen aufgerufen ist – wenn auch das „Stehenlassen" einer Publikation gleichfalls Einordnungsprobleme, insbesondere auf Ebene des „Eingriffs", aufwerfen mag.

Das Gegenteil ist der Fall: Lange Zeit sah es so aus, als seien die Schwierigkeiten allein dem Umstand geschuldet, dass staatliches Informationshandeln – nicht zuletzt in Folge der umstrittenen[1103] Judikatur des Bundesverfassungsgerichts[1104] – in weiten Bereichen durch die Abwesenheit spezifischer Regelungen gekennzeichnet ist. Erste Erfahrungen im Umgang mit den in zunehmendem Maße geschaffenen bereichsspezifischen Ermächtigungsgrundlagen[1105] zeigen jedoch, dass erhebliche (verfassungsrechtliche) Zweifelsfragen verbleiben, insbesondere hinsichtlich der Reichweite der Wesentlichkeitslehre und der Verhältnismäßigkeit einer in ihren Wirkungen schwer zu beurteilenden Veröffentlichung über das Internet.[1106]

S. 2614 [2616]), hält *Wollenschläger,* VerwArch 102 (2011), S. 20 (42 f.), diesen trotz der „erhöhte[n] Präventionswirkung" für „jedenfalls nicht bezweckt".
Zur Renaissance der „shame sanctions" in den USA *Massaro,* 89 Mich. L. Rev. (1991), S. 1880 ff.; *Whitman,* 107 Yale L. J. (1998), S. 1055 ff.; *Notes (anonym),* 116 Harv. L. Rev. (2003), S. 2186 ff.

[1103] Statt vieler *Schoch,* NVwZ 2011, S. 193 ff.; *Ossenbühl,* NVwZ 2011, S. 1357 (1359 f.); *Murswiek,* NVwZ 2003, S. 1 ff. Vgl. zur Gegenansicht *Hoffmann-Riem,* Eigenständigkeit der Verwaltung, in: GVwR I, § 10 Rdnr. 135. Überblick bei *Gusy,* Informationsbeziehungen, in: GVwR II, § 23 Rdnrn. 102 ff.
Im Rahmen dieser Arbeit kann auf diese vielschichtige Kontroverse nicht näher eingegangen werden. Der weiteren Untersuchung wird allein deshalb die permissivere Rechtsprechung zugrunde gelegt werden, weil sie potenziell zu einer größeren Anzahl rechtmäßiger Äußerungen staatlicher Stellen und damit mittelbar auch zu einer größeren Vielfalt nachträglicher Publikationsexzesse führt.

[1104] Vgl. nur BVerfGE 44, 125 – Öffentlichkeitsarbeit; BVerfGE 105, 252 – Glykol; BVerfGE 105, 279 – Osho. Zusammenfassend BVerfG, NVwZ 2011, S. 511 (512): „Die [informatorische] Grundrechtsbeeinträchtigung erfüllt zwar nicht die Voraussetzungen eines Eingriffs [...]. Gleichwohl bedarf oder das Rechtfertigung in dem Sinne, dass die Äußerung der Bundeszentrale, um vor Art. 2 Abs. 1 i. V. mit Art. 1 Abs. 1 GG Bestand haben zu können, ein legitimes Ziel verfolgen und sich gemessen daran als verhältnismäßig erweisen muss." Krit. dazu *Schoch,* NVwZ 2011, S. 193 (196 ff.).

[1105] Z. B. § 10 Abs. 1 UIG; § 6 Abs. 1 S. 3 VIG; § 40 LFGB; §§ 8 Abs. 4 S. 3, 10 GPSG.

[1106] Vgl. statt vieler am Beispiel der Verbraucherinformation nach VIG und LFGB VGH BW, NVwZ 2013, S. 1022 (1024 f.); *Wollenschläger,* VerwArch 102 (2011), S. 20 (39 ff.). Zur Gewährleistung effektiven Rechtsschutzes angesichts des gesetzgeberi-

Trotz dieser Schwierigkeiten lassen sich einige übergreifende Rechtmäßigkeitsanforderungen benennen: die Veröffentlichungen müssen richtig, sachlich und neutral gehalten sein und der durch sie bewirkte Nachteil darf nicht außer Verhältnis zu den verfolgten Zwecken stehen.[1107]

III. Berührungspunkte mit dem Recht auf medialen Neubeginn

Die Bewältigung des Phänomens des nachträglichen Publikationsexzesses erfordert mit Blick auf die Verlautbarungen staatlicher Stellen nach alledem ein zweistufiges Vorgehen, das sich zwar nicht strukturell von demjenigen bei grundrechtlich geschützten Äußerungen unterscheidet, auf die Besonderheiten staatlicher Bindungen aber gebührend Rücksicht nimmt.

1. Ausgangspunkt: primärer Publikationszweck

Auf der ersten Stufe steht auch hier die Feststellung der Zulässigkeit der erstmaligen Veröffentlichung – nur in diesem Fall kann von einem *nachträglichen* Publikationsexzess überhaupt die Rede sein. Hierzu ist der mit der Mitteilung verbundene (verfassungslegitime) Zweck zu ermitteln[1108] und zu prüfen, ob die erstmalige Veröffentlichung von einer spezifischen Ermächtigungsgrundlage (wie z.B. § 6 Abs.1 S. 3 VIG[1109], § 40 Abs.1a LFGB[1110] oder – mittelbar –

---

schen Leitmotivs einer möglichst raschen Aufklärung der Bevölkerung *Wollenschläger,* DÖV 2013, S. 7 (9 ff.).

[1107] Statt vieler *Gusy,* Informationsbeziehungen, in: GVwR II, § 23 Rdnr.109; *Schoch,* NJW 2013, S. 2844 (2848) – jeweils m.w.N.

[1108] Staatliche Informationstätigkeit kann wie jedes staatliche Handeln nicht Selbstzweck, sondern nur Mittel zur Erledigung staatlicher Aufgaben sein (*Bumke,* Die Verwaltung 37 (2004), S. 3 [6]).

[1109] Vgl. OVG Saarland, NVwZ 2011, S. 632 ff. mit zust. Anm. *Gurlit,* NVwZ 2011, S. 1052 ff. *Holzner,* NVwZ 2010, S. 489 (490 ff.), und *Becker/Blackstein,* NJW 2011, S. 490 ff., bezweifeln, dass es sich hierbei um eine (hinreichende) Ermächtigungsgrundlage handelt; bejahend *Schoch,* NJW 2010, S. 2241 (2246).
„Adverse Publizität" als Sanktionsmittel lehnt *Reimer,* JöR N. F. 58 (2010), S. 275 (288, 290 ff.) ab, weil das Straf-Übel, die negative Reaktion der Öffentlichkeit, „nicht verlässlich berechenbar" sei, sondern unvorhersehbar „zwischen Übermaß und Fehlschlag" oszilliere. Zur „Steuerungsungenauigkeit" von Publikumsinformationen allgemein *Bumke,* Die Verwaltung 37 (2004), S. 3 (10).

[1110] Wegen unterschiedlicher Zweifel an der Vereinbarkeit mit Unions- und Verfassungsrecht haben VGH BW, NVwZ 2013, S.1022 (1023 ff.); OVG Rheinland-Pfalz, NVwZ 2013, S. 1020 (1021 ff.); Bay. VGH, LMRR 2013, S. 15; OVG NRW, NVwZ-RR 2013, S. 627 ff., einstweiligen Rechtsschutz gegen Veröffentlichungen der Lebensmittelüberwachung gewährt. A.A. Nds. OVG, NJW 2013, S.1252 f.; *Schoch,* NJW 2012, S. 2844 (2847). Die nunmehr ergangene Entscheidung EuGH, Rs. C-636/11 – Berger, NJW 2013, S. 1275 (1726), hat nicht die vielfach erhoffte unionsrechtliche Klarstellung gebracht.

dem medienrechtlichen Auskunftsanspruch[1111]) gedeckt war oder den richterrechtlichen Anforderungen (Aufgabenzuweisung, Sachlichkeit, Verhältnismäßigkeit usw.)[1112] genügt hat.

Zu den möglichen (primären) Publikationszwecken, die auch in Gestalt eines Zweckbündels gleichzeitig verfolgt werden können, zählen insbesondere das „Erklären" staatlicher Handlungen und der Haltungen von Amtsträgern zu Angelegenheiten von öffentlichem Interesse, die Herstellung von Transparenz sowie – im Falle von Warnungen, Empfehlungen und sonstigen Hinweisen – die Abwehr von Gefahren, die Gefahrenvorsorge und die Unterstützung eigenverantwortlicher Lebensgestaltung durch informierte (Markt-)Bürger.[1113] Darüber hinaus ist zu bedenken, dass staatliche Informationstätigkeit eine Doppelwirkung dergestalt aufweisen kann, dass sie – wie im Fall des (medienrechtlichen) Auskunftsanspruchs[1114] – zugleich der Befriedigung grundrechtlich geschützter individueller (Informations-)Interessen Dritter (insbesondere der Adressaten) dient.[1115]

Bei *konsentierten Veröffentlichungen* und bei *Beiträgen des Betroffenen,* die mit seinem Einverständnis durch staatliche Stellen veröffentlicht worden sind,[1116] stellt sich die Frage nach der Reichweite der erteilten Einwilligung und, wenn diese eine zeitlich unbegrenzte Veröffentlichung über das Internet umfasst,[1117] auch die nach der Widerruflichkeit derselben.[1118] Bei der Analyse der Verhält-

---

[1111] Z. B. § 4 Abs. 1 i.V.m. Abs. 2 LPresseG bw für die Presse; § 6 Abs. 2 LMedienG bw; §§ 9a, 55 Abs. 3 RStV für Rundfunk- und Mediendienste. Hierauf wird die Befugnis der Staatsanwaltschaft zur Pressearbeit (ab)gestützt, vgl. nur BGH, NJW 1994, S. 1950 (1951); OLG Düsseldorf, NJW 2005, S. 1791 (1798 f.) – jeweils im Amtshaftungsverfahren. Hinzu treten mit §§ 131 ff. und §§ 474 ff. StPO Einzelregelungen zur Fahndung und Datenweitergabe an Dritte. Hinzuweisen ist schließlich auf die RiStBV (v. a. Nr. 4a, 23, 40 Abs. 2, 129 und Anlage B); vgl. zum Ganzen *Raschke,* ZJS 2011, S. 38 (39 f.); *Boehme-Neßler,* ZRP 2009, S. 228 (229). A. A. *Trüg,* NJW 2011, S. 1040 (1041 ff.), der hinreichende Ermächtigungsgrundlagen zur aktiven und unaufgeforderten Informationsweitergabe vermisst.

[1112] Vgl. VGH BW, NJW 2013, S. 2614 (2615 f.); *Schoch,* NJW 2012, S. 2844 (2846 ff.).

[1113] Vgl. oben S. 230. Selbst wenn die mit der Anprangerung faktisch verbundene „spezial- wie [...] generalpräventive Komponente" (VGH BW, NVwZ 2013, S. 1022 [1023]) vom Gesetzgeber tatsächlich nicht bezweckt sein sollte (vgl. oben S. 231 Fn. 1102), ist sie als vorhersehbare (Neben-)Wirkung doch in der Verhältnismäßigkeitsprüfung einzustellen.

[1114] Vgl. oben Fn. 1111. Zur Herleitung aus Art. 5 Abs. 1 S. 2 GG durch das BVerwG oben S. 219 m. Fn. 1044.

[1115] Hier zeigt sich eine (Teil-)Kongruenz legitimer staatlicher Zwecke mit dem grundrechtlich geschützten gesellschaftlichen Informationsinteresse der Öffentlichkeit (dazu oben S. 216).

[1116] Zu denken ist etwa an in Auftrag gegebene Gutachten und Artikel für Zeitschriften wie diejenigen der Bundes- und Landeszentralen für Politische Bildung (vgl. oben S. 40 m. Fn. 100).

[1117] Hierzu näher unten S. 319.

[1118] Vgl. oben S. 171.

nisse unter Privaten wurde deutlich, dass in erster Linie wirtschaftliche Interessen durch einen Widerruf betroffen wären, wobei den Wirtschaftsgrundrechten in bestimmten Konstellationen durch eine Kompensationszahlung Genüge getan werden kann.[1119] Mit Blick auf die nicht grundrechtsberechtigten öffentlichen Stellen kann sich ein Schutz des durch die wirksame Einwilligung begründeten Vertrauens aus dem Grundsatz der Wirtschaftlichkeit und Sparsamkeit[1120] ergeben, der nicht nur die öffentliche Hand bindet, sondern auch die Bürger belastende Maßnahmen zu rechtfertigen vermag.[1121] Insbesondere bei den Publikationen staatlicher Stellen besteht eine mit dem privaten Verlagsgeschäft vergleichbare Interessenlage.[1122]

Handelt es sich um eine *konfrontative staatliche Verlautbarung* oder ist die erteilte Einwilligung widerrufen worden, kann auch bei staatlicher Publikationstätigkeit der Verbleib in der ersten Phase mit Hilfe eines Erst-recht-Schlusses bestimmt werden: Soweit der ursprünglich und immer noch verfolgte (primäre) Zweck der staatlichen Verlautbarung sogar eine erneute Veröffentlichung tragen würde,[1123] ist das Recht auf medialen Neubeginn nicht berührt.[1124]

Dabei ist streng darauf zu achten, ob sich eine primäre Zwecksetzung durch Zielerreichung oder Eintritt dauerhafter Unmöglichkeit endgültig erledigt hat, also der mit einem Fahndungsaufruf Gesuchte gefasst oder die Gefahr, vor der gewarnt wurde, sich verwirklicht hat. Das fortdauernde Abrufbarhalten, gleich

---

[1119] Vgl. oben S. 209.

[1120] U.a. § 6 Abs. 1 S. 1 HGrG; § 7 Abs. 1 S. 1 BHO; § 7 Abs. 1 S. 1 LHO bw; § 77 Abs. 2 GemO bw. Hierzu näher *Korioth,* Finanzen, in: GVwR III, § 44 Rdnr. 70 m.w.N.

[1121] So z. B. im Rahmen der Ermessensausübung hinsichtlich der Rückforderung von zu unrecht gewährten Leistungen BVerwGE 105, 55 (58); BVerwG, NVwZ-RR 2004, S. 413 (415).

[1122] Zwar geht es nicht um enttäuschte Rentabilitätserwartungen, denkbar sind aber frustrierte Aufwendungen: Wenn der Betroffene ein Interview verweigert hätte, wäre die auf dieses verwendete Arbeitszeit für ein anderes Interview genutzt worden.

[1123] Zur Relevanz des zeitlichen Abstands zwischen Verstoß und Veröffentlichung nach § 6 Abs. 1 S. 3 VIG, allerdings mit Blick auf die Zulässigkeit der Erstveröffentlichung, OVG Saarland, NVwZ 2011, S. 632 (635): „Nach dem Gesetzeszweck des VIG ist es dem Verbraucher überlassen, welche Schlüsse er aus vor kurzer Zeit festgestellten Verstößen gegen das LFGB zieht. Des Weiteren ist insoweit zu berücksichtigen, dass die im VIG vorgesehene Möglichkeit einer Veröffentlichung von Verstößen im Internet nur dann die gewünschte Wirkung auf das Verhalten von Lebens- bzw. Futtermittelherstellern zu entfalten vermag, wenn eine Veröffentlichung festgestellter erheblicher Mängel auch nach deren Beseitigung noch möglich bleibt. Denn ansonsten liefe das Instrument der Internetveröffentlichung als ein wesentlicher Bestandteil des aktiven Informationsrechts der Behörde angesichts zu wahrender Verfahrensrechte der Betroffenen, insbesondere einzuräumender Rechtsmittelfristen, faktisch vielfach leer." Weitgehend zustimmend *Gurlit,* NVwZ 2011, S. 1052 (1053 ff.). *Schoch,* NJW 2012, S. 2844 (2848), hält bei Klarstellung des „Tatzeitpunkts" zwar ebenfalls eine Information über beseitigte Missstände für unbedenklich, will bei gravierenden Verstößen aber die Dauer der Publikation begrenzt sehen.

[1124] Vgl. dazu bereits oben S. 170.

ob als Tun oder als Unterlassen erfasst, lässt sich über diesen Zeitpunkt der Zweckerreichung bzw. des Zweckfortfalls hinaus nicht mehr unter Verweis auf den ursprünglich verfolgten Zweck rechtfertigen. Der Grundsatz der Verhältnismäßigkeit wäre verletzt, weil die Beeinträchtigung nicht mehr erforderlich wäre.

2. Zulässige sekundäre Publikationszwecke

In der zweite Phase des Beitrags gilt es zu prüfen, ob der durch die fortwährende Abrufbarkeit bewirkte Eingriff in das Recht auf medialen Neubeginn gerechtfertigt ist. Dabei ist auf den *sekundären Publikationszweck* abzustellen, der aus dem fortgesetzt verfolgten primären Publikationszweck und/oder einem originär sekundären Publikationszweck bestehen kann.

a) Fortwirken des primären Publikationszwecks

Falls weder Zweckerreichung noch Zweckfortfalls vorliegen, ist es denkbar, dass der fortwirkende primäre Publikationszweck die streitgegenständliche Mitteilung deshalb rechtfertigt, weil diese nunmehr (z.B. infolge einer Verschiebung der Verlautbarung auf einen weniger prominenten Speicherort) eine gegenüber einer hypothetischen Neuveröffentlichung schwächere Beeinträchtigung bewirkt.[1125]

Das setzt indes voraus, dass die Publikation von vornherein (auch) der Erläuterung staatlichen Handelns gedient hat. Soweit die Verlautbarung z.B. als Warnung zuvörderst auf eine Verhaltenssteuerung durch Information des Publikums gerichtet war, kann die verschlechterte Auffindbarkeit nicht die Rechtfertigung des Abrufbarhaltens bewirken, sondern stellt im Gegenteil deren Eignung in Frage.[1126]

b) Originär sekundäre Publikationszwecke

Auch bei ursprünglich allein durch derartige Zwecke motivierten Veröffentlichungen kann sich jedoch später ein Bedürfnis an ihrer dauerhaften Dokumentation einstellen. Wie die Untersuchung der grundrechtlich geschützten Publikationsinteressen gezeigt hat, kann es ein beachtliches individuelles wie auch ein gesellschaftliches Anliegen sein, ehedem rechtmäßigerweise veröffentlichte Pu-

---

[1125] Vgl. zur Veränderung des Bezugspunktes oben S. 174.

[1126] Je schlechter die Veröffentlichung wahrgenommen wird, desto geringer ist ihr Beitrag zur Erreichung des intendierten primären Zwecks der Information der Öffentlichkeit. Vgl. auch *Wollenschläger,* VerwArch 102 (2011), S. 20 (47), der mit Blick auf die Dokumentation von Verstößen gegen das Lebensmittelrecht und Hygienevorschriften betont, dass die zur Schaffung einer adäquaten Entscheidungsbasis veröffentlichten Informationen nur solange relevant sein können, wie sie einigermaßen aktuell sind, und der deshalb Regelungen zur Löschungspflicht für zwingend erforderlich hält.

blikationen als Teil des „kulturellen Erbes" zugänglich zu halten.[1127] Zudem erscheint es denkbar, allein deshalb auf das Löschen älterer Verlautbarungen aus dem Internetangebot zu verzichten, um *auch über die Zeit hinweg* Transparenz des staatlichen Handelns,[1128] insbesondere auch staatlichen Informationshandelns, zu befördern. Diesem originär sekundären Publikationszweck widmen sich die staatlichen Archive seit langem, allerdings unter ganz anderen Vorzeichen.[1129]

Die „Archivierung" älterer Verlautbarungen durch „Stehenlassen" der Beiträge stellt sich vor diesem Hintergrund als *Zweckänderung bzw. -erweiterung* dar. In beiden Fällen muss die Frage nach der verfassungsrechtlichen Rechtfertigung und damit auch nach dem Erfordernis einer gesetzlichen Ermächtigungsgrundlage erneut gestellt werden. Selbst wo für die ursprüngliche Veröffentlichung eine solche vorlag, ist genau zu prüfen, ob diese auch das dauerhafte Abrufbarhalten zu Zwecken der Dokumentation usw. erfasst.[1130]

3. Keine Rücksichtnahme auf die Publikationsfreudigkeit staatlicher Stellen bei der Ausgestaltung des Veränderungsanspruchs

Anders als bei den grundrechtsberechtigten Autoren, Verlegern und Intermediären ist mit Blick auf die Publikationsfreudigkeit staatlicher Stellen ein möglicherweise vom Veränderungsanspruch ausgehender, auf die mit dieser Aufgabe betrauten Amtswalter einwirkender „psychisch vermittelte[r] Zwang zur Selbstbeschränkung"[1131] nur in engen Grenzen zu berücksichtigen.

In tatsächlicher Hinsicht dürfte sich die Situation zwar nicht wesentlich unterscheiden, denn auch die staatliche Informationstätigkeit hängt wie alle Verwaltungstätigkeit von den (limitierenden) (Steuerungs-)Faktoren „Personal"[1132] und „Finanzen"[1133] ab, was sich nicht zuletzt im schon angesprochenen Grundsatz der Wirtschaftlichkeit und Sparsamkeit[1134] niederschlägt. Erfordert der Betrieb eines Internetangebotes einen erheblichen personellen Aufwand und/oder besteht

---

[1127] Zu den öffentlichen (Pflichtexemplar-)Bibliotheken bereits oben S. 221.

[1128] Vgl. dazu bereits oben S. 229 m. N. in Fn. 1087.

[1129] Der Zugang wird i. d. R. nur nach individueller Zulassungsentscheidung gewährt (vgl. § 5 BArchG).

[1130] VGH BW, NVwZ 2013, S. 1022 (1024), hält es für fernliegend, aus dem Fehlen einer gesetzlichen Höchstdauer zu schließen, dass „die vom Gesetzgeber mit der Veröffentlichungspflicht verfolgten Ziele eine zeitlich unbegrenzte Veröffentlichung [...] erfordern".

[1131] Vgl. grundlegend oben S. 117.

[1132] Vgl. *Voßkuhle,* Personal, in: GVwR III, § 43 Rdnr. 1.

[1133] Vgl. *Korioth,* Finanzen, in: GVwR III, § 44 Rdnr. 3: „Der Einsatz von Personal [...] setzt die Verfügungsmöglichkeit über Geld zwingend voraus."

[1134] Vgl. oben S. 235 m. Fn. 1120.

die realistische Aussicht mehr oder weniger unvermeidbar kostenpflichtiger Abmahnungen, werden deshalb auch öffentliche Stellen häufiger von der Bereitstellung aktueller, mehr noch von der Archivierung älterer Verlautbarungen absehen.

Allerdings fehlt es an der normativen Vergleichbarkeit: Anders als die Ausübung grundrechtlicher Freiheit ist die *Wahrnehmung staatlicher Macht* in besonderem Maße an die Einhaltung der sich aus der Rechtsordnung ergebenden Grenzen und insbesondere an die Achtung der beeinträchtigten Grundrechte gebunden (Art. 1 Abs. 3, 20 Abs. 3 HS. 2 GG), weshalb die von einem (strengen) Pflichtenregime zugunsten des Betroffenen ausgehenden, die Publikationsfreudigkeit „dämpfenden" Anreize in einem viel größeren Umfang hingenommen werden müssen.

Letztlich bietet sich auch in dieser Frage eine Differenzierung nach den Umständen der ursprünglichen Veröffentlichung an: Bei einer konfrontativen Publikation, die von Anfang an in die Grundrechte des Betroffenen eingreift, besteht kein Anlass, die staatliche Stelle von ihrer Verpflichtung zur selbständigen und prompten Beachtung der Rechtslage zu entheben. Anders liegt es bei konsentierten und eigenen Publikationen des Betroffenen, wo der Umstand der Einwilligung die Gewichte zu seinen Lasten verschiebt. Allerdings sind die staatlichen Stellen hier einem überraschenden Handlungsbedarf schon deshalb nicht ausgesetzt, weil der Veränderungsanspruch ohnehin erst nach Erklärung des Widerrufs entstehen kann.

IV. Zusammenfassung

Die großen strukturellen Ähnlichkeiten der privaten und staatlichen Publikationen im Konflikt des Rechts auf medialen Neubeginn erlauben es, die bei der Analyse der Grundrechtskonflikte gewonnenen Ergebnisse in weitem Umfang fruchtbar zu machen, insbesondere mit Blick auf das gesellschaftliche Interesse an der Informiertheit der Bevölkerung ergeben sich weitgehende Überschneidungen.

Nicht übersehen werden darf allerdings, dass die im vorstehenden Kapitel betrachteten Publikationen in Ausübung grundrechtlicher Freiheit ins Internet eingestellt und dort „stehengelassen" werden. Demgegenüber trifft die staatlichen Stellen in Folge der unmittelbaren Grundrechtsbindung nicht nur für die ursprüngliche Veröffentlichung, sondern auch für die fortdauernde Abrufbarkeit eine *strenge Rechtfertigungslast*. Wie die nähere Analyse gezeigt hat, ist der Ausschluss der Widerruflichkeit bzw. die Kopplung mit einer Kompensation der frustrierten Aufwendungen nur in engen Grenzen denkbar; darüber hinaus ist bei der Annahme einer „Fortwirkung" der ursprünglichen Publikationszwecke und einer Berechtigung zur Archivierung älterer Beiträge Zurückhaltung geboten.

4. Teil

Durchsetzung des Rechts auf medialen Neubeginn

Der folgende, diese Untersuchung abschließende Teil ist der Frage nach den praktischen Konsequenzen der Anerkennung eines Rechts auf medialen Neubeginn gewidmet. Dabei wird in methodischer Hinsicht darauf verzichtet, reale oder hypothetische Fälle „durchzuexerzieren". Dem liegt die Überlegung zugrunde, dass auf diese Weise zwar ein besonders hohes Maß an Anschaulichkeit vermittelt werden könnte. Wo nicht auf bereits entschiedene Fälle zurückgegriffen werden könnte, würde dieses Vorgehen jedoch unausweichlich in die Situation führen, dass die Besonderheiten, die herausgearbeitet werden sollen, zunächst in den hypothetischen Sachverhalt hineingeschrieben werden müssten. Damit wäre erkennbar wenig gewonnen.

Gleichwohl kann aufgezeigt werden, dass die im vorstehenden zweiten und dritten Teil mit Blick auf das allgemeine Persönlichkeitsrecht in Gestalt des Rechts auf medialen Neubeginn einerseits und die einschlägigen Grundrechte (sowie die berechtigten Anliegen staatlicher Informationstätigkeit) andererseits entwickelten Anforderungen an eine adäquate Bewältigung der mit der „Unfähigkeit des Internets zu vergessen" einhergehenden Herausforderungen auch praktisch umgesetzt werden können. So lassen sich für bestimmte Fallgruppen brauchbare Leitlinien herausarbeiten, die – insbesondere bei Abwägungsprozessen – in Gestalt von „Prüfungsgesichtspunkten und Vorzugsregeln" bei der (fachrechtlichen) Entscheidungsfindung im Einzelfall zum Tragen kommen können.[1135] Entsprechend dem eingangs entfalteten Untersuchungsinteresse[1136] wird dabei so weit wie möglich auf Bewährtes aufgebaut und neue Aspekte werden (nur) dort eingeführt, wo dies durch die Veränderungen der medialen Wirklichkeit erforderlich geworden ist.

[1135] Aus jüngerer Zeit zusammenfassend BVerfGE 114, 339 (348): „Im Zuge der Abwägung sind die grundrechtlichen Vorgaben zu berücksichtigen. Maßgebend wird dabei eine Reihe von Prüfungsgesichtspunkten und Vorzugsregeln, die in der Rechtsprechung entwickelt worden sind, um eine größtmögliche Wahrung der beiderseitigen grundrechtlichen Positionen und Interessen bei der Beurteilung und Entscheidung über Fälle von Meinungsäußerungen zu ermöglichen [...]. Das Ergebnis dieser Abwägung lässt sich wegen der Abhängigkeit von den Umständen des Einzelfalls nicht generell und abstrakt vorausbestimmen." Zur Rolle von Leitlinien „im Prozess mulitpolar orientierter Rechtsanwendung" *Hoffmann-Riem*, EuGRZ 2006, S. 492 (495 f.).

[1136] Vgl. oben S. 48.

Um zu hinreichend differenzierten Ergebnissen zu gelangen, sollen zunächst die *konfrontativen Beiträge* untersucht werden (§ 10), um anschließend auf die Besonderheiten der *konsentierten* Beiträge und der *eigenen* Beiträge des Betroffenen (§ 11) eingehen zu können.

§ 10 Konfrontative Publikationen

Konfrontative Äußerungen werden im Internet nicht nur durch (Presse-)Verlage und Rundfunksender verbreitet, sondern mit zunehmender praktischer Relevanz als nutzergenerierte Inhalte in Web 2.0-Angeboten wie Blogs, sozialen Netzwerken und dergleichen veröffentlicht.[1137] Bei näherem Hinsehen zeigt sich, dass diese Veränderungen erhebliche Schwierigkeiten bei der Bestimmung der einfachrechtlichen Anspruchsgrundlagen[1138] für den grundrechtlich radizierten Veränderungsanspruch des Betroffenen (I.) mit sich bringen.

Nach dieser Weichenstellung kann näher untersucht werden, auf welche Weise das Recht auf medialen Neubeginn vermittels des äußerungsrechtlichen Unterlassungsanspruchs (II.) bzw. der datenschutzrechtlichen Ansprüche (III.) wirksam wird.

I. Bestimmung der einfachrechtlichen Anspruchsgrundlage

Würde die Kategorie der konfrontativen Beiträge allein die traditionellen Presseberichte und Rundfunksendungen umfassen, bestünden keine Zweifel daran, dass sich ein Anspruch des Betroffenen wegen Verletzung des allgemeinen Persönlichkeitsrechts nach dem zivilrechtlichen Äußerungsrecht (§§ 823, 1004 BGB analog) bestimmt (1.).

Erst das Auftreten der nutzergenerierten Inhalte im Internet ruft in Erinnerung, dass auch bei herkömmlichen identifizierenden Publikationen zunächst der Anwendungsbereich der geschriebenen und gegenüber der deliktischen Generalklausel überdies spezielleren und jüngeren Datenschutzgesetze eröffnet ist und allein die datenschutzrechtlichen Medienprivilegien (z.B. § 41 Abs. 1 BDSG) diesen wieder schließen. Bei der Bestimmung der einfachrechtlichen Anspruchsgrundlage ist deshalb zum einen zu untersuchen, ob die *nutzergenerierten Inhalte* von Verfassungs wegen nicht ebenfalls dem Äußerungsrecht unterstellt werden müssen. Zum anderen muss der Frage nachgegangen werden, ob das Datenschutzprivileg auch die *Archivierung* älterer journalistisch-redaktioneller Inhalte erfasst (2.).

[1137] Vgl. oben S. 31.

[1138] Um die Untersuchung nicht mit kollisionsrechtlichen Fragestellungen zu überfrachten, werden im Folgenden allein die Anspruchsgrundlagen des deutschen Rechts herangezogen.

1. Äußerungsrecht

Während in den vergangenen Jahrhunderten das Strafrecht – und dort vor allem der Ehrschutz – Sitz des Persönlichkeitsschutzes war,[1139] hat sich unter der Geltung des Grundgesetzes das zivilrechtliche Äußerungsrecht[1140] zum praktisch wichtigsten Medium der Sicherung der Persönlichkeit vor Übergriffen Privater entwickelt.

Dreh- und Angelpunkt für den zivilrechtlichen Schutz des allgemeinen Persönlichkeitsrechts ist die Anerkennung desselben als „sonstiges Recht" i.S.d. § 823 Abs. 1 BGB,[1141] wobei nicht der damit unmittelbar eröffnete Weg zum Schadensersatz[1142] im Zentrum steht, sondern der Unterlassungsanspruch analog § 1004 Abs. 1 S. 2 BGB (unten II.).

2. Datenschutzrecht im Bereich der Kommunikationsfreiheiten

Der Anwendungsbereich des Datenschutzrechts (z.B. § 1 BDSG: „Erhebung, Verarbeitung und Nutzung personenbezogener Daten") ist – nicht unähnlich dem Recht auf informationelle Selbstbestimmung – denkbar weit gefasst. Insbesondere sind identifizierende (Meinungs-)Äußerungen „personenbezogene Daten" i.S.d. Datenschutzrechts.[1143] Wie auf Ebene der grundrechtlichen Ausprägungen[1144] stellen sich folglich auf Ebene des einfachen Rechts Abgrenzungsfragen, u.a. die nach dem Verhältnis von Datenschutz- und Äußerungsrecht.

Um die Bedeutung dieser Einordnungsfrage zu ermessen, genügt ein Vergleich der Grundstrukturen des Datenschutzrechts mit denen des Äußerungsrechts: Während das letztgenannte, wie gesehen, in erster Linie richterrechtlich geprägt und – trotz einiger Verdichtungen in Gestalt von Fallgruppen – zu einer Abwägung unter Berücksichtigung aller Facetten der widerstreitenden (grundrechtlich geschützten) Interessen des jeweiligen Einzelfalls führt, zeichnet sich das Datenschutzrecht – geleitet von der Erkenntnis, dass „es unter den Bedingungen der

---

[1139] Vgl. nur §§ 540 ff. II. 20 ALR; §§ 487 ff. Öst. StGB v. 1852; dazu bereits oben S. 226 in Fn. 1080.

[1140] Andere sprechen gleichsinnig von „Medienpersönlichkeitsrecht" (z.B. *Bruns,* AfP 2011, S. 421 ff.; *Peifer,* JZ 2012, S. 851 [852 f.]; *ders.,* K&R 2011, S. 543 [543]).

[1141] BGHZ 24, 72 (77 ff.); 26, 349 (354); ausführlich bereits oben S. 59 m. Fn. 182.

[1142] Zwar ist es denkbar, die Verletzung des Rechts auf medialen Neubeginn zum Ansatzpunkt eines Schadensersatzanspruchs (§§ 823, 249, 253 BGB) zu machen. Wegen einer immateriellen Beeinträchtigung wird eine Geldentschädigung allerdings nur bei einer schwerwiegenden Persönlichkeitsverletzung und einem gravierenden Verschulden gewährt (vgl. nur BGH, NJW 1996, S. 985 [986]; *Ricker/Weberling,* Hdb. PresseR, 44. Kap. Rdnrn. 44 ff. m.w.N.), was bei einem „Stehenlassen" ursprünglich rechtmäßiger Beiträge kaum je der Fall sein dürfte.

[1143] Vgl. nur BGHZ 181, 328 (333) – Spickmich m.w.N.

[1144] Vgl. hierzu oben S. 101.

automatischen Datenverarbeitung kein ‚belangloses' Datum mehr" gibt[1145] –
durch den Grundsatz aus, dass jedweder Umgang mit personenbezogenen Daten
(gleich durch wen) grundsätzlich gefährlich ist und deshalb zunächst einmal verboten sein muss (vgl. nur § 4 BDSG). Auch die nähere Ausgestaltung der „Erlaubnisnormen" für öffentliche wie private Stellen[1146] führt eine Vielzahl von
Dokumentations-, Darlegungs- und Auskunftspflichten ein, die dem Äußerungsrecht fremd sind. Schließlich ist die Beachtung datenschutzrechtlicher Vorgaben
einer speziellen behördlichen Aufsicht (§ 38 BDSG i.V.m. dem Landesrecht) unterworfen, wohingegen die Durchsetzung des Äußerungsrechts dem Einzelnen
obliegt.[1147]

Vor diesem Hintergrund und unter Zugrundelegung der Annahme, dass die
Datenschutzgesetze als leges speciales (und posteriores) dem „nur" auf die Generalklauseln des §§ 1004, 823 BGB gestützten Äußerungsrecht vorgehen würden,
haben die Gesetzgeber den Anwendungsbereich der datenschutzrechtlichen Regelungen mit Blick auf solche Datenverarbeitungsvorgänge zurückgenommen,
die allein „journalistisch-redaktionellen" Zwecken dienen. Nur aufgrund dieser
als Medienprivilegien[1148] bezeichneten Regelungen[1149] unterliegt die redaktionelle Betätigung in Presse und Rundfunk weitgehend den allgemeinen Regeln
des Bürgerlichen Rechts, mithin dem zivilrechtlichen Äußerungsrecht.[1150]

[1145] BVerfGE 65, 1 (45).

[1146] In Folge der schrittweisen Expansion des ursprünglich auf besonders gefährliche
Formen der Datenverarbeitung beschränkten BDSG (vgl. *Schneider,* AnwBl 2011,
S. 233 [234]) ist die strukturelle Gleichbehandlung der Datenverarbeitung durch grund-
rechtsverpflichtete öffentliche und grundrechtsberechtigte private Stellen fragwürdig,
nicht zuletzt vor dem Hintergrund divergierender verfassungsrechtlicher Parameter
(asymetrisches „rechtsstaatliches Verteilungsprinzip" vs. „Freiheit und Gleichheit"),
vgl. *Masing,* NJW 2012, S. 2305 (2306 f.).

[1147] Vgl. die Gegenüberstellungen bei *Feldmann,* AnwBl 2011, S. 250 (251); *Peifer,*
K&R 2011, S. 543 (544 f.).

[1148] Der Begriff des „Medienprivilegs" (u.a. BGHZ 181, 328 [334]; *Spindler/Nink,*
in: Spindler/Schuster, Recht der elektronischen Medien, § 41 BDSG Rdnr. 1 m.w.N.) ist
teilweise irreführend, weil er einerseits zu weit geht – die Verarbeitung der Daten von
Abonnement- und Anzeigenkunden unterliegt sehr wohl dem Datenschutzrecht (statt
vieler BGHZ 183, 353 [365] – Online-Archiv I) – und andererseits eine Engführung auf
ein traditionelles Bild der „Medien" (Verlage und Rundfunkanstalten) zumindest nahelegt, die schon im konventionellen Pressebereich in Randbereichen nicht zutraf (vgl. nur
Gola/Schomerus, BDSG, § 41 Rdnr. 10 m.w.N.). Auch geht es, wie *Neunhoeffer,* Das
Presseprivileg im Datenschutzrecht, S. 125, zutreffend betont, nicht um die Einräumung
eines „generellen Vorrang[s]" des einen Grundrechts gegenüber dem anderen". Weil der
Begriff sich eingebürgert hat, wird er gleichwohl – eingedenk dieser Klarstellungen –
auch im Folgenden verwendet.

[1149] § 41 Abs. 1 BDSG i.V.m. Landesrecht (z.B. § 12 LPresseG bw; § 49 Abs. 2
LMedienG bw); §§ 47, 57 RStV (i.V.m. § 1 Abs. 4 TMG) bzw. die entsprechenden Sta-
tuten der Rundfunkanstalten (z.B. § 17 Deutschlandradio-StV; § 39 SWR-StV i.V.m.
§ 37 LDSG bw; § 49 WDR-G). Die letztgenannten Normen sind mitgemeint, wenn im
Folgenden für Angebote im Internet auf § 57 RStV verwiesen wird.

[1150] Vgl. nur *Neunhoeffer,* Das Presseprivileg im Datenschutzrecht, S. 135 f.

a) Umdeutung des institutionellen Medien- in ein umfassendes Meinungsprivileg?

Während die Reichweite des Medienprivilegs früher mit dem „Bemühen des Gesetzgebers, den Schutz des informationellen Selbstbestimmungsrechts mit den besonderen grundrechtlichen Gewährleistungen für die Printmedien [bzw. der Rundfunkanstalten] in Einklang zu bringen",[1151] erklärt werden konnte, ist der Anwendungsbereich nunmehr fraglich geworden: Die Unsicherheit betrifft im hier interessierenden Bereich des Internets die Einordnung nutzergenerierter Inhalte sowie deren Aggregation in Bewertungsportalen („Spickmich") und sozialen Netzwerken [aa]. Dabei ist immer wieder die Forderung erhoben worden, eine sach- wie verfassungsgemäße Bewältigung dieser Zweifelsfragen sei nur durch die Umdeutung des Medien- in ein Meinungsprivileg zu erreichen. Wie eine nähere Untersuchung zeigt, ist dies nicht der Fall [bb].

aa) Vorschläge zur Einordnung von singulären Meinungsäußerungen und ihren Aggregatoren

Zu den drängendsten Anfragen an die „Internettauglichkeit" des Datenschutzrechts[1152] zählt der Umgang mit nicht in einen „journalistisch-redaktionellen" Kontext eingebetteten, *singulären Meinungen und Tatsachenbehauptungen,* wie sie auf privaten Internetseiten, in Foren, sozialen Netzwerken usw. täglich massenhaft vorkommen.[1153]

Denn bei einer zunächst nur am Wortlaut orientierten Anwendung der bestehenden Datenschutzvorschriften[1154] unterfallen diese Beiträge – das ist wohl konsentiert – dem Anwendungsbereich des Datenschutzrechts:[1155] Bei der Veröffentlichung personenbezogener Informationen (§ 3 Abs. 1 BDSG) über das Internet handelt es sich um die mit Hilfe von EDV-Anlagen wie PC und Server erfolgende, mithin automatisierte Verarbeitung in Gestalt der Speicherung und Übermittlung (§ 3 Abs. 2, 4 BDSG). Mit Rücksicht auf den potenziell unbegrenzten Rezipientenkreis handelt es sich auch nicht mehr um eine Datenverar-

---

[1151] *Neunhoeffer,* ebd., S. 124 f. m.w. N.

[1152] Vgl. – mit diametraler Stoßrichtung – *Härting/Schneider,* ZD 2012, S. 199 ff., und *Wolff,* Die beschränkte Internettauglichkeit des BDSG, in: Hill/Schliesky (Hrsg.), Die Vermessung des virtuellen Raums, S. 193 ff.

[1153] Zutreffend weist *Feldmann,* AnwBl 2011, S. 250 (250), auf die erhebliche Bedeutung für die alltäglichen (Kommunikations-)Beziehungen breiter Teile der Bevölkerung hin.

[1154] Das TMG verweist hinsichtlich der Inhaltsdaten auf das BDSG (vgl. nur *Wolff,* Die beschränkte Internettauglichkeit des BDSG, in: Hill/Schliesky [Hrsg.], Die Vermessung des virtuellen Raums, S. 193 ff.; näher zur Abgrenzung von den Nutzungsdaten unten S. 302).

[1155] *Spindler,* 69. DJT (2012), S. F 73; *Feldmann,* AnwBl 2011, S. 250 (250 f.) – jeweils m.w. N.

beitung „ausschließlich für persönliche oder familiäre Tätigkeiten" i. S. d. § 1 Abs. 2 Nr. 3 BDSG.[1156] Schließlich kommt der singulären Äußerung auch nicht das datenschutzrechtliche Medienprivileg (u. a. § 41 Abs. 1 BDSG, § 57 RStV) zugute, weil dieses erkennbar eine „redaktionelle" Einbettung der Datenverarbeitung voraussetzt, wie sie in den „klassischen" Presseverlagen und Rundfunksendern vorfindlich ist. Diese „institutionelle"[1157] Auslegung des datenschutzrechtlichen Medienprivilegs gerade auch mit Blick auf die „Neuen Medien" wird durch die Gesetzgebungsmaterialien bestätigt.[1158]

Die unterschiedliche Behandlung von singulären Offline-Äußerungen, die wie selbstverständlich dem meinungsfreundlichen Äußerungsrecht unterstellt werden, und singulären Online-Äußerungen, die allein schon wegen der Verwendung einer „Datenverarbeitungsanlage" i. S. v. §§ 1, 3 BDSG den Prinzipien des Datenschutzrechts (Verbotsprinzip, Datensparsamkeit, Aufsicht usw.) unterworfen werden, wird in der Literatur weithin als zwar unbeabsichtigtes, aber nichtsdestotrotz unhaltbares Ergebnis bezeichnet.[1159] Während *Kamp* in historischer Auslegung eine Anwendbarkeit des BDSG auf „Veröffentlichungen" bereits de lega lata ausschließen möchte,[1160] wird überwiegend der Gesetzgeber zu einer Auflösung des Dilemmas aufgefordert: Teilweise wird der Umbau des Medienprivilegs zu einem allgemeinen Meinungsprivileg gefordert, so dass Äußerungen Einzelner, die personenbezogene Daten enthalten, ohne Rücksicht auf die Modi der Verbreitung

---

[1156] Vgl. nur die Lindqvist-Entscheidung des EuGH, Rs. C-101/01 – Lindqvist, Slg. 2003, I-12971 (13014), EuR 2004, S. 291 (299), mit Blick auf den insofern maßgeblichen Art. 3 der Datenschutz-Richtlinie (95/46/EG): dies ist „offensichtlich nicht der Fall [...] bei der Verarbeitung personenbezogener Daten, die in deren Veröffentlichung im Internet besteht, so dass diese Daten einer unbegrenzte Zahl von Personen zugänglich gemacht werden."

[1157] Vgl. nur *Spindler,* 69. DJT (2012), S. F 75.

[1158] So zielten die Länder mit der Schaffung des § 16 Abs. 3 MDStV allein auf die „Wahrung der Vertraulichkeit der Redaktionsarbeit sowie des Schutzes von Informanteninteressen" (LT-Drs. [BW] 12/1302, S. 32). Bei der Schaffung der Nachfolgeregelung des § 57 RStV wurde lediglich auf die Notwendigkeit einer Gleichstellung mit Presse und Rundfunk verwiesen (LT-Drs. [BW] 14/558, S. 39).

[1159] Vgl. nur *Spindler,* 69. DJT (2012), S. F 73 f.; *Feldmann,* AnwBl 201, S. 250 (250 f.); *Weichert,* AnwBl 2011, S. 252 (253 f.). A. A. *Karg,* DuD 2013, S. 75 (78 f.).

[1160] *Kamp,* Personenbewertungsportale, S. 93 ff., hat noch weitere Konstellationen benannt, in denen die Anwendung der §§ 4, 28 f. BDSG zu einem offenkundig unsinnigen, jedenfalls verfassungsrechtlich unhaltbaren Verbot der Datenverarbeitung führt, weil die Regelungen der Erlaubnisnormen des BDSG auf sie nicht zugeschnitten sind (u. a. das Verfassen von Reden auf dem PC oder die Speicherung von Internetinhalten zum Zwecke der Übermittlung an Dritte außerhalb des Familien- und Freundeskreises). Anstelle einer verfassungskonformen Auslegung der Erlaubnisnormen im Einzelfall will er alle „Publikationssysteme" vom Anwendungsbereich des BDSG ausnehmen (*Kamp,* ebd., S. 97 ff.). Die Weiterungen dieses innovativen Ansatzes – verwiesen sei nur auf den erheblichen Begründungsaufwand, um die Regulierung von Auskunfteien und dergleichen im Internet doch wieder in den Anwendungsbereich des Datenschutzrechts zu bringen (*Kamp,* ebd., S. 129 f.) – sind nur schwer zu überblicken, weshalb ihm hier nicht weiter nachgegangen werden soll.

allein dem Äußerungsrecht unterworfen wären.[1161] Von anderen wird die Schaffung einer auf Veröffentlichungen im Internet zugeschnittenen Vorschrift innerhalb des BDSG vorgeschlagen,[1162] um die Vorzüge der behördlichen Durchsetzungsmechanismen zu bewahren.[1163]

Mit *Blick auf (Personen-)Bewertungsportale im Internet* als typische Anbieter eines auf Aggregation fremder (singulärer) Äußerungen gerichteten Web 2.0-Angebots[1164] ist die Auffassung vertreten worden, nur eine extensive Interpretation des datenschutzrechtlichen Medienprivilegs entspreche dem erkennbaren Willen des Gesetzgebers, den Gebrauch der Kommunikationsfreiheiten von etwaigen datenschutzrechtlichen Restriktionen freizustellen und allein dem Äußerungsrecht zu unterwerfen.[1165]

Der Bundesgerichtshof hat in der „Spickmich"-Entscheidung demgegenüber den Standpunkt eingenommen, dass von einer Datenverarbeitung „ausschließlich für eigene journalistisch-redaktionelle oder literarische Zwecke" im Sinne des Medienprivilegs nur dann die Rede sein kann, wenn die verbreiteten Beiträge in eine „pressemäßige Veröffentlichung" durch den Diensteanbieter einmünden. Die – systematisierende – Aufbereitung und geordnete Übermittlung der Äußerungen Dritter auf einem Bewertungsportal genüge diesem Erfordernis nicht, „weil die bloße automatische Auflistung von redaktionellen Beiträgen noch nicht eine eigene journalistisch-redaktionelle Gestaltung" darstelle.[1166] Hinter diesem funktionalen Normverständnis steht die Vorstellung, (nur) *professioneller* (Qualitäts-) Journalismus erfordere eine Freistellung von den datenschutzrechtlichen Betroffenenrechten.[1167]

[1161] *Feldmann,* AnwBl 2011, S. 250 (250 ff.).

[1162] *Weichert,* AnwBl 2011, S. 252 (253 f.), unter Vw. auf § 38b BDSG des „Rote-Linie-Projekts" des BMI (oben S. 77) und den Entwurf eines Gesetzes „zur Regulierung von Internetveröffentlichungen im Bundesdatenschutzgesetz" des Unabhängigen Landeszentrums für Datenschutz Schleswig-Holstein (abrufbar unter http://datenschutz zentrum.de/internet/gesetzentwurf.html).

[1163] Vgl. auch die Einschätzung von *Peifer,* K&R 2011, S. 543 (546 f.), nach dem die Datenschützer das „Drohpotenzial" des eigentlich überschießenden Datenschutzrechts als Basis für flexible „Verhandlungslösungen" mit der Wirtschaft nicht vorschnell aus der Hand geben möchten.

[1164] Vgl. dazu oben S. 31.

[1165] So etwa *Greve/Schärdel,* MMR 2008, S. 644 (647 f.). Für *Plog,* CR 2007, S. 668 (669), steht hinter dem Medienprivileg die „Erkenntnis, dass die Ausübung der Kommunikationsgrundrechte nur äußerungsrechtlichen Schranken unterliegen darf, und zwar unabhängig von Inhalt und Zweck des einzelnen Meinungsbeitrages [...]." Ob damit eine entsprechende verfassungsrechtliche Verpflichtung behauptet werden soll, bleibt im Unklaren.

[1166] BGHZ 181, 328 (335).

[1167] BGHZ 181, 328 (334). Ähnlich *Peifer,* JZ 2012, S. 851 (856); *Spindler/Nink,* in: Spindler/Schuster, Recht der elektronischen Medien, § 41 BDSG Rdnrn. 1 und 4; *Dix,* in: Simitis, BDSG, § 41 Rdnr. 11 m. Fn. 62.

Zugleich hat das Gericht allerdings eine Gleichstellung dieser Tätigkeit mit der „klassischen" Datenverarbeitung ausgeschlossen. Vielmehr gebiete die Meinungsfreiheit der mittelbar involvierten Dritten,[1168] deren Äußerungen verarbeitet und weitergegeben werden, eine Auslegung der Erlaubnisnormen des Datenschutzrechts (i. v. F.: § 29 Abs. 1 und 2 BDSG), die diesen Besonderheiten Rechnung trägt.[1169]

bb) Schaffung eines Meinungsprivilegs trotz
unpassender Ausgestaltung des Datenschutzrechts
verfassungsrechtlich nicht geboten

Eine Abgrenzung der einfachrechtlichen Regelungsregime nach den (verfassungs)rechtlichen Koordinaten des aufzulösenden Konflikts, also den zur Anwendung zu bringenden Maßstäben, wäre angenehm. Denn ob es um die Frage der Zulässigkeit einer Meinungsäußerung bzw. Tatsachenbehauptung oder um die Weitergabe von Bestands- und Nutzungsdaten für Werbezwecke geht, bleibt nicht ohne Einfluss auf die – vereinzelt gesetzlich vorgegebenen, vor allem aber richterrechtlich entwickelten – Leitlinien des jeweiligen Rechtsregimes. Aus dieser Perspektive „passt" das Datenschutzrecht tatsächlich nicht auf die hier in Rede stehenden Sachverhalte und das unabhängig davon, ob die streitgegenständliche Äußerung in einen journalistisch-redaktionellen Kontext eingebettet ist oder auf Bewertungsportalen bzw. in sozialen Netzwerken „nur" wiedergegeben wurde.[1170] Wie *Feldmann* pointiert festgestellt hat, stellt seine wortlautgetreue Anwendung auf Meinungsäußerungen „die grundrechtlichen Verhältnisse der Äußerungsfreiheiten auf den Kopf. Das oberste Prinzip des Datenschutzrechts, das gebundene Verbot mit ausnahmsweisen Erlaubnisvorbehalt des § 4 BDSG, kollidiert frontal mit der Meinungsfreiheit des Art. 5 GG."[1171]

Ihre Ursache hat diese Inkompatibilität darin, dass der Gesetzgeber bei Schaffung des Datenschutzrechts in erster Linie ganz andere Konflikte vor Augen hatte,[1172] auf welche die Regelungen auch zugeschnitten sind.[1173] Deshalb liegt

---

[1168] Zur „Verstärkung" einer Rechtsposition durch Grundrechte Dritter bereits oben S. 180.

[1169] BGHZ 181, 328 (336 ff., 343 ff.).

[1170] Vgl. nur *Eberle*, MMR 2008, S. 508 (508); *Ohly*, AfP 2011, S. 428 (437 f.), sowie *Masing*, NJW 2012, S. 2305 (2306 f.), der in der Verallgemeinerung von ursprünglich mit Blick auf öffentliche Stellen entwickelten Prinzipien, wie z. B. dem Verbot mit Erlaubnisvorbehalt des § 4 BDSG, einen Konstruktionsfehler erblickt.

[1171] *Feldmann*, AnwBl 2011, S. 250 (251).

[1172] Vgl. die Aufzählung in § 29 Abs. 1 BDSG: „Werbung, […] Auskunfteien und […] Adresshandel".

[1173] Vgl. ausdrücklich BGHZ 181, 328 (343) – Spickmich, zur Begründung der Notwendigkeit einer verfassungskonformen Auslegung des § 29 Abs. 2 BDSG.

es nahe, durch Umdeutung des herkömmlichen institutionellen Medienprivilegs in ein allgemeines Meinungsprivileg schlagartig Abhilfe zu schaffen. Allerdings erweisen sich Wortlaut, Zweck und Genese der Medienprivilegien als vergleichsweise eindeutig. Auch wenn es zu weit ginge, das Kriterium der journalistisch-redaktionellen Tätigkeit kurzerhand mit einer „Trennlinie" zwischen „Bürgerjournalismus" und „institutionellen Massenmedien" zu assoziieren[1174] und das Medienprivileg im Ergebnis auf „klassische" Redaktionen in Presse und Rundfunk zu beschränken,[1175] ist doch festzuhalten, dass eine über die Aggregation fremder Äußerungen nicht hinausgehende Tätigkeit, wie sie für Bewertungsportale und erst recht soziale Netzwerke kennzeichnend ist, nicht ausreichend ist, um von einer „journalistisch-redaktionellen" Zwecksetzung der Datenverarbeitung i. S. d. insofern gleichlautenden Medienprivilegien zu sprechen. Gleiches gilt für singuläre Äußerungen, die – anders als einzelne Blogbeiträge eines regelmäßigen und damit literarisch-journalistischen „Bloggers" – nicht in ein Minimum von „institutionalisierter" Tätigkeit eingebettet sind. Sie sind nicht von der Medien- bzw. Rundfunkfreiheit, sondern allein von der Meinungsfreiheit erfasst.[1176] Wenn der Gesetzgeber bei der Abfassung der Normen vor diesem Hintergrund *explizit* auf den verfassungsrechtlichen Pressebegriff des Art. 5 Abs. 1 S. 2 GG rekurriert

---

[1174] So aber *Peifer,* JZ 2012, S. 851 (856), der zur Begründung eine Kopplung des Medienprivilegs mit gesteigerten journalistischen Sorgfaltspflichten nahelegt. Diese erweist sich bei näherem Hinsehen bereits deshalb nicht als zwingend, weil – wie er selbst aufzeigt – eine Heraufsetzung der Sorgfaltsmaßstäbe für Laien-Publikationen mit potenziell vergleichbarer Breitenwirkung nicht minder angemessen wäre.

[1175] So auch *Dix,* in: Simitis, BDSG, § 41 Rdnr. 11 m. Fn. 62, für den das Vorliegen einer „entsprechenden journalistischen Ausbildung" zwingende Voraussetzung für die „Tätigkeit professioneller Journalisten" ist. Diese Engführung ist bereits unzutreffend, weil sie alle Autodidakten in den Redaktionen ausschließt, und überdies untauglich, weil es genügen würde, ausgebildete Journalisten mit der Veröffentlichung beliebiger Informationen zu betrauen.
EuGH, Rs. C-73/07 – Satamedia, Slg. 2008, I-9831 (9890), MMR 2009, S. 175 (178), betont demgegenüber zutreffend, dass „[j]ournalistische Tätigkeiten [...] nicht Medienunternehmen vorbehalten" sind. Internetpublikationen erfolgen auch dann „zu journalistischen Zwecken" i. S. v. Art. 9 der Datenschutz-Richtlinie 95/46/EG, „wenn sie ausschließlich zum Ziel haben, Informationen, Meinungen oder Ideen in der Öffentlichkeit zu verbreiten, was zu prüfen Sache des nationalen Gerichts ist." *Peifer,* JZ 2012, S. 851 (856), hat zutreffend darauf hingewiesen, dass in der Richtlinienbestimmung (und nachfolgend auch der Entscheidung des EuGH) das Erfordernis einer „redaktionellen" Gestaltung fehlt. Allerdings dürfte die – ausdrücklich den nationalen Gerichten überlassene – Feststellung, die Übermittlung erfolge „ausschließlich" zum Zweck der Informationsverbreitung in der Öffentlichkeit, Raum für entsprechende Konkretisierungen lassen. Überdies handelt es sich bei Art. 9 der Datenschutz-Richtlinie 95/46/EG um eine Öffnungsklausel (vgl. zum neuartigen Konzept einer Abweichungspflicht in Art. 17 Abs. 3 lit. a i. V. m. Art. 80 DS-GVO-E oben S. 79), von der der nationale Gesetzgeber nicht in vollem Umfang Gebrauch machen muss, so dass eine möglicherweise engere Fassung der deutschen Ausnahmevorschrift jedenfalls nicht unionsrechtswidrig wäre. A. A. *Kamp,* Personenbewertungsportale, S. 90.

[1176] Vgl. oben S. 183.

hat,[1177] dann ist in einfachrechtlicher Perspektive kein Raum für eine erweiternde Auslegung.

Etwas anderes könnte sich allein wegen einer möglichen *Verpflichtung zur verfassungskonformen Auslegung* der Ausnahmevorschriften ergeben. Aus Perspektive des Verfassungsrechts ist jedoch allein das Ausmaß der Grundrechtsbeeinträchtigung entscheidend und deshalb unerheblich, ob der „richtige" Entscheidungsmaßstab einfachrechtlich durch die Ausdehnung des Medienprivilegs zugunsten des Äußerungsrechts oder durch eine publikationsfreundliche Auslegung des angewendeten Datenschutzrechts[1178] erreicht wird.[1179] Dabei ist zu beachten, dass keine starre oder auch nur präferenzielle Kopplung zwischen bestimmten Ausprägungen des allgemeinen Persönlichkeitsrechts und bestimmten einfachrechtlichen Regelungskomplexen besteht.[1180] So ist bei der Anwendung von datenschutzrechtlichen Vorschriften nicht nur dem Recht auf informationelle Selbstbestimmung, sondern auch anderen grundrechtlichen Gewährleistungen Rechnung zu tragen.[1181] Wegen der aufgezeigten Möglichkeit der verfassungs-

---

[1177] So *Dix,* in: Simitis, BDSG, § 41 Rdnr. 9, unter Vw. auf BT-Drs. 7/1027, S. 22; ferner *Gola/Schomerus,* BDSG, § 41 Rdnrn. 4, 6; *Spindler/Nink,* in: Spindler/Schuster, Recht der elektronischen Medien, § 41 BDSG Rdnr. 3.

[1178] Beispielhaft BGHZ 181, 328 (343) – Spickmich, wo das Erfordernis der Darlegung und Dokumentation eines „berechtigten Interesses" jedes einzelnen Nutzers, das sich bei wortlautgetreuer Anwendung des § 29 Abs. 2 BDSG ergeben und eine Veröffentlichung im Internet faktisch unmöglich machen würde, unter Verweis auf die Bedeutung der Grundrechte aus Art. 5 Abs. 1 GG im Wege der verfassungskonformen Auslegung unangewendet gelassen wird. Die Berechtigung einer derart weitgehenden Auslegung „contra legem" bezweifelt *Wolff,* Die beschränkte Internettauglichkeit des BDSG, in: Hill/Schliesky (Hrsg.), Die Vermessung des virtuellen Raums, S. 193 (208 f.) m.w.N. in Fn. 48.

[1179] Indirekt bestätigend *Gola/Schomerus,* BDSG, § 41 Rdnr. 10a: *„Im Endeffekt unerheblich* ist die gebotene Einschränkung des Medienprivilegs, wenn im Rahmen der Anwendung des § 29 [BDSG] der Meinungsfreiheit gegenüber den schutzwürdigen Interessen des Betroffenen unangemessen Vorrang eingeräumt wird" (Hervorh. d. Verf.). A. A. *Dix,* in: Simitis, BDSG, § 41 Rdnr. 1 m.w.N., für den die „Sonderbehandlung der Presse im BDSG nicht auf gesetzgeberischem Ermessen beruht, sondern einer verfassungsrechtlichen wie auch gemeinschaftsrechtlichen Vorgabe nachkommt." Vgl. auch *Wolff,* Die beschränkte Internettauglichkeit des BDSG, in: Hill/Schliesky (Hrsg.), Die Vermessung des virtuellen Raums, S. 193 (204 ff.), der die Vollzugsdefizite beklagt und eine stärkere datenschutzrechtliche Bindung der Veröffentlichung von Daten über das Internet einfordert.

[1180] Die Bedeutung des Rechts auf informationelle Selbstbestimmung ist nicht auf Vorschriften beschränkt, die dem „Datenschutz" zu dienen bestimmt sind (deutlich BVerfGE 78, 77 [3. Leitsatz]: „Das Recht auf informationelle Selbstbestimmung [...] ist nicht auf die Datenschutzgesetze oder datenschutzrechtliche Sonderregelungen beschränkt."). Vielmehr kann es – wie jede andere grundrechtliche Gewährleistung – potenziell *jede* einfach-rechtlicher Norm (im Wege „mittelbarer Drittwirkung") beeinflussen. Zu diesem Befund bereits oben S. 127.

[1181] Das BDSG will gem. § 1 Abs. 1 BDSG den Einzelnen umfassend davor schützen, „dass er durch den Umgang mit seinen personenbezogenen Daten in seinem Per-

konformen Auslegung des Datenschutzrechts[1182] kann es aus Perspektive der Kommunikationsgrundrechte bei der Anwendung unterschiedlicher Rechtsregime für journalistisch-redaktionelle Beiträge i. S. d. der Medienprivilegien (und allen Offline-Publikationen) einerseits und den anderen Online-Publikationen andererseits bleiben.[1183] Wie *Masing* mit Blick auf den Entwurf einer Europäischen Datenschutz-Grundverordnung betont hat, „folgt aus den Grundrechten keine bestimmte Regelungstechnik. Gebotene Unterscheidungen können nachgeschoben auch bei einem systematisch fragwürdigen einheitlichen Regelungsansatz sichergestellt werden".[1184]

Fallen die singuläre Äußerung sowie die Wiedergabe aggregierter fremder Äußerungen z. B. durch Bewertungsportale und soziale Netzwerke[1185] nach alledem nicht unter das Medienprivileg, stellt sich die Frage nach dem anzuwendenden Recht. Hierbei kommen zum einen das allgemeinere Bundes- bzw. Landesdatenschutzgesetz und zum anderen das speziell auf Telemedien zugeschnittene TMG in Betracht.[1186]

---

sönlichkeitsrecht beeinträchtigt wird". Vgl. ferner den Schutz „besonderer Arten von personenbezogenen Daten" (§ 3 Abs. 9 BDSG).

[1182] Die erforderliche „Uminterpretation zentraler Normen" des Datenschutzrechts (*Wolff,* Die beschränkte Internettauglichkeit des BDSG, in: Hill/Schliesky [Hrsg.], Die Vermessung des virtuellen Raums, S. 193 [211]) lässt von leitenden Rechtsgedanken des Gesetzes (Verbotsprinzip, Regel-Ausnahme-Verhältnis, Offenheit der Datenerhebung usw.) wenig übrig. Deshalb wird sich das resultierende „Normprogramm" der §§ 4, 28, 29 BDSG mit Blick auf mediale Veröffentlichungen kaum noch (erheblich) von der offenen Einzelfallabwägung im Rahmen des zivilrechtlichen Äußerungsrechts unterscheiden. Nicht überzeugend deshalb *Karg,* DuD 2013, S. 75 (79), der Abwägungsschwierigkeiten nur bei der Anwendung des Äußerungsrechts sieht.

[1183] Selbst *Plog,* CR 2007, S. 668 (669), der für eine extensive Auslegung des Medienprivilegs plädiert, hat die inhaltliche Austauschbarkeit beider Lösungswege ausdrücklich anerkannt. Mit *Spindler,* 69. DJT (2012), S. F 76, ist eine „pauschale Medienausnahme" überdies deshalb abzulehnen, weil diese „nicht dem Dreiecks-Verhältnis von Plattformbetreiber, Äußerndem und Empfänger" gerecht werden und zu einer überschießenden Aushöhlung des Datenschutzrechts führen würde: Wenn Publikationen im Internet bereits dann ausgenommen wären, wenn sie „zum Ziel haben, Informationen, Meinungen oder Ideen in der Öffentlichkeit zu verbreiten" (EuGH, Rs. C-73/07 – Satamedia, Slg. 2008, I-9831 [9891], MMR 2009, S. 175 [178]), wären nicht nur Aggregatoren fremder Äußerungen, sondern auch nicht-kommerzielle oder werbefinanzierte Auskunfteien, die ihre Datenbanken für jedermann öffnen, pauschal aus dem Anwendungsbereich des Datenschutzrechts entlassen. Damit würden zugleich die datenschutzrechtlichen Restriktionen unterlaufen, die hierfür „passend" erscheinen, weil sich die grundrechtlichen Schutzpflichten (zugunsten der Betroffenen) mit Blick auf „mächtige Marktakteure" (*Masing,* NJW 2012, S. 2305 [2308]) entsprechend verdichten.

[1184] *Masing,* NJW 2012, S. 2305 (2310).

[1185] Nicht gemeint sind damit die *individuellen,* ähnlich wie Emails zwischen einzelnen Nutzern ausgetauschten (Chat-)Nachrichten. § 11 Abs. 3 TMG nimmt die datenschutzrechtlichen Regelungen des TMG diesbezüglich weitestgehend zurück (vgl. dazu *Karg/Fahl,* K&R 2011, S. 453 [457]).

[1186] Ausführlich unten S. 302.

b) Medienprivileg für Online-Archive

Während die Übernahme von gedruckten oder gesendeten Beiträgen von Presse und Rundfunk in das Online-Angebot in unmittelbarer zeitlicher Nähe zur Erstveröffentlichung unbestritten dem (tele)medialen Datenschutzprivileg unterfällt,[1187] ist umstritten, ob dies auch für die *dauerhafte* Archivierung gilt.

Nach einer verbreiteten Auffassung soll die Datenverarbeitung im letztgenannten Fall nicht mehr „ausschließlich journalistisch-redaktionellen oder literarischen Zwecken" dienen.[1188] Dahinter steht die – im Kern zutreffende – Sorge, die Speicherung und Weitergabe der in den Berichten enthaltenen personenbezogener Daten über einen längeren Zeitraum könne für den Betroffenen genau die schädlichen Auswirkungen haben, die bei den Auskunfteien durch die datenschutzrechtlichen Regelungen gerade vermieden oder zumindest eingehegt werden sollten,[1189] wobei als Beispiel die Anfrage eines „medienfremden Kunden" (z.B. einer Auskunftei) dient, die „mit Hilfe früher veröffentlichten oder auch unveröffentlichten Archivmaterials" – nicht notwendig kostenpflichtig – beantwortet wird.[1190] Sind bereits solche individuellen Anfragen den Vorschriften des BDSG zu unterstellen, müsse dies erst recht bei der Eröffnung des Zugriffs über das Internet gelten. Der „Verkauf von Zeitungsartikeln aus den online verfügbaren Volltextarchiven" habe als „gezielte kommerzielle Nutzung der Archive […] mit journalistischer Tätigkeit nichts zu tun."[1191]

Der Bundesgerichtshof hat demgegenüber betont, dass eine von den Medienprivilegien vorausgesetzte „publizistische Verwertung personenbezogener Daten" allein vom Willen zur Mitwirkung an der demokratischen Willensbildung durch Information der Öffentlichkeit abhängt; auf die Dauer der Abrufbarkeit eines Beitrags könne es folglich nicht ankommen.[1192]

Der erstgenannten Auffassung ist zuzugeben, dass eine Übermittlung von „Rohdaten", die zwar ursprünglich das Ergebnis einer Recherche waren und deren Aufbewahrung in einem *internen* Archiv für mögliche zukünftige Veröffentlichungen vom Medienprivileg erfasst würde, an „medienfremde Kunden" wie Auskunfteien, Banken, Versicherungen usw. nicht mehr dem Medienprivileg unterfallen kann, weil damit eine Abkehr von der ursprünglichen „publizistischen

---

[1187] Unklar *Gola/Schomerus,* BDSG, § 41 Rdnr. 10a.

[1188] *Dix,* in: Simitis, BDSG, § 41 Rdnr. 17; *Neunhoeffer,* Das Presseprivileg im Datenschutzrecht, S. 151 ff. – jeweils m.w. N. zur älteren Literatur.

[1189] Vgl. nur *Neunhoeffer,* ebd., S. 156: „Bei alten Beständen […] tritt die Veröffentlichungsfunktion in den Hintergrund und das Medienarchiv fungiert als Auskunftei."

[1190] *Dix,* in: Simitis, BDSG, § 41 Rdnr. 17; *Neunhoeffer,* Das Presseprivileg im Datenschutzrecht, S. 151, 154 ff.

[1191] *Neunhoeffer,* ebd., S. 151 f.

[1192] BGH, NJW 2010, S. 2432 (2435 f.), zu § 57 Abs. 1 RStV; BGHZ 183, 353 (365 f.), zu § 17 Abs. 1 Deutschlandradio-StV.

Zweckbestimmung" einhergeht.[1193] Was die *dauerhafte Zugangseröffnung zu Publikationen* betrifft, so ist zwar der Vergleich des inhärenten Gefährdungspotenzials mit dem von Auskunfteien zutreffend; der Erst-recht-Schluss vom einen auf das andere ist indes unzulässig, weil dabei übersehen wird, dass die dauerhafte Publikation *redaktioneller* Inhalte über das Internet weiterhin eine „genuin redaktionelle Zielsetzung" aufweist. Deshalb finden die Medienprivilegien auf Online-Archive *zeitlich* unbegrenzt Anwendung.[1194]

c) Resümee

Bei journalistisch-redaktionellen Beiträgen greifen nach alledem die datenschutzrechtlichen Medienprivilegien,[1195] so dass sich der Veränderungsanspruch des Betroffenen allein aus dem Äußerungsrecht (§§ 1004, 823 BGB bzw. §§ 22, 23 KunstUrhG[1196]) ergeben kann.[1197]

Auch auf singuläre Äußerungen, die nicht in einen redaktionellen Kontext eingebettet sind, „passen" die datenschutzrechtlichen Bestimmungen (insbesondere das Verbotsprinzip des § 4 BDSG) zwar nicht, weil sie die grundrechtliche Kollisionslage nicht oder nur unzureichend widerspiegeln. Wenn nach hier vertretener Auffassung gleichwohl das Datenschutzrecht zur Anwendung berufen ist, liegt das daran, dass eine Ausdehnung des Medienprivilegs den Anwendungsbereich des Datenschutzrechts – gleichsam mit umgekehrten Vorzeichen – unübersehbar auszuhöhlen drohte und überdies von Verfassungs wegen auch nicht gefordert ist.

Den berechtigten Einwänden kann dadurch Rechnung getragen werden, dass die datenschutzrechtlichen Vorschriften nur mit Rücksicht auf die Bedeutung der Kommunikationsfreiheiten des Art. 5 Abs. 1 GG angewendet werden. Dies hat zwangsläufig eine weitestgehende Angleichung der (Entscheidungs-)Maßstäbe zu Folge, so dass es für die fraglichen Beiträge *im Ergebnis* keine Rolle spielt,

---

[1193] *Dix,* in: Simitis, BDSG, § 41 Rdnr. 17.

[1194] Die Gewährleistungen des allgemeinen Persönlichkeitsrechts stehen und fallen nicht wie von *Neunhoeffer,* Das Presseprivileg im Datenschutzrecht, S. 155 ff., offenbar angenommen mit der Begrenzung des zeitlichen Anwendungsbereichs des Medienprivilegs. Wie die nachfolgende Darstellung zeigen wird, ist auch das Äußerungsrecht in der Lage, den spezifischen Bedürfnissen des Betroffenen nach „Vergessen" Rechnung zu tragen.

[1195] Für Online-Publikationen sind § 57 RStV (BGH, NJW 2010, S. 2432 [2435 f.]) bzw. die Rundfunkstatuten einschlägig (BGHZ 183, 353 [365 f.], zu § 17 Abs. 1 Deutschlandradio-StV; vgl. die Anmerkung oben S. 242 in Fn. 1149) wobei im Ergebnis kein Unterschied zu § 41 Abs. 1 BDSG i.V.m. den Landespresse- bzw. -mediengesetzen besteht.

[1196] BGH, NJW 2010, S. 2432 (2436).

[1197] Das gilt nicht nur für das Vorgehen gegen Autoren und Verleger, sondern auch für das gegen externe (Host-)Provider (vgl. zur Einbeziehung von Hilfsunternehmen *Neunhoeffer,* Das Presseprivileg im Datenschutzrecht, S. 153 m. Fn. 585).

ob sich ihre fortwährende Zulässigkeit nach Äußerungsrecht oder nach Datenschutzrecht bemisst.[1198]

II. Unterlassungsanspruch analog § 1004 BGB
i.V. m. § 823 Abs. 1 BGB als zentraler Veränderungsanspruch

Den am ehesten und am schnellsten[1199] zu erlangenden Schutz des allgemeinen Persönlichkeitsrechts – auch in Gestalt des Rechts auf medialen Neubeginn – gegen Beeinträchtigungen durch Private (und die ebenfalls staatsfernen öffentlich-rechtlichen Rundfunkanstalten) vermittelt der Anspruch aus § 1004 BGB analog i.V. m. § 823 Abs. 1 BGB.[1200]

Auch wenn dieser Anspruch mit dem Aufrufen der unzulässig gewordenen Veröffentlichung im Archiv und der Vornahme der zur Behebung der Störung erforderlichen Veränderungen *im natürlichen Sinne* auf ein *aktives* Tun gerichtet

---

[1198] Vgl. nur OLG Hamburg, NJW-RR 2011, S. 1611 (1613): „Auch aus dem allgemeinen Persönlichkeitsrecht kann der Kläger einen Unterlassungsanspruch nicht herleiten. Insoweit greifen – dies schon, weil das Datenschutzrecht letztlich nur eine Ausprägung des Rechts auf informationelle Selbstbestimmung als Bestandteil des allgemeinen Persönlichkeitsrechts ist – in der Sache die gleichen Überlegungen, die für die datenschutzrechtlichen Erwägungen maßgebend sind."

[1199] Im Wege der einstweiligen Verfügung (§§ 935 ff. ZPO), die auf Basis einer Glaubhaftmachung (§§ 936, 920 Abs. 2, 294 ZPO) und ohne Gewährung rechtlichen Gehörs erlassen werden kann (§ 937 Abs. 2 ZPO).

[1200] Vgl. nur BGH, NJW 2012, S. 763 (764): „§ 823 Abs. 1, § 1004 Abs. 1 Satz 2 BGB analog i.V. m. Art. 1 Abs. 1, Art. 2 Abs. 1 GG". Es handelt sich um den „[z]entrale[n] Anspruch in der Praxis des Presse- und Medienrechts" (*Schlüter,* Verdachtsberichterstattung, S. 214); zu den Einzelheiten *Ricker/Weberling,* Hdb. PresseR, 44. Kap. Rdnrn. 1 a ff. m.w. N. Die anderen medienrechtlichen Ansprüche spielen bei der Umsetzung des Rechts auf medialen Neubeginn nur eine untergeordnete Rolle. Erwähnenswert ist allenfalls der ebenfalls auf §§ 823, 1004 BGB analog gestützte *Anspruch auf Berichtigung* (BVerfG, NJW 1998, S. 1381 [1383] m.w. N.; ferner *Ricker/Weberling,* ebd., 44. Kap. Rdnrn. 16 ff.), der nicht nur bei unzutreffender (näher dazu unten S. 259), sondern auch bei ursprünglich zutreffender Berichterstattung greift, die aufgrund der nach Veröffentlichung eingetretenen Änderung der Umstände den Betroffenen in einem falschen Licht stehen lässt. So hat das OLG Düsseldorf, NJW 2011, S. 788 (791), bei einer archivierten Verdachtsberichterstattung eine Ergänzungsberichterstattung gefordert, um den nunmehr falschen Eindruck vom Betroffenen zu korrigieren.
Der presse- und rundfunkrechtliche *Gegendarstellungsanspruch* ist zwar durch § 56 RStV auf „Telemedien mit journalistisch-redaktionell gestalteten Angeboten" erstreckt worden (vgl. dazu OLG Bremen, NJW 2011, S. 1611 [1612]; KG Berlin, ZUM-RD 2012, S. 388 [389 ff.]), aufgrund des engen zeitlichen Anwendungsbereichs (§ 56 Abs. 2 Nr. 4 RStV: „unverzüglich […], jedenfalls jedoch drei Monate nach der erstmaligen Einstellung des Angebots") für die hier zu behandelnde Problematik der „Unfähigkeit des Internets zu vergessen" gleichwohl nicht weiterführend. De lege ferenda erschiene eine Ausdehnung auf die Fälle der Archivierung wünschenswert, womit die Ratio des Gegendarstellungsrechts, den von einer medialen Berichterstattung Betroffenen an gleicher Stelle Gehör zu verschaffen (vgl. BVerfGE 63, 131 [142 f.]; *Ricker/Weberling,* ebd., 23. Kap. Rdnrn. 2 ff., 8), fortgeschrieben würde.

ist, so liegt *im Rechtssinne* hierin doch eine zukünftige *Unterlassung*.[1201] Dies deshalb, weil das Bereithalten einer Information „auf einer als passive Darstellungsplattform geschalteten Website"[1202], also das „Stehenlassen des Beitrags" durch die Autoren, Verleger und Host-Provider, *als fortwährendes aktives Tun im Rechtssinne* gewertet werden muss.[1203]

1. Tatbestandliche Voraussetzungen

Steht wie in den hier zu bewältigenden Situationen des (potenziellen) nachträglichen Publikationsexzesses eine fortwährende Verletzung des Schutzgutes in Rede, setzt der Unterlassungsanspruch eine rechtswidrige, d. h. vom Betroffenen nicht (länger) zu duldende Beeinträchtigung voraus (1.), die noch andauert (2.) und für die der in Anspruch Genommene verantwortlich (passivlegitimiert) ist (3.).

a) Verletzung des Rechts auf medialen Neubeginn

Das allgemeine Persönlichkeitsrecht ist – ungeachtet seiner Konkretisierung durch Ausprägungen – nach den Maßstäbe des Zivilrechts von besonderer tatbestandlicher Offenheit geprägt. Im Gegensatz zu den sonstigen durch den (quasi)-negatorischen Anspruch des § 1004 BGB geschützten absoluten Rechten handelt es sich um ein sog. „Rahmenrecht". Dies schlägt sich darin nieder, dass die Rechtswidrigkeit und damit die Qualifizierung einer Rechtsbeeinträchtigung als Rechts*verletzung* nicht bereits durch die Beeinträchtigung selbst indiziert wird. Vielmehr muss diese im Rahmen einer umfassenden[1204] Abwägung[1205] der widerstreitenden Belange im Einzelfall festgestellt werden.[1206]

[1201] Wenn hier gleichwohl von einem *Veränderungsanspruch* gesprochen wird (vgl. dazu bereits oben S. 175 m. Fn. 816), dann soll dadurch auch terminologisch zum Ausdruck kommen, dass zwar die (fortdauernde) Verletzung des Rechts auf medialen Neubeginn zu unterlassen ist, diesem Gebot aber – in aller Regel – bereits durch eine *Veränderung* des Beitrags genüge getan werden kann und *es nicht zwangsläufig der Unterlassung der Verbreitung* des gesamten Beitrags, also seiner Löschung, bedarf.

[1202] BGHZ 183, 353 (361).

[1203] Sprachlich verwirrend BGH, NJW 2007, S. 2558 (2559), wo in dem „Unterlassen, einen als unzulässig erkannten Beitrag zu entfernen, […] eine […] Perpetuierung der Verletzung des Persönlichkeitsrechts des Betroffenen" gesehen wird, wegen der dem Betroffenen ein Unterlassensanspruch zustehe. Deutlicher OLG Düsseldorf, NJW 2011, S. 788 (788 f.), wonach dem von einer überholten Meldung Betroffenen ein „Anspruch auf Unterlassung der […] beanstandeten Berichterstattung [zusteht], weil dadurch ein ihr Persönlichkeitsrecht beeinträchtigender Störungszustand geschaffen worden ist", wobei „der Eingriff nicht in einem wiederholten Verbreiten, sondern allein in dem Bereithalten der nicht mehr aktuellen Meldung" liege.

[1204] Damit ist die verfassungsrechtliche Perspektive gemeint; auf einfachrechtlicher Ebene besteht die Möglichkeit einer „Abschichtung" der relevanten verfassungsrechtlichen Anforderungen auf unterschiedlichen Ebenen des Anspruchs (näher dazu unten S. 270).

aa) Anwendungsbereich: Unzulässigkeit
einer hypothetischen aktiven Veröffentlichung

Das Recht auf medialen Neubeginn kommt erst dann zum Tragen, wenn sich eine hypothetische Neuveröffentlichung nach den herkömmlichen Maßstäben nicht mehr als zulässig erwiese (Übergang des Beitrags von der ersten in die zweite Phase).[1207] Um die praktische Tauglichkeit des Rechts auf medialen Neubeginn im Folgenden wie vorgesehen anhand von ausgewählten Fallgruppen aufzeigen zu können,[1208] müssen zunächst die für diese hinsichtlich einer *aktiven* Veröffentlichung bestehenden Leitlinien in groben Zügen nachgezeichnet werden.[1209]

(1) Berichterstattung über wahre Tatsachen im Allgemeinen

Für die Persönlichkeitsfortentwicklung des Einzelnen kann die Verbreitung wahrer Tatsachen besonders hinderlich sein, wenn sie in den Augen der Öffentlichkeit – mitunter auch nur in denen einer für den Betroffenen persönlich wichtigen Teilöffentlichkeit – auf einen persönlichen (Charakter-)Mangel hindeutet.[1210]

Ausgangspunkt für die rechtliche Bewertung der Zulässigkeit der aktiven Verbreitung einer solchen Äußerung ist die in ständiger Rechtsprechung aufgestellte

---

[1205] Statt vieler BVerfG, NJW 2009, S. 3357 (3357 f.): Das Verfassungsrecht „verlangt in der Regel eine Abwägung der widerstreitenden grundrechtlich geschützten Belange, die im Rahmen der auslegungsfähigen Tatbestandsmerkmale des einfachen Rechts vorzunehmen ist und die besonderen Umstände des Einzelfalls zu berücksichtigen hat." Diesen Abwägungsvorgang erleichtern zum einen die Konkretisierung des allgemeinen Persönlichkeitsrechts in Gestalt von Ausprägungen, zum anderen die Entwicklung von Abwägungsleitlinien, die oftmals den Charakter von Vorzugsregeln haben. So mag etwa typisierend festgehalten werden können, dass der Eingriff in einen besonders sensiblen Bereich der Persönlichkeit regelmäßig als rechtswidrig angesehen werden kann, sofern nicht dem Handelnden besondere rechtfertigende Umstände zur Seite stehen.

[1206] Vgl. BGHZ 183, 353 (356 f.); BVerfGE 114, 339 (348); *Ricker/Weberling,* Hdb. PresseR, 42. Kap. Rdnr. 3; *Kröner,* Das allgemeine Persönlichkeitsrecht, in: HK-MedienR, 33. Abschnitt Rdnr. 10 – jeweils m.w.N.

[1207] Vgl. oben S. 162 und 170.

[1208] Vgl. oben S. 237.

[1209] Auf viele der nachfolgend zu behandelnden Aspekte ist bei der Ermittlung des erreichten Standes des Persönlichkeitsschutzes eingegangen worden (insbesondere oben S. 139 und 143). Im Interesse einer besseren Nachvollziehbarkeit des Verhältnisses des Rechts auf medialen Neubeginn zu diesen bereits etablierten Maßstäben sollen diese gleichwohl im hiesigen Zusammengang erneut skizziert werden.

[1210] Weil die – oftmals auf den singulären Vorgang beschränkte – Veröffentlichung eines solchen Persönlichkeitsaspekts das Bild des Betroffenen bei seinen – ihn überdies selektiv wahrnehmenden (vgl. BVerfGE 35, 202 [230] m.w.N.) – Mitmenschen prägt, muss er befürchten, dauerhaft auch von neuen Bekanntschaften mit diesem Vorgang identifiziert zu werden (vgl. oben S. 119 ff. und 139).

Regel, nach der eine identifizierende Berichterstattung über wahre Tatsachen grundsätzlich hingenommen werden muss,[1211] es sei denn, dass sie „die Intim-, Privat- oder Vertraulichkeitssphäre [betrifft] und sich nicht durch ein berechtigtes Informationsinteresse der Öffentlichkeit rechtfertigen [lässt]".[1212] Handelt es sich dagegen um eine Angelegenheit, die der Sozial- bzw. Öffentlichkeitssphäre zuzurechnen ist,[1213] kommt eine Verletzung des Persönlichkeitsrechts im Allgemeinen nur in Betracht, „wenn die Darstellung einen *Persönlichkeitsschaden anzurichten droht, der außer Verhältnis zu dem Interesse an der Verbreitung der Wahrheit* steht [...]. Dies kann insbesondere dann der Fall sein, wenn die Aussagen, obschon sie wahr sind, geeignet sind, eine erhebliche Breitenwirkung zu entfalten und eine besondere Stigmatisierung des Betroffenen nach sich zu ziehen, so dass sie zum *Anknüpfungspunkt für eine soziale Ausgrenzung und Isolierung* zu werden drohen [...]."[1214]

Angesichts der Vielfalt der einschlägigen Fallgestaltungen[1215] kann im Rahmen dieser Untersuchung in eine nähere Analyse der Maßstäbe nicht eingetreten werden.[1216] Ein kursorischer Blick auf die jüngere Rechtsprechung zeigt jedoch, dass – abgesehen von den sogleich zu behandelnden Sonderfällen – die Anforderungen für eine stigmatisierende „Prangerwirkung" sehr hoch angesetzt werden.[1217] Das gilt insbesondere auch für die Annahme einer unzulässigen Reaktualisierung, soweit der zugrunde liegende Vorgang aktuell von einiger gesellschaftlicher Relevanz ist.[1218] Wegen der – im Vergleich zu einer Straftat – weniger einschneidenden sozialen Konsequenzen soll schließlich der zeitliche

---

[1211] Grundlegend BVerfGE 97, 391 (403).

[1212] BVerfGE 99, 185 (196 f.). Ferner *Kröner,* Das allgemeine Persönlichkeitsrecht, in: HK-MedienR, 33. Abschnitt Rdnrn. 22 ff. m.w.N.

[1213] Vgl. zur Abgrenzung jüngst zusammenfassend BGH, NJW 2012, S. 771 (772).

[1214] Aus jüngerer Zeit BVerfG, NJW 2009, S. 3357 (3358) m.w.N. – Bundesligaspieler (Hervorh. d. Verf.).

[1215] Die Fallgruppe umfasst z.B. die öffentliche Lehrerbewertung (BGHZ 181, 328 – Spickmich), die Tätigkeit als (informeller) Mitarbeiter der Staatssicherheit der DDR (KG Berlin, NJW-RR 2010, S. 1567 ff.; vgl. den Überblick bei *Libertus,* ZUM 2010, S. 221 ff.), die Ausübung einer hervorgehobenen Position in einer politischen Vereinigung (BGH, NJW 2012, S. 771 ff.), die näheren Umstände der Mitwirkung als Darsteller eines pornographischen Films (BGH, NJW 2012, S. 767 ff.) und den Täuschungsversuch eines späteren Prominenten bei einer Abschlussprüfung (LG Hamburg, Urt. v. 8.6. 2012 – 324 O 221/11 [oben S. 57 in Fn. 170]).

[1216] Verwiesen sei auf *Boksanyi,* in: Wandtke, MedienR, § 5 Rdnrn. 168 ff.; *Kröner,* Das allgemeine Persönlichkeitsrecht, in: HK-MedienR, 33. Abschnitt Rdnrn. 49 f.; *Ricker/Weberling,* Hdb. PresseR, 42. Kap. Rdnrn. 6 ff.

[1217] Aus jüngerer Zeit BVerfG, NJW 2010, S. 1587 (1589); BGH, NJW 2012, S. 767 (769); ferner *Kröner,* Das allgemeine Persönlichkeitsrecht, in: HK-MedienR, 33. Abschnitt Rdnr. 50. Vgl. bereits oben S. 143.

[1218] Vgl. BGH, NJW 2012, S. 771 (773); ferner *Löffler/Ricker,* Hdb. PresseR, 42. Kap. Rdnrn. 15 ff. m.w.N.

Abstand zu einem dem Ansehen abträglichen Vorgang lediglich von untergeordneter Bedeutung sein.[1219]

Diese Maßstäbe erscheinen angesichts des Einflusses negativer Fremdbilder auf die Realisierungsbedingungen des durch das allgemeine Persönlichkeitsrecht geschützten Potenzials zur Fortentwicklung der eigenen Persönlichkeit[1220] in mancherlei Hinsicht als überzogen großzügig. In Anbetracht der begrenzten Zielsetzung dieser Untersuchung, Wege zur Bewältigung der mit der „Unfähigkeit des Internets zu vergessen" einhergehenden *neuartigen* Herausforderungen aufzuzeigen, sollen diese gleichwohl zugrunde gelegt werden. Vor allem Beiträge über „Politiker oder Personen des öffentlichen Lebens"[1221] verbleiben demnach auf lange Zeit in der ersten Phase und kommen mit dem Recht auf medialen Neubeginn nicht in Berührung.

(2) Identifizierende Berichterstattung über Straftaten

Eine besondere Brisanz weist der nachträgliche Publikationsexzesses bei der dauerhaften Abrufbarkeit von identifizierenden Beiträgen über die Verurteilung des Betroffenen als Straftäter auf,[1222] die „sein Fehlverhalten öffentlich bekanntmacht und seine Person in den Augen der Adressaten von vornherein negativ qualifiziert."[1223]

Vor diesem Hintergrund sind für die identifizierende Berichterstattung über Straftäter strenge Maßstäbe entwickelt worden: Sie ist im Wesentlichen nur zulässig, wenn es sich entweder um eine besonders gravierende (d. h. aus dem Bereich der Schwerstkriminalität stammende) bzw. aus anderen Gründen besondere[1224] Tat handelt oder der Täter aus anderen Gründen – etwa als Politiker oder sonstige Person des öffentlichen Lebens – besondere Aufmerksamkeit auf sich gezogen hat.[1225] In Randbereichen ist in jüngerer Zeit eine Tendenz zur Lo-

---

[1219] Vgl. BGH, NJW 2012, S. 771 (773); LG Hamburg, Urt. v. 8.6.2012 – 324 O 221/11 ([oben S. 57 in Fn. 170]), S. 23 f. Für die Tätigkeit als IM des MfS der DDR ebenso KG Berlin, NJW-RR 2010, S. 1567 (1572); anders *Kröner,* Das allgemeine Persönlichkeitsrecht, in: HK-MedienR, 33. Abschnitt Rdnr. 57, der derartige Vorwürfe den gleichen Maßstäben wie Straftaten und Ordnungswidrigkeiten unterstellen möchte.

[1220] Vgl. oben S. 107.

[1221] EGMR, NJW 2012, S. 1053 (1056) – von Hannover II (in der amtlichen Fassung „personnalités politiques ou personnes publiques" bzw. „political figures or public figures").

[1222] Vgl. dazu bereits oben S. 26 und 57.

[1223] BVerfGE 35, 202 (226).

[1224] Vgl. OLG Koblenz NJW-RR 2010, S. 1348 (1348), mit Blick auf einen „Scheidungsbetrug".

[1225] Zwar soll bei einer aktuellen Berichterstattung über Straftaten dem Informationsinteresse der Allgemeinheit der Vorrang vor dem Schutz der Persönlichkeit zukommen; wegen der Erheblichkeit der Beeinträchtigung, die mit einer Identifizierung als Straftä-

ckerung der Anforderungen zu erkennen,[1226] was deshalb erwähnenswert ist, weil andernfalls der Eindruck entstehen könnte, eine identifizierende Berichterstattung sei ohnehin nur in solchen Fällen ursprünglich rechtmäßig, in denen es um gravierende Verbrechen oder um Verfehlungen von Personen des öffentlichen Lebens geht.

Für die Bestimmung des Übergangs in die zweiten Phase, in der eine hypothetische (aktive) Veröffentlichung wegen eines überwiegenden Gewichts des Schutzes der Resozialisierungschance nicht mehr zulässig wäre, ist zu beachten, dass den zugunsten der Zulässigkeit einer aktuellen Veröffentlichung bisher ergangenen Entscheidungen die Annahme zugrunde lag, dass diese Berichterstattung „mit dem Abschluss des Verfahrens ein Ende findet".[1227] Daran wird deutlich, wie wichtig die mit der Anerkennung des Rechts auf medialen Neubeginn einhergehende *Notwendigkeit einer erneuten Beschäftigung* mit der Zulässigkeit des Beitrags unter dem Gesichtspunkt seiner dauerhaften Abrufbarkeit ist.

(3) Verdachtsberichterstattung

Verschärft sind die Anforderungen an die Zulässigkeit einer identifizierenden Berichterstattung, wenn diese lediglich den *Verdacht* einer Straftat (oder sonstigen Verfehlung) bzw. den Gang eines Strafverfahrens zum Gegenstand hat. Auch hier wird mit dem Verdacht zwar eine wahre Tatsache verbreitet, ganz gleich, ob sich später der Verdacht als berechtigt erweist oder nicht. Für den letztgenannten Fall besteht allerdings die „Gefahr, daß die Öffentlichkeit die bloße Einleitung eines Ermittlungsverfahrens mit dem Nachweis der Schuld gleichsetz[t] und deshalb auch im Fall einer späteren Einstellung des Ermittlungsverfahrens nicht ausgeschlossen [ist], daß vom Schuldvorwurf ‚etwas hängenbleibt'".[1228] Nicht zu-

---

ter einhergeht, greift diese Vorrangregel indes „insbesondere in Fällen der kleinen Kriminalität oder bei jugendlichen Straftätern" nicht (BVerfGE 35, 202 [231 f.] – Lebach I; BVerfG, NJW 2009, S. 3357 [3358 f.] – Bundesligaspieler, BGHZ 181, 353 [358 f.] – Online-Archiv I; *Ricker/Weberling,* Hdb. PresseR, 42. Kap. Rdnr. 13a – jeweils m.w.N.). An die Aktualität der Berichterstattung werden divergierende, tendenziell aber strenge Maßstäbe angelegt, vgl. den Überblick bei *Boksanyi,* in: Wandtke, MedienR, § 5 Rdnrn. 178 f. Zu den Anforderungen, wenn es sich um minderjährige oder jugendliche Straftäter handelt, OLG Hamburg, ZUM 2010, S. 61 (62 f.).

[1226] BVerfG, NJW-RR 2010, S. 1195 (1197), wo gerade aus der Geringfügigkeit des Tatvorwurfs die Zulässigkeit der Berichterstattung folgen soll; ferner BVerfG, NJW 2009, S. 3357 (3359) – Bundesligaspieler, wo selbst beim Tatvorwurf der „schweren Vergewaltigung in einem minder schweren Fall" davon ausgegangen wird, dass „von der tagesaktuellen Berichterstattung, [...] keine derart schwerwiegende Stigmatisierung in einer solchen Breitenwirkung aus[geht], dass eine dauerhafte oder lang anhaltende soziale Ausgrenzung zu befürchten wäre, die hier in der Abwägung das Berichterstattungsinteresse überwiegen müsste." Vgl. auch oben S. 146 m. Fn. 685.

[1227] BVerfG, NJW 2009, S. 3357 (3359) – Bundesligaspieler.

[1228] BGHZ 143, 199 (203).

letzt mit Blick auf die verfassungsrechtlich (im Rechtsstaatsprinzip) garantierte Unschuldsvermutung ist eine solche faktische (Vor-)Verurteilung grundsätzlich zu vermeiden.[1229] Trotzdem soll eine identifizierende Verdachtsberichterstattung zulässig sein, wenn an ihr wegen der Art oder Schwere der Tat oder der Person des Verdächtigen ein besonderes Interesse besteht.[1230]

Angesichts dieser Maßstäbe liegt es zwar nahe, dass nach Entkräftung eines Verdachts bzw. nach rechtskräftigem Freispruch jede weitere – über die vom Betroffenen gewünschte Mitteilung dieses Umstandes hinausgehende[1231] – Veröffentlichung des Vorwurfs[1232] unzulässig sein muss.[1233] Andererseits darf nicht verkannt werden, dass der Vorgang – gerade wegen der Medienpräsenz – selbst zum Teil der Zeitgeschichte und damit zum Referenzpunkt für *weitere* Auseinandersetzungen, etwa über die Rolle der Justiz und der Medien, geworden ist.[1234] Hierauf kommt es jedoch im Rahmen dieser Untersuchung deshalb nicht an, weil allein die fortdauernde Abrufbarkeit eines Berichts in Rede steht, bei dem sowohl die Bestätigung als auch die Ausräumung des Verdachts noch gleichermaßen möglich erscheint. Ist der zweite Fall eingetreten, muss es der Betroffene ganz sicher nicht hinnehmen, dass *eine inhaltlich überholte Meldung unverändert wie-*

[1229] *Kröner,* Das allgemeine Persönlichkeitsrecht, in: HK-MedienR, 33. Abschnitt Rdnrn. 58 ff.; *Schlüter,* Verdachtsberichterstattung, S. 49 ff. Für eine sitzungspolizeiliche Anordnung BVerfG, NJW 2009, S. 350 (352).

[1230] Statt vieler BGHZ 143, 199 (207) m.w.N. Damit wird die Vernichtung der professionellen Existenz bereits durch die Berichterstattung über ein Gerichtsverfahren in Kauf genommen. Vgl. nur die jüngeren Fälle *Kachelmann* (vgl. BGH, NJW 2013, S. 1681 ff.) und *Türck* (dazu *Sasse,* in: Schertz/Schuler [Hrsg.], Rufmord und Medienopfer, S. 69 ff.), in denen die Strafverfahren jeweils mit einem Freispruch endeten. Wegen des Tatvorwurfs der Vergewaltigung kam eine Fortsetzung der Medienkarriere in beiden Fällen nicht in Betracht.

[1231] Diese liegt in aller Regel auch im Interesse des Betroffenen, er kann eine derartige Ergänzungsberichterstattung sogar verlangen (vgl. nur BVerfG, NJW 1997, S. 2589 [2589] m.w.N.).

[1232] Anders liegt es bei der Wiedergabe sog. „Restverdachtfeststellungen". Um das freisprechende Urteil revisionsfest zu machen, muss das Gericht auch die verbliebenen Verdachtsmomente gegen den Angeklagten würdigen. Mit *Krack,* Rehabilitierung des Beschuldigten im Strafverfahren, S. 77 ff., mag dies in bestimmten Fällen auch für die *Akzeptanz des Urteils in der Öffentlichkeit* erforderlich sein.
Diese „amtlichen" Äußerungen geben jedenfalls der medialen Einordnung des Freispruchs „aus Mangel an Beweisen" als „Freispruch zweiter Klasse" Nahrung. Die Wiedergabe der verbliebenen Zweifel an der Unschuld (!) des Angeklagten wird so zum integralen Bestandteil einer umfassenden Prozessberichterstattung. In solchen Fällen erweist sich die Vorstellung einer Rehabilitation des „Unschuldigen" durch den Freispruch als illusorisch, vgl. dazu *Jung,* JZ 2012, S. 303 (304 f.).

[1233] KG Berlin, NJW 1987, S. 397 (398), für den Fall, dass im Übrigen kein öffentliches Interesse an der Person des Betroffenen besteht. Vgl. auch OLG Brandenburg, NJW-RR 2003, S. 919 (920 f.).

[1234] Vgl. die Nachweise bei *Jung,* JZ 2012, S. 303 (306). Gleichwohl dürfte, wenn der Betroffene nicht bereits zuvor im öffentlichen Leben gestanden hat, eine zeitlich unbegrenzte Namensnennung nicht zumutbar sein.

der veröffentlicht wird.[1235] Denn es würde sich auf Grund des zeitlichen Kontextes um eine wahrheitswidrige Tatsachenbehauptung handeln, weil ein solcher Verdacht gerade nicht mehr besteht. Anders gewendet: Mit Entkräftung des Verdachts bzw. Freispruch tritt der Beitrag *eo ipso* in die zweite Phase ein.

(4) Gutgläubige Verbreitung unwahrer *Tatsachenbehauptungen*

Um die Sorgfaltsanforderungen für den Einzelnen nicht zu überspannen und den Gebrauch der Meinungs- und Medienfreiheiten nicht über Gebühr einzuschränken, ist die Verbreitung *falscher* Tatsachenbehauptungen, denen eine sorgfältige Recherche zugrunde liegt oder die *gutgläubig aus seriösen Quellen* – neben Presseagenturen[1236] und etablierten Medien sind dies vor allem öffentliche Stellen[1237] – *übernommen worden* sind, unter bestimmten Umständen[1238] als „Wahrnehmung berechtigter Interessen" gerechtfertigt.[1239] Wenn sich der für diesen Beitrag Verantwortliche nach Aufklärung des Irrtums die weitere Verbreitung der falschen – oder sonst unzulässigen – Informationen *nicht* vorbehält, dürfen an die ursprüngliche Verbreitung keine negativen Rechtsfolgen – nicht einmal ein „abmahnbarer" Unterlassungsanspruch – geknüpft werden.[1240] Dabei ist zu beachten, dass die Sorgfaltsanforderungen für Privatpersonen gegenüber denen von Presse und Rundfunk nochmals abgesenkt sind.[1241]

Eng hiermit verwandt ist die Abmilderung der Haftung für die *Weiterverbreitung von Äußerungen Dritter,* wie sie in den traditionellen Medien im Bereich der Anzeigen und Leserbriefe, aber auch in einer Live-Sendung vorzufinden ist. Kommt hierbei hinreichend zum Ausdruck, dass sich der Verleger bzw. Sender die Äußerungen nicht zu eigen macht, trifft ihn nur eine eingeschränkte, je nach Art der Äußerung abgestufte Verantwortlichkeit.[1242]

[1235] Vgl. OLG Hamburg, ZUM 2009, S. 232 (234), wo zur Begründung auch auf die Regelung des § 190 S. 2 StGB verwiesen wird.

[1236] Die Rede ist deshalb vom „Agentur-Privileg" (vgl. nur KG Berlin, NJW-RR 2008, S. 356 [356] m.w.N.).

[1237] Vgl. zur Bedeutung der Verlautbarungen der Staatsanwaltschaften BVerfG, NJW-RR 2010, S. 1195 (1197); *Lehr,* NJW 2013, S. 728 (731) m.w.N.; ferner *Gounalakis,* NJW 2012, S. 1473 ff.

[1238] Bei Veröffentlichung in den Massenmedien bedarf es insbesondere eines „ernsthaften öffentlichen Interesses" am Gegenstand der Berichterstattung, *Ricker/Weberling,* Hdb. PresseR, 42. Kap. Rdnr. 66 m.w.N.

[1239] BVerfGE 42, 143 (152); *Ricker/Weberling,* ebd., 41. Kap. Rdnr. 10; 42. Kap. Rdnrn. 66 f.

[1240] Insbesondere darf die Feststellung einer Erstbegehungsgefahr (dazu unten S. 292) nicht auf den Umstand der Veröffentlichung gestützt werden, KG, NJW-RR 2008, S. 356 (357); vgl. auch BVerfG, NJW-RR 2000, S. 1209 (1211).

[1241] BVerfG, NJW-RR 2010, S. 1195 (1197) m.w.N.

[1242] *Ricker/Weberling,* Hdb. PresseR, 41. Kap. Rdnrn. 16 ff. m.w.N.

Während die erste (Unter-)Fallgruppe für viele nutzergenerierte Inhalte relevant wird, mit denen häufig andernorts (z. B. auf den Online-Angeboten der Presseverlage) aufgestellte Behauptungen aufgegriffen (bzw. verlinkt) und kommentiert werden,[1243] spielt die zweite für die Betreiber von Foren und von Angeboten mit Kommentarmöglichkeiten eine zentrale Rolle. Die dort aufgestellten Tatsachenbehauptungen können von ihnen kaum je aus eigenem Wissen verifiziert oder falsifiziert werden. Eine Überspannung der Sorgfaltspflichten würde den Betrieb von Foren und die Eröffnung von Kommentarspalten zu einem – gerade für Privatleute – nicht mehr beherrschbaren Risiko machen. Vor diesem Hintergrund ist die Inanspruchnahme der Betreiber für rechtsverletzende Einträge Dritter bereits mit Blick auf *aktuelle* Einträge begrenzt worden: Den Anbieter trifft i. d. R. weder die Pflicht, alle eingehenden Beiträge einer Vorab-Kontrolle zu unterziehen, noch ist er Schuldner eines (kostenpflichtig anzumahnenden) Unterlassungsanpruchs, wenn er innerhalb einer angemessenen Frist auf Hinweis des Verletzten hin die Rechtsverletzung abstellt.[1244] Für beide Konstellationen gilt indes, dass nach Ende der Gutgläubigkeit eine *weitere* Verbreitung unzulässig ist; wie schon bei der Verdachtsberichterstattung tritt der Beitrag sofort in die zweite Phase ein.

bb) Überwiegen des Rechts auf medialen Neubeginn gegenüber dem sekundären Publikationsintcresse

Zentrale Voraussetzung für den Veränderungsanspruch ist die Verletzung des Persönlichkeitsrechts, d. h. die Feststellung, dass das Recht des Betroffenen auf medialen Neubeginn die gegenläufigen Interessen an der Beibehaltung der unveränderten Abrufbarkeit (das sekundäre Publikationsinteresse) überwiegt. Die Entscheidung hierüber kann nur aufgrund einer Abwägung der widerstreitenden Belange ergehen, „bei der die besonderen Umstände des Einzelfalles sowie die betroffenen Grundrechte und Gewährleistungen der Europäischen Menschenrechtskonvention interpretationsleitend zu berücksichtigen sind."[1245]

Wie eingangs dieses Teils erläutert, beschränkt sich diese Untersuchung im Interesse der Allgemeingültigkeit ihrer Ergebnisse darauf, die für diese Abwägung in typischen Fallkonstellationen relevanten Faktoren herauszupräparieren.[1246] Weil es um die Beeinträchtigung der Persönlichkeit durch Informationsweitergabe geht, nimmt es nicht wunder, dass die allermeisten Faktoren dem

---

[1243] Vgl. BVerfG, NJW-RR 2010, S. 1195 ff.; OLG Köln, MMR 2012, S. 197 ff.

[1244] OLG Hamburg, ZUM 2009, S. 417 (418 ff.); OLG Zweibrücken, MMR 2009, S. 541 (542); angedeutet in BGH, NJW 2007, S. 2558 (2259). Vgl. BGHZ 191, 219 (226 ff.), für den Blog-Host-Provider.

[1245] BGHZ 183, 353 (357) m.w.N.

[1246] Vgl. oben S. 237.

Grunde nach bereits bekannt sind.[1247] Es geht folglich darum, auf einer Zwischenebene zwischen abstrakter Definition des Faktors und seiner Bedeutung im konkreten Fall die spezifische Ausrichtung für die neuartige Situation – dauerhaftes Stehenbleiben statt (faktisch) flüchtiges Publizieren – zu justieren.

(1) Abwägungsfaktoren mit Blick auf das Recht auf medialen Neubeginn

Zur Ermittlung des Gewichts der Beeinträchtigung des Rechts auf medialen Neubeginn kann im Ausgangspunkt auf Altbewährtes zurückgegriffen werden. Gegenüber den bekannten Konstellationen der Persönlichkeitsgefährdung treten keine neuartigen Abwägungsfaktoren hinzu[1248] – dafür ist deren „Sensibilisierung" für die neuartige Gefährdungslage umso wichtiger. Vor diesem Hintergrund kann die folgende Darstellung auf der Analyse der Online-Archiv-Kontroverse aufbauen, wobei es die Unzulänglichkeiten, die sich dort aus der undifferenzierten Anwendung der hergebrachten Abwägungsfaktoren ergeben haben,[1249] zu vermeiden gilt.

(a) Inhaltliche Gestaltung des Beitrags

Ausgangspunkt der Bewertung der im konkreten Fall vorliegenden Beeinträchtigung der Persönlichkeitsfortentwicklung ist die Evaluation des *Informationsgehalts* des Beitrags. Nur wenn der Betroffene plausibel machen kann, wie ihn die perpetuierte Information (spürbar) beschwert, liegt eine Beeinträchtigung des Rechts auf medialen Neubeginn vor.

Das setzt zunächst voraus, dass (nach dem Verständnis des Betroffenen) abträgliche Informationen[1250] mit seiner Person verknüpft werden, es sich mithin um einen *identifizierenden Beitrag* handelt. Anders als es auf den ersten Blick scheinen mag, handelt es sich hierbei jedoch nicht um eine binäre Größe. Insbesondere kann der Betroffene auch ohne Nennung eindeutiger Angaben wie Name, Wohnort und Geburtsdatum für bestimmte Kreise erkennbar sein. Eine Persönlichkeitsbeeinträchtigung ist zwar bereits dann nicht zu leugnen, wenn überhaupt jemand den Betroffenen identifiziert.[1251] Für die Abwägung mit den

---

[1247] Auch in der Online-Archiv-Kontroverse (vgl. oben S. 59) standen sie weitgehend außer Streit. Die divergierenden Ergebnisse beruhen allein auf einer unterschiedlichen Anwendung und Gewichtung.

[1248] Vgl. *Kröner,* Das allgemeine Persönlichkeitsrecht, in: HK-MedienR, 33. Abschnitt Rdnr. 68.

[1249] Vgl. oben S. 68.

[1250] Vgl. oben S. 155.

[1251] Vgl. nur BVerfGE 119, 1 (25); BVerfG, NJW 2004, S. 3619 (3620); *Kröner,* Das allgemeine Persönlichkeitsrecht, in: HK-MedienR, 33. Abschnitt Rdnr. 105.

entgegenstehenden Belangen ist es jedoch wichtig, näher zu untersuchen, in welchem Umfang der Betroffene in seinem sozialen Umfeld mit einer Identifizierung rechnen muss.[1252]

Kontrovers beurteilt wird, welche Bedeutung dem Umstand zukommt, dass der Beitrag für den Leser eindeutig *als Alt-Meldung erkennbar* ist. Einigkeit besteht dahingehend, dass der (nunmehr) falsche Eindruck eines tagesaktuellen Vorgangs nicht erweckt werden darf. Überwiegend wird ferner angenommen, dass bereits die Erkennbarkeit des Alters einer Meldung zu einer erheblichen Milderung der damit verbundenen Persönlichkeitsbeeinträchtigung führt.[1253] Diese Einschätzung ist nicht überzeugend.[1254] Sie fußt auf der Annahme, die Rezipienten würden einen für den Betroffenen beschämenden, peinlichen oder sonst seinem Ansehen abträglichen Vorgang mit Rücksicht auf den zeitlichen Abstand in einem erheblich milderen Licht betrachten. Diese Nachsicht entspricht indes nicht der Lebenserfahrung.[1255] Allzu oft dürfte sich die Annahme einer verständnisvollen Umwelt als Wunschvorstellung entpuppen, auf die sich der Betroffene nicht verweisen lassen muss.

Ähnliches gilt für den Aspekt der *Sachlichkeit der Darstellung.*[1256] Wiewohl es zutrifft, dass eine reißerische Publikation den Betroffenen regelmäßig noch mehr schadet, bleibt auch bei Wahl einer gemäßigten Form die abträgliche Wirkung der Information erhalten.[1257]

[1252] Beispielhaft LG Hamburg, Urt. v. 28.1.2011 – 325 O 196/10 (juris), Abs.-Nr. 47, zur Veröffentlichung einer anonymisierten Gerichtsentscheidung: „Selbst wenn es zutreffend sein mag, dass es möglich ist, unter Hinzuziehung anderer Informationen, die entweder in Fachkreisen bekannt sind oder sich auf der Internetseite des Beklagten finden lassen, darauf zu schließen, dass der Kläger in dem dargestellten Verfahren ebenfalls als Kläger bzw. Antragsteller aufgetreten ist, so kann für die Beurteilung der Frage, ob mit der angegriffenen Darstellung eine Prangerwirkung verbunden ist, nicht außer Betracht bleiben, dass die Verbindung zum Kläger erst durch einen solchen Rückschluss eröffnet wird." Zutreffend weist *Boksanyi,* in: Wandtke, MedienR, § 5 Rdnrn. 166 f., darauf hin, dass zu strenge Maßstäbe die Darstellung komplexer Zusammenhänge unmöglich machen können.

[1253] BGHZ 183, 353 (361); *Hoecht,* AfP 2009, S. 342 (347); ferner oben S. 60 m. Fn. 189.

[1254] Vgl. OLG Hamburg, ZUM 2009, S. 232 (233). Vgl. bereits *Diesterhöft,* ZJS 2010, S. 251 (255). Ähnlich *Thiel,* JR 2011, S. 116 (117): „Etikettierung verringert freilich die Belastungswirkung kaum".

[1255] Bei Vorstrafen besteht zudem ein Widerspruch zur Annahme des Gesetzgebers, der die Verschleierung zwecks Resozialisierung unterstützt (vgl. nur § 40 StVollzG). Vgl. ferner BVerfGE 35, 202 (237), wo auf eine „allgemeine Abwehrhaltung gegenüber Strafentlassenen" verwiesen wird, die auch heute noch bestehen dürfte.

[1256] OLG Frankfurt a.M., AfP 2008, S. 621 (623); vgl. auch BGHZ 183, 353 (360).

[1257] Wenn sich der Betroffene beispielsweise – ohne straffällig zu werden – besonders rücksichtslos verhalten hat, mag ein hierüber berichtender Beitrag noch so rührend um Verständnis werben und allerlei Milderungsgründe aufzählen; die Bereitschaft der Rezipienten in Kenntnis dieser Umstände näheren sozialen Kontakt mit dem Betroffenen zu suchen, dürfte hierdurch nur minimal gesteigert werden.

Die internetspezifischen Rezeptionsmodalitäten, auf die sogleich gesondert eingegangen werden wird, bedingen schließlich eine deutliche Relativierung der für die Beurteilung herkömmlicher Publikationen gewichtigen[1258] Unterscheidung danach, ob die Person des Betroffenen *im Zentrum des Beitrags* steht *oder nur am Rande erwähnt* wird. Während für Druckwerke und erst recht für Rundfunksendungen angenommen werden mag, der Rezipient werde einer lediglich kolorierenden Erwähnung des Betroffenen nicht die volle Aufmerksamkeit schenken und diese Information alsbald vergessen, kann hiervon bei einem dauerhaft im Internet abrufbaren Beitrag nicht ausgegangen werden.[1259] Ist der Leser nach Eingabe des Namens des Betroffenen in einer allgemeinen Suchmaschine auf die Information gestoßen (worden), dürfte die Stellung der Information innerhalb des Beitrags die Intensität der Beeinträchtigung des Betroffenen kaum nennenswert beeinflussen.

(b) Rezeptionsmodalitäten (Breitenwirkung)

Etabliertes Kriterium für die Bestimmung der Beeinträchtigung des allgemeinen Persönlichkeitsrechts ist ferner die Frage nach der Breitenwirkung der Veröffentlichung;[1260] dahinter verbirgt sich die im Ausgangspunkt zutreffende Annahme, dass die Schwere der Beeinträchtigung mit der Größe des Kreises der (potenziellen) Rezipienten zunimmt.[1261]

(aa) Platzierung des Beitrags, Kostenpflichtigkeit des Zugriffs

In der Online-Archiv-Kontroverse ist überwiegend darauf abgestellt worden, ob der identifizierende Beitrag „auf den aktuellen Seiten des Internetauftritts" abrufbar gewesen[1262] oder sonst – etwa durch einen prominent platzierten Link[1263] – besonders *zur Aufmerksamkeit der Seitenbesucher gebracht* worden ist und ob der Zugang *kostenpflichtig* ausgestaltet war.[1264]

[1258] Vgl. BVerfG, NJW 2012, S. 756 (757).

[1259] So aber OLG Frankfurt a. M., AfP 2008, S. 621 (623).

[1260] BGHZ 183, 353 (358), unter Vw. auf BVerfGE 97, 391 (404 f.); BVerfG, AfP 2009, S. 365 (366 f.).

[1261] Wegen der Leichtigkeit einer personenbezogenen Suchanfrage (dazu unten S. 264) ist jedoch zu bedenken, dass die *Quantität* der potenziellen Rezipienten nicht mehr ausschlaggebend sein kann. Während bei herkömmlichen Publikations- und Rezeptionswegen mit zunehmender Verbreitung die Gefahr steigt, dass Bekannte und sonstige Personen, deren Haltung für den Betroffenen von Bedeutung ist, ebenfalls zu den Rezipienten gehören, können diese nunmehr aus eigenem Antrieb und ohne an zeitliche Restriktionen wie Erscheinungstag und Sendezeit gebunden zu sein, auf die Suche nach Informationen gehen.

[1262] BGHZ 183, 353 (361).

[1263] Vgl. *Hoecht,* AfP 2009, S. 342 (347).

[1264] BGH, NJW 2010, S. 2432 (2435); a. A. OLG Hamburg, ZUM 2009, S. 232 (234).

(bb) Auffindbarkeit des Beitrags über Suchmaschinen

Würden die Rezipienten die Internetangebote allein von der Startseite aus nutzen, könnte sich die Bewertung der Breitenwirkung auf die soeben genannten Kriterien beschränken, weil die Gefahr, dass sich ein Nutzer bis auf einen auf nachgelagerter Ebene liegenden Beitrag „durchklickt", vernachlässigbar gering ist. Zwar ist eine solche am herkömmlichen Medienkonsum (Lesen einer aktuellen Zeitung, Einschalten eines Radios bzw. Fernsehers) orientierte Nutzung der Internetangebote durchaus üblich – sie ist aber nicht mehr die einzige. Ergänzt wird sie durch eine neuartige Form der Nutzung von Internetangeboten, die außerhalb des Internets gerade kein Vorbild hat: Das Suchen nach Informationen zu bestimmten Personen „quer" über alle verfügbaren Internetseiten mit Hilfe von Suchmaschinen.[1265]

In der Online-Archiv-Kontroverse ist bereits vereinzelt[1266] auf die Notwendigkeit hingewiesen worden, diesen Umstand einzubeziehen. Wenn für die Bewertung der Beeinträchtigung der *zu erwartende Rezipientenkreis* maßgeblich sein soll, kann die Informationsrezeption über Suchmaschinen nicht außer Betracht bleiben,[1267] die, wie gesehen, ein spezifisches Potenzial „perpetuierter Beeinträchtigung"[1268] aufweist.[1269]

Für die realistische Bewertung des Gefährdungspotenzials ist demnach eine umfassende(re) Analyse der Umstände erforderlich, unter denen der Beitrag aufgefunden werden kann. Denn die (psychische) Beeinträchtigung der Persönlichkeitsentfaltung des Betroffenen hängt in erheblichem Maße von der Wahrscheinlichkeit ab, mit der er ein Auffinden des Beitrags und damit die Rezeption der

---

[1265] *Diesterhöft,* ZJS 2010, S. 251 (254). Krit. auch *Thiel,* JR 2011, S. 116 (117): „ein angesichts fortschreitender Medienkonvergenz und gegenwärtiger Nutzerpraxis des Internets eher schwaches Argument". *Caspar,* JZ 2011, S. 211 (212), spricht von einer „neuen Dimension" der Berichterstattung.

[1266] Vgl. im Einzelnen oben S. 62 m. Fn. 204 ff.

[1267] A. A. *Kröner,* Das allgemeine Persönlichkeitsrecht, in: HK-MedienR, 33. Abschnitt Rdnr. 69, der mit der Erwägung, der Betreiber eines Internetangebotes hätte keinen Einfluss auf die Arbeit der Suchmaschinen, die Auffindbarkeit des Beitrags über Suchmaschinen unbeachtet lassen will; ähnlich OLG Köln, AfP 2007, S. 126 (127); OLG Frankfurt a. M., AfP 2006, S. 568 (569).
Diese Haltung befremdet, weil Suchmaschinen zu den integralen Bestandteilen des Internets zählen (vgl. OLG Hamburg, MMR 2012, S. 62 [64]), auf deren Existenz sich jeder, der ein Beitrag im Internet veröffentlicht, einstellen muss. Überdies stehen dem Seitenbetreiber Möglichkeiten offen, einen Zugriff der Internetsuchmaschinen auf seine Inhalte zu unterbinden (vgl. nur BGHZ 185, 291 [306 f.] – Vorschaubilder I). In Betracht kommt etwa ein entsprechender Eintrag in der sog. Robot.txt-Datei der eigenen Seite, die den Suchmaschinen signalisiert, dass die Seite nicht indiziert werden soll (vgl. näher unten S. 297).

[1268] LG Hamburg, Urt. v. 29.2.2008 – 324 O 469/07 (juris), Abs.-Nr. 19.

[1269] Wegen der Auffindbarkeit ohne Rücksicht auf den Standort kommt dem „Ob" der Veröffentlichung ein erhebliches „Mindestgewicht" zu.

abträglichen Information befürchten muss.[1270] So bedeutet es für den Betroffenen einen großen Unterschied, ob der Beitrag über *allgemeine* Suchmaschinen (wie „Google" oder „Yahoo!") auffindbar ist oder nur über eine auf der Seite selbst eingerichtete Suchfunktion. Ferner muss weiter danach differenziert werden, welchen Aufwand der Rezipient treiben bzw. welches Vorwissen er mitbringen muss, um den Beitrag über eine Suchmaschine aufzufinden.[1271] Entscheidend ist, *welche Suchbegriffe* angegeben werden müssen, um – unter den ersten Treffern[1272] – auf die Meldung zu stoßen: Bedarf es z.B. infolge des wirksamen Ausschlusses der Volltextdurchsuchbarkeit[1273] bei einer identifizierenden Berichterstattung über Straftaten der Eingabe eines von der Person des Betroffenen unabhängigen Suchbegriffs (wie z.B. des Namens des Opfers), besteht aus seiner Sicht eine weitaus geringere Wahrscheinlichkeit, dass der Beitrag in seinem Umfeld gefunden wird, als wenn die Eingabe seines (Vor- und) Nachnamens[1274] ausreichend ist.[1275]

In der zuletzt beschriebenen Konstellation (Auffindbarkeit bei Eingabe des Namens in eine allgemeine Suchmaschine) ist ein Maß an Breitenwirkung eines Beitrags erreicht, das zwar bei punktueller Betrachtung hinter dasjenige eines aktuellen Beitrags in überregionalen Zeitungen oder im Rundfunk zurücktreten mag – in langfristiger Perspektive ist es aber wegen der Kombination aus Dauerhaftigkeit, weltweiter Abrufbarkeit und Auffindbarkeit[1276] nicht zu übertreffen.[1277] Nicht nachvollziehbar ist vor diesem Hintergrund die Einschätzung, das Auffinden des Beitrags setze in diesem Fall „eine *gezielte Suche*" voraus.[1278] Im Gegenteil, die identifizierenden Beiträge werden jedem nachgerade *auf-*

[1270] LG Hamburg, Urt. v. 8.6.2012 – 324 O 221/11 (oben S. 57 in Fn. 170), S. 22 ff.; vgl. bereits oben S. 119.

[1271] Dies übersieht das OLG Hamburg, ZUM 2009, S. 857 (859).

[1272] Zum sog. „Primacy Effekt" bereits oben S. 34 m. Fn. 65.

[1273] Zu den Einzelheiten unten S. 297.

[1274] Das OLG Frankfurt a.M., AfP 2008, S. 621 (622), und das OLG Köln, 2007, S. 126 (127), weisen im Ausgangspunkt zutreffend auf den Umstand hin, dass bei einem weit verbreiteten Nachnamen der Beitrag in einer unübersehbaren Masse von Suchergebnissen untergehen kann. Zu einer solchen *faktischen Anonymität* kommt es jedoch nur, wenn der Beitrag selbst auch nur den Nachnamen enthält. Andernfalls müsste der Betroffene hoffen, dass in seinem sozialen Umfeld, dem sein Vorname ja i.d.R. bekannt ist, ausschließlich mit Hilfe des Nachnamens gesucht wird – eine extrem unrealistische Vorstellung.

[1275] Vgl. BGHZ 181, 328 (341) – Spickmich. Dies verkennt das OLG Hamburg, ZUM 2009, S. 232 (233), wenn es für irrelevant hält, „ob die betreffende Meldung in der Weise auffindbar ist, dass sie mittels Suchmaschine oder Querverweisen über das Schlagwort der Tat [...] oder den Namen des Täters auffindbar ist."

[1276] Vgl. oben S. 41.

[1277] Vgl. *Verweyen/Schulz,* AfP 2008, S. 133 (138); *Caspar,* JZ 2011, S. 211 (212). Das LG Hamburg, Urt. v. 8.6.2012 – 324 O 221/11 (oben S. 57 in Fn. 170), S. 23, spricht treffend von einer „zeitlich gestreckten Breitenwirkung".

[1278] So aber BGHZ 183, 353 (361); OLG Köln, AfP 2007, S. 126 (127).

gedrängt, der den Betroffenen ohne Hintergedanken oder gar Vorwissen „googlet".[1279]

(c) Jugendlichkeit des Betroffenen

Das allgemeine Persönlichkeitsrecht gewährleistet die Möglichkeit zur kontinuierlichen Fortentwicklung der eigenen Persönlichkeit gerade auch unter Bruch mit der eigenen Vergangenheit.[1280] Weil der Sicherung der Entwicklungschancen von Kindern und Jugendlichen eine herausragende Bedeutung zukommt,[1281] ist bereits die aktive Berichterstattung über Straftaten und sonstigen Verfehlungen nur in engen Grenzen zulässig.[1282] Vor diesem Hintergrund ist das jugendliche Alter des Betroffenen beim Recht auf medialen Neubeginn erst recht zu berücksichtigen.[1283]

*(2) Abwägungsfaktoren mit Blick auf das sekundäre
Publikationsinteresse*

Im Zuge der Analyse der mit dem Recht auf medialen Neubeginn konfligierenden Grundrechte (bzw. staatlichen Publikationszwecke) konnte unter Zugrundelegung des Drei-Phasen-Modells auch das sekundäre, auf die Beibehaltung der Abrufbarkeit eines rechtmäßig veröffentlichten Beitrags gerichtete Publikationsinteresse[1284] näher konturiert werden. Hierauf kann die nachfolgende Darstellung zurückgreifen.

[1279] Dazu, dass es sich hierbei um ein Massenphänomen handelt, das längst alle (Alters-)Schichten der Bevölkerung erfasst hat, bereits oben S. 29 m. Fn. 40 f.

[1280] Vgl. oben S. 106 ff.

[1281] BVerfG, NVwZ 2008, S. 549 (550): „Der in der Rechtsprechung des Bundesverfassungsgerichts anerkannte verstärkte Schutz des Persönlichkeitsrechts Minderjähriger findet seinen Grund in dem Bedürfnis, deren weitere Persönlichkeitsentwicklung zu gewährleisten." Vgl. ferner BVerfGE 72, 155 (173); 101, 361 (385); 119, 1 (24).

[1282] Vgl. BVerfGE 35, 202 (232); BVerfG, NJW 2012, S. 1500 (1502); *Ricker/Weberling,* Hdb. PresseR, 42. Kap. Rdnr. 8; *Kröner,* Das allgemeine Persönlichkeitsrecht, in: HK-MedienR, 33. Abschnitt Rdnr. 62.

[1283] Im Internet abrufbare Publikationen sind für Kinder und Jugendliche deshalb besonders gefährlich, weil die Nutzung des Internets zur *Kommunikation miteinander wie übereinander* bei ihrer „Peer-Group" besonders verbreitet ist. So werden soziale Netzwerke von 80% der 14- bis 19-Jährigen täglich genutzt (Intendant des Hessischen Rundfunks [Hrsg.], Media Perspektiven. Basisdaten 2012, S. 43 f.); zum „Cybermobbing" bereits oben S. 43.

[1284] Das Einwirken des primären Publikationsinteresses auf die Modalitäten der Geltendmachung des Veränderungsanspruchs wird erst an späterer Stelle – im Rahmen der Passivlegitimation – relevant (vgl. unten S. 276 ff.). Damit wird dem Umstand Rechnung getragen, dass der zivilrechtliche Unterlassungsanspruch mehrere „Stellschrauben" aufweist, an denen er einer grundrechtskonformen Auslegung zugänglich ist. Diese Trennung hat zugleich den Vorteil, dass beide Aspekte auch in der Praxis nicht miteinander vermengt werden.

(a) Fortwirkende Aspekte des primären Publikationsinteresses

Hinsichtlich der *weiterbestehenden Aspekte des primären Publikationsinteresses,* welche die erste Wurzel des sekundären Publikationsinteresses bilden,[1285] gilt es zunächst festzustellen, auf welches Niveau genau sie mittlerweile abgesunken sind.

Das ist besonders in solchen Konstellationen wichtig, in denen sich die Veröffentlichungsbefugnis ursprünglich v. a. aus dem gesellschaftlichen Interesse an der Informiertheit der Öffentlichkeit[1286] ergeben hat, der Betroffene aber über diesen einzelnen Vorgang hinaus keinen Anlass zu medialer Beschäftigung gegeben hat, also keine Person des öffentlichen Lebens ist. Das primäre Publikationsinteresse sinkt dann mit zunehmendem zeitlichen Abstand erheblich ab und kann so kaum etwas zum sekundären Publikationsinteresse beitragen. Freilich ist ebenfalls zu prüfen, ob zwischenzeitlich neue Aspekte hinzugetreten sind, die das Interesse – wenn nicht an einer Neuveröffentlichung so doch zumindest an einer fortdauernden Zugänglichkeit des Beitrags – begründen könnten.[1287]

In jedem Fall ist der Wechsel des Bezugspunkts weg von einer hypothetischen Neuveröffentlichung hin zur Beibehaltung des Beitrags unter den konkreten Rezeptionsmodalitäten zu beachten[1288] und zu prüfen, ob mit der Verschlechterung der Rezeptionsmodalitäten eine solche Verminderung der Beeinträchtigung der Persönlichkeitsentfaltung eingetreten ist, dass das sekundäre Publikationsinteresse eine fortdauernde Abrufbarkeit *unter diesen Bedingungen* zu rechtfertigen vermag.

(b) Originäre Aspekte des sekundären Publikationsinteresses

Komplexer erweist sich die Analyse der *originären Aspekte des sekundären Publikationsinteresses,* bei der es um die Frage geht, welche Konsequenzen sich aus dem Umstand ergeben, dass der Beitrag überhaupt einmal (rechtmäßigerweise) veröffentlicht wurde und damit Teil der medialen Realität geworden ist.[1289] Neben den individuellen Aspekten kommt hier der gesellschaftlichen Dimension der Meinungs- sowie der Rundfunk- bzw. Medienfreiheit eine hervorgehobene Bedeutung zu. Denn die Nachvollziehbarkeit historischer Vorgänge und die Zugänglichkeit des kulturellen Erbes stellen gewichtige Belange dar, die

---

[1285] Vgl. oben S. 173.

[1286] Die individuellen Aspekte der Kommunikationsfreiheiten werden vor allem bei singulären Äußerungen relevant, die unter das Datenschutzrecht fallen (vgl. unten S. 303).

[1287] Vgl. oben S. 173 m. Fn. 809. Je größer hingegen die veritable *zeitgeschichtliche* Bedeutung der Veröffentlichung ist, desto schwieriger dürfte es für die persönlichkeitsrechtlichen Belange sein, überhaupt den Eintritt in die zweite Phase herbeizuführen (vgl. oben S. 254).

[1288] Vgl. oben S. 174.

[1289] Siehe oben S. 174, 204, 207 und 221.

grundsätzlich auch Beschränkungen des Interesses an der Perönlichkeits(fort)-
entwicklung rechtfertigen können.

In der Online-Archiv-Kontroverse ist vor diesem Hintergrund mitunter ge-
schlussfolgert worden, der Schutz des kulturellen Erbes erfordere von Verfassungs wegen eine absolute Privilegierung von „Archiven" vor nachträglichen
Eingriffen und der Beschränkung der Zugänglichkeit.[1290] Jedes dahingehende
Begehren müsse als unerhörter Versuch einer Geschichtsklitterung zurückgewiesen werden.[1291] Diese Haltung korrespondiert mit der in den Sozialwissenschaften verbreiteten Charakterisierung des Internets als kollektives bzw. kulturelles
Gedächtnis, bei dem jede „Amnestie auf dem Wege der Amnesie" die mit dem
„plebiszitären Archiv" verbundenen „demokratischen Chancen" zunichte mache.[1292]

Das damit einhergehende Postulat eines (nahezu) absolut wirkenden, verfassungsrechtlich abgestützten Archivprivilegs erweist sich bei näherem Hinsehen
als irrig.[1293] Ihm liegt zumeist eine Überinterpretation der verfassungsgerichtlichen Anerkennung der durch die Pflichtexemplarbibliotheken verfolgten Gemein-
schaftsinteressen[1294] zugrunde. Zwar besteht ein „anerkennenswertes Interesse
der Öffentlichkeit nicht nur an der Information über das aktuelle Zeitgeschehen,
sondern auch an der Möglichkeit [...], vergangene zeitgeschichtliche Ereignisse
zu recherchieren".[1295] Zugleich darf aber nicht aus dem Blick geraten, dass auch
dieser Belang einer Abwägung mit konfligierenden Persönlichkeitsinteressen zugänglich ist,[1296] was nicht zuletzt auch in den gesetzlichen Regelungen über den
Betrieb der staatlichen Archive, die mit Blick auf die Persönlichkeitsrechte der

---

[1290] Vgl. oben S. 63.

[1291] *Dreier,* Erinnern Sie sich ... ?, in: FS Loewenheim, S. 67 (68, 76); ihm folgend
BGHZ 183, 353 (362): „Ein generelles Verbot der Einsehbarkeit und Recherchierbarkeit
bzw. ein Gebot der Löschung aller früheren den Straftäter identifizierenden Darstellungen in Onlinearchiven würde dazu führen, dass Geschichte getilgt und der Straftäter
vollständig immunisiert würde [...]." Ähnlich *Seelmann-Eggebert,* NJW 2008, S. 2551
(2555), mit Blick auf das „Interesse der Öffentlichkeit an einem unverfälschten Zugang
zur historischen Wahrheit".
Vgl. auch EGMR, Urt. v. 16.7.2013 – Beschwerde Nr. 33846/07, Abs.-Nr. 65, wo
dieses Argument sogar für die unbegrenzte Abrufbarkeit einer *ursprünglich* rechtswidrigen Publikation bemüht worden ist.

[1292] *Dimbath,* FIfF-Kommunikation, 1/2008, S. 38 (40). Vgl. ausführlicher *Kaiser,*
Rechtlich gefordertes Nichtwissen, in: Hill/Schliesky (Hrsg.), Die Vermessung des virtuellen Raums, S. 55 (66 f., 68 f.) m.w.N.

[1293] Zum Nachfolgenden *Diesterhöft,* ZJS 2010, S. 251 (253) m. Fn. 27; vgl. bereits
oben S. 63.

[1294] Grundlegend BVerfGE 58, 137 (148 f.) – Pflichtexemplar.

[1295] BGHZ 183, 353 (361 f.). Die Online-Archivierung ermöglicht es einer breiten
Öffentlichkeit, sich aus den Quellen zu informieren (zur *individuellen* Bedeutung der
Kommunikationsfreiheiten bereits oben S. 207).

[1296] Vgl. OLG Hamburg, ZUM 2009, S. 857 (859); KG Berlin, AfP 2006, S. 561
(563); *Hoecht,* AfP 2009, S. 342 (345 ff.); *Verweyen/Schulz,* AfP 2008, S. 133 (138 f.).

Betroffenen ein differenziertes Zugangsregime errichten,[1297] Niederschlag gefunden hat.[1298]

Den Schlüssel zu einer angemessenen Bewältigung der Konfliktlage bildet eine nüchterne Bestandsaufnahme der möglichen Einschränkungen des „Archivs"[1299] durch einen auf das Recht auf medialen Neubeginn gestützten Veränderungsanspruch des Betroffenen. Bei näherem Hinsehen zeigt sich nämlich, dass diese sich bei digitalen Archivalien ganz erheblich von denjenigen für analoge, verkörperte Werke unterscheiden. So bedeutet etwa die Beschränkung der Durchsuchbarkeit oder die Modifizierung des *abrufbaren* Inhalts mitnichten, dass in die Substanz der Beiträge dauerhaft eingegriffen oder diese jedem Zugriff entzogen würden.[1300] Vielmehr kann bei der Gestaltung der Rechtsfolgen eines Unterlassungsanspruchs ein *Zustand nachgebildet werden, der dem einer Archivierung in einem herkömmlichen Archiv weitgehend entspricht.* Die Möglichkeit, den identifizierenden Beitrag weiterhin unverändert so zu speichern, dass er zwar nicht allgemein zugänglich ist, gleichwohl aber für eigene Recherchen zur Verfügung steht und nach einer erneuten Änderung der Umstände, die eine Publikation des Artikels wieder zulässig machen,[1301] an seinen alten Platz im (allgemein zugänglichen) Online-Archiv überführt oder gar erneut an prominenter Stelle veröffentlicht werden kann, bleibt unbenommen. Damit können insbesondere auch ori-

---

[1297] Alle Archivgesetze des Bundes und der Länder kennen Regelungen zum Ausgleich des Nutzungsinteresses mit entgegenstehenden öffentlichen und privaten Belangen (zum Pflichtexemplarrecht bereits ausführlich oben S. 237 in Fn. 1130). Neben dem vereinzelt aufgestellten Erfordernis eines berechtigten Interesses (z. B. § 6 Abs. 1 LArchG bw) und der Verwendung einer (zumeist unspezifischen) Abwägungsklausel (z. B. § 5 Abs. 6 Nr. 2 BArchG i. V. m. § 3 Abs. 3 BArchBV; § 6 Abs. 6 Nr. 2 LArchG bw) wird auf ein System von Schutzfristen zurückgegriffen, vor deren Ablauf ein uneingeschränkter Zugang zum Archivgut grundsätzlich nicht gewährt werden darf: Neben eine allgemeine, vor allem im staatlichen Interesse angeordnete Schutzfrist von i. d. R. 30 Jahren, die von der Entstehung des Archivguts an berechnet wird (z. B. § 5 Abs. 1 BArchG; § 6 Abs. 2 S. 1 LArchG bw), tritt bei personenbezogenen Archivalien kumulativ eine (primär) an den Tod des Betroffenen anknüpfende und damit in aller Regel länger laufende Schutzfrist (z. B. § 5 Abs. 2 BArchG: 30 Jahre post mortem, hilfsweise 110 Jahre nach Geburt). Hinzu treten im Einzelnen divergierende Detailregelungen zur Verlängerung bzw. Verkürzung (z. B. § 5 Abs. 5 BArchG; § 6 Abs. 4 LArchG bw) oder der Nichtgeltung der Fristen für bestimmte Konstellationen (z. B. § 5 Abs. 3 S. 2, Abs. 4 BArchG; § 6 Abs. 3 LArchG bw).

[1298] Ausführlicher *Diesterhöft,* Probleme der digitalen Zugangseröffnung zu analogen Inhalten durch Bibliotheken und Archive, in: Peifer/Steinhauer (Hrsg.), Die digitale Bibliothek i. E. (unter III. 1. a). Zur Reformdiskussion *Kaiser,* Archiv und Recht, in: Lepper/Raulff (Hrsg.), Metzler Handbuch Archiv, i. E. (unter III. 3.) m. w. N.

[1299] Zum weiten Archiv-Begriff dieser Untersuchung oben S. 29 in Fn. 42 a. E.

[1300] Vgl. auch *Diederichsen,* Rechtsschutz gegen Persönlichkeitsrechtsverletzungen, in: FS Gerda Müller, S. 507 (512): „Hingegen bleiben [klassische] Fotoarchive dem Zugriff der Allgemeinheit regelmäßig verschlossen. Auf ihr Material *kann* nur über den entsprechenden Verlag *zugegriffen werden*" (Hervorh. d. Verf.). Dies verkennt EGMR, Urt. v. 16.7.2013 – Beschwerde Nr. 33846/07, Abs.-Nr. 65.

[1301] Vgl. dazu etwa *Härting,* CR 2009, S. 21 (24).

ginäre Online-Publikation,[1302] bei denen keine analogen Doppel in Pflichtexemplarbibliotheken zur Verfügung stehen,[1303] der Nachwelt erhalten bleiben.

(3) Abwägungsmaßstab

In der Online-Archiv-Kontroverse hat die überwiegende Auffassung hohe Hürden für die Annahme einer Persönlichkeitsrechtsverletzung aufgestellt.[1304] Neben
der Fixierung auf den für aktive Veröffentlichungen entwickelten Maßstab liegt
dem die Verkennung des Differenzierungspotenzials des Zivilrechts zugrunde.[1305] Anders als vielfach angenommen ist ein gerechter Ausgleich zwischen
den konfligierenden Belangen nicht im Rahmen *einer* umfassenden Abwägung
zu erreichen, sondern durch Aufgreifen der relevanten Aspekte bei unterschiedlichen (Tatbestands-)Merkmalen des Veränderungsanspruchs.[1306]

So kann (und muss) erst bei der Ausgestaltung der Passivlegitimation auf die
Vermeidung einer abschreckenden Wirkung auf den Gebrauch der Kommunikationsfreiheiten durch Formulierung übermäßiger Prüfungspflichten Bedacht genommen werden. Damit kann die Frage des Vorliegens einer (nicht mehr länger
hinzunehmenden) Rechtsverletzung von der Frage getrennt werden, ob der Betreiber eines Online-Angebots Kostenersatz für eine ihn darauf hinweisende Abmahnung leisten muss.[1307]

Ferner steht bei Annahme einer Rechtsverletzung wegen Überwiegens des
Rechts auf medialen Neubeginns lediglich fest, dass der Beitrag von der zweiten
in die dritte Phase eingetreten ist, und der Betroffene eine weitere unveränderte
Abrufbarkeit (unter gleichbleibenden Umständen) nicht hinnehmen muss. Noch
nicht entschieden ist damit, *wie weit* der Veränderungsanspruch des Betroffenen

---

[1302] Zur Erstreckung des Sammelauftrags der Pflichtexemplarbibliotheken (vgl. nur
§ 2 Nr. 1 lit. a i.V.m. § 3 Abs. 1 und 3; §§ 14 Abs. 3, 16 S. 2 DNBG; § 1a PflichtexemplarG bw) bereits oben S. 222.

[1303] *Dreier,* Erinnern Sie sich … ?, in: FS Loewenheim, S. 67 (76).

[1304] So stellt BGHZ 183, 353 (360), darauf ab, der Beitrag sei „nicht geeignet, [den
Betroffenen] ‚ewig an den Pranger' zu stellen oder in einer Weise ‚an das Licht der
Öffentlichkeit zu zerren', die ihn als Straftäter (wieder) neu stigmatisieren könnte."

[1305] Vgl. bereits oben S. 69.

[1306] Vgl. S. 169 ff. Beispielhaft BVerfG, NJW-RR 2010, S. 1195 (1197 f.): „Zwar ist
der hier in Frage stehende Unterlassungsanspruch verschuldensunabhängig, doch kann
den verfassungsrechtlichen Anforderungen jedenfalls bei der Prüfung der Wiederholungsgefahr Rechnung getragen werden. Die Möglichkeit, den guten Glauben des Äußernden hier zu privilegieren, ist nach der zivilgerichtlichen Rechtsprechung gegeben."

[1307] Vgl. dazu unten S. 285. Diese Überlegung hat sich der BGH dadurch verstellt,
dass er den Aspekt der Prüfungspflichten mit in die Abwägung eingestellt hat (BGHZ
183, 353 [362 f.]), obwohl es sich um ein durch eine pflichtenkonkretisierende Erstabmahnung (dazu unten S. 278 m. Fn. 1344 und S. 285) überwindbares Hindernis handelt.
Vgl. aber nunmehr BGH, NJW 2013, S. 2348 (2349 f.), wo zwischen (Persönlichkeits-)
Rechtsverletzung und Störereigenschaft differenziert wird.

reicht. Dass der Beitrag gelöscht werden muss, dürfte die absolute Ausnahme sein, ja selbst eine Anonymisierung wird sich häufig nicht als notwendig erweisen, wenn es dem Verantwortlichen gelingt, die Durchsuchbarkeit des Beitrags einzuschränken. Dem verbleibenden berechtigten Anliegen des *sekundären Publikationsinteresses* kann mithin in großem Umfang bei der Bestimmung der Reichweite des Unterlassungsanspruchs Rechnung getragen werden.[1308]

Diese Zweistufigkeit der Auseinandersetzung mit dem gegenläufigen sekundären Publikationsinteresse hat Folgen für den *bei der Prüfung der Rechtsverletzung* anzulegenden Maßstab: Ein Überwiegen desselben gegenüber dem Recht auf medialen Neubeginn ist nur dann mit anspruchsausschließender Wirkung zu bejahen, wenn *jedwede* Veränderung – gleich ob durch Erschwerung der Identifikation des Betroffenen oder durch (weitere) Verschlechterung der Rezeptionsbedingungen bewirkt – als unverhältnismäßige Beeinträchtigung des sekundären Publikationsinteresses zu werten ist.

cc) Abwägungsleitlinien

(1) Berichterstattung über wahre Tatsachenbehauptungen im Allgemeinen

Die Berichterstattung über wahre Tatsachenbehauptungen (und auf sie bezogene Meinungsäußerungen), die keine Straftaten und keinen Verdacht einer Straftat zum Gegenstand haben, ist nach herkömmlichen Maßstäben in weitem Umfang zulässig, wenn die Tatsachen nicht ausnahmsweise dem Bereich der Intim- und Privatsphäre zuzuordnen sind.[1309]

Für den gleichwohl denkbaren Fall, dass sich eine hypothetische Neuveröffentlichung als nicht mehr zulässig erweisen sollte und mithin der Anwendungsbereich des Rechts auf medialen Neubeginn eröffnet wäre, bedürfte es einer grundlegenden Revision der Entscheidungsmaßstäbe. Denn während der herkömmliche zurückgenommene Stigmatisierungsschutz auf *aktuelle,* aktive Veröffentlichungen zugeschnitten ist, gebietet das Recht auf medialen Neubeginn ein erneutes Nachdenken darüber, welche Maßstäbe für die *dauerhafte* Dokumentation einer entwicklungsbehindernden Information angemessen sind. Herkömmlicherweise musste es der Betroffene lediglich hinnehmen, dass ein identifizierender Beitrag

---

[1308] Vgl. dazu unten S. 293. Ohne der nachfolgenden eingehenden Erörterung vorzugreifen, kann hier bereits festgehalten werden: Geschuldet ist lediglich die Unterlassung zukünftiger *Rechtsverletzungen,* d. h. – anders gewendet – ein Absenken der Beeinträchtigung bis auf das Maß, an dem die bestehenden sekundären Publikationsinteressen diese wieder zu rechtfertigen vermögen. Die Nachbildung herkömmlicher Rezeptionsmodalitäten durch Ausschluss der Auffindbarkeit bei Eingabe des Namens in allgemeine Suchmaschinen ist eine naheliegende Möglichkeit, dieses Ziel zu erreichen.

[1309] Vgl. nur oben S. 254.

in körperlicher Form in Bibliotheken und Archiven frei zugänglich gehalten wird, wobei die Wahrscheinlichkeit einer zufälligen Entdeckung und nachfolgenden erneuten Anprangerung entsprechend gering erscheint. Ganz anders liegt es bei den Online-Archiven. Ist der Beitrag über die Eingabe seines Namens in einer Suchmaschine erschlossen, muss der Betroffene jederzeit damit rechnen, dass diese Information von seiner sozialen Umwelt rezipiert wird.[1310] Einer gesonderten Anprangerung durch einen zufälligen Leser, wie beim soeben beschriebenen Zufallsfund, bedarf es nicht mehr – die Abrufbarkeit im Internet selbst bewirkt bereits die Herstellung einer größtmöglichen Öffentlichkeit. Ein solcher Zustand ist mit der hinter dem Recht auf medialen Neubeginn stehenden Grundüberzeugung, dass der Einzelne sich auch unter Bruch mit der eigenen Vergangenheit fortentwickeln können soll,[1311] nur zu vereinbaren, wenn ein *besonders gewichtiges* sekundäres Persönlichkeitsinteresse besteht.

(2) Identifizierende Berichterstattung über Straftaten

Was bedeutet dies für die identifizierende Berichterstattung über Straftaten, deren (aktive) Wiederholung nunmehr wegen des überragenden Interesses am Schutz der Resozialisierung nicht mehr zulässig wäre?

Eine Schlüsselstellung kommt nach dem Vorstehenden der Rolle der Suchmaschinen zu: Wenn ein Beitrag den Betroffenen mit Vor- und Zunamen identifiziert und über allgemeine Suchmaschinen bei Eingabe des Namens auffind- und frei abrufbar ist, bestehen „letztlich […] weder für den Nutzer […] noch für den von einer dort vorgehaltenen Behauptung Betroffenen ein spürbarer Unterschied darin, wo die Behauptung vorgehalten wird."[1312] Dass der Beitrag nicht mehr auf der Startseite des Angebots, sondern in einem „Archiv" abgelegt und als ältere Meldung erkennbar ist, vermindert die Beeinträchtigung des Betroffenen nur unmerklich, denn bereits die große Wahrscheinlichkeit, dass Arbeitgeber, Vermieter oder sonstige Personen aus seinem sozialen Umfeld den Betroffenen „googlen" und so auf den Beitrag stoßen, lässt die gesetzlichen Regelungen und staatlichen Bemühungen zur Resozialisierung, die im „Recht zur Lüge" kulminieren,[1313] sich aber bei weitem nicht hierin erschöpfen,[1314] weitestgehend leerlaufen.

[1310] Vgl. *Elixmann,* Datenschutz und Suchmaschinen, S. 75 f.: „Befindet sich ein […] Inhalt eigentlich auf einer nur wenig frequentierten Seite, so führt erst die Listung in den Suchergebnissen einer Suchmaschine zu einer Eröffnung des Zugangs […] für ein breites Publikum."

[1311] Vgl. oben S. 120.

[1312] *Verweyen/Schulz,* AfP 2008, S. 133 (139).

[1313] § 53 BZRG. Näher oben S. 141.

[1314] So fordert § 40 StVollzG die Ausstellung „neutraler" Zeugnisse für in der Strafvollzugsanstalt erworbene Qualifikationen. Damit ermöglicht es der Staat dem Entlassenen, seine Vorgeschichte möglichst effektiv zu verschleiern (dazu und zu weiteren Maßnahmen bereits oben S. 140 m. Fn. 656).

Um die gravierende Beeinträchtigung des Betroffenen aufzuwiegen, muss der dauerhaften und leicht zugänglichen Dokumentation der Straftat des Betroffenen ein erhebliches Gewicht für die individuelle und öffentliche Meinungsbildung zukommen.[1315] Das mag der Fall sein, wenn er als Politiker oder Person des öffentlichen Lebens in verschiedenen Zusammenhängen in der Öffentlichkeit steht, so dass gerade die *Zuordnung des Vorgangs zu seiner Person* relevant ist.[1316] Erfolgte die Berichterstattung demgegenüber ursprünglich allein aufgrund eines *singulären* Vorgangs[1317] oder weil der Betroffene nur *exemplarisch* für ein verbreitetes Phänomen steht, bei dessen journalistischer Behandlung aus Gründen der Authentizität eine Identifizierung erfolgt ist,[1318] dürfte dies zu verneinen sein.

(3) Verdachtsberichterstattung

In der Literatur wird mitunter dafür plädiert, die vom Bundesgerichtshof in der Online-Archiv-Kontroverse für die identifizierende Berichterstattung über verur-

---

[1315] Bei von Kindern und Jugendlichen begangenen Taten sind nochmals schärfere Maßstäbe anzulegen, vgl. bereits oben S. 266.

[1316] Weil das Publikationsinteresse dann in erster Linie an der Person des Betroffenen ansetzt, würde eine Anonymisierung die Archivierung ihres Zwecks berauben. Gleiches gilt für eine Einschränkung der Auffindbarkeit der Beiträge über Suchmaschinen. In beiden Fällen wiegt die Beeinträchtigung des sekundären Publikationsinteresses schwer, weil es ja gerade darum geht, die Rolle und das Schicksal der für die Gesellschaft bedeutsamen Persönlichkeiten in der Zeit nachzeichnen zu können. Beispielhaft BGH, NJW 2013, S. 229 (232), wo „das Informationsinteresse der Öffentlichkeit nicht allein durch die dem Kläger vorgeworfene Straftat, sondern durch den Zusammenhang, in dem sein Verhalten steht, und durch das Zusammenwirken verschiedener [...] Umstände begründet wird [...]. Die Meldung setzt sich kritisch mit der Reaktion des in herausgehobener Funktion für die G [...] GmbH tätigen Klägers auf die Aufdeckung seiner Stasi-Vergangenheit auseinander; sie leistet einen Beitrag zur Aufarbeitung des Überwachungssystems der Staatssicherheit und damit zu einer die Öffentlichkeit besonders berührenden Frage [...]. Hinzu kommt, dass die G [...] GmbH und ihre russische Mutter aufgrund ihrer zunehmenden Bedeutung [...] nach wie vor im Blickpunkt der Öffentlichkeit stehen."

[1317] Beispielhaft der BGHZ 183, 353 – Online-Archiv I zugrundeliegende Sachverhalt.
Wirklich außergewöhnliche Taten, wie etwa Kriegsverbrechen, Staatsunrecht, Terrorismus oder Organisierte Kriminalität können auch bei vorher und nachher nicht wieder in Erscheinung getretenen Personen eine dauerhafte identifizierende Berichterstattung rechtfertigen. Häufig wird hier der Beitrag freilich bereits in der ersten Phase verbleiben. Nur der Vollständigkeit halber sei deshalb darauf hingewiesen, dass dem Resozialisierungsinteresse und dem Recht auf medialen Neubeginn subsidiär auch durch die Möglichkeit der Namensänderung (vgl. § 3 Abs. 1 NamÄndG i.V.m. Nr. 39 NamÄnd-VwV) Rechnung getragen werden kann. Weil der Betroffene nachfolgend vor einer Verknüpfung des neuen Namens mit seiner Vergangenheit geschützt wird (weitgehend OLG Hamburg, AfP 2010, S. 270 [271]; krit. *Gromann*, AfP 2010, S. 226 [226 f.]), wird dem Betroffenen ebenfalls ein Neuanfang ermöglicht, der allerdings mit höheren sozialen Kosten verbunden ist.

[1318] Vgl. bereits oben S. 146 m. Fn. 685.

teilte Straftäter entwickelten Grundsätze auf die – ursprünglich rechtmäßige – Verdachtsberichterstattung ohne Modifikation zu übertragen. Selbst wenn sich später der Verdacht nicht erhärten sollte, ergebe sich – von der möglichen Verpflichtung zur Ergänzungsberichterstattung abgesehen – kein Handlungsbedarf, solange die Erkennbarkeit als Alt-Meldung sichergestellt sei.[1319]

Das erscheint – unabhängig von der oben entfalteten Kritik an den zugrunde gelegten Maßstäben des Bundesgerichtshofs – zu kurz gegriffen. Denn ex-post betrachtet wird vom *zu Unrecht* (aber nicht rechtswidrig) Verdächtigten im Gemeinschaftsinteresse der effektiven Strafrechtspflege eine Art Sonderopfer abverlangt,[1320] weil nicht nur über den Tatvorwurf, sondern auch über die in der öffentlichen Verhandlung offenbarten intimsten Sachverhalte berichtet werden darf.[1321] Zudem ist jeder Verdachtsberichterstattung, wie bereits erwähnt,[1322] die Gefahr immanent, „daß die Öffentlichkeit die bloße Einleitung eines Ermittlungsverfahrens mit dem Nachweis der Schuld gleichsetz[t] und deshalb auch im Fall einer späteren Einstellung des Ermittlungsverfahrens nicht ausgeschlossen [ist], daß vom Schuldvorwurf ‚etwas hängenbleibt‘“.[1323]

Ein im Internet über Suchmaschinen auffind- und unverändert abrufbarer Beitrag stellt „eine perpetuierte Beeinträchtigung des Persönlichkeitsrechts des Klägers in der Weise dar, dass dem jeweiligen Leser der Seite bekannt wird, dass das bezeichnete Ermittlungsverfahren lief [...]“.[1324] Diese Belastung wird auch durch eine etwaige Ergänzungsberichterstattung, in der über die Einstellung des Verfahrens oder einen Freispruch berichtet wird, in der Regel allenfalls abgemildert, aber nicht vollständig beseitigt. Das hat zum einen damit zu tun, dass nicht selten von staatlicher Seite verbleibende Rest-Zweifel an der *Unschuld* des Betroffenen artikuliert werden („Freispruch zweiter Klasse“),[1325] zum anderen mit dem ambivalenten „Erklärungswert“ der Einstellungen nach §§ 153 f. StPO.[1326]

[1319] *Molle,* ZUM 2010, S. 331 (334); zust. *Kröner,* Das allgemeine Persönlichkeitsrecht, in: HK-MedienR, 33. Abschnitt Rdnr. 71.

[1320] *Krack,* Rehabilitierung des Beschuldigten im Strafverfahren, S. 57 ff.

[1321] BGH, NJW 2013, S. 1681 (1683).

[1322] Vgl. oben S. 257.

[1323] BGHZ 143, 199 (203). Vgl. auch OLG Hamburg, AfP 2012, S. 172 (174): Die Berichterstattung über die Einstellung eines Ermittlungsverfahrens gem. § 153a StPO kommt „der Mitteilung über einen Schuldspruch [...] nahe“, weil sie für den Leser nahelegt, der Betroffene habe die Tat begangen. (Die Entscheidung des OLG Hamburg wurde aufgehoben durch BGH, NJW 2013, S. 229 ff., weil im konkreten Fall immer noch ein hinreichendes öffentliches Interesse an der Information bestanden habe.)

[1324] OLG Hamburg, AfP 2012, S. 172 (174).

[1325] Zu den sog. „Restverdachtfeststellungen“ bereits oben S. 258 in Fn. 1232.

[1326] Pikant erweist sich die Einstellung nach § 153 StPO, die nicht einmal stets die Zustimmung des Betroffenen voraussetzt. Aus Sicht der Strafrechtspflege mag die zugrundeliegende „Jedenfalls-Erwägung“ hinnehmbar erscheinen, die Außenwirkung für das Ansehen des Betroffenen ist mit der Einstellung mangels Tatverdacht nach § 170 Abs. 2 StPO nicht zu vergleichen: Bei einer Einstellung nach § 153 StPO (und erst

Bei der Bewertung der Beeinträchtigung ist zu berücksichtigen, dass der *unschuldige* Betroffene – von Ausnahmen wie der falschen Selbstbezichtigung einmal abgesehen – die mediale Aufmerksamkeit mit Blick auf das Strafverfahren anders als im Falle der strafrechtlichen Verurteilung nicht „verschuldet" hat und sie erst recht nicht als vorhersehbare Nebenfolge des eigenen Fehlverhaltens aufgefasst werden kann.[1327] Darüber hinaus sind die – je nach Art des Tatvorwurfs und des Verfahrensverlaufs – unterschiedlich gravierenden Nachteile für die wirtschaftliche und soziale Existenz des Betroffenen zu berücksichtigen: Beziehungen und Freundschaften können an der Ungewissheit scheitern, Kundschaft ausbleiben oder die Arbeitsstelle durch eine – rechtmäßige[1328] – Kündigung oder ausbleibende erneute Befristung verloren gehen. Jeder kann für sich selbst die Frage beantworten, ob er mit der gleichen Unbefangenheit mit einem Betroffenen umgehen würde, wie zuvor.[1329] Umso bedeutender ist für den Betroffenen, dass ein – ohnehin mühsamer – Neuanfang nicht dadurch zusätzlich erschwert wird, dass ihm der Verdacht über das Internet überall hin folgt und neue soziale Kontakte von der Verdachtsberichterstattung fast zwangsläufig Kenntnis nehmen müssen, ehe sie den Betroffenen näher kennen gelernt haben.

(4) Gutgläubige Verbreitung unwahrer *Tatsachenbehauptungen*

Die besonderen Rechtfertigungsgründe, die Autoren und Verleger bei der gutgläubigen Übernahme persönlichkeitsverletzender Informationen bzw. bei der Eröffnung von Foren und Kommentarspalten, die Dritte zur Persönlichkeitsverletzung nutzen, von der Haftung für die ursprüngliche Verbreitung freistellen, sind wegen der Sorge vor einer abschreckenden Wirkung auf den Gebrauch der Meinungsfreiheit und der Rundfunk- bzw. Medienfreiheit geboten. Diese Sorge wiegt indes nicht so schwer, dass sie auch *nach Aufdeckung* der Unzulässigkeit die fortdauernde Beeinträchtigung des Betroffenen zu rechtfertigen vermag: „In dem Unterlassen, einen als unzulässig erkannten Beitrag zu entfernen, liegt eine […] Perpetuierung der Verletzung des Persönlichkeitsrechts des Betroffenen. […]

---

recht nach § 153a StPO) muss die Anklagebehörde die Wahrscheinlichkeit einer Verurteilung *de jure* als überwiegend ansehen (vgl. nur BVerfGE 82, 106 [118] m.w.N.), weshalb der Betroffene „auch nicht in einer dem Freispruch vergleichbaren Weise rehabilitiert" wird (vgl. BGH, NJW 2013, S. 229 [232]).

[1327] Vgl. zu diesem Gedanken BVerfGE 35, 202 (233 f.).

[1328] Zu den arbeitsrechtlichen Voraussetzungen einer – in ihrer Wirksamkeit vom Ausgang des Ermittlungs- bzw. Strafverfahrens weitgehend unabhängigen – Verdachtskündigung BAG, NZA 2004, S. 919 ff.; NJW 2001, S. 3068 ff.; NJW 1998, S. 1171 ff. – jeweils m.w.N.

[1329] Wer würde sein Kind in die Obhut des Nachbarn geben, über den in der Zeitung stand, dass er der Kindesmisshandlung verdächtig war, was sich aber nicht hat beweisen lassen? Oder weniger dramatisch: Wer würde jemandem eine Kasse anvertrauen, der – zu Unrecht – der Untreue verdächtigt wurde, wenn auch andere, nicht „vorbelastete" Kandidaten bereitstehen?

Auch wenn [vom Betreiber der Internetseite] keine Prüfpflichten verletzt werden, so ist er doch [...] zur Beseitigung und damit zur Unterlassung künftiger Rechtsverletzungen verpflichtet [...]."[1330]

Vor diesem Hintergrund ist ein Verbleib des Beitrags in der zweiten Phase kaum je denkbar. Hierfür müsste gerade an der Dokumentation der persönlichkeitsverletzenden Meldung ein überragendes originär sekundäres Publikationsinteresse begründet werden. Hier bietet sich eine Parallele zum klassischen Bibliotheks- und Archivrecht an, wonach „verbotene Bücher" allenfalls bei Nachweis eines überragenden (wissenschaftlichen oder journalistischen) Interesses *im Einzelfall* zur Einsicht ausgegeben werden dürfen.[1331] Persönlichkeitsverletzende Beiträge dürfen im Internet erst recht nur bei restriktiver Handhabung der Zugriffsberechtigung und wirkungsvoller individueller Kontrolle derselben verbreitet werden. Zudem ist die gegenüber der Anfertigung von handschriftlichen Exzerpten oder auch analogen Kopien gesteigerte Gefahr der unstatthaften Weiterverbreitung durch den Einsichtnehmenden bei der Überlassung digitaler Vervielfältigungen zu bedenken, was gegebenenfalls kompensatorische Maßnahmen erforderlich macht. Abgesehen von solchen individuellen Zugriffen zu wissenschaftlichen und journalistischen Zwecken muss der Betroffene die Verbreitung der Persönlichkeitsverletzung über die Zeitspanne hinaus, die dem Seitenverantwortlichen zur Prüfung und Umsetzung der Beanstandung zuzugestehen ist, nicht hinnehmen. Folglich können die genannten Konstellationen für die weitere Untersuchung außen vor bleiben.

b) Passivlegitimation (Störereigenschaft)

Hat ein Beitrag die Schwelle zur dritten Phase überschritten, liegt ein nachträglicher Publikationsexzess und damit eine andauernde Störung vor. Damit steht fest, dass der Beitrag (ohne Veränderungen des Inhalts bzw. seiner Rezeptionsmodalitäten) nicht weiter abrufbar gehalten werden darf. Noch nicht entschieden ist damit, ob dem Betroffenen ein Unterlassungsanspruch zusteht. Denn passivlegitimiert ist bei einem Anspruch analog §§ 1004, 823 BGB nur, wer *Störer* ist.

Im Ausgangspunkt haftet zwar jeder als Störer auf Unterlassung, der „in *irgendeiner Weise* willentlich und adäquat kausal zur Verletzung des absoluten Rechts beiträgt" bzw. dessen Verhalten eine Beeinträchtigung befürchten lässt, und zwar ohne Rücksicht auf Art und Umfang des Beitrags.[1332] Bei näherem

---

[1330] BGH, NJW 2007, S. 2558 (2559).

[1331] Vgl. nur *Kellner*, Inside Remota, in: ders. (Hrsg.), Der „Giftschrank", S. 9 (19). Diese Praxis wird in der Literatur als angemessener Ausgleich zwischen Forschungsfreiheit und Persönlichkeitsschutz bewertet, vgl. *Dreier*, Erinnern Sie sich ... ?, in: FS Loewenheim, S. 67 (72) m.w.N.

[1332] BGHZ 158, 236 (251) – Internet-Versteigerung I m.w.N. (Hervorh. d. Verf.).

Hinsehen ergeben sich indes vielfache normative Begrenzungen dieser Störerhaftung,[1333] die nicht zuletzt grundrechtlich geboten sind.[1334]

aa) Etablierte Begrenzung der Störerhaftung bei Ansprüchen gegen „Hilfspersonen" der Medien

Die Notwendigkeit einer Einschränkung des Störerbegriffs ist seit längerem für die „medienexternen Hilfstätigkeiten"[1335] anerkannt, die in den Verbreitungsvorgang einer rechtswidrigen Äußerung eines Dritten faktisch mit einbezogen sind.[1336]

Die Inanspruchnahme als „Störer" erschöpft sich nämlich keineswegs darin, dass dem Störer mit Wirkung für die Zukunft die Wiederholung eines bestimmten Verhaltens untersagt wird. Es sind vielmehr *erhebliche finanzielle Nachteile* zu besorgen und zwar nicht nur, wenn der Verpflichtete seine Haftung bestreitet und vor Gericht unterliegt. Denn selbst wenn der „Störer" nach einer entsprechenden außergerichtlichen Aufforderung des Betroffenen unverzüglich alles in seiner Macht stehende unternimmt, um die Störung abzustellen bzw. ihre Wiederholung zu vermeiden, ist er i. d. R. verpflichtet, die dem Betroffenen bisher entstandenen Anwaltkosten zu ersetzen.[1337] Diese Konsequenz lässt sich nur dadurch verhindern, dass die Störereigenschaft des um eine Löschung oder Veränderung des Beitrags Ersuchten zumindest bis zu diesem Hinweis verneint wird.

Nur vor diesem Hintergrund ist zu verstehen, warum die im Ausgangspunkt verschuldensunabhängige Störerhaftung durch das eigentlich systemfremde Erfordernis einer Pflichtverletzung ergänzt worden ist: Die Inanspruchnahme als Störer „setzt die Verletzung zumutbarer Verhaltenspflichten, insbesondere von Prüfungspflichten voraus; deren Umfang bestimmt sich danach, ob und inwieweit

---

[1333] Eine Begrenzung der „Störerhaftung im Internet" ergibt sich nach der h. M. indes nicht bereits aus § 10 TMG, weil diese Norm allein die strafrechtliche Verantwortlichkeit und die Haftung auf Schadensersatz ausschließt, vgl. nur BGHZ 181, 328 (332) – Spickmich.de m.w.N.

[1334] Vgl. statt vieler BGH, NJW 1999, S. 1960 (1961); OLG Hamburg, ZUM 2001, S. 529 (532 f.). Ausführlich *Schapiro,* Unterlassungsansprüche, S. 223 ff., der selbst die Teilnehmerhaftung präferiert, S. 296 ff.

[1335] Vgl. dazu oben S. 190.

[1336] So sind Druckereien, Grossisten, Buchhandlungen und Bibliotheken mit Blick auf die von den Verlagen verantworteten Druckwerke, aber auch die Verlage und Rundfunkanstalten mit Blick auf Werbeanzeigen bzw. -spots betroffen. Sie sind, weil sie ohne Einfluss auf die inhaltliche Gestaltung bleiben, keine „intellektuellen", sondern lediglich „technische Verbreiter". Zu dieser Unterscheidung *Heckmann,* Die retrospektive Digitalisierung von Printpublikationen, S. 381 f. m.w.N. Mit Blick auf konfrontative Beiträge im Internet sind dies v. a. Host-Provider, aber auch Foren-Betreiber, Blogger, Presseverlage und Rundfunkanstalten mit Blick auf die Äußerungen (Beiträge und Kommentare) ihrer Besucher.

[1337] Vgl. bereits oben S. 66 m. Fn. 231 m.w.N.

dem als Störer in Anspruch Genommenen *nach den jeweiligen Umständen des Einzelfalls* unter Berücksichtigung seiner *Funktion* und *Aufgabenstellung* sowie mit Blick auf die *Eigenverantwortung* desjenigen, der die rechtswidrige Beeinträchtigung selbst unmittelbar vorgenommen hat, eine Prüfung zuzumuten ist [...]."[1338] Mit dieser – nicht auf das Internet beschränkten – Modifikation der Störerhaftung[1339] ist der Weg frei, die aus Gründen effektiven (Grund-)Rechtsschutzes nicht gänzlich verzichtbare[1340] Haftung der mittelbaren Störers auf das erforderliche Maß zu begrenzen.[1341]

(1) Keine Pflicht zur anlasslosen Überprüfung

Die Passivlegitimation als Störer hängt demnach bei Intermediären, die weder Täter noch Teilnehmer der Rechtsverletzung sind, von einem Verstoß gegen (zumutbare) Prüfungspflichten ab. Insbesondere wird eine „pro-aktive", d. h. anlasslose und nicht durch einen konkreten Hinweis des Betroffenen ausgelöste Überprüfung der fremden Inhalte allgemein als unzumutbar erachtet: „Ein Hostprovider ist *nicht verpflichtet,* die von den Nutzern in das Netz gestellten Beiträge *vor der Veröffentlichung auf eventuelle Rechtsverletzungen zu überprüfen."*[1342]

Diese Haftungsfreistellung endet zusammen mit der „Gutgläubigkeit" des Intermediärs: „Er ist aber verantwortlich, sobald er *Kenntnis von der Rechtsverletzung* erlangt. Weist ein Betroffener den Hostprovider auf eine Verletzung seines Persönlichkeitsrechts durch den Nutzer eines Blogs hin, kann der Hostprovider als Störer verpflichtet sein, zukünftig derartige Verletzungen zu verhindern [...]."[1343]

Tritt der Intermediär aufgrund der Beanstandung in eine sorgfältige Prüfung ein und zieht daraus die entsprechenden Konsequenzen, hat er die ihm obliegen-

---

[1338] BGHZ 191, 219 (226) – Blog-Host-Providers m.w.N. (Hervorh. d. Verf.).

[1339] BGH, GRUR 1997, S. 313 ff. – Architektenwettbewerb, und BGH, NJW 1999, S. 1960 ff. – Möbelklassiker (Zeitungsanzeigen) bzw. BGHZ 66, 182 – Panorama (Live-Sendung im Fernsehen). Diese Maßstäbe sind auch auf „Letztverbreiter" von Medienwerken wie Buchhandlungen (LG Berlin, NJW 2009, S. 787 [788 f.]; LG Hamburg, ZUM 2011, S. 587 [587 f.]. A.A. *Ingendaay,* AfP 2011, S. 126 [129 ff.]) und Bibliotheken angewandt worden (OVG Berlin-Brandenburg, ZUM-RD 2011, S. 384 [385 ff.]). Vgl. ferner den Überblick bei *Ricker/Weberling,* Hdb. PresseR, 41. Kap. Rdnrn. 14 ff. m.w.N.

[1340] Auf ihn muss zurückgegriffen werden, wenn die Inanspruchnahme des primär Verantwortlichen faktisch ausgeschlossen oder nicht ausreichend ist, etwa weil der Dritte im Ausland sitzt (BGH, NJW 1976, S. 799 [800] – Alleinimporteur einer kroatischen Zeitung) oder unter Pseudonym auftritt.

[1341] Auf die grundlegende Kritik am Institut der Störerhaftung (ausführlich *Schapiro,* Unterlassungsansprüche, S. 95 ff. m.w.N.) kann im Rahmen dieser Untersuchung nicht eingegangen werden.

[1342] BGHZ 191, 219 (226) – Blog-Host-Provider (Hervorh. d. Verf.).

[1343] BGHZ 191, 219 (226) (Hervorh. d. Verf.).

den Pflichten erfüllt. Er war nie passivlegitimierter Störer eines Unterlassungsanspruchs. Das setzt aber ein Kostenerstattungsanspruch nach den Grundsätzen für Abmahnungen voraus. Die Beanstandung des Betroffenen erweist sich deshalb als „pflichtenkonkretisierende Erstabmahnung".[1344] Nur wenn der Intermediär trotz eines substantiierten Hinweises nicht oder nur unzureichend reagiert, ist er Störer und damit Schuldner eines Unterlassungsanspruchs, der die finanziellen Konsequenzen einer Rechtsverfolgung (Abmahn- und Prozesskosten) tragen muss.

(2) Funktionsspezifisches Pflichtenprogramm nach pflichtenkonkretisierender Erstabmahnung

Während über diese Begrenzung der Störerhaftung nahezu Einigkeit besteht, finden sich über das Pflichtenprogramm *nach Zugang* einer solchen Erstabmahnung auf den ersten Blick widersprüchliche Aussagen.

So hat der Bundesgerichtshof mit Blick auf einen ehrverletzenden Eintrag in einem *Internetforum* entschieden: „Der Betreiber eines Internetforums ist ‚Herr des Angebots' und verfügt deshalb vorrangig über den rechtlichen und tatsächlichen Zugriff. Internetangebote sind – wie etwa auch Aufzeichnungen im Fernsehen – dem nachträglichen Zugriff des Anbieters in keiner Weise entzogen. Auch wenn von ihm *keine Prüfpflichten verletzt* werden, so ist er doch nach allgemeinem Zivilrecht zur Beseitigung und damit zur Unterlassung *künftiger* Rechtsverletzungen verpflichtet [...]."[1345] Dabei müsse sich der Betroffene auch nicht auf ein mögliches Vorgehen gegen den – bekannten – Dritten verweisen lassen: „Die zivilrechtliche Verantwortlichkeit des Betreibers eines Internetforums für dort eingestellte Beiträge entfällt nicht deshalb, weil dem Verletzten die Identität des Autors bekannt ist."[1346]

[1344] Begriff nach *Lehment,* WRP 2012, S. 149 (154), der von einer „haftungskonkretisierenden Erstabmahnung" spricht, was deshalb missverständlich ist, weil eine Haftung ja erst *nach Verletzung* der durch den Hinweis konkretisierten Prüfungspflichten eintritt. KG Berlin, GRUR-RR 2007, S. 68 (69 f.), verwendet den Begriff der „aufklärenden Abmahnung"; ähnlich LG Hamburg, MMR 2008, S. 355 (356); ihnen folgend *Schapiro,* Unterlassungsansprüche, S. 291.

[1345] BGH, NJW 2007, S. 2558 (2559) (Hervorh. d. Verf.). Wird der beanstandete Beitrag dagegen aufgrund des Hinweises des Betroffenen entfernt, kommt es nicht zu einer Störerhaftung (vgl. BGH, NJW-RR 2009, S. 1413 [1416], in ausdrücklicher Abgrenzung zur vorgenannten Entscheidung). Auf die Frage, ob die z. B. für (eindeutige) Markenrechtsverletzungen auf Verkaufsplattformen angenommene Verpflichtung des Betreibers, zukünftige Verstöße durch Prüfungen zu vermeiden, mit der Rundfunk- bzw. Medienfreiheit der Intermediäre vereinbar wäre (vgl. *Schapiro,* Unterlassungsansprüche, S. 245 ff., 284 ff.), kommt es in der Konstellation des *nachträglichen* Publikationsexzess nicht an, weil die *identische* Wiederholung der Äußerung definitionsgemäß rechtswidrig wäre. Da eine in Form und Inhalt veränderte Äußerung neu zu bewerten ist und eine eindeutige Rechtsverletzung nicht vorliegen kann, kommt die Erstreckung der Prüfungspflicht auf sog. *kerngleiche* Verstöße im Äußerungsrecht nicht in Betracht.

[1346] BGH, NJW 2007, S. 2258 (2559).

Demgegenüber hat das OLG Nürnberg von einer *Suchmaschine* auch nach Zugang einer substantiierten Beanstandung[1347] nur eine eingeschränkte Prüfung verlangt: „[Ihr] ist es [...] durchaus zumutbar und auch möglich, jedenfalls behaupteten Verletzungen des Persönlichkeitsrechts durch den Inhalt der von ihr verlinkten Seiten nachzugehen. Wie intensiv diese Prüfung sein muss, hängt davon ab, wie genau diese Verstöße konkretisiert sind. Es hieße in der Tat, die Prüfungspflicht [...] zu überspannen, wenn sie jedem an sie herangetragenen Vorwurf nachgehen müsste."[1348] Überdies sei zu berücksichtigen, dass ein Vorgehen gegen den unmittelbar Verantwortlichen Dritten effektiver sei, weil so die Störung an der Quelle abgestellt werde.[1349] Die Konsequenzen dieses Ansatzes zeigen sich, wenn der Beanstandung – wie im vom OLG zu entscheidenden Fall – *keine offenkundige* Rechtsverletzung zugrunde liegt. Wird trotz gehöriger Auseinandersetzung mit den vorgebrachten Beschwerden eine Rechtsverletzung verneint und nichts weiter unternommen, ist – unabhängig vom Ergebnis einer rechtlichen Würdigung – die Prüfungspflicht erfüllt und der Suchmaschinenbetreiber schuldet auch weiterhin nicht die Aufhebung der Verlinkung.[1350]

Noch weiter geht die Rücknahme der Störerhaftung des vom Inhaber einer Domain[1351] gegenüber der Registrierungsstelle[1352] als Ansprechpartner Benannten (sog. Administrative Contact [*Admin-C*][1353]), wie sie das KG Berlin für geboten erachtet hat.[1354] Der Admin-C sei in erster Linie Kontaktperson der Registrierungsstelle und habe keinen Einfluss auf die inhaltliche Gestaltung. Jenseits der namens-, marken- oder wettbewerbsrechtlichen Rechtmäßigkeit des Domain-*Namens* dürfe an ihn keine gesteigerte Prüfungspflicht herangetragen werden. Denn die einzige Reaktionsmöglichkeit des Admin-C bestehe neben der Weiterleitung der Beschwerde an den Domaininhaber darin, den Domainregistrierungsvertrag gegenüber der Registrierungsstelle zu kündigen.[1355] Angesichts dieser einschneidenden Folgen kommt eine Inanspruchnahme nach Auffassung des KG nur in

---

[1347] OLG Hamburg, MMR 2012, S. 62 (63 f.), zeigt zutreffend auf, warum die genaue Bezeichnung eines oder mehrerer beanstandeter Suchergebnisse erforderlich ist.

[1348] OLG Nürnberg, MMR 2009, S. 131 (132).

[1349] OLG Nürnberg, MMR 2009, S. 131 (133).

[1350] OLG Nürnberg, MMR 2009, S. 131 (133).

[1351] Gemeint ist die bei Aufruf der sog. Second Level Domain (also: www.*second-level-domain*.de mit „de" als Top Level Domain) angezeigte Seite. Vgl. bereits oben S. 28 m. Fn. 30.

[1352] Für jede sog. Top-Level-Domain (z.B. „.de", „.com" usw.) existiert ein Vergabe-bzw. Registrierungsstelle (so z.B. die von TK-Unternehmen getragene DENIC e.G. für „.de"-Domains).

[1353] *Hoeren*, Zivilrechtliche Haftung, in: Hdb. Multimedia-Recht, Teil 18.2 Rdnr. 51 m.w.N.

[1354] KG Berlin, MMR 2006, S. 392 (393).

[1355] Die Freigabe der Domain führt dazu, dass die Internetseite, auf der die Rechtsverletzung abrufbar war, unter dieser Adresse nicht mehr zu erreichen ist.

Betracht, „wenn davon auszugehen ist, dass die Störung [...] nur durch eine Aufhebung der Registrierung des Domain-Namens unterbunden werden kann".[1356] Eine vollständige Freistellung des Admin-C komme gleichwohl aus Gründen des effektiven Rechtsschutzes nicht in Betracht: „Ist der Domaininhaber nicht greifbar oder verweigert er die Löschung der beanstandeten Inhalte, kann der Admin-C als Störer in Anspruch genommen werden."[1357]

Jüngst hat der Bundesgerichtshof mit Blick auf die Haftung eines *(Blog-)HostProviders* eine Begrenzung des Pflichtenprogramms auch *nach Zugang einer Beanstandung* ausdrücklich gebilligt. Anders als im Namen- und Kennzeichenrecht sei aufgrund des Abwägungserfordernisses eine Verletzung des allgemeinen Persönlichkeitsrechts oftmals nicht klar erkennbar. Aus diesem Grund ist nach Ansicht des Gerichts ein „Tätigwerden des Hostproviders [...] nur veranlasst, wenn [...] der Rechtsverstoß auf der Grundlage der Behauptungen des Betroffenen unschwer – das heißt *ohne eingehende rechtliche und tatsächliche Überprüfung* – bejaht werden kann. Dabei hängt das Ausmaß des insoweit vom Provider zu verlangenden Prüfungsaufwandes von den Umständen des Einzelfalls ab, insbesondere vom Gewicht der angezeigten Rechtsverletzungen auf der einen und den Erkenntnismöglichkeiten des Providers auf der anderen Seite."[1358] Der Bundesgerichtshof verpflichtet den Host-Provider darüber hinaus, nicht allein auf Grundlage des für schlüssig befundenen Vorbringens des vermeintlich Verletzten zu entscheiden. Vielmehr müsse der Host-Provider seinen Vertragspartner, den intellektuell Verantwortlichen, zu einer Stellungnahme auffordern und diese wiederum demjenigen zur Replik zuleiten, der den Beitrag ursprünglich beanstandet hat.[1359] Unklarheit besteht indes hinsichtlich des Prüfungsmaßstabs, den der

---

[1356] KG Berlin, MMR 2006, S. 392 (393).

[1357] KG Berlin, MMR 2006, S. 392 (393).

[1358] BGHZ 191, 219 (227) – Blog-Host-Provider (Hervorh. d. Verf.). Nicht thematisiert wurde, ob die Vorinstanzen den Anspruch des Betroffenen zu Recht auf das Äußerungsrecht gestützt haben. Wegen der institutionellen Ausrichtung des Medienprivilegs war dies nur der Fall, wenn das Blog „journalistisch-redaktionell" i.S.v. § 57 Abs.1 RStV gestaltet gewesen war (oben S. 243).

[1359] BGHZ 191, 219 (227 f.): „Ist der Provider mit der Beanstandung eines Betroffenen konfrontiert, die richtig oder falsch sein kann, ist eine Ermittlung und Bewertung des gesamten Sachverhalts unter Berücksichtigung einer etwaigen Stellungnahme des für den Blog Verantwortlichen erforderlich. [...] *Regelmäßig ist zunächst die Beanstandung des Betroffenen an den für den Blog Verantwortlichen zur Stellungnahme weiterzuleiten.* Bleibt eine Stellungnahme innerhalb einer nach den Umständen angemessenen Frist aus, ist von der Berechtigung der Beanstandung auszugehen und der beanstandete Eintrag zu löschen. *Stellt der für den Blog Verantwortliche die Berechtigung der Beanstandung substantiiert in Abrede* und ergeben sich deshalb berechtigte Zweifel, *ist der Provider grundsätzlich gehalten, dem Betroffenen dies mitzuteilen und gegebenenfalls Nachweise zu verlangen,* aus denen sich die behauptete Rechtsverletzung ergibt. Bleibt eine Stellungnahme des Betroffenen aus oder legt er gegebenenfalls erforderliche Nachweise nicht vor, ist eine weitere Prüfung nicht veranlasst" (Hervorh. d. Verf.).

Host-Provider letztlich anzulegen hat.[1360] Auch wenn die Verpflichtung zur umfänglichen Sachverhaltsaufklärung und zur „Anhörung" des für den Blog Verantwortlichen unverkennbare Parallelen zum gerichtlichen Verfahren aufweist,[1361] dürfte die eingangs getroffene Feststellung maßgeblich bleiben, dass einem Host-Provider eine „eingehende rechtliche und tatsächliche Prüfung" gerade nicht zugemutet werden kann.[1362]

Bei näherem Hinsehen lassen diese Entscheidungen eine an den jeweiligen Einflussmöglichkeiten orientierte, funktionsspezifische Bestimmung des Pflichtenprogramms erkennen:

Technische Intermediäre wie Host-Provider[1363] und Suchmaschinenbetreiber bzw. untergeordnete Hilfspersonen wie der Admin-C, die auf die Inhalte einzelner Angebote keinen Zugriff haben und überdies (i. d. R.) für eine unübersehbare Vielzahl von Seiten „zuständig" wären, unterliegen auch nach Zugang einer substantiierten Beanstandung nur einer begrenzten Prüfungspflicht.

Anders liegt es bei den *Betreibern von Internetseiten,* auf denen die beanstandete Äußerung von dritter Seite eingestellt wurde, wie dies in Internetforen, bei der Einbindung eines RSS-Feeds,[1364] aber auch bei der Eröffnung von Kommentarmöglichkeiten der Fall ist. Sie müssen den Hinweisen des (vermeintlich) Verletzten intensiv nachgehen. Für sie ist *auch bei unklarer Rechtslage* eine über das Erfordernis einer pflichtenkonkretisierenden Erstabmahnung hinausgehende Einschränkung der Störerhaftung nicht geboten. Denn als „Herr des Angebots" verfügt ein Seitenbetreiber „vorrangig über den rechtlichen und tatsächlichen Zugriff" auf den beanstandeten Beitrag.[1365] Anders als die Betreiber von Suchmaschinen, die Host-Provider oder auch die traditionellen Letztvertreiber von

---

[1360] BGHZ 191, 219 (228): „Ergibt sich [nach Abschluss dieses Verfahrens] eine rechtswidrige Verletzung des Persönlichkeitsrechts, ist der beanstandete Eintrag zu löschen."

[1361] Vgl. nur §§ 267, 277 ZPO.

[1362] Nicht zuletzt, weil andernfalls der Host-Provider in die Rolle eines privaten „Schnellrichters mit Privathaftung" im Fall einer Fehlentscheidung hineinzuwachsen droht, vgl. *Diederichsen,* Rechtsschutz gegen Persönlichkeitsrechtsverletzungen, in: FS Gerda Müller, S. 507 (522).

[1363] Soweit ersichtlich ist über den Pflichtenkreis der Betreiber *sozialer Netzwerke* (wie Facebook) noch nicht entschieden worden. Ihre Lage ist mit denen der Blog-Host-Provider weitgehend vergleichbar, so dass eine Übertragung des abgestuften und prozeduralisierten Pflichtenprogramms angemessen wäre. Allerdings handelt es sich dort in aller Regel um singuläre Äußerungen, die dem Datenschutzrecht unterfallen (näher dazu unten S. 306).

[1364] Dazu BGH, NJW 2012, S. 2345 (2346) – RSS-Feed.

[1365] BGH, NJW 2007, S. 2558 (2559). Zutreffend hat der BGH in diesem Zusammenhang eine Parallele zur Verantwortlichkeit eines Rundfunksenders gesehen: Während dieser für die Äußerungen in einem Live-Interview i. d. R. nicht verantwortlich ist, liegt es allein in seiner Hand, ob er eine Wiederholung ausstrahlt.

Druckwerken wie Bibliotheken und Buchhandlungen, würde ihn eine Pflicht zur umfassenden rechtlichen Prüfung der Äußerungen Dritter auch nicht wegen der zu befürchtenden Masse an Beanstandungen überfordern. Vor diesem Hintergrund muss sich der Betroffene auch nicht darauf verweisen lassen, zunächst gegen den Dritten vorzugehen.

Diese Grundsätze der zurückgenommenen Haftung für Rechtsverletzungen, die auf Äußerungen Dritter beruhen, sind zwar bislang nur für Fälle der *ursprünglichen* Rechtswidrigkeit einer Äußerung oder sonstigen anfänglichen Rechtsverletzungen Dritter entwickelt worden, die dahinterstehenden Erwägungen lassen aber eine Übertragung auf die Konstellation des *nachträglichen* Publikationsexzesses zu.

bb) Begrenzung der Störerhaftung bei nachträglichem Publikationsexzess auch für Autoren und Verleger

Im Folgenden soll der Frage nachgegangen werden, ob auch die Passivlegitimation von Autoren und Verlegern als Störer einer Begrenzung unterliegt, wenn ein Fall des *nachträglichen* Publikationsexzesses in Rede steht.

In der Online-Archiv-Kontroverse haben die Hamburger Gerichte die beklagten Verlage und Rundfunkanstalten für die auf ihren Internetangeboten abrufbaren Beiträgen ohne Rücksicht auf das Einstellungsdatum als „echte Handlungsstörer" angesehen, weil „die allgemeine Zugänglichkeit der Meldung auf [ihrem] eigenen Verhalten beruht".[1366] Nach Ansicht dieser Gerichte könne auch der Umstand, dass der Beitrag ursprünglich rechtmäßigerweise in das Angebot eingestellt worden war, den Betroffenen aktuell „nicht von der Verpflichtung befreien zu überprüfen, ob die Gewährung des allgemeinen Zugangs [...] auch in Zukunft rechtmäßig sein wird". Es sei der Rechtsordnung schließlich nicht fremd, dass Informationen „von Gesetzes wegen nur eine beschränkte Zeit in zulässiger Weise verbreitet werden dürfen".[1367]

Eine solche Übertragung der für aktive Veröffentlichungen entwickelten Maßstäbe der unbegrenzten Störerhaftung für intellektuell verantwortete Beiträge auf die Konstellation des nachträglichen Publikationsexzesses führt im Ergebnis zu einem Eintritt der Passivlegitimation *allein kraft Zeitablaufs.* Zugleich mit dem Eintritt des Beitrags in die dritte Phase[1368] stünde auch die Unterlassungs-Schuldnerschaft der Autoren und Verleger fest; einer pflichtenbegründenden Erstabmahnung von Seiten des Betroffenen bedürfte es nicht.

[1366] OLG Hamburg, ZUM 2009, S. 232 (234); vgl. auch *Verweyen/Schulz,* AfP 2008, S. 133 (139); differenzierend *Härting,* CR 2009, S. 21 (25).

[1367] OLG Hamburg, ZUM 2009, S. 232 (234), unter Vw. auf § 23 Abs. 1 Nr. 1 KunstUrhG; § 58 Abs. 1, 2 UrhG; § 190 S. 2 StGB.

[1368] Vgl. oben S. 174.

(1) Unvereinbarkeit des Abmahnkostenrisikos
mit den primären Publikationsinteressen

Die Analyse der mit dem Recht auf medialen Neubeginn kollidierenden Grundrechte hat ergeben, dass die in der Abwägung unterlegenen (primären) Publikationsinteressen in der dritten Phase des Beitrags auf die Modalitäten des Veränderungsanspruchs einwirken.[1369] Denn die *konkrete Ausgestaltung* der Bedingungen, unter denen ein Veränderungsanspruch aufgrund eines nachträglichen Publikationsexzesses gewährt wird, bleibt nicht ohne (Vor-)Wirkung auf die ursprüngliche Veröffentlichung selbst. Im Raum steht ein abschreckender Effekt, der eine Art Selbstzensur befürchten lässt.

Der Bundesgerichtshof hat in der Online-Archiv-Kontroverse die Inanspruchnahme der Archivbetreiber als Störer deshalb als unzumutbar beurteilt, weil für die Betreiber eine Aufgabe des Online-Archivs oder zumindest eine nicht geschuldete Zurückhaltung bereits bei Abfassung der Beiträge ratsam erscheinen könnte.[1370] Und in der Tat unterscheidet sich die Archivierung von einer aktiven Veröffentlichung erheblich. Im letztgenannten Fall ist die sich nach den herkömmlichen Maßstäben ergebende Pflicht der Autoren und Verleger, jeden Beitrag *einmal* auf seine Rechtmäßigkeit *zum Zeitpunkt der Veröffentlichung* hin zu überprüfen, hinnehmbar. Anders liegt es bei der Konstellationen des nachträglichen Publikationsexzesses: Dieser ist an die konkreten Umstände gebunden, ohne dass sich dieser Zeitpunkt allgemein benennen ließe. Folglich würde die Fortschreibung der unbegrenzten Unterlassungshaftung dazu führen, dass die intellektuell Verantwortlichen bei Meidung der Abmahnkosten fortwährend anlasslos zur Prüfung eines jeden konfrontativen Beitrags verpflichtet wären.

Diese Belastung ist unzumutbar, nicht zuletzt weil die Eröffnung des Zugangs zu (zumindest ursprünglich rechtmäßigen) Informationen auch im gesellschaftlichen (öffentlichen) Interesse liegt.[1371] Deshalb verfängt auch der Einwand nicht, der Betroffene könne sich nicht dadurch seinen Verpflichtungen entziehen, dass er die Anzahl der vorgehaltenen Beiträge „auf einen für ihn nicht mehr überschaubaren Umfang anwachsen lässt" und sich anschließend „auf organisatorische und strukturelle Probleme" beruft.[1372]

[1369] Vgl. oben S. 176, 204, 208, 211 und 223.

[1370] BGHZ 183, 353 (363); zust. *Kröner,* Das allgemeine Persönlichkeitsrecht, in: HK-MedienR, 33. Abschnitt Rdnr. 70; *Boksanyi,* in: Wandtke, MedienR, § 5 Rdnr. 181. Vgl. ferner *Diesterhöft,* ZJS 2010, S. 251 (255).

[1371] Vgl. oben S. 221; zutreffend betont von BGHZ 183, 353 (363).

[1372] So aber LG Hamburg, Urt. v. 29.2.2008 – 324 O 469/07 (juris), Abs.-Nr. 28.

*(2) Ausdifferenzierung der Prüfungspflichten
intellektuell Verantwortlicher*

Für die wohl herrschende Meinung in der Online-Archiv-Kontroverse war die Unzumutbarkeit einer proaktiven Prüfungspflicht des Archivbetreibers lediglich ein zusätzliches Argument dafür, dass dieser nicht auf Unterlassung in Anspruch genommen werden könne.[1373] Die Überlegung war also Teil der *Abwägung* zwischen der Beeinträchtigung des Persönlichkeitsrechts und den entgegenstehenden Kommunikationsgrundrechten, die zur *Verneinung einer Rechtsverletzung* geführt hat.

Die Beurteilung der sich nach herkömmlichen Maßstäben für intellektuell Verantwortliche wie Autoren und Verleger ergebenden Verpflichtung zur anlasslosen und kontinuierlichen Prüfung älterer Beiträge war zwar der Sache nach zutreffend. Allerdings verstellt die Vermengung dieser Erwägung mit den inhaltlich für eine weitere Abrufbarkeit streitenden Belangen[1374] den Blick für eine wichtige Unterscheidung: Eine Freistellung von Autor oder Verleger *nach* Zugang einer pflichtenkonkretisierenden Erstabmahnung, die keine Kostenerstattungsansprüche nach sich zieht,[1375] ist bei näherem Hinsehen nicht gerechtfertigt. Denn mit dem Argument der abschreckenden (Vor-)Wirkung auf die rechtmäßige Publikation identifizierender Beiträge lässt sich – und hier liegt der entscheidende Punkt – gerade nicht die weitere Beibehaltung eines *als Unrecht erkannten* Beitrags rechtfertigen.

Zur Herstellung eines angemessenen Ausgleichs bietet sich, wie bereits an anderer Stelle angedeutet,[1376] eine Ausdehnung des für mittelbare Störer entwickelten Systems von ausdifferenzierten Prüfungs- und Verhaltenspflichten auf die Autoren und Verleger an.[1377]

[1373] Vgl. etwa BGHZ 183, 353 (362 f.); OLG Frankfurt a. M., AfP 2006, S. 568 (569).

[1374] Vgl. oben S. 270.

[1375] Diese Möglichkeit ist in der Online-Archiv-Kontroverse nur vereinzelt angesprochen worden, etwa von OLG Frankfurt a. M., AfP 2008, S. 621 (623); *Härting,* CR 2009, S. 21 (25).

[1376] *Diesterhöft,* ZJS 2010, S. 251 (255). *Libertus,* MMR 2007, S. 143 (147 f.), hat – soweit ersichtlich – erstmals einen entsprechenden Vorschlag unterbreitet. Warum die Begrenzung der (mittelbaren) Störerhaftung für von Dritten verantwortete Inhalte „erst recht für [eigene] Inhalte gelten [muss], die bei der Einstellung in ein Onlinearchiv rechtmäßig gewesen sind", wird allerdings nicht weiter ausgeführt. Andeutungen in diese Richtung finden sich ferner bei *Härting,* CR 2009, S. 21 (25); *Caspar,* JZ 2011, S. 211 (212), sowie – obiter dictum – in OLG Frankfurt a. M., AfP 2008, S. 621 (623). *Verweyen/Schulz,* AfP 2008, S. 133 (138) in Fn. 56, lehnen *Libertus'* Vorschlag dezidiert ab, weil die durch § 54 Abs. 2 RStV angeordnete Erstreckung der presserechtlichen Sorgfaltspflichten auf Online-Medien einer solchen Rücksichtnahme entgegenstehe.

[1377] Bei wertender Betrachtung nähert sich die Interessenlage zwischen beiden Gruppen mit zunehmender zeitlicher Distanz zur Veröffentlichung immer mehr an. Denn wegen der Rechtmäßigkeit der ursprünglichen Veröffentlichung besteht zwischen dieser

Für den Regelfall[1378] scheidet damit eine Passivlegitimation als Störer mit Blick auf ältere Beiträge *vor dem Zugang* einer pflichtenkonkretisierenden Erstabmahnung aus. Erst auf eine substantiierte Beschwerde des Betroffenen hin trifft die Autoren und Verleger die Verpflichtung, diese zügig zu prüfen und diejenigen Veränderungen vorzunehmen,[1379] die erforderlich sind, damit vom Beitrag zukünftig keine Verletzung des Persönlichkeitsrechts des Betroffenen mehr ausgeht (Rückkehr des Beitrags in die zweite oder gar erste Phase[1380]).

Auch nach einer solchen Einschränkung der Störerhaftung wird zwar *das Bereithalten* von Beiträgen allein *durch die Veränderung der Umstände*[1381] *unzulässig*; es steht dem Betroffenen allerdings nicht (mehr) bereits aus diesem Grund ein Veränderungsanspruch zu: Das „Bestehen einer […] Prüfungspflicht führt nur dann zu einem Unterlassungsanspruch, wenn der Störer nach Kenntniserlangung und Prüfung die Störung nicht unverzüglich beseitigt."[1382]

Ist so sichergestellt, dass sich der Adressat eines Veränderungsbegehrens nicht ohne Weiteres einem (Abmahn-)Kostenerstattungsanspruch ausgesetzt sieht, ist

---

und der später ohne weiteres Zutun der Autoren und Verleger eingetretenen Persönlichkeitsverletzung gleichfalls nur (noch) ein Zurechnungszusammenhang, der über die Kausalität kaum hinausgeht. Dabei ist insbesondere zu bedenken, dass die Zahl der Beiträge bei regelmäßig genutzten Internetseiten über die Zeit erheblich anwächst. Es wäre illusorisch, bezüglich älterer Beiträge von einem aktuellen Bewusstsein der Verantwortlichen hinsichtlich ihres (genauen) Inhalts auszugehen. Angesichts dessen stehen Autor, Verleger oder Archivbetreiber dem einzelnen (älteren) Beitrag aber kaum „näher" als der Betreiber eines Internetforums dem Eintrag eines Dritten.

[1378] Zur Ausnahme sogleich unten S. 288.

[1379] Zutreffend hat *Feldmann,* jurisPR-ITR 19/2008, Anm. 4, auf die Schwierigkeiten der Verwendung des Begriffs der „Prüfungspflichten" nach erfolgtem substantiierten Löschungsverlangen hingewiesen. Nähme man die Terminologie ernst, so wäre der in Anspruch Genommene lediglich zur (sorgfältigen) „Prüfung" verpflichtet. Wenn er dabei – sorgfältsgemäß, aber unzutreffend – ein Rechtsverletzung verneinte, würde er auch weiterhin nicht haften; das ist erkennbar nicht gemeint.
Eine Begrenzung des Pflichtenprogramms für die Zeit nach Zugang eines substantiierten Veränderungsverlangens, wie sie für manche der mittelbaren Störer anerkannt wurde, kommt für die unmittelbar Verantwortlichen überdies nicht in Betracht (vgl. auch *Diederichsen,* Rechtsschutz gegen Persönlichkeitsrechtsverletzungen, in: FS Gerda Müller, S. 507 [526]). Sie sind – anders als die technischen Intermediäre und „Hilfspersonen" (wie z. B. der Admin-C) – jeweils „Herr des Angebots" (BGH, NJW 2007, S. 2558 [2559]) und verfügen über umfassende tatsächliche oder rechtliche Einwirkungsmöglichkeiten auf Inhalt und Rezeptionsmodalitäten des beanstandeten Beitrags. Autoren und Verleger sind ferner am ehesten geeignet, die fortdauernde Abrufbarkeit des Beitrags auch vor Gericht zu verteidigen. Wer, wenn nicht sie, soll über die dazu notwendigen Hintergrundinformationen (vgl. zu diesem Argument für eine subsidiäre Haftung der Letztverbreiter gegenüber den Autoren und Verlegern OVG Berlin-Brandenburg, ZUM-RD 2011, S. 384 [386]) verfügen?

[1380] Vgl. dazu oben S. 175.

[1381] Zu „den Umständen" als modalem und nicht primär temporalem Kriterium oben S. 160.

[1382] BGH, NJW-RR 2009, S. 1413 (1416).

ein abschreckender Effekt auf den Grundrechtsgebrauch nicht zu besorgen.[1383] Denn den für den Beitrag inhaltlich Verantwortlichen ist zuzumuten, nach eingehender Prüfung der Beanstandung eine Entscheidung zu treffen und hierüber gegebenenfalls einen Rechtsstreit zu führen. Eine solche Verpflichtung trifft sie bereits bei der erstmaligen Veröffentlichung mit Blick auf die sich dort stellende Abwägung zwischen dem primären Publikationsinteresse und den konfligierenden (herkömmlichen) Ausprägungen des allgemeinen Persönlichkeitsrechts. Die verbleibende Sorge vor einer (kostenpflichtigen) Inanspruchnahme und damit die das gesellschaftliche Interesse an der Informiertheit der Öffentlichkeit tangierende Gefahr einer übereifrigen Reaktion auf Beschwerden,[1384] kann zwar durch prozedurale Regelungen, die insbesondere einen ungebührlichen Zeitdruck verhindern, abgemildert werden.[1385] Gänzlich vermeiden lassen sich Prozess(kosten)risiken in einem Rechtsstaat indes nicht.

Gegen die Übertragung der Einschränkungen der Störerhaftung auf „archivierte" Beiträge können auch keine durchgreifenden dogmatische Bedenken erhoben werden. Zwar führt die Anreicherung des Passivlegitimation um das Erfordernis der Verletzung von Prüfungs- und Verhaltenspflichten weg vom ursprünglichen Gehalt des § 1004 BGB. Sie ist aber keinesfalls ein systemfremder Eingriff unter Verweis auf das Verfassungsrecht, sondern knüpft an die *durch die Zivilrechtspraxis selbst initiierte „Wandlung der Störerhaftung zur Verschuldenshaftung"* an.[1386] Die dahinter stehenden Überlegungen lassen sich auch nicht –

[1383] Vgl. bereits *Diesterhöft*, ZJS 2010, S. 251 (255). So jetzt auch *Caspar*, JZ 2011, S. 211 (212); *Heckmann*, Die retrospektive Digitalisierung von Printpublikationen, S. 385 ff. Ähnlich OLG Düsseldorf, NJW 2011, S. 788 (791), zum Anspruch auf Ergänzung einer archivierten Meldung: „Andererseits wird vom Antragsgegner weder verlangt, dass er die Altmeldung in ihrer ursprünglichen Fassung abändert noch, dass er die von ihm veröffentlichten Altmeldungen immer wieder auf ihre Entwicklung und ihre Rechtmäßigkeit überprüft. Dass der damit verbundene zeitliche und personelle Aufwand unverhältnismäßig wäre, [...] braucht im vorliegenden Fall nicht weiter erörtert zu werden, weil der Antragsgegner von der Antragstellerin über die Veränderung des der Meldung zugrunde liegenden Sachverhalts *unterrichtet worden* ist und es lediglich um seine Störereigenschaft *ab positiver Kenntnis* und *ab dem von der Antragstellerin geäußerten Verlangen* geht" (Hervorh. d. Verf.).

[1384] Auch bei diesem Modell kann eine Sorge vor (kostenpflichtiger) Inanspruchnahme und damit die Möglichkeit einer übereifrigen Reaktion auf Beschwerden (vgl. dazu *Diederichsen*, Rechtsschutz gegen Persönlichkeitsrechtsverletzungen, in: FS Gerda Müller, S. 507 [522, 526]) nicht gänzlich ausgeschlossen werden. Dieser Zustand wäre ohne die völlige Preisgabe der gegenläufigen Persönlichkeitsrechte indes nicht zu erreichen.

[1385] Vgl. BGHZ 191, 219 (227 f.) – Blog-Host-Provider.

[1386] So *Lehment*, WRP 2012, S. 149 (152) m.w.N. Deutlich nunmehr auch BGH, NJW 2013, S. 2348 (2349 f.), wo die – auf den automatisch ausgewerteten Suchanfragen anderer Nutzer beruhenden – ehrverletzenden Suchwortergänzungsvorschläge („autocomplete") dem Suchmaschinenbetreiber zwar einerseits als eigene Inhalte zugerechnet werden, andererseits aber die Störereigenschaft des Betreibers davon abhängig gemacht wird, dass diesem eine konkrete Persönlichkeitsverletzung bekannt wird.

wie die Bezeichnung der mittelbaren Störer als „technische Verbreiter" nahelegen könnte – auf eine klar abgrenzbare Gruppe beschränken; vielmehr zeigt sich bei näherem Hinsehen, wie sehr die Unterscheidung zwischen mittelbarem und unmittelbarem Störer und damit die Erstreckung des differenzierten Pflichtensystems schon bisher von komplexen Wertungen geprägt ist.[1387]

Schließlich ist zu bedenken, dass sich die Erstreckung des gestuften Haftungsmodells bei betagten Beiträgen nur auf den ersten Blick ausschließlich negativ auf die Publikationsfreudigkeit auswirkt. Auf den zweiten Blick wird deutlich, dass die auf diesem Wege ermöglichte großzügigere Anerkennung eines Veränderungsanspruchs (nach substantiiertem Änderungsverlangen) zugleich die Verbreitung *aktueller* identifizierender Beiträge im Internet erleichtert: Zum einen sinkt die Hemmschwelle für die Publikation eigener und die Zustimmung zu derjenigen fremder Beiträge. Zum anderen besteht zwischen der Gewährung eines Löschungs- bzw. Anonymisierungsanspruchs und den Maßstäben für die Rechtmäßigkeit einer identifizierenden Berichterstattung eine *Wechselwirkung* dergestalt, dass die strikte Ablehnung einer nachträglichen Veränderungspflicht zugleich die Rechtfertigungsanforderungen an eine identifizierende Berichterstattung unweigerlich erhöhen muss.[1388] Ohne den hier vorgeschlagenen differenzierten Ansatz würde deshalb nicht zuletzt das Informationsinteresse der Öffentlichkeit bei aktuellen Themen deutlich beschnitten, so dass z. B. nur noch über derart gravierende Fälle identifizierend berichtet werden dürfte, in denen prognostiziert werden könnte, dass auch erhebliche Resozialisierungsgefährdungen dauerhaft gerechtfertigt sein werden.[1389]

(3) Verschärfte Haftung bei latentem Veränderungsbedarf

Die Rücksichtnahme auf denjenigen, der die Verbreitung (nunmehr) persönlichkeitsrechtsverletzender Inhalte (mit) zu verantworten hat, setzt stillschweigend voraus, dass dieser keine Kenntnis von den die Rechtswidrigkeit der Inhalte

---

[1387] Das hat *Heckmann,* Die retrospektive Digitalisierung von Printpublikationen, S. 385 f., am Beispiel der Entscheidung BGH, NJW 1999, S. 1960 – Möbelklassiker, deutlich herausgearbeitet. Darüber hinaus kann – mit umgekehrten Vorzeichen – auf die Entscheidung BGH, NJW 1976, S. 799 – Alleinimporteur, verwiesen werden, in der ein technischer Verbreiter deshalb in Anspruch genommen werden konnte, weil der Betroffene im Heimatland des Verlegers keinen effektiven Rechtsschutz zu erwarten hatte.

[1388] Noch wird die Zulässigkeit eines Beitrags allein mit Blick auf die Konsequenzen der aktuellen Veröffentlichung beurteilt, vgl. beispielhaft BGH, NJW 2013, S. 1681 (1683): „Allein von der tagesaktuellen Berichterstattung, die mit dem Abschluss des Verfahrens ein Ende findet, geht indes keine derart schwerwiegende Stigmatisierung in einer solchen Breitenwirkung aus, dass eine dauerhafte oder lang anhaltende soziale Ausgrenzung zu befürchten wäre, die hier in der Abwägung das Berichterstattungsinteresse überwiegen müsste."

[1389] Vgl. *Dreier,* Erinnern Sie sich … ?, FS Loewenheim, S. 67 (80), der diese Konsequenzen indes für unausweichlich hält.

begründenden Umständen hat und dass es deshalb unbillig wäre, ihm kontinuierlich anlasslose Prüfungen abzuverlangen.

Eine Verpflichtung, den eigenen Beitrag „im Blick zu behalten", erweist sich jedoch dann nicht von vornherein als unzumutbar, wenn dem verantwortlichen Autor oder Verleger zum Zeitpunkt der (rechtmäßigen) Veröffentlichung bewusst ist, dass eine rasche Veränderung der Umstände in näherer Zukunft nicht nur theoretisch denkbar ist, so dass das Abrufbarhalten des Beitrags mit größerer Wahrscheinlichkeit das Recht des Betroffenen auf medialen Neubeginn verletzten wird. Hier erscheint die Annahme „nachsorgender" Prüfungspflichten bei rechtmäßigem Handeln angemessen, für die sich in der Rechtsordnung an verschiedener Stelle Vorbilder finden.[1390]

So prolongiert die im zivilrechtlichen Produkthaftungsrecht entwickelte[1391] und auch im strafrechtlichen Produkthaftungsrecht dem Grunde nach anerkannte[1392] *Produktbeobachtungspflicht* die Verantwortlichkeit für seinerzeit sorgfaltsgemäß hergestellte und damit rechtmäßigerweise in Verkehr gebrachte Produkte über den Zeitpunkt des Inverkehrbringens hinaus.[1393] Das vom Verpflichteten geschaffene Risiko einer späteren Rechtsgutverletzung ist zwar ein erlaubtes, sozialadäquates Risiko, gleichwohl zählt es nicht allein deshalb bereits zum allgemeinen Lebensrisiko. Auf das hier zu behandelnde Problem der „Unfähigkeit

---

[1390] Vgl. *Schapiro,* Unterlassungsansprüche, S. 291 f., der mit vergleichbaren Erwägungen die Begrenzung der Haftung eines *mittelbaren* Störers durchbrechen will, wenn dieser „auf den Missbrauch durch seine User abzielt oder diesen jedenfalls fördern will".

[1391] Vgl. BGHZ 80, 199 (202) m.w.N.

[1392] Vgl. BGHSt 37, 106 (114 ff.). Weil die gewählte „Ingerenz-Konstruktion […] eine strafrechtlich relevante Produktbeobachtungspflicht voraus[setzt]", hat der Bundesgerichtshof für *Bloy,* Die strafrechtliche Produkthaftung, in: FS Maiwald, S. 35 (47), „der Sache nach positiv Stellung genommen." Allgemein zur – vorsichtigen – Orientierung der strafrechtlichen an der zivilrechtlichen Produkthaftung *Sternberg-Lieben,* in: Schönke/Schröder, StGB, § 15 Rdnr. 223 m.w.N.

[1393] Grundlegend RGZ 163, 21 (26): „Wer, wenn auch vielleicht unwissend, eine Gefahr für den allgemeinen Verkehr gesetzt hat, muß, sobald er die Gefahr erkennt, alles tun, was ihm den Umständen nach zugemutet werden kann, um sie abzuwenden. Entzieht er sich dem und lässt er einer solchen Gefahr, nachdem er sie erkannt hat, freien Lauf, so verstößt sein Verhalten ebenfalls gegen die der Allgemeinheit gegenüber bestehenden Pflichten und damit auch gegen die guten Sitten."
Neben diese passive Produktbeobachtungspflicht, die sich auf die Auswertung von an den Verantwortlichen gerichteten Hinweisen beschränkt – das würde dem Modell der zurückgenommenen Störerhaftung entsprechen –, kann je nach Schädigungspotenzial des Produkts eine *aktive* Produktbeobachtungspflicht hinzutreten, die auf die Beschaffung von Informationen über mögliche Schadensrisiken des eigenen Produkts gerichtet ist. Vgl. dazu BGHZ 80, 199 (202): „Der Hersteller darf sich nicht darauf verlassen, mehr oder weniger zufällig von solchen Gefahren Kenntnis zu erlangen. […] Der Warenhersteller ist daher, […] verpflichtet, diese Produkte sowohl auf noch nicht bekannte schädliche Eigenschaften hin zu beobachten als sich auch über deren sonstige, eine Gefahrenlage schaffende Verwendungsfolgen zu informieren […]."

des Internets zu vergessen" gewendet: Die Verpflichtung, die Zulässigkeit „riskanter Beiträge" auch nach der Veröffentlichung im Blick zu behalten, könnte nach dem „Sachgedanken der bedingten Gestattung einer qualifiziert riskanten Tätigkeit"[1394] Ausfluss einer qualifizierten Verantwortlichkeit nach Schaffung einer gesteigerten Gefahr für das Persönlichkeitsrecht sein, wobei vor allem das im Zeitpunkt des – rechtmäßigen – Handelns vorhandene Wissen um eine gesteigerte – gleichwohl sozialadäquate – Gefahr einer später eintretenden Rechtsverletzung[1395] ausschlaggebend wäre.

Jüngst hat der Bundesgerichtshof es als zumutbar erachtet, wenn der Anspruchsgegner zur Vermeidung eines absehbar durch Zeitablauf drohenden *nachträglichen Urheberrechtsverstoßes* bei Online-Veröffentlichungen selbsttätig über die fortdauernde Rechtfertigung wachen muss. Nicht nur das allgemeine Persönlichkeitsrecht, auch das Urheberrecht kann durch eine fortlaufend abrufbar gehaltene Veröffentlichung verletzt werden, obwohl die Veröffentlichungshandlung ursprünglich rechtmäßig war.[1396] So erlaubt die Schrankenregelung des § 50 UrhG zwar die Wiedergabe von Werken, die in einer Ausstellung gezeigt werden, in einem „tagesaktuellen" Bericht, der auch über das Internet veröffentlicht werden darf. Die anschließende, dauerhafte Abrufbarkeit dieses Berichts in einem Online-Archiv ist davon allerdings nicht mehr gedeckt.[1397] Das hat zur Folge, dass nach Ende der rechtfertigenden „Aktualität" ein weiteres Abrufbarhalten rechtswidrig wird. „[Die] Zulässigkeit eines dauerhaften öffentlichen Zugänglichmachens der Werke [folgt] auch nicht daraus, dass die Presse die Aufgabe, in ein Online-Archiv eingestellte Berichte *laufend auf ihre Aktualität zu prüfen* und wegen Fortfalls der Aktualität der Berichterstattung unzulässig gewordene Abbildungen urheberrechtlich geschützter Werke zu löschen, *nicht mit vertretbarem Aufwand bewältigen könnte.*"[1398]

[1394] *Freund,* in: MüKo-StGB, § 13 Rdnr. 122: „Wer qualifiziert riskante Tätigkeiten ausübt, die sozusagen mit dem mehr oder weniger ausdrücklichen oder stillschweigenden – weil selbstverständlichen – Vorbehalt versehen sind, bei Bedarf gefahrenabwendend tätig zu werden, muss das – wenn er diese Tätigkeit ausüben möchte – dann auch kraft einer entsprechenden Sonderverantwortlichkeit tun." Gleichsinnig *Würtenberger/ Heckmann,* Polizeirecht, Rdnrn. 447 ff., zur Polizeipflichtigkeit des Betreibers einer genehmigten Anlage bei Störungseintritt.

[1395] *Wagner,* in: MüKo-BGB, § 823 Rdnr. 647: „Die Intensität der Produktbeobachtungspflicht richtet sich nach den allgemeinen Regeln, d. h. sie ist abhängig einerseits vom Umfang des drohenden Schadens und dem *Grad der Gefahr,* andererseits von der Möglichkeit und wirtschaftlichen Zumutbarkeit von Beobachtungsmaßnahmen" (Hervorh. d. Verf.).

[1396] Daran zeigt sich, dass die Kategorie des nachträgliche Publikationsexzesses (vgl. oben S. 45) zwar internetspezifisch, aber nicht auf das allgemeine Persönlichkeitsrecht beschränkt ist.

[1397] BGH, GRUR 2011, S. 415 (416 f.); bestätigt durch BVerfG, NJW 2012, S. 754 ff. (NA-Beschluss).

[1398] BGH, GRUR 2011, S. 415 (417) (Hervorh. d. Verf.). Zu den offenkundigen Divergenzen zwischen I. und VI. Zivilsenat *Libertus,* CR 2012, S. 24 (27 ff.).

Übertragen auf die Konstellation des nachträglichen Publikationsexzesses folgt aus diesen Erwägungen eine Pflicht zur kontinuierlichen „nachsorgenden" Überwachung solcher Beiträge, bei denen bereits bei ihrer Veröffentlichung eine gesteigerte Wahrscheinlichkeit dafür besteht, dass sie alsbald in einen nachträglichen Publikationsexzess übergehen werden.

Dabei ist wichtig zu betonen, dass dies für den Regelfall einer rechtmäßigen Veröffentlichung im Internet nicht der Fall ist. Zwar ist der Eintritt eines nachträglichen Publikationsexzesses stets denkbar, der genaue Zeitpunkt ist aber letztlich ungewiss, weshalb eine Verpflichtung zur anlasslosen Überprüfung – nicht zuletzt mit Blick auf die Vielzahl der Beiträge – unzumutbar bleibt.

Mit einer zeitnahen Veränderung der Umstände ist vor allem bei einer – zulässigen – *Verdachtsberichterstattung* zu rechnen. Deshalb erscheint es diesbezüglich zumutbar, die selbst verfassten oder als Verleger zu verantwortenden Beiträge bis zur endgültigen Klärung „im Blick zu behalten". Dabei spielt nicht nur die leichte Erkennbarkeit einer möglichen Persönlichkeitsbeeinträchtigung (Entkräftung des Verdachts) eine Rolle, sondern auch der Umstand, dass der Aufwand für den Verpflichteten bei der überschaubaren Anzahl von zeitgleich offenen Fällen von Verdachtsberichten nicht allzu groß ist und damit eine abschreckende Wirkung auf die (ursprüngliche) Veröffentlichungstätigkeit nicht zu besorgen ist.[1399] Über den Bereich der Verdachtsberichterstattung hinaus dürften die gleichen Erwägungen auch Platz greifen, wenn Gegenstand ein *noch nicht in Rechtskraft erwachsenes Urteil* (bzw. ein noch angreifbarer Strafbefehl) ist. Der Abschluss des erstinstanzlichen Verfahrens wird zwar häufig als ausreichend für eine identifizierende Berichterstattung gesehen,[1400] aber auch hier dürfte sich eine proaktive „Nachsorge" nicht als übermäßig erweisen.[1401]

cc) Resümee

Das Einwirken der (primären) Publikationsinteressen auf die dritte Phase erfordert eine Erstreckung der Grundsätze der beschränkten Störerhaftung auf unmit-

---

[1399] Zur Bedeutung der quantitativen Belastung BVerfGE 77, 346 (357 f.) – Presse-Grosso.

[1400] BVerfG NJW 2009, S. 2117 (2119); NJW 2009, S. 3357 (3358); vgl. bereits BVerfGE 35, 202 (232).

[1401] In diesem Zusammenhang ist bedeutsam, dass die verschärfte Prüfungspflicht stets vom Fortbestand einer erhöhten Wahrscheinlichkeit abhängt, dass der Beitrag in einen nachträglichen Publikationsexzess umschlägt. Sie endet folglich, wenn mit einer alsbaldigen Veränderung der Umstände nicht mehr zu rechnen ist, weil sich z.B. der Verdacht (gerichtlich) bestätigt oder die Rechtsmittel gegen die Verurteilung zurückgewiesen worden sind. Diese gegenständlich und zeitlich begrenzte Belastung erscheint gerade auch Laien zumutbar. A.A. *Molle,* ZUM 2010, S. 331 (335), der für den Fall, dass es zu keiner „erneuten Verbreitung" des Beitrags kommt, keinen Unterschied zum Abrufbarhalten von Berichten über rechtskräftig Verurteilte erkennen will; ihm folgend *Kröner,* Das allgemeine Persönlichkeitsrecht, in: HK-MedienR, 33. Abschnitt Rdnr. 71.

telbar (intellektuell) Verantwortliche, um einen abschreckenden Effekt für den Gebrauch der Kommunikationsfreiheiten zu verhindern.

Damit ist ein Tätigwerden der Autoren, Verleger und sonstigen Archivbetreiber erst aufgrund einer pflichtenkonkretisierenden Erstabmahnung hin veranlasst. Liegt eine solche vor, muss der in Anspruch genommene in eine umfassende Prüfung eintreten und die anhaltende Verletzung des Betroffenen in seinem Recht auf medialen Neubeginn beenden. Die in der Online-Archiv-Kontroverse vorherrschende kategorische Ablehnung einer Pflicht zur Überprüfung und Veränderung eines „archivierten" Beitrags erweist sich demgegenüber als nicht haltbar. Im Gegenteil müssen Autoren und Verleger einen ursprünglich rechtmäßigen Beitrag sogar selbstständig im Blick behalten, solange aufgrund besonderer Umstände damit zu rechnen ist, dass der Beitrag in Kürze in die dritte Phase eintreten und das fortwährende Abrufbarhalten rechtswidrig werden wird.

Während die alternativ denkbare Entkopplung von Unterlassungs- und Kostenersatzanspruch[1402] mit schwierigen dogmatischen Folgefragen belastet ist, erweist sich die Aufladung der Passivlegitimation um Prüfungspflichten auch bei unmittelbar Verantwortlichen als organische Fortführung des von der zivilrechtlichen Praxis bereits eingeschlagenen Wegs.

c) Andauern der Störung bzw. Gefahr der Wiederholung
oder der Erstbegehung

Dritte Voraussetzung des Unterlassungsanspruchs ist die Feststellung des *Andauerns der Störung oder einer zukünftigen Gefahr der Wiederholung* derselben (§ 1004 Abs. 1 S. 1 u. 2 BGB).

Dabei hat sich – insbesondere aufgrund der Bedürfnisse des gewerblichen Rechtsschutzes – freilich die Regel herausgebildet, wonach die erstmalige Verletzung die Wiederholungsgefahr indiziert, so dass der Verpflichtete grundsätzlich nur durch *Abgabe einer unwiderruflichen, unbedingten und (vertrags)strafbewehrten Unterlassungserklärung* eine gerichtliche Verurteilung zur Unterlassung vermeiden kann[1403] und überdies – weil der Unterlassungsanspruch ja bis zu deren Abgabe bestand – zur *Erstattung der Rechtsverfolgungskosten* verpflichtet ist.[1404] Diese „tatsächliche Vermutung" soll grundsätzlich auch außerhalb des

---

[1402] Dahin geht der Vorschlag von *Lehment,* WRP 2012, S. 149 (156 f.): „Der Gläubiger kann in einem solchen Fall lediglich nicht die Erstattung seiner Abmahnkosten verlangen, aber das ist auch recht und billig, wenn dem [in Anspruch Genommenen] kein Sorgfaltsverstoß vorzuwerfen ist." Ähnlich *Ingendaay,* AfP 2011, S. 126 (133 f.), der für den Bereich des Urheberrechts auf die Möglichkeit verweist, nicht jede begründete Abmahnung auch als „berechtigt" i. S. d. § 97a Abs. 1 S. 2 UrhG anzusehen.

[1403] Statt vieler *Spindler/Anton,* in: Spindler/Schuster, Recht der elektronischen Medien, § 1004 BGB Rdnr. 16.

[1404] Vgl. zu diesem Konnex oben S. 66 m. Fn. 231 und S. 284.

Wettbewerbsrechts ihre Berechtigung haben, wobei sie insbesondere für den Bereich des Äußerungsrechts verschiedentlich aufgeweicht worden ist.[1405]

In der hier zu untersuchende Konstellation des (potenziellen) nachträglichen Publikationsexzesses ist indes deshalb kein Raum für eine besondere Rücksichtnahme auf die Belange der Verbreiter, weil die fortdauernde Abrufbarkeit des Beitrags nach Überwiegen des Rechts auf medialen Neubeginn (Eintritt in die dritte Phase) sich als Dauerdelikt darstellt, das *zu jeder Zeit* eine (fortdauernde) Störung des Rechts auf medialen Neubeginn begründet[1406] und überdies dem schutzwürdigen Interesse durch die Ausgestaltung der Passivlegitimation Rechnung getragen worden ist.

2. Rechtsfolge des Veränderungsanspruchs

Besteht der Unterlassungsanspruch nach alledem dem Grunde nach, weil das Recht auf medialen Neubeginn das sekundäre Publikationsinteresse an der Beibehaltung der unveränderten Abrufbarkeit überwiegt und auch eine weitere Rücksichtnahme auf die primären Publikationsinteressen einer Passivlegitimation nicht entgegenstehen, sind gleichwohl auf der Ebene der Rechtsfolge des Veränderungsanspruchs erneut die konfligierenden Belange zu berücksichtigen.

a) Ziel des Veränderungsanspruchs

Der Veränderungsanspruch ist darauf gerichtet, dem Verpflichteten aufzugeben, die zukünftige Verletzung des Rechts auf medialen Neubeginn zu unterlassen.[1407] Für die „stehengebliebenen" Beiträge bedeutet dies, dass sie nicht länger unverändert, d. h. mit *diesem* Inhalt und unter *diesen* Rezeptionsmodalitäten, zum Abruf bereitgehalten werden dürfen.

Wie bereits mehrfach betont wurde, ist die Reichweite des Veränderungsanspruchs begrenzt: Erforderlich ist lediglich, dass das Gewicht der Beeinträchtigung des Rechts auf medialen Neubeginn soweit herabgesetzt wird, dass entge-

---

[1405] BGH, NJW 1994, S. 1281 (1283); GRUR 2005, S. 76 (77 f.); ferner *Ricker/Weberling,* Hdb. PresseR, 44. Kap. Rdnr. 5 m.w.N. Insbesondere entfällt sie, wenn die Beeinträchtigung in Wahrnehmung berechtigter Interessen erfolgte und deshalb gerechtfertigt war, wie es etwa bei der gutgläubigen Verbreitung unwahrer Tatsachen im Rahmen des sog. Agenturprivilegs der Fall sein kann (KG Berlin, NJW-RR 2008, S. 356 [357]; vgl. auch BVerfG, NJW-RR 2000, S. 1209 [1211]; NJW-RR 2010, S. 1195 [1197 f.]).

[1406] Grundlegend BGH, NJW 2007, S. 2558 (2259): „In dem Unterlassen, einen als unzulässig erkannten Beitrag zu entfernen, liegt eine der Wiederholung einer Rundfunk- oder Fernsehaufzeichnung vergleichbare Perpetuierung der Verletzung des Persönlichkeitsrechts des Betroffenen."

[1407] Vgl. allgemein zum tenorierbaren Verbotsumfang im Medienrecht *Meyer,* Unterlassungsanspruch, in: HK-MedienR, 42. Abschnitt Rdnr. 25 m.w.N.

genstehende *sekundäre* Interessen die fortdauernde Abrufbarkeit – einstweilen – wieder rechtfertigen.[1408]

b) Mittelauswahl

Auf welche Weise der so geschuldete Veränderungserfolg herbeigeführt wird, ist bei einem Unterlassungsanspruch grundsätzlich dem Anspruchsgegner überlassen.[1409]

Gewendet auf die Veröffentlichung eines Beitrags im Internet bedeutet dies, dass er der Unterlassungsverpflichtung nicht nur dadurch nachkommen kann, dass er den Beitrag gänzlich aus dem Internetangebot entfernt. Vorrangig darf er zwei mildere Strategien in Betracht ziehen: Die erste besteht in der *Veränderung des Inhalts* unter Beibehaltung der unveränderten allgemeinen Zugänglichkeit [aa)], die zweite umfasst mehrere Möglichkeiten der persönlichkeitsrechts-schonenden *Gestaltung der Rezeptionsmodalitäten* bei gleichbleibendem Inhalt [bb)].[1410] Nur in Ausnahmefällen wird der letztgenannte Weg sich wegen des verbleibenden „Restrisikos" der Kenntnisnahme durch das soziale Umfeld als unzureichend erweisen [cc)].

Für Intermediäre wie Suchmaschinenbetreiber und Host-Provider ergeben sich aufgrund ihrer eingeschränkten Einflussmöglichkeiten schließlich Besonderheiten bei der Reichweite der Unterlassungsverpflichtung [dd)].

[1408] Vgl. oben S. 175. Erst recht wird der Veränderungsanspruch erfüllt, wenn die veränderte Meldung *sogar als Neuveröffentlichung* wieder zulässig wäre, weil die Beeinträchtigung infolge der Veränderungen so weit abgemildert wurde, dass die *primären* Interessen wieder überwiegen würden. Zur Prüfung können die zuvor entwickelten Leitlinien herangezogen werden (vgl. oben S. 271 ff.). Insbesondere im Fall der Verdachtsberichterstattung und der gutgläubigen Verbreitung unwahrer Tatsachenbehauptungen wiegt die Beeinträchtigung des Rechts auf medialen Neubeginn indes (zu) schwer, weil der Betroffene diese nicht „verschuldet" hat.

[1409] Vgl. BGHZ 59, 205 (208), sowie BGHZ 67, 252 (253 f.), m.w.N. auch zu den Ausnahmen (dazu würde auch die Pflicht zur vollständigen Anonymisierung zählen, vgl. unten S. 299).
Dieses Wahlrecht des Schuldners hat Konsequenzen für die Bestimmtheitsanforderungen an Antrag (§ 253 Abs. 2 Nr. 2 ZPO) und Tenor eines Unterlassungstitels, BGH, NJW 2009, S. 2823 (2824): „Ein auf die konkrete Verletzungsform beschränktes Unterlassungsgebot greift nicht nur dann, wenn der Presseartikel wortgleich wiederholt wird, sondern auch dann, wenn die darin enthaltenen Mitteilungen *sinngemäß ganz oder teilweise Gegenstand einer erneuten Berichterstattung* [...] sind. Ob dies der Fall ist, hat das für die Vollstreckung nach § 890 ZPO zuständige Prozessgericht zu beurteilen. Dazu bedarf es keines in die Einzelheiten gehenden Urteilstenors des Vollstreckungstitels. [...] Die Reichweite des Verbots hat das Prozessgericht als Vollstreckungsorgan aufgrund des Urteilstenors und der Gründe des Vollstreckungstitels zu ermitteln." Folglich braucht der Kläger „nur die [...] zu unterlassende Beeinträchtigung anzugeben" (*Baldus*, in: MüKo-BGB, § 1004 BGB Rdnr. 305).

[1410] Zur Kombination beider Wege näher unten S. 299.

aa) Veränderung des Inhalts (Anonymisierung)

Die praktisch einfachste Möglichkeit, dem Anliegen des Rechts auf medialen Neubeginn Rechnung zu tragen, besteht darin, den beanstandeten Beitrag fortan nur noch in einer anonymisierten oder pseudonymisierten[1411] Fassung im Internet abrufbar zu halten.[1412] Ist die Identifikation des Betroffenen danach faktisch ausgeschlossen,[1413] ist es auch eine Rechtsverletzung:

Das allgemeine Persönlichkeitsrecht gewährt keinen Schutz davor, durch anonymisierte Schilderungen *selbst* an die eigene Vergangenheit erinnert zu werden.[1414] Relevant ist allein das Risiko, dass Dritte den Betroffenen wegen ihres anderweitig erworbenen Vorwissens mit dem anonymisiert geschilderten Vorgang in Verbindung bringen. Diese Beeinträchtigung erweist sich als vergleichsweise gering, weil sie keine zwischenzeitlich aufgebauten sozialen Kontakte betrifft und damit weniger entwicklungshemmend wirkt.

Die *technische Umsetzung* der Anonymisierung ist unter den Bedingungen der Digitalisierung deutlich erleichtert. So kann die Volltextsuche dazu genutzt werden, den Namen des Betroffenen auch in größeren Dokumenten oder über mehrere Dokumente hinweg aufzufinden und, je nach Datei-Format, automatisch durch Initialen, ein (als solches erkennbares) Pseudonym oder durch einen Platzhalter (z. B. „[…]") zu ersetzen.[1415] Weil von digitalen Dokumenten beliebig viele Kopien ohne nennenswerte Qualitätseinbußen oder Mehrkosten erzeugt werden können,[1416] kann der Anspruchsgegner zudem eine unverfälschte digitale Kopie *intern* beibehalten und diese nach Verblassen des postmortalen Persönlichkeitsschutzes oder unter anderen Rezeptionsmodalitäten (erneut) zugänglich machen.

bb) Veränderung der Rezeptionsmodalitäten

Die Anonymisierung der publizierten Dokumente beseitigt die Beeinträchtigung des Rechts auf medialen Neubeginn weitestgehend. Sie bringt aber zugleich auch mit der Manipulation des Inhalts eine tiefgreifende Beeinträchtigung der für die Veröffentlichung streitenden Belange mit sich. Je nachdem, welche Ziele der Anspruchsgegner mit der Archivierung bezweckt, wird sich für ihn die technisch

---

[1411] Unter Anonymisierung wird im Folgenden die für hiesige Zwecke funktional äquivalente Verwendung eines Pseudonyms mit gemeint, die aus stilistischen Gründen vorzugswürdig erscheinen mag.

[1412] *Verweyen/Schulz,* AfP 2008, S. 133 (139).

[1413] Nur mit erheblichem Zusatzwissen lässt sich die Berichterstattung auf den Betroffenen beziehen.

[1414] Das ist der   oftmals verkannte – Kern der zweiten Lebach-Entscheidung, NJW 2000, S. 1859 (1860 f.), der im Gegensatz zur ersten (BVerfGE 35, 202) eine anonymisierte (!) Schilderung zugrunde lag.

[1415] Vgl. *Verweyen/Schulz,* AfP 2008, S. 133 (139).

[1416] Vgl. nur *Mayer-Schönberger,* Delete, S. 54 ff.

aufwendigere Veränderung der Rezeptionsmodalitäten als vorzugswürdig erweisen. In Betracht kommt die Errichtung von Zugriffshürden [(1)] und die Manipulation der Auffindbarkeit mit allgemeinen Suchmaschinen [(2)].

(1) Errichtung von Zugangshürden (insbesondere:
   Kostenpflichtigkeit des Zugriffs)

Nicht alle Inhalte sind im Internet ohne Weiteres zugänglich. Mitunter ist eine (kostenlose) „Anmeldung" erforderlich, z. B. bei den sozialen Netzwerken und manchen digitalen Bibliotheken.[1417] Teilweise wird der Zugang auch nur gegen Zahlung eines Entgelts gewährt (sog. „Pay-Wall"), insbesondere bei Zeitungsarchiven.[1418]

Während das OLG Hamburg in der Online-Archiv-Kontroverse den Standpunkt eingenommen hat, dass es auf die genauen Rezeptionsmodalitäten nicht ankommt, solange der Betroffene *überhaupt* befürchten muss, dass der Beitrag im Internet aufgefunden wird,[1419] hat der Bundesgerichtshof sowohl im Fall einer „Pay-Wall" als auch im Fall eines kostenpflichtigen Dossiers eine erhebliche Erschwerung des Zugangs erblickt, die *zusätzlich* gegen die Annahme einer erheblichen Breitenwirkung der Beiträge spricht.[1420]

Die Frage, ob die Kostenpflichtigkeit des Zugangs eine erhebliche Verminderung der Beeinträchtigung des Rechts auf medialen Neubeginn bewirkt, kann indes nicht ohne nähere Betrachtung der *genauen Ausgestaltung* beantwortet werden. Die Beeinträchtigung nimmt nur dann stark ab, wenn die hinter einer Zugangshürde vorgehaltenen Beiträge bei einer Namenseingabe in eine externe Suchmaschine nicht nachgewiesen werden.[1421] Wird nämlich der Nutzer einer Suchmaschine, der – ohne auf den Beitrag bezogenes Vorwissen – schlicht den Namen des Betroffenen eingegeben hat, auf die Seite des Verlegers geführt, dürfte er neugierig werden, welche Informationen sich hinter der „Pay-Wall" ver-

---

[1417] Z. B. beim Projekt DDR-Presse der Staatsbibliothek zu Berlin (http://zefys. staatsbibliothek-berlin.de/ddr-presse).

[1418] So z. B. die FAZ und die SZ, nicht aber DIE ZEIT oder DER SPIEGEL. Manche Verlage verlangen auch für den Zugang zu den *aktuellen* Inhalten ein Entgelt, wie z. B. DER SPIEGEL und viele Regionalzeitungen.

[1419] OLG Hamburg, ZUM 2009, S. 232 (233); ZUM 2009, S. 857 (859).

[1420] BGH, WRP 2011, S. 591 (594 f.); NJW 2010, S. 2432 (2435). Auch BGHZ 181, 328 (341) – Spickmich, hat wegen des Anmeldeerfordernisses das Gewicht der Persönlichkeitsbeeinträchtigung geringer veranschlagt. Selbst unter Berücksichtigung der vom Gericht nicht gewürdigten Umgehungsmöglichkeiten (vgl. *Kaiser*, NVwZ 2009, S. 1474 [1476]) bleibt ein spürbarer Unterschied gegenüber einer Auffindbarkeit der Bewertung bei Eingabe des Namens des Betroffenen in eine allgemeine Suchmaschine (zutreffend *Paal*, RdJB 2010, S. 459 [470], unter Vw. auf das französische Pendant „note2be. com").

[1421] Zu unspezifisch daher *Diesterhöft*, ZJS 2010, S. 251 (255).

bergen; erst recht, wenn der Inhalt des Beitrags wie üblich im frei zugänglichen Bereich grob skizziert wird. Eine substantiell andere Bewertung der Beeinträchtigung gegenüber der freien Abrufbarkeit der Beiträge kann also nicht *allein* durch die Errichtung von (finanziellen oder administrativen) Zugangshürden erreicht werden.

(2) Ausschluss von „Zufallstreffern" über Suchmaschinen

Kommt folglich eine Rückkehr des nicht anonymisierten Beitrags in die zweite (oder gar erste) Phase i.d.R. nur dann in Betracht, wenn er „nicht durch bloße ‚Zufallstreffer' bei gängigen Suchmaschinen auffindbar ist",[1422] nimmt die persönlichkeitsrechtsschonende Ausgestaltung der Auffindbarkeit des Beitrags über (allgemeine) Suchmaschinen eine Schlüsselstellung unter den Mitteln zur Herbeiführung des gebotenen Veränderungserfolgs ein.[1423]

Als zu undifferenziert erweist sich dabei die in der Online-Archiv-Kontroverse geäußerte Einschätzung der Hamburger Gerichte, wonach es keinen Unterschied mache, „ob die betreffende Meldung in der Weise auffindbar ist, dass sie mittels Suchmaschinen *oder* Querverweisen über das Schlagwort der Tat (hier: ‚Mord an W. S.') *oder* den Namen des Täters auffindbar ist, denn in beiden Fällen droht eine Gefährdung der Resozialisierung des Täters: Seine Auffindbarkeit über die Tat muss ihn befürchten lassen, dass die seinen Namen enthaltende Meldung von Internetnutzern aufgefunden wird, die als Multiplikatoren fungieren und seine Beteiligung an der Tat durch neue Berichterstattungen einer größeren Öffentlichkeit wieder zugänglich machen."[1424]

(a) Verwahrung gegenüber Suchmaschinen-Indizierung
    und Deep-Linking

Die verantwortlichen Autoren und Verleger verfügen über eine Reihe von technischen Möglichkeiten, durch „negative" Suchmaschinenoptimierung[1425] „Zufallstreffer" bei Eingabe des Namens des Betroffenen in externe Suchmaschinen zu erschweren oder auszuschließen, auch ohne auf eine Namensnennung des Betroffenen ganz zu verzichten.[1426] Eine vergleichsweise einfache Möglichkeit, auf

---

[1422] *Heckmann,* Die retrospektive Digitalisierung von Printpublikationen, S. 382.

[1423] Vgl. hierzu *Elixmann,* Datenschutz und Suchmaschinen, S. 75 f.

[1424] OLG Hamburg, ZUM 2009, S. 232 (233); ZUM 2009, S. 857 (859) (Hervorh. d. Verf.). Vgl. nunmehr aber LG Hamburg, Urt. v. 8.6.2012 – 324 O 221/11 (oben S. 57 in Fn. 170), S. 22.

[1425] Vgl. bereits – ohne nähere Ausführungen – *Härting,* CR 2009, S. 21 (25 f.).

[1426] Vgl. nur BGHZ 181, 328 (341) – Spickmich.de: „Die Daten können weder über eine Suchmaschine noch über die [Startseite] *nur mit Eingabe eines Namens* abgerufen werden" (Hervorh. d. Verf.).

die Rezeptionsmodalitäten Einfluss zu nehmen, besteht darin, sich gegen die Indizierung einer Internetseite durch eine Suchmaschine zu verwahren.[1427]

Dies kann etwa durch eine in der robots.txt-Datei bzw. in den Meta-Daten der
eigenen Seite an die Suchroboter der Suchmaschinen gerichtete Bitte geschehen,
eine bestimmte (Unter-)Seite des eigenen Internetangebots nicht nachzuweisen.[1428] Aufwendiger ist die Möglichkeit, mit Hilfe sog. „Session-IDs" den Zugriff auf bestimmte Unterseiten vom Besuch der Startseite des eigenen Angebots
abhängig zu machen und so einen direkten Verweis auf den dort bereit gehaltenen Beitrag (sog. „Deep-Link") zu erschweren.[1429]

(b) Nutzung nicht maschinenlesbarer (Bild-)Dateien mit
     anonymisiertem Metatext („Google Book Search"-Lösung)

Wesentlich aufwendiger ist es, die Beschränkung der Auffindbarkeit zu bewirken, indem die Volltextsuche durch Suchmaschinen von der Darstellung des Beitrags entkoppelt wird. Die retrospektive Digitalisierung von Büchern in der
„Google Book Search" könnte hierbei als Vorbild dienen: Wird der beanstandete
Beitrag inhaltlich unverändert wie dort als nicht maschinenlesbare Bild-Datei bereitgehalten, ist dieser Inhalt für die Suchroboter der Suchmaschinen nicht durch-
suchbar und kann in der Suchmaschine nicht nachgewiesen werden.

Um die Auffindbarkeit des Beitrags gleichwohl weitgehend ungeschmälert zu
gewährleisten, kann eine maschinenlesbare Text-Datei „hinter" dem Bild bereitgehalten werden, die nur für die Suchmaschine, nicht aber für den Nutzer ausles-
bar ist.[1430] Wird in diesem „versteckten" Volltext ausschließlich der Name des
Betroffenen unterdrückt, kann der Beitrag im Übrigen *bei Eingabe anderer Suchbegriffe* über Suchmaschinen aufgefunden und durchsucht werden.

[1427] Vgl. BGHZ 185, 291 (307) – Vorschaubilder I: „[D]ie Klägerin [hat sich] mit
dem Einstellen der Abbildungen [...] in das Internet, *ohne diese gegen das Auffinden
durch Suchmaschinen zu sichern,* mit der Wiedergabe [...] in Vorschaubildern der Suchmaschine [...] einverstanden erklärt" (Hervorh. d. Verf.).

[1428] Hierbei handelt es sich um Quasi-Standards bei der Konfiguration einer Webseite, mit deren Hilfe – eine entsprechende Programmierung der Suchmaschinen (den
sog. „robots") vorausgesetzt – der Betreiber bestimmen kann, welche Seiten von den
Suchmaschinen indiziert und damit bei Eingabe entsprechender Suchbegriffe nachgewiesen werden sollen. Die großen Suchmaschinenbetreiber, insbesondere Google,
Yahoo! und Bing, versprechen, sich daran zu halten. Vgl. zur Funktionsweise http://
www.robotstxt.org sowie die Wikipedia-Artikel „Robots Exclusion Standard" und
„Meta-Element" m.w.N. Vgl. ferner die Erläuterung von *Ott,* WRP 2007, S. 605 (608);
Sieber, Technische Grundlagen, Handbuch Multimedia-Recht, Teil 1 Rdnrn. 99 ff.; *Hor-
nung/Hofmann,* JZ 2013, S. 163 (168) m. Fn. 47.

[1429] Vgl. bereits *Diesterhöft,* ZJS 2010, S. 251 (254) m. Fn. 35. Dass Vorkehrungen
auch umgangen werden können (vgl. BGH, NJW 2011, S. 769 [771]), steht der Tauglichkeit der Maßnahme nicht per se entgegen.

[1430] Hierzu *Kubis,* ZUM 2006, S. 370 (372); *Ott,* GRUR Int 2007, S. 562 (564);
Heckmann, Die retrospektive Digitalisierung von Printpublikationen, S. 370 f.

(c) Anonymisierung des durch Suchmaschinen auffindbaren Beitrags
mit Verweis auf einen nicht durch Suchmaschinen auffindbaren
unveränderten Beitrag

Das vorstehend erläuterte Verfahren ist zwar elegant, aber technisch anspruchsvoll. Seine Wirkung lässt sich aber auch für Laien dadurch (weitgehend) nachbilden, dass *eine anonymisierte Fassung des Beitrags* ins Internet eingestellt und damit zur Erschließung durch Suchmaschinen im (modifizierten) Volltext zugänglich gemacht wird und zugleich *der Beitrag in seiner ursprünglichen, identifizierenden Form* auf einer anderen (Unter-)Seite bereitgehalten wird, für die sich der Seitenbetreiber gegen eine Indizierung verwahrt.

Wenn das anonymisierte Dokument aufgerufen wird, etwa nachdem es über eine Suchmaschine bei Eingabe eines „neutralen" Suchbegriffs aufgefunden wurde, kann sodann auf die Möglichkeit der Ansicht des unveränderten Dokuments hingewiesen werden. Auf diese Weise wird die abträgliche Information ebenfalls nicht als Zufallstreffer bei Eingabe des Namens des Betroffenen in eine Suchmaschine nachgewiesen.

Die beiden letztgenannten Möglichkeiten stellen minimalinvasive Methoden dar, die einiges an Aufwand und technisches Wissen erfordern, zugleich aber unnötige Belastungen der Kommunikationsfreiheiten vermeiden. Wer das Dokument mit einem anderen, nicht „neugiergetriebenen" Suchinteresse sucht, sieht sich keiner „Zensur" ausgesetzt. Denn anders als beim vollständigen Ausschluss der Durchsuchbarkeit bleibt der Beitrag auch praktisch auffindbar. Und mehr noch: Internetnutzer, die auf anderen Wegen als über die Eingabe des Namens des Betroffenen in eine Suchmaschine auf diesen Beitrag gestoßen sind, bekommen eine unverfälschte Version des Beitrags angezeigt. Im Ergebnis wird also eine Situation erreicht, in der diejenigen, die ein sachliches Interesse am Beitrag haben, diesen – wie in einem herkömmlichen (Offline-)Archiv[1431] – unverändert einsehen können, während der Zufallsfund über die Eingabe des Namens in eine Suchmaschine vermieden wird.

cc) Verdichtung des Anspruchsinhalts im Ausnahmefall

Schließt der Verpflichtete die Auffindbarkeit des Beitrags (bei Eingabe des Namens des Betroffenen) über allgemeine Suchmaschinen wirksam aus, verzichtet aber zugleich auf eine Anonymisierung, bleibt die Möglichkeit, dass der identifizierende Beitrag auf anderem Wege – also aus Sicht des Betroffenen durch einen „echten" Zufall – aufgefunden und *anschließend von Dritten weiterverbreitet wird*. Insbesondere wegen der Möglichkeiten zur Verbreitung von Inhalten und Links in sozialen Netzwerken, über die in kürzester Zeit große Teile eines Freun-

---

[1431] *Heckmann,* ebd., S. 383.

des- und Bekanntenkreises erreicht werden können, sind die Folgen einer solchen Re-Publikation nicht zu unterschätzen.[1432]

Dieser Umstand muss in die Abwägung einfließen, mit der ermittelt wird, ob die vorgenommenen Veränderungen die Beeinträchtigung des Rechts auf medialen Neubeginn wieder hinter das sekundäre (oder – im Wege des Erst-recht-Schlusses – hinter das primäre) Publikationsinteresse zurücktreten lassen. Hierbei werden regelmäßig verschiedene Faktoren eine Rolle spielen, etwa das Gewicht der Beeinträchtigung durch die abträgliche Information und die Wahrscheinlichkeit für eine Wahrnehmung der Information im sozialen Umfeld einerseits und das Gewicht des fortbestehenden Interesses an der unveränderten Erschließung der Information für anderweitig motivierte Recherchen[1433] andererseits. Die rechtliche Verantwortlichkeit des Informationsrezipienten zur Wahrung der Persönlichkeitsrechte bei einer etwaigen Weiterverbreitung ist zwar ebenfalls in Rechnung zu stellen, darf aber unter den Bedingungen der Anonymität nicht überbewertet werden.

Nur wenn diese Abwägung ergibt, dass das Risiko eines „Zufallstreffers" vom Betroffenen nicht (weiter) hingenommen werden muss, verdichtet sich der Inhalt des Veränderungsanspruchs im Einzelfall zu einer vollständigen Anonymisierung.

dd) Anspruchsinhalt gegenüber Intermediären

Der Unterlassungsanspruch kann sich auch gegen Intermediäre wie Host-Provider oder den Betreiber einer Suchmaschine richten, insbesondere wenn ein Vorgehen gegen den Autor bzw. Verleger unmöglich oder unzumutbar ist.[1434] Bei der Bestimmung des Anspruchsinhalts müssen deren beschränkte Einwirkungsmöglichkeiten beachtet werden.

Während die Betreiber sozialer Netzwerke und Suchmaschinen auf Ebene des konkret beanstandeten Beitrags handeln und diesen gezielt unterdrücken bzw. aus den Suchergebnissen herausfiltern können,[1435] ergibt sich bei Host-Providern ein

---

[1432] OLG Hamburg, ZUM 2009, S. 232 (233): „Seine Auffindbarkeit über die Tat muss ihn befürchten lassen, dass die seinen Namen enthaltende Meldung *von Internetnutzern* aufgefunden wird, *die als Multiplikatoren* fungieren und seine Beteiligung an der Tat durch neue Berichterstattungen einer größeren Öffentlichkeit wieder zugänglich machen." (Hervorh. d. Verf.).

[1433] Vgl. die differenzierten Regelungen für privilegierte Recherche-Vorhaben in Archiven, wie sie etwa § 5 Abs. 5 S. 3 und 4 BArchG und § 32 StUG enthalten.

[1434] Vgl. oben S. 277.

[1435] Vgl. die Übersicht von Google (http://google.com/transparencyreport); ferner für die von Microsoft betriebene Suchmaschine Bing (http://microsoft.com/info/Search.aspx). Die Suchmaschinenbetreiber reagieren durchaus auf Anfragen, denen die Verletzung von Persönlichkeitsrechten zugrunde liegt, vgl. oben S. 25 mit Fn. 15 sowie OLG Hamburg, MMR 2012, S. 62 (63): „Der Kläger beanstandete zunächst mehrere

differenziertes Bild. Während der Bundesgerichtshof für Blog-Host-Provider davon ausging, dass diese durchaus in der Lage sind, einzelne Beiträge zu löschen,[1436] ist bei Überlassung einer Domain mit Speicherplatz zum Betrieb einer eigenen Webseite hiervon nicht ohne Weiteres auszugehen. Kann der Host-Provider nur das gesamte Angebot des Autors bzw. Verlegers abschalten,[1437] sind die zwangsläufig damit einhergehenden „Overblocking"-Effekte[1438] in die Abwägung einzustellen. Gleichwohl kann aus Gründen des effektiven Grundrechtsschutzes auf die Möglichkeit der Abschaltung eines gesamten Internetauftritts als ultima ratio nicht verzichtet werden, wenn der Verantwortliche auf die vom Betroffenen erhobenen und womöglich über den Host-Provider weitergeleiteten Beschwerden nicht reagiert.

Wegen der Abhängigkeit des Vorliegens einer Persönlichkeitsrechtsverletzung von den konkreten Inhalten und Umständen der Veröffentlichung[1439] würde eine weitergehende *Verpflichtung zur anlasslosen Überprüfung weiterer (zukünftiger) persönlichkeitsverletzender Inhalte* eine unverhältnismäßige Belastung der Intermediäre darstellen.[1440]

III. Datenschutzrechtliche Ansprüche

Bei Äußerungen, die in Ausübung der Kommunikationsfreiheiten getätigt oder verbreitet werden, ist der Anwendungsbereich des Datenschutzrechts auf *singuläre,* d.h. nicht in einen „institutionellen" Kontext eingebettete Äußerungen be-

---

Suchergebnisse gegenüber der Beklagten, die diese daraufhin aus den Ergebnislisten ihrer Suchmaschine entfernte." Vgl. zuvor bereits OLG Hamburg MMR 2010, S. 141 (141): „Die von der Antragsgegnerin betriebene – personenbezogene – Suchmaschine hat zwar [persönlichkeitsrechtsverletzende] Internetauftritte nachgewiesen [...]. [...] Nachdem sie [...] die beanstandeten Nachweise aus ihrem Internetangebot gelöscht hatte, lag eine von ihr zu vertretende Beeinträchtigung [...] nicht vor."

[1436] BGHZ 191, 219 (227): Bleibt eine Stellungnahme aus, „ist [...] der beanstandete Eintrag zu löschen."

[1437] Vergleichbares gilt für den Admin-C, der einzig die Domain kündigen und damit den gesamten Internetauftritt vom Netz nehmen kann (vgl. oben S. 280).

[1438] Dieses Phänomen ist bislang v. a. mit Blick auf die gegen die Access-Provider gerichteten ordnungsbehördlichen „Sperrverfügungen" (vgl. oben S. 25 in Fn. 15) diskutiert worden. Access-Provider können – mehr noch als Host-Provider – nur sehr grob vorgehen und müssten regelmäßig auch legale Inhalte Dritter sperren (vgl. dazu *Schneider,* MMR 2004, S. 18 [21 ff.]). Zu ähnlichen Schwierigkeiten beim Einsatz von „Filtern", um den Missbrauch von File-Sharing- und Videodiensten zu (Urheber-)Rechtsverletzungen zu verhindern EuGH, Rs. C-70/10 – Scarlet Extended, Slg. 2011, I-12006 (12027 f.), MMR 2012, S. 174 (176); Rs. C-360/10 – SABAM, MMR 2012, 334 (337).

[1439] Vgl. statt vieler BGHZ 158, 218 (224 ff.); 177, 119 (131).

[1440] OLG Hamburg, MMR 2012, S. 62 (63 f.); ferner *Volkmann,* CR 2003, S. 440 ff., der auf das Verbot anlassloser Überwachungspflichten für (Access- und Host-)Provider in Art. 15 Abs. 1 RL 2000/31/EG auch für das Vollstreckungsverfahren hinweist (vgl. bereits oben S. 211 m. Fn. 1001).

schränkt (2.).[1441] Anders liegt es bei den *Publikationen öffentlicher Stellen* (3.).
Letztgenannte können sich – von den öffentlich-rechtlichen Rundfunkanstalten
abgesehen – unter keinen Umständen auf das Medienprivileg berufen.[1442] Wo
keine fachgesetzlichen Regelungen bestehen, ist auf die Rechtsbehelfe des Datenschutzrechts abzustellen.

Für beide Konstellationen ist jedoch vorrangig darzulegen, warum nutzergenerierte Inhaltsdaten nicht dem strengen Regime des TMG für Nutzungsdaten
unterfallen, was eine dauerhafte Speicherung von vornherein weitgehend ausschließen würde (1.).

1. Nutzergenerierte Inhaltsdaten
sind keine Nutzungsdaten i. S. d. § 15 TMG

§ 1 Abs. 4 TMG verweist für Anforderungen hinsichtlich des *Inhalts* aller Telemedien auf den RStV. Weil dieser jedoch allein Regelungen für *journalistisch-
redaktionell* gestaltete Telemedien enthält, bleibt es im Übrigen bei der Geltung
der allgemeinen Gesetze (vgl. § 54 Abs. 1 S. 3 RStV). Falls es sich bei den in
den Beiträgen enthaltenen personenbezogenen Daten um Nutzungsdaten i. S. d.
§ 15 TMG handeln würde, wäre das TMG unter diesen allgemeinen Gesetzen lex
specialis gegenüber Bundes- bzw. Landesdatenschutzgesetz und die Speicherung
und Übermittlung der Daten wäre erheblich eingeschränkt. Diese Frage ist in der
Literatur umstritten, wobei die Auseinandersetzung bereits auf die Vorgänger-
regelungen der §§ 3, 6 TDDSG zurückreicht.[1443]

Bei näherem Hinsehen zeigt sich, dass der Gesetzgeber als „Nutzer" nur die
Rezipienten der Telemedienangebote im Blick hatte und nicht die Autoren und
Verleger, weshalb die besseren Gründe gegen eine solche Einordnung sprechen.
Denn während der Wortlaut Raum für eine umfassende Interpretation des Begriffs „Nutzerdaten" lassen mag,[1444] weist die Intention des Gesetzgebers den
Weg zu einem engeren Verständnis: So zielte die – in §§ 13, 15 TMG inhaltlich
unverändert übernommene[1445] – Regelung des § 6 TDSSG darauf ab, den (Rezi-
pienten-)Nutzer vor einer *Registrierung seines Medienkonsums* zu schützen, indem einerseits nur die Nutzungsdaten vom Anbieter erhoben werden dürfen, die

---

[1441] Vgl. oben S. 241.

[1442] Vgl. nur *Gola/Schomerus,* BDSG, § 41 Rdnr. 5.

[1443] Überblick bei *Spindler/Nink,* in: Spindler/Schuster, Recht der elektronischen
Medien, § 15 TMG Rdnr. 3; *Kamp,* Personenbewertungsportale, S. 57 ff.; *Karg/Fahl,*
K&R 2011, S. 453 (458) – jeweils m.w.N.

[1444] „Nutzung" des Telemediums verstanden als Dauervorgang der Verbreitung von
Inhalten, der nicht mit der Trennung der Verbindung, sondern erst mit der Löschung
durch den Nutzer beendet wird.

[1445] BT-Drs. 16/3078, S. 15 f.

zwingend für die Bereitstellung der Inhalte oder die Abwicklung des Vertragsverhältnisses erforderlich sind,[1446] und andererseits die unvermeidbar anfallenden „Nutzungs- und Abrechnungsdaten aufgrund ihrer hohen Sensitivität beim jeweiligen Diensteanbieter verbleiben" sollen.[1447] Die restriktiven Sonderregelungen des TMG beziehen sich also allein auf die bei der Benutzung anfallenden Meta-Daten (Gegenstand, Dauer und Häufigkeit der Nutzung bestimmter Angebote) und nicht auf die vom Nutzer selbst *publizierten Inhalte*. Ihre Speicherung und Übermittlung richtet sich folglich nach dem allgemeinen Datenschutzrecht.

2. Wirkungsgleiche Übertragung der äußerungsrechtlichen Ergebnisse auf singuläre Äußerungen

Bei Publikationen privater Stellen kommen in erster Linie zwei datenschutzrechtliche Ansprüche des Betroffenen in Betracht: Während sich der *Löschungsanspruch* des § 35 Abs. 2 S. 2 BDSG[1448] gegen die fortwährende Speicherung des mit dem Recht auf medialen Neubeginn konfligierenden Beitrags richtet, zielt der Anspruch aus §§ 1004, 823 Abs. 2 BGB analog i.V.m. § 4 Abs. 1 BDSG auf die *Unterlassung einer zukünftigen Übermittlung an Dritte*.

a) Angleichung an äußerungsrechtliche Maßstäbe

Gemeinsame Voraussetzungen beider Ansprüche ist in der Konstellation des nachträglichen Publikationsexzesses das *Entfallen einer ursprünglich bestehenden Berechtigung zur Datenverarbeitung* i.S.d. § 4 Abs. 1 BDSG. Beim Löschungsanspruch geht es um die fortdauernde Berechtigung zur Speicherung der personenbezogenen Daten, d.h. des nichtanonymisierten (vgl. § 3 Abs. 6 BDSG) Beitrags. Hier kommt allein die Vorschrift des § 29 Abs. 1 BDSG („Speicherung zum Zweck der Übermittlung an Dritte") als „Erlaubnisnorm" i.S.d. § 4 Abs. 1 Var. 1 BDSG in Betracht.[1449] Die beim Unterlassungsanspruch in Rede stehende

---

[1446] BT-Drs. 13/7385, S. 24.

[1447] BT-Drs. 13/7385, S. 25.

[1448] Das deutsche Datenschutzrecht wird gem. § 1 Abs. 5 BDSG (vgl. Art. 4 lit. a RL 95/46/EG) durch dasjenige eines anderen Mitgliedstaates verdrängt, wenn der Diensteanbieter dort seinen Sitz bzw. seine Niederlassung hat. Inwiefern sich für die hier zu beantwortenden Fragen etwas anderes ergibt, erscheint fraglich (vgl. die verbindlichen Maßgaben der Art. 6, 7, 9 RL 95/46/EG). Ihr kann im Rahmen dieser Untersuchung ebenso wenig nachgegangen werden wie derjenigen, welche Anforderungen an den Betrieb einer solchen Niederlassung zu richten sind (vgl. dazu VG Schleswig, Beschl. v. 14.2.2013 – 8 B 60/12 [juris], Abs.-Nr. 14 ff.). Zur Sinnhaftigkeit dieser Untersuchung trotz eines möglichen Vorrangs der Europäischen Grundrechte im Einzelfall bereits oben S. 49.

[1449] Vgl. BGHZ 181, 328 (335 ff.) m.w.N.

Befugnis zur Übermittlung an Dritte durch Veröffentlichung des Beitrags kann sich allein aus § 29 Abs. 2 BDSG ergeben.[1450]

Dabei erfordert Art. 5 Abs. 1 GG eine umfassende verfassungskonforme Auslegung und Anwendung der datenschutzrechtlichen Vorschriften, weil die mit Blick auf ganz andere Konstellationen (Auskunfteien, Adresshandel) gefassten Tatbestände zu verfassungsrechtlich unhaltbaren Ergebnissen führen würden.[1451] Vor diesem Hintergrund sind die Normen in der Rechtsprechung im Ergebnis auf einen Abwägungstatbestand reduziert worden, der dem des Äußerungsrechts entspricht,[1452] weshalb es zu einer weitgehenden Angleichung an die vorstehend entwickelten äußerungsrechtlichen Maßstäbe kommt.[1453]

Anders als bei den dort vorherrschenden journalistisch-redaktionellen Beiträgen, unterfallen dem Datenschutzrecht die singulären Äußerungen, wie sie in sozialen Netzwerken, in Kommentarspalten oder auf einer privaten (nicht-journalistisch) betriebenen Internetseite veröffentlicht werden. Hier kommen vor allem die individuellen Aspekte der Kommunikationsfreiheit wie die Möglichkeit, frei sagen zu können, was einen bewegt, und der ungehinderte Austausch über das gemeinsame soziale Umfeld zum Tragen.[1454] Die Vorstellung, „nicht einmal die Wahrheit sagen zu dürfen", erscheint auf den ersten Blick unerträglich. Für die angemessene Einschätzung der Beeinträchtigung der Kommunikationsfreiheiten ist es wichtig, sich die begrenzte Reichweite eines Veränderungsanspruchs des Betroffenen vor Augen zu führen. Ihm wäre viel geholfen, wenn die entsprechende Äußerung nicht für jedermann frei zugänglich bzw. über Suchmaschinen auffindbar verbreitet würde. Die *individuelle* Kommunikation, wie sie früher (fern)mündlich oder postalisch stattgefunden hat, würde davon umgekehrt nicht berührt. In seinem persönlichen Umfeld, aber auch gegenüber seinen regelmäßi-

---

[1450] Vgl. BGHZ 181, 328 (343 f.) m.w.N. A. A. OLG Hamburg, NJW-RR 2011, S. 1611 (1612), das im Fall eines Forenbetreibers ohne nähere Begründung auf § 28 Abs. 2 BDSG rekurriert.

[1451] So würde eine nicht „geschäftsmäßige" Äußerung nicht von § 29 BDSG erfasst, weshalb eine Erlaubnisnorm fehlte und die Übermittlung über das Internet ohne Rücksicht auf den Inhalt gem. § 4 BDSG verboten wäre (vgl. *Kamp,* Personenbewertungsportale, S. 95 f.). Vgl. dazu bereits oben S. 243 ff.

[1452] Vgl. nur BGHZ 181, 328 (338 ff.). Das OLG Hamburg, NJW-RR 2011, S. 1611 (1613), umschreibt dies – wenn auch aus anderem Blickwinkel – zutreffend wie folgt: „Auch aus dem allgemeinen Persönlichkeitsrecht kann der Kläger einen Unterlassungsanspruch nicht herleiten. Insoweit greifen – dies schon, weil das Datenschutzrecht letztlich nur eine Ausprägung des Rechts auf informationelle Selbstbestimmung als Bestandteil des allgemeinen Persönlichkeitsrechts ist – in der Sache die gleichen Überlegungen, die für die datenschutzrechtlichen Erwägungen maßgebend sind."

[1453] Folglich kann hinsichtlich Voraussetzungen und Rechtsfolge eines datenschutzrechtlich fundierten Veränderungsanspruchs auf die obigen Ausführungen verwiesen werden.

[1454] Vgl. oben S. 199 und 205.

gen Blog-Lesern und „Freunden" in sozialen Netzwerken könnte der Autor bzw. Verleger den Beitrag *bei Ausschluss der Auffindbarkeit über Suchmaschinen*[1455] unverändert abrufbar halten, ja vermutlich sogar beliebig oft wiederholt veröffentlichen. Damit beschränkt sich das Maß der Rücksichtnahme, das vom Anspruchsgegner verlangt würde, auf den Ausgleich des Überschusses an publizistischer Wirkungsmacht gegenüber der herkömmlichen individuellen Kommunikation,[1456] welche die neuen Formen der Selbst-Entäußerung im Internet für jedermann aufweisen.

b) Verhältnis von Löschungs- und Unterlassungsanspruch

Vor diesem Hintergrund kann sich die Untersuchung der datenschutzrechtlichen Ansprüche bei Äußerungen Privater auf die verbleibenden Besonderheiten beschränken. Hierzu zählt die Koexistenz von Löschungs- und Unterlassungsanspruch, die sich nur dann erhellt, wenn an die Möglichkeit gedacht wird, die Berechtigung einer Speicherung zum Zwecke der Übermittlung („ob") zu bejahen und zugleich die Art und Weise der Übermittlung („wie") zu beanstanden.

So kann der datenschutzrechtliche Löschungsanspruch aufgrund seiner unflexiblen Rechtsfolge („Löschung") nur dann zugesprochen werden, wenn allein eine umfassende Anonymisierung des Beitrags den Anforderungen des Rechts auf medialen Neubeginn Rechnung trägt.[1457] Besteht demgegenüber ein überwiegendes Interesse an der *internen* Speicherung des Beitrags mit Blick auf die Nutzung für zukünftige rechtmäßige Veröffentlichungen,[1458] kann mit Verweis auf das Recht auf medialen Neubeginn (nur) eine schonendere Gestaltung der Rezeptionsmodalitäten verlangt werden. Erreichen lässt sich dieser Veränderungserfolg nicht über den Löschungs-, sondern ausschließlich durch den auch auf den Modus der Übermittlung bezogenen Unterlassungsanspruch.

[1455] Bei sozialen Netzwerken ist – soweit ersichtlich – eine Suche nach dem Namen des Betroffenen in den Beiträgen Dritter für andere Nutzer zur Zeit nicht möglich.

[1456] Vgl. bereits oben S. 31. Vgl. auch *Peifer,* JZ 2012, S. 851 (856): „Die massenkommunikative Wirkung von Netzinhalten ist [...] den klassischen Medien mehr und mehr vergleichbar. Der Netzinhalt ist damit etwas anderes als die ‚laienprivilegierte' Äußerung [...] in der Eckkneipe am Samstagabend. Auch hier muss man allerdings nach wie vor danach differenzieren, ob eine Äußerung in einem geschützten, privaten Forum [...] oder aber im offenen Netz verbreitet wird."

[1457] Das ist (nur) im Ausnahmefall denkbar (vgl. dazu S. 299).

[1458] Herkömmlicherweise ermöglichen die datenschutzrechtlichen Medienprivilegien den Betrieb traditioneller Pressearchive, in denen personenbezogene Daten „auf Vorrat" *bereitgehalten* werden, weil sie zukünftig rechtmäßigerweise als Hintergrundinformation genutzt oder sogar erneut *veröffentlicht* werden könnten (vgl. oben S. 65 in Fn. 221). Vieles spricht dafür, dass eine solche interne Speicherung außerhalb der geschäftsmäßigen Betätigung (hierauf sind ja §§ 28, 29 BDSG zugeschnitten) auch journalistischen Laien gestattet sein muss, weil *dieser Umgang* mit dem Beitrag wegen § 1 Abs. 2 Nr. 3 BDSG nicht dem Verbotsprinzip des § 4 Abs. 1 BDSG unterfällt.

c) Begrenzung der Störerhaftung und Ausgestaltung
des Löschungsanspruchs als verhaltener Anspruch

Ohly hat auf eine Besonderheit der datenschutzrechtlichen Ansprüche hingewiesen: Während das Äußerungsrecht auf der Stufe der Passivlegitimation mit
dem abgestuften Konzept von Täter-, Teilnehmer- und Störerhaftung Differenzie-
rungspotenziale bereithalt, die nach dem oben Ausgeführten auch zur Herstellung
einer abgewogenen Rechts- und Pflichtenlage genutzt werden müssen, ist das Datenschutzrecht infolge seiner technisch-atomistischen Anknüpfung an einzelne
Datenverarbeitungsvorgänge von einem denkbar weiten Begriff der „verantwortlichen Stelle" (§ 3 Abs. 7 BDSG) geprägt.[1459] Daraus könnte ein Konflikt mit
dem primären Publikationsinteresse erwachsen, das auf die Modalitäten des Veränderungsanspruchs einwirkt, um eine abschreckende Wirkung auf die Publikationstätigkeit zu verhindern.

Auf den Unterlassungsanspruch aus §§ 1004, 823 Abs. 2 BGB i.V.m. § 4
BDSG trifft die Einschätzung indes *Ohlys* nicht zu. Auch hier kann über die bei
§ 1004 BGB angesiedelte „Stellschraube" der Störereigenschaft die Passivlegi-
timation verneint werden, solange auf eine pflichtenkonkretisierende Erstabmah-
nung[1460] angemessen reagiert worden ist. Beim datenschutzrechtlichen Lö-
schungsanspruch (§ 35 Abs. 2 S. 2 BDSG) ist dieser Weg allerdings versperrt.
Hier muss die verfassungsrechtlich gebotene Rücksichtnahme auf Ebene des
Datenschutzrechts sichergestellt werden.[1461] Freilich bedarf es keiner (weiteren)
„Verbiegung" der Tatbestände, weil die in der Zivilrechtsdogmatik etablierte
Figur des verhaltenen Anspruchs[1462] fruchtbar gemacht werden kann. Verhaltene
Ansprüche zeichnen sich dadurch aus, dass bei Vorliegen aller Tatbestands-
voraussetzungen i.e.S. Erfüllbarkeit und Fälligkeit von einem gesonderten
Erfüllungsverlangen des Gläubigers abhängen.[1463] Wird bei ursprünglich
rechtmäßigen Beiträgen die Fälligkeit der datenschutzrechtlichen Pflicht zur
Löschung bzw. Anonymisierung des Beitrags in diesem Sinne auf den Zugang
des Veränderungsverlangens gesetzt, kann dieses (wie die pflichtenkonkreti-

---

[1459] *Ohly,* AfP 2011, S. 428 (438).

[1460] Vgl. oben S. 283. Die hierfür vorgebrachten Gründe gelten auch für nicht-redaktionell Tätige. Hinzu kommt das gesamtgesellschaftliche Interesse an einem freien Ge-
dankenaustausch „einfacher" Bürger untereinander, den das Internet in dieser Form erst
ermöglicht hat.

[1461] Host-Provider fallen bereits unter die Regelung des §§ 10, 7 Abs. 2 TMG, was
auch hinsichtlich des Löschungsanspruchs zu einer Beschränkung der Handlungspflich-
ten auf ein Tätigwerden nach Zugang einer pflichtenkonkretisierenden Erstabmahnung
führt.

[1462] Z.B. BGH, NJW 2012, S. 917 (918), m.w.N. für den Auskunftsanspruch aus
§ 666 Var. 2 BGB.

[1463] Vgl. nur BGH, NJW 2012, S. 917 (918).

sierende Erstabmahnung) nicht Anknüpfungspunkt eines Kostenerstattungsanspruchs sein.

3. Publikationen öffentlicher Stellen

Das verfassungsrechtliche Verhältnis zwischen öffentlichen Stellen[1464] und den betroffenen Bürgern wird durch die datenschutzrechtlichen Prinzipien – anders als das Verhältnis der Bürger untereinander – treffend abgebildet.[1465] Die sich aus dem Verhältnismäßigkeits- und Zweckbindungsgrundsatz ergebenden Restriktionen der Datenverarbeitung „passen" auch im Bereich des Rechts auf medialen Neubeginn auf das informatorische Staatshandeln.

Als Anspruchsgrundlagen für den Veränderungsanspruch des Betroffenen kommen der datenschutzrechtliche Löschungsanspruch (§ 20 Abs. 2 BDSG[1466]) sowie der Anspruch auf Unterlassung einer unberechtigten Übermittlung (§ 4 BDSG i.V.m. dem öffentlich-rechtlichen Unterlassungsanspruch[1467]) in Betracht.[1468]

a) Zulässigkeit von Speicherung und Übermittlung

Zentrale Anspruchsvoraussetzung ist die Unzulässigkeit der weiteren Speicherung bzw. Übermittlung, was nach dem Verbotsprinzip des § 4 Abs. 1 BDSG immer dann der Fall ist, wenn die staatliche Stelle nicht auf eine Befugnis zur Speicherung bzw. Übermittlung verweisen kann. Eine solche kann sich – neben den spezialgesetzlichen Normen[1469] – aus § 14 Abs. 1 bzw. § 16 Abs. 1 BDSG ergeben, solange die weitere Publikation des Beitrags zur Erfüllung der staatlichen Aufgaben erforderlich ist.

[1464] Die öffentlich-rechtlichen Rundfunkanstalten sind Presse und privatem Rundfunk gleichgestellt, soweit sie in Ausübung der Rundfunk- und Meinungsfreiheit handeln (vgl. BVerfGE 31, 314 [322]).

[1465] Vgl. nur *Masing,* NJW 2012, S. 2305 (2306, 2309).

[1466] Bei den dem Landesdatenschutzrecht unterfallenden öffentlichen Stellen ergeben sich die gleichen Ansprüche. Zur besseren Lesbarkeit werden nachfolgend allein die Normen des BDSG zitiert.

[1467] Ungeachtet der Kontroverse um seine dogmatische Verortung sind Tatbestand und Rechtsfolge weitgehend konsentiert; sie entsprechen denjenigen des bürgerlich-rechtlichen Unterlassungsanspruchs (vgl. statt vieler BVerfGE 82, 76 [77 f.] m.w.N.).

[1468] Auf die für Pflichtteilsbibliotheken und Archive geltenden Vorschriften wird im Folgenden nicht näher eingegangen. Sie enthalten – soweit ersichtlich – (noch) keine auf die Gewährung des Zugangs über das Internet angepassten Regelungen, so dass die nachfolgenden Überlegungen zu den ebenfalls unspezifischen Datenschutzgesetzen auf sie übertragen werden können.

[1469] Vgl. oben S. 233. Sie werden im Folgenden nicht im Einzelnen begutachtet, weil sich in der Regel nichts für die Zulässigkeit einer dauerhaften Dokumentation der Veröffentlichung herleiten lässt, vgl. nur VGH BW, NVwZ 2013, S. 1022 (1024), zu § 40 Abs. 1a LFGB.

aa) Zulässigkeit einer hypothetischen aktiven Veröffentlichung

Das ist sicher dann der Fall, wenn sogar eine hypothetische aktive Veröffentlichung des Beitrags statthaft wäre. Wie gesehen, müssen staatliche Publikationen – abgesehen von der in dieser Untersuchung ausgeklammerten Frage nach der Erforderlichkeit einer (bereichsspezifischen) Ermächtigungsgrundlage – jedenfalls den Anforderungen der Verständlichkeit, Richtigkeit, Sachlichkeit und Verhältnismäßigkeit genügen.[1470] Vor diesem Hintergrund ist in einem ersten Schritt zu prüfen, ob sich die Umstände (in der Zeit) so verändert haben, dass die Prüfung (der Verhältnismäßigkeit) nunmehr zugunsten des Betroffenen ausfällt.

Dabei muss neben der möglichen Zunahme der Beeinträchtigung vor allem darauf geachtet werden, ob der erstrebte Zweck bereits erreicht wurde (weil z.B. die Fahndung oder Suche nach dem Betroffenen erfolgreich war) oder ob die Zweckerreichung im Gegenteil ausgeschlossen erscheint, also ein Zweckfortfall zu konstatieren ist. In beiden Fällen erwiese sich die weitere aktive Veröffentlichung mangels Eignung als evident unverhältnismäßig.[1471] Ist der (primäre) Zweck der Veröffentlichung die „Information der Öffentlichkeit", um diese zu einer zeitnahen Reaktion zu veranlassen, z.B. bei einer Produktwarnung zum Zwecke der Gefahrenabwehr[1472], rückt die Aktualität als Eignungskriterium in den Vordergrund.[1473]

bb) Begrenzte Rechtfertigungskraft
sekundärer staatlicher Publikationszwecke

Ergibt diese Prüfung, dass eine aktive Veröffentlichung (und damit zugleich die Speicherung und Übermittlung i.S.d. BDSG) nicht mehr gerechtfertigt werden kann, ist zu untersuchen, ob die staatliche Stelle rechtmäßigerweise sekundäre Zwecke mit dem *Abrufbarhalten des Beitrags* an einer weniger prominenten Stelle (z.B. in einem Online-Archiv) verfolgen darf. Dabei ist nach den (sich womöglich überlagernden) Zwecken zu differenzieren:

Ist der ursprünglich verfolgte Zweck endgültig erreicht worden oder fortgefallen, kann er zur Rechtfertigung auch geringster Beeinträchtigungen nicht mehr

---

[1470] Vgl. *Guckelberger,* Informationsvorsorge des Staates im Internet, in: Hill/ Schliesky (Hrsg.), Vermessung des virtuellen Raums, S. 73 (103 ff.); ferner oben S. 233.

[1471] Zweckerreichung und Zweckfortfall als Eingriffsgrenze kommen im Verwaltungsvollstreckungsrecht am deutlichsten zum Ausdruck, z.B. § 11 VerwVollstrG bw; § 65 Abs. 2 VerwVollstrG nw.

[1472] Vgl. *Guckelberger,* Informationsvorsorge des Staates im Internet, in: Hill/ Schliesky (Hrsg.), Vermessung des virtuellen Raums, S. 73 (111 ff.); ferner oben S. 236 m. Fn. 1126.

[1473] Für die hier nicht näher beleuchteten (Personen-)Bewertungsportale (vgl. oben S. 32 m. Fn. 54) kommt dem „Zeitmoment" (*Paal,* RdJB 2010, S. 459 [468]) ebenfalls eine zentrale Bedeutung zu, vgl. auch BGHZ 181, 328 (341) – Spickmich.de.

herangezogen werden. Bezweckte die Veröffentlichung ursprünglich eine zeitnahe Reaktion und kommt der Aktualität der Information deshalb eine überragende Bedeutung zu, kann vom Absinken der Beeinträchtigung infolge verschlechterter Rezeptionsmodalitäten ebenfalls keine ausgleichende Wirkung ausgehen; im Gegenteil lässt dies an der Eignung zweifeln.

Mit Blick auf die originär sekundären Publikationszwecke soll die Frage nach dem Vorliegen einer diese tragenden Ermächtigungsgrundlage[1474] wiederum ausgeklammert bleiben und grundsätzlich von der Zulässigkeit einer Änderung bzw. Ergänzung der Publikationszwecke um die Herstellung größtmöglicher Transparenz durch lückenlose Dokumentation staatlicher Verlautbarungen ausgegangen werden. Bei der Verhältnismäßigkeitsprüfung kann auf die Erkenntnisse zurückgegriffen werden, die hinsichtlich des gesellschaftlichen Interesses an der Informiertheit der Öffentlichkeit gewonnen worden sind:[1475] Schon beim Betrieb von *herkömmlichen Archiven* ist die Befugnis zur Archivierung nicht frei von rechtlichen Grenzziehungen; vielmehr muss aus Rücksicht auf das Persönlichkeitsrecht des Betroffenen über den Zugang *im Einzelfall* und *unter Abwägung* der widerstreitenden Belange entschieden werden.[1476]

Die enorme Erweiterung des Kreises potenzieller Rezipienten, die mit der Möglichkeit des Fernzugriffs und der Auffindbarkeit mit Hilfe von Suchmaschinen einhergeht, führt zu einer sehr viel größeren Beeinträchtigung des Betroffenen, was verschärfte Rechtfertigungsanforderungen nach sich ziehen muss. Abgesehen von Vorgängen von größtem öffentlichem Interesse (z.B. Dokumentation des Vorgehens staatlicher Behörden bei gravierenden terroristischen Aktivitäten) dürfte die *unveränderte* Abrufbarkeit des identifizierenden Beitrags über den Zeitpunkt hinaus, in dem eine aktive aktuelle Veröffentlichung nicht mehr zulässig wäre, i.d.R. nicht gerechtfertigt sein.[1477]

Wie auch bei Veröffentlichungen Privater geht es im Ergebnis nicht um eine Alles-oder-Nichts-Entscheidung.[1478] Im Gegenteil dürfte mit der Rekonstruktion

---

[1474] Vgl. dazu bereits oben S. 236.

[1475] Vgl. oben S. 268.

[1476] Z.B. § 5 Abs. 6 Nr. 2 BArchG i.V.m. § 3 Abs. 3 Verordnung über die Benutzung von Archivgut beim Bundesarchiv – BArchBV –; § 6 Abs. 6 Nr. 2 LArchG bw. Hinzu treten zahlreiche, im Einzelnen divergierende Detailregelungen zur Verlängerung (z.B. § 5 Abs. 5 S. 5 BArchG; § 6 Abs. 4 S. 1 LArchG bw), Verkürzung (z.B. § 5 Abs. 5 S. 1–4 BArchG; § 6 Abs. 4 S. 2, 3 LArchG bw) oder Nichtgeltung der Fristen für bestimmte Konstellationen (z.B. § 5 Abs. 3 S. 2, Abs. 4 BArchG; § 6 Abs. 3 LArchG bw). Für die Deutsche Nationalbibliothek sieht § 7 Nr. 4 Abs. 4 lit. a der Benutzungsordnung v. 5.2.2009 einen Ausschluss der Nutzung vor, wenn „Persönlichkeitsrechte verletzt werden". Vgl. auch §§ 7 ff. i.V.m. § 5 IFG.

[1477] Vgl. bereits oben S. 236.

[1478] Vgl. oben S. 295. Ausführlicher *Diesterhöft*, Probleme der digitalen Zugangseröffnung zu analogen Inhalten durch Bibliotheken und Archive, in: Peifer/Steinhauer (Hrsg.), Die digitale Bibliothek, i.E.

der bei der herkömmlichen Archivnutzung herrschenden Verhältnisse (z. B. durch Beschränkung der Durchsuchbarkeit bei Fernzugriff über das Internet) dem berechtigten Veränderungsbegehr des Betroffenen Genüge getan sein.[1479]

b) Keine Rücksichtnahme auf die Publikationsfreudigkeit staatlicher Stellen

Die Publikationstätigkeit staatlicher Stellen unterliegt vor allem für den Bereich der konfrontativen Veröffentlichungen einer gesteigerten Verantwortlichkeit,[1480] weshalb eine Rücksichtnahme auf die Publikationsfreudigkeit, wie sie für den Bereich der grundrechtlich fundierten Publikationstätigkeit etabliert wurde, nicht in Betracht kommt:[1481]

Sollte die Notwendigkeit einer kontinuierlichen Prüfung zu einer *zurückhaltenderen Verlautbarungspraxis* führen, kann diese mit einem dämpfenden Effekt auf die Ausübung *grundrechtlicher* Freiheiten angesichts des divergierenden normativen Kontextes nicht verglichen werden: Die (fortlaufende) Beeinträchtigung des Betroffenen durch eine fortwährend abrufbare Verlautbarung ist nicht nur wegen § 4 Abs. 1 BDSG, sondern *aus verfassungsrechtlichen Gründen jederzeit rechtfertigungsbedürftig*; eine wegen Wegfalls der ursprünglichen Rechtfertigung nicht (mehr) zulässige Beeinträchtigung für eine (weitere) Übergangszeit mit Rücksicht auf organisatorische und finanzielle Interessen der Behörden[1482] hin-

---

[1479] Ist dies der Fall, kommt die Prüfung zu folgendem Ergebnis: Die Speicherung (das „Ob" des Abrufbarhaltens) erweist sich als zur Aufgabenerfüllung erforderlich i. S. d. § 14 BDSG, während dies mit Blick auf die Übermittlung nach § 16 BDSG verneint werden muss, so dass (nur) ein Unterlassungsanspruch (hinsichtlich des „Wie" des Abrufbarhaltens) begründet ist (vgl. dazu bereits oben S. 305).

[1480] Anders liegt es bei konsentierten Verlautbarungen (vgl. oben S. 237). Bei ihnen kann vor Widerruf der Einwilligung eine Pflicht zur Überprüfung nicht bestehen (vgl. unten S. 332).

[1481] Vgl. dazu und zu den folgenden Erwägungen bereits S. 237.

[1482] Bei alledem ist unklar, ob ein Anspruch auf Erstattung für die bei einer „echten" Abmahnung anfallenden Rechtsverfolgungskosten gegenüber eine Behörde überhaupt besteht.
Zwar ist die Geschäftsführung ohne Auftrag, auf die sich die Zivilgerichte stützen (dazu oben S. 66 m. Fn. 231), auch im öffentlichen Recht (jedenfalls zugunsten des Bürgers) anerkannt (vgl. nur BVerwGE 80, 170 [172 ff.]), zugleich wird jedoch in ständiger Rechtsprechung für das Recht der Kostenerstattung am Erfordernis einer ausdrücklichen gesetzlichen Anspruchsgrundlage festgehalten (vgl. nur Bay. VGH, NVwZ-RR 1999, S. 347 [347 f.]; Hbg. OVG, NVwZ-RR 1999, S. 706 [706 ff.]). Dass sich „vom Gesetzgeber bewußt in Kauf genommene Lücke[n] im Kostenerstattungsrecht" ergeben (Hbg. OVG, LKV 1999, S. 59 [60]; ähnlich VGH BW, NVwZ-RR 2008, S. 750 [751]), wird hingenommen. BVerfGE 27, 175 (178 ff.), hat diese Haltung als verfassungskonform gebilligt.
Bay. VGH, Urt. v. 24.2.2011 – 7 B 10.1272 (juris), Abs.-Nr. 26, hat allerdings dem durch die Predigt des Bischofs einer öffentlich-rechtlich verfassten Religionsgemeinschaft in seinem Persönlichkeitsrecht Verletzten einen Anspruch auf Erstattung vorgerichtlicher Rechtsverfolgungskosten auf Grundlage von §§ 823 Abs. 1, 249, 257 BGB

nehmen zu müssen, ist vor diesem Hintergrund für anfänglich konfrontative Verlautbarungen nicht zumutbar.

IV. Zusammenfassung

Die vorstehende Untersuchung hat gezeigt, dass nicht nur das Recht auf medialen Neubeginn, sondern auch die spezifisch hierauf bezogenen gegenläufigen Erwägungen im Rahmen der einfachrechtlichen Rechtsbehelfe angemessen zur Geltung gebracht werden können.

Zentral für die Möglichkeit eines gerechten Ausgleichs ist die inhaltliche Flexibilität des Veränderungsanspruchs des Betroffenen. Äußerungsrechtliche und datenschutzrechtliche Ansprüche erzwingen bei näherem Hinsehen in aller Regel *weder die Löschung noch die (umfassende) Anonymisierung* des Beitrags. In der überwiegenden Mehrzahl der Fälle wird vielmehr *der Ausschluss von Zufallstreffern* bei einer ohne Vorwissen, nur mit dem Namens des Betroffenen durchgeführten Suchanfrage die Beeinträchtigung der Fortentwicklungschancen des Betroffenen soweit reduzieren, dass die verbleibende (theoretische) Wahrscheinlichkeit einer Entdeckung durch die entgegenstehenden Belange überwogen wird. Die aufgezeigten Optionen der Autoren und Verleger, die Rezeptionsmodalitäten im Sinne des Betroffenen zu verändern und gleichwohl den Beitrag inhaltlich unverändert abrufbar zu halten,[1483] machen sich die Vorzüge der Digitalisierung zunutze, um die von dieser erst hervorgebrachte Problematik des nachträglichen Publikationsexzesses[1484] wieder einzuhegen: „The Answer to the Machine is in the Machine.“[1485]

Diese relative Offenheit des Anspruchsinhalts steuert die Auslegung und Anwendung der einzelnen Stufen der Anspruchsprüfung:[1486] Nur wenn selbst die kleinstmögliche Beschränkung der publizistischen Freiheit als unverhältnismäßig angesehen wird, kann eine *Verletzung des Rechts auf medialen Neubeginn* auf

---

zugestanden. Ob diese Entscheidung auf staatliche Behörden übertragen werden kann, erscheint zweifelhaft, denn der bei *hoheitlichen* Veröffentlichungen einschlägige Amtshaftungsanspruch (vgl. BGH, NJW 1994, S. 1950 [1951]; OLG Düsseldorf, NJW 2005, S. 1791 [1798 f.]) setzt ein Verschulden des Amtswalters voraus (§ 839 Abs. 1 S. 1 BGB). Das dürfte nicht bereits vorliegen, wenn der Amtswalter die ihm auch dem Betroffenen gegenüber obliegende Amtspflicht zur kontinuierlichen Überwachung verletzt hat, sondern erst dann, wenn er es trotz substantiierter Aufforderung unterlässt, eine geschuldete Veränderung vorzunehmen.

[1483] Vgl. oben S. 297.

[1484] Vgl. oben S. 41.

[1485] *Clark,* The Answer to the Machine is in the Machine, in: Hugenholtz (Hrsg.), The Future of copyright in a digital environment, S. 139 (139). Im Folgenden (S. 145) präzisiert und relativiert *Clark* die Bedeutung von *technischen* Vorkehrungen zur Akkomodation des Urheberrechts mit den Möglichkeiten der digitalen Technik im Verhältnis zu *rechtlichen* Regelungen: „The answer to the machine may turn out to be not only in the machine, but the machine will certainly be an important part of the answer.“

[1486] Vgl. oben S. 270 und 293 bzw. S. 303 ff.

Ebene des Tatbestandes *verneint* werden. Ist dies nicht der Fall, findet die entscheidende Abwägung zwischen den konfligierenden Belangen im Rahmen der letzten Stufe der Anspruchsprüfung statt, bei der Bestimmung des zu erreichenden Veränderungserfolgs als *Ziel des Unterlassungsanspruchs*.

Auch die Sorge vor einem abschreckenden Effekt des Veränderungsanspruchs auf den Gebrauch der Kommunikationsfreiheiten kann gebannt werden, ohne dies mit der Frage nach der Berechtigung einer *dauerhaften* Beeinträchtigung zu vermengen. Nach der hier vorgeschlagenen *Begrenzung der Störerhaftung* bei nachträglichen Publikationsexzessen auch gegenüber den intellektuell verantwortlichen Autoren und Verlegern, sind diese einem Kostenerstattungsanspruch nur dann ausgesetzt, wenn sie auf eine pflichtenkonkretisierende Erstabmahnung hin dem berechtigten Veränderungsbegehren nicht nachkommen.[1487]

Dem allein im Datenschutzrecht resortierenden *Veränderungsanspruch des Betroffenen gegenüber staatlicher Stellen* ist eine solche Rücksichtnahme auf die Publikationsfreudigkeit staatlicher Stellen hingegen fremd. Überhaupt unterliegt das dauerhafte Abrufbarhalten konfrontativer Publikationen weitaus strengeren Maßstäben. Mit Blick auf den Grundsatz der Verhältnismäßigkeit ist sorgfältig zu prüfen, welche primären Publikationszwecke eine Veröffentlichung trotz schwindender Aktualität weiterhin rechtfertigen können. Verläuft diese Prüfung erfolglos, lässt sich aus der möglichen Verminung der Beeinträchtigung infolge der Verschlechterung der Rezeptionsbedingungen i.d.R. deshalb nichts für die weitere Abrufbarkeit herleiten, weil dieser Vorgang zugleich die Eignung der Verlautbarung als Instrument zur Information der Öffentlichkeit in Frage stellt. Als legitimer Publikationszweck wird häufig allein das originär sekundäre Interesse an der dauerhaften Dokumentation staatlichen (Informations-)Handelns verbleiben. Selbst wenn es keiner bereichsspezifischen Ermächtigungsgrundlage bedürfen sollte, ist die digitale Archivierung i.d.R. nur verhältnismäßig, wenn durch Zugangsschranken bzw. durch Ausschluss von Zufallstreffern über Suchmaschinen die Beeinträchtigung des Betroffenen auf das Maß begrenzt wird, das mit dem Einstellen des Beitrags in ein herkömmliches Archiv einhergeht.

§ 11 Konsentierte und eigene Publikationen

Das Schlagwort „Das Internet vergisst nichts" wird – ungeachtet der Online-Archiv-Kontroverse – in der Öffentlichkeit in erster Linie als Warnung vor unbedachten „Selbstentblößungen" verstanden.[1488] Und auch die rechtspolitischen

---

[1487] Vgl. oben S. 283. Der datenschutzrechtliche Löschungsanspruch, der ohnehin nur ausnahmsweise gegeben sein dürfte, ist im Anwendungsbereich der Meinungsfreiheit als verhaltener Anspruch zu behandeln (vgl. oben S. 306).

[1488] *Mayer-Schönberger,* Delete, S. 1 ff.; *v. Bredow/Hipp,* DER SPIEGEL, Nr. 51 v. 14.12.2009, S. 122 ff.; *Bonstein,* DER SPIEGEL Nr. 20 v. 10.5.2008, S. 100 (102); *Hamann,* DIE ZEIT, Nr. 45 v. 1.11.2007, S. 1.

und rechtswissenschaftlichen Überlegungen zu einem möglichen „Recht auf Vergessen" sind (zumindest in erster Linie) auf *eigene und konsentierte* Beiträge[1489] bezogen.[1490] In beiden Konstellationen wird die Frage aufgeworfen, ob dem Betroffenen nicht die Möglichkeit eröffnet sein muss, Beiträge wieder „aus dem Internet" zu entfernen, die ihm nunmehr peinlich oder sonst nachteilig sind.

Als (echte oder gegriffene) Beispiele dienen dabei häufig nutzergenerierte Inhalte, also Texte, Bilder und Videos, die vom Betroffenen selbst oder von Dritten mit seinem Einverständnis veröffentlicht worden sind.[1491] Freilich sind mit (retrospektiv) digitalisierten Zeitschriften, Meldungen von Vereinen oder öffentlichen Verlautbarungen staatlicher Stellen (wie z. B. den Listen der Kandidaten für öffentliche Wahlämter[1492]) auch Publikationen professioneller Akteuren betroffen.

I. Erfordernis einer rechtlichen Regelung

Auch bei einem *konsentierten Beitrag,* der von Dritten ursprünglich im Einvernehmen mit dem Betroffenen erstellt und veröffentlicht worden ist, kann es in der Folge zu Meinungsverschiedenheiten hinsichtlich der Löschung oder Modifizierung der Publikation kommen. Unabhängig davon, ob es sich um eine journalistische Publikation (z. B. ein Interview oder eine Homestory) handelt[1493] oder der Beitrag einem engeren sozialen Kontakt entsprang (z. B. eine Veröffentlichung einer Selbsthilfegruppe für chronisch Kranke),[1494] kann der Betroffene auf Wi-

---

[1489] Vgl. bereits oben S. 34 bzw. S. 36.

[1490] Z. B. *Nolte,* ZRP 2011, S. 236 (236 f.); *Rauda,* GRUR 2010, S. 22 (23 f.); *Kalabis/Selzer,* DuD 2012, S. 670 ff. Das Gutachten von *Spindler* verweist zwar unter der Überschrift „Ein Recht auf Vergessen (werden) in der digitalen Welt?" auf die Online-Archiv-Kontroverse (*Spindler,* 69. DJT [2012], S. F 35 f. m. Fn. 176 ff.), ist im Übrigen aber ganz auf den Umgang mit konsentierten Beiträgen fokussiert, was nicht zuletzt an den Thesen deutlich wird (S. F 133 ff.). Vgl. aber auch *Härting,* CR 2009, S. 21 (27 f.), und *Alexander,* ZUM 2011, S. 382 (383 ff.), die beide Aspekte beleuchten.

[1491] Als Referenzpunkt dient in der Literatur zum einen das Partybild einer Lehramtsanwärterin („drunken pirate") (vgl. dazu oben S. 38 m. Fn. 88 ff.); zum anderen das sog. „Star Wars Kid", ein Junge, der von sich selbst ein Video gedreht hat, in dem er – reichlich unbeholfen – einen „Star Wars"-Krieger zu imitieren versucht (z. B. *Ohly,* AfP 2011, S. 428 [431] m. Fn. 31; Rhein-Zeitung v. 9.2.2010, S. 7). Auf eine Videoplattform hochgeladen haben das Video indes Mitschüler ohne sein Einverständnis (vgl. *Zittrain,* The future of the internet, S. 212), so dass es sich um eine konfrontative Veröffentlichung handelt.

[1492] Vgl. dazu bereits oben S. 34 und 39.

[1493] Die Einwilligung muss sich lediglich auf die Veröffentlichung der vom Betroffenen getätigten Äußerungen und die Schilderung der z. B. im Inneren der Wohnung vom Autor gewonnenen Eindrücke beziehen. Dass der Betroffenc sich unfair porträtiert sieht, berührt den konsensualen Charakter der Veröffentlichung nicht.

[1494] Vgl. bereits oben S. 36 m. Fn. 73. Vgl. auch *Ott,* MMR 2009, S. 158 (158), mit den Beispielen der Ausübung einer kontrovers diskutierten Sportart (Paintball) und der Spende an eine „Sekte".

derstand stoßen, wenn er den Beitrag nach einiger Zeit entfernt wissen möchte, weil ihm aus der Abrufbarkeit Nachteile erwachsen.

So kann z. B. der Autor der Publikation die Auffassung vertreten, dass solche auf Vorurteilen beruhenden gesellschaftlichen Nachteile effektiv nur dadurch überwunden werden können, dass möglichst viele „Betroffene" offen und selbstverständlich damit umgehen. Auch kann es zu einem Wechsel im Vertretungsorgan der juristischen Person kommen, mit der die ursprüngliche Übereinkunft erzielt wurde, und z. B. der neue Vorstand des Vereins keine persönliche Verpflichtung verspüren, den Wünschen des Betroffenen nachzukommen. Um in solchen Konstellationen nicht auf den guten Willen der Beteiligten angewiesen zu sein, bedarf es auch bei ursprünglichem Einvernehmen einer rechtlichen Regelung.

Weniger offensichtlich ist das Erfordernis einer rechtlichen Absicherung des Rechts auf medialen Neubeginn bei eigenen Beiträgen, weil sich der Betroffene Dritter lediglich *als Erfüllungsgehilfen* zur Verbreitung bedient hat.[1495]

Bei näherem Hinsehen zeigt sich indes, dass die Bereitschaft des Dienstleisters, den Betroffenen frei über die Fortdauer der Abrufbarkeit seiner Angaben entscheiden zu lassen, von der Vergütungsstruktur der zugrundeliegenden Vertragsbeziehung abhängt: Hat der Betroffene den (virtuellen) „Raum" für eine eigene Homepage (einschließlich der erforderlichen Software) „gemietet", hängt der wirtschaftliche Erfolg des Dienstleisters nicht davon ab, *welche Inhalte* der Betroffene einstellt. Ihm wird es allein daran gelegen sein, den Betroffenen auch zukünftig als Kunden zu behalten.

Anders liegen die Interessen bei „kostenlosen" Angeboten, insbesondere bei sozialen Netzwerken. Bei ihnen zahlt der Nutzer nicht mit Geld, sondern mit seinen persönlichen Angaben, die vor allem für eine gezielte Werbeansprache verwertet werden. Dass es sich bei Lichte betrachtet um ein „Tauschmodell ‚Einwilligung gegen Leistung'"[1496] handelt, erhellt, warum hier die Bereitschaft, persönliche Angaben nicht nur aus dem frei zugänglichen Bereich zu entfernen, sondern dauerhaft zu löschen, wenig ausgeprägt ist.[1497] Teilweise verweigern die Host-Provider ganz offen die Löschung bestimmter Beiträge ihrer Nutzer.[1498]

[1495] Vgl. oben S. 31 bzw. 36.

[1496] *Buchner,* DuD 2010, S. 39 (39 f.).

[1497] Vgl. *Schrems,* Auf Facebook kannst du nichts löschen, Frankfurter Allgemeine Zeitung, Nr. 249 v. 26.10.2011, S. 33 (*Schrems'* Fall wurde aufgegriffen in der Mitteilung der EU-Kommission, KOM[2012], 9 endg., S. 5). Vgl. ferner *König,* Kündigung unmöglich, SPIEGEL.ONLINE v. 23.10.2012.

[1498] Z. B. Facebook-„Erklärung der Rechte und Pflichten" (abrufbar unter http://face book.com/legal/terms), Ziff. 2.1: „Du gibst uns eine nicht-exklusive, übertragbare, unterlizenzierbare, gebührenfreie, weltweite Lizenz für die Nutzung jeglicher IP-Inhalte, die du auf oder im Zusammenhang mit Facebook postest (‚IP-Lizenz'). Diese IP-Lizenz endet, wenn du deine IP-Inhalte oder dein Konto löschst, *außer deine Inhalte wurden mit anderen Nutzern geteilt* und diese haben die Inhalte nicht gelöscht" (Hervorh. d.

II. Einfachrechtliche Anspruchsgrundlagen

Die Anspruchsgrundlagen, auf die ein im Recht auf medialen Neubeginn wurzelnder Veränderungsanspruch des Betroffenen gestützt werden könnte, finden sich – ähnlich der Situation bei konfrontativen Beiträgen – je nach Art und Kontext der Veröffentlichung im Äußerungs-, Datenschutz- und Urheberrecht.[1499]

1. Ansprüche des Autors gegen den eigenen Verleger bzw. Host-Provider

In der Literatur sind unterschiedliche Wege vorgeschlagen worden, auf denen der Betroffene seinen Verleger oder Host-Provider dazu verpflichten können soll, die von ihm selbst als Autor verantworteten Beiträge wieder zu löschen. Während *Nolte* auf die datenschutzrechtlichen (Löschungs-)Ansprüche abstellt,[1500] haben andere vorgeschlagen, Abhilfe unmittelbar (oder mittels Analogie) im Urheberrecht zu suchen.[1501] Dahinter steht folgende Überlegung: Wenn der fragliche Beitrag die Anforderungen des Urheberrechts an die sog. Schöpfungshöhe (§ 2 Abs. 2 UrhG) erfüllt, handelt es sich um ein urheberrechtlich geschütztes (Schrift-)Werk.[1502] Dies hat zur Folge, dass die Veröffentlichung des Beitrags im Internet als „öffentliche Zugänglichmachung" nach §§ 15 Abs. 2, 19 a UrhG[1503] grundsätzlich dem Urheber vorbehalten ist. Für den Fall, dass der Betroffene dem Verleger (z. B. als Gastautor eines Blogs) oder dem Host-Provider (etwa dem Betreiber eines sozialen Netzwerks) zum Zwecke der Veröffentlichung ein (einfaches) Nutzungsrecht i. S. d. § 31 UrhG eingeräumt hat, ist in erster Linie an eine (stillschweigend vereinbarte) *Befristung* oder eine auflösende Bedingung

---

Verf.). Ähnlich Youtube-„Nutzungsbedingungen" (abrufbar unter http://youtube.com/t/terms), Ziff. 10.2 S. 2: „Die vorstehend von Ihnen eingeräumten Lizenzen an Nutzerkommentaren sind unbefristet und unwiderruflich."

[1499] Vgl. oben S. 70 und 240. Wie schon mit Blick auf die konfrontativen Publikationen werden im Folgenden allein die Anspruchsgrundlagen des deutschen Rechts untersucht.

[1500] *Nolte,* ZRP 2011, S. 236 (238 f.), der das Löschungs- oder Veränderungsbegehren als Grund eines Zweckfortfalls i. S. d. § 35 Abs. 2 S. 2 Nr. 2 BDSG oder als Widerspruch i. S. d. § 35 Abs. 5 BDSG verstehen möchte. Alternativ steht die Möglichkeit eines Widerrufs der die Datenverarbeitung ursprünglich legitimierenden Einwilligung (§§ 4, 4a BDSG) im Raum.

[1501] *Härting,* CR 2009, S. 21 (27 f.); *Rauda,* GRUR 2010, S. 22 ff.; *Alexander,* ZUM 2011, S. 382 ff.

[1502] Bei Texten und Podcasts handelt es sich dann um Sprachwerke (§ 2 Abs. 1 Nr. 1 UrhG), bei Darbietungen eigener musikalischer Werke um Musikwerke (§ 2 Abs. 1 Nr. 2), bei Bildern um Lichtbildwerke (§ 2 Abs. 1 Nr. 5 UrhG) und bei Videoaufnahmen um filmähnliche Werke (§ 2 Abs. 1 Nr. 6 UrhG).

[1503] Bei Bildern und Videoaufnahmen, die nicht die Schöpfungshöhe erreichen, ergibt sich dies aus dem jeweiligen Leistungsschutzrecht für Lichtbildner bzw. Filmhersteller (vgl. § 72 Abs. 1 UrhG bzw. § 94 Abs. 1 UrhG).

(Widerrufsvorbehalt) zu denken.[1504] Darüber hinaus kommt schließlich ein *Rückruf des Nutzungsrechts nach § 42 UrhG* wegen gewandelter Überzeugung in Betracht.[1505] Nach Wegfall des Nutzungsrechts könnte der Betroffene gemäß § 97 Abs. 1 UrhG die zukünftige Unterlassung der weiteren öffentlichen Zugänglichmachung verlangen.

Beide Ansätze haben eine gewisse Plausibilität für sich; sowohl das Datenschutz-[1506] als auch das Urheberrecht[1507] „passen" auf das Verhältnis zwischen dem Betroffenen und seinem Host-Provider. Für die Bestimmung der richtigen Anspruchsgrundlage ergibt sich jedoch ein klares Rangverhältnis: Weil eine urheberrechtliche Gestattung (gleich welcher Art) nicht durch datenschutzrechtliche Ansprüche unterlaufen werden kann,[1508] ist vorrangig auf das Urheberrecht abzustellen.

Bei der Anwendung dieser Regel ist jedoch zu beachten, dass nicht jeder im Internet veröffentlichte Beitrag ein *Werk* im Sinne des Urheberrechts ist oder unter ein ergänzendes Leistungsschutzrecht fällt. So setzt der Schutz durch das Urheberrecht (i. e. S.) eine persönliche geistige Schöpfung (§ 2 Abs. 2 UrhG) voraus, die ein Mindestmaß an „schöpferischer Eigentümlichkeit, Originalität oder Individualität"[1509] verlangt. Viele der in sozialen Netzwerken und auf privaten Internetseiten vorfindlichen Beiträge dürften den danach erforderlichen „schöpferischen Eigentümlichkeitsgrad"[1510] nicht aufweisen. Während in Blogs

---

[1504] *Härting,* CR 2009, S. 21 (27 f.).

[1505] *Härting,* CR 2009, S. 21 (27 f.); *Rauda,* GRUR 2010, S. 22 ff.; *Alexander,* ZUM 2011, S. 382 ff.

[1506] Das datenschutzrechtliche Instrumentarium „passt" – nicht zuletzt auch aus grundrechtlicher Sicht – vorzüglich: Während die Betreiber von sozialen Netzwerken, Bewertungsportalen usw. bei Beiträgen Dritter auf die Meinungsfreiheit der Autoren (vgl. auch oben S. 201) verweisen können, stehen sie in dieser Konstellation aus Sicht der Kommunikationsgrundrechte als „Erfüllungsgehilfe" *im Lager des Betroffenen.* Auf den Konflikt mit den wirtschaftlichen Belangen der Host-Provider sind die datenschutzrechtlichen Vorschriften zugeschnitten worden.

[1507] Eine Auflösung der Interessenkonflikte bei eigenen Beiträgen über das Urheberrecht ist besonders naheliegend, weil dieses sich nicht allein der kommerziellen, sondern gerade auch der ideellen Anliegen des Urhebers mit Bezug auf seine geistige Schöpfung im Verhältnis zu seinen Vertragspartnern annimmt, was nicht zuletzt das Rückrufsrecht in § 42 UrhG zeigt. Der Wandel der inneren Einstellung, der zu den zentralen Voraussetzungen für die Beseitigung der einmal eingegangenen Bindung zählt, kommt dem durch das Recht auf medialen Neubeginn geschützten Fortentwicklungsbedürfnis erstaunlich nahe (vgl. *Rauda,* GRUR 2010, S. 22 [23]: „erinnert den Urheberrechtler an den Regelungszweck des § 42 UrhG").

[1508] Das ergibt sich bereits daraus, dass die Verarbeitung der im Werk enthaltenen Daten des Betroffenen Hauptgegenstand der urheberrechtlichen Gestattung sind. Solange diese fortbesteht, liegt eine Einwilligung i. S. d. §§ 4, 4a BDSG vor (vgl. auch *Gola/Schomerus,* BDSG, § 4a Rdnr. 39: „Eine Einwilligung ist zudem dann nicht widerrufbar, wenn sie verbunden ist mit rechtsgeschäftlichen Abreden und die Einwilligung der Abwicklung einer vertraglichen Beziehung dient […]").

[1509] *Schulze,* in: Dreier/Schulze, UrhG, § 2 UrhG Rdnr. 18.

nicht selten eine literarisch-künstlerische Formensprache und/oder komplexe (wissenschaftliche oder politische) Darstellungen und Analysen anzutreffen sind,[1511] erschöpfen sich die Beiträge in sozialen Netzwerken, vor allem aber die „Kommentare" zu fremden Beiträgen oftmals auf kurze, sprachlich wenig ausgefeilte Meinungsäußerungen, deren Verknappung in der Mitteilung „gefällt mir" ihren Extrempunkt erreicht. Weil das Urheberrecht – trotz der Einbeziehung der „kleinen Münze" – gerade „ein deutliches Überragen des Alltäglichen" erfordert,[1512] dürfte damit ein beträchtlicher Anteil der nutzergenerierten Beiträge nicht die erforderliche Gestaltungshöhe erreichen.[1513]

Nur wenn der (textliche) Beitrag die Hürde der Schutzfähigkeit genommen hat bzw. an den Lichtbildern und Videoaufnahmen ein Leistungsschutzrecht besteht,[1514] ist die erforderliche Gestattung zur „öffentlichen Zugänglichmachung" auch in Gestalt eines Nutzungsrechts i. S. d. § 31 UrhG erteilt worden,[1515] so dass sich der Veränderungsanspruch des Betroffenen ausschließlich aus dem Urheberrecht ergeben kann. In den übrigen Fällen erfolgt die praktische Umsetzung des Rechts auf medialen Neubeginn über das Datenschutzrecht, wobei ein Löschungsanspruch (§§ 20, 35 BDSG) und ein Unterlassungsanspruch (§§ 1004, 823 Abs. 2 BGB i.V.m. § 4 BDSG) konkurrieren.[1516]

2. Ansprüche gegen Autor und Verleger eines konsentierten Beitrags

An den von einem Dritten im Einvernehmen mit dem Betroffenen verfassten Beitrag stehen dem Letztgenannten keine Urheberrechte zu. Sein Veränderungs-

---

[1510] BGH, NJW 1987, S. 1332 (1332).

[1511] Vgl. dazu *Bullinger,* in: Wandtke/Bullinger, UrhR, § 2 UrhG Rdnr. 158; *Reinemann/Remmertz,* ZUM 2012, S. 216 (218).

[1512] BGH, NJW 1987, S. 1332 (1332); deutlich auch BGHZ 31, 308 (311), wonach „für gewöhnliche Briefe, die sich nach Inhalt und Form von den Briefen der Gesellschaftsschicht des Verfassers nicht abheben, kein Urheberrechtsschutz" besteht.

[1513] In diesem Sinne auch *Ott,* MMR 2009, S. 158 (163); *Reinemann/Remmertz,* ZUM 2012, S. 216 (218), die auf die vorfindliche Bandbreite hinweisen. Auch *Härting,* CR 2009, S. 21 (27 f.), stellt diese Möglichkeit in Rechnung und fordert eine vergleichbare Lösung, ohne sich auf ein Rechtsregime festzulegen.

[1514] So ist z. B. für das – gegenüber dem Lichtbild*werk* lediglich in der Dauer verkürzte – Leistungsschutzrecht des Lichtbildners nach § 72 UrhG gar keine individuelle Gestaltung erforderlich; es genügt vielmehr „ein Mindestmaß an persönlicher geistiger Leistung, das in der Regel bei allen einfachen Fotografien gegeben ist" (BGH, NJW-RR 1990, S. 1061 [1064]; NJW 1992, S. 689 [690]).

[1515] Denkbar ist freilich auch eine „schlichte" Einwilligung in die Vornahme der eigentlich dem Urheber vorbehaltenen Handlungen, die sich dadurch auszeichnet, dass der andere Teil ein „gegen den Willen des Rechtsinhabers durchsetzbares Recht" nicht erwirbt (BGHZ 185, 291 [304 f.] m.w.N.). Folglich ist diese schlichte Einwilligung ex nunc frei widerruflich.

[1516] Vgl. oben S. 303 bzw. S. 307. Zur kollisionsrechtlichen Anwendbarkeit des deutschen Datenschutzrechts oben S. 303 in Fn. 1448.

anspruch kann sich folglich entweder aus dem Äußerungs- oder dem Datenschutzrecht ergeben. Nach dem zu den konfrontativen Beiträgen Gesagten, sind
die Regelungen des Datenschutzrechts gegenüber dem zivilrechtlichen Äußerungsrecht leges speciales, soweit nicht das datenschutzrechtliche Medienprivileg
(v. a. § 57 Abs. 1 RStV) eingreift.[1517]

Handelt es sich um einen konsentierten *redaktionellen* Beitrag (z. B. eine auto-
risierte Homestory oder ein Interview), steht allein ein Unterlassungsanspruch
nach §§ 1004, 823 Abs. 1 BGB i.V.m. dem allgemeinen Persönlichkeitsrecht in
Rede.[1518] In allen anderen Fällen, insbesondere bei „singulären" Äußerungen,
wie sie in sozialen Netzwerken oder auf nicht-redaktionell betriebenen privaten
Internetseiten anzutreffen sind, ist auf die soeben genannten datenschutzrechtlichen Ansprüche (Löschung und Unterlassung der Übermittlung) abzustellen,
wobei auch hier eine angleichende verfassungskonforme Auslegung mit Rücksicht auf die Meinungsfreiheit des Dritten geboten ist.[1519]

III. Anspruchsübergreifende Voraussetzung: Beseitigung der Legitimationswirkung der Einwilligung durch wirksamen Widerruf

Voraussetzung für alle in Betracht kommenden Ansprüche ist die Rechtswidrigkeit der *fortdauernden* Abrufbarkeit des Beitrags. Beruht die *ursprüngliche*
Rechtmäßigkeit der Verbreitung auf der Zustimmung des Betroffenen,[1520] bedarf
es in allen Konstellationen zunächst der Beseitigung der dauerhaften Legitimationswirkung der Einwilligung – in aller Regel durch einen wirksamen Widerruf[1521].

Hinsichtlich der für die Widerruflichkeit von Einwilligungen im Äußerungs-,
Datenschutz- und Urheberrecht entwickelten Kriterien ist bereits eine gewisse
Konvergenz und überdies eine wechselseitige Befruchtung durch die vereinzelt
vorfindlichen gesetzlichen Regelungen über die einzelnen Rechtsgebiete hinweg
offengelegt worden.[1522] Vor diesem Hintergrund erscheint es ratsam, die Frage

---

[1517] Vgl. ausführlicher oben S. 241.

[1518] Für Bildaufnahmen sind die §§ 22, 23 KunstUrhG leges speciales. Diese können
strukturell dem Äußerungsrecht zugeordnet werden, wobei die anzulegenden Maßstäbe
tendenziell strenger sind (vgl. nur BGHZ 187, 200 [204 ff.], unter Vw. auf BVerfG,
NJW 2011, S. 740 ff.).

[1519] Vgl. oben S. 246.

[1520] Zum umfassenden Begriffsverständnis der Einwilligung bereits oben S. 72 in
Fn. 267.

[1521] Unter „Widerruf" werden im Folgenden alle Formen der Beseitigung der Einwilligung verstanden, unabhängig von der Bezeichnung im einschlägigen Rechtsgebiet
(wie z. B. „Rückruf" in § 42 UrhG).

[1522] Vgl. oben S. 75.

der Wirksamkeit und Widerruflichkeit einer Einwilligung in diesem Abschnitt als anspruchsübergreifende Voraussetzung zu behandeln.

1. Vorliegen einer wirksamen Einwilligung in die Online-Veröffentlichung

Dass ein Einverständnis des Betroffenen in die Veröffentlichung eines Beitrags eine Rechtsverletzung ausschließt („volenti non fit iniuria"), ist eine notwendige Konsequenz des nicht zuletzt persönlichkeitsrechtlich gebotenen Respekts vor der autonomen Selbstdarstellung des Betroffenen, die mitunter auch der Mithilfe Dritter bedarf.[1523] Die freiwillige Zustimmung des Betroffenen zu einer Handlung, die er grundsätzlich nicht hinnehmen müsste, entfaltet deshalb „ohne jede objektive Interessenabwägung eine volle rechtfertigende Wirkung".[1524]

In einem stetigen Spannungsverhältnis zu dieser Feststellung liegt die Erkenntnis, dass es bei einem formaliter vorliegenden Einverständnis nicht sein Bewenden haben kann, wenn eine „substanzielle Selbstbestimmung" des Betroffenen normativer Fluchtpunkt des allgemeinen Persönlichkeitsrechts sein soll.[1525] Aus diesem Grund dürfen die rechtlichen Voraussetzungen für die Annahme einer (dauerhaften) Gestattung nicht zu niedrig angesetzt und müssen den tatsächlichen Gegebenheiten gemäß angewendet werden.

Die hiermit verbundenen Probleme sind vielschichtig; die Unsicherheit beginnt bereits bei der Rechtsnatur des Einverständnisses (Rechtsgeschäft, rechtsgeschäftsähnliche Handlung, Realakt)[1526] und den Wirksamkeitsmaßstäben. Neben der Frage nach der Anerkennung einer konkludenten Einwilligung[1527] bzw. eines

---

[1523] Vgl. nur BVerfG, MMR 2007, S. 93 (93): „Als freiwillige Preisgabe persönlicher Informationen ist es grundsätzlich anzusehen, wenn jemand eine vertragliche Verpflichtung [...] eingeht, [...] Informationen [...] mitzuteilen oder Dritte zu derartigen Mitteilungen zu ermächtigen. Der Vertrag ist das maßgebliche Instrument zur Verwirklichung freien und eigenverantwortlichen Handelns in Beziehung zu anderen. Der in ihm zum Ausdruck gebrachte übereinstimmende Wille der Vertragsparteien lässt in der Regel auf einen sachgerechten Interessenausgleich schließen, den der Staat grundsätzlich zu respektieren hat [...]." Ferner *Peifer,* Die Einwilligung im Persönlichkeitsrecht, in: FS Brüggemeier, S. 225 (227) m.w.N.

[1524] *Ohly,* AfP 2011, S. 428 (432).

[1525] Vgl. *Masing,* NJW 2012, S. 2305 (2307 ff.), der aufzeigt, dass sich diese Überzeugung in einer Vielzahl von Vorschriften niedergeschlagen hat, die sicherstellen sollen, dass eine Einwilligung „freiwillig und „informiert", d.h. im Bewusstsein ihrer Tragweite erklärt wurde (vgl. § 4a Abs. 1, 3 BDSG; § 13 TMG). Zur grundrechtlichen Herleitung dieser „Sicherungen" ferner *Gola/Schomerus,* BDSG, § 1 Rdnr. 8.

[1526] Ausführlich *Ohly,* Volenti non fit iniuria, S. 35 ff., 178 ff.; vgl. ferner die Darstellungen bei *Peifer,* in: FS Brüggemeier, S. 225 (228 ff.), und *Spindler,* 69. DJT (2012), S. F 47 – jeweils m.w.N.

[1527] Vgl. zur Annahme einer konkludenten „schlichten" Einwilligung im Urheberrecht BGHZ 185, 291 (306 f.) – Vorschaubilder I; NJW 2012, S. 1886 (1888) – Vorschaubilder II.

mutmaßlichen Einverständnisses, das vor allem bei Beiträgen Dritter relevant wird, welche – im Zeitpunkt der Veröffentlichung zutreffend – davon ausgegangen sind, dass der Betroffene sich auf Nachfrage einverstanden erklären würde,[1528] erweist sich vor allem die rege Beteiligung Minderjähriger[1529] an der Produktion von nutzergenerierten Inhalten als mit den herkömmlichen Instrumenten nur schwer fassbar.[1530] Auf diese Fragen kann im Rahmen dieser Untersuchung nicht näher eingegangen werden; vieles spricht indes dafür, dass den Schwierigkeiten zumindest durch eine entsprechend großzügige Ausgestaltung der Widerruflichkeit[1531] einer erteilten Einwilligung bzw. eines – vom Dritten redlicherweise angenommenen – mutmaßlichen Einverständnisses begegnet werden kann.

a) Autonomieschonende Auslegung einer (möglichen) Einwilligungserklärung

Zutreffend hat *Ohly* darauf hingewiesen, dass nicht nur das Zustandekommen, sondern auch die *Reichweite der Einwilligungserklärung* Gegenstand einer auf die Interessen des Betroffenen Bedacht nehmenden Auslegung sein kann und muss.[1532] Ansatzpunkt hierfür ist der im Medienrecht anerkannte Grundsatz, wonach umso strenger geprüft werden muss, ob sich das vermeintliche Einverständnis auch auf *die konkrete Art und Weise* der Veröffentlichung erstreckt, je gravierender die persönlichkeitsrechtlichen Konsequenzen einer Publikation sind.[1533]

[1528] Diese Möglichkeit rundweg abzulehnen, wie dies *Spindler,* 69. DJT (2012), S. F 48 m.w.N., tut, wird der Lebenswirklichkeit nicht gerecht. Wegen des denkbar weiten Anwendungsbereichs des Datenschutzrechts würden völlig harmlose und unproblematische Handlungen, wie etwa die Mitteilung, der Betroffene habe sein Kommen zu einem bestimmten Fest angekündigt, innerhalb sozialer Netzwerke pauschal in die Illegalität gedrängt.

[1529] Zutreffend hat etwa *Spindler,* ebd., S. F 51, unter Vw. auf *Ohly,* Volenti non fit iniuria, S. 348 ff., bemerkt, dass junge Menschen die „Tragweite einer Einwilligung in die Verbreitung von Informationen, die unter Umständen von jedermann und lebenslang abgerufen werden können", oft nicht verständig würdigen können.

[1530] Vgl. grundlegend zur Einwilligungsfähigkeit Minderjähriger *Ohly,* ebd., S. 293 ff., insbesondere S. 318 ff., sowie mit Bezug auf das Internet *ders.,* AfP 2011, S. 428 (434) m.w.N.

[1531] *Ohly,* Volenti non fit iniuria, S. 324, beschränkt den Bereich autonomer Entscheidungen Minderjähriger von vornherein auf die Erteilung einer (frei) *„widerruflichen* Einwilligung in *alltägliche* persönlichkeitsbezogene Eingriffe" (Hervorh. d. Verf.).

[1532] *Ohly,* ebd., S. 349 f. Nach seiner Auffassung ist für den Fall, dass „die Einwilligung ohne Gegenleistung erteilt" wird und „ausschließlich der Selbstdarstellung des Einwilligenden" dient, „kein Grund für die Annahme einer vertraglichen Bindung ersichtlich" (*ders.,* AfP 2011, S. 428 [433]).

[1533] So betont OLG Karlsruhe, NJW-RR 2006, S. 1198 (1199), dass eine „grundsätzliche Einwilligung zu einer Veröffentlichung" von Fernsehaufnahmen zwar stillschweigend erteilt werden könne, diese sich aber inhaltlich nicht ohne Weiteres auf die Sendung im Kontext eines besonders niveaulosen Formats erstrecke. Ferner *Spindler,* 69.

„Gerade das ‚wie' der Veröffentlichung, der Kontext, der Stil der Darstellung sind für die Entscheidung […] erheblich", weil eine „harmlose Aufnahme […] allein durch den Gebrauch bestimmter Stilmittel, den Zusammenschnitt mit anderem Bildmaterial oder durch ein übergeordnetes Thema für den Einzelnen erhebliche Beeinträchtigungen des Persönlichkeitsrechts zur Folge haben [kann]".[1534]

Auf das Problem der „stehengebliebenen" Beiträge im Internet gewendet, bedeutet dies, dass – vor allem bei von Dritten verbreiteten Beiträgen – sorgsam zu prüfen ist, ob sich die Zustimmung des Betroffenen *(auch) auf eine (frei abrufbare) Veröffentlichung über das Internet erstreckt.* Angesichts der Tragweite einer Internetpublikation und der „Unfähigkeit des Internets zu vergessen" müssen an das Vorliegen einer „informierten Entscheidung"[1535] erhöhte Anforderungen gestellt werden. So dürfte es bei einer (konkludent oder explizit) erteilten Zustimmung zur Veröffentlichung einer Äußerung im Rahmen eines von einem Dritten intellektuell gestalteten Beitrags häufig (noch) vorschnell sein, (auch) die Veröffentlichung über das Internet als vom Einverständnis erfasst anzusehen, wenn andere, dem Betroffenen regelmäßig vertrautere und in ihrer Langzeitwirkung besser einschätzbare Formen der Veröffentlichung, etwa in einem Printmedium oder in einer Fernsehsendung, näher lagen.[1536] So macht es einen erheblichen Unterschied, ob sich der Betroffene mit einer identifizierenden Veröffentlichung in einem in kleiner Auflage und womöglich noch nicht einmal im Zeitschriftenhandel verlegten Magazin (z. B. einer Vereinszeitschrift) einverstanden erklärt oder – alternativ oder kumulativ – die (dauerhafte) Abrufbarkeit des Beitrags über das Internet gestattet, so dass der Beitrag bei Eingabe seines Namens in eine Suchmaschine aufgefunden werden kann.

DJT (2012), S. F 47 f.; *Peifer,* Die Einwilligung im Persönlichkeitsrecht, in: FS Brüggemeier, S. 225 (241).

[1534] *Klass,* Rechtliche Grenzen des Realitätsfernsehens, S. 262 f.

[1535] *Spindler,* 69. DJT (2012), S. F 47 ff.; *Peifer,* Die Einwilligung im Persönlichkeitsrecht, in: FS Brüggemeier, S. 225 (233).

[1536] Dies gilt vor allem für ältere Beiträge, bei denen zum Zeitpunkt der Erteilung des Einverständnisses das Internet noch eine „unbekannte Nutzungsart" (vgl. § 31a Abs. 1 UrhG) war. Wegen des unübersehbaren Rezipientenkreises dürfte die Veröffentlichung im Internet aber auch heute noch nicht als Selbstverständlichkeit angesehen werden (vgl. *Wolff,* Die beschränkte Internettauglichkeit des BDSG, in: Hill/Schliesky [Hrsg.], Die Vermessung des virtuellen Raums, S. 193 [196 f.]). Der von *Spindler,* 69. DJT (2012), S. F 48, angelegte Maßstab, wonach es genüge, dass dies „nicht völlig abwegig" erscheint, dürfte den schutzwürdigen Belangen des Betroffenen zumindest bei der Auslegung (§§ 133, 157 BGB) konkludenter Erklärungen nicht gerecht werden. Zu weitgehend daher auch OLG Frankfurt a. M., ZUM-RD 2011, S. 408 (409): „Gerade bei Sendungen, die sich an computer- und technikinteressierte Zuschauer wenden, ist von deren Erwartung auszugehen, dass Filmbeiträge im Internet zur Verfügung gestellt werden. Eine Person, die einem Fernsehsender ein Interview gewährt, muss deshalb damit rechnen, dass der Filmbeitrag, der das Interview enthält, auch im Internet verbreitet wird."

b) AGB-Kontrolle von vorformulierten Einwilligungserklärungen

Explizite Einverständniserklärungen werden regelmäßig einseitig von den Betreibern der Web 2.0-Angebote vorformuliert. Bei ihnen muss sich der (verfassungs)rechtliche Schutz der „substanziellen Selbstbestimmung" über die Einbeziehungs- und Wirksamkeitskontrolle der §§ 305 ff. BGB verwirklichen.[1537]

So kann sich die Einräumung einer auf das Internet erstreckten, dauerhaften Veröffentlichungsbefugnis als überraschende Klausel i. S. d. § 305c Abs. 1 BGB erweisen, wenn sie über das Maß hinausgeht, das dem Betroffenen klar vor Augen stehen muss. Eine gewisse Orientierungshilfe mag dabei die sog. „Zweckübertragungsregel" bieten,[1538] die im gewerblichen Rechtsschutz zur Auslegung einer Lizenz herangezogen wird. Übertragen auf die Einwilligung zur Veröffentlichung ist davon auszugehen, dass (nur) derjenige Umgang mit den persönlichen Angaben von der Einwilligung gedeckt ist, der für den (erkennbar) intendierten Nutzungszweck erforderlich oder doch bekanntermaßen üblich ist; das gilt insbesondere für Zweck, Art, Umfang und Kontext der Verbreitung.[1539] Während z. B. bei einer Zustimmung zu einer frei zugänglichen Veröffentlichung im Internet mit der Indizierung durch Suchmaschinen gerechnet werden muss,[1540] ist schon mit Blick auf die Details der Veröffentlichung im Rahmen von sozialen Netzwerken Zurückhaltung geboten:[1541] Das Leitbild des „verständigen Nutzers" darf hier nicht wirklichkeitsfremd ausgefüllt und die größtmögliche Verbreitung vorschnell als Grundannahme unterstellt werden.[1542]

Ist infolge eines deutlich gestalteten Hinweises eine Überraschung ausgeschlossen, mag der Umfang der Rechtseinräumung als „unangemessene Benachteiligung" des Betroffenen i. S. d. § 307 Abs. 1 BGB gewertet werden. Allerdings ist zweifelhaft, ob der Anwendungsbereich dieser Norm eröffnet ist: Anders als Regelungen zum Umgang mit den nur am Rande anfallenden Bestands- und Nutzungsdaten könnte es sich bei der Reichweite der Einwilligung um die kontrollfreie Bestimmung des Hauptgegenstandes der vertraglichen Beziehungen im „Tauschmodell ,Einwilligung gegen Leistung'"[1543] handeln. Diese umstrittene

---

[1537] BVerfG, MMR 2007, S. 93 (93 f.) m.w.N.; zustimmend Gola/Schomerus, BDSG, § 1 Rdnr. 8. Vgl. ferner Masing, NJW 2012, S. 2305 (2307 ff.), der die Berechtigung eines das Handeln Privater intensiv regulierenden Datenschutzrechts gerade mit Verweis auf das Machtgefälle zwischen den Akteuren begründet.

[1538] Vgl. Spindler, 69. DJT (2012), S. F 50 m.w.N.

[1539] Spindler, ebd., S. F 48; Libertus, ZUM 2010, S. 621 (624 f.) – jeweils m.w.N.

[1540] Vgl. BGHZ 185, 291 (306 f.) – Vorschaubilder I. Eine Übertragung auf das Persönlichkeitsrecht befürwortet Ohly, AfP 2011, S. 428 (432).

[1541] Spindler, 69. DJT (2012), S. F 49; Heckmann, K&R 2010, S. 1 (2).

[1542] Differenzierend, aber wohl immer noch zu weitgehend Libertus, ZUM 2010, S. 621 (623).

[1543] Buchner, DuD 2010, S. 39 (39 f.), der allerdings auch darauf hinweist, dass das Vorliegen einer synallagmatischen Beziehung nicht selten verschleiert wird (S. 41).

Frage[1544] soll im Rahmen dieser Untersuchung auf sich beruhen, weil zumindest der Ausschluss der Widerruflichkeit als Abweichung von einer gesetzlichen Regelung (§ 42 UrhG; §§ 313, 314 BGB usw.) der AGB-Kontrolle unterfällt (vgl. § 307 Abs. 3 S. 1 BGB).[1545]

2. Wirksamer Widerruf der erteilten Einwilligung

Wenn die soeben skizzierte (Vor-)Prüfung ergibt, dass ursprünglich eine auch die konkrete Form der Veröffentlichung im Internet umfassende Einwilligung des Betroffenen vorlag, stellt sich die Frage nach der Möglichkeit des Widerrufs unter Verweis auf das Recht auf medialen Neubeginn.[1546]

Die prinzipielle „Unabgeschlossenheit der Persönlichkeitsentwicklung",[1547] der das Recht auf medialen Neubeginn zu dienen bestimmt ist, verlangt nach der grundsätzlichen Reversibilität auch eines freiwillig und irrtumsfrei erteilten Einverständnisses. Weil „individuelle Freiheit [als] immer neuer Versuch des Selbstentwurfs in der Zeit" verstanden wird,[1548] muss der Betroffene auch dann grundsätzlich selbst über die fortdauernde Abrufbarkeit eines ihn belastenden Beitrags bestimmen können, wenn er früher einmal in die Veröffentlichung eingewilligt hat.

a) Widerruf bei Vorliegen eines wichtigen Grundes möglich

Die Sichtung der Widerrufsmöglichkeiten de lege lata hat gezeigt, dass auch eine dauerhaft erteilte Einwilligung zumindest bei Vorliegen eines wichtigen Grundes mit Wirkung ex nunc widerrufen werden kann, wobei im Falle eines urheberrechtlichen Nutzungsrechts der Rückruf wegen gewandelter Überzeugung (§ 42 UrhG), im Übrigen die allgemeinen Rechtsgrundsätze der Geschäftsgrundlagenstörung (§§ 313, 314 BGB) zur Anwendung kommen. Allenfalls die Schwerpunktsetzung unterscheidet sich, so dass mal die Widerruflichkeit als Regel, mal als Ausnahme verstanden wird.[1549]

Ob dem Betroffenen eine auf seiner Zustimmung beruhende Veröffentlichung des Werkes weiter „zugemutet werden kann" (§ 42 UrhG) oder ein „wichtiger

---

[1544] Vgl. den Überblick bei *Berberich,* MMR 2010, S. 736 (738 f.) m.w.N., der selbst für das Urhebervertragsrecht eine extensive Anwendung vorschlägt, die insbesondere auch „zeitlich ‚überschießende' Rechte" nach Beendigung des Nutzungsverhältnisses zu den kontrollfähigen Nebenleistungen zählt.

[1545] Dazu sogleich unten S. 326.

[1546] Selbstverständlich ist für die praktische Bewältigung konkreter Probleme auch ein Erst-recht-Schluss möglich: Wenn die Voraussetzungen eines Widerrufs vorliegen, erübrigen sich möglicherweise schwierig zu treffende Feststellungen über Bestand und Wirksamkeit einer lange zurückliegenden Einwilligung.

[1547] Vgl. oben S. 106.

[1548] *Masing,* NJW 2012, S. 2305 (2308).

[1549] Vgl. oben S. 70.

Grund" (§ 313 BGB) zur Beseitigung der Legitimationswirkung besteht, muss durch eine (verfassungsrechtlich angeleitete) Abwägung der widerstreitenden Interessen entschieden werden. Die Rolle des Rechts auf medialen Neubeginn besteht darin, die Interessen des Betroffenen dort zu stärken, wo – mit Blick auf die herkömmlichen Publikationsformen – eine eher restriktive Haltung sichtbar geworden ist.

b) Abwägung (nur) mit den widerrufsspezifischen Gegeninteressen

Wie bereits verschiedentlich hervorgehoben worden ist,[1550] ist die Beseitigung der Legitimationswirkung der Einwilligung lediglich der erste Schritt auf dem Weg zum Veränderungsanspruch. Sie stellt den Gleichlauf mit den ursprünglich konfrontativen Beiträgen her, weil sich anschließend die Frage stellt, ob ein weiteres Abrufbarhalten *gegen den Willen* des Betroffenen rechtmäßig ist[1551] (dazu sogleich unter IV.). Konsequenz dieser Abschichtung ist, dass zunächst nur diejenigen *widerrufsspezifischen* Belange zu berücksichtigen sind, die gerade den Schutz des Vertrauens auf den Fortbestand des Einverständnisses zum Gegenstand haben.

aa) Abschichtung des kompensationsfähigen Vertrauensschadens

Auf Ebene des einfachen Rechts ist auffällig, dass vor allem bei einer entgeltlich erteilten Einwilligung an einen Widerruf höhere Anforderungen gestellt werden.[1552] Dem korrespondiert das Ergebnis einer Analyse der mit dem Recht auf medialen Neubeginn konfligierenden Grundrechte und öffentlichen Aufgaben, wonach die Wirtschaftsgrundrechte bzw. die berechtigten fiskalischen Belange des Staates unter bestimmten Voraussetzungen den Schutz der getätigten finanziellen Dispositionen verlangen.[1553]

Diesbezüglich ist bereits herausgearbeitet worden, dass dem nicht nur durch ein Versagen des Widerrufs, sondern *auch* durch die *Gewährung eines finanziellen Ausgleichs* Rechnung getragen werden kann.[1554] Im Bereich des Urheberrechts macht § 42 Abs. 3 UrhG den Rückruf des Nutzungsrechts ohnehin in einfachgesetzlicher Ausgestaltung von der Zahlung einer angemessenen Entschä-

---

[1550] Vgl. bereits oben S. 171 und 209.

[1551] Ein wirksamer Widerruf hat nicht zwingend die Rechtswidrigkeit einer weiteren Abrufbarkeit des Beitrags zur Folge. Für diese können überwiegende Interessen oder staatliche Zwecke streiten.

[1552] Vgl. *Spindler*, 69. DJT (2012), S. F 51 f.

[1553] Vgl. dazu oben S. 209 und 234.

[1554] Vgl. oben S. 210 m. Fn. 998. Dasselbe gilt auch für die fiskalischen Interessen staatlicher Stellen, deren Interessen sich angesichts der Verpflichtung zu Wirtschaftlichkeit und Sparsamkeit im Umgang mit staatlichen Ressourcen ebenfalls als schutzwürdig erweisen können (vgl. dazu S. 235).

digung abhängig; im Übrigen wird verbreitet eine Analogie zu § 122 BGB vorgeschlagen.[1555]

Freilich lohnt es sich, die *Höhe* einer solchen Kompensationszahlung bei Veröffentlichungen über das Internet genauer in den Blick zu nehmen. Weil es sich um digitale Publikationen handelt, die auch nach ihrer erstmaligen Veröffentlichung vergleichsweise leicht verändert und ergänzt werden können, sind die wirtschaftlichen Folgen eines wirksamen Widerrufs im Vergleich zu einer herkömmlichen Publikation, bei der die noch nicht abgegebenen Bestände makuliert werden müssten, vergleichsweise überschaubar.[1556] Vor allem ist zu bedenken, dass das ökonomische Rückgrat vieler Geschäftsmodelle Werbeeinnahmen bilden, die nicht von *bestimmten* Inhalten, sondern eher von der Masse der Einträge und dem durch sie generierten Zustrom an Besuchern abhängen. Auf die Verwertung *eines bestimmten* Beitrags kommt es unter diesen Umständen (z. B. bei Bilder- und Videoportalen sowie bei sozialen Netzwerken) gar nicht mehr entscheidend an. Das bedeutet, dass bei den allermeisten Veröffentlichungen im Internet ein messbarer ökonomischer Schaden durch den Widerruf des Nutzungsrechts bzw. der Einwilligung nicht oder nur in sehr geringer Höhe wird dargetan werden können. Während vor allem die „prohibitive Entschädigungspflicht"[1557] das Rückrufsrecht im herkömmlichen Anwendungsbereich zu einem „stumpfen Schwert"[1558] hat werden lassen, ist davon auszugehen, dass ihm bei nutzergenerierten Inhalten im Web 2.0 erstmals eine signifikante Bedeutung zukommt.

bb) Verbleibende Abwägungsentscheidung

Die vor allem durch die Regelung des § 42 UrhG vorgezeichnete und in den anderen Fällen über § 122 BGB bewirkte Umsetzung des grundrechtlich gebotenen Vertrauensschutzes durch „Ablösung" der wirtschaftlichen Interessen im Wege einer Entschädigung bleibt nicht ohne Folgen für die – rechtstechnisch – vorgelagerte Frage der Widerrufsvoraussetzungen: Sie kann nur unter Verweis auf die nicht abgegoltenen widerrufsspezifischen Interessen verneint werden. Das betrifft nach der einfachrechtlichen Ausgestaltung des Kompensationsanspruchs neben dem allgemeinen Verwaltungsaufwand[1559] vor allem einen möglichen Imageschaden.[1560]

[1555] Vgl. oben S. 75 m. Fn. 287 f. und S. 209.
[1556] Die Unterschiede der tatsächlichen ökonomischen Verhältnisse des „Web 2.0" zu denen des herkömmlichen Verlagsgeschäfts betont auch *Rauda*, GRUR 2010, S. 22 (26 f.).
[1557] *Schulze*, in: Dreier/Schulze, UrhG, § 42 UrhG Rdnr. 3.
[1558] *Wandtke*, in: Wandtke/Bullinger, UrhR, § 42 UrhG Rdnr. 11.
[1559] *Schulze*, in: Dreier/Schulze, UrhG, § 42 UrhG Rdnr. 24; *Wandtke*, in: Wandtke/Bullinger, UrhR, § 42 UrhG Rdnr. 11.
[1560] *Rauda*, GRUR 2010, S. 22 (25).

Konsequenterweise hat *Spautz* bereits mit Blick auf die herkömmlichen Lizenzierungsvorgänge im Kriterium der „Unzumutbarkeit" nicht mehr als eine Deminimis-Schwelle gesehen: „Damit sollen z.B. Fälle ausgeschaltet werden, in denen eine Wandlung der Überzeugung nur hinsichtlich *unwesentlicher Kleinigkeiten* erfolgte."[1561] Diese Schwelle dürfte aufgrund der Besonderheiten des Web 2.0 noch geringer anzusetzen sein,[1562] weil z.B. ein Imageschaden – anders als im herkömmlichen Verlagswesen – durch die Entfernung *einer* der häufig unübersehbar vielen Veröffentlichungen für den Regelfall nicht zu besorgen ist. Auch hält sich der Verwaltungsaufwand für die Bearbeitung des Löschungsbegehrens – bezogen auf den hier nur relevanten Einzelfall[1563] –, wie gesehen, in engen Grenzen; er entfällt sogar ganz, wenn der Anbieter dem Betroffenen dauerhaft die Möglichkeit einräumt, seinen Beitrag selbst zu entfernen.[1564]

c) Unabdingbarkeit des Widerrufsrechts

Angesichts dieser für den Betroffenen vergleichsweise komfortablen Situation ist es nicht weiter verwunderlich, dass manche – nicht alle[1565] – Host-Provider den Versuch unternehmen, die Ausübung des Widerrufsrechts durch allgemeine Geschäftsbedingungen (teilweise) auszuschließen, wobei dies vor allem für den Fall der Inbezugnahme[1566] oder Weiterverwendung von nutzergenerierten Inhalten durch andere Nutzer[1567] gelten soll.[1568]

[1561] *Spautz,* in: Möhring/Nicolini, UrhG, § 42 Rdnr. 8 (Hervorh. d. Verf.); ähnlich *Rauda,* GRUR 2010, S. 22 (25): „Kleinigkeiten".

[1562] Nicht nachvollziehbar ist nach alledem die Einschätzung von *Ott,* MMR 2009, S. 158 (163), der zufolge dem Widerruf nach § 42 UrhG „enge Grenzen" gesetzt seien, es insbesondere nicht genügen würde, wenn der Betroffene „seine früheren Aussagen inzwischen als peinlich empfindet".

[1563] *Rauda,* GRUR 2010, S. 22 (25 f.).

[1564] *Rauda,* GRUR 2010, S. 22 (25).

[1565] Eine Ausnahme bildet z.B. Google (google+ und blogger.com; abrufbar unter http://google.de/policies/terms/regional.html): „Das Recht der öffentlichen Zugänglichmachung endet mit dem Zeitpunkt, in dem Sie einen eingestellten Inhalt aus einem bestimmten Dienst entfernen oder die Bestimmung der öffentlichen Zugänglichmachung aufheben." Ferner Wordpress (abrufbar unter http://de.wordpress.com/tos/): „If you delete Content, Automattic will use reasonable efforts to remove it from the Website, but you acknowledge that caching or references to the Content may not be made immediately unavailable" (Hervorh. d. Verf.).

[1566] Vgl. Facebook, „Erklärung der Rechte und Pflichten" (abrufbar unter http://face book.com/legal/terms), Ziff. 2.1: *„Diese IP-Lizenz endet,* wenn du deine IP-Inhalte oder dein Konto löschst, *außer deine Inhalte wurden mit anderen Nutzern geteilt und diese haben die Inhalte nicht gelöscht."* Ähnlich Youtube, „Nutzerbedingungen" (abrufbar unter http://youtube.com/t/terms), Ziff. 10.2: „Die vorstehend von Ihnen *eingeräumten Lizenzen an Nutzerkommentaren sind unbefristet und unwiderruflich* […]" (Hervorh. d. Verf.).

[1567] Vgl. Tumblr, „Nutzungsbedingungen" (abrufbar unter http://tumblr.com/policy/ en/terms_of_service), Ziff. 6: „[…] you give Tumblr a non-exclusive, worldwide, royal-

Das wirft vor allem die Frage nach der Zulässigkeit eines solchen Vorgehens auf. Für das urheberrechtliche Rückrufsrecht ist diese schnell beantwortet, handelt es sich doch nach § 42 Abs. 2 UrhG um zwingendes Recht.[1569] Für den Widerruf des Einverständnisses aus wichtigem Grund nach allgemeinen Grundsätzen (§§ 313, 314 BGB) dürfte sich eine vergleichbare Indisponibilität mit Blick auf § 307 Abs. 2 Nr. 1 BGB bereits nach herkömmlichen Maßstäben ergeben,[1570] wobei letzte Zweifel hierbei mit Blick auf das Recht auf medialen Neubeginn beseitigt werden können.[1571]

3. Resümee

Mit Blick auf die Widerruflichkeit einer wirksam erteilten Einwilligung ergibt sich demnach folgendes Bild: In der Regel führt ein Widerruf bei Online-Veröffentlichungen rein tatsächlich zu keinem Vertrauensschaden. Hier oder wenn eine ausnahmsweise gebotene Kompensationszahlung vom Betroffenen zusammen mit dem Widerruf[1572] angeboten wird, bedarf es zur Begründung des Widerrufs nicht der Darlegung einer besonders schweren Beeinträchtigung des Rechts auf medialen Neubeginn.[1573] Nur bei wirklichen *Lappalien,* von denen bei verständiger Würdigung selbst unter Berücksichtigung der individuellen Vorstellungen des Betroffenen keine Beeinträchtigung ausgehen kann, mag der andere Teil jedwede

---

ty-free, *sublicensable,* transferable right and *license* to use, host, [...] display (publicly or otherwise) [...] such Subscriber Content. [...] Note also that this license [...] *continues even if you stop using* the Services [...]. On termination of your Account or *upon your deletion of particular pieces of Subscriber Content* [...], Tumblr shall make reasonable efforts to make such Subscriber Content inaccessible and cease use of it; however, you acknowledge and agree that: [...] (c) such removed Subscriber Content *may be available* (and stored on our servers) *through the accounts of other Subscribers, such as because of Reblogging"* (Hervorh. d. Verf.).

[1568] Tumblr begründet dies damit, dass es sich bei einer nachträglichen Löschung um eine unzulässige Zensur des anderen Nutzers handeln würde, vgl. Tumblr, ebd.: „[W]hen you post something publicly, others may choose to comment on it, making your Content part of a social conversation that *cannot later be erased without retroactively censoring the speech of others"* (Hervorh. d. Verf.).

[1569] Daran ändert wegen Art. 6 Abs. 2 S. 2 VO (EG) Nr. 593/2008 über das auf vertragliche Schuldverhältnisse anzuwendende Recht (Rom I) (ABl. L 177 v. 4.7.2008, S. 6) auch eine Rechtswahlklausel zugunsten eines günstigeren Heimatrechts des Diensteanbieters nichts (vgl. *Berberich,* MMR 2010, S. 736 [740] m.w.N.).

[1570] So *Ohly,* AfP 2011, S. 428 (434); ihm folgend *Spindler,* 69. DJT (2012), S. F 53.

[1571] Dieses hat die Ratio des im Bewusstsein für die Unvorhersehbarkeit der Zukunft konzipierten (*Rauda,* GRUR 2010, S. 22 [24]) urheberrechtlichen Rückrufsrechts aufgenommen, dem Betroffenen ein Abrücken von einer Äußerung zu ermöglichen, die er nach den „Wandlungen der Zeit" (*Wandtke,* in: Wandtke/Bullinger, UrhR, § 42 UrhG Rdnr. 1) nicht mehr gutheißen kann.

[1572] Vgl. § 42 Abs. 4 UrhG bzw. § 273 BGB.

[1573] Vgl. oben S. 209.

Veränderung wegen des unverhältnismäßigen Aufwands mit Rücksicht auf sein Vertrauen in das ursprüngliche Einverständnis verweigern können.

Folglich wird auch bei konsentierten und vom Betroffenen selbst veröffentlichten Beiträgen über die zukünftige dauerhafte Abrufbarkeit gegen seinen Willen in aller Regel unter Rückgriff auf die für konfrontative Publikationen entwickelten Maßstäbe entschieden.

IV. Rechtmäßigkeit des Abrufbarhaltens nach wirksamem Widerruf

Ist die Legitimationswirkung des ursprünglich wirksam erteilten Einverständnisses durch Rückruf des Nutzungsrechts oder Widerruf der Einwilligung mit Wirkung ex-nunc beseitigt worden, kann sich die Rechtfertigung des fortdauernden Abrufbarhaltens gleichwohl aus einem Überwiegen der Publikationsinteressen ergeben.

Diese verfassungsrechtliche Prämisse ist bei der Untersuchung der einfachrechtlichen Rechtslage zu berücksichtigen, wobei wiederum je nach Art des Beitrags unterschiedliche Regime zur Anwendung berufen sind. Um die im vorherigen Abschnitt erarbeiteten Ergebnisse leichter fruchtbar machen zu können, sollen im Folgenden zunächst die konsentierten Beiträge Dritter (1.) und anschließend die vom Betroffenen selbst veröffentlichten Beiträge untersucht werden (2.).

1. Konsentierte Publikationen

Wie gesehen, fallen nur die in einem journalistisch-redaktionellen Kontext veröffentlichten Beiträge unter das datenschutzrechtliche Medienprivileg (v.a. § 57 RStV). Bei ihnen richtet sich die Zulässigkeit der fortwährenden Abrufbarkeit des Beitrags nach dem Äußerungsrecht. In Betracht kommt folglich ein Unterlassungsanspruch analog §§ 1004, 823 BGB i.V.m. dem allgemeinen Persönlichkeitsrecht in Gestalt des Rechts auf medialen Neubeginn [a)]. Alle anderen konsentierten Veröffentlichungen sind möglicherweise dem datenschutzrechtlichen Löschungsanspruch (§ 35 Abs. 2 S. 2 BDSG) bzw. einem Unterlassungsanspruch hinsichtlich der (Art und Weise der) Übermittlung (§§ 1004, 823 Abs. 2 BGB i.V.m. § 4 Abs. 1 BDSG) ausgesetzt [b)].

a) Äußerungsrecht

Die größte Nähe zu den ursprünglich konfrontativen Beiträgen besteht bei solchen konsentierten Beiträgen, die in journalistisch-redaktionellen Medien erschienen sind, wie z.B. bei Interviews und Homestorys. Sie dienen nicht allein der Selbstdarstellung des Betroffenen, sondern sollen auch ein Informationsinteresse der Öffentlichkeit befriedigen.

Um diese Parallele aufgreifen zu können, muss danach gefragt werden, ob sich eine Neuveröffentlichung auch gegen den Willen des Betroffenen – gemessen an den herkömmlichen Maßstäben für konfrontative Veröffentlichungen – als zulässig erwiese. Ist dies der Fall, kann der ursprüngliche Rechtfertigungsgrund (Einwilligung) durch einen anderen ausgetauscht werden, so dass der Beitrag wie vor dem Widerruf in der ersten Phase verbleibt.

Muss diese Frage unmittelbar nach dem Widerruf oder nach einer weiteren Änderung der Umstände hingegen verneint werden, weil das *primäre Publikationsinteresse* die Beeinträchtigung der einschlägigen, bereits anerkannten Ausprägung des allgemeinen Persönlichkeitsrechts (z. B. Recht am eigenen Bild, Schutz der Resozialisierungschance) nicht mehr aufzuwiegen vermag, so tritt der Beitrag in die zweite Phase ein. Dort ist zu prüfen, ob ein hinreichendes *sekundäres Publikationsinteresse* die Abrufbarkeit des Beitrags unter den nunmehr i. d. R. weniger belastenden Rezeptionsmodalitäten rechtfertigt.

aa) Besonderheiten bei konsentierten Beiträgen

Leitlinien für eine Abwägung des Rechts auf medialen Neubeginn und der konfligierenden (grundrechtlich geschützten) Publikationsinteressen[1574] wurden bereits mit Blick auf die ursprünglich konfrontativen Beiträge entwickelt. Im Folgenden soll daher lediglich auf einige Besonderheiten eingegangen werden, die sich aus dem Umstand ergeben, dass die Veröffentlichungsbefugnis ursprünglich auf der Einwilligung des Betroffenen beruht hat.

(1) Abwägungsfaktoren mit Blick auf das Recht
 auf medialen Neubeginn

In diesem Zusammenhang ist es hilfreich, sich vor Augen zu führen, dass der Konflikt mit dem Recht auf medialen Neubeginn unabhängig von den Umständen der erstmaligen Veröffentlichung daher rührt, dass *aktuell* keine Übereinstimmung mehr zwischen der von ihm angestrebten Persönlichkeitsentwicklung und dem statischen (Fremd-)Bild, das in den Beiträgen gezeichnet wird, besteht.[1575] Gerade mit Blick auf den Widerruf persönlichkeitsrechtlicher Gestattungen hat *Ohly* bereits zutreffend bemerkt, dass es „sowohl der grundrechtlichen Wertung der Art. 2 I i.V.m. 1 I GG, als auch dem einfachrechtlichen Gedanken des § 42 UrhG [entspricht], der Person im Fall gewandelter Überzeugung einen Rückruf dieser Verkörperung aus der öffentlichen Sphäre zu ermöglichen [...]."[1576]

[1574] Zu den Besonderheiten bei staatlichen Publikationen unten S. 344.
[1575] Vgl. ausführlich oben S. 117.
[1576] *Ohly,* Volenti non fit iniuria, S. 353.

Denn was das *Ausmaß der Beeinträchtigung* seiner Fortentwicklungsmöglich-keiten betrifft, macht es vor diesem Hintergrund für den Betroffenen keinen we-sentlichen Unterschied, ob die Veröffentlichungsbefugnis im Beispielsfall des In-terviews[1577] auf seiner Zustimmung beruht oder auf eine nicht minder freiwillig getätigte (öffentliche) Äußerung (z. B. bei einer Informationsveranstaltung der Selbsthilfegruppe) zurückgeht, über die bereits ursprünglich rechtmäßigerweise auch gegen seinen Willen in identifizierender Weise hätte berichtet werden dür-fen.

Folglich können die für ursprünglich konfrontative Beiträge herausgearbeiteten Abwägungsfaktoren „inhaltliche Gestaltung" und „Rezeptionsmodalitäten"[1578] unverändert zur Anwendung kommen. Insbesondere der Minderjährigkeit, aber wohl auch der weiter gefassten Jugendlichkeit des Betroffenen[1579] kommt dem-gegenüber eine gesteigerte praktische Relevanz zu, weil gerade im Bereich der sozialen Netzwerke unbedachte, jedenfalls aber vom Betroffenen später als „Ju-gendsünden" bereute Offenbarungen aus dem Privatleben weit verbreitet sind.

(2) Abwägungsfaktoren mit Blick auf das sekundäre Publikationsinteresse

Auch bei den zu berücksichtigenden konfligierenden individuellen wie gesell-schaftlichen Interessen kann in großem Umfang auf die Ergebnisse des vorste-henden Abschnitts zurückgegriffen werden:

Zunächst ist zu evaluieren, mit welchem Gewicht mögliche *primäre Publika-tionsinteressen* aktuell noch fortwirken.[1580] Schwierigkeiten bereitet dabei die Bewertung von Angaben, die ohne Einwilligung nicht hätten veröffentlicht wer-den dürfen, weil sie – wie z. B. Krankheiten oder sexuelle Präferenzen – der Privat- oder Intimsphäre zugehören. Hat der Betroffene der ursprünglichen Ver-öffentlichung zugestimmt, sind die Angelegenheiten zum Gegenstand „öffentli-cher" Kommunikation geworden. Damit steht fest, dass die für eine ursprünglich konfrontative Berichterstattung über solche privaten Gegenstände erforderliche überragende Bedeutung des Publikationsinteresses[1581] nicht gefordert werden kann. Angesichts der Dauerhaftigkeit der Abrufbarkeit darf die gebotene Locke-rung der Voraussetzungen umgekehrt nicht zur Übernahme der Kriterien des Stigmatisierungsschutzes führen, weil diese auf eine aktive, aber flüchtige Ver-öffentlichung von der Sozialsphäre angehörenden Informationen zugeschnitten sind.[1582]

[1577] Vgl. oben S. 35 m. Fn. 70.

[1578] Vgl. oben S. 261 und 263.

[1579] Vgl. oben S. 266.

[1580] Vgl. oben S. 267.

[1581] Vgl. oben S. 135.

[1582] Vgl. oben S. 271 m. Fn. 1309; zuvor bereits oben S. 256.

Für die Gewichtung des *originär* sekundären Publikationsinteresses kommt der Einwilligung demgegenüber keine gesonderte Bedeutung zu. Wie bei den konfrontativen Beiträgen ist zu bedenken, dass der Beitrag Teil der medialen Realität geworden ist und deshalb das Interesse an der Nachvollziehbarkeit historischer Vorgänge und der Zugänglichkeit des kulturellen Erbes eine Beeinträchtigung des Rechts auf medialen Neubeginn womöglich zu rechtfertigen vermag.[1583] Auch aus der ursprünglichen Einwilligung lässt sich dabei kein *absolutes* Archivprivileg herleiten, das jede nachträgliche Modifikation der Abruf- und Auffindbarkeit als Geschichtsklitterung unzulässig werden ließe.[1584] Denn das Recht auf medialen Neubeginn zielt gerade auch in diesen Fällen darauf, die Möglichkeit des Betroffenen zur Fortentwicklung seiner Persönlichkeit in der Zeit offenzuhalten.

Wie bei den ursprünglich konfrontativen Beiträgen herausgearbeitet wurde, ist mit der Feststellung der Rechtswidrigkeit der fortdauernden Abrufbarkeit des Beitrags nur in Ausnahmefällen das Bestehen einer Löschungsverpflichtung verbunden. Beim i. d. R. allein einschlägigen Unterlassungsanspruch verbleibt dem Schuldner eine große Gestaltungsfreiheit beim Erreichen des geschuldeten Veränderungserfolgs. Die vielfältigen Abstufungsmöglichkeiten mit Blick auf den Inhalt, vor allem aber die Rezeptionsmodalitäten sind bei der Abwägung, ob der Beitrag aus der dritten in die zweite (oder gar erste) Phase zurückkehren kann, zu berücksichtigen.[1585] Diese Abschichtung des Konflikts schlägt sich unmittelbar auf den *Maßstab* nieder, der für die Feststellung einer Rechtsverletzung auf Tatbestandsseite des Unterlassungsanspruchs anzulegen ist: Steht der Betroffene als Person des öffentlichen Lebens (i. w. S.) in verschiedenen Zusammenhängen in der Öffentlichkeit, so dass die Zuordnung des Vorgangs zu seiner Person relevant ist? Nur dann kann das sekundäre Publikationsinteresse es zwingend erfordern, dass *dauerhaft* bei Eingabe seines Namens in eine Suchmaschine eine Verknüpfung des Beitrags mit der Person des Betroffenen erfolgt. Im Übrigen überwiegt das Recht auf medialen Neubeginn[1586] und es bedarf einer Veränderung zugunsten des Betroffenen.

In Zweifelsfällen sollte dabei der Wechselbeziehung zwischen der Rechtsmacht, einen Beitrag der (leichten) Zugänglichkeit durch die Öffentlichkeit wieder zu entziehen, und der Neigung, persönliche Informationen von sich preiszugeben, ausschlaggebende Bedeutung zukommen.[1587] Während ein auf das Recht auf medialen Neubeginn gestützter Veränderungsanspruch im konkreten Fall mit den Kommunikationsfreiheiten kollidiert, wirkt er sich – aufs Ganze gesehen –

[1583] Vgl. oben S. 174, 204, 207, 221 und 267.
[1584] Vgl. oben S. 267; zuvor bereits oben S. 63.
[1585] Vgl. oben S. 175 und 293.
[1586] Vgl. oben S. 272.
[1587] Zum „internen" Konflikt innerhalb der Kommunikationsfreiheit bereits oben S. 201.

förderlich auf den Gebrauch der Kommunikationsfreiheiten als Medium der Persönlichkeitsentfaltung aus: Das Wissen um ein zukünftiges Widerrufsrecht erleichtert dem Einzelnen den Entschluss, ungezwungen seine *aktuellen* persönlichen Gedanken und Gefühle zu artikulieren und mit anderen zu teilen.[1588] Bei eigenen und konsentierten Beiträgen kommt dem deshalb eine gesteigerte Bedeutung zu, weil sie häufig Vorgänge aus der Privatsphäre betreffen, die i.d.R. gegen den Willen des Betroffenen nicht hätten veröffentlicht werden dürfen.[1589]

bb) Reichweite des Veränderungsanspruchs

Bei der Bestimmung der inhaltlichen Reichweite ist daran zu erinnern, dass die Wahrscheinlichkeit, mit der der Betroffene mit der Entdeckung des Beitrags durch sein soziales Umfeld rechnen muss, für das durch das Recht auf medialen Neubeginn abzuwendende (berechtigte) Gefühl der Aussichtslosigkeit einer Persönlichkeitsfortentwicklung von entscheidender Relevanz ist.[1590] Diese Wahrscheinlichkeit wird nicht erst durch eine Anonymisierung bzw. Pseudonymisierung oder gar Löschung des Beitrags, sondern bereits durch den Ausschluss von „Zufallstreffern" über allgemeine Suchmaschinen erheblich vermindert.[1591]

Wenn der Beitrag im Übrigen inhaltlich unverändert frei zugänglich bleibt und so von denjenigen, die um seine Existenz wissen oder ihn über andere Suchanfragen auffinden, aufgerufen werden kann,[1592] wird im Gegenzug den originär sekundären Zwecken in weitem Umfang Rechnung getragen.

cc) Widerrufserklärung ersetzt
bei Ausbleiben der alternativen Rechtfertigung
die pflichtenkonkretisierende Erstabmahnung

Ergibt die Prüfung, dass keine alternative Rechtfertigung der fortdauernden Abrufbarkeit besteht, so dass der Beitrag unmittelbar nach dem Widerruf in die dritte Phase eintritt, stellt sich die Frage, ob es wie bei den ursprünglich konfrontativen Beiträgen besonderer prozeduraler Einschränkungen des Veränderungsanspruchs bedarf, um eine abschreckende Wirkung auf die Publikationsfreudigkeit zu vermeiden.[1593]

Weil alle denkbaren Ansprüche zunächst den wirksamen Widerruf der Einwilligung voraussetzen,[1594] besteht indes kein Anlass, eine übermäßige (finanzielle)

[1588] Vgl. oben S. 121.
[1589] Vgl. die Beispiele oben S. 34 und 36.
[1590] Vgl. oben S. 120 und 271.
[1591] Vgl. oben S. 271; zuvor bereits S. 157.
[1592] Zu den Möglichkeiten ausführlich oben S. 297.
[1593] Vgl. oben S. 176.
[1594] Vgl. oben S. 323.

Inanspruchnahme des ursprünglich rechtmäßig handelnden unmittelbar Verantwortlichen zu befürchten: Entsteht der Veränderungsanspruch bereits mit Zugang der Widerrufserklärung,[1595] muss der Empfänger auf diese angemessen reagieren. Nur wenn dies nicht geschieht, liegt eine Pflichtverletzung vor, die der Betroffene abmahnen könnte. Anders liegt es hingegen, wenn die Abrufbarkeit des Beitrags auch nach Zugang des Widerrufs (zunächst) wegen überwiegender Publikationsinteressen auch gegen den Willen des Betroffenen zulässig ist. Mit Blick auf den möglicherweise erst einige Zeit nach dem Widerruf erfolgenden Übergang in die dritte Phase bedarf es dann wie bei den ursprünglich konfrontativen Beiträgen einer pflichtenkonkretisierenden Erstabmahnung.

b) Datenschutzrecht

Richtet sich ein möglicher Veränderungsanspruch des Betroffenen nach dem BDSG, weil der Anspruchsgegner sich nicht auf das Medienprivileg berufen kann, ist die fortwährende Speicherung und Übermittlung der im Beitrag enthaltenen personenbezogenen Inhalte nach erfolgreichem Widerruf der ursprünglichen Einwilligung nicht mehr nach § 4 Abs. 1 i.V.m. § 4a BDSG zulässig, sondern kann allenfalls unter den Voraussetzungen der gesetzlichen Erlaubnisnormen des § 29 Abs. 1 (für die interne Speicherung) bzw. § 29 Abs. 2 BDSG (für die Übermittlung) gerechtfertigt sein.[1596] Weil Art. 5 Abs. 1 GG eine umfassende verfassungskonforme Auslegung und Anwendung der datenschutzrechtlichen Vorschriften erfordert, die diese im Ergebnis zu einer dem Äußerungsrecht entsprechenden Abwägungsklausel umformt, kann weitgehend auf die vorstehend entwickelten Maßstäbe und Leitlinien verwiesen werden.[1597]

Zwei Besonderheiten ergeben sich daraus, dass die nach Datenschutzrecht zu beurteilenden Beiträge überwiegend „singuläre" Äußerungen journalistischer Laien sind: Wie bereits mit Blick auf konfrontative Äußerungen ausgeführt, kommt dem *individuellen* Interesse am „Sich-Äußern" bzw. an der Kenntnisnahme fremder Äußerungen ein größeres Gewicht zu.[1598] Dieses darf allerdings auch nicht überbewertet werden, weil der durch das Recht auf medialen Neubeginn in erster Linie geforderte Verzicht auf die Auffindbarkeit des Beitrags über den Namen des Betroffenen nur den Überschuss an publizistischer Wirkungsmacht aus-

---

[1595] Einer solchen bedarf es im Ergebnis auch bei einer gegenüber der Allgemeinheit erklärten „schlichten" Einwilligung. Selbst bei Zugrundelegung des Actus-contrarius-Gedankens bliebe der gutgläubige andere Teil nach dem verallgemeinerungsfähigen Rechtsgedanken der § 171 Abs. 2 und § 658 Abs. 1 S. 2 BGB vor Abmahnkosten so lange geschützt bis der Betroffene ihn auf den Widerruf hingewiesen hat (*Ohly,* AfP 2011, S. 428 [433] m.w.N.).

[1596] Vgl. oben S. 241 und 303.

[1597] Vgl. oben S. 251 und 303.

[1598] Vgl. oben S. 199 und 205.

gleicht, der mit den neuen Formen der Kommunikation im Internet einhergeht.[1599]

Ebenfalls persönlichkeitsrechtlich radiziert ist das originär sekundäre Interesse an der fortwährenden Dokumentation der eigenen Äußerungen. Sie sind nicht nur Teil der (kollektiven) medialen Realität und Referenzpunkt für Dritte geworden, sondern Aspekt der *eigenen (virtuellen) Identität des Verfassers*. Auf die eigenen Beiträge kann der Verfasser stolz verweisen; Anzahl, Qualität und Thematik der eingestellten Beiträge bestimmen insofern maßgeblich das Ansehen seiner Person.[1600] Deshalb treffen den Autor inhaltliche Veränderung und Zugangshürden besonders schwer. Durch einen Ausschluss der Auffindbarkeit des Beitrags über den Namen des Betroffenen wird der Wirkbereich demgegenüber nur marginal berührt.

Überwiegt bei der durchzuführenden Abwägung das Recht auf medialen Neubeginn, erweist sich die weitere Übermittlung des Beitrags (unter den konkreten Rezeptionsmodalitäten) als nicht mehr von § 29 Abs. 2 BDSG gedeckt. Der Unterlassungsanspruch nach §§ 1004, 823 Abs. 2 BGB i.V.m. § 4 BDSG verpflichtet die datenverarbeitende Stelle in aller Regel (nur) zu einer negativen Suchmaschinenoptimierung mit Bezug auf den Beitrag, wodurch die Auffindbarkeit als Zufallstreffer ausgeschlossen wird.

Nur wenn der geschuldete Veränderungserfolg ausnahmsweise in der Anonymisierung des Beitrags besteht[1601] *und* auch kein berechtigtes Interesse an einer (rein internen) Speicherung des Beitrags besteht, werden die Voraussetzungen des § 29 Abs. 1 BDSG zu verneinen und ein datenschutzrechtlicher Löschungsanspruch nach § 35 Abs. 2 S. 2 BDSG zu bejahen sein.[1602]

2. Eigene Publikationen

Abschließend ist der Frage nachzugehen, unter welchen Voraussetzungen ein vom Betroffenen selbst erstellter Beitrag auch gegen seinen Willen abrufbar gehalten werden darf.

a) Urheberrecht

Genießt der Beitrag den Schutz des Urheberrechts (bzw. wie bei Fotos regelmäßig den eines erweiterten Leistungsschutzrechts), befindet sich der Betroffene nach dem wirksamen Rückruf des (z.B. dem Betreiber des Web 2.0-Angebots) eingeräumten Nutzungsrechts gem. § 42 UrhG (bzw. nach Widerruf einer

---

[1599] Vgl. ausführlich oben S. 304.

[1600] Vgl. oben S. 204.

[1601] Vgl. oben S. 299.

[1602] Vgl. ausführlich oben S. 305 m. Fn. 1458.

„schlichten" Einwilligung[1603]) in der vergleichsweise komfortablen Lage, sich nicht nur auf ein „offenes Rahmenrecht" wie das (zivilrechtliche) allgemeine Persönlichkeitsrecht,[1604] sondern auf ein „absolutes" Recht stützen zu können.

aa) Online-Archivierung als fortlaufend rechtfertigungsbedürftige Dauerhandlung

Dieser rechtsdogmatische Unterschied schlägt sich unmittelbar in der rechtspraktischen Beurteilung der Ausgangslage bei möglichen Konflikten nieder, wie an der Entscheidung des u.a. für das Urheberrecht zuständigen I. Zivilsenats zur Abrufbarkeit einer Bildberichterstattung über eine Kunstausstellung in einem Online-Archiv deutlich wird, die gut zehn Monate nach der ersten Online-Archiv-Entscheidung des VI. Zivilsenats[1605] ergangen ist:

> „Ein Eingriff in das Urheberrecht bedarf stets so lange einer Rechtfertigung, wie er andauert. [...] [E]ine Dauerhandlung, wie [die] öffentlich[e] Zugänglichmachung des Werkes [...], muss [...] während des gesamten Zeitraums dieser Handlung gerechtfertigt sein. [...] [Die] Zulässigkeit [folgt] auch nicht daraus, dass die Presse die Aufgabe, in ein Online-Archiv eingestellte Berichte laufend auf ihre Aktualität zu prüfen und wegen Fortfalls der Aktualität der Berichterstattung unzulässig gewordene Abbildungen urheberrechtlich geschützter Werke zu löschen, nicht mit vertretbarem Aufwand bewältigen könnte."[1606]

bb) Rechtfertigung der konfrontativen Veröffentlichung durch eine urheberrechtliche Schrankenregelung

Das fortdauernde Abrufbarhalten des Beitrags ist als „öffentliche Zugänglichmachung" i.S.d. §§ 15 Abs. 2 Nr. 1, 19a UrhG nach Fortfall des Nutzungsrechts (bzw. der „schlichten" Einwilligung) folglich nur soweit rechtmäßig, wie es auf eine der in §§ 44a ff. UrhG[1607] abschließend[1608] aufgezählten Schrankenregelungen gestützt werden kann. Im hier interessierenden Kontext kommen vor allem das Zitatrecht nach § 51 UrhG [(1)] sowie die in §§ 48, 49 UrhG enthalte-

---

[1603] Vgl. BGHZ 185, 291 (304 f.) – Vorschaubilder I; dazu bereits oben S. 317 m. Fn. 1515.

[1604] Vgl. oben S. 63.

[1605] BGHZ 183, 353 – Online-Archiv I. Zur Online-Archiv-Kontroverse oben S. 57.

[1606] BGH, GRUR 2011, S. 415 (416 f.); vgl. bereits oben S. 290.

[1607] Auf die für Foto- und Videoaufnahmen unterhalb der Schöpfungshöhe einschlägigen Leistungsschutzrechte des Lichtbild- bzw. Laufbildschutzes (vgl. oben S. 317) finden die §§ 44a ff. UrhG über die Verweisung des § 72 Abs. 1 bzw. des § 95 i.V.m. § 94 Abs. 4 UrhG Anwendung.

[1608] Vgl. Dreier, in: Dreier/Schulze, UrhG, Vor §§ 44a ff. Rdnr. 2, der – neben einigen Sonderregelungen für Verleih und Vermietung sowie für Datenbankwerke und Computerprogramme – nur noch die allgemeinen bürgerlichrechtlichen Rechtfertigungsgründe des Schikaneverbots, der Notwehr und des Notstandes nennt.

nen Erleichterungen in Bezug auf tagesaktuelle Berichterstattung [(2)] in Betracht.[1609] Weil die dauerhafte Abrufbarkeit von Beiträgen, wie gesehen, häufig in sog. Online-Archiven erfolgt und mitunter unter Verweis auf ein vorgebliches verfassungsrechtlich radiziertes Archivprivileg verteidigt wird,[1610] soll darüber hinaus auch auf das von § 53 Abs. 2 S. 1 Nr. 2 UrhG gewährte urheberrechtliche Archivprivileg [(3)] eingegangen werden. Schließlich ist der Frage nachzugehen, inwiefern mit Rücksicht auf die Kommunikationsgrundrechte eine extensive Auslegung der Vorschriften von Verfassungs wegen geboten ist [(4)].

(1) Zitatrecht (§ 51 UrhG)

Das Zitatrecht nach § 51 UrhG erlaubt die zustimmungs- und vergütungsfreie Wiedergabe eines Werks bzw. von Auszügen aus einem Werk im Interesse einer freien geistigen wissenschaftlichen, politischen, weltanschaulichen oder künstlerischen Auseinandersetzung mit dem vorfindlichen Kulturgut.[1611] Die Norm zielt damit auf den verfassungsrechtlich gebotenen Ausgleich der Grundrechtspositionen der Urheber mit denjenigen des Art. 5 Abs. 1 und 3 GG (je nach Konstellation: Meinungs-, Medien-, Wissenschafts- oder Kunstfreiheit).[1612]

Allerdings bleibt die inhaltliche Reichweite beschränkt: „Die Verfolgung des Zitatzwecks im Sinne des § 51 UrhG erfordert [...], dass der Zitierende eine innere Verbindung zwischen dem fremden Werk und den eigenen Gedanken herstellt und das *Zitat als Belegstelle oder Erörterungsgrundlage für selbständige Ausführungen des Zitierenden* erscheint. An einer solchen inneren Verbindung fehlt es regelmäßig, wenn sich das zitierende Werk nicht näher mit dem eingefügten fremden Werk auseinandersetzt, sondern es nur zur Illustration verwendet, es in einer bloß äußerlichen, zusammenhanglosen Weise einfügt oder anhängt oder das *Zitat ausschließlich eine informierende Berichterstattung* bezweckt."[1613] Kann von einer Verwendung „zum Zwecke des Zitats" demnach nicht gesprochen werden, wo es darum geht, „ein fremdes Werk nur um seiner selbst willen zur Kenntnis der Allgemeinheit zu bringen",[1614] erweist sich insbe-

---

[1609] Der seinem Wortlaut nach durchaus einschlägige § 52 UrhG unterliegt bei öffentlicher Zugänglichmachung einem Einwilligungsvorbehalt (§ 52 Abs. 3 UrhG) und scheidet damit von vornherein aus.

[1610] Vgl. oben S. 63.

[1611] BGH, GRUR 2012, S. 819 (820); OLG München, ZUM-RD 2012, S. 479 (480) – jeweils m.w.N.

[1612] Statt vieler *Dreier*, in: Dreier/Schulze, UrhG, § 51 UrhG Rdnrn. 1, 22.

[1613] BGH, GRUR 2012, S. 819 (822) (Hervorh. d. Verf.), wobei beim „künstlerischen Zitat" eine Verengung auf die für Sachtexte maßgebliche Belegfunktion zu vermeiden und die Inbezugnahme als Mittel der künstlerischen Gestaltung weitergehend anzuerkennen ist (BVerfG, NJW 2001, S. 598 [599]).

[1614] BGH, GRUR 2012, S. 819 (822).

sondere der bei vielen Web 2.0-Angeboten übliche Ausschluss der Löschung eingestellter Beiträge bei jedweder Inbezugnahme durch Dritte[1615] als zu pauschal.

Die am ehesten in Betracht kommende vollständige Wiedergabe des Beitrags als *„kleines Großzitat" nach § 51 S. 1 UrhG* mag allenfalls dann statthaft sein, wenn diese in selbständige Ausführungen des Zitierenden eingebettet ist,[1616] so dass die „eigene geistige Leistung" des Zitierenden überwiegt,[1617] und überdies die konkrete Art der Auseinandersetzung nicht nur den Umfang des Zitats, sondern auch die besonders verbreitungsintensive Art der (unbeschränkten) Zugänglichmachung über das Internet zu rechtfertigen vermag.[1618] In Ausnahmefällen mag das *wissenschaftliche Großzitat nach § 51 S. 2 Nr. 1 UrhG* eine Rolle spielen, wobei hierbei die einengenden Anforderungen an den Charakter des aufnehmenden Werks (wissenschaftliche Methode und Zielsetzung) und den Zitatzweck („zur Erläuterung") zu beachten sind.[1619] Und auch wenn die fortdauernde Abrufbarkeit eines Teils des Beitrags auf das Maß eines *Kleinzitats nach § 51 S. 2 Nr. 2 UrhG* beschränkt wird, entfällt trotz einer gewissen Lockerung der Anforderungen an den Zitatzweck[1620] das grundlegende Erfordernis der Einbettung in eigene Ausführungen hierdurch nicht. Das bedeutet, dass auch eine auf Ausschnitte beschränkte Aufrechterhaltung der Abrufbarkeit des Beitrags *nicht um ihrer selbst Willen* vom Zitatrecht gedeckt wird.

(2) Tagesaktuelle Berichterstattung (§§ 48, 49 Abs. 1 UrhG)

Von den Schrankenregelungen der §§ 48 ff. UrhG, die sicherstellen sollen, dass das Urheberrecht einer Berichterstattung über tagesaktuelle Ereignisse nicht entgegensteht, könnte auf den ersten Blick die Befugnis zur Wiedergabe einer *öffentlich gehaltenen Rede nach § 48 Abs. 1 Nr. 1 UrhG* relevant werden. Denn die Erweiterung des Anwendungsbereichs der Norm um die „öffentliche Wiedergabe" bewirkt – wohl unbeabsichtigt[1621] –, dass *jeder* in seinem Wohnzimmer eine „öffentliche Rede" i.S.d. § 48 UrhG halten und auf seiner Homepage bzw. über eine Videoplattform verbreiten kann.

Für die *dauerhafte* Aufrechterhaltung der Abrufbarkeit lässt sich gleichwohl nichts herleiten, weil die Norm „die tagesaktuelle Unterrichtung, nicht jedoch den Zugriff auf irgendwann einmal gehaltene öffentliche Reden generell ermög-

---

[1615] Vgl. oben S. 326 m. Fn. 1568.

[1616] *Lüft,* in: Wandtke/Bullinger, UrhR, § 51 UrhG Rdnr. 3.

[1617] *Dreier,* in: Dreier/Schulze, UrhG, § 51 UrhG Rdnr. 7.

[1618] *Dreier,* in: Dreier/Schulze, UrhG, § 51 UrhG Rdnr. 5. Vgl. auch LG München I, GRUR-RR 2006, S. 7 (8 f.).

[1619] Vgl. *Dreier,* in: Dreier/Schulze, UrhG, § 51 UrhG Rdnrn. 8, 13.

[1620] Vgl. *Dreier,* in: Dreier/Schulze, UrhG, § 51 UrhG Rdnr. 15.

[1621] Vgl. die amtliche Begründung, BT-Drs. 15/38, S. 19.

lichen will",[1622] was sich in einer zweifachen Einengung auf Tagesaktualität niedergeschlagen hat: Nicht nur muss der *Gegenstand* der Rede (zum Zeitpunkt der Rede) eine Tagesfrage[1623] berühren,[1624] die *Wiedergabe der Rede* muss darüber hinaus in einem Medium erfolgen, das „im Wesentlichen den Tagesinteressen Rechnung" trägt.[1625]

Ein Online-Medium kann dieses Erfordernis zwar auf seinen „aktuellen Seiten" durchaus erfüllen, mit Blick auf die ähnlich ausgerichtete Vorschrift des § 50 UrhG[1626] hat der Bundesgerichtshof allerdings klargestellt, dass die öffentliche Zugänglichmachung der mit einem fremden Werk bebilderten Berichterstattung über eine Kunstausstellung als Dauerhandlung *„nur so lange* nach § 50 UrhG [...] zulässig [ist], *wie das Ereignis, über das berichtet wird, noch als ein Tagesereignis anzusehen ist."*[1627] Erhält die öffentliche Zugänglichmachung einer Rede folglich durch Zeitablauf „Archivcharakter", ist der andauernde Eingriff in das Urheberrecht durch § 48 Abs. 1 Nr. 1 UrhG nicht mehr zu rechtfertigen.

Für die von *§ 49 Abs. 1 UrhG* eingeräumte Befugnis zur öffentlichen Wiedergabe von Zeitungsartikeln und Rundfunkkommentaren – unter beides ließen sich

---

[1622] *Dreier,* in: Dreier/Schulze, UrhG, § 48 UrhG Rdnr. 7.

[1623] Entscheidend für die „Aktualität" eines Geschehens ist nach BGH, GRUR 2011, S. 415 (416) m.w.N., ob „ein Bericht darüber von der Öffentlichkeit noch als Gegenwartsberichterstattung empfunden wird."

[1624] Vgl. BT-Drs. IV/270, Ziff. B. I. 6. (zu § 48 UrhG): „Nach dem Entwurf sollen nur diejenigen Reden vervielfältigt werden dürfen, die sich mit Tagesfragen befassen. Bei Reden über nicht tagesgebundene Themen, z.B. literarischer oder wissenschaftlicher Art, besteht, selbst wenn sie anläßlich eines Tagesereignisses gehalten werden, nicht ein so großes Interesse der Öffentlichkeit an schneller Unterrichtung, daß es gerechtfertigt wäre, auch ihren Nachdruck ohne Zustimmung des Urhebers zu gestatten."

[1625] Allerdings ist die Norm insofern missverständlich gefasst, als sich diese Beschränkung zunächst allein auf die Datenträger und nicht auf die erst im letzten Satzteil erwähnte öffentliche Wiedergabe zu beziehen scheint. Mit Blick auf den Regelungszweck und die Entstehungsgeschichte des § 48 UrhG erscheint eine sinngemäße Übertragung dieses Erfordernisses auf die Online-Medien indes zwingend. So betont BT-Drs. IV/270, Ziff. B. I. 6. [zu § 48 UrhG]: „[Es] besteht keine Veranlassung, öffentliche Reden für den Abdruck in sämtlichen Zeitschriften freizugeben. Denn solche Reden werden vom Recht des Urhebers nur freigestellt, um die schnelle Unterrichtung der Allgemeinheit zu erleichtern. Diesem Zweck dienen aber nur die Zeitungen und solche Zeitschriften [...], die im wesentlichen den Tagesinteressen Rechnung tragen." Die Erweiterung der Verwertungshandlungen auf die öffentliche Wiedergabe wurde demgegenüber lediglich als „redaktionell" eingestuft (vgl. BT-Drs. 15/38, S. 19). Im Ergebnis wie hier *Dreier,* in: Dreier/Schulze, UrhG, § 48 UrhG Rdnr. 7.

[1626] *Dreier,* in: Dreier/Schulze, UrhG, § 50 UrhG Rdnr. 1, erklärt die Privilegierung unter Vw. auf die Vorläufervorschrift des Wochenschaugesetzes damit, dass eine „rechtzeitige Einholung der erforderlichen Zustimmung innerhalb der kurzen Zeit zwischen Aufnahme und Ausstrahlung der Berichterstattung kaum zumutbar" wäre. Bezugspunkt ist jedoch stets die Wiedergabe fremder Werke *gelegentlich einer eigenen Berichterstattung,* weshalb § 50 UrhG für den hiesigen Kontext irrelevant ist.

[1627] BGH, GRUR 2011, S. 415 (416).

vor allem Sachtexte und Videoäußerungen subsumieren – gelten diese Erwägungen entsprechend: Auch hier ergibt die historisch-teleologische Auslegung eine Beschränkung auf ein den „lediglich Tagesinteressen dienenden Informationsblättern" gleichartiges Online-Angebot;[1628] vor allem aber ist die Urheberrechtsschranke wiederum allein den Bedürfnissen einer tagesaktuellen, „*schnellen* Unterrichtung der Öffentlichkeit" zu dienen bestimmt,[1629] weshalb sie eine dauerhafte „Archivierung" auch solcher Beiträge nicht erfasst, die im Zeitpunkt ihrer Veröffentlichung (und Übernahme) „politische, wirtschaftliche oder religiöse Tagesfragen" betroffen haben.

(3) Archivprivileg (§ 53 Abs. 2 S. 1 Nr. 2 UrhG)

Schließlich könnte die fortdauernde Abrufbarkeit eines Beitrags als „Archivierung" i. S. d. § 53 Abs. 2 S. 1 Nr. 2 UrhG verstanden werden. Dabei ist allerdings zu beachten, dass die Anfertigung digitaler Vervielfältigungsstücke nach § 53 Abs. 2 S. 2 UrhG überhaupt nur nichtkommerziellen Archiven gestattet ist, was bereits die (mittelbar) kommerziellen Angebote der privaten Online-Medien und möglicherweise allgemein werbefinanzierte Seiten ausschließen dürfte.[1630] Ferner ist die Befugnis zur Archivierung auf „eigene Werkstücke" beschränkt – bei online verbreiteten Inhalten erwerben die (anderen) Nutzer indes niemals Eigentum an einer „Verkörperung".[1631] Dass die Befugnis zur Archivierung – und mit ihr alle in § 53 UrhG gestatteten Vervielfältigungshandlungen – jedenfalls nicht zur Rechtfertigung eines fortdauernden *Abrufbarhaltens des Beitrags im Wege öffentlicher Zugänglichmachung* herangezogen werden kann, stellt schließlich die Vorschrift des § 53 Abs. 6 unmissverständlich klar.

(4) Erweiternde Auslegung (nur) zur Absicherung des Zitatrechts
   verfassungsrechtlich geboten

Das Zitatrecht nach § 51 UrhG soll, wie gesehen, sicherstellen, dass eine *dauerhafte* wissenschaftliche, politische und publizistische Auseinandersetzung mit einem Beitrag unabhängig davon möglich bleibt, ob der Betroffene dies nunmehr noch als wünschenswert erachtet. Die Beschneidung des (Urheber-)Persönlich-

---

[1628] Ziel der Aufnahme der „öffentlichen Wiedergabe" war die Gleichstellung von digitalen Online-Medien mit (digitalen) Offline-Medien (vgl. BT-Drs. 15/38, S. 19, zu §§ 46, 48, 50 UrhG).

[1629] BT-Drs. IV/270, Ziff. B. I. 6. (zu § 49 UrhG) (Hervorh. d. Verf.).

[1630] Vgl. *Euler,* CR 2008, S. 64 (66).

[1631] Dies stellt etwa die Pflichtexemplarbibliotheken, deren Sammelauftrag auf Internetpublikationen erstreckt wurde (vgl. oben S. 222), vor praktische Schwierigkeiten, vgl. dazu *Euler,* CR 2008, S. 64 (68), sowie sogleich unter (4).

keitsrechts durch das Zitatrecht knüpft daran an, dass eine Äußerung (willentlich) in Umlauf gebracht wurde und damit Teil der medialen Realität seiner Umwelt geworden ist.[1632] So hat auch das Bundesverfassungsgericht den schon in der Pflichtexemplarentscheidung angelegten Gedanken des „geistigen und kulturellen Allgemeingutes" aufgegriffen und die Befugnis zur Nutzung im (künstlerischen) Zitat damit gerechtfertigt, dass das zitierte Werk „bestimmungsgemäß in den gesellschaftlichen Raum [tritt] und [...] damit zu einem eigenständigen, das kulturelle und geistige Bild der Zeit mitbestimmenden Faktor werden [kann]."[1633]

Jenseits des Zitatrechts besteht keine Möglichkeit, ein urheberrechtlich geschütztes Werk nach dem Rückruf eines eingeräumten Nutzungsrechts (bzw. nach dem Widerruf einer „schlichten" Einwilligung) gegen den Willen des Betroffenen weiter öffentlich zugänglich zu machen. Eine erweiternde Auslegung, etwa des Zitatrechts, ist auch nicht mit Rücksicht auf die Grundrechte aus Art. 5 Abs. 1 GG geboten.[1634] Insbesondere würde die Befugnis zur öffentlichen Zugänglichmachung des Beitrags „um ihrer selbst willen" dem Anliegen des Rechts auf medialen Neubeginn zuwiderlaufen.[1635]

Allerdings ist bei ausschließlich online erfolgten Publikationen nach wirksamem Widerruf höchst unsicher, ob die *Grundlage für die Ausübung des Zitatrechts* – der Zugriff auf eine Vervielfältigung des Werkes[1636] – fortbesteht. Denn nach einer auf Betreiben des Betroffenen erfolgten Löschung des Beitrags im Internet dürfen – anders als bei verkörperten Werken (z. B. Büchern) – aufgrund der geltenden Ausgestaltung des Rechts zur (Privat-)Kopie[1637], *keine (analogen oder digitalen) Vervielfältigungsstücke mehr im Umlauf* sein, die – z. B. in Bibliotheken und Archiven – aufgesucht werden können. Diese Entwicklung ist nicht auf ein mögliches Überschießen des hier vorgeschlagenen Rechts auf medialen Neubeginn zurückzuführen, sondern hat ihre Ursache in der Beschränkung der

---

[1632] Nach § 51 UrhG darf nur aus „veröffentlichten" Werken zitiert werden.

[1633] BVerfGE 79, 29 (42).

[1634] Vgl. auch OLG Hamburg, NJW-RR 2003, S. 112 (116 f.).

[1635] Auf die Förderung der Publikationsfreudigkeit durch das Wissen um ein zukünftiges Rückrufsrecht ist bereits hingewiesen worden (vgl. oben S. 201 und 331).

[1636] Auch die Nutzung nach Auslaufen des Urheberrechts (§ 64 UrhG) setzt einen solchen Zugriff voraus.

[1637] Zu den Grenzen des „Archivprivilegs" nach § 53 Abs. 2 UrhG oben S. 339. § 53 Abs. 1 UrhG gestattet die Vervielfältigung zwar „auf beliebigen Trägern", also auch die Herstellung eines digitalen Duplikats (vgl. nur BT-Drs. 15/38, S. 20). Die Urheberrechtsschranke dient indes allein der Befriedigung persönlicher Bedürfnisse des Vervielfältigenden und der mit ihm „durch ein persönliches Band verbundene[n] Personen" und erlaubt den „Konsum" des Werkes nur „alleine oder im Familien-, Freundes- und Bekanntenkreis" (*Dreier*, in: Dreier/Schulze, UrhG, § 53 UrhG Rdnrn. 7 ff.). Eine Speicherung zum Zwecke einer späteren öffentlichen Zugänglichmachung würde diesen Rahmen überschreiten.

urheberrechtlichen Erschöpfung[1638] auf *verkörperte* Werkstücke und -vervielfältigungen.[1639]

Ein solcher faktischer Ausschluss des Zitatrechts ist mit den Kommunikationsfreiheiten des Art. 5 Abs. 1 GG nicht zu vereinbaren,[1640] weshalb die Frage nach einer verfassungskonformen Auslegung des Urheberrechts aufgeworfen werden muss.[1641]

Sie könnte nach dem Vorbild der „fair use"-Schranke der s. 107 des U. S. Copyright Acts[1642] die Zulässigkeit einer Beeinträchtigung des Urheberrechts – neben

---

[1638] So entspricht der Zustand einer „rückstandslosen" Löschung des Beitrags, der bei unmodifizierter Anwendung des Urheberrechts erreicht werden könnte, nicht demjenigen, der herkömmlicherweise bei Rückruf des Nutzungsrechts an Werken entsteht, die in verkörperter Form verbreitet werden.
Denn nach berechtigtem Inverkehrbringen solcher Vervielfältigungsstücke ist der urheberrechtliche Einfluss auf deren Verbreitung gem. § 17 Abs. 2 UrhG erschöpft. Sie können also weiter verkauft, verliehen und insbesondere in öffentlichen Bibliotheken vorgehalten werden. Der urheberrechtliche Erschöpfungsgrundsatz ist damit nicht nur für den freien Warenverkehr, sondern auch für den freien Zugang zu Kulturgut von großer Bedeutung.

[1639] Vgl. Richtlinie 2001/29/EG zur Harmonisierung bestimmter Aspekte des Urheberrechts und der verwandten Schutzrechte in der Informationsgesellschaft (ABl. L 167 v. 22.6.2011, S. 10), Erw.-Grd. 29: „Die Frage der Erschöpfung stellt sich weder bei Dienstleistungen allgemein noch bei Online-Diensten im Besonderen. [...] Anders als bei CD-ROM [...], wo das geistige Eigentum in einem materiellen Träger [...] verkörpert ist, ist jede Bereitstellung eines Online-Dienstes im Grunde eine Handlung, die zustimmungsbedürftig ist [...]." Die in EuGH, Rs. C-128/11 – Used-Soft, NJW 2012, S. 2565 (2566 ff.), mit Blick auf die Client-Server-Verbreitung von Computersoftware vorgenommene Erstreckung des Erschöpfungsgrundsatzes bezieht sich nur auf die Herstellung der Verkehrsfähigkeit solcher Lizenzen bei Datenbanken.

[1640] Vgl. oben S. 336.

[1641] Vgl. BVerfG, NJW 2012, S. 754 (755): Die Gerichte „müssen die im Gesetz zum Ausdruck kommende Interessenabwägung in einer Weise nachvollziehen, die den Eigentumsschutz der Urheber ebenso wie etwaige damit konkurrierende Grundrechtspositionen [...] im Wege praktischer Konkordanz beachtet [...]. [...] In solchen Fällen verbietet sich die Anwendung der Regel, nach der Schrankenregelungen des Urheberrechts grundsätzlich eng auszulegen seien [...]." Ferner BGHZ 154, 260 (265): „Besteht [...] an der Wiedergabe eines geschützten Werkes ein gesteigertes öffentliches Interesse, kann dies [...] bei der Auslegung der Schrankenbestimmungen berücksichtigt werden und [...] dazu führen, daß eine enge, am Gesetzeswortlaut orientierte Auslegung einer großzügigeren, dem Informations- und Nutzungsinteresse der Allgemeinheit Rechnung tragenden Interpretation weichen muß[...]". Ferner *Dreier,* in: Dreier/Schulze, UrhG, Vor §§ 44a ff. Rdnr. 7.

[1642] 17 U.S.C. § 107: „[T]he fair use of a copyrighted work [...] for purposes such as criticism, comment, news reporting, teaching [...], scholarship, or research, is not an infringement of copyright. In determining whether the use made of a work in any particular case is a fair use the factors to be considered shall include (1) the purpose and character of the use, including whether such use is of a commercial nature or is for nonprofit educational purposes; (2) the nature of the copyrighted work; (3) the amount and substantiality of the portion used in relation to the copyrighted work as a whole; and (4) the effect of the use upon the potential market for or value of the copyrighted work."

den gesetzlich geregelten Fällen – auf Grund einer *Abwägung im Einzelfall* ermöglichen, wie es für das Äußerungsrecht kennzeichnend ist.[1643] Die damit einhergehende Überwindung des Wortlauts einzelner Schrankenbestimmungen wäre angesichts der Spickmich-Entscheidung nicht ohne Vorbild.[1644]

Diesem Vorgehen stünden allerdings völkervertragliche (Art. 9 Abs. 2 RBÜ, Art. 13 TRIPS) und diese aufgreifende unionsrechtliche Vorgaben (Art. 5 Abs. 5 Urheberrechts-Richtlinie 2001/29/EG) entgegen.[1645] Und bei näherem Hinsehen ist eine verfassungskonforme Erweiterung der Urheberrechtsschranken mit Blick auf unkörperliche Werke auch nur punktuell geboten: So genügt es, am Recht zur (Privat-)Kopie in § 53 UrhG anzusetzen, dessen Anpassung an die digitalen Publikationsformen sich als defizitär erwiesen hat. Einerseits beschränkt es diese auf den persönlichen Gebrauch bzw. verlangt – im Falle der im öffentlichen Interesse stehenden Archive – mit der Existenz eines „eigenen Werkstücks" etwas Unmögliches. Um das vom Gesetzgeber gewollte und verfassungsrechtlich auch in diesem Umfang wohl gebotene Zitatrecht nicht faktisch leerlaufen zu lassen, bedarf es einer verfassungskonform erweiternden Auslegung von § 53 Abs. 1 UrhG für Einzelne und von § 53 Abs. 2 S. 1 UrhG für grundrechtsberechtigte Institutionen (Presse- und Rundfunkarchive, Universitätsbibliotheken) und wohl auch für staatliche Bibliotheken und Archive,[1646] so dass diese eine digitale Kopie offline vorhalten können,[1647] aus der im durch § 51 UrhG bestimmten Um-

---

[1643] Vgl. nur BGH, GRUR 2011, S. 415 (417).

[1644] BGHZ 181, 328 (337 ff.); dazu oben S. 303.

[1645] Vgl. Richtlinie 2001/29/EG, Erw.-Grd. 32: „Die Ausnahmen und Beschränkungen in Bezug auf das Vervielfältigungsrecht und das Recht der öffentlichen Wiedergabe sind in dieser Richtlinie erschöpfend aufgeführt." Vgl. zu Art. 13 TRIPS WTO, Panel Report v. 15.6.2000 – WT/DS160/R, Abs.-Nr. 6.102 ff., insbesondere Abs.-Nr. 6.113: „[W]e first examine whether the exceptions have been clearly defined. Second, we ascertain whether the exemptions are narrow in scope, *inter alia,* with respect to their reach" (Hervorh. im Original). Ferner OLG München, ZUM-RD 2012, S. 479 (481), zum Zitatrecht.

[1646] Die Verstärkungswirkung der Grundrechte in multipolaren Konfliktlagen erfasst auch das Staat-Bürger-Verhältnis (dazu ausführlich oben S. 178 m. Fn. 826), so dass staatliche Einrichtungen wie Archive und Bibliotheken, welche die Voraussetzungen für die Ausübung der Kommunikationsgrundrechte durch Dritte bereithalten, sich auf deren Grundrechte berufen können (vgl. OVG Berlin-Brandenburg, ZUM-RD 2011, S. 384 [387 f.], mit Blick auf die Inhalte der von einer staatlichen Bibliothek verliehenen Schriften).

[1647] Für die von der öffentlichen Hand betriebenen Pflichtexemplarbibliotheken dürfte sich bei teleologischer Auslegung der Ablieferungspflicht ohnehin eine „urheberrechtsfeste" Befugnis zur Speicherung ergeben. Zwar kann diese – wie von *Euler,* CR 2008, S. 64 (66), zutreffend betont – aus kompetenziellen Gründen nicht als Ergänzung oder Durchbrechung des Urheberrechts verstanden werden. Die Verpflichtung zur „Ablieferung" wird indes bei verständiger Auslegung des Gesetzes nur dadurch erfüllt, dass der Pflichtexemplarbibliothek die für ihre Zwecke erforderlichen Rechte verschafft werden. Bei verkörperten Werken müssen Eigentum und Besitz an einem Vervielfältigungsstück übertragen werden, was sich indes ohne Schwierigkeiten im durch das

fang zitiert und so dem originär sekundären Publikationsinteresse Rechnung getragen werden kann.

Jenseits der durch das Zitatrecht bedingten Schranken kann der Betroffene nach wirksamem Rückruf des Nutzungsrechts (bzw. des Widerrufs einer „schlichten" Einwilligung) Unterlassung der weiteren „öffentlichen Zugänglichmachung" verlangen (§ 97 Abs. 1 UrhG).

b) Datenschutzrecht

Eigene Beiträge, die die urheberrechtliche Schöpfungshöhe verfehlt haben und auch keinen verwandten Schutz genießen, unterfallen als nutzergenerierte „Inhaltsdaten" dem BDSG.[1648] Nach einem wirksamem Widerruf der Einwilligung in die Veröffentlichung kommt bei nicht-öffentlichen Stellen eine Befugnis zur Speicherung und Übermittlung nur nach § 4 Abs. 1 i.V.m. § 29 BDSG in Betracht, wobei die letztgenannte Norm mit Blick auf die Kommunikationsfreiheiten einer weitreichenden verfassungskonformen Auslegung unterzogen werden muss.[1649]

Die sich daraus ergebenden Maßstäbe sind mit Blick auf *eigene* Beiträge des Betroffenen bislang noch nicht untersucht worden.[1650] Im Ausgangspunkt ist festzuhalten, dass es für den Grad der Beeinträchtigung des Rechts auf medialen Neubeginn keine Rolle spielt, ob ein Beitrag die urheberrechtliche Schöpfungshöhe erreicht hat oder nicht, gleiches gilt für die Bemessung des sekundären Publikationsinteresses. Erweist sich die Einordnung des Beitrags in das urheberrechtliche oder datenschutzrechtliche Regelungsregime vom Blickwinkel des zu bewältigenden Konflikts aus als irrelevant, spricht alles für einen *Gleichlauf der anzulegenden Maßstäbe*.[1651] Vor diesem Hintergrund bietet es sich an, die Gren-

---

(ebenfalls bundesrechtliche) Sachenrecht gesetzten Rahmen (§§ 854 ff., 903 ff. BGB) vollziehen kann. Bei unkörperlichen Werken bedeutet dies, dass die Betroffenen zur Verschaffung eines „einfachen", nicht ausschließlichen Nutzungsrechts (§ 31 Abs. 1, 2 UrhG) verpflichtet sind. Dem wegen § 42 Abs. 2 UrhG nicht ausschließbaren Rückruf steht der Dolo-agit-Einwand entgegen (§ 242 BGB), weil die fortbestehende gesetzliche Ablieferungspflicht ohnehin wieder zur Erteilung des Einverständnisses zwingen würde. Mit dem Recht auf medialen Neubeginn ist es schließlich vereinbar, dass eine solche Verpflichtung auch bei unkörperlichen Werken unbedingt und unbefristet ausgestaltet ist, weil über den *Zugang* Dritter zum abgelieferten Werk nach den Benutzungsregeln der Pflichtexemplarbibliotheken unter Berücksichtigung der persönlichkeitsrechtlichen Belange des Betroffenen entschieden werden muss (vgl. oben S. 237).

[1648] Vgl. oben S. 315.

[1649] Vgl. oben S. 333.

[1650] BGHZ 181, 328 – Spickmich, hatte *fremde* Beiträge zum Gegenstand.

[1651] Der Umstand, dass dem Betroffenen in der erstgenannten Konstellation auch das Eigentumsgrundrecht zur Seite steht (vgl. oben S. 197), vermag keine unterschiedliche Betrachtungsweise zu begründen, weil in diesem Konflikt wirtschaftliche Interessen an der Nutzung des Immaterialgüterrechts nicht berührt sind.

zen der in verfassungskonformer Auslegung des § 29 BDSG zu schaffenden datenschutzrechtlichen Veröffentlichungsbefugnis in Orientierung an den einschlägigen urheberrechtlichen Schrankenregelungen zu ziehen. Jenseits von Zitaten und der zur (auch zukünftigen) Ausübung des Zitatrechts erforderlichen Speicherung des Beitrags in internen (Offline-)Archiven kann der Betroffene die Unterlassung der weiteren Übermittlung (§§ 1004, 823 Abs. 2 BGB i.V.m. § 4 BDSG) bzw. die Löschung (§ 35 Abs. 2 S. 2 BDSG) des Beitrags verlangen.

3. Besonderheiten bei Publikationen öffentlicher Stellen

Auch Publikationen staatlicher Stellen[1652] können vom Betroffenen selbst geschaffene oder von diesem genehmigte Beiträge enthalten, wie z.B. der Beitrag in einer der politischen Bildung dienenden Zeitschrift oder das Interview im Mitteilungsblatt der Kommune.[1653] Auf die vom Betroffenen geschaffenen Werke findet – wie bei Privaten – in erster Linie das Urheberrecht und subsidiär das (Landes-)Datenschutzrecht Anwendung.[1654] Die Veröffentlichung konsentierter Beiträge richtet sich ausschließlich nach Datenschutzrecht, weil sich die öffentlichen Stellen nicht auf das allein aus Rücksicht auf die Presse- und Rundfunkfreiheit geschaffene datenschutzrechtliche Medienprivileg stützen können.[1655]

Während sich hinsichtlich des Widerrufsrechts so gut wie keine Unterschiede im Vergleich zu privaten Anspruchsgegnern ergeben haben, bietet sich auf der zweiten Prüfungsstufe aufgrund der grundrechtlichen Bindung der staatlichen Stellen ein völlig anderes Bild: Die Situation unterscheidet sich nun strukturell nicht (mehr) von der einer ursprünglich konfrontativen Veröffentlichung nach Fortfall der ursprünglichen Veröffentlichungsbefugnis.[1656] Insbesondere ist das Bestehen durchgreifender originär *sekundärer* Publikationszwecke auch bei einer ursprünglichen Einwilligung des Betroffenen in die Veröffentlichung alles andere als selbstverständlich. So ist etwa der unter Transparenzgesichtspunkten verständliche Wunsch nach einer fortwährenden Zugänglichkeit staatlicher Publikationen über das Internet für den Regelfall nur bei Ausschluss der Auffindbarkeit des Beitrags über den Namen des Betroffenen mit dem Recht auf medialen Neubeginn vereinbar.[1657]

[1652] Die öffentlich-rechtlichen Rundfunkanstalten sind, soweit sie in Ausübung der Rundfunk- und Meinungsfreiheit handeln (BVerfGE 31, 314 [322]), Presse und privatem Rundfunk gleichgestellt.

[1653] Vgl. oben S. 40. Eines Rückgriffs auf den allgemeinen Folgenbeseitigungsanspruch und den öffentlich-rechtlichen Unterlassungsanspruch bedarf es wegen der dort gewährten Ansprüche nicht.

[1654] Vgl. oben S. 315.

[1655] Vgl. oben S. 307.

[1656] Vgl. dazu ausführlich oben S. 308.

[1657] Vgl. oben S. 308.

Soweit es um urheberrechtlich geschützte Beiträge des Betroffenen geht, sind auch die öffentlichen Stellen auf die allgemeinen Schrankenregelungen der §§ 48 ff. UrhG[1658] verwiesen; insbesondere mag das Zitatrecht im Rahmen der nach allgemeinen Grundsätzen zulässigen Publikationstätigkeit staatlicher Stellen[1659] ausgeübt und die Publikationen auch zu diesem Zwecke gespeichert werden. Wie für private Stellen sollte in diesem Umfang auch eine Verarbeitungsbefugnis (z. B. nach §§ 14, 16 BDSG) angenommen werden.

Jenseits dessen steht dem Betroffenen ein Unterlassungsanspruch hinsichtlich einer (nur) unzulässigen Art und Weise der Übermittlung zu. Besteht kein legitimer Verarbeitungszweck mehr, kann er darüber hinaus die Löschung seiner Daten, d. h. die Anonymisierung des Beitrags, verlangen.

V. Zusammenfassung

Nach alledem ergibt sich für die vom Betroffenen selbst oder von Dritten mit seinem Einverständnis veröffentlichten Beiträge folgendes Bild:

Macht der Betroffene geltend, durch die fortwährende Abrufbarkeit eines ursprünglich konsentierten Beitrags in seinem Recht auf medialen Neubeginn verletzt zu sein, ist zunächst das Regelungsregime für den möglichen Veränderungsanspruch zu ermitteln. Handelt es sich um einen vom Betroffenen selbst verfassten Beitrag, ist vorrangig das Urheberrecht und subsidiär das Datenschutzrecht einschlägig. Wurde der Beitrag von einem Dritten mit Einverständnis des Betroffenen verfasst und veröffentlicht, kommt primär das Datenschutzrecht zum Zuge, das allerdings durch das Medienprivileg bei Einbettung des Beitrags in einen journalistisch-redaktionellen Kontext zugunsten des zivilrechtlichen Äußerungsrechts zurückgenommen wird.

Von dieser Einordnung hängt neben der einfachrechtlichen Grundlage des Veränderungsanspruchs vor allem die Herleitung der Widerrufsbefugnis ab. Bei urheberrechtlich geschützten Werken (des Betroffenen) folgt diese aus dem Recht zum Rückruf erteilter Nutzungsrechte wegen gewandelter Überzeugung (§ 42 UrhG), im Übrigen kann die erteilte Einwilligung nach den Grundsätzen der Störung- bzw. des Wegfalls der Geschäftsgrundlage (§§ 313, 314 BGB) bei Vorliegen eines wichtigen Grundes widerrufen werden. Bei der Bestimmung der hierbei anzulegenden Kriterien kann aufgrund der Überformung durch die grundrechtliche Kollisionslage eine weitgehende Angleichung beobachtet werden.

Zur Bewältigung des Konflikts zwischen dem Bedürfnis nach Neubeginn und dem *wirtschaftlichen* widerrufsspezifischen Beibehaltungsinteresse kann die

---

[1658] § 45 UrhG (Ausnahmen für Rechtspflege und Sicherheitsbehörden) spielt im hiesigen Kontext keine Rolle.

[1659] Vgl. dazu oben S. 232 ff.

Möglichkeit der finanziellen Kompensation des tatsächlich erlittenen (wirtschaftlichen) Vertrauensschadens, wie sie für das urheberrechtliche Rückrufsrecht in § 42 Abs. 3 UrhG ausdrücklich vorgesehen ist, auf die anderen Konstellationen übertragen werden (analog § 122 BGB).

Die Erklärungsbedürftigkeit des Widerrufs stellt schließlich sicher, dass den Anspruchsgegner zuvor keine Prüfungspflicht trifft, deren Verletzung zu einer (kostenpflichtigen) Abmahnung führen könnte. (Wenn der Beitrag allerdings in die dritte Phase eintritt, nachdem er zunächst einige Zeit als nachträglich konfrontativer Beitrag rechtmäßigerweise abrufbar gehalten worden ist, hängt die Inanspruchnahme wie bei den ursprünglich konfrontativen Beiträgen von einer pflichtenkonkretisierenden Erstabmahnung ab.)

Schließlich ist danach zu fragen, ob die fortdauernde Abrufbarkeit des Beitrags aus anderen Gründen gerechtfertigt sein könnte. Auf dieser zweiten Prüfungsstufe gilt grundsätzlich das für bereits ursprünglich konfrontative Beiträge Gesagte entsprechend. Bei den verbleibenden Besonderheiten zeigen sich deutliche Unterschiede je nachdem, ob es sich um einen vom Betroffenen selbst verantworteten Beitrag (1.) handelt oder einen solchen, den ein Dritter mit Einverständnis des Betroffenen geschaffen hat (2.).

1. Eigene Publikationen

Wer einen Text selbst verfasst oder ein Video selbst gedreht und diesen Beitrag auf einem (eigenen oder fremden) Blog, in einer Online-Zeitschrift oder in sozialen Netzwerkenveröffentlicht hat, kann die weitere Verbreitung vergleichsweise leicht untersagen:

Das folgt für urheberrechtlich geschützte Beiträge aus dem Umstand, dass „die urheberrechtlichen Verwertungsrechte auch die Befugnis umfassen, von der Verwertung eines Werkes abzusehen".[1660] Der Betroffene kann deshalb nach einem wirksamen Rückruf der erteilten Nutzungsrechte – von den durch die Schrankenregelungen (v.a. §§ 51, 53 UrhG) bestimmten Ausnahmen abgesehen – einen weitestgehenden „Rückzug aus der Öffentlichkeit"[1661] antreten. Wegen der Heranziehung der urheberrechtlichen Schrankenregelungen für die Zielsetzung der gebotenen verfassungskonformen Auslegung des Datenschutzrechts gilt dies auch für alle anderen Beiträge.

Das bedeutet für die Masse der in sozialen Netzwerken, auf Bild- und Videoplattformen, aber auch über Online-Publikationen wie Vereinszeitungen verbreiteten Beiträge,[1662] dass der Betroffene – nicht zuletzt gestützt auf das Recht auf

---

[1660] OLG München, ZUM-RD 2012, S. 479 (484).
[1661] *Alexander*, ZUM 2011, S. 382 ff.
[1662] Vgl. oben S. 36.

medialen Neubeginn – in weitem Umfang die weitere Verbreitung unterbinden kann. Der von den Betreibern der Web 2.0-Angebote häufig pauschal vorgesehene Ausschluss der entsprechenden Rechte bei Inbezugnahme des Beitrags durch andere Nutzer ist nicht haltbar. Vielmehr erweisen sich die Maßstäbe des Zitatrechts (§ 51 UrhG) als hinreichend, um den berechtigten Anliegen Rechnung zu tragen. Im Beispiel des Partybildes der „drunken pirate"[1663] würde folglich dem Löschungsanspruch des Betroffenen der Umstand, dass ein anderer Nutzer es weiterverlinkt oder mit einem banalen Kommentar versehen hat, nicht entgegenstehen.

2. Konsentierte Publikationen

Für konsentierte Beiträge stellt sich die Situation weitaus differenzierter dar, weil ein Verbot zukünftiger Verbreitung der von Dritten verfassten Beiträge in ganz anderer Weise die Kommunikationsfreiheiten der Dritten (und zugleich die Kenntnisnahmeinteressen anderer) berührt als der Rückzug eines vom Betroffenen selbst verantworteten Beitrags. Deshalb muss der Betroffene weitgehendere Beeinträchtigungen hinnehmen. Besonderes Gewicht kommt der in der ersten Phase stattfindenden hypothetischen Prüfung zu, ob der Beitrag nicht auch ursprünglich ohne Einwilligung des Betroffenen hätte veröffentlicht werden dürfen und ob dies immer noch der Fall wäre. Insbesondere bei Personen des öffentlichen Lebens wird diese Fragen zu bejahen sein.

Andernfalls kommt es in der zweiten Phase zu einem (erneuten) Konflikt mit dem Recht auf medialen Neubeginn. Dabei ist der Umstand, dass der Betroffene der Veröffentlichung ursprünglich zugestimmt hat, insofern zu berücksichtigen, als der Beitrag mit seinem Willen zum Teil der medialen Realität geworden ist. In einem gewissen Umfang darf die langfristige Beeinträchtigung der Fortentwicklungsoptionen als Kehrseite der mit dem Schritt in die Öffentlichkeit verbundenen Option zur Persönlichkeitsentfaltung verstanden werden.

Allerdings darf dieser Aspekt auch nicht überbetont werden. Gerade in Ansehung der internetspezifischen Gefährdungslage einer fortdauernd abrufbaren Veröffentlichung (Auffindbarkeit über Namenssuche; weltweite Abrufbarkeit) bedarf es einer neuerlichen Justierung der Möglichkeiten eines Rückzugs. Wenn das Recht auf medialen Neubeginn hier eine gewisse Großzügigkeit verlangt, geschieht dies nicht allein aus Rücksicht auf denjenigen, der sich zu einer unbedachten Äußerung hat hinreißen lassen und nun angesichts der Aussichtslosigkeit einer abweichenden Persönlichkeitsentwicklung verzagt. Es geht nicht minder um die Bedingungen, unter denen *zukünftig* Äußerungen im Internet getätigt bzw. die Zustimmung zur Verbreitung persönlicher Informationen durch Dritte erteilt wer-

---

[1663] Vgl. oben S. 38 m. Fn. 89.

den können. Die Entscheidung, sich z. B. als chronisch Kranker für ein Interview zur Verfügung zu stellen oder das eigene Mitwirken im Vereinsleben dokumentieren zu lassen,[1664] dürfte anders ausfallen, könnte der Betroffene nicht die Gewissheit haben kann, sich bei einem Sinneswandel oder bei beruflichen Problemen wieder effektiv von dieser (nur einen geringen Ausschnitt der Persönlichkeit abbildenden) Verkörperung der eigenen Persönlichkeit[1665] lösen zu können. Andernfalls müsste der Betroffene bei verständiger Würdigung der Unübersehbarkeit zukünftiger Entwicklungen eine möglichst große mediale Abstinenz auch in vergleichsweise „harmlosen" Dingen an den Tag legen. Weil in einer Welt ohne effektive Chance auf Vergessenwerden „Fehltritte [...] gefährlich [werden], das Begehen unausgetretener Wege zum Risiko, Freiheit [...] mit Angst besetzt [wird]",[1666] muss das Recht auf medialen Neubeginn in dieser Perspektive, für eine Beschränkung der Meinungsfreiheit (des Dritten) im Interesse der freien Meinungsäußerung und nonverbalen Persönlichkeitsentfaltung (der sich Äußernden) streiten. Das gilt für ursprünglich konsentierte Beiträge mehr noch als für ursprünglich konfrontative, weil ihre Gegenstände potenziell viel weiter in die Persönlichkeitssphäre des Betroffenen reichen.

Wie ebenfalls bereits für die ursprünglich konfrontativen Beiträge herausgearbeitet wurde, darf die Entscheidung über das Vorliegen einer Verletzung des Rechts auf medialen Neubeginn und damit den Eintritt des Beitrags in die dritte Phase nicht mit der Frage nach der *Reichweite* des Veränderungsanspruchs überfrachtet werden. Während ein Veränderungsanspruch nur dann vollständig versagt werden darf, wenn die unveränderte Abrufbarkeit des Beitrags von den gegenläufigen grundrechtlich geschützten sekundären Publikationsinteressen gefordert wird, wird umgekehrt die Verpflichtung zur vollständigen Löschung des Beitrags die nur theoretisch denkbare Ausnahme bleiben.

Die durch das Recht auf medialen Neubeginn gewährleistete Befugnis, grundsätzlich selbst über die fortdauernde Abrufbarkeit derartiger Beiträge bestimmen zu können, zielt auf die Bewältigung der mit der „Unfähigkeit des Internets zu vergessen" einhergehenden neuartigen Gefährdungslage des nachträglichen Publikationsexzesses.[1667] Die Beeinträchtigung der grundrechtlich geschützten Möglichkeiten zur Fortentwicklung der Persönlichkeit in jedem Lebensalter[1668] wird bereits signifikant gemildert, wenn der Beitrag nicht mehr als „Zufallstreffer" bei Eingabe des Namens des Betroffenen in eine Suchmaschine unter den ersten Treffern nachgewiesen wird.

[1664] Vgl. oben S. 34.
[1665] Vgl. *Ohly,* Volenti non fit iniuria, S. 353 m.w. N.; dazu bereits oben S. 154.
[1666] *Masing,* NJW 2012, S. 2305 (2308).
[1667] Vgl. oben S. 45.
[1668] Vgl. oben S. 160.

Würden auf Bitten des Betroffenen z. B. die ältere Ausgabe der Vereinszeit-schrift oder ein Interview einer negativen Suchmaschinenoptimierung unterzo-gen, wäre die verbliebene Beeinträchtigung (fast) auf dasjenige Maß reduziert, das von herkömmlichen Publikationen ausgeht, die in einem (Offline-)Archiv oder einer Bibliothek verwahrt werden. Dem Interesse des Betroffenen an einem medialen Neubeginn wäre auf diese Weise mit vergleichsweise geringem Auf-wand und unter Hinnahme nur geringfügiger Beschränkung der publizistischen Wirkung des eigenen Angebots weitgehend Rechnung getragen.

Zusammenfassung in Leitsätzen

Einführung

1. Das Vergessen von Informationen ist im Internet vom menschlichen Normalfall zum technisch aufwendigen Ausnahmefall geworden. *Die „Unfähigkeit des Internets zu vergessen" beruht auf der Ökonomie des digitalen Erinnerns, die* den vom Vergessen geprägten herkömmlichen Vorgang menschlicher Informationsverarbeitung nachhaltig verändert hat. Weil sich die Grenzkosten der dauerhaften Abrufbarkeit zusätzlicher Inhalte infolge sinkender Preise für digitale Speicher nahe Null bewegen, fehlt es für die Anbieter an einem internen Anreiz, die eingestellten Beiträge von Zeit zu Zeit zu sichten und die als weniger relevant erachteten zu entfernen. Als Folge des stetigen Zuwachses der angebotenen Beiträge wird die selektive Entscheidung über das Löschen oder Beibehalten im Gegenteil vergleichsweise kostenintensiv (§ 1 I.).

2. Wird das Internetangebot über einen längeren Zeitraum fortgeführt, bleiben rechtmäßigerweise veröffentlichte Beiträge ohne selektiven nachträglichen Eingriff auch dann noch unverändert abrufbar, wenn eine (aktive) Veröffentlichung dieses Inhalts nicht mehr zulässig wäre, weil der Betroffene diese – bei konsentierten und eigenen Beiträgen – nicht mehr gestatten würde bzw. die Voraussetzungen für eine gegen seinen Willen erfolgende, konfrontative Publikation nicht mehr vorliegen.

Aus Sicht des Betroffenen wird eine (nunmehr) für ihn hinderliche Information nicht dem heilsamen Vergessen seiner Mitmenschen anheimfallen, sondern ihn womöglich lebenslang wie ein langer digitaler Schatten verfolgen. Ausschlaggebend hierfür ist die Überwindung zeitlicher und örtlicher Schranken durch ein Zusammenspiel der beschriebenen Dauerhaftigkeit der Speicherung, dem weltweiten Zugriff und der Auffindbarkeit über Suchmaschinen. Entscheidende Bedeutung kommt dabei vor allem dem dritten Aspekt zu, der Durchsuchbarkeit aller frei zugänglichen Informationen auf Inhaltsebene mittels leistungsfähiger Suchmaschinen. Diese Volltextsuche macht die Informationen fortwährend greifbar, ohne dass der Suchende über Vorwissen verfügen müsste – die Eingabe des Namens genügt. Weil das „Googlen" von neuen (und alten) Bekannten, potenziellen Mitarbeitern usw. weit verbreitet ist, muss der Betroffene bei einer namentlichen Nennung realistischerweise damit rechnen, dass die inkriminierenden Informationen von seinem gesamten (zukünftigen) sozialen Umfeld zur Kenntnis genommen werden.

Das (mögliche) „Rechtswidrigwerden" eines Beitrags über die Zeit entzieht sich einer Einordnung in die herkömmlichen Kategorien rechtswidriger Veröffentlichungen. Bislang wird zwischen den Veröffentlichungen allein danach unterschieden, woraus sich die Rechtswidrigkeit im Zeitpunkt ihrer (aktiven) Verbreitung ergibt: Neben die Unzulässigkeit jeder Verbreitung des Inhalts tritt der Publikationsexzess, bei dem sich die Unzulässigkeit aus dem Modus (falscher Tonfall, falsches Publikum – Publikationsexzess i. e. S.) oder der Unzeit der Veröffentlichung ergibt (Wiederaufwärmen alter Vorgänge ohne Sachgrund – Reaktualisierung). In die Rechtswidrigkeit hineinwachsende Beiträge bilden folglich eine *eigene Kategorie des nachträglichen Publikationsexzesses,* der sich dadurch auszeichnet, dass der ursprünglich rechtmäßigerweise eingestellte Beitrag zu einem Zeitpunkt noch abrufbar ist, da eine aktive Veröffentlichung (als Reaktualisierung) unzulässig wäre (§ 1 II.).

3. Die Notwendigkeit der Erweiterung analytischer Kategorien weist zugleich auf ein Defizit der sich daran orientierenden grundrechtlichen Gewährleistungen hin. Um den mit der „Unfähigkeit des Internets zu vergessen" einhergehenden Gefährdungen der Persönlichkeits(fort)entwicklung adäquat begegnet zu können, bedarf es der *Ergänzung des Persönlichkeitsschutzes* durch die Anerkennung eines *Recht auf medialen Neubeginn* als weiterer Ausprägung des allgemeinen Persönlichkeitsrechts (§ 1 III. 1.).

1. Teil

Fortwährende Abruf- und Auffindbarkeit identifizierender Beiträge als unbewältigte Gefährdung des allgemeinen Persönlichkeitsrechts

4. Wozu es führt, wenn an den herkömmlichen Kategorien und den hierzu entwickelten Leitlinien festgehalten wird, hat die Online-Archiv-Kontroverse gezeigt. Dort ist allseits auf die bekannte Gefährdungslage des ursprünglichen Publikationsexzesses in Gestalt einer Reaktualisierung und die sie prägenden Lebach-Entscheidungen des Bundesverfassungsgerichts abgestellt worden. Dies hat den *Blick auf die Besonderheiten des nachträglichen Publikationsexzesses verstellt*:

So wurde von einigen das Fehlen einer erneuten, aktiven Veröffentlichung (über)betont, und darüber das wahre Ausmaß der Beeinträchtigung eines im Internet bereitgehaltenen Beitrags übersehen, weil die spezifischen Rezeptionsmodalitäten der Auffindbarkeit über Suchmaschinen nicht eingehend gewürdigt wurden.

Von anderen ist das Abrufbarhalten älterer Beiträge mit einer jederzeit sich neu vollziehenden, aktiven Veröffentlichung gleichgesetzt worden, was den tatsächlichen Verhältnissen ebenso wenig entspricht und die Betreiber der Angebote

unnötigerweise dem Risiko aussetzt, mit Abmahnungen überzogen zu werden
(§ 2 I.).

5. Anders als bei ursprünglich konfrontativen Beiträgen besteht bei eigenen
und konsentierten Beiträgen ein für die Bedürfnisse der Fortentwicklung der Persönlichkeit weitgehend aufgeschlossenes einfachrechtliches Umfeld mit dem urheberrechtlichen *Rückrufsrecht aus § 42 UrhG* im Zentrum. Verfassungsrechtlicher Impulse bedarf es dort, wo gleichwohl eine (den jeweiligen Fällen durchaus
angemessene) restriktive Haltung mit Blick auf zeitnahe Veröffentlichungen zur
Formulierung undifferenziert strenger Maßstäbe geführt hat. Ansatzpunkt für
eine sachangemessene Maßstabsbildung ist die Entflechtung der verschiedenen
Rechtfertigungselemente (Konsens und überwiegendes Publikationsinteresse)
(§ 2 II.).

6. Die *Ergänzung des grundrechtlichen Schutzes der Persönlichkeitsbildung
und -entfaltung* in Ansehung neuartiger Gefährdungen bildet die *raison d'être*
des allgemeinen Persönlichkeitsrechts. Sie vollzieht sich – anders als bei anderen
Grundrechten – auch in der Anerkennung einer neuen Ausprägung als notwendiger Zwischenschicht zwischen Normtext und Einzelfallentscheidung (§ 3 I.).

7. Diese Ergänzungs- und Lückenschließungsfunktion des allgemeinen Persönlichkeitsrechts wird aktiviert, wenn ein konstituierendes Element der Persönlichkeit gefährdet wird, ohne dass die benannten Freiheitsrechte und bereits
anerkannten Ausprägungen diesem entstandenen Schutzbedürfnis hinreichend
Rechnung tragen.

Zur plausiblen *Darlegung einer neuartigen Gefährdungslage* bietet sich ein
wertender Vergleich mit den etablierten Gewährleistungsinhalten an, der jeweils
spezifische Rückschlüsse auf das überwölbende Schutzgut der menschlichen
Persönlichkeit und die zugrundeliegenden Vorstellungen von Entwicklung und
Entfaltung derselben ermöglicht. Die Relevanz nachbarwissenschaftlicher Erkenntnisse und des technischen Fortschritts darf dabei nicht überschätzt werden
(§ 3 II. 1.).

Ein hinreichender Schutz durch die vorfindlichen Gewährleistungen liegt nicht
bereits dann vor, wenn deren Sachbereiche berührt sind. Jedenfalls für die Ausprägungen des allgemeinen Persönlichkeitsrechts kommt es darauf an, ob die Gewährleistungsinhalte der fraglichen Ausprägungen die neue Gefährdungslage
auch adäquat erfassen. Bei näherem Hinsehen besteht zwischen ihnen auch kein
striktes Exklusivitätsverhältnis. Vielmehr treten sie in Idealkonkurrenz, wenn
eine Situation mehrere verschiedene Gefährdungsdimensionen berührt (z.B. das
Recht am eigenen Bild und den Schutz der Privatsphäre). Diese *gewährleistungsbezogene Betrachtungsweise* ermöglicht eine typisierende Anleitung der Verhältnismäßigkeitsprüfung, so dass den Spezifika der jeweils adressierten Gefährdungsdimension bei der Entscheidungsfindung Rechnung getragen werden kann
(§ 3 II. 2.).

8. Der Schutz der freien Entfaltung der Persönlichkeit durch das Grundgesetz bedeutet die Gewährleistung gradueller Autonomie. Der Prozess der Persönlichkeitsentfaltung wird dabei dialogisch gedacht: Persönlichkeit bildet sich im Wechselspiel von eigenen und fremden Identitätserwartungen und entsprechenden Verhaltensweisen. Dieser Vorgang ist seiner Natur nach unabgeschlossen und läuft kontinuierlich ab. Vor diesem Hintergrund muss auch die *Fortentwicklung unter (partiellem) Bruch mit der Vergangenheit* möglich sein (§ 4 I.).

9. Die vom allgemeinen Persönlichkeitsrecht erstrebte Sicherung der graduellen Autonomie bedeutet, dem Einzelnen innerhalb dieses interaktiven Prozesses die Möglichkeit einer Wahl unter verschiedenen realistischen Identitätsoptionen offen zu halten. Dieses Ziel wird verfehlt, wenn der Betroffene mit der Perpetuierung (selektiver) Informationen über seine Vergangenheit rechnen muss: Gegen seinen aktuellen Willen abrufbar gehaltene Fremdbilder und Selbstzeugnisse können die *Bildung des eigenen Persönlichkeitsentwurfes* negativ beeinflussen, indem sie es für den Betroffenen *aussichtslos* erscheinen lassen, einen abweichenden Persönlichkeitsentwurf umzusetzen. Überdies mag das Risiko der dauerhaften Dokumentation seines zukünftigen Verhaltens den Betroffenen zu einer *Selbstbeschränkung bei der Entfaltung* des aktuellen eigenen Persönlichkeitsentwurfes veranlassen (§ 4 II.).

10. Die Analyse der etablierten grundrechtlichen Gewährleistungen offenbart, dass diese zwar bestimmte Facetten bereits thematisieren, der neuen Gefährdungslage aber nicht gerecht werden (§ 5).

So verdeutlichen das *Recht am eigenen Bild* und *das Recht am gesprochenen Wort,* dass der Schutz der Persönlichkeits(fort)entwicklung nicht auf die Privatsphäre begrenzt werden darf, weil der Betroffene sich auch mit Blick auf der Sozialsphäre angehörenden Vorgängen übermächtigen Identitätserwartungen ausgesetzt sehen kann, die auf verkörperten und deshalb perpetuierten Ausschnitten seiner Persönlichkeit beruhen. Der *Schutz der Resozialisierungschance* ist Ausdruck der Zukunftsgerichtetheit des allgemeinen Persönlichkeitsrechts und drängt gerade dann auf das Offenhalten von Entwicklungsmöglichkeiten, wenn das Entstehen wirkmächtiger Fremdbilder selbstverschuldet ist.

Gleichwohl ermöglichen diese Ausprägungen keine adäquate Bewältigung der spezifischen Gefährdungssituation. Das gilt insbesondere auch für das *Recht auf informationelle Selbstbestimmung,* das bei näherem Hinsehen schon bisher *nicht zur Bewältigung konkreter Beeinträchtigungen* der Persönlichkeitsentwicklung berufen, sondern auf die spezifische Gefährdungslage in ihrem Vorfeld zugeschnitten ist, die sich durch die nur schwer zu beeinflussende Dynamik des Umgangs mit einmal erhobenen Daten und die folglich noch unklaren Verwendungszusammenhänge auszeichnet. Jenseits dessen muss auf spezifische Wertungen des Persönlichkeitsschutzes zurückgegriffen werden. Andernfalls wäre auch die Koexistenz des Rechts auf informationelle Selbstbestimmung mit den anderen informationellen Ausprägungen (wie z. B. dem Recht am eigenen Bild) nicht zu erklären (§ 5 I., II.).

11. Demgegenüber erweist sich die Anerkennung einer weiteren Ausprägung auch mit Blick auf die rechtspraktische Ordnungsfunktion der Ausprägungen als Fallgruppen als vorzugswürdig, weil die zur Bewältigung der „Unfähigkeit des Internets zu vergessen" auf beiden Seiten des Konflikts erforderlichen spezifischen Erwägungen so gebündelt werden. (§ 5 III.).

2. Teil

Das Recht auf medialen Neubeginn

12. Das Recht auf medialen Neubeginn schließt die Lücke im Schutz der autonomen Entfaltung der eigenen Persönlichkeit, die durch die „Unfähigkeit des Internets zu vergessen" entstanden ist. Weil „stehengebliebene" Beiträge die Unabgeschlossenheit der Persönlichkeits(fort)entwicklung ernsthaft gefährden können, verleiht es dem Einzelnen die *Befugnis, grundsätzlich selbst über die Fortdauer der Abrufbarkeit einer ihn identifizierenden Information über das Internet bestimmen zu können.*

Ziel ist die Schaffung einer realistischen Chance auf Vergessen als Vorbedingung der Persönlichkeitsfortentwicklung. *Bezugs- und Ansatzpunkt ist dabei nicht das individuelle präsente Wissen einzelner Mitmenschen, sondern das potentiell perfekte Gedächtnis des Internets,* das durch das Zusammenspiel von Dauerhaftigkeit, weltweiter Abrufbarkeit und leichter Auffindbarkeit konstituiert wird. Dass die Verbreitung über das Internet räumliche, zeitliche und soziale Grenzen sprengt, steht einer thematischen oder sektoriellen Engführung auf besonders brisante Angaben (z. B. über Krankheiten) oder Beziehungen (z. B. zum Arbeitsgeber) entgegen.

Vom Lebenszyklus eines im Internet veröffentlichten Beitrags aus betrachtet, setzt das Recht auf medialen Neubeginn in dem Moment an, da eine hypothetische aktive Veröffentlichung – gemessen an den herkömmlichen Maßstäben – nicht länger zulässig wäre. Beruht die ursprüngliche Veröffentlichungsbefugnis auf der Einwilligung des Betroffenen, kommt es schon bei der Frage nach ihrer Widerruflichkeit zum Tragen (§ 6).

3. Teil

Konfligierende Freiheiten und öffentliche Aufgaben

13. Das Recht auf medialen Neubeginn verleiht als Ausprägung des allgemeinen Persönlichkeitsrechts *keine absolute Schutzposition.* Wo es zur Anwendung berufen ist, muss es sich im Einzelfall gegenüber den Grundrechten Dritter bzw.

den für die Zulässigkeit staatlichen Informationshandelns streitenden Zwecken behaupten.

Die bislang herausgearbeiteten Gewährleistungsinhalte der mit dem allgemeinen Persönlichkeitsrecht konfligierenden Grundrechte und die entsprechenden Vorgaben für die staatliche Informationstätigkeit sind allein auf die Rechtfertigung einer *aktiven* Veröffentlichung hin ausgerichtet worden. Deshalb müssen – spiegelbildlich zum allgemeinen Persönlichkeitsrecht – die *spezifischen* Erwägungen identifiziert werden, die *für die (dauerhafte, unveränderte) Beibehaltung der Abrufbarkeit* eines (ursprünglich) rechtmäßigerweise veröffentlichten Beitrags streiten (§ 7).

14. Der Konflikt um die persönlichkeitsrechtliche Zulässigkeit eines im Internet veröffentlichten Beitrags lässt sich in drei Phasen unterteilen:

a) In der *ersten Phase* setzt sich das – auf herkömmlichem Wege aus den Grundrechten bzw. dem staatlicherseits verfolgten Zweck gespeiste – *primäre Publikationsinteresse* bei der *Prüfung einer hypothetischen aktiven Veröffentlichung* des Beitrags gegenüber dem Schutz der Persönlichkeit des Betroffenen, der durch die auf diese Konstellation zugeschnittenen etablierten *Ausprägungen des allgemeinen Persönlichkeitsrechts* konstituiert wird, (immer noch) durch. Solange dies der Fall ist, kann im Wege eines *Erst-recht-Schlusses* auf die Zulässigkeit der fortdauernden Abrufbarkeit des Beitrags geschlossen werden (§ 7 I.).

b) Sobald diese hypothetische Prüfung ergibt, dass der Beitrag nicht mehr neuerlich veröffentlicht werden dürfte, tritt dieser in die – entscheidende – *zweite Phase* ein. In dieser stellt sich die Frage, ob der Beitrag unter den *tatsächlichen,* gegenüber denjenigen einer aktiven Veröffentlichung i. d. R. *verschlechterten (d. h. weniger beeinträchtigenden) Rezeptionsbedingungen* gegen den Willen des Betroffenen abrufbar gehalten werden darf. Die Antwort erfordert wiederum eine Abwägung, diesmal jedoch zwischen dem Recht auf medialen Neubeginn auf der einen und dem *sekundären,* auf die Beibehaltung des Beitrags gerichteten *Veröffentlichungsinteresse* auf der anderen Seite. Im Letztgenannten setzen sich nicht nur die bekannten Erwägungen fort, die für eine aktive Veröffentlichung streiten. Vielmehr treten *originär sekundäre Veröffentlichungsinteressen* hinzu, die gerade in dem Umstand gründen, dass der Beitrag Teil der medialen Realität geworden ist (§ 7 II.).

c) Verletzt die fortwährende Abrufbarkeit des Beitrags das Recht auf medialen Neubeginn, steht in der *dritten Phase* (nur) fest, dass der Betroffene die Abrufbarkeit des Beitrags *mit diesem Inhalt* und *unter diesen Rezeptionsbedingungen* nicht länger hinnehmen muss. Wie weit der sich in den Formen des jeweils einschlägigen einfachen Rechts vollziehende Veränderungsanspruchs reicht, lässt sich dadurch bestimmen, dass die vorgenannte Abwägung mit Blick auf mögliche Veränderungen von inhaltlicher Gestaltung und/oder Rezeptionsbedingungen (wiederholt) durchgeführt wird. Überwiegt das sekundäre Publikationsinteresse nach der Veränderung die Beeinträchtigung des Rechts auf medialen Neubeginn wieder, kehrt der Beitrag (einstweilen) in die zweite Phase zurück. Nimmt der Verpflichtete gar solche Veränderungen vor, infolge derer das (verbliebene) primäre Publikationsinteresse eine erneute aktive Veröffentlichung rechtfertigen würde (was sich womöglich leichter bestimmen lässt), kommt es – wiederum im Wege des Erst-recht-Schlusses – zu einem Wiedereintritt in die erste Phase. Bei der *prozeduralen Gestaltung* des Veränderungsanspruchs sind schließlich (übermäßige) Abschreckungseffekte auf den Gebrauch der Kommunikations- und Medienfreiheiten zu vermeiden (§ 7 III.).

15. Mit Blick auf die Zulässigkeit der weiteren Verbreitung eines bestimmten Beitrags können sich Autoren und Verleger auf die *Meinungsfreiheit* stützen. Nur falls die Ausgestaltung des Veränderungsanspruchs darüber hinaus Auswirkungen auf den Betrieb des gesamten Angebots hat (wie z. B. Prüfungs- und Überwachungspflichten) ist die *Rundfunk- bzw. Medienfreiheit* aufgerufen. Die (verhinderten) Rezipienten können sich auf die *Informationsfreiheit* und, wo es sich um nicht allgemein zugängliche Beiträge (wie z. B. in sozialen Netzwerken) handelt, auf die *(passive) Meinungsfreiheit* berufen. Intermediäre wie Host-Provider und Suchmaschinen können sich – mangels exklusiver, dem Presse-Grosso vergleichbarer Ausrichtung ihrer Dienstleistungen auf bestimmte Medien – nicht auch auf die Rundfunk- bzw. Medienfreiheit, sondern „nur" auf die *Berufs- bzw. allgemeine Handlungsfreiheit* berufen. Soweit Urheberrechte an den Beiträgen bestehen, kommt schließlich auch das *Eigentumsgrundrecht* zum Tragen (§ 8 I.).

16. In einer *multipolare Konfliktlage,* wie sie für das Medienrecht infolge der Verbreitungskette Autor-(Verleger-)Intermediär-Rezipient typisch ist, sind die Grundrechtspositionen der nicht unmittelbar an einem Rechtsstreit beteiligten Akteure gleichermaßen in die Entscheidungsfindung einzubeziehen. Insbesondere können die durch die Kommunikations- und Mediengrundrechte geschützten Interessen von Autor, Verleger und Rezipient nicht außen vor bleiben, wenn sich der Betroffene an einen Intermediär wendet, der sich selbst nicht auf diese Grundrechte berufen kann. Sachangemessene Maßstäbe sind deshalb durch eine Analyse der durch die einschlägigen Grundrechte gewährleisteten *individuellen und gesellschaftlichen Publikationsinteressen* zu gewinnen. Unter Rückgriff auf das Drei-Phasen-Modell lassen sich mehrere Ebenen unterscheiden, auf denen diese berücksichtigt werden müssen (§ 8 II. und III.):

a) Bei konsentierten oder eigenen Beiträgen des Betroffenen kann auf Basis der Zustimmung zur Veröffentlichung ein *schutzwürdiges Vertrauen* in die fortwährende Nutzung der Beiträge entstehen. Weil dieses *allein wirtschaftlicher Natur* ist, vermag ein *finanzieller Ausgleich,* wie er im Urheber- und Verlagsrecht (§ 42 UrhG bzw. § 35 VerlG) explizit vorgesehen ist, in verfassungsrechtlicher Perspektive die Beeinträchtigung der Berufs- bzw. Eigentumsfreiheit i. d. R. zu kompensieren. Die ideellen Interessen, den Beitrag nach erfolgtem Widerruf (konfrontativ) abrufbar zu halten, bleiben hiervon unberührt.

b) Bei der *Bestimmung des primären Publikationsinteresses* in der ersten Phase sind die bekannten, auf eine aktive Veröffentlichung zugeschnittenen individuellen wie gesellschaftlichen Publikationsinteressen zu berücksichtigen; mit Blick auf die nutzergenerierten Inhalte kommt neben dem gesellschaftlichen Interesse an der Informiertheit der Öffentlichkeit den individuellen Entäußerungs- und Kenntnisnahmeinteressen eine im Vergleich zur herkömmlichen (massen)medialen Verbreitung von Informationen besondere Bedeutung zu.

c) Nach Eintritt des Beitrags in die zweite Phase setzen sich die vorgenannten Belange im *sekundären Publikationsinteresse* fort. Hinzu treten originär sekundäre Erwägungen: Die (ursprünglich zulässigerweise) veröffentlichten Beiträge sind für die Autoren und Verleger *Aspekte ihrer (virtuellen) Identität* geworden. Aus Sicht der Rezipienten handelt es sich um *Teile der (medialen) Realität* und damit um *Bestandteile des kulturellen Erbes*. Das erklärt, warum der Vorwurf, durch einen Veränderungsanspruch würde das kollektive Gedächtnis manipuliert bzw. Geschichte „getilgt", einen Nerv trifft.

d) Überwiegt die Beeinträchtigung des Rechts auf medialen Neubeginn das so zusammengesetzte sekundäre Publikationsinteresse und tritt der Beitrag in die dritte Phase ein, sind die konfligierenden Grundrechte wiederum bei der Bestimmung der inhaltlichen Reichweite des Veränderungsanspruchs zu beachten.

e) Darüber hinaus wirken sie auf die *prozedurale Ausgestaltung des Veränderungsanspruchs* ein: Weil der Übergang von rechtmäßiger Abrufbarkeit zum rechtsverletzenden nachträglichen Publikationsexzess fließend und der Umschlagpunkt deshalb mitunter schwer zu bestimmen ist, würde von der „Abmahnbarkeit" auch des unbewusst rechtswidrigen Abrufbarhaltens eine unangemessene *abschreckende Wirkung* auf den legalen Gebrauch der Kommunikations- und Medienfreiheiten ausgehen. Diese gilt es bei der Durchsetzung des Rechts auf medialen Neubeginn zu vermeiden.

17. Die großen strukturellen Ähnlichkeiten im Konflikt mit dem Recht auf medialen Neubeginn erlauben es, die bei der Analyse der Grundrechtskonflikte gewonnenen Ergebnisse in weitem Umfang für die *staatlichen Publikationen* fruchtbar zu machen. Insbesondere mit Blick auf das gesellschaftliche Interesse an der Informiertheit der Öffentlichkeit ergeben sich große inhaltliche Überschneidungen.

Nicht übersehen werden darf allerdings, dass die im vorstehenden Kapitel betrachteten Publikationen in Ausübung grundrechtlicher Freiheit ins Internet eingestellt und dort „stehengelassen" werden. Demgegenüber trifft die staatlichen Stellen in Folge der *unmittelbaren Grundrechtsbindung* nicht nur für die ursprüngliche Veröffentlichung, sondern auch für die fortdauernde Abrufbarkeit

eine *strenge Rechtfertigungslast*. Insbesondere ist bei der Annahme einer Fortwirkung der ursprünglichen Publikationszwecke und einer Berechtigung zur Archivierung älterer Beiträge Zurückhaltung geboten (§ 9).

4. Teil
Durchsetzung des Rechts auf medialen Neubeginn

18. Bei *konfrontativen Beiträgen* wird das Recht auf medialen Neubeginn je
nachdem, ob der Beitrag in einen journalistisch-redaktionellen Kontexte eingebettet ist oder nicht, in den Formen des Äußerungs- oder des Datenschutzrechts
durchgesetzt (§ 10 I.).

19. Verfassungsrechtlich determiniert sind dabei Bestand und Reichweite des
Veränderungsanspruchs des Betroffenen.

a) Nur wenn selbst die kleinstmögliche Beschränkung der publizistischen
Freiheit unverhältnismäßig wäre, kann eine *Verletzung des Rechts auf medialen
Neubeginn verneint* und jeglicher Veränderungsbedarf ausgeschlossen werden. So
kann es vor allem liegen, wenn der Betroffene (immer noch) als *Person des öffentlichen Lebens* (i. w. S.) in verschiedenen Zusammenhängen in der Öffentlichkeit steht, so dass gerade die Zuordnung jedes Vorgangs zu seiner Person relevant
ist (§ 10 II. 1. a)).

b) Andernfalls wird das Recht auf medialen Neubeginn i. d. R. zumindest den
Ausschluss der Auffindbarkeit des Beitrags bei einer neugiergetriebenen, d. h.
ohne weiteres Vorwissen, nur mit dem Namens des Betroffenen, durchgeführten
Suchanfrage erfordern. Autoren und Verleger können sich einer Reihe techni-
scher Möglichkeiten bedienen, um die Rezeptionsmodalitäten durch negative
Suchmaschinenoptimierung so zugunsten des Betroffenen zu verändern, dass der
Beitrag inhaltlich unverändert abrufbar bleiben kann. Nur in Ausnahmefällen
wird die hiernach verbleibende (theoretische) Möglichkeit einer anderweitigen
Entdeckung (und Weiterverbreitung) eine so schwere Beeinträchtigung der Fort-
entwicklungschancen des Betroffenen begründen, dass das Recht auf medialen
Neubeginn eine Anonymisierung bzw. Pseudonymisierung oder höhere Zugangs-
schranken (wie z. B. eine individuelle Zulassung) verlangt (§ 10 II. 2.).

c) Die Abwehr übermäßiger Abschreckungseffekte auf die Ausübung der
Kommunikations- und Medienfreiheiten erfordert eine spezifisch auf die Konstellation des nachträglichen Publikationsexzesses zugeschnittene Modifikation
der Passivlegitimation: Die *Störerhaftung* der intellektuell verantwortlichen Autoren und Verleger, die für aktive Veröffentlichungen ohne weitere Voraussetzungen
begründet ist, *bedarf einer Begrenzung*. Weil der Zurechnungszusammenhang
zwischen Veröffentlichungshandlung und (lange Zeit später eintretender) Rechtsverletzung bei der gebotenen wertenden Betrachtung über die Kausalität kaum

hinausreicht, empfiehlt es sich, wie schon jetzt bei Intermediären (Host-Provider und Suchmaschinenbetreiber) und sonstigen mittelbaren Störern (z. B. Forenbetreiber und Admin-C) die *Passivlegitimation auch der Autoren und Verleger von der Verletzung einer Prüfungs- und Reaktionspflicht abhängig* zu machen. Ihr Tätigwerden ist daher ebenfalls erst aufgrund einer *pflichtenkonkretisierenden Erstabmahnung* hin veranlasst. Liegt eine solche vor, muss der in Anspruch Genommene in eine umfassende Prüfung eintreten und die anhaltende Verletzung des Betroffenen in seinem Recht auf medialen Neubeginn beenden. Geschieht dies, ist der Verpflichtete keinem Anspruch auf Erstattung der dem Betroffenen erwachsenen Rechtsverfolgungskosten ausgesetzt. Nur wenn aufgrund besonderer Umstände bereits im Zeitpunkt der Veröffentlichung damit zu rechnen ist, dass der Beitrag in Kürze in die dritte Phase eintreten und das fortwährende Abrufbarhalten rechtswidrig werden könnte, müssen die intellektuell Verantwortlichen den Beitrag für einige Zeit selbsttätig im Blick behalten (§ 10 II. 1. b)).

d) Das Datenschutzrecht ist auf den zu bewältigenden Konflikt zwischen allgemeinem Persönlichkeitsrecht und der Meinungsfreiheit der Autoren und Verleger nicht zugeschnitten. Gleichwohl bedarf es einer überschießenden Ausweitung des Medien- zu einem Meinungsprivileg nicht, vielmehr genügt die *verfassungskonforme Auslegung der datenschutzrechtlichen Regelungen.* Diese führt letztlich zu einer offenen Abwägung, wie sie dem Äußerungsrecht entspricht. Weil sachliche Unterschiede nicht bestehen, können die dort gefundenen Ergebnisse übernommen werden (§ 10 III.).

20. Der *Veränderungsanspruch des Betroffenen gegenüber staatlichen Stellen* ergibt sich i. d. R. aus dem Datenschutzrecht.

a) Das dauerhafte Abrufbarhalten konfrontativer Publikationen unterliegt angesichts der divergierenden verfassungsrechtlichen Ausgangslage weitaus *strengeren Maßstäben.* Mit Blick auf den Grundsatz der Verhältnismäßigkeit ist sorgfältig zu prüfen, welche primären Publikationszwecke eine Veröffentlichung trotz schwindender Aktualität weiterhin rechtfertigen können. Regelmäßig wird allein das originär sekundäre Interesse an der dauerhaften Dokumentation staatlichen (Informations-)Handelns i. S. d. Transparenzgedankens als legitimer Publikationszweck verbleiben. Selbst wenn es hierfür keiner spezifischen Ermächtigungsgrundlage bedürfen sollte, ist die inhaltlich unveränderte digitale Archivierung i. d. R. nur verhältnismäßig, wenn durch Zugangsschranken bzw. durch Ausschluss der Auffindbarkeit über Suchanfragen, die auf dem Namen des Betroffenen basieren, die Beeinträchtigung auf das Maß begrenzt wird, das mit dem Einstellen des Beitrags in ein herkömmliches Archiv einhergeht (§ 10 III. 3. a)).

b) Der *Rücksichtnahme auf die Publikationsfreudigkeit staatlicher Stellen,* wie sie mit Blick auf die Autoren und Verleger geboten ist, bedarf es wegen der unmittelbaren Grundrechtsbindung nicht (§ 10 III. 3. b)).

21. Handelt es sich um einen *vom Betroffenen selbst verfassten Beitrag,* ist für die Durchsetzung des Rechts auf medialen Neubeginn vorrangig das Urheberrecht und subsidiär das Datenschutzrecht einschlägig; bei *konsentierten Beiträgen* kommt grundsätzlich das Datenschutzrecht zum Zuge, das allerdings durch das Medienprivileg bei Einbettung des Beitrags in einen journalistisch-redaktionellen Kontext zugunsten des zivilrechtlichen Äußerungsrechts zurückgenommen wird (§ 11 II.).

a) Von dieser Einordnung hängt neben der einfachrechtlichen Grundlage des Veränderungsanspruchs vor allem die *Herleitung der Widerrufsbefugnis* ab. Bei urheberrechtlich geschützten Werken (des Betroffenen) folgt diese aus dem Recht zum Rückruf erteilter Nutzungsrechte wegen gewandelter Überzeugung (§ 42 UrhG), im Übrigen kann die erteilte Einwilligung nach den Grundsätzen der Störung bzw. des Wegfalls der Geschäftsgrundlage (§§ 313, 314 BGB) bei Vorliegen eines wichtigen Grundes widerrufen werden. Aufgrund der Überformung durch eine vergleichbare grundrechtliche Kollisionslage kann eine *weitgehende Angleichung* der Maßstäbe beobachtet werden (§ 11 III. 2. a)).

b) Zur Bewältigung des Konflikts zwischen dem Bedürfnis nach Neubeginn und dem wirtschaftlichen widerrufsspezifischen Beibehaltungsinteresse kann die *Möglichkeit der finanziellen Kompensation* des tatsächlich erlittenen (wirtschaftlichen) Vertrauensschadens, wie sie für das urheber- und verlagsrechtliche Rückrufsrecht in § 42 Abs. 3 UrhG bzw. § 35 Abs. 2 S. 1 VerlG ausdrücklich vorgesehen ist, auf die anderen Konstellationen mittels Analogie zu § 122 BGB erstreckt werden (§ 11 III. 2. b)).

22. Nach erfolgtem Widerruf kann die fortwährende Abrufbarkeit des Beitrags auf eine *alternative Veröffentlichungsbefugnis für konfrontative Publikationen* gestützt werden. Handelt es sich mit einem konsentierten Beitrag um das Werk eines Dritten, können im Ausgangspunkt die für bereits ursprünglich konfrontative Beiträge entwickelten Leitlinien herangezogen werden. Dabei sind die Besonderheiten zu berücksichtigen, die sich aus dem Umstand ergeben, dass die fraglichen Informationen ursprünglich im Einvernehmen mit dem Betroffenen veröffentlicht worden sind (§ 11 IV. 1. a) aa) (2)):

a) So können *Gegenstände, die der Privatsphäre entstammen,* nicht den gleichen (strengen) Maßstäben unterworfen werden, wie sie für eine erstmalige konfrontative Veröffentlichung gelten. Umgekehrt erfordert es das Recht auf medialen Neubeginn, der bis dahin unbekannten Perpetuierung der Information über das Internet Rechnung zu tragen, weshalb ein Rekurs auf den für „flüchtige" Beiträge entwickelten Schutz vor Stigmatisierung unzureichend wäre.

b) Obgleich ein Veränderungsanspruch im konkreten Fall mit den Kommunikationsfreiheiten kollidiert, wirkt er sich – aufs Ganze gesehen – förderlich auf den Gebrauch der Kommunikationsfreiheiten als Medium der Persönlichkeitsentfaltung aus: Das *Wissen um ein zukünftiges Widerrufsrecht* erleichtert dem Einzelnen den Entschluss, seine Gedanken und Gefühle frei und ungezwungen zu artikulieren.

23. Ist der Betroffene *Urheber* des Beitrags, ist eine Befugnis zur konfrontativen Veröffentlichung nur im Rahmen des *Zitatrechts* (§ 51 UrhG) anzuerkennen. Weil in dieser Hinsicht keine Unterschiede bestehen, lassen sich diese Maßstäbe auch auf die dem Datenschutzrecht unterfallenden Beiträge des Betroffenen übertragen. Weil der Betroffene mit seinem Beitrag in die Öffentlichkeit gewirkt hat, muss er es hinnehmen, dass andere sich mit diesem (kritisch) auseinandersetzen und ihn als Grundlage ihrer Ausführungen auch wiedergeben. Eine Aufrechterhaltung der Abrufbarkeit des Beitrags um ihrer selbst Willen ist vom Zitatrecht hingegen nicht gedeckt und auch verfassungsrechtlich nicht gefordert. Die *Wechselbeziehung zwischen Rückrufsrecht und Publikationsfreudigkeit* ist bei eigenen Beiträgen besonders ausgeprägt, weshalb es dem Betroffenen weitgehend freistehen muss, sie wieder zurückzuziehen (§ 11 IV. 2.).

Literaturverzeichnis

Albers, Marion, Informationelle Selbstbestimmung, Baden-Baden 2005.

Alexander, Christian, Urheber- und persönlichkeitsrechtliche Fragen eines Rechts auf Rückzug aus der Öffentlichkeit, ZUM 2011, S. 382–389.

Alexy, Robert, Diskussionsbeitrag, VVDStRL, Bd. 70 (2011), S. 82–83.

Altmann, Myrian-Natalie, User Generated Content im Social Web. Warum werden Rezipienten zu Partizipienten?, Berlin u. a. 2010.

Bachof, Otto, Die Dogmatik des Verwaltungsrechts vor den Gegenwartsaufgaben der Verwaltung, VVDStRL, Bd. 30 (1972), S. 193–244.

Bäcker, Matthias, Die Vertraulichkeit der Internetkommunikation, in: Rensen, Hartmut/ Brink, Stefan (Hrsg.), Linien der Rechtsprechung des Bundesverfassungsgerichts. Erörtert von den wissenschaftlichen Mitarbeitern, Berlin 2009, S. 99–136.

– Grundrechtlicher Informationsschutz gegen Private, Der Staat, Bd. 51 (2012), S. 89–114.

Baer, Susanne, Demographischer Wandel und Generationengerechtigkeit, VVDStRL, Bd. 68 (2009), S. 290–354.

Bär, Wolfgang, Anmerkung zum Urteil des BVerfG vom 27.2.2008, 1 BvR 370/07 und 1 BvR 595/07, MMR 2008, S. 325–327.

Baston-Vogt, Marion, Der sachliche Schutzbereich des zivilrechtlichen allgemeinen Persönlichkeitsrechts, Tübingen 1997.

Bauer, Christian A., User Generated Content. Urheberrechtliche Zulässigkeit nutzergenerierter Medieninhalte, Berlin 2011.

Baumann, Reinhold, Ein Urteil mit Folgen. Zur Karlsruher Entscheidung über die Volkszählung, DIE ZEIT, Nr. 12 v. 16.3.1984, S. 11.

Becker, Florian/Blackstein, Ylva, Der transparente Staat – Staatliche Verbraucherinformation über das Internet, NJW 2011, S. 490–494.

Berberich, Matthias, Der Content „gehört" nicht Facebook! AGB-Kontrolle der Rechteeinräumung an nutzergenerierten Inhalten, MMR 2010, S. 736–741.

Bethge, Herbert, Der Grundrechtseingriff, VVDStRL, Bd. 57 (1998), S. 7–56.

Billmeier, Eva, Die Düsseldorfer Sperrungsverfügung. Ein Beispiel für verfassungs- und gefahrenabwehrrechtliche Probleme der Inhaltsregulierung in der Informationsgesellschaft, Berlin u. a. 2007.

Blankenagel, Alexander, Das Recht ein Anderer zu sein. Späte Überlegungen zum Transsexuellenbeschluß (BVerfGE 49, 286) – überfällige Gedanken zum Namensänderungsrecht, DÖV 1985, S. 953–963.

Bloy, René, Die strafrechtliche Produkthaftung auf dem Prüfstand der Dogmatik, in: Bloy, René u. a. (Hrsg.), Gerechte Strafe und legitimes Strafrecht. Festschrift für Manfred Maiwald zum 75. Geburtstag, Berlin 2010, S. 35–59.

Böckenförde, Ernst-Wolfgang, Grundrechtstheorie und Grundrechtsinterpretation, NJW 1974, S. 1529–1538.

– Grundrechte als Grundsatznormen. Zur gegenwärtigen Lage der Grundrechtsdogmatik, Der Staat, Bd. 29 (1990), S. 1–31.

– Anmerkungen zum Begriff Verfassungswandel (1993), in: ders. (Hrsg.), Staat, Nation, Europa. Studien zur Staatslehre, Verfassungstheorie und Rechtsphilosophie, 2. Aufl., Frankfurt a. M. 2000, S. 141–156.

– Schutzbereich, Eingriff, Verfassungsimmanente Schranken. Zur Kritik gegenwärtiger Grundrechtsdogmatik, Der Staat, Bd. 42 (2003), S. 165–192.

Böckenförde, Thomas, Auf dem Weg zur elektronischen Privatsphäre, JZ 2008, S. 925–939.

Boehme-Neßler, Volker, Die Öffentlichkeit als Richter? – Litigation-PR als Herausforderung für das Recht, ZRP 2009, S. 228–231.

von Bogdandy, Armin/Kottmann, Matthias/Antpöhler, Carlino/Hentrei, Simon/Smrkolj, Maja, Ein Rettungsschirm für europäische Grundrechte. Grundlagen einer unionsrechtlichen *Solange*-Doktrin gegenüber Mitgliedstaaten, ZaöRV 2012, S. 45–78.

Bonstein, Julia, Generation Netzkind, DER SPIEGEL, Nr. 20 v. 10.5.2008, S. 100–102.

von Bredow, Rafaela/Hipp, Dietmar, Vergiss es!, DER SPIEGEL, Nr. 51 v. 14.12.2009, S. 122–125.

Brink, Stefan, Tatsachengrundlagen verfassungsrechtlicher Judikate, in: Rensen, Hartmut/Brink, Stefan (Hrsg.), Linien der Rechtsprechung des Bundesverfassungsgerichts. Erörtert von den wissenschaftlichen Mitarbeitern, Berlin 2009, S. 3–33.

Britz, Gabriele, Freie Entfaltung durch Selbstdarstellung. Eine Rekonstruktion des allgemeinen Persönlichkeitsrechts aus Art. 2 I GG, Tübingen 2007.

– Vertraulichkeit und Integrität informationstechnischer Systeme. Einige Fragen zu einem „neuen Grundrecht", DÖV 2008, S. 411–415.

– Europäisierung des grundrechtlichen Datenschutzes?, EuGRZ 2009, S. 1–11.

– Informationelle Selbstbestimmung zwischen rechtswissenschaftlicher Grundsatzkritik und Beharren des Bundesverfassungsgerichts, in: Hoffmann-Riem, Wolfgang (Hrsg.), Offene Rechtswissenschaft. Ausgewählte Schriften von Wolfgang Hoffmann-Riem mit begleitenden Analysen, Tübingen 2010, S. 561–596.

– § 26. Elektronische Verwaltung, in: Hoffmann-Riem, Wolfgang/Schmidt-Aßmann, Eberhard/Voßkuhle, Andreas (Hrsg.), Grundlagen des Verwaltungsrechts, Bd. 2, 2. Aufl., München 2012.

Brohm, Winfried, Die Dogmatik des Verwaltungsrechts vor den Gegenwartsaufgaben der Verwaltung, VVDStRL, Bd. 30 (1972), S. 245–312.

Brossette, Josef, Der Wert der Wahrheit im Schatten des Rechts auf informationelle Selbstbestimmung. Ein Beitrag zum zivilrechtlichen Ehren-, Persönlichkeits- und Datenschutz, Berlin 1991.

Brüggemeier, Gert/Colombi Ciacchi, Aurelia/O'Callaghan, Patrick, Personality rights in European tort law, Cambridge University Press, Cambridge 2010.

Bruns, Alexander, Persönlichkeitsschutz im Internet – medienspezifisches Privileg oder medienpersönlichkeitsrechtlicher Standard, AfP 2011, S. 421–428.

Brunst, Phillip W., Anonymität im Internet – rechtliche und tatsächliche Rahmenbedingungen. Zum Spannungsfeld zwischen einem Recht auf Anonymität bei der elektronischen Kommunikation und den Möglichkeiten zur Identifizierung und Strafverfolgung, Berlin u. a. 2009.

Bryde, Brun-Otto, Tatsachenfeststellungen und soziale Wirklichkeit in der Rechtsprechung des Bundesverfassungsgerichts, in: Badura, Peter/Dreier, Horst (Hrsg.), Festschrift 50 Jahre Bundesverfassungsgericht, Bd. 1, Tübingen 2001, S. 533–561.

– Diskussionsbeitrag, in: Otto-Brenner-Stiftung (Hrsg.), Arbeitsmarktpolitik im Spannungsfeld von Gesetzgebung und Tarifautonomie, Frankfurt a. M. 2002, S. 68–70.

Buchner, Benedikt, Die Einwilligung im Datenschutzrecht. Vom Rechtfertigungsgrund zum Kommerzialisierungsinstrument, DuD 2010, S. 39–43.

Bull, Hans Peter, Informationelle Selbstbestimmung – Vision oder Illusion? Datenschutz im Spannungsverhältnis von Freiheit und Sicherheit, Tübingen 2009.

– Diskussionsbeitrag, VVDStRL, Bd. 70 (2011), S. 89–90.

– Persönlichkeitsschutz im Internet. Reformeifer mit neuen Ansätzen, NVwZ 2011, S. 257–263.

Bullinger, Martin, Der Rundfunkbegriff in der Differenzierung kommunikativer Dienste, AfP 1996, S. 1–8.

– Ordnung oder Freiheit für Multimediadienste, JZ 1996, S. 385–391.

– Private Rundfunkfreiheit auf dem Weg zur Pressefreiheit. Über den Einfluss von Digitalisierung und Internet, ZUM 2007, S. 337–343.

Bumke, Christian, Publikumsinformation. Erscheinungsformen, Funktionen und verfassungsrechtlicher Rahmen einer Handlungsform des Gewährleistungsstaates, Die Verwaltung, Bd. 37 (2004), S. 3–33.

Canaris, Claus-Wilhelm, Grundrechte und Privatrecht, AcP, Bd. 184 (1984), S. 201–246.

Caspar, Johannes, Anmerkung zu BGH, Urt. v. 20. 04. 2010 – VI ZR 245/08, JZ 2011, S. 211–212.

Christie, Agatha, A Murder is Announced (1950), Nachdruck, Harper, London 2002.

Clark, Charles, The Answer to the Machine is in the Machine, in: Hugenholtz, P. Bernt (Hrsg.), The Future of copyright in a digital environment. Proceedings of the Royal Academy Colloquium organized by the Royal Netherlands Academy of Sciences (KNAW) and the Institute for Information Law, Kluwer, Den Haag u. a. 1996, S. 139–145.

Darnstädt, Thomas/Hipp, Dietmar, Digitales Domino, DER SPIEGEL, Nr. 10 v. 3.3. 2008, S. 42–43.

Diederichsen, Angela, Wie effektiv ist der Rechtsschutz gegen Persönlichkeitsrechtsverletzungen von Privatpersonen im Internet?, in: Greiner, Hans-Peter u. a. (Hrsg.), Neminem laedere. Aspekte des Haftungsrechts. Festschrift für Gerda Müller zum 65. Geburtstag am 26. Juni 2009, Köln 2009, S. 507–527.

Diesterhöft, Martin, Abrufbarkeit identifizierender Berichterstattung über Straftäter aus einem Online-Archiv, ZJS 2010, S. 251–255.

– Persönlichkeits- und datenschutzrechtliche Probleme der digitalen Zugangseröffnung zu analogen Inhalten durch Bibliotheken und Archive, in: Peifer, Karl-Nikolaus/ Steinhauer, Eric (Hrsg.), Die digitale Bibliothek und ihr Recht, i. E.

Dietlein, Johannes, § 113. Eigentum und Erbrecht, in: Stern, Klaus/Dietlein, Johannes/ Sachs, Michael (Hrsg.), Das Staatsrecht der Bundesrepublik Deutschland, Bd. IV/1, München 2006.

Diggelmann, Oliver, Grundrechtsschutz der Privatheit, VVDStRL, Bd. 70 (2011), S. 50–81.

Dimbath, Oliver, Vom automatisierten Vergessen und von vergesslichen Automaten, FIfF-Kommunikation, Heft 1, 2008, S. 38–41.

Dolzer, Rudolf/Waldhoff, Christian/Graßhof, Karin (Hrsg.), Bonner Kommentar zum Grundgesetz, Heidelberg u. a., Stand: 162. Erg.-Lfg. 2013; zit.: *Bearbeiter,* in: BK-GG.

Dreier, Horst (Hrsg.), Grundgesetz. Kommentar, Bd. 1, 3. Aufl., München 2013; zit.: *Bearbeiter,* in: Dreier, GG.

Dreier, Thomas, Erinnern Sie sich, als – – – – sein Opfer S. erschlug? Löschung von Berichten aus Online-Archiven aus Gründen des Persönlichkeitsrechts?, in: Hilty, Reto/Drexl, Josef/Nordemann, Wilhelm (Hrsg.), Schutz von Kreativität und Wettbewerb. Festschrift für Ulrich Loewenheim zum 75. Geburtstag, München 2009, S. 67–80.

Dreier, Thomas/Schulze, Gernot (Hrsg.), Urheberrechtsgesetz. Urheberrechtswahrnehmungsgesetz. Kunsturhebergesetz, 3. Aufl., München 2008; zit.: *Bearbeiter,* in: Dreier/Schulze, UrhG.

Eberle, Carl-Eugen, Medien und Datenschutz – Antinomien und Antipathien, MMR 2008, S. 508–513.

Eco, Umberto, Die Grenzen der Interpretation, München u. a. 1992.

Eifert, Martin, Electronic Government. Das Recht der elektronischen Verwaltung, Baden-Baden 2006.

– Informationelle Selbstbestimmung im Internet. Das BVerfG und die Online-Durchsuchungen, NVwZ 2008, S. 521–523.

Elixmann, Robert, Datenschutz und Suchmaschinen. Neue Impulse für einen Datenschutz im Internet, Berlin 2012.

Enders, Christoph, § 89. Schutz der Persönlichkeit und der Privatsphäre, in: Merten, Detlef/Papier, Hans-Jürgen (Hrsg.), Handbuch der Grundrechte in Deutschland und Europa. Bd. IV, Heidelberg 2011.

– Diskussionsbeitrag, VVDStRL, Bd. 70 (2011), S. 91–92.

Ernst, Stefan, Recht kurios im Internet. Virtuell gestohlene Phönixschuhe, Cyber-Mobbing und noch viel mehr, NJW 2009, S. 1320–1322.

Eser, Albin u. a. (Hrsg.), Strafgesetzbuch. Kommentar, begr. v. Adolf Schönke u. fortgef. v. Horst Schröder u. a., 28. Aufl., München 2010; zit.: *Bearbeiter,* in: Schönke/Schröder, StGB.

Esser, Josef, Vorverständnis und Methodenwahl in der Rechtsfindung. Rationalitätsgrundlagen richterlicher Entscheidungspraxis, Frankfurt a. M. 1972.

Euler, Ellen, Web-Harvesting vs. Urheberrecht. Was Bibliotheken und Archive dürfen und was nicht, CR 2008, S. 64–68.

Fechner, Frank, Diskussionsbeitrag, VVDStRL, Bd. 70 (2011), S. 85–86.

Fedderath, Hannes/Fuchs, Karl-Peter/Hermann, Dominik/Maier, Daniel/Scheuer, Florian/Wagner, Kai, Grenzen des „digitalen Radiergummis", DuD 2011, S. 403–407.

Feldmann, Thorsten, Umfang der Prüfungspflichten für Suchmaschinenbetreiber im Rahmen der Störerhaftung, jurisPR-ITR 19/2008, Anm. 4.

– Datenschutz und Meinungsfreiheit: Regulierung ohne BDSG. Neue Formen der Meinungsäußerung brauchen keine Regulierung über das BDSG, AnwBl 2011, S. 250–252.

Fiedler, Christoph, Technologieneutrale Pressefreiheit, AfP 2011, S. 15–18.

Fromm, Thomas, Nach dem Sturm, Süddeutsche Zeitung, Nr. 131 v. 9.6.2012, S. 27.

Fromme, Friedrich Karl, Niederlage des Staates, Frankfurter Allgemeine Zeitung, Nr. 86 v. 14.4.1983, S. 1.

– Ein neues Grundrecht, Frankfurter Allgemeine Zeitung, Nr. 292 v. 15.12.1983, S. 1.

Gant, Scott E., We're All Journalists Now. The Transformation of the Press and Reshaping of the Law in the Internet Age, Free Press, New York 2007.

Gola, Peter/Schomerus, Rudolf, Bundesdatenschutzgesetz. Kommentar, München 2012.

Gounalakis, Georgios, Verdachtsberichterstattung durch den Staatsanwalt, NJW 2012, S. 1473–1479.

Grabenwarter, Christoph/Pabel, Katharina, Europäische Menschenrechtskonvention. Ein Studienbuch, München u. a. 2012.

Greve, Holger, Access-Blocking – Grenzen staatlicher Gefahrenabwehr im Internet, Berlin 2012.

Greve, Holger/Schärdel, Florian, Der digitale Pranger – Bewertungsportale im Internet, MMR 2008, S. 644–650.

Grimm, Dieter, Die Meinungsfreiheit in der Rechtsprechung des Bundesverfassungsgerichts, NJW 1995, S. 1697–1705.

– Politik und Recht, in: Klein, Eckart (Hrsg.), Grundrechte, soziale Ordnung und Verfassungsgerichtsbarkeit. Festschrift für Ernst Benda zum 70. Geburtstag, Heidelberg 1995, S. 91–101.

Gromann, Alexander, Namensänderung – aber pssst! Zur Frage der Zulässigkeit einer Berichterstattung über die Namensänderung bekannter Straftäter, AfP 2010, S. 226–227.

Gröschner, Rolf, Transparente Verwaltung. Konturen eines Informationsverwaltungsrechts, VVDStRL, Bd. 63 (2004), S. 344–376.

Grote, Rainer/Marauhn, Thilo (Hrsg.), Konkordanzkommentar zum europäischen und deutschen Grundrechtsschutz, Tübingen 2006; zit.: *Bearbeiter,* Titel, in: EMRK-GG.

Guckelberger, Annette, Rechtliche Anforderungen an die aktive Informationsvorsorge des Staates im Internet, in: Hill, Hermann/Schliesky, Utz (Hrsg.), Die Vermessung des virtuellen Raums. E-Volution des Rechts- und Verwaltungssystems III, Baden-Baden 2012, S. 73–118.

Gurlit, Elke, Zeitwert von Verbraucherinformation und Rechtsschutzanforderungen, NVwZ 2011, S. 1052–1055.

Gusy, Christoph, § 23. Informationsbeziehungen zwischen Staat und Bürger, in: Hoffmann-Riem, Wolfgang/Schmidt-Aßmann, Eberhard/Voßkuhle, Andreas (Hrsg.), Grundlagen des Verwaltungsrechts, Bd. 2, 2. Aufl., München 2012.

Häberle, Peter, Grundrechte im Leistungsstaat, VVDStRL, Bd. 30 (1972), S. 43–141.

– Zeit und Verfassung, in: ders. (Hrsg.), Verfassung als öffentlicher Prozess. Materialien zu einer Verfassungstheorie der offenen Gesellschaft, 3. Aufl., Berlin 1998, S. 59–92.

Hain, Karl-Eberhard, Ist die Etablierung einer Internetdienstefreiheit sinnvoll?, K&R 2012, S. 98–103.

Hamann, Götz, Meine Daten sind frei, DIE ZEIT, Nr. 45 v. 1.11.2007, S. 1.

Hanschmann, Felix, Cybermobbing und Schulordnungsmaßnahmen, RdJB 2010, S. 445–459.

Härting, Niko, „Prangerwirkung" und „Zeitfaktor", CR 2009, S. 21–28.

– Starke Behörden, schwaches Recht – der neue EU-Datenschutzentwurf, BB 2012, S. 459–466.

Härting, Niko/Schneider, Jochen, Wird der Datenschutz nun endlich internettauglich? Warum der Entwurf einer Datenschutz-Grundverordnung enttäuscht, ZD 2012, S. 199–203.

Heckmann, Dirk, Vertrauen in virtuellen Räumen?, K&R 2010, S. 1–7.

Heckmann, Jörn, Die retrospektive Digitalisierung von Printpublikationen, Frankfurt a. M. 2011.

Heise, Michael, Grundrecht auf Gewährleistung der Vertraulichkeit und Integrität informationstechnischer Systeme? Zum Urteil des Bundesverfassungsgerichts vom 27. Februar 2008 – 1 BvR 370/07, 1 BvR 595/07, Recht und Politik 2009, S. 94–101.

Heller, Christian, Post-privacy. Prima leben ohne Privatsphäre, München 2011.

Herzog, Roman u. a. (Hrsg.). Grundgesetz. Kommentar, begr. v. Theodor Maunz und Günter Dürig, München, Stand: 67. Erg.-Lfg. 2012; zit.: *Bearbeiter,* in: Maunz/Dürig, GG.

Hess, Burkhard, „Private law enforcement" und Kollektivklagen: Regelungsbedarf für das deutsche Zivilprozessrecht?, JZ 2011, S. 66–74.

Hesse, Konrad, Grundzüge des Verfassungsrechts der Bundesrepublik Deutschland, 20. Aufl., Heidelberg 1995.

– Verfassungsrechtsprechung im geschichtlichen Wandel, JZ 1995, S. 265–273.

Hirsch, Hans J., Ehre und Beleidigung. Grundfragen des strafrechtlichen Ehrschutzes, Karlsruhe 1967.

Hoecht, Julia, Zur Zulässigkeit der Abrufbarkeit identifizierender Presseberichte über Straftäter aus Onlinearchiven, AfP 2009, S. 342–347.

Hoeren, Thomas, Teil 18.2. Zivilrechtliche Haftung im Online-Bereich, in: Hoeren, Thomas/Sieber, Ulrich/Holznagel, Bernd (Hrsg.), Handbuch Multimedia-Recht. Rechtsfragen des elektronischen Geschäftsverkehrs, München, Stand: 34. Erg.-Lfg. 2013.

– Was ist das „Grundrecht auf Integrität und Vertraulichkeit informationstechnischer Systeme"?, MMR 2008, S. 365–366.

Hoffmann-Riem, Wolfgang, Medienwirkung und Medienverantwortung. Methodisch und verfassungsrechtlich orientierte Überlegungen zum Lebach-Urteil des Bundesverfassungsgerichts, in: Kübler, Friedrich (Hrsg.), Medienwirkung und Medienverantwortung. Überlegungen und Dokumente zum Lebach-Urteil des Bundesverfassungsgerichts, Baden-Baden 1975, S. 19–55.

– Zur Verwendungstauglichkeit der Sozialwissenschaften für die Juristenausbildung, in: Giehring, Heinz u. a. (Hrsg.), Juristenausbildung – erneut überdacht. Erfahrungen aus der einstufigen Juristenausbildung als Grundlage für eine weiterhin anstehende Reform. Berichte und Vorschläge von Mitgliedern des Fachbereichs Rechtswissenschaft II der Universität Hamburg, Baden-Baden 1990, S. 75–108.

– Der Rundfunkbegriff in der Differenzierung kommunikativer Dienste, AfP 1996, S. 9–15.

– Informationelle Selbstbestimmung in der Informationsgesellschaft. Auf dem Wege zu einem neuen Konzept des Datenschutzes, AöR, Bd. 123 (1998), S. 513–540.

– Enge oder weite Gewährleistungsgehalte der Grundrechte?, in: Bäuerle, Michael u. a. (Hrsg.), Haben wir wirklich Recht? Zum Verhältnis von Recht und Wirklichkeit. Beiträge zum Kolloquium anlässlich des 60. Geburtstags von Brun-Otto Bryde, Baden-Baden 2004, S. 53–76.

– Grundrechtsanwendung unter Rationalitätsanspruch. Eine Erwiderung auf Kahls Kritik an neueren Ansätzen in der Grundrechtsdogmatik, Der Staat, Bd. 43 (2004), S. 203–233.

– Kontrolldichte und Kontrollfolgen beim nationalen und europäischen Schutz von Freiheitsrechten in mehrpoligen Rechtsverhältnissen. Aus der Sicht des Bundesverfassungsgerichts, EuGRZ 2006, S. 492–499.

– Der grundrechtliche Schutz der Vertraulichkeit und Integrität eigengenutzter informationstechnischer Systeme, JZ 2008, S. 1009–1022.

– § 10. Eigenständigkeit der Verwaltung, in: Hoffmann-Riem, Wolfgang/Schmidt-Aßmann, Eberhard/Voßkuhle, Andreas (Hrsg.), Grundlagen des Verwaltungsrechts, Bd. 1, 2. Aufl., München 2012.

– § 33. Rechtsformen, Handlungsformen, Bewirkungsformen, in: Hoffmann-Riem, Wolfgang/Schmidt-Aßmann, Eberhard/Voßkuhle, Andreas (Hrsg.), Grundlagen des Verwaltungsrechts, Bd. 2, 2. Aufl., München 2012.

Högg, Roman/Martignoni, Robert/Meckel, Miriam/Stanoevska-Slabeva, Katarina, Web 2.0 Geschäftsmodelle, in: Meckel, Miriam/Stanoevska-Slabeva, Katharina (Hrsg.), Web 2.0. Die nächste Generation Internet, Baden-Baden 2008, S. 39–58.

Holznagel, Bernd, Internetdienstefreiheit und Netzneutralität, AfP 2011, S. 532–539.

Holznagel, Bernd/Nolden, Christine, Teil 5. Vorfragen zu Rundfunk und Telemedien, in: Hoeren, Thomas/Sieber, Ulrich/Holznagel, Bernd (Hrsg.), Handbuch Multimedia-Recht. Rechtsfragen des elektronischen Geschäftsverkehrs, München, Stand: 34. Erg.-Lfg. 2013.

Holzner, Thomas, Die „Pankower Ekelliste". Zukunftsweisendes Modell des Verbraucherschutzes oder rechtswidriger Pranger?, NVwZ 2010, S. 489–494.

Hong, Matthias, Grundrechte als Instrumente der Risikoallokation, in: Scharrer, Jörg u. a. (Hrsg.), Risiko im Recht – Recht im Risiko, Baden-Baden u. a. 2011, S. 111–134.

Horn, Hans-Detlef, § 149. Schutz der Privatsphäre, in: Isensee, Josef/Kirchhof, Paul (Hrsg.), Handbuch des Staatsrechts der Bundesrepublik Deutschland, Bd. VII, 3. Aufl., Heidelberg 2009.

Hornung, Gerrit, Ein neues Grundrecht. Der verfassungsrechtliche Schutz der „Vertraulichkeit und Integrität informationstechnischer Systeme", CR 2008, S. 299–306.

Hornung, Gerrit/Hofmann, Kai, Ein „Recht auf Vergessenwerden"? Anspruch und Wirklichkeit eines neuen Datenschutzrechts, JZ 2013, S. 163–170.

Hufen, Friedhelm, Schutz der Persönlichkeit und Recht auf informationelle Selbstbestimmung, in: Badura, Peter/Dreier, Horst (Hrsg.), Festschrift 50 Jahre Bundesverfassungsgericht, Bd. 2, Tübingen 2001, S. 105–125.

– Staatsrecht II – Grundrechte, 3. Aufl., München 2011.

Ingendaay, Dominik, Zur Verbreiterhaftung des Buchhandels. Unterlassungspflicht des Buchhändlers bei der Verbreitung urheberrechtsverletzender Inhalte – Täter oder Störer?, AfP 2011, S. 126–134.

Intendant des Hessischen Rundfunks (Hrsg.), Media Perspektiven. Basisdaten 2012, Frankfurt a. M. 2012.

Jarass, Hans D., Die Freiheit der Massenmedien. Zur staatlichen Einwirkung auf Presse, Rundfunk, Film und andere Medien, Baden-Baden 1978.

– Die Entwicklung des allgemeinen Persönlichkeitsrechts in der Rechtsprechung des Bundesverfassungsgerichts, in: Erichsen, Hans Uwe (Hrsg.), Recht der Persönlichkeit, Berlin 1996, S. 89–103.

370   Literaturverzeichnis

– Rundfunkbegriffe im Zeitalter des Internet. Zum Anwendungsbereich der Rundfunkfreiheit, des Rundfunkstaatsvertrag und des Mediendienste-Staatsvertrags, AfP
1998, S. 133–141.

Jarass, Hans D./Pieroth, Bodo, Grundgesetz für die Bundesrepublik Deutschland. Kommentar, 12. Aufl., München 2012; zit.: *Bearbeiter,* in: Jarass/Pieroth, GG.

Jarvis, Jeff, Public Parts. How Sharing in the Digital Age Improves the Way We Work
and Live, Simon & Schuster, New York u. a. 2011.

Jestaedt, Matthias, § 102. Meinungsfreiheit, in: Merten, Detlef/Papier, Hans-Jürgen
(Hrsg.), Handbuch der Grundrechte in Deutschland und Europa. Bd. IV, Heidelberg
2011.

– Phänomen Bundesverfassungsgericht. Was das Gericht zu dem macht, was es ist, in:
Jestaedt, Matthias u. a. (Hrsg.), Das entgrenzte Gericht. Eine kritische Bilanz nach
sechzig Jahren, Berlin 2011, S. 77–157.

Joecks, Wolfgang/Miebach, Klaus (Hrsg.), Münchener Kommentar zum StGB, Bd. 1,
2. Aufl., München 2011; Bd. 4, 2. Aufl., München 2012; zit.: *Bearbeiter,* in: MüKo-
StGB.

Jung, Heike, Das Kachelmann-Urteil im Spiegel der Presse – eine Momentaufnahme zu
dem Thema „Strafjustiz und Medien", JZ 2012, S. 303–307.

Kahl, Wolfgang, Die Schutzergänzungsfunktion von Art. 2 Abs. 1 Grundgesetz. Zugleich ein Beitrag zur Lehre der Grundrechtskonkurrenzen, Tübingen 2000.

– Vom weiten Schutzbereich zum engen Gewährleistungsgehalt. Kritik einer neuen
Richtung der deutschen Grundrechtsdogmatik, Der Staat, Bd. 43 (2004), S. 167–202.

– Neuere Entwicklungslinien der Grundrechtsdogmatik, AöR, Bd. 131 (2006),
S. 579–620.

Kaiser, Anna-Bettina, Bewertungsportale im Internet. Die spickmich-Entscheidung des
BGH, NVwZ 2009, S. 1474–1477.

– Rechtlich gefordertes Nichtwissen im virtuellen Raum – Der Schutz der Privatsphäre im Web 2.0, in: Hill, Hermann/Schliesky, Utz (Hrsg.), Die Vermessung des
virtuellen Raums. E-Volution des Rechts- und Verwaltungssystems III, Baden-Baden
2012, S. 55–71.

– Archiv und Recht, in: Lepper, Marcel/Raulff, Ulrich (Hrsg.), Metzler Handbuch Archiv, Stuttgart und Weimar, i. E.

Kalabis, Lukas/Selzer, Annika, Das Recht auf Vergessenwerden nach der geplanten EU-
Verordnung. Umsetzungsmöglichkeiten im Internet, DuD 2012, S. 670–675.

Kamp, Johannes, Personenbewertungsportale. Eine datenschutzrechtliche und äußerungsrechtliche Untersuchung unter besonderer Berücksichtigung des Lehrerbewer-
tungsportals spickmich.de, München 2011.

Karg, Moritz, Die Renaissance des Verbotsprinzips im Datenschutz, DuD 2013, S. 75–
79.

Karg, Moritz/Fahl, Constantin, Rechtsgrundlagen für den Datenschutz in sozialen Netzwerken, K&R 2011, S. 453–458.

Kaufhold, Ann-Katrin, Die Lehrfreiheit – ein verlorenes Grundrecht? Zu Eigenständigkeit und Gehalt der Gewährleistung freier Lehre in Art. 5 Abs. 3 GG, Berlin 2006.

Kellner, Stephan, Inside Remota – Nahansichten eines merkwürdigen Bibliotheksbestandes, in: ders. (Hrsg.), Der „Giftschrank". Erotik, Sexualwissenschaft, Politik und Literatur – „Remota": Die weggesperrten Bücher der Bayerischen Staatsbibliothek, München 2001, S. 9–21.

Kern, Christoph, Private Law Enforcement versus Public Law Enforcement, ZZPInt, Bd. 12 (2007), S. 351–378.

Kerscher, Helmut, Karlsruhe schafft Computer-Grundrecht, Süddeutsche Zeitung, Nr. 50 v. 28.2.2008, S. 1.

– Das große Spannungsfeld. Bei einer Tagung „Persönlichkeitsschutz und Internet" treten die Netz-Optimisten gegen die Netz-Pessimisten an, Süddeutsche Zeitung, Nr. 108 v. 11.5.2011, S. 15.

Kindhäuser, Urs/Neumann, Ulfrid/Paeffgen, Hans-Ullrich (Hrsg.), Nomos-Kommentar zum StGB, Bd. 2, 3. Aufl., Baden-Baden 2013; zit.: *Bearbeiter,* in: NK-StGB.

Klar, Manuel, Privatsphäre und Datenschutz in Zeiten technischen und legislativen Umbruchs, DÖV 2013, S. 103–113.

Klass, Nadine, Rechtliche Grenzen des Realitätsfernsehens. Ein Beitrag zur Dogmatik des Menschenwürdeschutzes und des allgemeinen Persönlichkeitsrechts, Tübingen 2004.

Kloepfer, Michael, Information als Intervention in der Wettbewerbsaufsicht. Rechtsfragen zur Öffentlichkeitsarbeit des Bundeskartellamts, Tübingen 1973.

– Diskussionsbeitrag, VVDStRL, Bd. 70 (2011), S. 101–102.

Koenig, Christian/Visbeck, Eveline, Verursachungsgerechte Kostenverteilung der keineswegs neutralen „Google-Effekte". Keine regulatorische Kostenexternalisierung durch falsch verstandene Netzneutralität, MMR 2011, S. 443–447.

Kohl, Helmut, Medienwirkung und Medienverantwortung. Das Lebach-Urteil des Bundesverfassungsgerichts in privatrechtlicher Sicht, in: Kübler, Friedrich (Hrsg.), Medienwirkung und Medienverantwortung. Überlegungen und Dokumente zum Lebach-Urteil des Bundesverfassungsgerichts, Baden-Baden 1975, S. 57–80.

König, Tom, Kündigung unmöglich. Einmal PayPal – immer PayPal, SPIEGEL.ONLINE v. 23.10.2012, abrufbar unter http://spiegel.de/wirtschaft/paypal-kuendigung-unmoeglich-a-851542.html.

Korioth, Stefan, § 44. Finanzen, in: Hoffmann-Riem, Wolfgang/Schmidt-Aßmann, Eberhard/Voßkuhle, Andreas (Hrsg.), Grundlagen des Verwaltungsrechts, Bd. 3, 2. Aufl., München 2013.

Krack, Ralf, Rehabilitierung des Beschuldigten im Strafverfahren, Tübingen 2002.

Kranenpohl, Uwe, Hinter dem Schleier des Beratungsgeheimnisses. Der Willensbildungs- und Entscheidungsprozess des Bundesverfassungsgerichts, Wiesbaden 2010.

Krause, Peter, Das Recht auf informationelle Selbstbestimmung – BVerfGE 65, 1, JuS 1984, S. 268–275.

Kreutzer, Till, Anmerkung zu LG Köln, Urteil vom 11.7.2007 – 28 O 263/07 – Spickmich.de, MMR 2007, S. 732–734.

Krone, Daniel, Gebührenfinanzierter Rundfunk und Beihilferecht. Gemeinschaftsrechtliche Analyse der deutschen Rundfunkgebühr und Optionen für eine Anpassung des nationalen Ordnungsrahmens, Hamburg 2010.

Kube, Hanno, § 148. Persönlichkeitsrecht, in: Isensee, Josef/Kirchhof, Paul (Hrsg.), Handbuch des Staatsrechts der Bundesrepublik Deutschland, Bd. VII, 3. Aufl., Heidelberg 2009.

Kubis, Sebastian, Digitalisierung von Druckwerken zur Volltextsuche im Internet. Die Buchsuche von Google („Google Book Search") im Konflikt mit dem Urheberrecht, ZUM 2006, S. 370–379.

Kübler, Friedrich, Sozialisationsschutz durch Medienverantwortung als Problem richterlichen Normierens. Einleitende Bemerkungen zur Bedeutung des Lebach-Urteils, in: ders. (Hrsg.), Medienwirkung und Medienverantwortung. Überlegungen und Dokumente zum Lebach-Urteil des Bundesverfassungsgerichts, Baden-Baden 1975, S. 7–18.

Kühl, Kristian, Strafgesetzbuch. StGB, begr. v. Eduard Dreher/Hermann Maassen u. fortgef. v. Karl Lackner, 27. Aufl., München 2011; zit.: *Lackner/Kühl,* StGB.

Kühling, Jürgen, Datenschutz gegenüber öffentlichen Stellen im digitalen Zeitalter, Die Verwaltung, Bd. 44 (2011), S. 525–562.

Kühling, Jürgen/Gauß, Nicolas, Suchmaschinen – eine Gefahr für den Informationszugang und die Informationsvielfalt?, ZStW 2007, S. 881–889.

Kunig, Philip (Hrsg.), Grundgesetz. Kommentar, begr. v. Ingo von Münch, Bd. 1, 6. Aufl., München 2012; zit.: *Bearbeiter,* in: v. Münch/Kunig, GG.

Kurbjuweit, Dirk/Latsch, Gunther, „Ich hab gekämpft", DER SPIEGEL v. 8.1.2001, S. 24–37.

Ladeur, Karl-Heinz, § 21. Die Kommunikationsinfrastruktur der Verwaltung, in: Hoffmann-Riem, Wolfgang/Schmidt-Aßmann, Eberhard/Voßkuhle, Andreas (Hrsg.), Grundlagen des Verwaltungsrechts, Bd. 2, 2. Aufl., München 2012.

Langer, Margit, Informationsfreiheit als Grenze informationeller Selbstbestimmung. Verfassungsrechtliche Vorgaben der privatrechtlichen Informationsordnung, Berlin 1992.

Lehment, Cornelis, Neuordnung der Täter- und Störerhaftung. Konsequenzen aus EuGH, 12.07.2011 – C-324/09, WRP 2011, 1129 ff. – L'Oréal gegen eBay, WRP 2012, S. 149–159.

Lehr, Gernot, Pressefreiheit und Persönlichkeitsrechte – Ein Spannungsverhältnis für die Öffentlichkeitsarbeit der Justiz, NJW 2013, S. 728–734.

Lenski, Sophie-Charlotte, Personenbezogene Massenkommunikation als verfassungsrechtliches Problem. Das allgemeine Persönlichkeitsrecht in Konflikt mit Medien, Kunst und Wissenschaft, Berlin 2007.

Lerche, Peter, Stil, Methode, Ansicht. Polemische Bemerkungen zum Methodenproblem, DVBl. 1961, S. 690–701.

Libertus, Michael, Determinanten der Störerhaftung für Inhalte in Onlinearchiven, MMR 2007, S. 143–149.

– Die Einwilligung als Voraussetzung für die Zulässigkeit von Bildnisaufnahmen und deren Verbreitung, ZUM 2010, S. 621–628.

– Persönlichkeitsrechtliche Aspekte der Berichterstattung über ehemalige Stasi-Mitarbeiter sowie der Beweiswert der SIRA- und Rosenholz-Dateien, ZUM 2010, S. 221–228.

– Divergierende urheberrechtliche und äußerungsrechtliche Haftung bei Online-Archiven?, CR 2012, S. 24–29.

Lindner, Josef Franz, Rechtswissenschaft als Gerechtigkeitswissenschaft, RW 2011, S. 1–27.

Luhmann, Niklas, Grundrechte als Institution. Ein Beitrag zur politischen Soziologie, Berlin 1965.

– Die Realität der Massenmedien, Opladen 1996.

Lüscher, Kurt, Jurisprudenz und Soziologie. Die Zusammenarbeit in einem konkreten Rechtsfall, in: Kübler, Friedrich (Hrsg.), Medienwirkung und Medienverantwortung. Überlegungen und Dokumente zum Lebach-Urteil des Bundesverfassungsgerichts, Baden-Baden 1975, S. 81–113.

Machill, Marcel/Neuberger, Christoph/Schweiger, Wolfgang/Wirth, Werner, Wegweiser im Netz: Qualität und Nutzung von Suchmaschinen, in: Machill, Marcel/Welp, Carsten (Hrsg.), Wegweiser im Netz. Qualität und Nutzung von Suchmaschinen, Gütersloh 2003, S. 13–490.

Mahoney, Paul, Reconciling universality of human rights and local democracy – the European experience, in: Hohmann-Dennhardt, Christine/Masuch, Peter/Villiger, Mark (Hrsg.), Grundrechte und Solidarität. Durchsetzung und Verfahren. Festschrift für Renate Jäger, Kehl 2011, S. 147–162.

Mallmann, Otto, Zielfunktionen des Datenschutzes. Schutz der Privatsphäre – Korrekte Information, Frankfurt a. M. 1977.

von Mangoldt, Hermann/Klein, Friedrich, Das Bonner Grundgesetz, Bd. 1, Berlin u. a. 1957.

Martini, Mario, Wie viel Gleichheit braucht das Internet? Netzneutralität als Stellschraube für die Zukunft des Internets, VerwArch, Bd. 102 (2011), S. 315–342.

Masing, Johannes, Transparente Verwaltung. Konturen eines Informationsverwaltungsrechts, VVDStRL, Bd. 63 (2004), S. 377–441.

– Die Ambivalenz von Freiheit und Sicherheit, JZ 2011, S. 753–758.

– Diskussionsbeitrag, VVDStRL, Bd. 70 (2011), S. 86–87.

– Herausforderungen des Datenschutzes, NJW 2012, S. 2305–2312.

– Ein Abschied von den Grundrechten. Die Europäische Kommission plant per Verordnung eine ausnehmend problematische Neuordnung des Datenschutzes, Süddeutsche Zeitung, Nr. 6 v. 9.1.2012, S. 10.

Massaro, Toni M., Shame, Culture, and American Criminal Law, 89 Michigan Law Review (1991), S. 1880–1944.

Mayer-Schönberger, Viktor, Delete. The virtue of forgetting in the digital age, Princeton University Press, Princeton 2009.

McCullagh, Declan/Broache, Anne, Blogs turn 10 – who's the father?, 2007, abrufbar unter http://news.cnet.com/Blogs-turn-10-whos-the-father/2100-1025_3-6168681. html.

Mecklenburg, Wilhelm, Internetfreiheit, ZUM 1997, S. 497–576.

Mende, Annette/Oehmichen, Ekkehardt/Schröter, Christian, Gestaltwandel und Aneignungsdynamik des Internets, Media Perspektiven 2013, S. 33–49.

Michael, Lothar/Morlok, Martin, Grundrechte, Baden-Baden 2010.

Milstein, Alexander, Weder Verantwortlichkeit noch „Pflicht zu Vergessen" von Suchmaschinenbetreibern nach EU-Datenschutzrecht, K&R 2013, S. 446–448.

Molle, Alexander, Die Verdachtsberichterstattung. Anforderungen und Beweisverteilung im Spannungsverhältnis zwischen Pressefreiheit und Ehrschutz, ZUM 2010, S. 331–336.

Möllers, Christoph, Pressefreiheit im Internet. Zu verfassungsrechtlichen Grenzen der Regulierung von Online-Bewegtbildern von Zeitungen, AfP 2008, S. 241–251.

Montesquieu, De l'Esprit des lois (1748), Nachdruck, Gallimard, Paris 1995.

Morlok, Martin, Selbstverständnis als Rechtskriterium, Tübingen 1993.

Müller, Friedrich/Christensen, Ralph, Juristische Methodik. Grundlegung für die Arbeitsmethoden der Rechtspraxis, 10. Aufl., Berlin 2009.

Müller, Reinhard, Ein neues Grundrecht, Frankfurter Allgemeine Zeitung, Nr. 50 v. 28.2.2008, S. 1.

von Münch, Eva Marie, Wer ist eigentlich mein Vater? Verfassungsrichter entscheiden: Die eigene Abstammung zu kennen ist ein Menschenrecht, DIE ZEIT, Nr. 7 v. 10.2.1989, S. 73.

Murswiek, Dietrich, Das Bundesverfassungsgericht und die Dogmatik mittelbarer Grundrechtseingriffe. Zu der Glykol- und der Osho-Entscheidung vom 26.6.2002, NVwZ 2003, S. 1–8.

– Grundrechtsdogmatik am Wendepunkt, Der Staat, Bd. 45 (2006), S. 473–500.

– Diskussionsbeitrag, VVDStRL, Bd. 70 (2011), S. 99–100.

von Mutius, Albert, Anonymität als Element des allgemeinen Persönlichkeitsrechts – terminologische, rechtssystematische und normstrukturelle Grundfragen, in: Bäumler, Helmut/von Mutius, Albert (Hrsg.), Anonymität im Internet. Grundlagen Methoden und Tools zur Realisierung eines Grundrechts, Wiesbaden 2003, S. 12–26.

Nettesheim, Martin, Grundrechtsschutz der Privatheit, VVDStRL, Bd. 70 (2011), S. 7–49.

– Schlusswort, VVDStRL, Bd. 70 (2011), S. 107–111.

Neunhoeffer, Friederike, Das Presseprivileg im Datenschutzrecht. Eine rechtsvergleichende Betrachtung des deutschen und englischen Rechts, Tübingen 2005.

Nicolaysen, Gert, § 1. Historische Entwicklungslinien, in: Heselhaus, Sebastian/Nowak, Carsten (Hrsg.), Handbuch der Europäischen Grundrechte, München 2006.

Nicolini, Käte u. a. (Hrsg.), Urheberrechtsgesetz. UrhG, begr. von Philipp Möhring, 2. Aufl., München 2000; zit.: *Bearbeiter,* in: Möhring/Nicolini, UrhG.

Nieland, Holger, Störerhaftung bei Meinungsforen im Internet. Nachträgliche Löschungspflicht oder Pflicht zur Eingangskontrolle?, NJW 2010, S. 1494–1499.

Nolte, Norbert, Zum Recht auf Vergessen im Internet. Von digitalen Radiergummis und anderen Instrumenten, ZRP 2011, S. 236–240.

Notes (anonym), Shame, Stigma, and Crime: Evaluating the Efficacy of Shaming Sanctions in Criminal Law, 116 Harvard Law Review (2003), S. 2186–2207.

Nußberger, Angelika, Auf der Suche nach einem europäischen Konsens – zur Rechtsprechung des Europäischen Gerichtshof für Menschenrechte, RW 2012, S. 197–211.

Ogorek, Regina, Die erstaunliche Karriere des „Subsumtionsmodells" oder wozu braucht der Jurist Geschichte?, in: dies. (Hrsg.), Aufklärung über Justiz, Bd. 1, Frankfurt a. M. 2008, S. 87–104.

Ohly, Ansgar, „Volenti non fit iniuria". Die Einwilligung im Privatrecht, Tübingen 2002.

– Verändert das Internet unsere Vorstellung von Persönlichkeit und Persönlichkeitsrecht?, AfP 2011, S. 428–438.

O'Reilly, Tim, What Is Web 2.0. Design Patterns and Business Models for the Next Generation of Software, 2005, abrufbar unter http://oreilly.com/web2/archive/what-is-web-20.html.

Ossenbühl, Fritz, Verbraucherschutz durch Information, NVwZ 2011, S. 1357–1363.

Ott, Stephan, Die Google Buchsuche. Eine massive Urheberrechtsverletzung?, GRUR Int 2007, S. 562–569.

– Erfüllung von Löschungspflichten bei Rechtsverletzungen im Internet, WRP 2007, S. 605–609.

– Das Internet vergisst nicht – Rechtsschutz für Suchobjekte?, MMR 2009, S. 158–163.

Paal, Boris P., Personenbezogene Bewertungsportale im Internet – Spickmich.de und die Folgen, RdJB 2010, S. 459–471.

Papier, Hans-Jürgen/Schröder, Meinhard, Gebiet des Rundfunks, epd medien 60/2010, S. 16–34.

Paschke, Marian/Berlit, Wolfgang/Meyer, Claus (Hrsg.), Hamburger Kommentar. Gesamtes Medienrecht, 2. Aufl., Baden-Baden 2011; zit.: *Bearbeiter,* Titel, in: HK-MedienR.

Pätzel, Claus, Das Internet als Fahndungshilfsmittel der Strafverfolgungsbehörden, NJW 1997, S. 3131–3134.

Peifer, Karl-Nikolaus, Die Einwilligung im Persönlichkeitsrecht. Von der Selbstbestimmung über den „informed consent" zum Recht auf Kontrolle der Darstellung durch andere?, in: Colombi Ciacchi, Aurelia u. a. (Hrsg.), Haftungsrecht im dritten Millennium/Liability in the third millennium. Liber Amicorum Gert Brüggemeier, Baden-Baden 2009, S. 225–241.

– Verhaltensorientierte Nutzeransprache – Tod durch Datenschutz oder Moderation durch das Recht?, K&R 2011, S. 543–547.

– Persönlichkeitsschutz und Internet – Anforderungen und Grenzen einer Regulierung, JZ 2012, S. 851–859.

von Petersdorff-Campen, Thomas, Persönlichkeitsrecht und digitale Archive, ZUM 2008, S. 102–108.

Philippi, Klaus J., Tatsachenfeststellungen des Bundesverfassungsgerichts. Ein Beitrag zur rational-empirischen Fundierung verfassungsgerichtlicher Entscheidungen, Köln u. a. 1971.

Pieroth, Bodo, Diskussionsbeitrag, VVDStRL, Bd. 70 (2011), S. 90–91.

Pitschas, Rainer, Diskussionsbeitrag, VVDStRL, Bd. 70 (2011), S. 93–94.

Plog, Philipp, Anmerkung zu LG Köln, CR 2007, 666, CR 2007, S. 668–670.

Popitz, Heinrich, Über die Präventivwirkung des Nichtwissens, Tübingen 1968.

Porter, Theodore M., Trust in numbers. The pursuit of objectivity in science and public life, Princeton University Press, Princeton 1995.

Prantl, Heribert, Das Computer-Grundrecht, Süddeutsche Zeitung, Nr. 50 v. 28.2.2008, S. 4.

Preis, Ulrich/Bender, Wolfgang, Recht und Zwang zur Lüge. Zwischen List, Tücke und Wohlwollen im Arbeitsleben, NZA 2005, S. 1321–1328.

Quaritsch, Helmut, Probleme der Selbstdarstellung des Staates, Tübingen 1977.

Quillet, Etienne, Le droit à l'oubli numérique sur les réseaux sociaux, Masterarbeit, Université Panthéon-Assas (Paris II), 2011, abrufbar unter https://docassas.u-paris 2.fr/nuxeo/site/esupversions/ef25f216-071c-4460-ab75-6cdcc161a5a4.

Raschke, Andreas, Die Staatsanwaltschaft und der Gang an die Öffentlichkeit, ZJS 2011, S. 38–49.

Rath, Christian, Karlsruhe und der Einschüchterungseffekt – Praxis und Nutzen einer Argumentationsfigur, KJ 2009, Beiheft 1, S. 65–80.

Rath, Michael, Das Recht der Internet-Suchmaschinen, Stuttgart u. a. 2005.

Rauda, Christian, Der Rückruf wegen gewandelter Überzeugung nach § 42 UrhG. Von Web 2.0 aus dem Dornröschenschlaf geweckt?, GRUR 2010, S. 22–27.

Reimer, Franz, Adverse Publizität. Der Pranger im Verwaltungsrecht, JöR N. F. 58 (2010), S. 275–299.

– Qualitätssicherung. Grundlagen eines Dienstleistungsverwaltungsrechts, Baden-Baden 2010.

Reinemann, Susanne/Remmertz, Frank, Urheberrechte an User-generated Content, ZUM 2012, S. 216–227.

Ricker, Reinhart/Weberling, Johannes, Handbuch des Presserechts, München 2012.

Ridder, Helmut K. J., Meinungsfreiheit, in: Neumann, Franz L./Nipperdey, Hans Carl/ Scheuner, Ulrich (Hrsg.), Die Grundrechte. Handbuch der Theorie und Praxis der Grundrechte, Bd. 2, Berlin 1954, S. 243–290.

Rieble, Volker, Arbeitgeberfrage nach der Gewerkschaftszugehörigkeit, in: Söllner, Alfred (Hrsg.), Gedächtnisschrift für Meinhard Heinze, München 2005, S. 687–707.

Rogall, Klaus, Beleidigung und Indiskretion, in: Weigend, Thomas/Küpper, Georg (Hrsg.), Festschrift für Hans Joachim Hirsch zum 70. Geburtstag am 11. April 1999, Berlin 1999, S. 665–692.

Rosen, Jeffrey, The Right to Be Forgotten, 64 Stanford Law Review Online (2012), S. 88–92.

Roßnagel, Alexander, Möglichkeiten für Transparenz und Öffentlichkeit im Verwaltungshandeln – unter besonderer Berücksichtigung des Internet als Instrument der Staatskommunikation, in: Hoffmann-Riem, Wolfgang/Schmidt-Aßmann, Eberhard (Hrsg.), Verwaltungsrecht in der Informationsgesellschaft, Baden-Baden 2000, S. 257–332.

Rudolf, Walter, § 90. Recht auf informationelle Selbstbestimmung, in: Merten, Detlef/ Papier, Hans-Jürgen (Hrsg.), Handbuch der Grundrechte in Deutschland und Europa, Bd. IV, Heidelberg 2011.

Rusteberg, Benjamin, Der grundrechtliche Gewährleistungsgehalt. Eine veränderte Perspektive auf die Grundrechtsdogmatik durch eine präzise Schutzbereichsbestimmung, Tübingen 2009.

Sachs, Michael (Hrsg.), Grundgesetz. Kommentar, 6. Aufl., München 2011; zit.: *Bearbeiter,* in: Sachs, GG.

Sachs, Michael/Krings, Thomas, Das neue „Grundrecht auf Gewährleistung der Vertraulichkeit und Integrität informationstechnischer Systeme", JuS 2008, S. 481–486.

Säcker, Franz Jürgen/Rixecker, Roland (Hrsg.), Münchener Kommentar zum Bürgerlichen Gesetzbuch. BGB, Bd. 5, 5. Aufl., München 2009; Bd. 6, 6. Aufl., München 2013; zit.: *Bearbeiter,* in: MüKo-BGB.

Sasse, Sabine, Die Justiz und die Medien. Die Berichterstattung im Prozess gegen den TV-Moderator Andreas Türck, in: Schertz, Christian/Schuler, Thomas (Hrsg.), Rufmord und Medienopfer. Die Verletzung der persönlichen Ehre, Berlin 2007, S. 69–80.

Schapiro, Leo, Unterlassungsansprüche gegen die Betreiber von Internet-Auktionshäusern und Internet-Meinungsforen. Zugleich ein Beitrag zugunsten einer Aufgabe der Störerhaftung im Urheber-, Marken- und Wettbewerbsrecht, Tübingen 2011.

Scherzberg, Arno, Die Öffentlichkeit der Verwaltung, Baden-Baden 2000.

– § 49. Öffentlichkeitskontrolle, in: Hoffmann-Riem, Wolfgang/Schmidt-Aßmann, Eberhard/Voßkuhle, Andreas (Hrsg.), Grundlagen des Verwaltungsrechts, Bd. 3, 2. Aufl., München 2013.

Scheuner, Ulrich, Pressefreiheit, VVDStRL, Bd. 22 (1965), S. 1–100.

Schiedermair, Stephanie, Der Schutz des Privaten als internationales Grundrecht, Tübingen 2012.

Schlüter, Oliver, Verdachtsberichterstattung. Zwischen Unschuldsvermutung und Informationsinteresse, München 2011.

Schmidt-Bleibtreu, Bruno/Hofmann, Hans/Hopfauf, Axel (Hrsg.), Kommentar zum Grundgesetz, begr. v. Bruno Schmidt-Bleibtreu, 12. Aufl., Neuwied 2011; zit.: *Bearbeiter,* in: Schmidt-Bleibtreu/Hofmann/Hopfauf, GG.

Schneider, Gerhard, Sperren und Filtern im Internet, MMR 2004, S. 18–24.

Schneider, Jens-Peter, Stand und Perspektiven des Europäischen Datenverkehrs- und Datenschutzrechts, Die Verwaltung, Bd. 44 (2011), S. 499–524.

Schneider, Jochen, Hemmnis für einen modernen Datenschutz: Das Verbotsprinzip. Modernisierung des BDSG mit einem neuen Ansatz – und mit 12 Thesen zu einem Stufenmodell, AnwBl 2011, S. 233–239.

Schneller, Johannes, ACTA 2010 – Zukunftstrends im Internet 2010, abrufbar unter http://www.ifd-allensbach.de/fileadmin/ACTA/ACTA_Praesentationen/2010/ACTA 2010_Schneller.pdf.

Schniering, Clemens, Über die Entwicklung der Lehre von der Zulässigkeit des Wahrheitsbeweises bei Beleidigungen, Borna u. a. 1909.

Schoch, Friedrich, Öffentlich-rechtliche Rahmenbedingungen einer Informationsordnung, VVDStRL, Bd. 57 (1998), S. 158–215.

– Neuere Entwicklungen im Verbraucherinformationsrecht, NJW 2010, S. 2241–2247.

– Die Schwierigkeiten des BVerfG mit der Bewältigung staatlichen Informationshandelns, NVwZ 2011, S. 193–198.

– Das Gesetz zur Änderung der Verbraucherinformation, NVwZ 2012, S. 1497–1504.

– Amtliche Publikumsinformation zwischen staatlichem Schutzauftrag und Staatshaftung. Das Verbraucherinformationsrecht als Modell der amtlichen Publikumsinformation, NJW 2012, S. 2844–2850.

– § 50. Gerichtliche Verwaltungskontrolle, in: Hoffmann-Riem, Wolfgang/Schmidt-Aßmann, Eberhard/Voßkuhle, Andreas (Hrsg.), Grundlagen des Verwaltungsrechts, Bd. 3, 2. Aufl., München 2013.

Schoch, Friedrich/Kloepfer, Michael, Informationsfreiheitsgesetz (IFG-ProfE). Entwurf eines Informationsfreiheitsgesetzes für die Bundesrepublik Deutschland, Berlin 2002.

Schrems, Max, Auf Facebook kannst du nichts löschen, Frankfurter Allgemeine Zeitung, Nr. 249 v. 26.10.2011, S. 33.

Schwartz, John, Two German Killers Demanding Anonymity Sue Wikipedia's Parent, New York Times v. 13.11.2009, S. A 13, abrufbar unter http://nytimes.com/2009/11/13/us/13wiki.html.

Seelmann-Eggebert, Sebastian, Die Entwicklung des Presse- und Äußerungsrechts in den Jahren 2005 bis 2007, NJW 2008, S. 2551–2558.

Sieber, Ulrich, Straftaten und Strafverfolgung im Internet. Gutachten C zum 69. Deutschen Juristentag, in: Ständige Deputation des Deutschen Juristentages (Hrsg.), Ver-

handlungen des neunundsechzigsten Deutschen Juristentages, München 2012, S. C 1–
C 157.

– Teil 1. Technische Grundlagen, in: Hoeren, Thomas/Sieber, Ulrich/Holznagel,
Bernd (Hrsg.), Handbuch Multimedia-Recht. Rechtsfragen des elektronischen Geschäftsverkehrs, München, Stand: 34. Erg.-Lfg. 2013.

Sieber, Ulrich/Nolde, Malaika, Sperrverfügungen im Internet. Nationale Rechtsdurchsetzung im globalen Cyberspace?, Berlin u. a. 2008.

Simitis, Spiros (Hrsg.), Bundesdatenschutzgesetz, 7. Aufl., Baden-Baden 2011; zit.: *Bearbeiter,* in: Simitis, BDSG.

– Die Pflicht zu vergessen, Frankfurter Allgemeine Zeitung, Nr. 33 v. 8.2.2013, S. 7.

Slobogin, Christopher, Die Zukunft des Datenschutzes in den USA, Die Verwaltung,
Bd. 44 (2011), S. 465–497.

Smend, Rudolf, Das Recht der freien Meinungsäußerung, VVDStRL, Bd. 4 (1928),
S. 44–74.

Spiecker genannt Döhmann, Indra, Diskussionsbeitrag, VVDStRL, Bd. 70 (2011),
S. 97–98.

Spindler, Gerald, Persönlichkeitsschutz im Internet – Anforderungen und Grenzen einer
Regulierung. Gutachten F zum 69. Deutschen Juristentag, in: Ständige Deputation
des Deutschen Juristentages (Hrsg.), Verhandlungen des neunundsechzigsten Deutschen Juristentages, München 2012, S. F 1–F 136.

Starck, Christian (Hrsg.), Grundgesetz. Kommentar, begr. v. Hermann von Mangoldt u.
fortgef. v. Friedrich Klein, Bd. 1, 6. Aufl., München 2010; zit.: *Bearbeiter,* in:
v. Mangoldt/Klein/Starck, GG.

Steinmüller, Wilhelm, Das informationelle Selbstbestimmungsrecht. Wie es entstand und
was man daraus lernen kann, FIfF-Kommunikation, Heft 3, 2007, S. 15–19.

Stern, Klaus, § 99. Der Schutz der Persönlichkeit und der Privatsphäre, in: Stern,
Klaus/Dietlein, Johannes/Sachs, Michael (Hrsg.), Das Staatsrecht der Bundesrepublik Deutschland, Bd. IV/1, München 2006.

– § 108. Die Freiheit der Kommunikation und der Information, in: Stern, Klaus/Diet-
lein, Johannes/Sachs, Michael (Hrsg.), Das Staatsrecht der Bundesrepublik Deutschland, Bd. IV/1, München 2006.

– Vor § 109. Die Freiheit der Medien. Vorbemerkung, in: Stern, Klaus/Dietlein, Jo-
hannes/Sachs, Michael (Hrsg.), Das Staatsrecht der Bundesrepublik Deutschland,
Bd. IV/1, München 2006.

– § 109. Die Pressefreiheit und die Filmfreiheit, in: Stern, Klaus/Dietlein, Johannes/
Sachs, Michael (Hrsg.), Das Staatsrecht der Bundesrepublik Deutschland, Bd. IV/1,
München 2006.

– § 110. Die Rundfunkfreiheit, in: Stern, Klaus/Dietlein, Johannes/Sachs, Michael
(Hrsg.), Das Staatsrecht der Bundesrepublik Deutschland, Bd. IV/1, München 2006.

Stern, Klaus/Becker, Florian (Hrsg.), Grundrechte-Kommentar. Die Grundrechte des
Grundgesetzes mit ihren europäischen Bezügen, Köln 2009; zit.: *Bearbeiter,* in:
Stern/Becker, Grundrechte.

Suhr, Dieter, Entfaltung der Menschen durch die Menschen. Zur Grundrechtsdogmatik der Persönlichkeitsentfaltung, der Ausübungsgemeinschaften und des Eigentums, Berlin 1976.

Szczekalla, Peter, § 2. Grundrechtsschutz im Europäischen Verfassungsverbund, in: Heselhaus, Sebastian/Nowak, Carsten (Hrsg.), Handbuch der Europäischen Grundrechte, München 2006.

Thiel, Markus, Anmerkung zu BGH, Urt. v. 15.12.2009 – VI ZR 227/08, JR 2011, S. 116–117.

Trüg, Gerson, Medienarbeit der Strafjustiz – Möglichkeiten und Grenzen, NJW 2011, S. 1040–1045.

Trurnit, Christoph, Vorfeldmaßnahmen bei Versammlungen, NVwZ 2012, S. 1079–1083.

Uerpmann-Wittzack, Robert, Diskussionsbeitrag, VVDStRL, Bd. 70 (2011), S. 93.

Vec, Milos, Ein Grundrecht auf der Höhe der Zeit. Das Verfassungsgericht hat das Internet begriffen, Frankfurter Allgemeine Zeitung, Nr. 50 v. 28.2.2008, S. 35.

Verweyen, Urs/Schulz, Tim-Frederik, Die Rechtsprechung zu den „Onlinearchiven", AfP 2008, S. 133–139.

Vogelgesang, Klaus, Grundrecht auf informationelle Selbstbestimmung?, Baden-Baden 1987.

Volkmann, Christian, Die Unterlassungsvollstreckung gegen Störer aus dem Online-Bereich. Zur Durchsetzung von Unterlassungstiteln nach § 890 ZPO und dem Verbot von Überwachungspflichten nach §§ 8 Abs. 2 S. 1 TDG/6 Abs. 2 S. 1 MDStV, CR 2003, S. 440–447.

– Veränderungen der Grundrechtsdogmatik, JZ 2005, S. 261–271.

– Anmerkung zum Urteil des BVerfG vom 27.2.2008, 1 BvR 370/07 und 1 BvR 595/07, DVBl. 2008, S. 590–593.

– Diskussionsbeitrag, VVDStRL, Bd. 70 (2011), S. 83–84.

Voßkuhle, Andreas, Rechtsschutz gegen den Richter. Zur Integration der Dritten Gewalt in das verfassungsrechtliche Kontrollsystem vor dem Hintergrund des Art. 19 Abs. 4 GG, München 1993.

– Verwaltungsdogmatik und Rechtstatsachenforschung, VerwArch, Bd. 85 (1994), S. 567–585.

– Das Kompensationsprinzip. Grundlagen einer prospektiven Ausgleichsordnung für die Folgen privater Freiheitsbetätigung – Zur Flexibilisierung des Verwaltungsrechts am Beispiel des Umwelt- und Planungsrechts, Tübingen 1999.

– Gibt es und wozu nutzt eine Lehre vom Verfassungswandel?, Der Staat, Bd. 43 (2004), S. 450–459.

– Der europäische Verfassungsgerichtsverbund, NVwZ 2010, S. 1–8.

– Wie betreibt man offen(e) Rechtswissenschaft?, in: Hoffmann-Riem, Wolfgang (Hrsg.), Offene Rechtswissenschaft. Ausgewählte Schriften von Wolfgang Hoffmann-Riem mit begleitenden Analysen, Tübingen 2010, S. 153–173.

– § 1. Neue Verwaltungsrechtswissenschaft, in: Hoffmann-Riem, Wolfgang/Schmidt-Aßmann, Eberhard/Voßkuhle, Andreas (Hrsg.), Grundlagen des Verwaltungsrechts, Bd. 1, 2. Aufl., München 2012.

– § 43. Personal, in: Hoffmann-Riem, Wolfgang/Schmidt-Aßmann, Eberhard/Voßkuhle, Andreas (Hrsg.), Grundlagen des Verwaltungsrechts, Bd. 3, 2. Aufl., München 2013.

– § 86. Rechtsprechen, in: Kube, Hanno u. a. (Hrsg.), Leitgedanken des Rechts. Paul Kirchhof zum 70. Geburtstag, Bd. 1, Heidelberg 2013.

Wahl, Rainer, Freiheit der Wissenschaft als Rechtsproblem, Freiburger Universitätsblätter, Heft 95 (1987), S. 19–35.

Walter, Christian, Hüter oder Wandler der Verfassung? Zur Rolle des Bundesverfassungsgerichts im Prozeß des Verfassungswandels, AöR, Bd. 125 (2000), S. 517–550.

Wandtke, Artur-Axel (Hrsg.), Medienrecht. Praxishandbuch, Bd. 4, 2. Aufl., Berlin u. a. 2011; zit.: *Bearbeiter,* in: Wandtke, MedienR.

Wandtke, Artur-Axel/Bullinger, Winfried (Hrsg.), Praxiskommentar zum Urheberrecht, 3. Aufl., München 2008; zit.: *Bearbeiter,* in: Wandtke/Bullinger, UrhR.

Weber, Albrecht, Europäische Verfassungsvergleichung, München 2010.

Wefing, Heinrich, Meine Festplatte. Endlich schützen die Karlsruher Richter den Bürger vor dem Zugriff des Staates auf seinen Computer, DIE ZEIT, Nr. 10 v. 28.10.2008, S. 1.

Weichert, Thilo, Datenschutz und Meinungsfreiheit: Regulierung im BDSG. Grundrecht aus Art. 5 GG durch eine Anpassung des Bundesdatenschutzgesetzes verwirklichen, AnwBl 2011, S. 252–255.

Weigl, Michaela, Meinungsfreiheit contra Persönlichkeitsschutz am Beispiel von Web-2.0-Applikationen, Hamburg 2011.

Werro, Franz, The Right to Inform v. the Right to be Forgotten. A Transatlantic Clash, in: Colombi Ciacchi, Aurelia u. a. (Hrsg.), Haftungsrecht im dritten Millennium/Liability in the third millennium. Liber Amicorum Gert Brüggemeier, Baden-Baden 2009, S. 285–300.

Westermann, Harm Peter, Drittinteressen und öffentliches Wohl als Elemente der Bewertung privater Rechtsverhältnisse, AcP, Bd. 208 (2008), S. 141–181.

Whitman, James Q., What Is Wrong with Inflicting Shame Sanctions?, 107 Yale Law Journal (1998), S. 1055–1092.

Winkler, Markus, Schulinspektionsberichte zwischen Feedbackfunktion und Prangerwirkung, JZ 2012, S. 762–769.

Wittmann, Philipp, Der Schutz der Privatsphäre vor staatlichen Überwachungsmaßnahmen durch die US-amerikanische Bundesverfassung. Eine Untersuchung unter besonderer Berücksichtigung des Schutzes der Privatsphäre in der Öffentlichkeit, Diss. Freiburg 2013, Baden-Baden, i. E.

Wolff, Heinrich-Amadeus, Die beschränkte Internettauglichkeit des BDSG, in: Hill, Hermann/Schliesky, Utz (Hrsg.), Die Vermessung des virtuellen Raums. E-Volution des Rechts- und Verwaltungssystems III, Baden-Baden 2012, S. 193–211.

Wollenschläger, Ferdinand, Staatliche Verbraucherinformation als neues Instrument des Verbraucherschutzes. Möglichkeiten und Grenzen der Informationsbefugnis nach dem Verbraucherinformationsgesetz am Beispiel der Pankower Ekelliste und das Problem staatlicher Marktinformationen, VerwArch, Bd. 102 (2011), S. 20–50.

– Effektiver Rechtsschutz bei informationellen Maßnahmen der öffentlichen Hand am Beispiel der novellierten Informationsbefugnis im Lebensmittelrecht (§ 40 LFGB), DÖV 2013, S. 7–17.

Worms, Christoph/Gusy, Christoph, Verfassung und Datenschutz. Das Private und das Öffentliche in der Rechtsordnung, DuD 2012, S. 92–99.

Würtenberger, Thomas/Heckmann, Dirk, Polizeirecht in Baden-Württemberg, Heidelberg 2005.

Zittrain, Jonathan, The future of the internet and how to stop it, Allen Lane, London 2008.

Sachregister